Kurt Niederwimmer
Quaestiones theologicae

Beihefte zur Zeitschrift für die neutestamentliche Wissenschaft

und die Kunde der älteren Kirche

Herausgegeben von
Erich Gräßer

Band 90

Walter de Gruyter · Berlin · New York
1998

Kurt Niederwimmer

Quaestiones theologicae

Gesammelte Aufsätze

Herausgegeben von
Wilhelm Pratscher und Markus Öhler

Walter de Gruyter · Berlin · New York
1998

♾ Gedruckt auf säurefreiem Papier,
das die US-ANSI-Norm über Haltbarkeit erfüllt.

Die Deutsche Bibliothek – CIP-Einheitsaufnahme

[Zeitschrift für die neutestamentliche Wissenschaft und die Kunde der älteren Kirche / Beihefte]
Beihefte zur Zeitschrift für die neutestamentliche Wissenschaft und die Kunde der älteren Kirche. – Berlin ; New York : de Gruyter
Früher Schriftenreihe
Reihe Beihefte zu: Zeitschrift für die neutestamentliche Wissenschaft und die Kunde der älteren Kirche
Bd. 90. Niederwimmer, Kurt: Quaestiones theologicae. – 1998

Niederwimmer, Kurt:
Quaestiones theologicae : gesammelte Aufsätze / Kurt Niederwimmer. Hrsg. von Wilhelm Pratscher und Markus Öhler. – Berlin ; New York : de Gruyter, 1998
(Beihefte zur Zeitschrift für die neutestamentliche Wissenschaft und die Kunde der älteren Kirche ; Bd. 90)
ISBN 3-11-015711-X

ISSN 0171-6441

© Copyright 1998 by Walter de Gruyter GmbH & Co., D-10785 Berlin

Printed in Germany
Druck: Werner Hildebrand, Berlin
Buchbinderische Verarbeitung: Lüderitz & Bauer-GmbH, Berlin

Vorwort

Wilhelm Pratscher und Markus Öhler hatten die Freundlichkeit, eine Auswahl aus meinen Aufsätzen zu edieren. Ich bin ihnen sehr zu Dank verpflichtet. Die Aufsätze sind chronologisch geordnet. So kann der *lector benevolens* sehen, was ich im Laufe der Zeit gelernt habe. Was die allerersten Aufsätze betrifft, die lange zurückliegen, so versteht sich von selbst, daß ich nicht mehr mit allen Einzelheiten einverstanden sein kann. Ich habe da und dort geringfügige Änderungen vorgenommen. In welche Richtung die Korrekturen an diesen frühen Versuchen anzubringen wären, habe ich exemplarisch in kurzen Nachworten angedeutet.

Die Themen des Bandes sind naturgemäß vielfältig. Vielleicht kann man vor allem zwei Gruppen von Aufsätzen unterscheiden: exegetische Aufsätze zu neutestamentlichen und patristischen Themen und Aufsätze, die sich um das hermeneutische Problem bemühen. Im übrigen gilt: Alle theologische Arbeit ist Teil eines (unter endlichen Bedingungen freilich nie vollständig einholbaren) Ganzen, das man vielleicht als lebendige, stets zu erneuernde Tradition der theologia perennis bezeichnen könnte. Das einzelne muß im Licht des Ganzen, in dem es erst seinen definitiven Sinn bekommt, verstanden werden.

Die Aufsätze sind während meiner Tätigkeit an der Wiener Universität entstanden. Meinen ehemaligen Hörern sollen sie auch gewidmet sein.

Wien, im September 1997   Kurt Niederwimmer

Vorwort der Herausgeber

Die Herausgabe der Aufsätze von Kurt Niederwimmer ist ein oftmals geäußerter Wunsch vor allem der Hörerinnen und Hörer, denen seine Tätigkeit als Professor für Neutestamentliche Wissenschaft über mehr als zwei Jahrzehnte gewidmet war. Mit den nun vorliegenden *Quaestiones theologicae* wird anläßlich der Emeritierung von Prof. Niederwimmer diesem Anliegen gerne entsprochen.

Die Auswahl der Aufsätze entspricht den Forschungsschwerpunkten philologische Exegese, Theologie des Neuen Testaments, Patristik und Hermeneutik. Sie wurde vom Autor selbst im Übereinkommen mit den Herausgebern getroffen. Diverse Änderungen wurden vom Autor vorgenommen. Die Zitation wurde nicht vereinheitlicht.

Unser Dank als Herausgeber gilt vor allem Fr. Susanne Scholz für die Erstellung des druckfertigen Manuskripts, sowie Herrn stud.theol. Dirk Mölling für die Mitarbeit am Register. Dem Herausgeber der Reihe, Herrn Prof. Dr. Erich Gräßer, und dem Verlag Walter de Gruyter ist für die angenehme Zusammenarbeit zu danken. Für die Abdruckgenehmigungen danken wir den Verlagen der Erstveröffentlichungen.

Wilhelm Pratscher
Markus Öhler

Inhaltsverzeichnis

Erkennen und Lieben

Gedanken zum Verhältnis von Gnosis und Agape
im ersten Korintherbrief

Die folgenden Zeilen bemühen sich, einen kleinen Beitrag zur exegetischen Grundlegung der theologischen Erkenntnislehre zu leisten. Daß dazu eine Untersuchung der Methode paulinischer Theologie am besten geeignet ist, versteht sich von der Sache her: sind wir doch gewohnt, den Apostel Paulus als "Begründer der christlichen Theologie" zu bezeichnen. Eine solche Bezeichnung soll bedeuten, daß Paulus als erster versucht hat, die von ihm geglaubte und gepredigte Botschaft im Zusammenhang rational zu entfalten[1]. Paulus ist natürlich kein absoluter Anfang. Auch *vor* Paulus gab es bereits Sätze theologischen Charakters, Ansätze zu einer christlichen Theologie[2]. Trotzdem ist es sinnvoll, Paulus als Begründer der christlichen Theologie zu verstehen: die vorpaulinischen Theologoumena versuchen den christlichen Glauben durch einzelne Sätze "heiligen Rechts" zu sichern und zu begründen[3], Paulus versucht den Glauben im *Zusammenhang*, er versucht ihn als *Ganzes* zu begreifen; freilich gemäß der Erfahrung - und beschränkt auf die Erfahrung! -, die er mit Christus gemacht hat. Es ist die Erfahrung, daß das Kreuz Christi allen Selbstruhm ausschließt[4].

Wie kam es zur paulinischen Theologie?

Paulus verstand sich als Apostel, der das Kerygma von Christus zu verkündigen hat; er verstand sich aber *auch* als *Charismatiker*. Zu diesem Charisma, das ihm der Herr gegeben hat, gehört die Fähigkeit, den τέλειοι, den πνευματικοί die im Kerygma beschlossene "Weisheit" zu enthüllen (1. Kor.

---

[1] Nach einer Formulierung R. Bultmanns hat Paulus als erster die im christlichen Glauben als solchem enthaltene Erkenntnis zur Klarheit des bewußten Wissens erhoben, Theol. d. NTs, 1953ff., S. 187.

[2] Indem sich das neue Sein, das Christus mit sich gebracht hat, in verstehbaren Sätzen der Verkündigung ausspricht, impliziert es eine genaue Begriffsbestimmung und damit eine systematische rationale Entfaltung, impliziert es also Theologie. Der Glaube an Christus beansprucht nicht nur das Handeln des Menschen, sondern auch sein Erkennen. Im Glauben an Christus wird Gott erkannt.

[3] Über die Theologoumena der vorpaulinischen Zeit vgl. E. Käsemann, Die Anfänge christlicher Theologie, ZThK 57 (1960) S. 162ff. Auch in vorpaulinischer Zeit dient "Theologie" zur rationalen Klärung und Bewahrung des Glaubens, bzw. der einzelnen Glaubensrichtungen, die gegeneinander stehen.

[4] Auf dieses (offenbar zentrale) Motiv des paulinischen Glaubens und Denkens lassen sich letzten Endes alle Theologoumena Pauli zurückführen. Auch das theologische Erbe aus der Zeit *vor* der Bekehrung ist von diesem Motiv her neu gedeutet worden.

2,6ff.)[5]. Dazu kommt: Paulus sah sich durch die mancherlei nomistischen und gnostisierenden Irrlehren seiner Gemeinden zur Apologetik und Polemik gedrängt. Er wurde hineingezogen in die Auseinandersetzungen innerhalb der Gemeinde und mußte sich, wie die "Theologen" *vor* ihm, argumentierend auf das rationale Wort einlassen, um "seine" Botschaft gegen Mißdeutung und Verzerrung zu schützen. Die apologetische Situation, in der er sich befand, bot einen wesentlichen Anlaß zur Explikation seiner Botschaft in der Weise der Theologie. Paulus hat seiner Situation und seiner Erfahrung entsprechend das Denken nach zwei Richtungen vorwärtsgetrieben: einmal in Richtung auf die Frage nach dem Verhältnis des Christus zum Gesetz und zum andern in Richtung auf die Frage nach dem Verhältnis des Christus zur Gnosis[6].

Das Kreuz Christi, das allen Selbstruhm zerstört, zerstört damit auch alle Selbsterlösung, wobei es gleichgültig ist, ob dieser Versuch auf der Basis des Gesetzes oder der Erkenntnis unternommen wird. Das Wort vom Kreuz zerstört sowohl die Selbsterlösung durch die Tat wie die Selbsterlösung durch Erkenntnis, indem es eine neue Wirklichkeit enthüllt, in der beides, Leistungsfrömmigkeit und Frömmigkeit der Erkenntnis, transzendiert ist[7]. Wenn es richtig ist, daß der vorchristliche Paulus "apokalyptischer Theologe" war, dann war seine Auseinandersetzung mit Nomismus und Gnosis zuletzt eine Auseinandersetzung mit seiner eigenen theologischen Vergangenheit, die am gekreuzigten und auferstandenen Christus ihr "Ende" gefunden hatte, die aber in Christus auch vom Prinzip her erneuert wurde.

---

[5] Nach U. Wilckens, Die Bekehrung des Paulus als religionsgeschichtliches Problem, ZThK 56 (1959) S. 285, ist es sehr wahrscheinlich, "*daß der vorchristliche Paulus im bestimmenden Ansatz seines Denkens ein apokalyptischer Theologe gewesen ist*". Der φαρισαῖος von Phil. 3,5, der ζηλωτής ... τῶν πατρικῶν ... παραδόσεων von Gal. 1,14 ist, wie etwa das Beispiel des 4. Esra zeigt, mit dem Apokalyptiker durchaus zu vereinen. Wenn diese These richtig ist, dann wird begreiflich, warum gerade Paulus damit begann, die christliche Botschaft theologisch zu explizieren: er war Theologe *ehe* er Christ wurde und blieb es *nachdem* er Christ geworden war. Seine vorchristliche theologische Konzeption wurde durch die Begegnung mit dem Auferstandenen im Prinzip gewandelt, aber sie wurde nicht einfach abgetan.

[6] Von dem, was wir heute Theologie nennen, unterscheidet sich Paulus vor allem dadurch, daß er beim bloß Charismatisch-Spekulativen bleibt und noch keine Anwendung der Einzelwissenschaften auf theologische Fragen kennt.

[7] Nach H. Schlier, Kerygma und Sophia, jetzt in: Zeit der Kirche, 1956, S. 206, wäre die Auseinandersetzung mit der Gnosis durch die Entstehung des griechischen Christentums bedingt. Paulus selbst lege diese Deutung nahe, wenn er in der Auseinandersetzung mit der korinthischen Weisheit auf die Griechen hinweist, die nach Weisheit fragen (1. Kor. 1,22ff.). Auch ist in der korinthischen Weisheit zweifellos ein griechisches Element (siehe unten). Jedoch ist Gnosis als solche nicht wesentlich griechisch, sondern eine jederzeit und überall mögliche Auslegung menschlicher Existenz; und die Gnosis, mit der sich das Urchristentum auseinanderzusetzen hatte (einschließlich der korinthischen Gnosis) trägt deutlich *jüdische* Züge. Sie ist auch im Judentum (unbeschadet der iranischen und hellenistischen Einflüsse) nicht durch Überfremdung von außen, sondern durch das Bewußtwerden einer inneren Krise entstanden. Auch und gerade das Judentum hatte seine "gnostische Anfechtung" (vgl. dazu K. Schubert, Die Gemeinde vom Toten Meer, 1958, S. 66ff.).

Uns interessiert hier die Auseinandersetzung mit der Gnosis, und zwar insoweit als Paulus in dieser Auseinandersetzung die Grundmotive einer theologischen Erkenntnislehre zum Bewußtsein erhob. Das Verhältnis zwischen gnostischer und paulinischer Theologie ist außerordentlich komplex. Wenn Paulus Begriffe der frühen Gnosis und hernach die Gnosis ihrerseits paulinische Begriffe aufnahm, dann war das keineswegs eine bloß terminologische Übernahme hier und dort. Die Verwandtschaft reicht tiefer. Der religionsgeschichtliche Ort der paulinischen Theologie läßt sich vielleicht am besten so bezeichnen: die Begrifflichkeit und Vorstellungswelt der paulinischen Theologoumena verweisen uns regelmäßig einerseits in die Apokalyptik, andererseits in die Gnosis. Für Paulus bildet beides keinen Gegensatz. Apokalyptik und Gnosis haben einander auch tatsächlich nicht ausgeschlossen. Vielmehr ging die Apokalyptik nahtlos in die Gnosis über. *Mitten in diesem Übergangsprozeß steht die paulinische Theologie* (vielleicht könnte man sogar sagen: das Christentum überhaupt). Was Paulus gleichwohl von Apokalyptik und Gnosis trennte (unbeschadet der Tatsache, daß er in ihren Kategorien dachte), war das Kreuz des Christus. In Christus war ein eigener Weg gewiesen. Aber dieser Weg stand in einer geschichtlichen Kontinuität[8].

Die Briefe des Paulus zeigen uns den Apostel in einem schweren Ringen mit der gnostisierenden Frömmigkeit. In leidenschaftlicher Weise versucht er zu zeigen, *daß* und *warum* die Botschaft vom Christus crucifixus et resurrectus alle Gnosis und Sophia eschatologisch richtet. Seine Denkmotive kommen im 1. Korintherbrief am deutlichsten zum Ausdruck.

Was Paulus zu sagen hat, gipfelt höchst charakteristischerweise in der Gegenüberstellung von γινώσκειν und ἀγαπᾶν (so zuerst 8,1ff.). Damit faßt der Apostel vertiefend zusammen, was er in den breiten Ausführungen von Kap. 1-4 bereits gesagt hat. Die endgültige Klärung findet sich aber im

---

[8] Die Ursprünge der Entwicklung liegen in der ersten nachexilischen Zeit (wenn man nicht noch weiter zurückgehen und auf die dämonischen Züge im Jahwebild verweisen will). Das Bewußtsein hat sich differenziert, die Entfremdung wird erfahren, Gott ist der deus absconditus, der Mensch gott-los. Das Wissen um die Tiefe der Entfremdung wird im *Nomismus* (dem einen Zweig der Entwicklung) durch den im Grunde verzweifelten und zum Teil geradezu agressiven Versuch kompensiert, Gott, den unfaßbaren, durch ein gewisses Maß an Gebotserfüllungen zufriedenzustellen. In der *Apokalyptik* wird der Entfremdung als einer totalen und heillosen ins Auge gesehen. Gott ist fern, seine Ratschlüsse sind verborgen, "dieser Äon" wird von widergöttlichen Mächten bestimmt. Tritt an die Stelle des Geschichtsdualismus (dieser Äon - der kommende Äon) der räumlich-kosmologische (die obere und die untere Welt), an die Stelle der Kategorie der Zeit die Kategorie des Raums, dann sind die Übergänge zur *Gnosis* bereits vollzogen. Immer geht es um die Anfechtung: Gott steht gegen sich selbst. Sie wird im Nomismus verdeckt, in der Apokalyptik bekannt, in der Gnosis führt sie zum offenen Dualismus. Im *Christus* wird dieser Anfechtung standgehalten und kann ihr standgehalten werden, weil Christus die Liebe enthüllt, die die Angst besiegt. - Vom christlichen Standpunkt aus gesehen sind also der Nomismus einerseits wie Apokalyptik und Gnosis andererseits Fehlhaltungen, "Sackgassen der Entwicklung" (Teilhard de Chardin), die vom Leben wegführen.

Schlußteil des Preisliedes auf die Liebe (13,8-13). Es entspricht der Eigenart des paulinischen Denkens, daß eine aufgeworfene Frage nicht auf einmal, sondern in mehreren Etappen zur Klärung kommt[9]. Wir folgen dem Denkweg des Apostels und stellen zunächst thesenförmig die Grundgedanken seiner Kritik an der σοφία λόγου (Kap. 1-4) dar, interpretieren dann 8,1ff. und schließen eine Exegese von 13,8-13 an.

I

Nach dem Proömium 1,4-9 setzt mit 1,10ff. der erste Hauptteil des 1. Korintherbriefes ein, der ein doppeltes Thema hat: die Spaltungen in Korinth und die korinthische "Weisheit". Beide Themen hängen so zusammen, daß die korinthische Weisheit zur Ursache für die Spaltungen innerhalb der Gemeinde geworden ist. Zunächst ist nur von den Spaltungen die Rede (1,10-17). Mitten im V. 17 aber wechselt Paulus zu dem zweiten Thema über: er ist zur Verkündigung gesandt, jedoch: οὐκ ἐν σοφίᾳ λόγου, ἵνα μὴ κενωθῇ ὁ σταυρὸς τοῦ Χριστοῦ. Der ganze folgende Abschnitt[10] ist von diesem Gegensatz bestimmt: die Verkündigung des Paulus (das Evangelium, das Wort vom Kreuz, die Botschaft vom "Geheimnis Gottes" 1,18; 2,1) steht im ausschließli-

---

[9]   So gewiß es ist, daß Paulus ein theologisches Konzept hat, von dem aus die Einzelfrage zur Klärung gebracht werden kann, so gewiß ist andererseits, daß Paulus nicht "fertig" ist, sondern erst im Diktieren seiner Briefe um Klarheit und Deutlichkeit ringt und immer neue Anstrengungen unternimmt, um eine Frage zu einem befriedigenden Ende zu führen. - Aus dem theologischen Konzept folgt die Neigung, eine Frage thematisch zu behandeln: ein Thema wird aufgestellt und dann "abgehandelt", vgl. etwa die ersten Kapitel des Römerbriefes. Kennzeichnend ist dabei die Darstellungsform: "negativ" - "positiv" (die Ungerechtigkeit der Welt 1,18-3,20; die Gerechtigkeit Christi 3,21-4,25); vgl. dazu O. Michel, Der Brief an die Römer, 1957 (11. Aufl.) S. 14. Das gleiche Schema (negativ - positiv) finden wir (freilich nicht so deutlich) auch im 1. Korintherbrief. Auf die Negation der Weltweisheit 1,18-2,5 folgt die Position der Weisheit Gottes 2,6-16. - Andererseits: gemessen an den Ansprüchen, die wir heute in bezug auf Deutlichkeit und Klarheit stellen, wirken die Paulusbriefe wie Konzepte! Wir werden daran erinnert, daß Paulus diktierte, und zwar sofort den abzusendenden Brief (vgl. etwa 1. Kor. 1,14ff.). Wir nehmen daher im Lesen Anteil an den Denkanstrengungen, wir merken, wie er nicht immer sofort das schlagende Argument findet, wie manchmal erst im Laufe des Diktierens das eigentliche, treibende Motiv heraustritt, wie er sich selbst korrigiert. Nicht die *fertige*, sondern die *werdende* Theologie des Apostels tritt uns in seinen Briefen entgegen. Wobei freilich wiederum nicht übersehen werden darf, daß er zuweilen glückliche Formulierungen gefunden hat, die gleichsam zum "festen Bestand" seiner Theologie gehören und immer wiederkehren.

[10] Die Ausführung des Themas wird in 2,16 zu einem ersten Abschluß gebracht. 3,1ff. ist eine Art Nachwort, das zum 1. Thema (ἐν ὑμῖν ζῆλος καὶ ἔρις 3,3) zurücklenkt. Nur in 3,18f. wird das Thema "Weisheit - Torheit" noch einmal kurz aufgenommen, um dann bis 8,1ff. zu ruhen. Indessen ist die sachliche Verbindung von Kap. 1-2 mit 3-4 durch das Motiv des καυχᾶσθαι erhalten. Der Mensch rühmt sich seiner Weisheit (1-2) wie seiner Lehrer (3-4). In diesem Selbstruhm beraube er sich gerade dessen, dessen er sich rühmt: der Weisheit so gut wie der Freiheit.

chen Gegensatz zur σοφία λόγου bzw. (da die korinthische Weisheit nur als Sonderfall der Weltweisheit angesehen wird) im Gegensatz zur Weltweisheit überhaupt[11].

---

[11] Die Deutung des Ausdrucks σοφία λόγου ist problematisch. Die traditionelle Exegese verstand Sophia im Sinne der griechischen Philosophie, Logos im Sinne der antiken Rhetorik. Die Rede von Griechen, die nach Weisheit fragen (1,22ff.), und die Ablehnung des Logos Sophias (2,4) scheint diese Auffassung zu bestätigen. So etwa auch das Wortspiel, das Paulus mit dem terminus technicus der Rhetorik ἀπόδειξις in 2,4 treibt. In neuerer Zeit neigt man dazu, die korinthische Weisheit als gnostische Weisheit zu verstehen. So zuerst W. Lütgert, Freiheitspredigt und Schwarmgeister in Korinth, 1908. Dann: H. Schlier, a.a.O. W. Schmithals, Die Gnosis in Korinth, Eine Untersuchung, zu den Korintherbriefen, 1956, S. 56ff. und passim, und neuerdings: U. Wilckens, Weisheit und Torheit, Eine exegetisch-religionsgeschichtliche Untersuchung zu 1. Kor. 1 und 2, 1959, vgl. auch ders.: ThW VII, S. 519ff. (σοφία). Die Verwendung des Wortes Gnosis in 8,1ff.; 13,8-13, die libertinistischen Tendenzen der korinthischen Enthusiasten, die Hochschätzung der ekstatischen Phänomene, der Hochmut gegenüber dem paulinischen Apostolat (verbunden mit einem eigenen "pneumatischen" Apostelbegriff), und endlich: die doketische Christologie, die zwischen Jesus und Christus trennt (1. Kor. 12,1ff.) und die Auferstehung umdeutet (Kap. 15), kurzum die Tatsache, daß die Auseinandersetzung des Paulus in den Korintherbriefen durchwegs gegen gnostisierende Lehren und Praktiken gerichtet ist, macht es wahrscheinlich, daß auch die korinthische Weisheit, ja eben und gerade sie im Sinne der Gnosis zu verstehen ist. - Eine konkrete Bestimmung solcher Sophia ist nur schwer möglich. Jedoch läßt sich einerseits ein rationales Moment feststellen. 4,6 deutet darauf hin, daß solche Weisheit durch allegorische Schriftdeutung gewonnen wurde (die Deutung von P. Wallis, Ein neuer Auslegungsversuch der Stelle 1. Kor. 4,6 in ThLZ 75 [1950] 506ff., ist abzulehnen). Die Gnostiker gehen grundsätzlich über den Buchstaben der Schrift hinaus und gewinnen Einsichten, die anderen verborgen sind. Der Ausdruck συζητητής (1,20), γραμματεύς (ebdt.), die Rede vom πειθὸς λόγος (2,4) und von der ἀπόδειξις (ebdt.) läßt vermuten, daß die korinthischen σοφοί im gemeinsamen Gespräch mit Hilfe des Logos in den verborgenen Sinn des Seins einzudringen dachten. Neben dem rationalen Moment steht das esoterische. Die Rede des Paulus von den βάθη τοῦ θεοῦ (2,10), von den τέλειοι (2,6), πνευματικοί (2,13ff.; 3,1ff.), von einer Weisheit, die vor den Äonen verborgen ist (2,6ff.), so gut wie vor dem ψυχικὸς ἄνθρωπος (2,14) wird wohl der Sprache nach ganz im Sinne der Korinther sein. Auch die Schriftdeutung, auf die Paulus 4,6 anspielt, wird esoterische Geheimnisse enthüllt haben. Vielleicht gehört auch das ἐρευνᾶν des Geistes in diesen Zusammenhang, 2,10? (vgl. Joh. 5,39!). Endlich ist an Hochschätzung der ekstatischen Phänomene (Glossolalie, Visionen) zu erinnern. Alles das macht wahrscheinlich, daß die rationale ζήτησις in die mystische Unio überzugehen pflegte. Im gemeinsamen Suchen, in der esoterisch-mystischen Deutung der Schrift wurde verborgene, verbotene Weisheit gewonnen und den Esoterikern mitgeteilt. Der Logos spürt die Geheimnisse auf, die im Abgrund Gottes beschlossen sind, und teilt sie den Erwählten in überzeugender, überschwenglicher Rede mit. Dabei geraten die Pneumatiker im Mitdenken und Miterleben in den Raum des Pleromas, in Gottes Licht. Sie werden absolut frei, vollendet. - Auf den jüdischen Charakter der korinthischen σοφία bzw. γνῶσις weist der allegorische Schriftlogos, aber auch 2. Kor. 11,22, vgl. dazu Schmithals, a.a.O. S. 242f.
Ein eigenes Problem ist durch die oben genannte Untersuchung von U. Wilckens gestellt worden. Danach hätten die Korinther über eine eigene Sophia-Christologie verfügt. Der Begriff Sophia bezeichne bei den Korinthern eine Person, eine göttliche Hypostase, die präexistent - ohne von den Archonten erkannt worden zu sein, herabgekommen ist, um sich mit den Pneumatikern zu einen. Dieser Mythos sei auch Paulus bekannt gewesen, jedoch habe er ihn nur zum Teil akzeptiert. Aus der teilweisen Übernahme gnostischer

Dieser Gegensatz kann folgendermaßen bestimmt werden: das Kreuz Christi ist das eschatologische Geschehen, das alle Welt richtet. Vor diesem Geschehen kann nichts bestehen. Das Kreuz kreuzigt alles. Durch das Kreuz muß alles hindurch, - *auch* die menschliche Weisheit. Für Paulus ist das Kreuz Christi keinen weltlichen Kriterien unterworfen, sondern selber das Kriterium aller Welt. Daher kann und darf das Kreuz auch nicht in irgendeiner Weise in menschliche Wirklichkeiten oder Möglichkeiten eingefügt werden[12]. Εὐαγγελίζεσθαι "ἐν σοφίᾳ λόγου" würde also heißen: das Evangelium *als* gnostische Weisheit zu verkündigen (und d.h. in letzter Instanz: als menschliche Weisheit überhaupt verkündigen). Christus darf kein Moment *innerhalb* des gnostischen Mythos werden (oder innerhalb der Philosophie), er darf nicht im gnostischen Mythos "untergebracht" werden können. Nach Paulus steht vielmehr Christus *kritisch außerhalb* des Mythos und Logos - des Mythos und Logos "dieser Welt"! Wird Christus rezipiert, indem er in den Mythos eingebaut wird, dann hört er auf zu sein, was er ist, dann verliert er seine Kraft, seine eschatologische virtus, er kann dann weder töten noch erwecken[13]. In

---

Anschauungen erklären sich die Unstimmigkeiten, die durch 2,6ff. hervorgerufen werden. Soweit Wilckens. Jedoch erheben sich gegen diese These einige Bedenken.

1. Bei Wilckens kommt die Tatsache, daß diese Weisheit eine Weisheit des Logos ist, zu kurz: εὐαγγελίζεσθαι οὐκ ἐν σοφίᾳ λόγου (1,17); ὑπεροχὴ λόγου ἢ σοφίας (2,1); ὁ λόγος μου καὶ τὸ κήρυγμά μου οὐκ ἐν πειθοῖς σοφίας λόγοις (2,4); σοφίαν δὲ λαλοῦμεν (2,6f.); λόγος σοφίας ... λόγος γνώσεως (12,8).

2. Andeutungen (und nicht mehr als das!) einer Sophia-Christologie finden sich *gerade nicht im Munde der Gegner des Paulus, sondern in seinem eigenen Mund*: 1,24 u. 30; 2,6ff. (vgl. noch 10,1ff.), an jenen Stellen also, wo Paulus seine eigene Auffassung vorträgt, die er der korinthischen gegenüberstellt.

3. 1,24 u. 30 wären ein Schlag ins Wasser, wenn bereits die Korinther eine Sophia-Christologie gehabt hätten. Eben das, was Paulus hier sagt, würden sie ja auch sagen. - Man wird also behaupten dürfen: Sophia war für die Korinther kein christologischer Begriff (was er dann freilich in der nachpaulinischen Gnosis geworden ist); vielmehr polemisierte Paulus gegen die korinthische Sophia, indem er sie von der Christologie her, vom Christus crucifixus her kritisierte.

[12] Dabei ist "Welt" die von Gott abgefallene Schöpfung. Das Kreuz und das Wort vom Kreuz stehen also nicht überhaupt jenseits aller Kriterien. Das Kreuz als geschichtliches Ereignis unterliegt den Kriterien der Geschichtlichkeit, das Wort vom Kreuz den Kriterien der Sprache und des Denkens. Nun ist aber für Paulus die Geschichte der Lauf "dieses Äons", der sich von Gott abgewendet und selbst verdorben hat, und erst das Kreuz bringt wahre und echte Geschichtlichkeit; bzw. das Erkennen und die "Anschläge" des Menschen sind von Gott abgeirrt und in sich selbst verdorben, und das Wort vom Kreuz ist (auch) dazu da, das Erkennen des Menschen zu heilen. - M.a.W.: das Kreuz ist das Kriterium aller Kriterien nicht hinsichtlich ihres An-sich-Seins (hinsichtlich ihrer Struktur), sondern hinsichtlich ihres Verdorbenseins (ihrer Destruktion). In 1,18ff. versucht Paulus diese Zusammenhänge zu explizieren. Siehe unten.

[13] Die Kraftlosigkeit, die "Leere" eines so gnostisch umgedeuteten Evangeliums entlarvt sich 1. im Selbstruhm des Gnostikers (1,26ff.; 3,1ff. u.s.f., vgl. auch das φυσιοῦν in 4,6; 18f.; 5,2; 8,1; 13,4 und Kap. 8-10 überhaupt); 2. in der Ablehnung des Kreuzes als eines geschichtlichen Ereignisses. Das Kreuz kann in die Gnosis nicht eingebaut werden. Es wird doketisch eliminiert, es wird zur Veranschaulichung einer Idee oder zum

ihm begegnete dann nicht *Gott,* sondern der Mensch begegnete sich selbst. Das Evangelium würde "leer", der Glaube sinnlos. Bleibt Christus nicht das, was er ist, nämlich das neue Sein, das zum Gehorsam ruft (und den Gehorsam schenkt), und zwar so, daß dabei aller Selbstruhm und alle Selbsterlösung aufhört, so daß der Mensch in der Begegnung mit ihm zunächst einmal alles - einschließlich seiner selbst - verliert -, bleibt Christus nicht das Ende *auch der Weisheit*[14], dann kann er nicht zum Anfang einer neuen Weisheit werden. Dann bleibt alles beim alten. In *diesem* Sinn sind der Logos vom Kreuz und die Weltweisheit tödliche Gegensätze. Vor dem Evangelium gerät die Weisheit der Welt in eine tödliche Krise (sie offenbart sich als Dummheit). Umgekehrt: wird das Evangelium unter die Weisheit der Welt untergebracht, dann gerät das Evangelium in eine tödliche Krise. Eins "entleert" das andere. Eines bringt das andere um[15]. Christus darf nicht zum *Diener* meiner Weisheit werden, zu einem Mittel, mich zu rühmen; sondern er muß zum Ende meiner Weisheit werden, zu einem Mittel, mich vom Selbstruhm zu befreien[16].

II

Das also ist das *Motiv,* das hinter der Ablehnung der korinthischen Weisheit im besonderen und der "Weltweisheit" überhaupt steht: das Kreuz als das

---

Symbol für lediglich innerseelische Vorgänge. 3. Auch die Auferstehung wird umgedeutet. Sie veranschaulicht die Auffahrt des Pneuma in die Heimat.

[14] Vgl. Phil. 3,7ff.

[15] Vgl. Schlier, a.a.O. S. 207. Die Stellung des Apostels zur Weisheit entspricht seiner Stellung zum Gesetz. Vgl. Luthers Heidelberger Disputation 1518, wo in der Konzeption der "theologia crucis" die Konsequenzen der Rechtfertigungslehre für die Philosophie bedacht werden. In der Nachfolge Luthers: A. Schlatter, Paulus, der Bote Jesu, 1934, S. 125. H. Schlier, a.a.O. H. Braun, Exegetische Randglossen zum 1. Korintherbrief, 1948/49, jetzt in: Gesammelte Studien zum Neuen Testament und seiner Umwelt, 1962, S. 178ff. G. Bornkamm, Glaube und Vernunft bei Paulus, Gesammelte Aufsätze Bd. II, 1959, Studien zu Antike und Urchristentum, S. 119 und U. Wilckens op.cit. - M.a.W.: die Haltung des Paulus ist nicht einfach antiphilosophisch in dem Sinn, als würde er alle Philosophie a limine ablehnen. Er würde dadurch in einen merkwürdigen Widerspruch zu sich selbst geraten, sofern er ja unentwegt Begriffe und Stilformen der stoisch-kynischen Philosophie seiner Zeit verwendet. Ebenso ist sie nicht einfach eine lineare Ablehnung der Gnosis. Die Tradition, in der er steht, aus der er kommt, ist nicht zerstört, sondern verwandelt worden. Desgleichen lehnt er auch die Rhetorik nicht a limine ab. Verwendet er doch selber rhetorische Mittel, und zwar auch ausgerechnet in den Abschnitten, in denen er gegen die Rhetorik polemisieren würde (1,26ff.). *Vielmehr deckt das Kreuz auf, wie eine Gabe Gottes* (nämlich der mythische wie der technische Logos), *vom Menschen mißbraucht und dadurch pervertiert wurde. Aber was pervertiert ist, kann konvertiert werden.* Nicht aber wird der Logos als solcher zerstört. - Wer also etwa irgendwelche antirationale Tendenzen durch den paulinischen Text belegt finden möchte oder sich im Kampf des Emotionalismus gegen den Rationalismus bei Paulus Schützenhilfe holte, würde Paulus völlig mißverstanden haben.

[16] Daß darauf alles hinausläuft, zeigt 1,29: ὅπως μὴ καυχήσηται πᾶσα σὰρξ ἐνώπιον τοῦ θεοῦ. Ebenso 1,31: ὁ καυχώμενος ἐν κυρίῳ καυχάσθω.

eschatologische Geschehen tritt allem, was die Welt ist und weiß, richtend gegenüber. Dieses Motiv impliziert eine ganze Erkenntnislehre. Paulus hat sie nur zum Teil entfaltet. Aber es ist immerhin kennzeichnend, daß er nicht bei der bloß motivlichen Vermittlung stehenbleibt, sondern sich um eine größere Klärung innerhalb seines Gesamtkonzeptes bemüht.

Er versucht zunächst die These von 1,17 (die in 1,18 wiederholt und leicht variiert ist) durch die "Schrift" zu sichern: 1,19f. Jedoch ist das ein rein formales Vorgehen. Der *Sinn* der Verwerfung wird darin nicht deutlich.

Darum setzt Paulus in 1,21 mit einem neuen Versuch ein, seine These 1,17 bzw. 1,18 als richtig zu erweisen. In V. 21 wird das eigentliche "Warum" des göttlichen Handelns gezeigt[17]. Paulus kann, wie es ihm zuweilen geschieht, wenn weitläufige Zusammenhänge ins Bewußtsein treten, die andrängenden Gedanken kaum in einen Satz pferchen. Er erzählt in gedrängter Kürze und dunklen Andeutungen seine Variation des jüdischen Mythos von der Weisheit[18]. Die "Geschichte" der Weisheit vollzieht sich in drei Stufen:

(1) Im Raum der Weisheit Gottes und mit Hilfe der Weisheit Gottes läßt sich Gott erkennen;
(2) die Welt aber hat Gott nicht erkannt.
(3) Deshalb gefiel es Gott, durch die Torheit der Kreuzes-Botschaft die zu retten, die daran glauben.
Aus 2,6ff. kommt hinzu:
(4) die in der "törichten" Botschaft verschlossene Weisheit Gottes kann den Eingeweihten, den τέλειοι und πνευματικοί enthüllt werden.

Wir versuchen nun, diese vier Thesen kurz zu erläutern, wobei wir natürlich nicht einfach die Gedanken des Apostels wiederzugeben, sondern vielmehr mit ihm nachzudenken und weiterzudenken haben.

Zunächst (1): die Welt hat einen ursprünglichen noetischen Zugang zu Gott. Gott läßt sich erkennen, er zeigt sich von sich aus, er liegt offen zutage, offen zur Schau. Gott wird eingesehen und zwar ἐν τῇ σοφίᾳ = im Raum seiner Weisheit und διὰ τῆς σοφίας = vermittels seiner Weisheit[19]. Die Weis-

---

[17] Die folgenden zwei Versuche der gedanklichen Klärung V. 22-24 und V. 25 (die schon durch das lose ἐπειδή bzw. ὅτι zeigen, daß Paulus nicht streng linear entfaltet, sondern je neu einsetzt) bleiben der *Sache* nach hinter dem in V. 21 Gesagten zurück, insofern sie nicht mehr das Warum des göttlichen Handelns andeuten. Mit V. 25 wird das Argumentieren von der Sache her überhaupt verlassen: V. 26ff. bringen das Argument ad hominem, 2,1ff. verweist Paulus auf sein "typisches" Auftreten in Korinth. Zur Gliederung des Abschnittes vgl. Wilckens, a.a.O. S. 6.

[18] Dazu vgl. G. Bornkamm, Die Offenbarung des Zornes Gottes, Röm. 1-3, in: Gesammelte Aufsätze, Bd. 1, Das Ende des Gesetzes, Paulusstudien, S. 12ff. und: U. Wilckens, ThW VII, S. 498-510.

[19] Ἐν ist streng lokal zu fassen. Es bezeichnet einen Raum, einen Bereich. Vgl. Wilckens, Weisheit und Torheit, S. 32ff. διὰ τῆς σοφίας bezieht sich nicht auf die menschliche Weisheit (so K. Barth, Die Auferstehung der Toten, 1953 [4. Aufl.], S. 7), sondern auf die göttliche.

heit Gottes selbst, durch die die Welt strukturiert ist, ist der *Grund* der Gotteserkenntnis; sie ist zugleich aber auch das *Mittel*: Gott wird erkannt, indem der Mensch der in der Welt liegenden Weisheit Gottes folgt[20]. "Natürliche Gotteserkenntnis" ist für Paulus der *Hinweis,* den die offen zur Schau liegende, die in der Welt offenbare Weisheit Gottes auf Gott selbst gibt. Mythisch gesprochen: es ist die große Geste, mit der alle Schöpfung hinweist, der Wink, mit dem die ποιήματα hinzeigen auf den, der sie gemacht hat. Κατὰ λόγον: alles Geschaffene ist transparent auf den Schöpfer selbst[21].

Jedoch (2): im scheinbaren Widerspruch zu dem bisher Gesagten heißt es nun nicht: die Welt erkannte Gott, sondern: sie erkannte ihn *nicht*[22]. Dieser Widerspruch (der dem in Röm. 1 entspricht), kann nicht so erklärt werden, daß die natürliche Gotteserkenntnis lediglich als eine Möglichkeit betrachtet wird, welche die Welt nicht zu verwirklichen wußte: natürliche Gotteserkenntnis ist nicht bloß eine Möglichkeit, sondern eine Wirklichkeit. Gott *wird* geschaut. Gott behaftet ja die Menschen dabei, daß er sich unübersehbar sehen ließ: sie sind unentschuldbar. Der Widerspruch kann auch nicht so aufgelöst werden, daß man die natürliche Offenbarung als unzureichend hinstellt. Davon ist nicht die Rede[23]. Die "Ur-Offenbarung" ist (von Gott her!) *volle* Offenbarung. Sie reicht durchaus zu. *Gott* wird ja geschaut! Auch in Christus wird letzten Endes nichts anderes offenbar als das, was "im Anfang", was "ursprünglich" immer schon sichtbar ist: der Logos und die Weisheit Gottes! Es ist auch nicht richtig, hier den Gegensatz von "theoretischem" und "praktischem" Erkennen zu konstatieren; denn das ist ja gerade für die paulinischen Aussagen, so gut wie für die Tradition, in der er steht, kennzeichnend, daß eine solche Unterscheidung nicht gemacht wird. Gott schauen ist nicht das distanzierte Betrachten eines Gegenstandes, der mich nichts angeht: sondern Gott schauen heißt ja in seinem Licht offen liegen, betroffen sein von seinem Licht. Der Mensch hat hier gar keine Möglichkeit, sich lediglich "theoretisch" zu verhalten. - Die Klärung des Widerspruchs liegt in Richtung der Differenzierung von Erkenntnis und *Anerkenntnis.* Die Uroffenbarung

---

[20] Die Weisheit Gottes ist "ausgegossen" über alle seine Werke (Jes. Sir. 1,9), sie ist in die Welt eingegangen, sie "durchdringt" alles (Sap. Sal. 7,24b), sie erstreckt sich durch das All und durchwaltet es (8,1). - Das gleiche jüdische Theologoumenon ist aufgenommen in Röm. 1,18ff.

[21] "Erkennen ist hier nichts anderes als ein verstehendes Inne-werden Gottes durch die lichte Weisung des Seienden aus dem Sein selbst" (Schlier, a.a.O. S. 210).

[22] Das οὐκ ἔγνω bezeichnet wohl kaum einen einmaligen Akt, sondern beschreibt etwas, das sich dauernd vollzieht.

[23] Auch der berühmte Ausdruck τὸ γνωστὸν τοῦ θεοῦ in Röm. 1,19 ist nicht so zu verstehen. Er bezeichnet nicht - im partitiven Sinn - etwas, das von Gott erkennbar ist, zum Unterschied von anderem, das nicht erkennbar ist, sondern das, *woran* sich Gott erkennen läßt (so mit Recht Hellmut Rosin, To gnoston tou Theou, ThZ 17, 1961, S. 161ff.). "Mit aller Kraft legt er (scil. Paulus) dar, daß der heidnische Mensch nicht etwas von Gott weiß, sondern *Gott selbst,* Gott ganz, kennt ... weil er Gott tatsächlich kennengelernt hat, erfahren hat, daß aber dieser selbe Mensch nichts darum gibt, Gott auch wirklich 'in der Erkenntnis zu haben'..." (Rosin, S. 162).

hatte nicht jenes Ergebnis, das sie hätte haben sollen: sie führte nicht zur An-
erkenntnis Gottes, zur Verherrlichung, zum Lobpreis, zur Liebe[24]. Aber was
heißt das? Das heißt: es liegt ein Widerspruch im Erkennen selbst: Gott wird
erkannt, aber der Mensch nimmt die Erkenntnis wiederum zurück. Der Erkenntnisakt selbst ist gestört. Er kommt nicht an sein Ziel. Der Mensch will
das, was er erkennt, nicht erkennen, das, was er sieht, nicht sehen. Er verschließt seine Augen vor dem, was er weiß, und wendet sich davon ab. Er
"realisiert" seine Erkenntnis nicht. Er will sie nicht wahrhaben. Er müßte sich
doch dem Sein selbst, dem er in der Wahrheit begegnet ist, dankbar und
glücklich hingeben. Er tut das aber nicht. Seine Erkenntnis gelangt nicht ins
Zentrum seiner Person (oder besser: er läßt sie dort nicht bleiben!), sondern
sie wird abgeschoben. Es ist etwas in ihm, das seine an sich richtige Erkenntnis ableitet, *verdrängt,* fälscht, was ihn dazu treibt, sich das volle Licht Gottes,
das er doch schaut, weil er in ihm steht, zu verbergen. Der Mensch lebt mitten
in der Ein-sicht Gottes; aber davor ängstigt er sich. Er läßt diese Einsicht nicht
zum vollen Bewußtsein werden. Er wehrt sich dagegen. Er hält Gott von sich
weg. Die Uroffenbarung wird nicht aufgenommen in die Personalität (so daß
sie den Menschen auch nicht vom Kern seiner Person her wandelt), sondern
sie wird teilweise in der Unbewußtheit gehalten. Daß der Mensch in Gott offen ist, ruft seinen *Widerstand* hervor, mit dem er sich vor der Einsicht Gottes
verschließt. *Er widersteht seiner eigenen Erkenntnis und zerstört sie*[25].

Freilich, er kann sie nicht ganz zerstören, denn er steht nun einmal in Gottes Licht, seine Augen sind, ob er will oder nicht, auf Gott gerichtet: indem er
die Wahrheit Gottes abschiebt und fälscht, entstehen die Götzenbilder. Athe-
ismus ist nicht möglich, wohl aber das Preisgegebensein an die Dämonen. Die
dämonischen Gottesbilder entstehen einerseits aus dem Licht der Offenbarung
(ohne Uroffenbarung wären auch die Dämonen nicht möglich), andererseits
aus der Verschiebung der Erkenntnis vom Sein selbst zum Seienden. D.h. sie
setzen sich zusammen aus Offenbarung und Widerstand gegen die Offenbarung. Sie sind ein Produkt jener Erkenntnis, die gegen sich selbst steht[26].

---

[24] Schlier, a.a.O. S. 210ff.

[25] Die Reaktion des Menschen auf die Uroffenbarung ist die Sünde. - Hier liegt die Differenz zwischen Paulus und seiner Tradition. Die natürliche Theologie des Judentums will
zeigen, daß auch die Heiden eine Möglichkeit der Gotteserkenntnis haben, obgleich sie
das Gesetz nicht empfangen haben wie Israel. Paulus verwendet diese Gedanken, aber er
gibt ihnen eine andere Spitze; nicht: alle Welt *könnte* Gott erkennen, wenn sie nur
wollte! - sondern: alle Welt *kennt* Gott, aber sie will nicht! Wie *im* Tun des Gesetzes das
Gesetz übertreten wird, so wird *im* Erkennen Gottes Gott verkannt. Ein Imperativ, Gott
nun besser und inständiger zu erkennen, oder etwa: daraus die Konsequenzen zu ziehen,
ist hier ausgeschlossen. Jeder solche Imperativ würde die Entfremdung, *in* der die Erkenntnis steht, nur noch vertiefen. - Vgl. Bornkamm, a.a.O. S. 18ff.

[26] Die Ablehnung des Erkannten, nämlich die Ablehnung Gottes, führt zur Vereitelung der
Erkenntnis (Röm. 1,21b) und zur Vertauschung von Creator und Creatura (Röm. 1,23a).
Vgl. Schlier, a.a.O. S. 211ff. Die Welt, die transparent auf Gott ist, wird opak. Das Seiende stellt nicht Gott her, sondern *ver*stellt ihn. Der Mensch sollte durch das Seiende
auf Gott hindurch. Da er es aber ablehnt, bleibt er am Seienden hängen, bleibt er an das

Paulus läßt keinen Zweifel darüber, daß das Mißlingen der Gotteserkenntnis schuldhaft ist. 1. Kor. 1,21 beschreibt - sit venia verbo - den *Sündenfall der Erkenntnis*. Auch die Funktion des Erkennens ist von der Sünde nicht ausgeschlossen. Nicht nur im Handeln, sondern auch im Erkennen sündigt der natürliche Mensch, vollzieht sich der schuldhaft-tragische Akt der Ab-kehr des Menschen von Gott und der Hin-kehr zu sich selbst. Im Erkennen vollzieht sich die *aversio* von Gott, die zur *inversio* oder *perversio* der Erkenntnis führt[27]. Das Erkennen (das doch an sich gut ist) wird durch seine Abkehr von Gott verkehrt, - destruiert. Die Weisheit wird Wahn.

Der Sinn des Satzes, daß die Uroffenbarung vom Menschen verdrängt wird, kann nur unter Zuhilfenahme der Kategorie *"Angst"* (gemeint ist natürlich die *ontologische* Angst) vermittelt werden. S. Kierkegaard hat auf die Angst als auslösendes Motiv beim Fall der Freiheit hingewiesen. Ähnliches muß für die Erkenntnis gelten. *Wie das Handeln, so ist auch das Erkennen durch die Angst gestört.* In der ängstlichen Sorge um die Bewahrung seines Selbst widersteht das endliche Wesen seiner richtigen Einsicht und verschließt sich dem Licht Gottes, so daß es nicht mehr transparent ist für Gott. Gott kann nicht mehr durch dies endliche, sündhaft-selbstverschlossene Wesen hindurch, weil es ihm in angemaßter Aseität widersteht. Es ist nicht mehr offen *für Gott*, sondern verschließt sich *für sich selbst*. Die Angst macht das Erkennen blind für Gott und treibt es zur Vertauschung von Creator und Creatura. Die von der Sünde irregeleitete, von der Angst irritierte selbstsüchtige Vernunft ist zwar immer noch auf das Sein gerichtet, vernimmt aber - Nichts.

Die letzten Ursachen der ontologischen Angst können nicht vermittelt werden, weil die Ursache des Falls nicht total vermittelt werden kann (was sich z.B. darin zeigt, daß vom Fall nie anders als in mythologischen Kategorien geredet werden kann; der Mythos unterscheidet sich aber vom Logos durch geringere Bewußtheit). Die letzten Ursachen der ontologischen Angst bleiben im Dunkeln. Entsprechend kann durch menschliche "Technik" die Angst eingedämmt, aber nicht total aufgehoben werden. Daraus folgt, daß auch die aversio der Vernunft vom bewußten Willen her nicht aufgehoben werden kann. Das Erkennenwollen wird ja von der Angst sabotiert.

---

[27] Seiende fixiert. Zwar: die Richtung seines Denkens über alles Seiende hinaus zum Grund des Seins selbst bleibt erhalten. Aber weil er diesen Weg nicht gehen will, wird Geschaffenes für ihn zum Seinsgrund (Dämonen). Die religiösen Symbole des heidnischen Menschen *sind* Gottessymbole - aber irreführende. In ihnen läßt sich der Mensch nicht nur von der Offenbarung der Wahrheit leiten, sondern auch von den Widerständen, die seine Existenz bestimmen. Christus heilt dadurch, daß er über sich selbst hinausführt zu Gott.
Calvin, In Novi Testamenti epistolas Commentarii, ed. Tholuck, Berlin 1864, Vol. VI zu 1. Kor. 1,21 (S. 33): "Deus ergo in creaturis praeclarum admirabilis suae sapientiae speculum nobis profert, ut quicunque mundum et reliqua Dei opera intuetur, necesse habeat, si vel scintillam unam sani iudicii habet, in eius admirationem prorumpere." Aber "hic ordo inversus est", und zwar "hominis pravitate". - Die Gotteserkenntnis ist nicht einfach nicht, sie ist, aber sie ist verkehrt.
Die Destruktion der noetischen Funktion des Menschen zeigt sich in der nie zu befriedigenden Erkenntnisgier, in der Vergewaltigung des Objektes durch das Subjekt, in der Brutalität, mit der das "brutum factum" dem Subjekt widerstrebt, in der libido, mit der das Subjekt an das Objekt erkennend herantritt (wobei die libido an die Stelle der Liebe getreten ist), endlich im Ekel und Überdruß des Erkennenden. Vgl. dazu schon Luther in These XXII der Heidelberger Disputation, W.A. 1, 362f.

(3): Da die Uroffenbarung nicht zum Ziel kommt, sondern "hominis pravitate" (Calvin) eine Scheinweisheit schafft, die in Wahrheit Torheit ist, wählte
Gott einen anderen, paradoxen, "skandalösen" Weg: es "gefiel ihm", durch die
Torheit des Kerygmas die zu retten, die daran glauben (1,21c)[28]. Die Predigt
ist natürlich nicht in Wahrheit Torheit; in Wahrheit ist sie vielmehr Weisheit,
Gottes Weisheit; aber in einer perversen Welt muß Weisheit als Torheit erscheinen. Eben die Tatsache, daß Gottes Weisheit von der "Welt" als Dummheit abgetan wird, deckt die abgründige Verworfenheit der Welt auf.

Worin besteht die "Torheit" des Kerygmas? Nicht darin, daß das Kerygma
absurd ist - es wird ja in sinnvollen Sätzen gesagt[29] -, sondern darin, daß es
paradox ist[30]. Es paßt nicht in die Wertwelt der Menschen. Es ruft eine
"Umwertung der Werte" hervor. Es kann vom Menschen nur so angenommen
werden, daß er bereit ist, seine Werte auf den Kopf stellen zu lassen. Wenn es
wahr ist, daß ein Gekreuzigter der Christus ist, dann muß meine bisherige
Wertwelt verändert werden. Darum stößt die Botschaft zunächst auf Spott
und Widerstand[31]. Wird sie im Gehorsam übernommen, dann lebt der Mensch
in einer neuen Dimension: er traut seinen Werten nicht mehr, hält das Verach-
tete, Schwache, Törichte für genauso Gott nah und angenehm, wie das Edle,
Starke, Weise. Er fängt an zu begreifen, daß Gott die Gottlosen liebt[32]. Dies
ist die Dimension, die Jesus der Welt erschlossen hat[33].

(4): In diesem Sinn steht das Kerygma im Gegensatz zur Weltweisheit. Das
Kerygma ist aber keineswegs bloß die *Negation* aller bisherigen Erkenntnis,
sondern es schafft zugleich eine neue *Position*. In Christus ist Weisheit verborgen (1,24.30). Diese Weisheit kann entfaltet werden (Paulus deutet das in
2,6ff. an).

R. Reitzenstein, Hellenistische Mysterienreligionen, 1927 (3. Aufl.), S. 335, nennt 2,6-
16 "Preis ... (der) verborgenen σοφία". - Die religionsgeschichtliche Stellung des Abschnittes so gut wie seine Stellung innerhalb des theologischen Konzepts der Paulusbriefe ist
umstritten. Bereits Joh. Weiß, Der erste Korintherbrief, 1910, S. 52ff., hat deutlich gesehen,
daß Paulus hier - nach der Ablehnung der σοφία - nun doch auch eine eigene, von der
Weltweisheit zu unterscheidende σοφία zu erbringen hat. Sie muß (auch das hat Weiß
deutlich gesehen) vom Kerygma abgehoben werden; denn während Paulus in Korinth das
Kerygma verkündigt hat, hat er ihnen die Sophia vorenthalten, wie 2,6f. vorbereitend zum

---

[28] Ähnlich der Mythos Joh. 1,1ff. Die erste Offenbarung kommt nicht zum Ziel. Da entscheidet sich Gott zu einer zweiten Offenbarung in der Incarnation des Logos. Vgl. R.
Bultmann, Das Evangelium des Johannes, 1950, S. 27ff.

[29] In diesem Sinn hat auch das Kerygma seine philosophischen Voraussetzungen.

[30] Vgl. P. Tillich, SystTheol I (1956, 2. Aufl.), S. 178ff., II (1958), S. 100ff.

[31] Zum Urteil der Heiden vgl. etwa Tac Ann XV 44; Lukian, de morte peregrini 13, Ale-
xandros, 38; Justin Ap. I, 13,4; Orig. ContraCels VI 34.

[32] "Denn das wunderbare Geheimnis der Schuld, der Sünde, der Feindschaft wider Gott ist,
daß in ihr der Mensch Gott findet." G. van der Leeuw, Phänomenologie der Religion,
1956 (2. Aufl.), S. 595.

[33] Diese Dimension muß zwar je und je im *Gehorsam* übernommen werden; aber solcher
Gehorsam unterscheidet sich vom Leistungsgehorsam dadurch, daß verlangt wird, *das*
anzunehmen, was nicht mehr Gegenstand der Angst ist.

Ausdruck bringt und 3,1ff. deutlich sagt. Er hat eben das Kerygma *ohne* jede Sophia, auch ohne jede eigene Sophia gebracht. Aber in welchem Verhältnis steht solche Weisheit zur Missionspredigt? Weiß neigt zu der Anschauung, die Sophia bringe neue Inhalte, die im Kerygma noch nicht ausgesprochen waren. G. Bornkamm (Art. μυστήριον ThW IV, S. 825f.) meint, es *scheint* so, als ob Paulus eine nur für die Vollkommenen bestimmte, vor Unreifen geheimzuhaltende Mysterienlehre vortragen wollte (oder könnte, wenn sie nur dazu "reif" wären). Aber solche Formulierungen seien lediglich formale Anpassung an die Terminologie der korinthischen "Pneumatiker". In der *Sache* bleibt Paulus an die apostolische Predigt gebunden. Die Weisheit, die er verkündigt, ist eben gerade das Kerygma. - Aber ist diese Alternative sachgemäß? Das Problem kann einfach dadurch gelöst werden, daß man die σοφία von 2,6ff. als *Explikation* des Kerygmas ansieht. Insofern bringt sie tatsächlich keine neuen Inhalte, sofern ja alles das, was sie enthüllt, bereits im Kerygma gesetzt ist (so wird das Motiv Bornkamms zur Geltung gebracht); sie ist aber ebenso auch nicht einfach mit dem Kerygma identisch (wogegen der Text ja nun eindeutig spricht), sondern sie entfaltet das, was im Kerygma unentfaltet, unausgesprochen enthalten ist (damit wird das Motiv von Joh. Weiß aufgenommen). Es scheint, daß auch H. Schlier, a.a.O. S. 225ff. das Verhältnis von Kerygma und neuer charismatischer Weisheit so versteht (über seinen anfechtbaren Kerygma-begriff siehe unten).

Anders sieht es freilich U. Wilckens. Nach Wilckens hat der Begriff "σοφία" keine wesentliche Funktion innerhalb der paulinischen Theologie und wurde von Paulus aus der korinthischen Theologie übernommen (Weisheit und Torheit, S. 68). Aber auch so, wie Paulus ihn übernimmt, schließt er nach Wilckens eine charismatische Sophia für Teleioi, die neben dem Kerygma steht, aus. Sophia sei für Paulus ein Gott vorbehaltener Begriff, der kein anthropologisches Korrelat zuläßt (! S. 39). Weisheit gäbe es nur als Weisheit Gottes, nicht einmal als Weisheit Christi, geschweige denn als eine Weisheit der Christen. Der Begriff Sophia sei bei Paulus nur theologisch und nicht anthropologisch zu fassen (S. 40). Vgl. auch U. Wilckens, Kreuz und Weisheit, in: Kerygma und Dogma 3 (1957), S. 77ff. Es ist kennzeichnend, daß Wilckens damit freilich in erhebliche Schwierigkeiten gerät, wenn er daran geht, 2,6ff. zu interpretieren. Wilckens meint freilich, diese Schwierigkeiten ergäben sich daraus, daß Paulus in der Aufnahme gnostischer Termini seine Intention nicht durchgehalten habe und dadurch in offenen Widerspruch zu sich selbst geraten sei (Weisheit und Torheit, S. 52, vgl. auch S. 85, 87 u. 93). Er nimmt in dieser Situation seine Zuflucht zur "Sachkritik", um die eigentliche Intention des Paulus aus der Umklammerung durch die gnostische Begrifflichkeit, die Paulus zu Unklarheiten und unmöglichen Argumenten geführt hat, zu befreien.

Die grundsätzliche Legitimität der "Sachkritik" soll nicht bestritten werden. Aber liegen die Aporien, in die Wilckens gerät, wirklich im Text? Folgen sie nicht vielmehr daraus, daß Wilckens ihn mißversteht? Kennt Paulus wirklich kein menschliches "Weise-Sein"? Dagegen spricht 1., daß die Bezeichnung Christi als Weisheit eine bloße Negation darstellen würde, d.h. es wäre von der Sache her zum Problem der σοφία λόγου nichts Brauchbares geboten. Paulus bleibt doch auch sonst nicht bloß im Negativen! 2. 3,1ff. zeigt mit jeder nur wünschenswerten Deutlichkeit (auch Wilckens gibt das ja zu, S. 52f.), daß Paulus tatsächlich eine elementare Unterweisung für νήπιοι (= das Kerygma) von einer Weisheitsrede für Fortgeschrittene (für die πνευματικοί) unterscheidet. Und vor allem 3.: Paulus selbst hat uns mehr als einmal eine solche Weisheitsrede geboten. Auch wenn man von Eph. und Kol. absehen müßte, blieben immerhin noch: 1. Kor. 15,51ff. (wie 7,29ff.!); 1. Thess. 4,13-17; Röm. 11,25ff. (wenn nicht überhaupt Röm. 9-11!).

Wir müssen uns also mit der Tatsache abfinden und sie zu verstehen suchen, daß Paulus *über seine Tätigkeit als Missionar hinaus,* die darin besteht, daß er die Botschaft bringt, zugleich als *Charismatiker* verstanden werden will, der den Eingeweihten christliche "Gnosis" vorträgt.

Jedoch ist die Weisheit, die der Charismatiker enthüllt, an zwei Voraussetzungen gebunden: sie ist der *Sache* nach an das Kerygma gebunden, sie ist der *Person* nach an das Pneuma gebunden: nur die Pneumatiker im engeren Sinn vermögen diese Weisheit zu empfangen, ihnen allein wird sie auch enthüllt. Die Bindung der Weisheit an das Kerygma (a) ergibt sich mittelbar. Der ganze Abschnitt 1,17-2,16 würde seinen Sinn verlieren, wenn der Unterschied zwischen der falschen häretischen und der wahren charismatischen Weisheit nicht in der verschiedenen Beziehung zum Kreuzeslogos bestünde. Nicht die Sophia begründet den Christus, wohl aber begründet der Christus die Sophia. Das Wort vom Kreuz ist kein Moment innerhalb der Weltweisheit, es wird nicht erst durch die Sophia gesetzt, sondern es ist jeder Sophia absolut vorausgesetzt, es ist die "Grundlage", das "Fundament", das gelegt ist, das "da liegt" (3,11) und ein für allemal Verbindlichkeit beansprucht. Christus kann also nicht von der Weltweisheit begründet werden, sondern er will abgesehen von aller Weltweisheit angenommen werden und ermöglicht damit eine neue Weisheit, die freilich (weil sie vom Kreuz ausgeht und an das Kreuz gebunden bleibt) keine Weisheit dieser Welt mehr ist[34]. Die "Weisheit" baut also auf den "Elementarlehren", nämlich auf dem Evangelium, auf[35], ohne diese ihre Grundlage in Frage zu stellen. Sie, die Weisheit, ist ja auch der Sache nach gar nichts anderes als die Entfaltung jener Weisheit, die im Kerygma verschlossen ist. Sie fragt: was bedeutet das Evangelium? Was folgt aus dem Evangelium, was "läßt" das Evangelium "erkennen" (!) hinsichtlich der Frage nach Gott, nach der Welt, nach dem Menschen? Die Weisheit versucht, in das Evangelium tiefer einzudringen und es im Zusammenhang als Logos von Theos zu erfassen. Sie *fragt* zwar das Evangelium, aber sie stellt es nicht in Frage. Sie

---

[34] 3,5ff. zeigt, wie 1,17 zu verstehen ist: die gnostischen Lehrer, die nach ihm gekommen sind, haben das Fundament vorgefunden: die elementare Verkündigung von Christus bzw. Christus selbst als Fundament. Sie haben darauf aufgebaut. Aber sie wollten nach ihrem eigenen Verständnis etwas anderes: sie haben einen eigenen, anderen "Grund" gelegt, sie haben den Glauben der Korinther "gnostisch" grundgelegt und dabei dem Christus innerhalb ihres Systems einen Platz angewiesen. Eine *solche* Gnosis ist Rückfall, "Weltweisheit".

[35] Sofern das Evangelium das aller Sophia absolut vorausgesetzte und durch die Sophia selbst nicht mehr begründbare Fundament darstellt, und sofern dieses Evangelium, die "Botschaft" von Christus, gewiß schon sehr früh in feste Formeln gebracht worden ist, die den Charakter des "Symbols" haben, kann man von einem "dogmatischen Charakter" der Botschaft sprechen. Jedoch liegt nichts am *Buchstaben* der Botschaft. Daß das Kerygma als "Offenbarungslogos" aus dem Munde des Auferstandenen selbst empfangen wurde, wie Schlier, a.a.O. S. 214ff., darstellt, ist wenig wahrscheinlich. Das Kerygma, das man vom Kreuzeslogos bzw. vom Evangelium inhaltlich nicht wird unterscheiden können, ist (gegen Schlier) doch nichts anderes als die sprachliche Formulierung der Erfahrung, die Menschen mit dem Crucifixus und Resurrectus gemacht haben. Zur Kritik an Schlier vgl. U. Wilckens, Kreuz und Weisheit, Kerygma und Dogma 3, 1957, S. 97ff.

kreist um das Geheimnis und versucht, es auszusagen. Sie ist Erkenntnis dessen, was Gott uns geschenkt hat (2,13)[36]. Die Bindung der Weisheit an das Pneuma (b) geht aus 2,9-16 und 3,1ff. unmittelbar hervor. Die Botschaft wird allen gebracht, die Weisheit nur den besonderen Pneumatikern[37]. Jedoch ist kennzeichnend, daß Paulus die Korinther deshalb als νήπιοι anspricht, weil Spaltungen unter ihnen sind (3,3ff.). Die Korinther sind auf der Stelle geblieben, sie haben keine Fortschritte gemacht (eher Rückschritte). Sie sind zwar "im Geist" (sie sind ja νήπιοι ἐν Χριστῷ 3,1), aber sie "wandelten nicht danach" (Gal. 5,25). Der Fortschritt in der Erkenntnis, den der Empfang von Weisheit voraussetzt, ist also keineswegs ein lediglich "theoretischer", er ist auch nicht einfach - rein formal - ein "existentieller"; sondern er ist ein Fortschritt in der Liebe. Mangel an Einheit ist Mangel an Liebe, Mangel an Liebe aber ist ein Zeichen dafür, daß die Korinther gerade *keine* Weisheit haben. Die Weisheit, die Paulus vermitteln kann, setzt Liebe voraus und schafft Liebe: das weist bereits auf die Zusammenhänge von 8,1ff.

Den Ursprung der charismatischen Weisheit verdeutlicht vor allem der Abschnitt 2,10ff. Die charismatische Gotteserkenntnis beruht auf der Gabe des Geistes. Das, was den τέλειοι geoffenbart ist, ist ihnen durch die Einwohnung des göttlichen Geistes gegeben. Er, der göttliche Geist, ist Urheber und Subjekt echter charismatischer Weisheit[38]. Inhalt der charismatischen Weisheit sind die χαρισθέντα, die den Christen von Gott geschenkt worden sind (V.

---

[36] Das ist hier nicht im Zusammenhang zu explizieren. Jedoch fällt auf: 1. daß die enthüllten Mysterien eschatologischer Art sind: Gottes Weg mit der Welt in den Zeiten; 2. daß sie christologisch sind: ihr Ziel ist Gottes Erbarmen mit den Sündern. Das Heilige nimmt das Unheilige an. Das, was bisher von Gott ausgeschlossen war, wird nun angenommen. Es entsteht Einheit (darum kann ja auch der gnostische Mythos, das Mysterium der Einheit, prinzipiell aufgenommen werden!). 3. Daß sie "trinitarisch" sind (vgl. etwa 1. Kor. 2,9-16!). - In dieser apokalyptischen Weisheit liegt der Ursprung der christlichen Theologie.

[37] Paulus hat einen doppelten Begriff von πνευματικός. Πνευματικός ist einerseits jeder Christ, sofern er in der Taufe den Geist empfangen hat. Πνευματικός ist andererseits nur der, der seinen Wandel nach dem empfangenen Geist einrichtet. (Problem des Verhältnisses von Indikativ und Imperativ!) Vgl. W.G. Kümmel im Anhang zu H. Lietzmann, An die Korinther I, II, 1949 (4. Aufl.), S. 171.
3,1ff. stehen einander gegenüber:

σάρκινοι (σαρκικοί) - πνευματικοί
νήπιοι - (τέλειοι 2, 6)
γάλα - βρῶμα.

Vgl. Hebr. 5,11ff.:

νήπιοι - τέλειοι
γάλα - στερεὰ τροφή
στοιχεῖα - λόγος δικαιοσύνης.

Vgl. auch Ign. Trall. 5,1. Zum Ganzen: ThW I 641 (Behm), I 644 (Schlier); O. Michel, Der Brief an die Hebräer, 1960 (11. Aufl.), S. 139ff. - Στοιχεῖα (= γάλα) sind die Elementarlehren, λόγος δικαιοσύνης (= βρῶμα bzw. στερεὰ τροφή) ist die sie explizierende Weisheitsrede.

[38] Ähnlich ist der göttliche Geist auch Subjekt des übernatürlichen Gebetes: Röm. 8,26f.

12)[39]. Wenn es heißt, daß dieser Geist den Pneumatikern gegeben ist, muß freilich sofort hinzugesetzt werden, daß der göttliche Geist deutlich vom menschlichen Geist unterschieden wird[40]. Der göttliche Geist wird in einem Gnadenakt empfangen, er wird niemals mit dem menschlichen Geist identisch. Daraus folgt, daß die Gotteserkenntnis des Menschen, da er ja am göttlichen Geist nur unter endlichen Bedingungen teilhat, lediglich partiellen Charakter trägt[41]. (Paulus wird das in 1. Kor. 13,8ff. näherhin zeigen[42].) So gilt also: charismatische Gotteserkenntnis ist nach Paulus eine gnadenhafte, dem "natürlichen" Menschen unzugängliche Erleuchtung des endlichen Geistes durch den göttlichen Geist. Gott wird erkannt durch Gott - aus Gnaden[43].

III

Mit περὶ δὲ τῶν εἰδωλοθύτων (8,1) geht Paulus nach den langen Ausführungen über Sexualfragen in 6,12-20 und 7,1-40 unvermittelt zu einem neuen Thema über (vielleicht folgt er dem Aufriß des korinthischen Gemeindebriefes an ihn)[44]. In Korinth standen in dieser Frage zwei Gruppen einander gegenüber: die "Schwachen", die es nicht über sich brachten, εἰδωλόθυτα zu essen, und die "Starken", die aus ihrer "Einsicht" die Freiheit zum Genuß auch der εἰδωλόθυτα ableiteten[45]. Bei dieser zweiten Gruppe handelt es sich offenbar um jene besonderen πνευματικοί, die sich ihrer Gnosis rühmen und sich den anderen gegenüber "aufblähen", d.h. also um die "gnostische" Gruppe in Korinth. 8,1ff. läßt schließen, daß die korinthischen Gnostiker ihre Freiheit mit einem Satz des Kerygmas begründet haben. Paulus zitiert ihn in V. 6:

εἷς θεὸς ὁ πατήρ,
ἐξ οὗ τὰ πάντα καὶ ἡμεῖς εἰς αὐτόν,
καὶ εἷς κύριος Ἰησοῦς Χριστός,
δι᾽ οὗ τὰ πάντα καὶ ἡμεῖς δι᾽ αὐτοῦ.

---

[39] Vgl. oben Anm. 36.

[40] Hier liegt der entscheidende Unterschied zur gnostischen Konsubstantialität von pleromatischem und (in die Materie eingeschlossenem) irdischem Geist.

[41] Es ist zu unterscheiden zwischen dem absoluten Wissen des göttlichen Geistes (V. 10) und dem partiellen Wissen (und, wie wir dann hören werden, nur indirekten und "rätselhaften" Wissen), das der göttliche Geist dem endlichen Geist schenkt.

[42] Damit ist die Grenze der charismatischen Erkenntnis angedeutet: "...der göttliche Geist (weiß) alles, aber der τέλειος nur, was das πνεῦμα ihm offenbart" (Kümmel, a.a.O. S. 170).

[43] Mit Recht spricht H.D. Wendland, Die Briefe an die Korinther, 1954 (7. Aufl.), S. 25 von dem in dieser Perikope ausgesprochenen Erkenntnisprinzip.

[44] Der Übergang ist übrigens nicht ganz so unvermittelt, wie es scheint: Sexualfragen und die Frage nach dem Götzenopferfleisch liegen für die korinthischen Gnostiker auf einer Ebene - der κοιλία (6,13)!

[45] Vgl. Röm. 14,13-23.

Daraus folgern sie (und Paulus meint, an sich ganz zu recht): οὐδὲν εἴδωλον ἐν κόσμῳ ... οὐδεὶς θεὸς εἰ μὴ εἷς V. 4), und daraus wiederum folgt, daß das Essen des Götzenopferfleisches frei steht - eben, weil es für die Einsicht der Gnostiker kein "Götzenopferfleisch" mehr gibt. Sie begründen also ihre Freiheit mit einem Grundsatz der elementaren Unterweisung christlicher Mission[46]. Freilich haben sie diesen Satz anders interpretiert als Paulus. Das Οἰκοδομεῖν (V. 10), das der Apostel ironisch aufnimmt, läßt darauf schließen, daß die Freiheit letztlich vom gnostischen Mythos her begründet wurde: πάντα μοι ἔξεστιν ... (6,12; vgl. 10,23), τὰ βρώματα τῇ κοιλίᾳ, καὶ ἡ κοιλία τοῖς βρώμασιν (6,13), d.h. alles, was mit dem "Bauch" zusammenhängt, ist für den Pneumatiker völlig indifferent. Es gehört zu jenem Bereich, über den der Pneumatiker erhaben ist[47]. Ja mehr noch: der echte Pneumatiker muß diese seine Freiheit (ἐξουσία) in Erscheinung treten lassen, um die demiurgischen Mächte zu schwächen, um die Mitchristen "aufzubauen"[48].

Paulus nimmt zu dieser These in *der* Weise Stellung, daß er zunächst das Richtige an dieser These herausstellt, um hernach die falschen Konsequenzen zu derogieren[49]. Einerseits haben die Gnostiker ganz recht: πάντες γνῶσιν ἔχομεν (8,1). Christus bringt uns - und zwar uns allen, die wir getauft sind - die Erkenntnis Gottes als Heilsgut. Diese Erkenntnis befreit uns von der ängstlichen Scheu vor den εἰδωλόθυτα. An die Stelle der Angst tritt die Freiheit. Insofern steht Paulus auf der Seite der "Starken" und gegen Lehre und Praxis der "Schwachen" (vgl. auch 10,19f.)[50]. Aber: die Gnosis, die ein Heilsgut ist, ist - anders als die Liebe - nicht dagegen gefeit, zum Un-heil für den Nächsten zu werden (8,9). Sie ist nicht dagegen gefeit, das Verhältnis zwischen Bruder und Bruder zu zerstören: ἡ γνῶσις φυσιοῖ (8,1). Erkenntnis macht arrogant, weil sie Macht verleiht. Im Erkennen erweitert das Subjekt seinen Machtbereich, das Erkannte gerät in die Macht dessen, der es erkannt hat. Der Mensch kann nun darüber verfügen. Hat er alle Erkenntnis, so hat er "alle Macht". - Zugleich distanziert der Machtgewinn von allen andern, die

---

[46] Die Verkündigung von dem einen Gott ist ein festes Traditionsstück der urchristlichen Predigt, vgl. ThW III 101 (Stauffer); Bultmann, ThdNTs 69f.

[47] Das schließt für die Gnostiker (nicht für Paulus) auch den Bereich der Sexualität mit ein! Vgl. 6,12-20!

[48] Vgl. Schmithals, S. 183ff.

[49] Paulus geht hier genauso vor, wie in 6,12ff. und 7,1ff.: Ja, ihr habt recht mir eurem Grundsatz, aber... Ja, alles ist uns erlaubt, - aber nicht alles nützt! Ja, wir haben alle die Erkenntnis, - aber: die Erkenntnis bläht auf!
Dabei handelt es sich nicht um eine pädagogische Taktik, die letztlich in fatale Nähe zum Opportunismus käme, vgl. H. Chadwick, All things to all men (I. Cor. IX 22) NTS 1 (1954/55), p. 261ff. Vielmehr zeigt das Vorgehen des Paulus, daß sein Glaube und der der Gnosis eng miteinander verbunden sind und weite Strecken gemeinsam gehen können.

[50] Zum Ganzen H. von Soden, Sakrament und Ethik bei Paulus. Zur Frage der literarischen und theologischen Einheitlichkeit von 1. Kor. 8-10, in: Urchristentum und Geschichte, Bd. I, 1951, S. 239ff.

solche Macht nicht haben. Die Erkenntnis distanziert die Mächtigen von den
Machtlosen, sie schafft nicht Einheit, sondern Zwiespalt. Sie gibt so die Möglichkeit, sich zu überheben, sich selbst gegenüber den anderen durchzusetzen
auf Kosten der andern, d.h. sie provoziert die Sünde. - Jedoch ist solche
Macht in Wahrheit bloßer Schein. Denn es gibt keine Macht über Gott. Die
Gotteserkenntnis, die "Macht über Gott" verleiht, hat nicht Gott erkannt, sondern einen Götzen. Sie hat an *dem* Anteil, was sie erkennt - nämlich am Trug.
Sie hat nicht Anteil an der Macht und an der Fülle des Seinsgrundes, sondern
sie schafft Leere, sie ist "Wind", nicht "Haus", sie "bläht auf" statt "aufzubauen" (8,1). Solche Erkenntnis steht im Gegensatz zur Liebe, denn die Liebe
bläht sich nicht auf (οὐ φυσιοῦται 13,4). Hinter ihr steht ja nicht die Angst
des Menschen, der sich selber bewahren muß[51]; vielmehr: die Liebe, die das
Sein läßt und Gott preist, baut auf. Der gnostischen Losung ἡ γνῶσις
οἰκοδομεῖ stellt Paulus die andere Losung gegenüber: ἡ ἀγάπη οἰκοδομεῖ!
Οἰκοδομεῖν[52] bedeutet für ihn (ähnlich wie das συμφέρειν in 6,12) die
"geistliche" Förderung, das schöpferische Wirken des Geistes, Wachstum und
"Fortschritt". Die Liebe ist schöpferisch, sie baut auf, treibt voran, sie bringt
etwas zuwege. Durch sie wächst der Baum des Lebens, was von ihr weg gerät, gerät an die Peripherie. In dem Maße als etwas von der Liebe entfernt ist,
ist es vom Schöpferischen entfernt und treibt in eine Sackgasse der Entwicklung.

Jedoch ist die - zunächst nur lineare - Gegenüberstellung von Erkennen und
Lieben in 8,1 mißverständlich (so mißverständlich, wie die zunächst nur lineare Kritik an Sophia und Logos in 1,18ff.)[53]. Paulus versucht darum in 8,2ff.
zu verdeutlichen: es gibt eine Erkenntnis aus Liebe und es gibt eine Erkenntnis
ohne Liebe. Die Erkenntnis aus Liebe erkennt Gott, die Erkenntnis ohne Liebe
erkennt - nichts. "Quicquid vacuum est caritate, nihil est apud deum" (Calvin).

Daraus folgt: es gibt ein Erkennen, das so ist, wie erkannt werden muß,
und es gibt ein Erkennen, das nicht so ist, wie erkannt werden muß. Καθὼς
δεῖ γνῶναι bezeichnet die "sachgemäße", die richtige, volle Erkenntnis, eine
Erkenntnis, die "wirklich zum Ziel hindurchgedrungen" ist (Weiß z.St.), die
"seria Dei cognitio" (Calvin). Die un-angemessene, un-sachgemäße, un-
richtige Erkenntnis zeigt sich im Selbstruhm. Sie entlarvt sich in dem Anspruch, mit dem sich der Erkennende dem Nächsten gegenüber als seinem
gefürchteten und verhaßten Feind durchsetzen will. In ihr erscheint noch nicht
Gott, sondern immer noch die Angst. Demnach ist die Liebe das Kriterium der

---

[51] Die Angst steht also letztlich sowohl hinter der Position der "Starken" wie der der
    "Schwachen"! In Wahrheit sind sie also beide "schwach". Die Schwäche der einen of-
    fenbart sich in der Gewissensangst, in der mangelnden Freiheit, die Schwäche der an-
    dern in Hochmut und Rücksichtslosigkeit. Stark und wahrhaft frei ist, wer als Geliebter
    liebt - als Erkannter erkennt.
[52] Vgl. ThW V 144, 24ff. (Michel).
[53] Die Dunkelheit des Abschnittes geht zum Teil darauf zurück, daß Paulus Zwischenge-
    danken unausgesprochen läßt.

Erkenntnis. "Die Liebe muß ihre Frucht sein, nur dann ist sie vollwertig" (Lietzmann z. St.).

Daraus folgt: wer Gott liebt, der hat ihn erkannt! Das ist es auch, was man erwartet, nachdem Paulus den nächsten Satz mit den Worten beginnt: εἰ δέ τις ἀγαπᾷ τὸν θεόν (V. 3)[54]. Und tatsächlich könnte Paulus das auch sagen. Gleichwohl dreht er mitten im Satz den Gedankengang um. Er setzt nicht fort: "der hat Gott erkannt", sondern: "der *ist* von Gott erkannt"; er ersetzt das Aktivum durch das Passivum; er macht also deutlich, daß wahre Gotteserkenntnis "gnosis passiva" ist (von Soden, a.a.O. S. 241) - so wie wahre Gerechtigkeit iustitia passiva ist[55].

Der Gedanke "Gott erkennen heißt von ihm erkannt werden" kehrt auch in Gal. 4,9 wieder und klingt in 1. Kor. 13,12b an. Auch 14,38 erinnert an ihn. Wir haben also ein Theologoumenon des Apostels vor uns. Die Formel ist von Paulus christologisch gemeint (wovon gleich noch die Rede sein wird), sie ist aber an sich allgemein theologisch. Es handelt sich an sich um einen Satz der "Uroffenbarung", der prinzipiell auch extra Christum gefunden werden kann. Die Formel wird also aus dem theologischen Bestand des "vorchristlichen" Paulus stammen.

Entsprechend hat die religionsgeschichtliche Forschung nach außerchristlichen Parallelen gesucht. R. Reitzenstein, Hellenistische Mysterienreligionen, 1927 (3. Aufl.) S. 299, wies auf Corp Herm X 15 hin; vgl. auch Porphyr ad Marcellam 13 und 21. Alb. Schweitzer, Die Mystik des Apostels Paulus, 1930, S. 297f., hat dagegen behauptet, die paulinische Vorstellung fließe ganz aus dem eschatologischen Theologoumenon von der Vorherbestimmung. Ähnlich hat R. Bultmann (in der Nachfolge von Joh. Weiß z. St.) die Auffassung vertreten, die paulinische Formel erinnere nur formal an die gnostische Mystik, inhaltlich sei sie ganz aus alttestamentlichen Zusammenhängen zu verstehen. Von Gott erkannt werden heißt demnach von ihm gewählt werden (ZNW 29 [1930] S. 189 und ThW I 709f.). Der Auffassung Bultmanns haben sich Lietzmann (z. St.) und G. Bornkamm, Der köstlichere Weg, 1. Kor. 13, in: Das Ende des Gesetzes, Paulusstudien, Gesammelte Aufsätze Bd. I, 1958, S. 106, angeschlossen. Jedoch hat bereits M. Dibelius (Epignosis Aletheias, in: Botschaft und Geschichte, Bd. II, 1956, S. 6ff.) betont, daß sich die paulinische Formel aus dem AT allein nicht erklären lasse. Tatsächlich fehlt den alttestamentlichen Zitaten (etwa Am 3,2; Jer 1,5) ja gerade das Besondere an der hier vorliegenden Wendung, nämlich die *Korrespondenz* von Erkennen und Erkanntwerden! Zudem schließen einander der alttestamentliche Erkenntnisbegriff (Erkennen = Wählen) und der mystische gar nicht aus. Gerade die Gnosis weiß, daß Erkennen Wählen heißt. Entsprechend fehlt gerade der Gnosis der Gedanke der Gnadenwahl nicht[56]. - (Gegen die Ableitung der paulinischen Formel aus der Mystik wendet sich auch Dom. J. Dupont, Gnosis, La connaissance religieuse dans les épîtres de Saint Paul, 1960 [2. Aufl.] p. 51-88.)

Die genannten Zitate sind nicht gleichwertig. Gemeinsam ist ihnen der allgemein mystische Gedanke: Gott und Mensch erkennen einander, Gott erkennt den Menschen, der Mensch erkennt Gott. Sie sind einander bekannt, vertraut, denn: sie sind im Grunde (nämlich im Abgrund der Seele) eins. Ich bin Du und Du bist Ich. Zwischen Gott und

---

[54] τὸν θεόν fehlt in P[46] und ClemAlex, um den Gegenstand der Agape allgemein zu fassen.

[55] "Actio Dei est passio nostra" (Luther, bei Schlier, Der Galaterbrief, 1949, S. 143 A. 3).

[56] Zu den bisher erbrachten Parallelen ist jetzt noch hinzuzufügen Evg. Veritatis 19,33ff. wo es von den wahren Gnostikern heißt: "Sie haben erkannt, sie wurden erkannt; sie wurden verherrlicht, sie haben verherrlicht." (Jedoch ist diese Stelle wahrscheinlich von Paulus beeinflußt.) Vgl. auch Ev. Thom. copt. 3.

Mensch gibt es ein gegenseitiges Sich-Kennen, Sich-Wählen, Sich-Lieben, Sich-Verherrlichen, Sich-Wiederfinden. Grundlage solcher Formulierungen ist die "mystische Erfahrung", daß Gott als Gott nicht ein Objekt außen ist, ein Fremder, Anderer, Ferner, sondern daß Gott dem Menschen ganz nahe ist, daß Gott der Allernächste ist. Darum wird er im Grund oder Abgrund der Seele gesucht. Für die Mystik fallen Seinsgrund und Seelengrund zusammen. Hier sind Gott und Mensch eins. Hier erkennt der Mensch Gott durch sein eigenes Gott-Sein. Gleiches wird durch Gleiches erkannt (vgl. van der Leeuw, a.a.O. S. 562f.). In der Gnosis kommt die gleiche Erfahrung zum Ausdruck in der Homoousie von pleromatischem Pneuma und dem Pneuma des Pneumatikers. Erkenntnis ist Erlösung, ist Individuation. Im Erkennen vollzieht sich die Selbstwerdung Gottes und des Menschen. Indem der Mensch Gott erkennt (erlöst), erkennt (erlöst) Gott sich selbst.

Es ist deutlich zu sehen, daß Paulus dieser mystischen Erfahrung nur zum Teil entspricht. Zwar stimmt er insofern mit ihr überein, als auch seiner Formel die Einsicht in Gottes absolute Subjektivität zugrunde liegt. Insofern war die religionsgeschichtliche Forschung im Recht, nach Parallelen in Mystik und Gnosis zu suchen. Andererseits unterscheidet sich Paulus von diesen Zitaten dadurch, daß seine Formel auf das Christusgeschehen bezogen ist und von daher einen anderen Sinn erhalten hat. (Siehe unten.)

Die religionsgeschichtliche Situation kann im übrigen noch etwas verdeutlicht werden durch den Hinweis auf 1. Kor. 2 und Röm. 8. An beiden Stellen ist der Gedanke ausgesprochen, daß Gott selbst die Actio übernimmt, die ursprünglich der Mensch gesetzt hat: Gott wird nur so erkannt, daß man teilhaben darf an der Erkenntnis des Geistes - *Gott* ist also der Erkennende! (1. Kor. 2). Und: Beten geschieht so, daß der Geist Gottes in uns betet. Der Mensch hat nur Anteil an dem Sprechen Gottes mit sich selbst! *Gott* selbst ist der Betende (Röm. 8,26ff.). Der Weg führt hier vom menschlichen Erkennen, bzw. Beten zum Erkennen, bzw. Beten Gottes, bzw. des Geistes Gottes, vergleichbar Gal. 4,9: γνόντες θεόν, μᾶλλον δὲ γνωσθέντες ὑπὸ θεοῦ. Beide Stellen 1. Kor. 2 und Röm. 8 weisen auch sonst eine auffallende Ähnlichkeit im Vokabular und Gedankengang auf: der Geist, der Abgründiges erforscht (ἐρευνᾶν!), der für die Menschen eintritt. Beide haben aber auch die merkwürdige Wendung: οἱ ἀγαπῶντες τὸν θεόν (1. Kor. 2,9; Röm. 8,28!), die in 1. Kor. 8,3 wiederkehrt. An beiden Stellen auch der Überschwang: Unaussprechliches, Unerhörtes, Ungeschautes hat Gott denen geschenkt, die ihn lieben - und: die ihn lieben, denen muß alles zum Guten mitwirken! Endlich weisen beide Stellen auch auf die Prädestination (1. Kor. 2,6ff.; Röm. 8,28ff.). Die "Erwählten" - das sind die "Heiligen", die, die "ihn lieben", es sind die, die er zuvor *erkannt* (!) und zuvorbestimmt hat (Röm. 8,28f.), es sind die, denen er sich geoffenbart hat (1. Kor. 2,10ff.). Die ihn lieben, das sind eben die, die er *zuvor* gewählt, erkannt hat. Und in ganz analoger Weise sind die 1. Kor. 8,3 von Gott Erkannten die von ihm Erwählten, Angenommenen. Es ist hier nicht möglich, die beiden Abschnitte mit 1. Kor. 8,1ff. einer ausführlichen religionsgeschichtlichen Untersuchung zu unterziehen. Zu 1. Kor. 2 vgl. U. Wilckens, Weisheit und Torheit, passim. - Jedoch wird man die Behauptung wagen dürfen, daß die genannten Motive religionsgeschichtlich gesehen auf apokalyptische bzw. gnostische Spekulationen des Judentums weisen. Man wird also folgern dürfen, daß Paulus den Satz "Gott erkennen heißt von ihm erkannt werden" aus seiner eigenen jüdischen Vergangenheit mitgebracht hat, wobei die sprachliche Formulierung möglicherweise von ihm selbst stammt, das *Motiv* findet sich in dem religionsgeschichtlichen Milieu, an dem er teilhatte.

Aus alledem können wir schließen: Paulus zitiert in 8,3 ein für ihn typisches Theologoumenon. Aber dieses Theologoumenon hat auch in jedem System der Mystik und - auf die Situation in Korinth bezogen - im System der Gnosis seinen Platz. Es ist möglich, und man mag es für wahrscheinlich halten, daß die korinthischen Gnostiker sich gerühmt haben: "wir sind von Gott erkannt", wie sie sich denn sicher gerühmt haben "wir haben die Gnosis". Eben aus diesem "Erkanntsein von Gott", das sie in die Doxa entrückte[57] und in die himmlische Oikodomé einfügte, rechtfertigten sie ihr Verhalten in der Götzenopferfleisch-Frage. Sogar das ist möglich, daß sie sich dabei auf die paulinische Formel bezogen haben - freilich indem sie diese Formel umdeuteten. Im Zusammenhang des Abschnittes - das ist wichtig zu sehen - liegt der Akzent nicht auf der Umkehr vom Aktiv zum Passiv, der diese Formel strukturiert. Der Akzent liegt vielmehr auf dem εἰ δέ τις ἀγαπᾷ τὸν θεόν[58]. Daß Erkennen Erkannt-sein heißt, *setzt Paulus voraus*[59]. Er pointiert aber: "wenn einer Gott *liebt, der* ist von Gott erkannt!" Darin kommt Übereinstimmung und Differenz zur Gnosis zum Ausdruck.

Die *Übereinstimmung* besteht darin, daß Paulus (so gut wie der Gnostiker) um die besondere Struktur der Gotteserkenntnis weiß. Wendet sich das Erkennen irgendeinem Seienden zu, so kann es dieses als einzelnes Seiendes, das am Sein selbst nur Anteil hat, zum Objekt seiner Erkenntnis machen. Wendet sich aber die Erkenntnis *Gott* zu, so ist eben dies das erste und letzte, was sie erfaßt, daß Gott nicht ein einzelnes Seiendes neben anderem Seienden ist, ein Ding unter Dingen, ein Gegenstand unter Gegenständen, eine Wirklichkeit unter anderen und neben anderen Wirklichkeiten, sondern die Wirklichkeit schlechthin, die eigentliche Wirklichkeit. Gott kann darum nicht zum Objekt gemacht werden, sondern der Mensch wird zum Objekt Gottes[60].

Oder anders: die Erkenntnis Gottes ist besonderer Art. Richtet sich der Nous auf Gott, dann wandelt sich die Erkenntnisstruktur (weil ja Gott nicht selbst den Strukturen unterliegt, sondern vielmehr ihnen vorausliegt). Gott bleibt nicht ein "zu ergreifendes Objekt", *sondern greift selbst* in den Erkenntnisakt *ein, er* wird zum Subjekt und ändert die Richtung des Erkenntnisaktes.

Die Übereinstimmung, die in diesem Punkt erzielt werden kann, darf die *Differenz* zwischen der paulinischen und der gnostischen Theologie nicht verdunkeln. Die Differenz ist dreifacher Art:

---

[57] Vgl. etwa die gnostische Parallele Evg. Ver. 19,33ff., oben A. 56.

[58] Zu der merkwürdigen Formulierung "Gott lieben" vgl. J.B. Bauer, ZNW 50 (1959) S. 106ff.

[59] Die Formel wird hier wie an den andern Stellen *beiläufig* erwähnt, d.h. ihre Kenntnis ist vorausgesetzt. Vgl. auch Weiß z.St. Gal. 4,9 und 1. Kor. 8,3 stehen zudem in Zusammenhängen, die es wahrscheinlich machen, daß Paulus diese Formel in der elementaren Verkündigung tradierte. Die Formel gehört demnach zum missionarischen Kerygma des Apostels.

[60] In diesem Sinn gehören Gal. 4,9; 1. Kor. 8,3; 13,12b zusammen mit 2. Kor. 4,6 (Gott wird so geschaut, daß er sich sehen läßt, daß er seinen Schein in unsere Herzen gibt), Phil. 3,12 (Paulus sucht zu ergreifen, weil er ergriffen ist), 1. Joh. 4,10 (nicht wir haben Gott geliebt, sondern er uns); alle diese Stellen bringen, je in ihrer Weise, den Grundgedanken der paulinischen Rechtfertigungslehre zum Ausdruck: Gott ergreifen heißt, von ihm ergriffen sein, Gott lieben heißt, von ihm geliebt sein. Man könnte auch an Lk. 15,1ff. erinnern: nicht der Mensch hat Gott verloren, sondern Gott den Menschen. Gott sucht, findet, freut sich.

a) Das Erkanntwerden von Gott vollzieht sich nicht im Akt der dem Menschen von Natur aus zugänglichen religiösen Versenkung, sondern im Akt des *Glaubensgehorsams*. Es hat sein "Vorspiel" in der Ewigkeit, Gott beruft die, die er zuvor erkannt hat (Röm. 8,29); und es spielt sich dann ab *im Akt des Gläubigwerdens*, wie Gal. 4,8f. zeigt. Sie werden dadurch von Gott erkannt, daß der Bote bei ihnen eintrifft, und ihnen die Botschaft ausrichtet. Sie lernen Gott in Christus kennen und werden darin von Gott in Christus erkannt, - und das heißt nun freilich: angenommen, akzeptiert, "realisiert". Dem entspricht es, daß - im weiteren Sinn - alle Christen "Gnostiker" sind, alle die, die im Gehorsam die Botschaft von dem Gekreuzigten als Wahrheit des Seins übernommen und sich ihr gebeugt haben. In alledem *lassen* sie sich von Gott erkennen[61]!

b) Die Echtheit der Gotteserkenntnis erweist sich im *Lieben*. Es ist ja merkwürdig, daß die korinthischen "Starken" Erkenntnis haben - und doch nicht. Daß sie wissen, Gott ist kein Objekt, sondern das Subjekt, der εἰς θεός und daß gleichwohl von ihnen gesagt wird: ihre Erkenntnis ist nicht so, wie sie sein soll, sie ist nicht zum Ziel gelangt. Offenbar gibt es eine *an sich* richtige Erkenntnis - z.B. davon, daß Gott das absolute Subjekt ist: auch Paulus verkündigt schließlich und endlich nichts anderes, auch Christus bedeutet nichts anderes[62] - und doch gelangt diese Erkenntnis nicht mit Notwendigkeit zum Ziel. - Wir stoßen hier auf jene Zusammenhänge, die uns schon bei der Interpretation von 1,21 beschäftigt haben. Es stellt sich jetzt heraus, daß die "Starken" in Korinth lediglich auf dem Niveau der Ur-offenbarung stehen, sofern

---

[61] Der Mensch kann sich natürlich nicht dagegen wehren, daß er von Gott erkannt ist. Gott umfaßt mein ganzes Sein, einschließlich jener Schichten, die mir selbst unbewußt sind. Aber eines kann der Mensch wohl: er kann sich von der Person her, von der sein ganzes Sein zentriert ist, Gott verschließen - merkwürdigerweise aus einer Hybris und Angst, die aus tieferen Schichten stammt als aus der Person und die sich letztlich im total Unbewußten verliert. Mit der Macht des Zentrums, die in mir ist, kann ich, was sonst kein Wesen kann, was auch die tieferen Schichten meines eigenen Wesens nicht vermögen: ich kann mich dem Erkanntwerden durch Gott verschließen. Zwar bin ich natürlich auch dann von Gott total erkannt; aber die Person, in ihrer Freiheit, in ihrer Freiheit auch Gott gegenüber, springt in jedem Augenblick aus der Totalität heraus in die Willkür des Nichts und macht sich von Gott los. *An sich* bin ich immer von Gott erkannt. *Für mich* bin ich es erst, wenn ich mich dem Crucifixus gebeugt habe.

[62] Die revelatio specialis ist also insofern gar nichts anderes, als die revelatio generalis. Es ist nicht so, daß die revelatio specialis "zusätzlich" zu Gott auch noch Christus offenbarte. Dann wäre ja Christus ein δεύτερος θεός, ein Konkurrent Gottes. Vielmehr offenbart sich Christus so und nur so, daß dabei Gott allein sichtbar wird. Darum fixiert Christus nicht an sich, sondern führt über sich zum Vater hinaus, vgl. Joh. 12,44; 1. Kor. 3,23. Und eben darin ist er Kyrios und Theos.
Der Unterschied zwischen revelatio specialis und generalis liegt darin, daß per Christum das zum Ziel gelangt, was extra Christum scheitert. Christusoffenbarung ist "natürliche Theologie", die unsere Schuld und Angst überwindet und so Gottes Erscheinung ans Ziel bringt.

ihre "Gnosis" genau denselben Strukturen unterworfen ist, die für die Uroffen-barung gelten[63].

Denn was heißt das: Gott ist der eine, das absolute Subjekt, der, der allein ist? Das heißt doch, daß der Mensch sich ihm ganz und gar hingeben soll, das fordert doch die totale Auslieferung und Preisgabe seines Wesens. Wird Gott als Gott erkannt (und er gibt sich ja zu erkennen!), dann ist Hingabe das einzig Sinnvolle und alles andere Torheit. Und doch verweigert sich der Mensch! Und zwar gegen sein besseres Wissen und Wollen! Der Mensch kann seine richtige Erkenntnis gar nicht durchhalten, nicht aushalten! Er kann Gott im Erkennen nicht standhalten. Wird Gott als das erfaßt, was er ist, dann treibt die Angst den Menschen davon weg (sie treibt ihn von Gott weg und den Dämonen in die Hände)[64]. Der Mensch ängstigt sich davor, von Gott erkannt zu werden. Diese Angst ist Todesangst, weil er sich durch das Erfassen der Gottheit Gottes in seinem Bestand als Freiheit, in seinem Selbst-Sein gefähr-det sieht. So greift er zu dem Mittel, die an sich richtige Erkenntnis an den Rand zu drängen. Er hält das Zentrum der Person von seinem besseren Wissen frei. Er spaltet sich in einen Wissenden und Unwissenden. Er hält Gott "drau-ßen", er bewahrt die Distanz, um sich selbst zu bewahren. Aber ein Gott "draußen" ist nicht wirklich Gott, sondern ein Götze. Ein Gott "draußen" ist nicht Subjekt, sondern Objekt. Wer behauptet, von Gott erkannt zu sein und doch nicht liebt mit der Liebe des Gekreuzigten, der widerspricht sich selbst. Erst der Mensch, der Gott gehorcht, hat Gott nicht mehr objektiviert, sondern ganz ins Herz dringen lassen[65].

---

[63] Wie die mystische Frömmigkeit *(ante fidem!)* Gott ergreift, aber nicht halten kann und nicht zur Liebe befreit, das hat Augustinus in den Confessiones "gebeichtet". "Et mira-bar, quod iam te amabam, non pro te phantasma. Et non stabam frui Deo meo, sed ra-piebar ad te decore tuo, moxque diripiebar abs te pondere meo ... eramque certissimus, quod invisibilia tua a constitutione mundi per ea, quae facta sunt, intellecta conspiciun-tur, sempiterna quoque virtus et divinitas tua... Atque ita gradatim a corporibus ad senti-entem per corpus animam; atque inde ad eius interiorem vim (und so fort in stufenwei-sem Aufstieg bis zum Sein selbst) ... et pervenit *ad id quod est* in ictu trepidantis adspectus. Tunc vero invisibilia tua per ea, quae facta sunt, intellecta conspexi, *sed aciem figere non evalui*; et repercussa infirmitate redditus solitis, non mecum ferebam nisi amantem memoriam, et quasi olfacta desiderantem, quae comedere nondum pos-sem." (Conf. VII 17). Denn noch fehlte ihm die Erkenntnis Christi (Kap. 18 und 19), die erst dem mystischen Aufstieg das Ziel der fruitio Dei schenken wird. Vgl. auch VIII 1: schon hat er die Einsicht in Gottes Wesen gewonnen (durch die "philosophische", nämlich neuplatonisch-mystische "Erweckung"): er transzendiert im Verstehen alles Endliche und sucht Gott dort, wo er wirklich ist. Aber damit ist noch nicht alles gewon-nen: die Erkenntnis ist nicht ans Ziel erkannt. Er kennt Gott, aber er verwirklicht diese Erkenntnis nicht mit seiner Person. "Et inveneram iam bonam margaritam, et venditis omnibus, quae haberem, emenda erat, - et dubitabam" (VIII 1).

[64] Gerade das sucht Paulus in 1. Kor. 8-10 zu zeigen. Was an sich nichts ist, gewinnt für uns wieder seine dämonische Macht zurück, wenn wir aus der Liebe Christi herausfal-len.

[65] "Principium enim verae scientiae est Dei cognitio, quae parit in nobis humilitatem et submissionem... Ubi autem est superbia, illic est ignoratio Dei... A consequentibus ergo

So kann also auch der bereits von Christus erfaßte Mensch, - denn die korinthischen Pneumatiker sind ja gläubig geworden und getauft -, wieder zurückfallen in Hybris und Angst, sich wiederum Gott verbergen und mitten im Licht Gottes stehend das Licht aufhalten, unterbrechen, mit dem Gott in Ewigkeit alles erkennt, erfaßt, erwählt, lichtet. Und es gibt in dieser Situation tatsächlich keine andere Möglichkeit als die, den Ruf des Kerygmas zu erneuern, die Botschaft zu wiederholen[66], die zum Glauben Gekommenen zu eben diesem Glauben zurückzurufen[67]. Es gibt keine andere Möglichkeit als die, daran zu erinnern, daß Gott in Christus eben *den* Menschen erkennt, der ihn nicht erkennen wollte, eben *den* Menschen akzeptiert, der ihn nicht akzeptieren wollte, daß Gott von sich aus, im Aufbruch seiner tödlichen Liebe, den dunklen Widerstand der Hybris und Angst überwindet, indem er sich in das Geheimnis Christi begibt, in welchem er Gott ist und zugleich nicht Gott. Kommt die Liebe und schwindet die Angst, dann schwindet auch aller Widerstand, dann liegt der Mensch offen zutage, im Lichte Gottes als ein von ihm Erkannter und Geliebter[68].

c) Der dritte Unterschied zwischen paulinischer und gnostischer Auffassung der Formel "Gott erkennen heißt von ihm Erkanntwerden" liegt darin, daß die Richtung des Satzes bei Paulus nicht umgekehrt werden kann. Die Erkenntnis Gottes durch den Menschen hat ihre Möglichkeit und Wirklichkeit lediglich darin, daß Gott selbst seinen Menschen wahrnimmt. In der Gnosis verhilft der Mensch durch seine Erkenntnis der Gottheit zur Erlösung. Demnach ist gnostische Erkenntnis immer göttliche und das heißt totale Erkenntnis. Nicht so bei Paulus: da Gott nur in seinem eigenen Licht erkannt werden kann, da der Akt der Erkenntnis nicht vom Menschen (etwa vom göttlichen Pneuma im Menschen) her inauguriert werden kann, sondern immer nur ein *Nach*erkennen, Denken immer nur ein *Nach*denken Gottes ist, so bleibt die *Differenz des Maßes*. Der Mensch, der im Erkanntwerden von Gott Gott er-

---

docet, nullam doctrinam esse commendabilem quae non sit amore Dei intincta." (Calvin, a.a.O. S. 124f.).

[66] Das Problem, das in dem Wort "Wiederholung" liegt, braucht hier nicht erwogen zu werden.

[67] Darum ruft auch der Verf. des 1. Johannes die von der doketischen Gnosis bedrängten Gemeinden zu dem zurück, was ihnen "von Anfang" an gesagt war. Ähnlich handelt Paulus im 1. Korinther- und im Galaterbrief. Vgl. dagegen Hebr. 6,1ff.

[68] Hier wäre ein Versuch über den besonderen Weg der mystischen Frömmigkeit am Platz, da die bisherigen Andeutungen den besonderen Charakter der *religio mystica* noch nicht erreicht haben. Vermutlich ist (um wenigstens die Richtung anzudeuten, in welche solche Überlegungen zu gehen hätten) die Unterscheidung zwischen einer "natürlichen" Mystik und der "getauften" Mystik, die auf dem Boden des Glaubens steht, sinnvoll (nach dem Grundsatz: *gratia naturam non tollit, sed perficit*). Jedenfalls ist festzuhalten, daß vom Glaubensgehorsam her ein Weg zur mystischen Erfahrung prinzipiell offen ist. Die mystische Erfahrung als solche unterliegt mithin nicht der Kritik, durch die der Wert der "natürlichen" Mystik begrenzt ist. Ob solche Überlegungen ausreichen, das Problem des Verhältnisses von "natürlicher" und "getaufter" Mystik auch nur andeutungsweise zu erörtern, kann offen bleiben.

kennt, hat in seinem Gott-Erkennen nicht die Maße der Erkenntnis, mit der Gott ihn erkennt. Dieses Motiv kommt an der dritten und letzten Stelle zur Entfaltung, in 1. Kor. 13,8-13. Dem wenden wir uns nun zum Abschluß zu.

IV

Die Kapitel 12-14 des 1. Korintherbriefes bilden eine Einheit: Paulus kommt in ihnen auf die verschiedenen Charismata der Korinther zu sprechen. Innerhalb dieses Abschnittes stellt 12,31b-13,13 einen Höhepunkt eigener Art dar: diese Verse bilden das "Hohe Lied der Liebe". Mitten in seinen Ausführungen über den Wert der Charismata zeigt Paulus den Weg der Liebe als die καθ᾿ ὑπερβολὴν ὁδός (12,31b), den Weg aller Wege, den königlichen Weg[69]. 12,31b-13,13 ist deutlich gegliedert: Paulus zeigt zunächst, daß die Liebe das Charisma ist, das alle andern übertrifft, ohne das alle andern ihren Wert verlieren (13,1-3). Hernach versucht er die Art der Liebe zu beschreiben (4-7). Den Lobpreis der Liebe beendet der Verweis auf ihre vierfältige Allmacht: daß sie alles trägt, alles glaubt, alles hofft, alles duldet. In einem dritten und letzten Teil stellt Paulus die Liebe der Erkenntnis gegenüber (8-13). Damit nimmt er den Faden von 8,1-3 wieder auf; das, was den Korinthern und das, was ihm selbst das Höchste ist, wird aneinander gemessen. Die Liebe wird an dem gemessen, was für die Gnostiker das Maß ist. Und dabei zeigt sich, daß umgekehrt die Gnosis sich am Maß der Liebe messen muß.

Uns beschäftigen hier nur die Grundgedanken von 8-13. V. 8 und V. 13 bilden eine Art "Rahmen" um diesen Abschnitt. In V. 8 ist Paulus eigentlich an das Ende seines Hymnus auf die Liebe gekommen. Daß die Liebe "niemals dahinfällt", oder einfach: "niemals aufhört", wie es in 13,8 heißt, ist das Äußerste, was gesagt werden kann. Auch 13,13 geht darüber nicht hinaus, sondern wiederholt nur diese Aussage. Wie es dort heißt: "die Liebe hört nicht auf", so heißt es hier: "Liebe bleibt". Zwischen diesen beiden Sätzen stehen dann die Aussagen über die Erkenntnis. Das Thema unseres Abschnittes kann folgendermaßen formuliert werden: die Endlichkeit der Erkenntnis und die Unendlichkeit der Liebe. Das wird durch die Kategorie der Zeit zum Ausdruck gebracht. Es stehen einander gegenüber das "Jetzt" und das "Dann". Dabei bezeichnet das "Jetzt" den gegenwärtigen, das "Dann" den zukünftigen Äon. Das "Jetzt" vergeht, das "Dann" kommt, um zu bleiben; bzw. was die Liebe betrifft: es *ist* schon gekommen, um zu bleiben. Der Abschnitt ist also von der urchristlichen Eschatologie geprägt. Die Differenz zwischen Erkennen und Lieben ist die "eschatologische Differenz".

---

[69] Abgesehen von den Kommentaren vgl. noch H. Schlier, Über die Liebe, 1. Kor. 13, jetzt in: Zeit der Kirche, 1956, S. 186ff. Günther Bornkamm, Der köstlichere Weg, 1. Kor. 13, jetzt in: Das Ende des Gesetzes, Paulusstudien, Gesammelte Aufsätze, Bd. I, S. 93ff.

Die Liebe "bleibt", die Charismen vergehen: damit setzt unser Abschnitt ein. Paulus zählt *drei* Charismen auf: die Prophetengabe, die Zungenrede und die Gnosis[70]. V. 9 ist dann lediglich von Gnosis und Prophetie die Rede, Vv. 10ff. nur mehr von der Gnosis allein. Das Gefälle des Textes zeigt sehr deutlich, daß es von Anfang an um das Charisma der Erkenntnis ging. Prophetie und Zungenrede sind lediglich zur Verdeutlichung des Gedankenganges hinzugenannt gewesen. Es sind das die drei Gaben, die von den Korinthern geschätzt werden, und zwar (wie Paulus meint) an sich ganz zu Recht geschätzt werden. Der *Prophet* kennt durch Inspiration die geheimen Ratschlüsse Gottes und verkündigt sie der Gemeinde. Der *Zungenredner* ist versetzt unter die Chöre der Engel und lallt verzückt die verborgenen und verbotenen Laute der himmlischen Sprache. Der *Gnostiker* denkt den Geheimnissen Gottes nach: es sind dies für Paulus alles Gnadengaben, die der Mensch Gott verdankt, Gaben des Hl. Geistes. Aber sie sind endlich und beschränkt und darum "bleiben" sie nicht, während die Liebe "bleibt". Die Gnosis gehört dem gegenwärtigen Äon an. Zwar stammt sie aus der kommenden Welt - sie ist ja eine Gabe des Geistes -, aber sie ist für diese vergehende Welt. Mit dem Vergehen der Welt werden auch die Charismen vergehen. Sie gehen mit der Welt, mit der Zeit vorbei. Mit dem Hinschwinden der Welt verlieren auch die Gnadengaben ihre Geltung. Sie verlieren dann jene Geltung, die sie *jetzt*, solange dieser Äon noch andauert, rechtens haben! Aber sie sind in ihrer Funktion an den Äon gebunden. Das alles gilt von der Gabe der Prophetie, von der Gabe der Zungen, von der Gabe der Erkenntnis; es gilt aber nicht von der Gabe der Liebe. Sie allein ist keine mit dieser Welt vorübergehende Gnadengabe, denn sie stammt nicht nur aus der zukünftigen Welt (wie die andern Gnadengaben auch), sondern sie *ist* schon die zukünftige Welt selbst! Das ist es, was ihr eine Vorzugsstellung vor den andern Gnadengaben gibt: die andern Gnadengaben vermitteln das Ewige (die eigentliche Wirklichkeit, die Wahrheit - johanneisch geredet), aber sie *sind* es nicht. *Die Liebe vermittelt das Ewige in der Weise, daß sie es selbst ist.* Erkenntnis vermittelt das Absolute, aber Erkenntnis ist nicht das Absolute. Die Liebe dagegen, und zwar jene Liebe, die Paulus in 4-7 beschrieben hat, ist das Absolute selbst, ist Gott. Alles das darf natürlich nicht als "Abwertung" der Erkenntnis mißverstanden werden. Nicht weil die Erkenntnis nichts wert ist, darum "fällt sie dahin". Ihr Wert steht fest, sie ist Gottes Werk in uns, sofern sie Gabe seines Geistes ist. Aber sie fällt dahin, weil sie nicht das Absolute ist. Sie wird vom Absoluten *überboten*. Gnosis ist etwas Großes; aber was kommt (und in der Liebe schon da ist), ist größer als dieses Große.

Die Endlichkeit der Erkenntnis wird durch drei Beispiele verdeutlicht:

(1) Gnosis ist Stückwerk (Vv. 9f.). Der eschatologische Gegensatz "jetzt" - "dann" wird durch den Gegensatz τὸ μέρος - τὸ τέλειον expliziert. Dem Satz

---

[70]   Zur Zusammengehörigkeit und zu den Unterschieden zwischen Prophetie, Zungenreden und Gnosis vgl. ThW VI 853f. u. 855f. (Friedrich).

liegt die Überlegung zugrunde, daß Erkenntnis nie etwas anderes ist als Partizipation. Im Erkennen haben wir wohl an dem Ganzen und Einen Anteil, aber wir haben nicht das Ganze und Eine, das Sein selbst. Ex parte enim cognoscimus et ex parte prophetamus (vg.). Unsere gegenwärtige charismatische Erkenntnis ist wohl Gotteserkenntnis und vermittelt echte Weisheit (nicht mehr die "Torheit dieser Welt"). Aber sie ist partiell. Wir haben nur Stücke und kein Ganzes. Unsere Erkenntnis ist nie total, nie perfekt; sie ist vielmehr immer lediglich fragmentarisch. Sie ist Erkenntnis nicht aus dem Ganzen, sondern nur aus einem bestimmten Teil, aus einer partiellen Erfahrung heraus[71]. Auch dort, wo sie sich - von dem ihr innewohnenden Logos gedrängt - zum System erhebt, bleibt es ein System, das von einer partiellen Erfahrung her gestaltet ist. Im System wird eine partielle und fragmentarische Erfahrung zum logischen Ganzen ausgeweitet. Daraus erklärt sich, daß es (theologische) Systeme geben muß und daß sie doch zugleich immer wieder aufgelöst werden müssen. Christliche Gotteserkenntnis wird sich energisch zu bemühen haben, das, was in der religiösen Erfahrung an Erkenntnis impliziert ist, zum System zu erheben. Sie wird aber immer zugleich um die Grenze, um die Unabgeschlossenheit solcher Bemühungen wissen. Und zugleich wird sie voll Hoffnung sein, weil sich ja im Vergehen der Systeme und im jeweiligen Überholtwerden der Erfahrung die Ankunft des Ganzen ankündigt. "Der Teil muß dem Ganzen weichen" (Schlier)[72].

(2) Gnosis ist unmündig (V. 11). Paulus verwendet einen Topos der hellenistischen Rhetorik[73]. Der Sinn des Bildwortes an dieser Stelle ist klar; Mann und Kind sind hier Gegensätze, die einander ausschließen. Unsere jetzige Erkenntnis ist kindisch, unreif, unmündig. Im zukünftigen Äon werden wir das Kindische, Unreife, Unmündige abtun. Mit dem kommenden Äon wird auch die charismatische Gotteserkenntnis abgetan, die wir jetzt haben, wie der Mann das abtut, was nicht mehr zu ihm paßt, was kindisch ist, was hinter ihm liegt, was sich erledigt hat. Gnosis wird sich erledigen. Erkenntnis wird gegenstandslos[74].

(3) Gnosis ist Erkenntnis "im Spiegel, rätselhaft" (V. 12). Der eschatologische Gegensatz bleibt auch hier erhalten: ἄρτι - τότε. Jetzt ist unsere Erkenntnis δι' ἐσόπτρου ἐν αἰνίγματι, dann πρόσωπον πρὸς πρόσωπον. Von der Sache her gesehen bilden die drei Aussagen eine Steigerung. Die

---

[71] Über die religiöse Urerfahrung des Paulus ist schon oben gesprochen worden. Es wäre reizvoll, zu zeigen, wie die theologischen Motive bzw. Systeme der großen Theologen von der jeweiligen - partiellen! - religiösen Erfahrung bestimmt sind. Die Begrenztheit dieser Erfahrung ließe sich besonders am Beispiel Luthers zeigen, an der Monotonie, mit der jeder Text nach der forensischen Rechtfertigung ausgelegt wird.
[72] A.a.O. S. 192.
[73] ThW IV 920, 13ff. (Bertram).
[74] "Gegenstandslos" in einem tiefen Sinn: der kommende Äon zerbricht die Subjekt-Objekt-Struktur, die unsere irdische Erkenntnis bestimmt.

Klimax ist im Bildwort vom Spiegel erreicht[75]. Das Schauen "durch den Spiegel" (vermittels eines Spiegels) meint *indirektes* Schauen[76]. Ἐν αἰνίγματι bedeutet *"undeutlich"*. Der ganze Ausdruck bezeichnet demnach eine doppelte Beschränkung der Gotteserkenntnis. Die Gottesschau des Pneumatikers bleibt durch diese doppelte Einschränkung begrenzt. Sie ist (a) nur indirektes, mittelbares Schauen. Gott wird nicht direkt erkannt, sondern nur durch ein Medium hindurch. Wir sehen nicht Gott selbst, sondern nur sein Spiegelbild, nicht Gottes wahres Sein, sondern nur Gottes *Schein*, Gottes Widerschein im Spiegel. Wir sehen das Sein selbst widergespiegelt in der Erscheinung. Wir sehen nicht den Creator ipse, sondern den Creator in creaturis. Auch der Pneumatiker sieht nicht Gott an sich, sondern wie er für uns erscheint. Charismatische Erkenntnis ist zum andern (b) darin begrenzt, daß auch das, was nun in indirekter Schau gesehen wird, rätselhaft bleibt. Geschaut werden - Geheimnisse. Sie hören nicht auf, Geheimnisse zu sein, indem sie geschaut werden. Der Pneumatiker sieht nicht nur durch ein Medium hindurch, Gott nur durch etwas, was selbst nicht Gott ist, sondern auch das, was er sieht, bleibt ihm undeutlich. Bei aller Transparenz bleibt eine letzte Opazität. - *Jetzt! Dann* werden wir Gott sehen "von Angesicht zu Angesicht", d.h. es wird dann eine Gottesschau geben nicht mehr indirekt über ein Medium hinweg - und immer durch dieses Medium beschränkt -, sondern direkt, unmittelbar (und daher unbeschränkt). Verheißen wird ein direktes Schauen, Aug in Aug, im unmittelbaren, unverhüllten Stehen vor Gott, im unverdeckten Sein bei Gott, in der totalen Transparenz. Dann schauen wir Gott offen ins Gesicht; oder, um es mit einer analogen Wendung aus dem 1. Johannesbrief zu sagen: wir werden ihn sehen, wie er ist (1. Joh. 3,2). Diese Schau, die dem Äon der Liebe vorbehalten bleibt, bedarf keiner Spiegel und keiner Rätsel. Sie ist die ganze, uneingeschränkte, reife Gnosis.

Diesen letzten Gedanken wiederholt nun Paulus durch eine Wendung, die uns schon aus 8,3 vertraut ist. Er greift die Rede vom "stückweisen Erkennen" noch einmal auf und setzt dem - als Krönung seiner Ausführungen über die Gnosis - entgegen: das Erkennen "wie wir jetzt schon von Gott erkannt sind" (V. 12b). Damit ist 1. daran erinnert, daß wir in jedem Augenblick im Licht Gottes stehen, in der vollen Transparenz von Gott her. Es ist 2. daran erinnert, daß wir Christen von Gott erkannt = erwählt = ins Sein zurückgebracht sind. Es ist festgehalten, 3. daß Erkennen Erkanntwerden von Gott ist, daß die Erkenntnis von Gott selbst ausgeht. Vor allem aber 4. ist die Differenz (die "eschatologische") festgehalten gegenüber aller falschen Gnosis und falschen Mystik. Die Bewegung der Erkenntnis geht von Gott aus, nicht vom Menschen. Die menschliche Erkenntnis folgt der göttlichen. Gott erkennt ganz: wir

---

[75] Zur Religionsgeschichte und Exegese des Bildwortes vgl. ThW I 177, 25ff. (Kittel). J. Behm, Das Bildwort vom Spiegel, 1. Kor. 13,12, in: Reinhold Seeberg-Festschrift I (1929), S. 315ff. Kümmel z.St.; Dupont, a.a.O. p. 105ff. N. Hugedé, La métaphore du miroir dans les épîtres de Saint Paul aux Corinthiens, 1957.

[76] Das bestätigt die Opposition: πρόσωπον πρὸς πρόσωπον.

stehen in seinem Licht. Wir aber erkennen nicht im Maße Gottes. Wir haben das Licht nur im Widerschein, und den Schein nur im Dunkel. Wir haben nicht den Zugang zu Gott, den Gott zu uns hat. Das gottgemäße, unendliche, gottgleiche Erkennen ist nicht Gegenstand gegenwärtigen Genusses, sondern Gegenstand der Hoffnung. Der Gnostiker sagt: ich erkenne Gott und damit erkennt Gott mich. Paulus sagt: wir *werden* Gott erkennen, wie wir jetzt schon von ihm erkannt sind.

Aber wie soll das gedacht werden? Was für eine Art von Erkenntnis kann das sein, in der der Mensch in der Weise Gottes erkennt? Ist das überhaupt noch mit dem Begriff "Erkenntnis" zu bezeichnen? Ist es nicht vielmehr so, daß dort, wo wir erkennen, wie wir jetzt schon von Gott erkannt sind, die Erkenntnis in sich zusammenfällt und gerade als solche abgetan wird? Und hat Paulus nicht auch gerade das in den Versen vorher behauptet? Und will Paulus nicht tatsächlich beides sagen: was auf uns wartet, ist die volle Gnosis, aber die volle Gnosis ist keine Gnosis mehr? In der Tat: darin liegt gerade eine Besonderheit unseres Abschnittes, daß beides ausgesagt wird: einerseits ist uns eine Gnosis verheißen, die über alle bisherige hinausgeht und Gottes Maß erreicht, eine Art "Hyper-Gnosis", der gegenüber auch alle ekstatischen Erfahrungen verblassen; andererseits heißt es: die Gnosis bleibt nicht[77]. Das ist doch nur so zu verstehen: indem die Gnosis die Dimension des neuen Äons erreicht (in Wahrheit: indem der neue Äon *uns* erreicht), "schlägt sie" in etwas Neues "um". Sie stirbt, um als etwas anderes aufzuerstehen. Und will man sich darunter überhaupt etwas Bestimmtes vorstellen, dann muß man an die paulinische Hoffnung einer Umwandlung, einer realen Neuschöpfung, einer Verklärung der Welt denken, die zwar mit Christus bereits eingesetzt hat, aber bisher "aufgehalten" worden ist und deren endgültige Erscheinung noch aussteht. Am Ende der Geschichte steht das Kommen Gottes, in dem das Sein selbst in seiner "Klarheit", d.i. in seiner absoluten Zentriertheit erscheint.

Die Ausführungen des Apostels stehen im Zusammenhang mit seiner Enderwartung: Paulus denkt daran, daß wir die Ikone Christi annehmen werden (Röm. 8,29), daß wir verwandelt werden in die δόξα Christi (Phil. 3,21), das Ziel eines Prozesses, der schon hier beginnt und uns ἀπὸ δόξης εἰς δόξαν führt (2. Kor. 3,8), daß wir wie Christus, die Ikone des unsichtbaren Gottes (Kol. 1,25), absolut transparent werden auf Gott selbst, so daß nichts Selbstsüchtiges an uns bleibt, sondern Gott ist alles in allem (1. Kor. 15,28 u.ö.). Dann ist alles versunken außer Gott selbst.

Nachtrag. Der Aufsatz ist 1965 publiziert worden. Über Art und Maß der korinthischen "Gnosis" würde ich heute viel vorsichtiger urteilen. Aber im Zentrum des Aufsatzes stehen

---

[77] "Die Gnosis setzt sich nicht fort; denn es wird ein ganz anderes Erkennen einer ganz anderen Wirklichkeit sein. Das Charisma versinkt; denn was dann 'Erkennen' heißt, ist nur noch das Strahlen der Liebe" (Schlier, a.a.O. S. 192). "Aber die Gnosis wird nicht zu ihrem Ziel gelangen. Sie wird nicht erfüllt werden, sondern es wird eine ganz andere Gnosis sein und eine ganz andere Wirklichkeit, oder die Wirklichkeit wird sich in einer ganz anderen Weise zu erkennen geben." (S. 193.)

ja nicht die historischen Urteile, sondern die Versuche, die impliziten Momente der theologischen Erkenntnislehre, wie sie Paulus andeutet, zu explizieren. Die dabei herausgearbeitete grundsätzliche Differenz zum Gnostizismus, halte ich auch heute noch für richtig. Die Aussagen über die theologische Erkenntnislehre müssen im Lichte späterer Ausführungen verstanden und korrigiert werden.

Zu dem (Anm. 23 zitierten) umstrittenen Ausdruck τὸ γνωστὸν τοῦ θεοῦ (Röm. 1,19) frage ich mich heute, ob er nicht doch partitiv zu verstehen ist. - Die Rede von der natürlichen Offenbarung als "voller" Offenbarung ist richtig, wenn damit gemeint ist, daß der Mensch immer schon im Licht des göttlichen Anspruchs steht und dadurch zur Verehrung und zur Dankbarkeit gerufen ist. Die Wendung darf nicht so verstanden werden, als würde sie die Unterschiede zwischen der endlichen Gotteserkenntnis, der charismatischen Gotteserkenntnis und der *visio beatifica* verwischen wollen.

Die letzten Zeilen des Abschnittes 2 (S. 15f.) sind neu formuliert.

Im übrigen möge beachtet werden, daß es sich bei diesem Aufsatz aus dem Jahr 1965 um einen ersten Versuch handelt, der für Sachkorrekturen offen ist.

Johannes Markus und die Frage
nach dem Verfasser des zweiten Evangeliums

Die altkirchliche Überlieferung führt das zweite der kanonischen Evangelien übereinstimmend auf Markus, den "Hermeneuten" des Petrus zurück (Papias bei Eus. h.e. III, 39,15)[1]. Gemeint ist damit gewiß der Markus von 1. Ptr. 5,13 (Μᾶρκος ὁ υἱός μου), der mit dem Markus von Kol. 4,10; Phlm. 24; 2. Tim. 4,11 bzw. dem Jerusalemer "Johannes Markus" der Apostelgeschichte (Act. 12,12.25; 13,5.13; 15,37.39)[2] identifiziert wird[3]. Diese Überlieferung der alten Kirche erfreute sich auch in der Epoche der historisch-kritischen Erforschung des Neuen Testaments eines erstaunlichen Vertrauens. Eine große Zahl von Exegeten rezipierte die Tradition und versuchte, sie mit dem durch die Exegese gewonnenen Bild des Verfassers auszugleichen. Gelegentlich schien die Analyse des Evangeliums jene alte Überlieferung sogar zu bestätigen[4]. Um bestimmten Bedenken zu genügen, konnte man sich auf die Annahme zurückziehen, daß die Überlieferung bei Papias wenigstens in der Hauptsache vertrauenswürdig ist[5]. Daß der Jerusalemer Johannes Markus der Verfasser des

---

[1] Spätere Zeugnisse: Iustin, Dial. c. Tryph. 106,3; der alte Ev.prolog zum Mk.Ev. (K. Aland, Synopsis Quattuor Evangeliorum, 1964, 532); Iren. adv. haer. III, 1,3; Clemens Al. bei Eus. h.e. VI, 14,6f. II, 15,1f.; Adumbr. ad 1. Ptr. 5,13 (GCS XVII, 206, ed. Stählin); Orig. bei Eus. h.e. VI, 25,5; Hieron. de vir. inl. 8; Comm. in Matth. praef. (ed. Wordsworth-White, I, 11ff.).

[2] "The name 'John Mark' is somewhat of a misnomer, since he is never so described in the New Testament". (V. Taylor, The Gospel according to St. Mark, 1963, 27). Er heißt Ἰωάννης in Act. 13,5.13, nur Μᾶρκος in 15,39; dagegen Ἰωάννης ὁ ἐπικαλούμενος Μᾶρκος in 12,12 bzw. Ἰωάννης ὁ ἐπικληθεὶς Μᾶρκος in 12,25 (P⁷⁴ und die hes. Rez. korrigieren in ἐπικαλούμενος), Ἰωάννης ὁ καλούμενος Μᾶρκος in 15,37 (C D al korrigieren in ἐπικαλούμενος). Aus der Addition der neutestamentlichen Zitate ergibt sich eine erstaunliche "Biographie", vgl. etwa W. Michaelis, Einleitung in das Neue Testament, 1961 (3. Aufl.), 53ff.

[3] Daß die alte Kirche diese Identifizierung vornimmt, sollte nicht bezweifelt werden. Vgl. Michaelis, 53ff.; A. Wikenhauser, Einleitung in das Neue Testament, 1956 (2. Aufl.), 119; C.E.B. Cranfield, The Gospel according to Saint Mark, 1959, 5f.

[4] Kennzeichnend M.J. Lagrange, Évangile selon Saint Marc, 1935: "L´examen critique du second évangile met en lumière du caractères qui sont en parfait harmonie avec la tradition". (XI). Vgl. auch B.H. Branscomb, The Gospel of Mark, 1952, XXXVII: "A comparision of what the Gospel tells us about its author and what we know of this John Mark shows that the identification of the two is not only possible but is from several standpoints plausible."

[5] Vgl. schon H.J. Holtzmann, Lehrbuch der historisch-kritischen Einleitung in das Neue Testament, 1892, 385: "Mit dem Kern der Tradition wird es also diesmal seine Richtigkeit haben".

zweiten Evangeliums sei, ist demnach bis in die jüngste Zeit (mit größerer oder geringerer Gewißheit) vertreten worden[6].

Dem steht die Auffassung einer anderen Gruppe von Exegeten entgegen, die unter dem Eindruck der Schwierigkeiten stehen, das durch die kritische Analyse des Evangeliums gewonnene Bild mit der Papias-Tradition vereinen zu können[7], und die daher die Verfasserfrage offen lassen oder aber zu Hilfs-konstruktionen greifen, etwa derart, daß zwischen einem sonst unbekannten Petrus-Schüler Markus (von dem das Evangelium stammt und den die Papias-Tradition meint) und dem Johannes Markus des Neuen Testaments unter-schieden wird[8]. Endlich haben eine Reihe von Exegeten radikal und konse-quent die Frage nach dem Verfasser von der Papias-Notiz getrennt. Die Pa-pias-Notiz ist eine literarische Fiktion des frühen Christentums, das mit den unliterarischen Anfängen keinen Kontakt mehr hatte[9]. Sie steht im Wider-

---

[6]   Branscomb, XXXVIIf.; Michaelis, 53ff.; Wikenhauser, 119; Cranfield, 5f.; M. Mei-nertz, Einleitung in das Neue Testament, 1950 (4. Aufl.), 178ff.; F. Hauck, Das Evan-gelium des Markus, 1939, 198 fand wenigstens keinen entscheidenden Grund dagegen. P. Feine - J. Behm, Einleitung in das Neue Testament, 1950 (9. Aufl.) lassen die alt-kirchliche Überlieferung "im wesentlichen als glaubwürdig gelten". (62). J. Schniewind, Das Evangelium nach Markus, 1949 (NTD Bd. 1), 42 hält es für wahrscheinlich, "daß hinter unserem Markus Petruserinnerungen stehen". Ähnlich A.H. McNeile, An Intro-duction to the Study of the New Testament, 1952 (2. Aufl. besorgt von C.S.C. Wil-liams), 63. Vincent Taylor hält es für unzweifelhaft, daß Markus, der Begleiter des Petrus, der Verfasser des Evangeliums ist (26); fraglich ist lediglich, ob dieser Markus mit dem Johannes Markus der Apostelgeschichte und dem Markus der Paulusbriefe identisch ist. Doch möchte Taylor auch dies annehmen (27ff.). W. Grundmann, Das Evangelium nach Markus, 1959, 15ff. hält Johannes Markus für den Verfasser des zweiten Evangeliums, unbeschadet der Echtheitsfrage von 2. Tim. 4,11 und 1. Ptr. 5,13. Und selbst W.G. Kümmel, der die Beziehungen zwischen Markus und der Petrustraditi-on leugnet und gegenüber 1. Ptr. 5,13 Bedenken hat, hält es immerhin für "durchaus möglich, wenn sich die Frage auch schwerlich eindeutig beantworten läßt". (Einleitung in das Neue Testament, begründet von P. Feine u. J. Behm, völlig neu bearbeitet von W.G. Kümmel, 1965, 14. Aufl., 54.)

[7]   "And what Papias seems to say seems to go against what on nearly every other ground modern scholarship has come to conclude about Mark": H.A. Rigg, jr., Papias on Mark, Nov. Test. 1, 1956, 161. Die Schwierigkeiten erörtern: A. Jülicher - E. Fascher, Einlei-tung in das Neue Testament, 1931 (7. Aufl.), 296ff.; F.C. Grant, The Earliest Gospel, 1943, 34ff.; R. Heard, An Introduction to the New Testament, 1950, 54ff.; S.E. Johnson, A Commentary on the Gospel according to St. Mark, 1960, 17ff.; G. Bornkamm, RGG (3. Aufl.) II (1958), 761; P. Parker, John and John Mark, JBL 79 (1960), 97ff.109; C. Beach, The Gospel of Mark. Its Making and Meaning, 1959, 12.

[8]   Grant, 52ff. Nach Heard, 56, gibt es zwei Alternativen, um die offenkundige Unmög-lichkeit, Johannes Markus als Verfasser anzusehen, gleichwohl mit der Papias-Notiz zu vereinen: (1) der Verfasser hat Notizen des Markus verwendet, und die Nachricht bei Papias bezieht sich auf diese Notizen: sie wären erst später auf das Evangelium bezogen worden; (2) die Tradition meinte ursprünglich ein ganz anderes Buch, wurde aber se-kundär auf das Mk.Ev. bezogen.

[9]   W. Bousset, Jüdisch-christlicher Schulbetrieb in Alexandria und Rom, 1915, 314; M. Dibelius, Geschichte der urchristlichen Literatur, I (1926), 44.

spruch zum formgeschichtlichen Befund[10]. "Diese Notiz ist historisch wertlos"[11]. Der Verfasser des Markus-Evangeliums ist unbekannt[12].
Die Bedeutung der Frage darf gewiß nicht überschätzt werden. V. Taylor bemerkt mit Recht: "The identification (scil. des Verfassers mit Johannes Markus), it is true, is not a matter of vital importance, since the historical value of the Gospel depends mainly on the material it contains"[13]. Andererseits gilt doch: wenn irgendwo, dann müßte sich hier, in der Tradition über Markus, zeigen, daß die späteren Überlieferungen über die Entstehung der Evangelien historischen Wert haben.

I

Wir prüfen zunächst die beiden Hauptargumente, die *für* die Identifizierung des Verfassers mit Johannes Markus erbracht worden sind:
1. Eine ganze Reihe von Einzelperikopen (oder wenigstens Einzelüberlieferungen) des Evangeliums lassen sich - so ist immer wieder behauptet worden - am besten verstehen, wenn man annimmt, daß sie in irgendeiner Weise auf den Bericht des Petrus zurückgehen, der dann als Gewährsmann hinter dem Markus-Evangelium stehen würde. Dabei muß man das Evangelium noch nicht zum "petrinischen" machen und kann zugeben, daß Markus auch noch aus anderen Traditionen geschöpft hat. Die Zahl der Exegeten, die annehmen, daß Petrus als Tradent hinter dem Markus-Evangelium steht, ist erstaunlich groß[14]. Die Hypothese fand - trotz des Sieges form- und redaktionsgeschichtlicher Arbeit[15] - bis in die Gegenwart ihre Anhänger[16].
Indessen: es handelt sich hier um eine petitio principii. Es wird angenommen, was bewiesen werden sollte. Die Hypothese ist eben gerade nicht aus

---

[10]   Vgl. F.W. Beare, The Earliest Records of Jesus, 1962, 13f.
[11]   W. Marxsen, Einleitung in das Neue Testament. Eine Einführung in ihre Probleme, 1964 (3. Aufl.), 128. Marxsen sieht einen möglichen "Rest" an Historizität lediglich darin, daß vielleicht schon *vor* Papias Markus als Verfasser des Evangeliums galt (ebdt.). Ähnlich urteilt E. Haenchen, Der Weg Jesu. Eine Erklärung des Markus-Evangeliums und der kanonischen Parallelen, 1966, 8: Markus kann nicht der Verfasser sein. Die Papias-Notiz ist tendenziös.
[12]   Beach, 12; Marxsen, Einl. 128.
[13]   A.a.O. 27.
[14]   Aus der älteren Literatur nenne ich: Holtzmann, 384; Th. Zahn, Einleitung in das Neue Testament, 11 (1899), 203f.; Lagrange, XIII; Hauck, 198 und passim; Schniewind, 42; Feine - Behm, 62; Meinertz, 183; Branscomb, XXII (mit Einschränkungen).
[15]   Daß die Ergebnisse der formgeschichtlichen Methode im Gegensatz zur Theorie von der Augenzeugenschaft der Gewährsleute stehen, ist evident. Vgl. D.E. Nineham, Eye-Witness Testimony and the Gospel Tradition, JThSt 9 (1958), 13ff.
[16]   Z.B.: Michaelis, 51.56; Wikenhauser, 122; Grundmann, 18 und passim; Taylor, 178 und passim. Diese Hypothese vertreten merkwürdigerweise auch Heard, 56 und Grant, 53ff. - obgleich sie die Identifizierung des Verfassers mit Johannes Markus ablehnen, und ebenso Johnson, 19, obgleich er die Schwierigkeiten sieht, in die uns die Papias-Notiz bringt.

unbefangener Beobachtung am Text gewonnen, sondern von der Papias-Notiz inspiriert. Sie läßt sich aber auch am Text nicht verifizieren. Im Gegenteil: die Petrus-Erzählungen des Evangeliums sind derart, daß sie die Annahme der Petrustradition ausschließen. Sie unterscheiden sich literarisch in nichts von den andern Perikopen des Evangeliums, d.h. sie bilden (so wie die andern Perikopen) das (vorläufige) Endprodukt einer langen und komplizierten Überlieferungsgeschichte, bei der verschiedene urkirchliche Gruppen eine Rolle gespielt haben. So gehen (um nur charakteristische Beispiele zu nennen) 5,21-43 (die Auferweckung der Tochter eines Synagogenvorstehers)[17], 9,2-13 (die Verklärung) und 14,32-42 (das Gebet in Gethsemane) natürlich nicht auf einen Augenzeugenbericht zurück, sondern es handelt sich um drei Epiphanieerzählungen der Gemeinde, in denen der engere Kreis der Jünger (die Trias: Petrus-Jakobus-Johannes von 3,16bf.) eine typische Rolle als Offenbarungsempfänger spielt. Oder: die Erzählung von der Verleugnung des Petrus (14,53-54.66-72) läßt sich nicht auf den mündlichen Bericht des Hauptbeteiligten zurückführen; denn sie ist kein historischer, sondern ein legendarischer Bericht, und zwar ein literarisches Gebilde der Gemeinde mit paränetischer Intention[18]. Der "Tag in Kapernaum" (1,21-39)[19] gibt nicht das petrinische Gedächtnisprotokoll eines unvergeßlichen Sabbats wieder, sondern ist eine künstliche Komposition des Evangelisten, durch die dieser die Epiphanie Jesu exemplarisch darstellen will[20]. Man kann die Hypothese, das Markus-Evangelium bringe an einigen Stellen persönliche Erinnerungen des Petrus, auch nicht dadurch stützen, daß man auf die angeblich nur einem Bericht des Betroffenen selbst zuzutrauende Unbefangenheit und Wahrhaftigkeit hinweist, die Petrus zuweilen in einem eher ungünstigen Licht erscheinen läßt (8,33; 9,5; 14,30f.66ff.). Daß gerade Petrus, der Sprecher der Jünger, immer wieder

---

[17]   Der Name Jairos ist wohl erst später eingefügt worden, vgl. Bultmann, Geschichte der synoptischen Tradition, 1957 (3. Aufl.), 230.

[18]   Bultmann, 290; G. Klein, Die Verleugnung des Petrus. Eine traditionsgeschichtliche Untersuchung, ZThK 58 (1961), 285ff.

[19]   Ob es sich wirklich um einen einzigen Tag handelt, ist fraglich, vgl. W. Marxsen, Der Evangelist Markus. Studien zur Redaktionsgeschichte des Evangeliums, 1959 (2. Aufl.), 37 Anm. 5.

[20]   Gerade das, was man dem Augenzeugenbericht des Petrus zuschreiben müßte, ist das Werk der Redaktion: 21a.29.32-34.35-39! V. 29 nennt die vier Jünger von 1,16-20, die aber in 22ff. so wenig eine Rolle spielen wie in 30-39. Markus verlegt die Erzählung V. 30f. in das Haus des Simon, das (ganz ungeschickt und offenbar von V. 16ff. inspiriert) zum Haus des Simon und Andreas wurde. Die Naht wird auch textkritisch sichtbar: der Evangelist schrieb V. 29 ἐξελθόντες ἦλθον (S C Koine A vg pe bo^{pt}) im Sinne seiner redaktionellen Arbeit. Einige Abschreiber empfanden ganz richtig, daß im Zusammenhang nur heißen kann: ἐξελθὼν ἦλθεν (Βλφbo^{pt}). - 32-34 erweist sich als typisch markinischer Sammelbericht (vgl. 2,15; 3,7-12 usf.). Zu 35-39 vgl. Bultmann, 167. Marxsen, Markus, 37 möchte 1,35-38 als ein dem Evangelisten überkommenes Traditionsstück verstehen. Aber der Hinweis auf die sprachlichen Eigentümlichkeiten genügt nicht.

zu Fall kommt, dient vielmehr deutlich paränetischen Zwecken[21]. Und vollends unmöglich ist es, die Lebendigkeit und Anschaulichkeit einiger Erzählungen des zweiten Evangeliums für die Annahme unmittelbarer Augenzeugenschaft in Anspruch zu nehmen. Wäre dieses Argument schlüssig, dann müßten, wie D.E. Nineham zu Recht bemerkt[22], die apokryphen Erzählungen die geschichtlich treuesten und verläßlichsten sein. Aber es ist ja die ganze, aus Papias abgeleitete Idee von der Augenzeugenschaft als Garantie biographischer und historischer Treue dem geistigen Milieu des Markus-Evangeliums (und der vormarkinischen Überlieferung) ganz fremd. Markus ist weder ein hellenistischer Historiker noch ein theologischer Apologet[23].

2. Ein ganz anders geartetes Argument zugunsten der Identifizierung des Verfassers mit Johannes Markus liegt in folgender Überlegung: in der Tradition der frühen Kirche besteht zweifellos die Tendenz, die Evangelien einem persönlichen Jünger Jesu zuzuschreiben; nun wird Markus gerade nicht als persönlicher Schüler Jesu, sondern lediglich als Schüler des Petrus bezeichnet; folglich ist die Überlieferung nach dieser Seite hin unverdächtig[24]. Aber das Argument kehrt sich bei näherem Zusehen in sein Gegenteil: mit der Zuweisung des Evangeliums an den Begleiter und Hermeneuten des Petrus war eben das geleistet was die frühkatholische Apologetik wünschte: die Sicherung der Apostolizität des Werkes. War Markus nur (!) der "Hermeneut" des Petrus, und das Evangelium lediglich ein Niederschlag der Petruspredigt (wie Papias will), dann war es eben - in einer für die bescheidenen Ansprüche der frühen Apologetik zureichenden Weise - auf einen persönlichen Augenzeugen zurückgeführt. M.a.W.: die Papias-Notiz macht gerade den Eindruck, die Apostolizität des Evangeliums beweisen zu wollen und sie ist darum weit davon entfernt, eine von apologetischen Tendenzen unabhängige und daher unverdächtige Nachricht darzustellen. Lediglich dies wird man als geschichtlich vertrauenswürdige *Voraussetzung* der Papias-Notiz ansehen können: daß das Evangelium von keinem Augenzeugen verfaßt, und daß sehr früh als Verfassername der Name Markus genannt wurde. Die Identität dieses Markus mit dem Markus bzw. "Johannes Markus" der neutestamentlichen Berichte kann aber auf diese Weise nicht bewiesen werden. Im Gegenteil: sie läßt sich sehr gut als apologetische Fiktion verstehen.

---

[21] Vgl. Nineham, 21. Über den Ursprung der Verleugnungtradition handelt Klein, 312ff. E. Linnemann, Die Verleugnung des Petrus, ZThK 63 (1966), 1ff. hält (anders als Klein) das Versagen der Jünger während der Passion Jesu für wahrscheinlich historisch. Die Verleugnungtraditionen sind aber auch für sie literarische Fiktion (31).

[22] A.a.O. 22.

[23] Der Rekurs auf die angebliche Augenzeugenschaft des Petrus wird ausdrücklich abgelehnt von: G. Bornkamm, 761; Nineham, 20ff.; Beare, 13; Kümmel, 52.

[24] Kümmel, 54. Ähnlich schon Schniewind: "Die alte kirchliche Tradition nennt das Evangelium 'nach Markus'. Das sieht nach guter Überlieferung aus: denn wie sollte man grade auf Johannes Markus verfallen? Ein selten genannter Mann der ersten Gemeinde; frei waltende Legende würde einen der Berühmten als Verfasser des Evangeliums nennen" (41).

II

Wir wenden uns jetzt den Hauptargumenten zu, die *gegen* die Papias-Notiz ins Treffen geführt werden:

1. Bei der Frage nach dem Verfasser des Markus-Evangeliums hat immer schon die merkwürdige Geographie des Evangelisten eine Rolle gespielt. Wir beginnen mit diesen Erwägungen, weil sie die methodisch einfachsten darstellen, und weil sie dort, wo man die form- und redaktionsgeschichtliche Analyse für unsere Frage nicht als ausschlaggebend ansieht, die Entscheidung herbeizuführen vermögen.

Der Befund ist folgender. Das Evangelium weist an einigen Stellen Vorstellungen von der Geographie Palästinas auf, wie sie sich nur bei einem Landfremden finden können. Zwar: der Verfasser weiß (billigerweise) die Gebiete Galiläas, Judäas, Idumäas und des äußersten Nordwestens, nämlich der Gegend von Tyrus und Sidon, zu unterscheiden (3,7f.)[25]; er lokalisiert den Ölberg richtig und anschaulich κατέναντι τοῦ ἱεροῦ (13,3); er weiß, daß der Ölberg in der Nähe Jerusalems liegt (14,26)[26]. Doch will das alles wenig besagen, weil auch ein palästinafremder Christ aus der Tradition seiner Kirche über diese Verhältnisse belehrt sein konnte. Die Kenntnisse des Evangelisten über Galiläa (das doch in seinem "theologischen" Aufriß eine solche Rolle spielt) sind dürftig. Er bemerkt, daß Nazareth in Galiläa liegt (1,9), kennt die Ortsnamen Kapernaum (1,21; 2,2; 9,33) und das batanäische Bethsaida (6,45; 8,22), und weiß, daß Jesus besonders am See Genezareth gewirkt hat (1,16 u.ö.). In einigen Fällen kann man noch zeigen, daß er willkürlich die alten Überlieferungen mit den ihm bekannten Ortsnamen verbindet[27]. Genauere

---

[25] In der umfassenden Aufzählung fehlt Samarien. Nach Lohmeyer, Das Evangelium des Markus, 1953 (12. Aufl.), 72 und Marxsen, Markus, 39, weil nur jene Gebiete Palästinas genannt sein sollen, in denen es z.Z. der Abfassung des Evangeliums Christen gab. Schwerlich richtig.

[26] Die Nennung des Jerusalemer Prätoriums (15,16) und Golgathas (15,22) geht nicht auf den Verfasser, sondern auf seine Tradition zurück. Das gleiche gilt, wenn Bethanien und Bethphage in den Umkreis Jerusalems lokalisiert werden (11,1.11f.). Daß der Verfasser aber beide Orte aus eigener Anschauung nicht kennt, verrät sofort die falsche Reihenfolge in 11,1; siehe später. Ob die Nennung Cäsarea Philippis (8,27) aus der Tradition stammt, kann offenbleiben.

[27] So ist die Lokalisierung der ersten Sabbat-Szene nach Kapernaum (1,21ff.) sein Werk (Bultmann, 223), und ebenso ist es der Redaktion des Evangelisten zuzuschreiben, wenn in der Folge das Haus des Simon nach Kapernaum zu liegen kommt (also keine Rede von einem Augenzeugenbericht! Nach Joh. 1,44 stammte Petrus übrigens aus Bethsaida). Ebenso hat er die Erzählung von der Heilung des Gelähmten nach Kapernaum lokalisiert (2,1; vgl. Bultmann, 12; anders Marxsen, Markus, 38 und Anm. 3), die ursprünglich nur in irgendeinem οἶκος spielte. Insbesondere liebt es Markus, alte Überlieferungsstücke nach dem See Genezareth zu lokalisieren. Daß 1,16-20; 4,35-41; 5,1-20; 6,45-52 auch in der vormarkinischen Tradition am galiläischen "Meer" spielen, ist klar. Aber Markus liebt den See als Offenbarungsort Jesu und verlegt daher auch die Gleichnisrede an den See Genezareth (4,1), wie denn der See auch in den redaktionellen Stük-

Vorstellungen von Palästina hat er aber nicht. So läßt er Jesus (nach der nächtlichen Überfahrt über den galiläischen See 4,35-41 - ein Traditionsstück) an das andere Ufer des "Meeres" gelangen, und zwar εἰς τὴν χώραν τῶν Γερασηνῶν (5,1). Gerasa liegt aber in Wahrheit etwa 55 km südlich des Sees, und wie weit immer auch das Gebiet der Stadt sich nach Norden erstreckt haben mag, es reichte sicher nicht bis ans Ufer des galiläischen Meeres[28]. Man kann (und darf) sich nicht damit helfen, eine Textverderbnis anzunehmen; die beiden Textvarianten (Γεργεσηνῶν bzw. Γαδαρηνῶν) sind offenbare Korrekturen späterer Abschreiber[29]. Schwierigkeiten macht die Nennung von Bethsaida in 6,45[30]. Daß V. 45 ein redaktioneller Übergang des Evangelisten ist, dürfte klar sein[31]; und sofort werden wir mit einem topographischen Problem befaßt: die vorausgegangene Speisung findet doch wohl (nach 6,31f.) am Ostufer des Sees statt, so daß Jesu Aufforderung, εἰς τὸ πέραν zu fahren, wieder zurück ans Westufer führen würde. Bethsaida liegt aber wahrscheinlich im Nordosten des Sees[32]. Es scheint, daß Markus über die genaue Lage des Ortes nicht Bescheid wußte. Auffällig ist auch, daß Bethsaida als κώμη (8,23.26) bezeichnet wird. Nach Josephus ant. 18,28 hat Philippus den Ort zur Stadt erhoben und ihm den Namen Julias gegeben. Es wäre also denkbar, daß die Tradition die Blindenheilung 8,22bff. in einer κώμη Galiläas spielen läßt, die Markus - in Unkenntnis der Verhältnisse - mit Bethsaida identifizierte. Daß die Nennung Bethsaidas auf die Redaktion des Evangelisten zurückgeht, scheint mir festzustehen[33]. Immerhin könnte man mit A.

---

ken 2,13; 3,7; 7,31 eine Rolle spielt. Aufs Ganze gesehen bleibt aber das Hin und Her der galiläischen Reisen Jesu vage und unbestimmt.

[28] Die Ortsangabe kann demnach nicht mit der alten Überlieferung verbunden gewesen sein (vgl. auch V. 12f.!). Sie stammt von Markus, der von einer Stadt Gerasa in der Dekapolis gehört hat. Anders G. Schille, Die Topographie des Markusevangeliums, ihre Hintergründe und ihre Einordnung, ZDPV 73 (1957), 139f.

[29] Gerasa: B S* D latt sa. Gergesa: S^corr L Θ λ 33 al sinsyr bo; Hauck, Johnson, Branscomb, Beach z.St. Doch handelt es sich hier lediglich um eine gelehrte Korrektur, die bereits Orig. bezeugt (vgl. Klostermann, Das Markusevangelium, 1950 [4. Aufl.], 47). Gadara: C Koine A φ perm pesh, Mt, Grundmann z.St., A. Alt, Kleine Schriften zur Geschichte des Volkes Israel, II (1964, 3. Aufl.), 452 und Anm. 3. Es ist kennzeichnend, daß Lk. an dieser Stelle Mk. folgt, während Mt. korrigiert.

[30] "The mention of Bethsaida in this verse is the beginning of a series of place names that strikes one as surprising". (Branscomb, 117). Die Annahme Branscombs, die folgenden Ortsnamen (außer Bethsaida noch Gennesaret, Tyrus, Dekapolis, Dalmanutha, Caesarea Philippi) gingen auf eine oder mehrere Quellen zurück, entbehrt jeder Grundlage.

[31] Vgl. Klostermann, 65; Bultmann, 231. Die Redaktion reicht m.E. bis V. 46. Erst in V. 47 setzt die alte Überlieferung ein. Anders Branscomb, 116.

[32] P^45vid W λ q sinsyr, Hauck z.St. helfen sich, indem sie εἰς τὸ πέραν auslassen; Mt. indem er Bethsaida ausläßt. Joh. nennt 6,17 Kapernaum!

[33] Klostermann, 77; Bultmann, 363. Anders Schille, 142. Gegen Harmonisierungsversuche wendet sich m.R. Branscomb, 117; Taylor, 327; Cranfield, S, 225. Der Versuch von H. Hegermann, eine vormarkinische Bethsaida-Gennesar-Tradition zu rekonstruieren (Bethsaida und Gennesar, in: Judentum, Urchristentum, Kirche; Festschrift J. Jeremias, 1960, 130ff.) ist m.E. nicht gelungen.

Alt[34] vermuten, daß dem Versuch, Bethsaida zur Stadt zu erheben, keine Dauer beschieden war, und die Bezeichnung κώμη von da erklären. Freilich sieht das sehr nach einer Verlegenheitsauskunft aus, um so mehr als Bethsaida in Lk. 9,10 und Joh. 1,44 als πόλις bezeichnet wird. Wahrscheinlich genügt es, anzunehmen, daß Markus die Erzählung willkürlich nach Bethsaida lokalisierte, das er für irgendeinen kleinen Ort am Westufer des Sees hielt[35]. Geographisch völlig unmöglich ist die (deutlich der Redaktion zuzuschreibende)[36] Notiz in 7,31: καὶ πάλιν ἐξελθὼν ἐκ τῶν ὁρίων Τύρου ἦλθεν διὰ Σιδῶνος εἰς τὴν θάλασσαν τῆς Γαλιλαίας ἀνὰ μέσον τῶν ὁρίων Δεκαπόλεως[37]. Es ist sinnlos, diese Angabe mit den wirklichen Verhältnissen vereinen und daraus eine komplizierte Reiseroute Jesu rekonstruieren zu wollen[38]. Nehmen wir den überlieferten Text ernst, dann ist der Evangelist offenbar der Meinung, daß Tyrus nördlich von Sidon liegt und daß Jesus auf dem Weg nach Süden zunächst das Gebiet von Sidon, hernach die Landschaft des galiläischen Meeres berührt und endlich durch die Dekapolis zieht. Aber vielleicht ist schon damit der Text überfordert: es fragt sich, ob Markus überhaupt bestimmtere Vorstellungen mit diesen geographischen Aussagen verbunden hat[39]. Im Zusammenhang ging es ihm jedenfalls nur darum, Jesus von Tyrus wieder in die Dekapolis zu bringen[40]. Dabei erwähnt er ad vocem Tyrus die

---

[34] A.a.O. 393, 447 und Anm. 10.

[35] Auch die Nennung von Γεννησαρέτ in 6,53 macht Schwierigkeiten. Man erwartet nach V. 45 eine Landung in Bethsaida. Nach V. 53 landen sie aber in Gennesaret. Das darf nicht biographistisch erklärt werden (so z.B. Hauck, z.St.), sondern geht wohl auf eine Unachtsamkeit des Evangelisten zurück, bedingt vielleicht (wie Lohmeyer, 136, vermutet) aus der Kontamination zweier Erzählungen in der voraufgehenden Perikope, aber auch der Name selbst befremdet. Die *Landschaft G.* kann nicht gut gemeint sein und die Existenz eines *Ortes G.* (G. Dalman, Orte und Wege Jesu, 1921, 2. Aufl., 118f.) ist fragwürdig. Vgl. noch M. Noth, Die Welt des Alten Testaments, 1962 (4. Aufl.), 50.

[36] Das wird von Marxsen, Markus, 36, geleugnet. Daß der V. zu schwerfällig wirkt, um vom Evangelisten zu stammen (ebdt.), ist gewiß kein sehr starkes Argument, und der Hinweis auf die geographischen Schwierigkeiten des Reiseweges (ebdt.) weist eben gerade nicht auf alte Überlieferung. Marxsen will die Ortsangaben "aufteilen". Danach sollen Tyrus und Sidon durch die voraufgehende Perikope bedingt sein, die Dekapolis soll urspr. zu V. 32-37 gehören und lediglich die Erwähnung des galiläischen Meeres sei redaktionelle Bildung (43f.). Marxsen muß freilich zugestehen, daß immer noch "Ungereimtheiten" stehenbleiben. D.h. aber: der Versuch, V. 31 in Tradition und Redaktion zu zerlegen, scheitert. Der V. stammt zur Gänze vom Evangelisten.

[37] Bereits die Handschriften haben korrigiert: nach dem Text von P[45] Koine A N W λ φ *pl* q sinsyr pe sa[pt] verläßt Jesus das Gebiet von Tyrus und Sidon und kommt an das galiläische Meer mitten durch die Dekapolis. Damit ist wenigstens der ärgste Anstoß vermieden - Haenchen, 276 Anm. 1, erwägt ein Korruptel von der Hand eines Abschreibers.

[38] Vgl. etwa: Lagrange, 72; H.B. Swete, The Gospel according to Saint Mark, 1898, 150; Hauck, 95. Bereits Mt. hat aber - in der richtigen Erkenntnis der geographischen Unmöglichkeiten dieser Reise - Tyrus, Sidon und die Dekapolis gestrichen.

[39] Ob ἀνὰ μέσον "zwischen" oder "mitten in" bedeutet, ist gleichgültig, weil beides hier keinen guten Sinn gibt, vgl. Haenchen, ebdt.

[40] Anders Haenchen, 276.

Stadt Sidon[41] und ad vocem Dekapolis das galiläische Meer[42]. Angesichts dieses Sachverhalts wird man auch die merkwürdige Reihenfolge in 11,1 (Bethphage vor Bethanien)[43] nicht als Textverderbnis[44], sondern als einen geographischen Irrtum des Evangelisten erklären, der Jerusalem und seine Umgebung eben nicht aus eigener Anschauung kennt[45]. Ähnlich scheint es sich mit 10,1 (Jesus kommt aus Galiläa εἰς τὰ ὅρια τῆς Ἰουδαίας καὶ πέραν τοῦ Ἰορδάνου) zu verhalten. "Die Reihenfolge fällt auf. Man müßte umgekehrt erwarten, wenn nicht an einen Weg über Samaria nach Judäa gedacht ist" (Marxsen)[46]. Die Bevorzugung des "westlichen Textes" (Ἰουδαίας πέραν τοῦ Ἰορδάνου)[47] ist fragwürdig, weil diese Lesart sehr nach einer Erleichterung aussieht (zu der schon Matthäus, [19,1] Zuflucht genommen hat); und die Annahme, Markus wolle ein Wirken Jesu in Judäa und Transjordanien schildern, das sich *vor* dem abschließenden Wirken in Judäa zugetragen hat[48], ist deutlich eine Verlegenheitsauskunft. Also bleibt nur wieder die Konsequenz, eine geographische Nachlässigkeit des Verfassers anzunehmen[49,50]. Und schließlich erklärt sich m.E. auch der merkwürdige Ausdruck

---

[41] Vgl. Alt, II, 454.

[42] Daß Markus auch sonst die Dekapolis mit dem See zusammenbringt, zeigt 5,20.

[43] Der Weg müßte umgekehrt von Bethanien nach Bethphage führen. "The geographical details in verse 1 are quite confusing". (Branscomb, 196). Versuche, die Reihenfolge zu erklären (so Cranfield, 348), haben zu unterbleiben.

[44] D 700 lat Orig. lassen Bethphage aus, Mt. wiederum hat nur Bethphage und läßt Bethanien aus. Die Vermutung Klostermanns, 113, Bethanien sei erst später in den Markus- (und Lukas-)Text eingedrungen, empfiehlt sich nicht. Johnson, 185, und Haenchen, 373 und Anm. 2 vermuten, daß Bethphage aus Mt. eingedrungen ist. Aber der westliche Text ist hier deutlich eine Erleichterung, vgl. Branscomb, 196; Taylor, 433.

[45] Branscomb sieht richtig: "On textual grounds one would conclude that Mark wrote both names, which would indicate that he did not know the relative position of the two villages. This would probably mean that the author of the Gospel was not the John Mark who lived in Jerusalem" (196). Er weicht aber dann doch der Konsequenz aus und möchte eine Textverderbnis annehmen.

[46] Markus, 46.

[47] D G W Δ Θ λ φ latt, Branscomb, 175; Marxsen, Markus, 47.

[48] So Lohmeyer, 198.

[49] Vgl. Klostermann, 98, und die ausführliche Diskussion bei Taylor, 416f.; Haenchen, 335f. Haenchen schließt die Diskussion mit der Bemerkung: "Gegenüber all diesen Versuchen darf man fragen, ob die geographischen Vorstellungen des Mk. ebenso genau waren, wie man es von dem Jerusalemer Johannes, genannt Markus, freilich erwarten müßte" (336).

[50] Ob sich auch das obskure Δαλμανουθά (8,10) so erklärt? Methodisch kennzeichnend ist bereits der Aufsatz von J. Sickenberger, Dalmanutha (Mc 8,10) ZDPV 57 (1934), 281ff. S. sieht ganz richtig, daß nach den Regeln der Textkritik die Lesart Δαλμανου- θά *"lectio difficilior optima forma"* ist. Aber: sie ist zu schwierig, um ursprünglich sein zu können (283). Also müssen scharfsinnige Hypothesen aufgestellt werden, um Δαλ- μανουθά als Verschreibung zu entlarven. Vgl. auch P. Thielscher, EIC TA OPIA ΜΑΓΔΑΛΑ, ZDPV 59 (1936), 128ff.; rezipiert und fortgeführt von J. Jeremias, Zum Problem des Urmarkus, ZNW 35 (1936), 280ff.; jetzt in: Abba. Studien zur neutestamentlichen Theologie und Zeitgeschichte, 1966, 87ff. Indessen beruhen alle diese Versuche auf der m.E. unbeweisbaren Voraussetzung, daß der ursprüngliche Markustext

Συροφοινίκισσα (7,26)[51] am ungezwungensten, wenn der Evangelist kein Palästinenser war. Von *Syro*phöniziern (im Gegensatz zu den *Libo*phöniziern an der afrikanischen Küste)[52] zu reden, hat ein einheimischer Palästinenser keinen Anlaß. Josephus erwähnt oft die Phönizier[53], ohne sich jemals genötigt zu sehen, sie von ihren Stammesgenossen in Afrika unterscheiden zu müssen[54].

Haben wir es beim Verfasser des Evangeliums mit einem Ortsfremden zu tun, der für Ortsfremde schreibt, dann läßt sich m.E. auch der von Marxsen, Markus 33ff., herausgestellte Sachverhalt, demzufolge der Evangelist Galiläa in besonderer Weise favorisiert, besser verstehen. Galiläa erscheint in der Tat als das hl. Land der Offenbarung, im Gegensatz zu Jerusalem, dem Ort des Todes Jesu, und Markus scheint wirklich einen Großteil der Überlieferungen (im Sinne dieses Schematismus) auf die "galiläische Periode" zusammengedrängt zu haben. Ich würde freilich nicht mit Marxsen, Markus 38.43ff., annehmen, daß (mit Ausnahme Galiläas) nahezu alle Ortsangaben bereits in der vormarkinischen Tradition vorgegeben waren, und kann auch nicht finden, daß man aus der besonderen Rolle, die Galiläa spielt, schließen muß, das Evangelium sei auch dort entstanden (41). Bedenken dagegen zeigen auch Grundmann 19; Bornkamm 761; Kümmel 55. Vielmehr: die Leichtfertigkeit, mit der der Evangelist in topographischen Belangen vorgeht und der theologische Schematismus, nach dem er die alten Überlieferungen im ersten Hauptteil seines Werkes nach Galiläa lokalisiert, weisen eher auf einen zeitlichen und räumlichen Abstand von den palästinischen Gemeinden. Wer den See zum hl. Ort der Offenbarung macht, ohne ihn genau zu kennen, war kein Glied der galiläischen Gemeinde. M.a.W.: die Bevorzugung Galiläas scheint mir bei Markus ein literarischer Schematismus zu sein, der nicht auf die galiläische Gemeinde zurückzuführen ist, aus der Markus stammen soll (aber kann ein Galiläer seinen Lesern so vage und z.T. falsche Mitteilungen über seine Heimat machen?), sondern auf die schematisierende Sicht eines Heidenchristen der zweiten Generation, der aus der Überlieferung behalten hat, daß Jesu Anfänge in Galiläa lagen, Jesu menschliche Katastrophe sich dagegen in Jerusalem ereignet hatte.

2. Zu den geographischen Irrtümern des Evangelisten treten andere, die sich auf jüdische Riten beziehen. Es ist unbestritten, daß der Evangelist nicht für Juden, sondern für Heiden schreibt[55]. Hebräische (oder aramäische) Aus-

---

geographisch sinnvoll gewesen sein muß. In Wirklichkeit wird Δαλμανουθά ebenso eine verballhornte (aber im Markustext ursprüngliche) Angabe sein wie der Beiname der Zebedaiden. In beiden Fällen ist die vox aramaica bereits "zersagt" tradiert - und von Markus unbedenklich niedergeschrieben worden.

[51] Συροφοινίκισσα lesen: P⁴⁵ Η Α Θ λ *perm.* Συρα Φοινικισσα: Β Koine *al* bo. Die übrigen Lesarten sind Korrekturen. Mt. hat: Χαναναία!

[52] Strabon, 17,19: ἡ τῶν λιβοφοινίκων γῆ. Libophönizier heißen im engeren Sinn die mit Libyern gemischten Phönizier (Diod. Sic. 20,55,4), im weiteren, staatsrechtlichen Sinn ist damit die altphönizische Bevölkerung Nordafrikas gemeint, die unter die Botmäßigkeit Karthagos geriet (Polyb. 3,33,15; 7,9,5; Pauly-W. XIII, 202, Fischer). Syrophönizier heißen die Bewohner des phönizischen Teils Syriens (Lukian, conc. deor. 4; Iuvenal, sat. 8,159f.; Diod. Sic. 19,93,7: ἡ Φοινίκη Συρία). 194 n. Chr. wurde Syria Phoenice von Coelesyrien getrennt und zur eigenen römischen Provinz erhoben. Iustin dial. 78 ist vielleicht interpoliert (vgl. Pauly-W. 2. R. IV, 1788f., Honigmann).

[53] Siehe den Index der ed. B. Niese, VII (1955, 2. Aufl.), 84.

[54] Branscomb, 131.

[55] Feine - Behm, 57; Wikenhauser, 124.

drücke werden regelmäßig übersetzt[56], doch will das wenig besagen, weil sich die Übersetzungen wahrscheinlich schon in der vormarkinischen Tradition vorfanden[57]. Andererseits darf man die markinische Form des Herrenwortes von der Ehescheidung (10,11f.) nicht gegen die Verfasserschaft eines Juden ins Treffen führen: der Jude Paulus kann in 1. Kor. 7,13 ganz ähnlich wie Markus im Widerspruch zum herkömmlichen jüdischen Recht stehen. Wohl aber befremdet 7,3f., wo Markus versucht, seinen heidenchristlichen Lesern jüdische Riten zu vergegenwärtigen. Angespielt wird zunächst auf die rituelle Abspülung der Hände (נְטִילָה), die sich wohl aus der priesterlichen טְבִילָה (= Untertauchen der Hände vor dem Genuß des Heiligen) entwickelt hat[58]. "Die Dinge dürften so liegen, daß der profane Brauch des Händereinigens vor dem Essen in die rituelle Sphäre erhoben wurde" (G. Lisowsky)[59]. Wahrscheinlich spielt dabei die pharisäische Tendenz eine Rolle, priesterliche Vorschriften auf das Leben der frommen Laien auszudehnen[60]. Die Frage, seit wann die rabbinische Satzung besteht, die die rituelle Reinigung der Hände vorschreibt, ist umstritten[61]. Zur Zeit Jesu galt sie aber jedenfalls noch nicht für alle Juden, wie Markus darstellt, wahrscheinlich noch nicht einmal für alle Pharisäer[62]. Der Satz: οἱ γὰρ Φαρισαῖοι καὶ πάντες οἱ Ἰουδαῖοι ἐὰν μὴ πυγμῇ νίψωνται τὰς χεῖρας οὐκ ἐσθίουσιν, κρατοῦντες τὴν παράδοσιν τῶν πρεσβυτέρων (7,3), ist also falsch[63]. Unverständlich ist dabei noch zusätzlich die Wendung πυγμῇ νίψωνται. Was immer der Evangelist damit gemeint haben mag, *jüdische* Ausdrucksweise ist das nicht[64]. Der Verfasser verrät sich

---

[56] 5,41; 7,11.34; 10,46; 14,36; 15,22. Die Übersetzung in 3,17 ist sicher sekundär.

[57] Anders Meinertz, 184 Anm. 4. Den gleichen Fehler begeht Wikenhauser, 121, wenn er aus den Semitismen des Evangeliums einen Beweis für die Tradition (Markus - ein Palästinenser, dessen Muttersprache aramäisch war) sieht.

[58] Zur Sache vgl. Billerbeck I, 695ff.; W. Brandt, Die jüdischen Baptismen, 1910 (BZAW 18), 37ff.; ders., Jüdische Reinheitslehre und ihre Beschreibung in den Evangelien, 1910 (BZAW 19), 1ff.; G. Lisowsky, Jadajim (Die Mischna. Text, Übersetzung und ausführliche Erklärung, herausgg. von Rengstorf und Rost; VI. Seder. 11. Traktat.), 1956, 5ff.

[59] A.a.O. 6.

[60] Branscomb, 121; Haenchen, 263, Anm. 1.

[61] Vgl. Brandt, Jüdische Reinheitslehre, 10ff.21ff.; Taylor, 338f.

[62] Branscomb, 121.

[63] Klostermann, 67 fragt: "denkt Mc an die Diasporajuden des Westens, die überwiegend Pharisäer waren?" Hauck, 89, vermutet, daß Markus die römische Diaspora vor Augen hat. Ähnlich Lohmeyer, 139.

[64] Die Sitte, sich die Hände "mit der Faust" (?) zu waschen, ist rabbinisch nicht bezeugt, ja geradezu verboten: Billerbeck I, 698ff.; II, 13f. Die Hss. haben bereits korrigiert: das Wort fehlt in Δ sinsyr sa. Statt dessen lesen πυκνα: S W vg pe bo; so auch Billerbeck II, 13; Lisowsky, 7. Aber das ist offensichtlich eine Erleichterung, die keinen Anspruch auf Ursprünglichkeit haben kann. Den Ausdruck sinnvoll zu erklären, ist bisher nicht gelungen. Neuerdings hat St.M. Reynolds, JBL 85 (1966), 87f. πυγμῇ als "cupped hand" zu deuten versucht - aber schwerlich richtig. Übrigens würde selbst, gesetzt die Deutung von Reynolds träfe zu, an unserem Urteil nichts zu ändern sein: der Evangelist würde dann den Ritus (nicht seine Geltung für alle Juden!) einigermaßen richtig beschreiben, aber eben so, wie ihn ein geborener Heide beschreibt, dem der Ritus fremd ist.

aber auch in der Fortsetzung. Die Erwähnung des rituellen Händewaschens veranlaßt ihn noch auf andere befremdende und obskure Riten (denn so erscheinen sie ihm offenbar) einzugehen: καὶ ἀπ᾽ ἀγορᾶς ἐὰν μὴ ῥαντίσωνται οὐκ ἐσθίουσιν, καὶ ἄλλα πολλά ἐστιν ἃ παρέλαβον κρατεῖν, βαπτισμοὺς ποτηρίων καὶ ξεστῶν καὶ χαλκίων (V. 4): so redet kein geborener Jude, auch dann nicht, wenn er als Christ mit der jüdischen Observanz gebrochen haben sollte. Der Konsequenz könnte man sich nur entziehen, wenn man V. 3f. als spätere Glosse ansieht[65]. Aber V. 3f. entspricht dem Stil des Evangelisten[66], die handschriftliche Überlieferung gibt zur Annahme einer späteren Glosse keine Handhabe[67], und die mangelnde Vertrautheit mit dem Judentum, die aus V. 3f. spricht, darf eben nicht zur Annahme eines späteren Zusatzes verleiten. Es ist eben der Evangelist selber, dem das Judentum von Haus aus fremd ist.

3. Die unter 1. und 2. erbrachten Argumente reichen m.E. aus, um die Abfassung des Evangeliums durch den Jerusalemer "Johannes Markus" auszuschließen. Sie gehen damit über das hinaus, was die form- und redaktionsgeschichtliche Methode zur Verfasserfrage beitragen kann. Der Wert des Arguments aus den Ergebnissen der form- und redaktionsgeschichtlichen Analyse (so kontrovers die Ergebnisse im einzelnen sein mögen) wird im Blick auf die Verfasserfrage verschieden beurteilt. Tatsächlich muß man zugestehen, daß die form- und redaktionsgeschichtliche Analyse wohl erweisen kann, daß das Modell des Papias von Markus, dem "Hermeneuten" der Petruspredigt, eine Fiktion darstellt (denn das Evangelium ist kein - und sei es auch nur mittelbares - Produkt der Predigt eines Augenzeugen, sondern das Produkt einer komplizierten, z.T. widerspruchsvollen Überlieferungsgeschichte, in der verschiedene Gruppen der ersten Gemeinde, zuletzt auch die des Markus selbst, eine Rolle gespielt haben); nicht aber kann die form- und redaktionsgeschichtliche Methode notwendigerweise die Verfasserschaft des Johannes Markus ausschließen. Es wäre ja immerhin möglich, daß die Papias-Notiz (so unzuverlässig sie im Hinblick auf die Petrus-Konstruktion sein mag) doch in einem Punkt zuverlässig bleibt: nämlich eben darin, daß sie Johannes Markus als Verfasser nennt. Offensichtlich ist das der Standpunkt, zu dem z.B. W.G. Kümmel neigt[68]. Indessen: die oben erbrachten Argumente führen hier das Ergebnis der Analyse der form- und redaktionsgeschichtlichen Methode weiter und ergänzen es: nicht nur die Petrus-Konstruktion ist ungeschichtlich,

---

[65]   Das hält Branscomb, 122, in der Tat für wahrscheinlich. Ähnlich Johnson, 131. Andernfalls wäre es für Branscomb evident, daß der Verfasser keine unmittelbare Kenntnis der jüdischen Verhältnisse hat.

[66]   Taylor, 335. Nur die Wendung πάντες οἱ ᾽Ιουδαῖοι befremdet.

[67]   Zum Methodischen vgl. K. Aland, Glosse, Interpolation, Redaktion und Komposition in der Sicht der neutestamentlichen Textkritik. In: Apophoreta (Festschrift E. Haenchen), 1964, 27ff.

[68]   53f.

sondern auch die Herleitung des Evangeliums von dem Jerusalemer Johannes Markus.

Nachtrag. Der *lector benevolens* wird verstehen, daß ich diesen Aufsatz, der relativ häufig zitiert worden ist, aber auch sehr umstritten war, in seiner ursprünglichen Gestalt stehen lassen mußte, obwohl ich heute viel vorsichtiger formulieren würde und natürlich berechtigte Einwände (ganz zu schweigen von der inzwischen reichen Literatur zu Papias) zu berücksichtigen hätte. Den Schlußabschnitt (III) habe ich getilgt.

Unmittelbarkeit und Vermittlung
als hermeneutisches Problem

Wir unterscheiden in der historisch-kritischen Textinterpretation drei verschiedene (wenn auch ineinander übergehende) Arbeitsgänge: die Textrekonstruktion (die immer nur den Charakter eines Versuches haben kann), die literarkritischen Fragen (zu denen im weiteren Sinn auch formgeschichtliche, traditionsgeschichtliche und redaktionsgeschichtliche Arbeit gehört), und schließlich die Interpretation im engeren und eigentlichen Sinn, nämlich die "Auslegung" des Textsinns. In diesen drei Arbeitsgängen kann man die schulmäßige Unterscheidung von Textkritik, Literarkritik und Sachkritik wiedererkennen. Die Wissenschaftlichkeit dieser Vorgangsweise hängt davon ab, ob sie an bestimmte Regeln oder Methoden gebunden ist, die sowohl im Hinblick auf ihre Anwendung sachgemäß, als auch im Hinblick auf die erkenntniskritische Reflexion sinnvoll sind. Die Geschichte der wissenschaftlichen Textkritik ist zugleich die Geschichte der dauernden Überprüfung und Entwicklung ihrer methodischen Grundsätze. Das gleiche gilt für die Literarkritik und ihre Fortentwicklung zu Formgeschichte, Traditionsgeschichte und Redaktionsgeschichte. Am schwierigsten erscheint *die Frage nach den methodischen Grundsätzen der Sachkritik*. Es ist evident, daß wir hierin von einer opinio communis weit entfernt sind. Man fragt sogar gelegentlich, ob und wiefern Sachkritik an unseren Texten überhaupt möglich ist. Cum grano salis wird man sagen dürfen: das hermeneutische Problem (oder genauer: die hermeneutische Aporie) unserer Generation besteht darin, daß die Ausbildung überzeugender methodischer Grundsätze zur Sachkritik bislang über bestimmte Ansätze hinaus kaum gediehen ist. Die folgenden Ausführungen wollen zu dieser Frage einen bescheidenen Beitrag leisten.

I

Auf der Suche nach methodischen Grundsätzen sachkritischer Interpretation gehe ich zunächst von einer Unterscheidung aus, die unmittelbar (wenn auch nicht notwendigerweise reflektiert) jeder Exegese vertraut, ja selbstverständlich ist. Man konnte sie begrifflich fassen als die Unterscheidung zwischen dem, was der vorliegende Text (der Verfasser, die Tradition) vermitteln will, was er eigentlich intendiert, was der eigentliche Sinn dessen ist, was er vermittelt (man könnte vom "Gegenstand" der Vermittlung sprechen), und der Art und Weise, die gewählt ist, um das zu vermitteln, was vermittelt werden soll. Oder einfacher und genauer: jede kritische Interpretation unterscheidet immer schon (unmittelbar, wenn auch nicht notwendigerweise reflektiert) zwischen dem *Sinn des zu Vermittelnden* und dem *Maß der Vermitteltheit*, durch das eine bestimmte Aussage qualifiziert ist. Der Sinn des Satzes ist das eine, die im Satz jeweils erreichte Vermittlung des Sinnes ist das andere. Die Mühe der Interpretation wäre völlig entbehrlich, wenn und sofern der Sinn des Satzes vollkommen, vollständig und endgültig im Satz selbst dargestellt wäre, und nur wenn und sofern das nicht der Fall ist, bedarf es überhaupt erst der Kunst der Interpretation.

Diese getroffene Unterscheidung unterstellt also, daß der Sinn eines Satzes, der Sinn eines Textes immer schon mehr ist als die "Summe" alles dessen, was der Satz, der einzelne Text zu seiner Vermittlung beiträgt, oder anders gesagt, sie unterstellt, *daß der Sinn eines Satzes immer schon mehr ist als das im Satz selbst positiv Ausgesagte und Vermittelte.* Die Differenz zwischen Vermittlung und "Gegenstand" der Vermittlung, für die (weil sie die Grundlage jeder kritischen Interpretation bildet) die Bezeichnung "hermeneutische Differenz" angemessen ist, *erklärt sich aus der Geschichtlichkeit des Daseins.* D.h. hier konkret: sie erklärt sich daraus, daß das Dasein nicht (oder besser: noch nicht) an sein Ende und zu seiner Erfüllung gelangt ist, aus der Tatsache also, daß das Dasein seinen eigenen Sinn noch nicht erfüllt, noch nicht eingeholt hat, und somit in der Entfremdung zwischen seinem endgültigen eschatologischen Sinn und der Positivität des jeweiligen endlichen Bewußtseinsstandes steht. Die hier bestimmte hermeneutische Differenz ist also, obwohl sie (wie doch wohl die Sachkritik in der Exegese überhaupt) aus der philosophischen Sachkritik der Aufklärung stammt, keineswegs im Sinne einer rationalistischen Besserwisserei zu verstehen, nicht im Sinne einer törichten Zensur an verworrenen Texten von einem angeblich klaren und sich selbst durchsichtigen Bewußtsein her, sondern sie trägt der geschichtlich bedingten "existentialen Differenz" (sit venia verbo) Rechnung, nämlich der Differenz zwischen Essenz und Existenz, zwischen dem, was der Mensch von Gott und vor Gott ist (und werden wird) und dem, was er als ein von ihm Abgewandter, sich selbst Zugewandter, sich selbst Entfremdeter sein muß. Wie der Mensch mit sich selbst nicht identisch ist, so auch nicht sein Wort mit dem Sinn seines Wortes. Daraus ergibt sich dann sofort, daß die Sachkritik selbst nicht über einen absoluten Standpunkt verfügt, von dem aus sie die Phänomene der Geschichte zu beurteilen vermag, sondern daß sie die Reflexion auf ihre eigene Geschichtlichkeit und Kontingenz, d.h. die Reflexion auf die auch für ihren Standort geltende Differenz zwischen Sinn und Sinntransparenz miteinbringen muß, will sie nicht zu einer Ideologie werden und damit ihre kritische Aufgabe verfehlen.

Die Unterscheidung zwischen dem, was eigentlich vermittelt werden soll, und der Vermittlung selbst (dem Maß an Vermittlung, das jeweils erreicht wird), erweist sich als unumgänglich. Selbstverständlich ist dabei nicht vorausgesetzt, daß sich der Verfasser (oder die Gruppe, die hinter einer Tradition stehen mag) dieser Differenz selbst bewußt ist. Davon kann bei der ganzen Art unserer Texte in der Regel nicht die Rede sein. Aber ebenso selbstverständlich ist es doch, daß der *Interpret,* will er seinen Text kritisch verstehen, diese Unterscheidung zu treffen hat. Nur durch diese Unterscheidung wird ja dem alten Grundsatz genüge getan, demzufolge einen Text interpretieren heißt: ihn besser zu verstehen, als er sich selber verstanden hat[1].

Ehe ich versuche, die Konsequenzen zu erörtern, die sich aus dem gesetzten Ansatz ergeben, möchte ich noch einem möglichen Mißverständnis begegnen. Gegen die getroffene Unterscheidung konnte eingewendet werden, sie ignoriere den historischen Ort des Textes, sie verfremde den Text durch die Anwendung einer Differenzierung, die aus einem völlig anderen, späteren Reflexionshorizont stammt. Man dürfe nicht zwischen Textsinn und Textvermittlung unterscheiden, solange nicht die Texte selbst diese Fragestellung erreicht haben. Indessen wird bei diesem Einwand übersehen, daß wir gar nicht anders können als den Text von unserem eigenen, im Laufe der weiteren Geschichte gewonnenen Reflexionshorizont aus zu befragen. Unhistorisch wäre der Text im Gegenteil nur dann behandelt, wenn wir unseren eigenen Reflexionshorizont unmittelbar und unkritisch dem Text selbst unterstellten, wenn wir also nicht zwischen seinem und unserem Bewußtseinsstand unterschieden. Indem wir das aber tun, indem wir also die historische Distanz zwischen dem Text und uns zur Kenntnis nehmen, haben wir auch schon die hermeneutische Differenz gesetzt: wir haben dann ja schon unwillkürlich unterschieden zwischen dem, was der Text selbst - seinem damaligen Bewußtseinsstand entsprechend - von dem Sinn seiner selbst wissen und aussagen konnte, und dem, was er als eigentlichen Sinn intendierte. Unhistorisch wird der Text also gerade dann behandelt, wenn nicht zwischen dem damaligen und dem gegenwärtigen Bewußtseinsstand unterschieden wird, wenn wir uns also - künstlich - auf den damals erreichten Stand zurückziehen würden (was übrigens gar nicht möglich ist, wenn und sofern wir ihn überschritten haben). Umgekehrt wahrt aber die hermeneutische Differenz die Geschichtlichkeit des Textes, sofern sie ihm die Würde des besonderen Kairos zukommen läßt, dem er zugehört, und nicht seinen und den unsern verwechselt. Der Sinn dessen, was der Text damals zu sagen hatte und was er heute zu sagen hat, ist freilich ein und derselbe; aber das Vermittlungsniveau, das der Text damals erreichte und das wir heute erreichen (und morgen erreichen werden) ist nicht ein und dasselbe, und zwar deshalb nicht, weil zwischen uns und dem Text der Gang der Geschichte liegt, weil der Text wie der Interpret einem bestimmten Kairos zugeordnet ist, und

---

[1]   Zur Geschichte dieses Grundsatzes vgl. H.-G. Gadamer, Wahrheit und Methode, 1965 (2. Aufl.) 180ff.

weil keiner dieser Kairoi den endgültigen, den unüberholbaren Kairos darstellt.

Aus der gesetzten Differenz ergibt sich nun von selbst die weitere interpretatorische Aufgabe. Sie geht nach zwei Richtungen (man kann von den *zwei Grundproblemen der Sachkritik* sprechen): die kritische Reflexion kann sich auf den *"Gegenstand" der Vermittlung* richten bzw. nach ihrem Sinn fragen. Bei der Interpretation neutestamentlicher Texte treffen wir dabei (was hier nur als These geäußert werden kann) regelmäßig auf das eschatologische Motiv und das Realitätsprinzip. Oder aber: die kritische Reflexion richtet sich auf die Vermittlung selbst und untersucht das *Maß der Vermitteltheit*, das jeweils erreicht wurde. Hier entsteht dann die Frage nach den "Stufen" der Vermittlung bzw. den "Stufen" der Bewußtheit, die von der bloßen Unmittelbarkeit bis zur vermittelten Unmittelbarkeit führen. Nur diesem letzteren der beiden Probleme der Sachkritik wenden wir uns im folgenden zu.

II

Es entspricht der Geschichtlichkeit der menschlichen Existenz, daß wir *verschiedene Stufen der Vermittlung* zu unterscheiden haben, die zugleich die verschiedenen *Stufen der Bewußtheit* bezeichnen. *Kritisch interpretieren heißt in diesem Zusammenhang das Maß an Bewußtheit (= Vermitteltheit) festzustellen,* das in der jeweiligen Aussage erreicht wird. Die Geschichte des sich selbst auslegenden und im Verstehen zu sich selbst kommenden Glaubens erscheint uns von diesem Standpunkt aus betrachtet als *dialektische Progression von der Unmittelbarkeit zur absoluten Vermittlung,* d.h. als die in dialektischer Progression zunehmende Differenzierung des Bewußtseins. Niemand wird diese Aufstellungen so mißverstehen, als seien damit Geschichte und Botschaft in bloßes Bewußtsein aufgelöst. Die Abstraktion auf die Vermittlung ergibt sich vielmehr aus dem methodischen Ansatz der Hermeneutik. Als die Wissenschaft, die das Verstehen zu verstehen sucht, kommt ihr von vornherein nur jene Bewegung der Geschichte zu Gesicht, die zum vernehmenden Verstehen im Bewußtsein des Menschen führt. Sie erfaßt nie die ganze Geschichte, sondern lediglich das Verstehen im Laufe der Geschichte (aber die Geschichte selbst ist immer mehr als nur Verstehen, sofern Verstehen etwas voraussetzt, was verstanden werden soll, selbst aber nicht mehr Verstehen ist).

Auf dem Weg, den die zunehmende Vermittlung durchschreitet, unterscheiden wir verschiedene Stadien, die wir (freilich nur in abstrakter Weise) folgendermaßen voneinander zu trennen vermögen: (a) das Stadium der bloßen Unmittelbarkeit, (b) die Unmittelbarkeit des Vorstellens, (c) die bloß motivliche oder intentionale Vermittlung, (d) die begriffliche oder methodische Vermittlung, (e) die Frage nach der absoluten Vermittlung. Im folgenden soll dies (freilich nur im Hinblick auf unsere engere Fragestellung) diskutiert werden.

(a) Allem reflexen Verstehen voraus geht die *Unmittelbarkeit* des Glaubens (sie ist selbst wiederum auch das Ziel des Verstehens). In der Unmittelbarkeit des Glaubens erfahre ich und agiere ich, ohne daß meine Erfahrung und mein Handeln durch Reflexion gebrochen wären. Das Bewußtsein auf der Stufe der Unmittelbarkeit ist das spontane, vorreflexe, "vorgegenständliche" Bewußtsein. Die Selbst-Welt-Struktur ist noch nicht als Subjekt-Objekt-Differenz bewußt geworden. Die Subjekt-Objekt-Differenz ist auch auf dieser Stufe gegenwärtig, aber sie ist latent, sie ist noch nicht ins Bewußtsein getreten. Ich handle, aber ich stelle mich noch nicht in der Reflexion neben mein Handeln. Ich weiß, aber ich weiß nicht, daß ich weiß. Ich glaube, ich glaube auch an..., aber mir ist die Gegenstandsbezogenheit des Glaubens noch nicht bewußt (geschweige denn das Problem, das durch die Gegenstandsbezogenheit des Glaubens gesetzt ist). Die Unmittelbarkeit kann sich durchaus auch sprachlich ausdrücken, aber die Sprache, die dieser Stufe zukommt, ist erst noch das spontane, durch kein Gegenstandsbewußtsein bestimmte, unmittelbare Sprechen: der unmittelbare Ausdruck der Freude, der Angst, der Liebe, des Hasses, des Verzichts[2]. Wenn es wirklich so etwas wie ein "Sprachereignis" gibt, dann gehört es dieser Stufe, nämlich der Stufe des naiven, vorgegenständlichen, spontanen Bewußtseins zu.

Die Unmittelbarkeit des Glaubens muß vor jeder ideologischen Wertung geschützt werden. Sie darf weder absolut gesetzt noch disqualifiziert werden. Sie darf nicht absolut gesetzt werden: es wäre absurd, nur die Unmittelbarkeit des Glaubens gelten zu lassen. Es liegt kein wie immer gearteter Grund vor, sich einfach dem Wort zu überlassen, sich unkontrolliert der Sprache in ihrer Unmittelbarkeit auszuliefern. Andererseits wäre es eine rationalistische Ideologie, von der Unmittelbarkeit zu abstrahieren. Das Ziel kann weder die Regression in die Unmittelbarkeit (bei gleichzeitiger Verdrängung der Rationalität), noch die Verdrängung der Unmittelbarkeit (bei gleichzeitiger Verarmung der Rationalität) sein. Das Ziel kann nur sein, über die kritische Vermittlung in neuer Weise zur Unmittelbarkeit zu gelangen.

(b) Die Übergänge von der Unmittelbarkeit zur Reflexion sind fließend. Eine wichtige Stelle nimmt jenes Stadium ein, das man durch den Begriff des *"unmittelbaren Vorstellens"* (*"die Unmittelbarkeit des Objektivierens"*) bezeichnen könnte. Im Vorstellen wird die Gegenständlichkeit wahrgenommen,

---

[2]   Auch diese Sprache, die Sprache auf der Stufe vorgegenständlicher Unmittelbarkeit, hat ihre Gegenstände, aber sie weiß ihre Gegenstände noch nicht als das, was sie sind, nämlich als Gegenstände; sie ist mit ihren Gegenständen noch eins ("eins" nicht in der Identität, in der Selbständigkeit und Gegenständigkeit aufgehoben sind, sondern "eins" in der Indifferenz, in der noch nicht zwischen Ich und Gegenständlichkeit bewußt unterschieden wird).

aber sofern es sich um ein *unmittelbares* Vorstellen handelt, unterliegt das Bewußtsein den Mechanismen der unwillkürlichen Projektion. Hierher gehört vielleicht die *mythische* Rede. Auch die mythische Rede bezieht sich natürlich - wie jede Rede - auf ein Intentum, auf einen Gegenstand, und sei es auch auf die Transzendenz als "Gegenstand". Für den Mythos ist aber (wie es scheint) die freie, die spontane Veranschaulichung des erfahrenen, zu begreifenden und auszusagenden Intentum charakteristisch. Die introjizierte Erfahrung (vom Intentum her) wird von den Projektionen des Bewußtseins in freier und schöpferischer Weise veranschaulicht. Der Mythos will nicht ab-bilden, sondern bilden, gestalten, vorstellen, man soll das Gesagte schauen können. Die Spontaneität des Vorstellens bringt es schließlich mit sich, daß auch (wenigstens ursprünglich) unbewußte Motive, vielleicht wirklich solche kollektiver, "archetypischer" Art miteinfließen. Die Gestalt des Mythos enthüllt sich demgemäß nicht so sehr durch Aneinanderreihung vieler einzelner, konkreter Mythologeme oder durch die Darstellung ihrer mutmaßlichen Überlieferungsgeschichte, sondern vermutlich eher durch die Reflexion auf den für das μυϑολογεῖν charakteristischen Bewußtseinsstand, der die allgemeinen Voraussetzungen und Bedingungen der einzelnen Mythologeme bildet[3]. (Ob es neutestamentliche Mythologeme gibt und wenn ja, wie sie sich dem Wesen nach von der heidnischen Mythologie unterscheiden, ist eine wichtige Frage, kann aber hier nicht erörtert werden.)

Gesetzt, daß an diesen Vermutungen etwas Richtiges ist, so würden sich daraus bestimmte Ziele für die Interpretation von mythischen Motiven ergeben. Man müßte (das ist das eine) auch in diesem Fall versuchen, das Intentum, das in der mythischen Vermittlung erscheint, so weit es möglich ist (es wird nur zum Teil möglich sein, denn die Anschaulichkeit der Vorstellung kann durch keinen Wesensbegriff vollgültig ersetzt werden) aus der mythischen Vermittlung zu lösen und durch Neuvermittlung auf den Wesensbegriff zu bringen. (Das wird also etwas anderes sein als die Reduktion auf das bloße Seinsverständnis. Doch ist selbstverständlich auch der Begriff nicht das Intentum, sondern das Intentum ist das, worauf der Begriff sich bezieht.) Ein Zweites tritt hinzu: bei der religionsgeschichtlichen Analyse eines Mythologems wird man in Betracht zu ziehen haben, daß bei der Bildung unbewußte Motive eine bestimmte Rolle gespielt haben. Daraus folgt, daß Mythologeme, sofern in ihnen unbewußte Sinnanteile impliziert sind, anders erklärt werden

---

[3] Die Tiefenpsychologie kann nichts über den letzten Sinn der Mythologeme aussagen, wohl aber kann sie Feststellungen über die besondere Struktur des mythenbildenden Bewußtseins treffen. Insofern sind ihre Aussagen auch für die Exegese relevant. Eine ausführliche, kritische Darstellung des tiefenpsychologischen Mythosbegriffes steht leider noch aus. Über Freuds Hermeneutik des Mythos informiert jetzt J. Scharfenberg, Sigmund Freud und seine Religionskritik als Herausforderung für den christlichen Glauben, 1968, 169ff. Zu Jungs Mythosbegriff vgl. C.G. Jung und K. Kerényi, Einführung in das Wesen der Mythologie, 1951 (4. revid. Aufl.); doch bezeichnet diese Arbeit nur eine bestimmte Stufe in der Entwicklung des Jungschen Mythosbegriffes.

müssen als theologische Begriffe (was nicht heißt, daß solche Sinnanteile reduktiv-psychologistisch zu interpretieren wären). Einen theologischen Begriff erklärt man durch methodische Explikation seines Inhalts. Ein mythisches Motiv fordert billigerweise eine andere Interpretationsmethode, als diejenige, die wir bei klaren und distinkten Begriffen verwenden müssen. Auch der Mythos redet selbstverständlich in Begriffen, aber es sind noch nicht die Wesensbegriffe der methodisch operierenden Rationalität. Wir haben beim Mythos keine wesensbegriffliche Vermittlung vor uns, sondern eine symbolische. Das heißt hier: ein mythisches Symbol ist (an und für sich) nicht eindeutig, es hat vielfältige Aspekte. Es kann sein, daß sich diese verschiedenen Aspekte in überraschend vielfältiger Weise Zug um Zug im Laufe der Religionsgeschichte auslegen. Die Gesetze der Assoziation spielen dabei eine größere Rolle als die Gesetze des diskursiven Denkens. Schließlich wird es aber doch die Aufgabe des Interpreten sein herauszufinden, welche spezifische Bedeutung ein mythisches Motiv, in einem bestimmten, vorliegenden Kontext gefunden hat. (Man denke z.B. an archaische Traditionen vielfältigen Bedeutungsgehaltes, die im Neuen Testament eine ganz neue, aber bestimmte und eindeutige Bedeutung gewonnen haben.) Jedenfalls: das angemessene Vorverständnis für die Interpretation mythischer Motive dürfte das mythische Bewußtsein selbst sein, das auch dem Interpreten unserer Tage noch zugänglich sein sollte[4].

(c) Aber das Bewußtsein bleibt nicht auf der Stufe des unmittelbaren Objektivierens. Es erhebt sich (ehe es die Reflexion im strengen Sinn erreicht) zu einer Form der Vermittlung, die man als *"motivliche"* oder *"intentionale" Vermittlung* bezeichnen kann. Sie ist bei den Texten, die wir auszulegen haben, bei den neutestamentlichen, überaus häufig. Bei der motivlichen oder intentionalen Vermittlung erscheinen einzelne Aspekte eines Ganzen, die noch unverbunden nebeneinander stehen. Sie sind nicht in der *Sache* unverbunden, aber ihre bestimmte sachliche Beziehung ist noch nicht (oder noch nicht zureichend) Gegenstand der Reflexion[5]. Die Interpretation hat in solchen Fällen die Aufgabe, zu unterscheiden zwischen dem, was der Text positiv vermittelt, und dem, was er darüber hinaus faktisch intendiert. Die Interpretation rekonstruiert mithin den Vorgang der nur zum Teil vollzogenen Vermittlung. Aus den Widersprüchen der Vermittlung ist auf die noch nicht reflex gewordenen, nur intentional gegenwärtigen Zusammenhänge zu schließen. Denn für die lediglich intentionale oder motivliche Vermittlung ist ja dies kennzeichnend, daß sich der Vermittelnde zwar bereits bemüht, seine Erfahrung bewußt zur Dar-

---

[4]   Hierin besteht darum auch der wesentlichste Beitrag der Tiefenpsychologie zum Mythosproblem. Das Unbewußte spricht dieselbe "Sprache" wie der Mythos.

[5]   Genauer müßte es heißen: der *weitreichendere* Sinn-Zusammenhang ist nicht reflex: Denn für die intentionale oder motivliche Vermittlung scheint bestimmend zu sein, daß Einzelnes in seinem engeren Zusammenhang reflex wird, daß aber noch keine Nötigung besteht, einen systematischen Gesamtzusammenhang herzustellen. Die intentionale Vermittlung schafft noch kein System - aber das bedeutet natürlich nicht, daß sie keines hat, und es bedeutet erst recht nicht, daß die Interpretation nicht danach fragen müßte.

stellung zu bringen, daß er sie aber noch nicht zum Gegenstand einer systematischen Reflexion macht, in welcher der Sinn des Intendierten nach allen Seiten hin voll entfaltet wird. Das Ganze erscheint im einzelnen, in der Ursprünglichkeit des Anfangs. Die - immer nachträgliche - Entfaltung des Einzelnen muß erst kommen. Vorläufig stehen noch einzelne Motive scheinbar isoliert nebeneinander (die Interpretation hebt diesen Schein auf. Sie macht die implizierten Zusammenhänge reflex).

Diese Form lediglich intentionaler Vermittlung tritt in unseren Texten vor allem dort zutage, wo verschiedene, an sich sinnvolle Motive nebeneinander oder widereinander stehen, ohne daß eine gedankliche Vermittlung geleistet wäre (um eine solche gedankliche Vermittlung zu leisten, hätte es der Erhebung zur Reflexion bedurft, eben diese ist aber im Text nicht oder nur in einer ansatzweisen Form durchgeführt). Es ist offensichtlich, daß die Aufgabe der Interpretation hier nicht bloß darin bestehen kann, die scheinbaren Widersprüche zwischen den vermittelten Motiven aufzuzeigen, sondern auch, sie aufzulösen (was selbstverständlich etwas anderes ist, als sie zu leugnen). Man kann (um ein Beispiel zu nennen) an den bekannten Widerspruch in der Jesusüberlieferung denken, der durch das unvermittelte Nebeneinander von unbedingter Forderung und unbedingter Barmherzigkeit entsteht. Hier haben wir eine lediglich intentionale Vermittlung vor uns: der Sinn, der beides zusammenhält, ist natürlich intendiert und impliziert, aber er ist (wenigstens in den Texten) noch nicht reflex gemacht. Interpretieren heißt hier ja mehr als nur die beiden Seiten herauszustreichen, um sie wieder unvermittelt nebeneinander stehen zu lassen. Interpretieren heißt hier vielmehr das herauszufinden, was beide Seiten in ihrem Widerspruch erklärlich macht und zugleich diesen Widerspruch aufhebt. (Das ist m.E. die Transzendierung der Torafrömmigkeit, bzw. allgemein gesprochen die Transzendierung jeder heteronomen oder autonomen Moral.) Die Interpretation hat hier die Aufgabe, das Intendierte, nämlich den inneren Zusammenhang der beiden Motive, herauszustellen, um das Intentum auf diese Weise vor Mißverständnissen zu schützen (in diesem Fall z.B. vor dem banalen Mißverständnis, hier stünden "Liberalismus" und "Rigorismus" in willkürlicher Weise nebeneinander). Allgemein gesprochen: man muß, wie es scheint, in der Interpretation intentionaler Vermittlung über den in den Texten vorliegenden Vermittlungsstand hinausgehen, um dem Text einigermaßen gerecht zu werden. Man muß versuchen, das zu explizieren, was der Text (nur) implizit sagt. Interpretieren heißt hier nicht über den Sinn des Textes (natürlich nicht!), wohl aber über den Reflexionsstand des Textes hinauszugehen.

(d) Die Stufe des *reflexiven Bewußtseins* ist dort erreicht, wo die Vermittlung nicht mehr durch bloßes "Vorstellen" oder bloßes "Intendieren" geleistet wird, sondern das bislang nur Vorgestellte oder Intendierte klar und bestimmt zum Gegenstand des Bewußtseins erhoben und dabei das Bewußtsein selbst als das dem Gegenstand Gegenüberstehende abgehoben wird. Im reflexiven

Bewußtsein ist die Subjekt-Objekt-Spaltung (die natürlich nicht abstrakt, sondern als *Korrelation* von Subjektivität und Objektivität zu fassen ist)[6] manifest geworden. Erst jetzt kann sich das Bewußtsein seines Gegenstandes versichern, sofern es erst jetzt den Gegenstand in seiner Selbständigkeit von sich abhebt, und dabei zugleich sich selbst (als das, was den Gegenstand zu seinem Gegenüber hat) als Gegenstand fassen kann. Es kann auf sich selbst als Subjekt seiner Gegenstände zurückblicken und eben dadurch erst die Gegenstände als Gegenstände realisieren. Erst jetzt ist das Bewußtsein auch imstande, seine Aussagen kritisch am Gegenstand zu korrigieren, die willkürlichen Projektionen zurückzunehmen und durch immer angemessenere zu ersetzen[7]. Zuletzt bringt die Reflexivität die Nötigung mit sich, an die Stelle des bloßen Vorstellens oder Intendierens die *begriffliche Bestimmung* treten zu lassen. (Es ist dabei nicht notwendig, daß dies selbst wiederum mit methodischer Klarheit geschieht, sondern es genügt, daß sich die Nötigung zur begrifflichen Formulierung von selbst einstellt.) Es entstehen auf diese Weise *feste Formeln,* die, weil sie auf dem Weg der Abstraktion gewonnen wurden, allgemeine, situationsgelöste Gültigkeit beanspruchen, die "Schule" machen. Das geschieht (wohlgemerkt) auch dort, wo eine methodische Anleitung zur Begriffsbildung im schulmäßigen Sinn noch ganz fern liegt. Schließlich ist es einfach die Nötigung zur Apologie und Polemik, die Nötigung, den Glauben gegen rational formulierte Einwände zu sichern, die den Glauben veranlassen, ja zwingen, sich rational selbst zu bestimmen, aus der Unmittelbarkeit des bloßen Vorstellens herauszutreten, um genauerhin, um in bestimmter Weise zu sagen, was er

---

6   Das Schlagwort von der "Überwindung der Subjekt-Objekt-Spaltung" ist mehrdeutig. Es ist *richtig,* wenn man darunter die Überwindung der Auffassung versteht, Subjekt und Objekt stünden abstrakt einander gegenüber. Demgegenüber ist daran festzuhalten, daß die Subjekt-Objekt-Spaltung zugleich eine Korrelation darstellt: das Subjekt ist das, was es ist, durch seine Beziehung auf das Objekt, und das Objekt ist das, was es ist, durch seine Beziehung auf das Subjekt. Subjekt und Objekt wirken wechselseitig aufeinander ein und verändern einander wechselseitig. - Das Schlagwort von der "Überwindung der Subjekt-Objekt-Spaltung" ist dagegen *falsch,* wenn man darunter die Auffassung versteht, als gäbe es unter endlichen Bedingungen einen "Ort" *außerhalb* (vor oder nach) der Subjekt-Objekt-Spaltung, als könnte das Dasein unter endlichen Bedingungen der Subjekt-Objekt-Spaltung entrinnen. Vielmehr gehört die Subjekt-Objekt-Spaltung zum Signum der Endlichkeit. Auch im vorgegenständlichen Bewußtseinsstand ist die Subjekt-Objekt-Spaltung bereits mitgesetzt, sie ist nicht nicht vorhanden, sondern lediglich latent, sie ist *noch* nicht ins Bewußtsein getreten. Der vorgegenständliche Bewußtseinsstand steht ontologisch niedriger als der Bewußtseinsstand der Reflexivität. - Schließlich kann der Begriff "Überwindung der Subjekt-Objekt-Spaltung" sinnvoll sein, wenn er im eschatologischen Sinn verstanden wird, als die im Akt der Offenbarung sich vollziehende Aufhebung der Entfremdung, als Übergang in die Identität. Vgl. dazu unten unter e). - Eine kritische Diskussion über den Sinn der Formel "Überwindung der Subjekt-Objekt-Spaltung" bietet jetzt auch E. Coreth, Grundfragen der Hermeneutik. Ein philosophischer Beitrag, 1969, 104ff.

7   Der Komparativ weist auf das Element der Geschichtlichkeit, wobei Geschichtlichkeit bedeutet: Unabgeschlossenheit, Bestimmtsein durch das Prinzip der (dialektischen) Progression, Ausgerichtetsein auf ein Telos (in dem der Progreß sein Ziel findet).

nun eigentlich glaubt und warum er es tut. Es ist zugleich der Augenblick, da nach dem inneren, sachlichen, rationalen Zusammenhang der bislang unverbundenen Motive gefragt wird. Die apologetische und polemische Situation zwingt den Glauben, sich so oder so auf den Logos einzulassen (wie unzureichend und methodisch fragwürdig immer auch dies anfangs geschehen mag). Sie zwingt ihn, an die Stelle der bloß motivlichen die methodische, die systematische Vermittlung treten zu lassen, - und tatsächlich zeigt selbst das Neue Testament bereits Ansätze dazu. Dabei versteht es sich von selbst, daß dieser Weg über viele Zwischenstufen gegangen wird und daß (bei dem kulturellen Milieu unserer Texte) eine wirklich systematische Vermittlung in extenso gar nicht zu erwarten ist. Erst der Übergang in ein anderes kulturelles Milieu hat de facto zu einer energischeren Entwicklung in Richtung auf die Ausbildung einer Theologie sensu stricto geführt (wie diese Formen theologischer Arbeit im einzelnen zu beurteilen sind, kann jetzt dahinstehen). Aber daß der Weg beschritten werden mußte, wollte der Glaube nicht in der bloßen Unmittelbarkeit verharren, scheint mir evident zu sein. Die Unausweichlichkeit dieses Weges und die verschiedenen Stufen, die dazu führten, das allein ist es, was uns in diesem Zusammenhang interessiert[8].

Die hier vorliegende Konzeption steht im Widerspruch zu der heute üblichen, sehr großzügigen Verwendung des terminus *"Theologie"* in der Exegese. Theologie im strengeren Sinn liegt m.E. nur dort vor, wo folgende Bedingungen erfüllt sind: 1. der Übergang vom Vorstellen zum Begriff (es gibt streng genommen keine theologischen "Vorstellungen"; Vorstellungen sind keine Theologie); 2. der Übergang von der motivlichen zur systematischen Vermittlung (Theologie treiben heißt, den Zusammenhang der Begriffe aufweisen); 3. das Sich-Einlassen auf den Logos, die Selbstevidenz der Vernunft (jede theologische Argumentation lebt notwendigerweise und unmittelbar von der Selbstevidenz der Vernunft, die in ihr zum Ausdruck kommt). *Definieren, Systematisieren, Argumentieren* (und damit sich dem Logos unterwerfen) sind die Grundbestimmungen jeder Theologie[9].

Geht man von diesem Theologiebegriff aus, dann ist es evident, daß man nur unter Kautelen von Theologie im Neuen Testament sprechen kann. Die Jesus-Überlieferung ist ganz untheologisch, die Traditionen der nachösterlichen Gemeinde zeigen im besten Fall intentionale Vermittlung, von einer "Theologie" des Markus, Matthäus, Lukas usw. zu

---

8   Jedenfalls kann die ganze Entwicklung nicht durch den Einwand disqualifiziert werden: "Der Glaube hat gar keine Gegenstandsbeziehung". Wäre das der Fall, gäbe es gar keine Offenbarung. Was bedeutet Offenbarung anderes, als daß das, was jenseits der Gegenständlichkeit liegt (aber auch jenseits der Subjektivität), sich in die Gegenständlichkeit (in die empirische und logische) hineinbegeben hat, ohne dabei in die Subjekt-Objekt-Struktur aufzugehen? Dabei fordert der erste Satz (das Eingehen in die Gegenständlichkeit) die theologische Reflexion, der zweite Satz (die Transzendierung der Gegenständlichkeit) die zweite Reflexion, die Reflexion der Theologie auf ihre Endlichkeit.

9   Die moderne Exegese ist m.E. in Gefahr, den Theologiebegriff dermaßen zu erweitern, daß er sinnlos wird. Ein sinnvoller Theologiebegriff hat sich daran zu orientieren, daß erst das Zusammentreffen der biblischen Tradition mit griechischer Rationalität die Grundlagen zur Ausbildung theologischer Vermittlung geschaffen hat. - In gewisser Weise ist die auf dem Boden der biblischen Tradition entstandene Theologie ein Produkt des Hellenisierungsprozesses. Man erkennt daraus, *wie sinnlos die Forderung ist, die biblische Überlieferung von den griechischen oder hellenistischen "Überfremdungen" befreien zu wollen.* Das wäre auch das Ende jeder theologischen Vermittlung.

reden, heißt den Inhalt des Begriffes Theologie unerlaubt auszuweiten, so daß schließlich alles und jedes zur "Theologie" wird, und der Begriff seinen bestimmten Inhalt verliert (d.h.: er wird unbrauchbar). Man wird ja auch Lügen gestraft: die Synoptiker haben ihre Intentionen gerade nicht wirklich *theologisch* zu vermitteln gewußt, sondern lediglich *intentional*. (Ihre Intentionen bleiben daher auch weithin undeutlich oder mehrdeutig: man denke an die Schwierigkeiten, näherhin zu bestimmen, was z.B. Markus mit dem sog. "Messiasgeheimnis" darstellen will!) Von Theologie im strengen Sinn kann man bestenfalls bei Paulus und Johannes sprechen[10] - und auch hier nur mit großen Vorbehalten. Gewiß, hier setzt die begriffliche Vermittlung ein, aber sie bestimmt keineswegs das Ganze. Die theologische Vermittlung ist noch nicht zur Klarheit der Methode gelangt.

Solche Beobachtungen tragen mehr als nur gattungsgeschichtlichen Charakter. Sie zu realisieren, zieht positive Konsequenzen nach sich, die über den engeren Umkreis einer gattungsgeschichtlichen Beobachtung hinausgehen, - freilich nur dann, wenn die erkannte Differenz zwischen der gläubigen Unmittelbarkeit und der theologischen Reflexion unbeirrt festgehalten wird, und jeder Versuch vermieden bleibt, die Differenz von einem vorreflexiven Bewußtseinsstand aus wieder einzuebnen. Aus der erkannten Differenz ergibt sich nämlich (1.) die Rechtfertigung der Selbständigkeit systematischer Arbeit im Hinblick auf ihre eigenständige Methode. Denn: die Differenz der Disziplinen (Exegese und Dogmatik) ergibt sich zureichend nicht schon daraus (obwohl gewiß *auch* daraus), daß die Bibel keineswegs die ausschließliche Quelle systematischer Theologie darstellt[11]; sie ergibt sich nicht zureichend daraus, (obwohl gewiß *auch* daraus), daß der historische Abstand zwischen dem Kairos der Texte und dem Kairos der Gegenwart zur Geltung gebracht werden muß[12]; sondern die Selbständigkeit einer eigenen systematischen Arbeit mit einer eigenständigen Methode findet ihre zureichende Erklärung erst, wenn auf die *Vermittlungsinsuffizienz der Schrift* reflektiert wird, d.h. darauf, daß die Schrift im ganzen (was vom Neuen Testament in dieser Hinsicht gilt, hat auch für das Alte Testament Geltung), den Vermittlungsstand theologischer Explikation zwar fordert und impliziert, aber selbst nicht (oder nicht in zureichendem Maße) erreicht. Die von der Schrift implizit geforderte (und damit prinzipiell von ihr legitimierte), aber nicht schon von ihr selbst geleistete, umfassende theologische Explikation kann mithin auch von der an die Positivität der Texte gebundenen exegetischen Methode nie ausreichend geleistet werden. Denn: die Differenz zwischen dem Vermittlungsstand der Texte selbst und jenem Vermittlungsstand, der vorausgesetzt sein muß, damit eine methodische Vermittlung möglich ist, ist so groß, daß die systematische Entfaltung der (durch kritische Interpretation gewonnenen) Motive der Texte eine weitgehende Freiheit gegenüber der Positivität der Texte, und damit zugleich den Übergang zu einer eigenen Methode fordert.

Und schließlich ergibt sich (2.) aus der Bedachtnahme auf den im ganzen vortheologischen Charakter des Neuen Testaments eine zureichende Bestimmung für die Aufgabe der Disziplin "Theologie des Neuen Testaments". Ihre Aufgabe kann nur darin bestehen, die Selbstauslegung, die sich der christliche Glaube im Neuen Testament gegeben hat, zusammenfassend darzustellen, und zwar so, daß dabei jedesmal gefragt (und jedesmal klar unterschieden wird): *was ist der Sinn der Sätze, in denen sich der Glaube jeweils selbst darstellt?* Und: *welchen Vermittlungsstand haben die jeweiligen Aussagen erreicht?* Die erste der beiden Fragen rückt die Theologie des Neuen Testaments der Systematik nahe (ohne sie

---

[10] So R. Bultmann, Theologie des Neuen Testaments, 1968 (6. Aufl.), obgleich sein Theologiebegriff im übrigen anders bestimmt ist (siehe unten).

[11] Dazu Tillich, Systematische Theologie, I, 1956 (2. Aufl.) 44ff.

[12] Das ist die traditionelle Antwort, die gewiß zu Recht besteht, aber schwerlich ausreicht. Daß sie nicht ausreicht, ergibt sich aus der Überlegung: in welchem Verhältnis stünden Exegese und Systematik einander gegenüber, wenn uns als Schrift - ein dogmatisches System gegeben wäre? Ist die Differenz der beiden Disziplinen nicht dadurch wesentlich mitbestimmt, daß der Kirche als Schrift ein Text vorgegeben ist, dem die systematische Vermittlung (von Ansätzen abgesehen) fehlt?

schon zu einer systematischen Disziplin zu machen, sofern auch die "Theologie des Neuen Testaments" sich nicht von der Positivität der Texte löst). Die zweite der beiden Fragen zeigt, daß auch die "Theologie des Neuen Testaments" noch eine historisch-exegetische Disziplin ist (ohne daß das Zirkelverhältnis, das sie mit der Systematik verbindet, vergessen wird: denn der Vermittlungsstand der Texte kann ja nur vom gegenwärtigen Vermittlungsstand aus erkannt werden)[13].

Wir kehren nach diesem Exkurs zur Hauptfrage nach den Stufen der Vermittlung zurück. Es war davon die Rede, daß der Glaube, will er nicht in reiner Unmittelbarkeit verharren (und d.h. will er nicht in der Blindheit des bloßen Agierens oder bloßen Vorstellens bleiben), die Mühe auf sich nehmen muß, zu einer Anschauung seiner selbst zu gelangen, sich seines Gegenstandes und seiner selbst in der Reflexion zu vergewissern. Auf diese Weise begibt er sich (der Übergang ist, wie gerade das Neue Testament zeigt, sukzessiv, gebrochen, zunächst immer nur ansatzweise gegeben) auf den Weg rationaler Selbstvergewisserung mit dem (unerreichten) Ziel einer vollständigen Aneignung seines Gegenstandes und seiner selbst im Wissen. - Indessen: das Bewußtwerden der Subjekt-Objekt-Spaltung, so notwendig es ist, will der Glaube zu sich selbst kommen, ist zugleich eine Manifestation der Entfremdung, und zwar nach beiden Seiten hin: reflektiert der Glaube (das ist das *eine*) auf seinen *Gegenstand,* nämlich auf das Unbedingte, dann wird er sich jetzt nicht nur der Naivität bewußt, mit der er bisher das vergegenständlichte, was aller Subjekt-Objekt-Spaltung vorausliegt, sondern er wird sich auch dessen bewußt, daß er fortan zwischen dem Unbedingten selbst und seinen Manifestationen unterscheiden muß, und schließlich erkennt er auch die Unmöglichkeit, von der Reflexivität aus zu einer angemessenen Beziehung zum Unbedingten zu kommen, - im Gegenteil: in der Reflexion auf seinen Gegenstand scheint ihm dieser zu entschwinden. Der Glaube befindet sich vor der Einsicht in die Paradoxie, daß er im Satz das zum logischen (und damit immer auch zum ontischen) Gegenstand machen muß, was alle Gegenständlichkeit ex definitione

---

[13]   Der Frage nach einer gemeinsamen, Altes wie Neues Testament umfassenden "Biblischen Theologie" kann hier nicht nachgegangen werden. Vgl. jetzt H.-J. Kraus, Die Biblische Theologie. Ihre Geschichte und Problematik, 1970. Hier wird natürlich auch die grundsätzliche Frage nach dem Wesen der Theologie (322ff.), bzw. nach dem Verhältnis von "biblischer Theologie" und Systematik erörtert (391ff.). Doch führen die Anregungen von Kraus m.E. gerade im Entscheidenden nicht weiter, und zwar deshalb nicht, weil das zentrale Problem (das eigentliche Erbe der historisch-kritischen Forschung), nämlich die Vermittlungsinsuffizienz der Texte nicht gesehen wird, ja von der Intention geradezu ausgeschlossen wird (vgl. z.B. 363ff.367ff.391). Aber damit werden wir letztlich doch wieder auf den Vermittlungsstand und die Selbstauslegung der Texte zurückgeworfen und das hermeneutische Problem ist um seinen Sinn gebracht. Damit hängt zusammen, daß bei Kraus der Rang und die Rolle der philosophischen Grundlagenproblematik für die Theologie, für *jede* Theologie, weit unterschätzt wird (vgl. etwa seine Bestimmung des Verhältnisses 313f.). - Was immer auch kritisch gegen Rudolf Bultmanns Hermeneutik einzuwenden ist, das Problem der Vermittlungsinsuffizienz ist bei ihm wenigstens intentional gestellt, im Entmythologisierungsprogramm und in den (freilich aporetischen) Überlegungen zum Theologiebegriff (s.u.).

transzendiert. Der Glaube muß von dem reden, der selber das Wort ist, er muß den denken (als Objekt denken!), der selber das Unvordenkliche ist, er muß das zum Gegenstand einer Aussage machen, was selbst die Bedingungen aller Aussage schafft. Innerhalb der Klarheit bewußter theologischer Aussage kann das Unbedingte nur so erscheinen, daß die *Paradoxie* der dabei unausweichlichen Vergegenständlichung (das, was selbst kein Gegenstand sein kann, wird eben in dieser Aussage zum Gegenstand gemacht) *in einem Akt zweiter Reflexion immer schon mitbedacht ist*. Der Glaube kann diesem Widerspruch, in dem die Endlichkeit und Entfremdung des Erkenntnisaktes erscheint, nicht ausweichen (z.B. auch nicht dadurch, daß er in die Unmittelbarkeit zurückflieht). Er muß dem Scheitern der Erkenntnis standhalten.

Die Entfremdung erscheint aber auch (und das ist das *andere*) in der Reflexion des Glaubens auf *sich selbst*. In dem Augenblick, da der Glaube nicht mehr unreflex aufgehoben ist in der reinen Unmittelbarkeit, oder unreflex gesetzt ist in der bloßen Vorstellung, sondern zum Gegenstand seiner selbst erhoben wird, ist er zugleich auch immer schon zu einem nie einholbaren, nie wirklich erreichbaren Gegenstand des Bewußtseins geworden. Die Subjekt-Objekt-Spaltung, die in der Reflexion ins Bewußtsein tritt, existiert auf dem Grunde der Entfremdung zwischen Selbst und Welt. Das heißt nun freilich nicht, daß der Glaube daran gehindert werden soll, in das Subjekt-Objekt-Verhältnis mit Bewußtheit einzutreten (als sollte er in die Unmittelbarkeit des Agierens, Sprechens oder Vorstellens regredieren), wohl aber bedeutet es, daß das Eintreten in die Subjekt-Objekt-Spaltung zur Manifestation einer bislang nur latenten Entfremdung wird, *einer Entfremdung, die der Glaube mutig auf sich zu nehmen hat.*

Die Entfremdung läßt sich nach zwei Seiten hin konkretisieren: sie zeigt sich im möglichen Verlust der existentiellen Beziehung des Glaubens zu seinem Gegenstand und in der Gefahr der Abstraktion von der Praxis. Mithin muß sich der Glaube auf der Stufe der Reflexivität zweier Gefahren bewußt sein:

(1) Der Glaube muß sich dessen bewußt sein, daß die objektorientierte Erkenntnis immer in der Gefahr steht, den existentiellen Bezug zu ihrem Gegenstand zu verlieren. Die noetische Distanz zum Gegenstand, die das Abbauen affektiver Übertragung ermöglicht (und fordert), ermöglicht zugleich auch (was auf den früheren Stufen der Vermittlung nicht, oder wenigstens nicht im gleichen Maße möglich gewesen wäre) die existentielle Distanzierung vom Gegenstand, sie ermöglicht das *Auseinanderfallen von Rationalität und Existenz*. Zwar (das muß sofort hinzugesetzt werden): die Objektivierung, die auf der Reflexionsstufe erreicht wird, muß keineswegs notwendigerweise zur Zerstörung der existentiellen Beziehung führen; wie man denn überhaupt nicht abstrakt zwischen objektorientiertem und existentiellem Denken unterscheiden

darf (als ob das eine das andere notwendigerweise ausschlösse)[14]. Vielmehr ist in jedem Erkenntnisakt immer beides mitenthalten: die objektivierende Distanz *und* die existentielle Partizipation[15] (so daß es in Wahrheit also kein Alibi für das ängstliche Zurückweichen des Glaubens in die bloße Unmittelbarkeit gibt). Wohl aber kann auf der Stufe der Reflexivität das Element der Distanz zum Gegenstand zum allein Vorherrschenden werden und die existentielle Partizipation weitgehend verdrängen. Ein solcher Vorgang wäre für den theologischen Erkenntnisakt tödlich. Der theologische Erkenntnisakt, der an seinem Gegenstand nicht mehr existentiell partizipiert, macht sich selbst unmöglich.

(2) Der Glaube muß sich des *Kriteriums aller Vermittlungsversuche* bewußt sein, nämlich *der (vermittelten) Praxis!* Die Erhebung des Glaubens zum bewußten Wissen kann immer nur partiell und sukzessiv geschehen. *Das Kriterium und zugleich das Ziel dieser Annäherungen ist die (vermittelte) Praxis,* d.h. theologisch: das Kriterium und das Ziel der Erkenntnis ist die Liebe. In dem Maße, als der Glaube wirklich zur Einsicht seiner selbst gelangt ist, wird das, was er zu vermitteln imstande ist, für die Praxis fruchtbar. In der dauernden Korrektur an der Praxis, in der Kontrolle, ob und wie weit die gesetzte theologische Vermittlung von den Strukturen der Destruktion befreit und fähiger macht zur Liebe, findet der Weg der Vermittlung sein (immer nur vorläufiges) Ende. Die wirkliche (nicht ideologische) Vermittlung vollzieht sich niemals in der Flucht vor der Praxis, sondern findet in ihr das vorläufige Ziel. Ein theologischer Satz ist soviel wert, als er bewußt zu machen, zu befreien, durch Liebe zu verändern imstande ist. Der Geist der Erkenntnis ist kein anderer als der Geist der Liebe.

(e) Ist damit das Ziel des Weges, der von der Unmittelbarkeit zur Vermittlung führt, erreicht? Ja und nein. Ja, denn in der Heimkehr zur vermittelten Praxis, d.h. zur vermittelten Unmittelbarkeit, hat der Weg tatsächlich sein vorläufiges Ende gefunden. Nein: denn gerade die Vorläufigkeit stellt die Reflexion vor ein neues Problem. *Die Vorläufigkeit aller Vermittlung läßt nach dem definitiven Ende des Vermittlungsprozesses fragen,* d.h. nach der vollständigen Aufhebung der hermeneutischen Differenz, nach der vollständigen und endgültigen Einheit von Sinn und Vermittlung, nach der (nun nicht bloß

---

[14] Hierin scheint mir der Hauptmangel des Theologiebegriffes bei R. Bultmann zu liegen (vgl. die Darstellung bei Schubert M. Ogden, Der Begriff der Theologie bei Ott und Bultmann, in: Der spätere Heidegger und die Theologie, herausgg. von J.M. Robinson, J.B. Cobb jr., Neuland in der Theologie, Bd. I, 1964, 187ff.; W. Schmithals, Die Theologie Rudolf Bultmanns, 1966, 23ff.): wissenschaftliche Objektivierung und existentielle Betroffenheit werden als unvermittelte Alternativen einander gegenübergestellt. Da Bultmann aber nun die Unausweichlichkeit der Objektivierung in der Explikation des gläubigen Selbstverständnisses zugesteht, kommt es zu dem Scheinproblem, wie theologische Explikation rechtens überhaupt möglich sein soll. Theologie wird so zur unmöglichen Möglichkeit, zur paradoxen Aufgabe, zur lediglich indirekten Verkündigung, die ihren Sinn erst erfüllt, wenn sie sich in die existentielle Unmittelbarkeit aufhebt.

[15] Tillich, Systematische Theologie, II, 1958, 32f.

abstrakten und formellen, sondern wirklichen) *absoluten Vermittlung*. Die theologische Reflexion hat m.E. keinen Grund, diesem Problem auszuweichen. Sie kann sowohl die absolute Vermittlung der Reflexionsphilosophie als leeren Schein durchschauen (als sei in der formell-absoluten Reflexion das Ende der Geschichte bereits eingetreten), wie sie auch den Rückfall in die bloße Unmittelbarkeit als solchen durchschauen kann (als könnte man sich des Problems dadurch begeben, daß man sich auf die vorgegenständliche Unmittelbarkeit des sich selbst verstehenden Daseins zurückzieht). In beiden Fällen ist die konkrete Geschichtlichkeit des Daseins (und des Verstehens) preisgegeben, in dem einen Fall so, daß das Dasein keine echte Zukunft mehr hat, weil alle Zukunft bereits von dem zu sich selbst gelangten Geist vorweggenommen ist; in dem andern Fall so, daß die konkrete Geschichtlichkeit des Daseins in die abstrakt-formelle Leere des Augenblicks, der Situation, des aus der Kontinuität herausgenommenen Aktes aufgelöst ist. Die theologische Reflexion wird demgegenüber der Frage standhalten müssen, die durch die Vorläufigkeit der Vermittlung gesetzt ist. Die Antwort wird m.E. nach zwei Richtungen hin zu geben sein:

(1) Die Vorläufigkeit aller Vermittlung verweist *(negativ) auf die reine Unmittelbarkeit des schöpferischen Aktes*. Er kann nur bezeichnet und beschrieben, nicht angeeignet (und damit aus der Unmittelbarkeit befreit) werden. Im Akt des Verstehens wird zwar (partiell und transitorisch) die Differenz überwunden, aber der Akt des Verstehens selbst kann nur vorbereitet und nachträglich beschrieben werden. Er kann nicht willkürlich produziert werden.

(2) Die theologische Reflexion muß *(positiv)* offen sein für *die Gewährung der universalen Vermittlung,* und zwar in einem doppelten Sinn: sie muß offen sein für das, was in der Tradition als begnadeter Akt *unmittelbarer* Anschauung beschrieben wird. In ihr kehrt das Bewußtsein nicht wieder in die *Indifferenz* vor der Bewußtwerdung der Subjekt-Objekt-Spaltung zurück, verharrt auch nicht mehr (wie es für den durchschnittlichen theologischen Erkenntnisakt charakteristisch ist) in der Entfremdung der *Differenz* zwischen Subjektivität und Gegenständlichkeit, sondern überwindet die Differenz, ohne sie zu zerstören, in der Erfahrung der *Identität.* Wird die Theologie von dieser - immer nur transitorischen und proleptischen - Möglichkeit mit aller Zurückhaltung reden, so muß sie andererseits die eschatologische *Hoffnung auf eine universale Vermitteltheit,* die Hoffnung auf die Schau πρόσωπον πρὸς πρόσωπον bezeugen und den Sinn solcher Aussagen explizieren. Von da aus stellt sich der theologischen Erkenntnislehre der Prozeß des Verstehens dar als Prozeß der universalen Bewußtseinsdifferenzierung, die sowohl je im einzelnen, wie in der Gesamtheit über die *Indifferenz* zu den verschiedenen Stufen der *Differenz* führt und die *Identität* intendiert. Das Ziel dieses Prozesses, die Offenbarung der universalen Vermitteltheit, fällt mit dem Ziel der Geschichte selbst zusammen.

Nachtrag. Der Aufsatz von 1971 war ein erster Versuch, dessen Intentionen später genauer verfolgt wurden. Er ist daher im Licht späterer, ähnlicher Aufsätze zu lesen und zu korrigieren (vgl. z.B. S. 239f.). - Vor allem ist der kleine Abschnitt über das Problem der "ideologischen Selbstauslegung" weggeblieben. - Die kurze Bemerkung über die mythische Vermittlung (S. 49f.) ist teilweise neu formuliert. Doch hat auch das jetzt Gesagte nur vorläufigen und hypothetischen Charakter. Sollte es sinnvoll sein, von mythischen Motiven im Neuen Testament zu sprechen, so wäre eines der dabei zu behandelnden Themen die Explikation des Urteils, daß sich die Intenta gerade nicht auf bloße Bewußtseinstatsachen (einschließlich des Unbewußten), oder auf bloße Seinsverständnisse beziehen.

Zur Analyse der asketischen Motivation in 1. Kor. 7

Das Verständnis der paulinischen Paränese hängt davon ab, ob wir noch imstande sind, die Widersprüche zu erkennen, durch die sie motiviert ist. Im allgemeinsten Sinn handelt es sich dabei um den Widerspruch zwischen der eschatologischen Motivation (in der alle moralische Entfremdung wenigstens der Intention nach aufgehoben ist) und der historischen Positivität (in der die gesellschaftliche und moralische Entfremdung wiederum gesetzt ist). Die eschatologische Existenz kann nicht in der reinen Unmittelbarkeit verharren, sondern sie wird gezwungen, sich unter den wechselnden Bedingungen der Geschichte zu neuer positiver Normensetzung zu konkretisieren. Aber wie kann in diesem erzwungenen Prozeß (in dem Übergang von der eschatologischen Normenkritik zur Positivität neuer Normensetzung) die eschatologische Unbedingtheit bewahrt und die Wiederaufrichtung der Mechanismen der moralischen Selbstentfremdung vermieden werden? Das ist das Grundproblem der urchristlichen und insbesondere der paulinischen "Ethik". Es ist mit diesen Sätzen freilich nur in einer sehr allgemeinen und abstrakten Weise angegeben. Wie kompliziert der Prozeß in concreto war, kann man etwa am Beispiel der asketisch bestimmten Paränese von 1. Kor. 7 verdeutlichen.

I

Wir gehen dabei von der Annahme aus, daß sich die Weisungen[1] des Apostels Paulus an dieser Stelle an keine bestimmte "Front" innerhalb der korinthischen Gemeinde richten - was freilich oft angenommen worden ist. Daß Paulus in 1. Kor. 7 eine gnostische oder auch nur gnostisierende Gruppe vor Augen hat

---

[1] 1. Kor. 7 ist natürlich kein theologischer Traktat über Ehe und Eheverzicht, sondern die situationsbedingte Antwort des Paulus auf bestimmte korinthische Anfragen (vgl. schon J. Weiß, Der erste Korintherbrief, Meyer V, ⁹1910 [Neudruck 1970], 169). Die Antwort des Paulus zeigt andererseits, daß sich die Ansätze zu einem christlichen Eherecht ausziubilden beginnen. Rechtsquellen sind der Kyrios und der Apostel. Wo ein Mandat des Kyrios existiert, ist der Fall entschieden. Paulus unterscheidet deutlich zwischen dem Mandat des Kyrios und seinem eigenen (7,10.12). Doch sind die Anweisungen des Apostels keineswegs unverbindlich. Hier unterscheidet Paulus deutlich zwischen ἐπιταγή (7,6.25), συγγνώμη (7,6) u. γνώμη (7,25.40). Der "freiheitliche" Charakter der Weisung wird betont (vgl. W. Schrage, Die konkreten Einzelgebote der paulinischen Paränese. Ein Beitrag zur neutestamentlichen Ethik, 1961, 113ff.).

(ein asketisch orientiertes Gegenstück zu den "Libertinisten" von 6,12-20)[2], ist in der Tat ganz unwahrscheinlich. Während es in 6,12-20 ganz deutlich ist, daß sich die Ermahnung des Paulus an eine bestimmte Gruppe richtet (und zwar doch wohl nur an eine enthusiastische Gruppe mit "protognostischer" Ideologie)[3], ist für 7,1-40 nichts dergleichen zu erweisen[4]. Nirgendwo ist die vorausgesetzte Position der Fragenden durch eine (etwa) protognostische Ideologie motiviert. Nun ist die Annahme einer eigenen asketischen Gruppe in Korinth natürlich nicht an die Hypothese (proto-)gnostischer Motivationen gebunden. Die Askese einer solchen Gruppe kann ganz anders motiviert gewesen sein. Die Annahme einer asketischen Richtung in Korinth ohne Beziehung auf die (proto-)gnostische Tendenz ist demgemäß bis in die Gegenwart vertreten worden[5]. Aber auch das ist im Grunde wenig wahrscheinlich. Paulus apostrophiert in 1. Kor. 7 nirgends eine bestimmte Richtung innerhalb der Gemeinde, eine korinthische "Partei", mit einer bestimmten Gruppenideologie, sondern er wendet sich in diesem Abschnitt allem Anschein nach an verschiedene "Stände" der *Gesamt*gemeinde (an die Verheirateten: 7,1-7.10f.; die Ehelosen: 7,8f.; die in einer Mischehe mit einem Nichtgetauften Lebenden: 7,12-16; die Jungfrauen: 7,25-38; die Witwen: 7,39f.). Und es ist die Frage, ob sich die (unleugbaren) asketischen Tendenzen[6] in der Gemeinde nicht einfach als Erbe der Traditionen verstehen lassen, die seit der Gründung der Gemeinde durch Paulus in Korinth wirksam waren[7], nämlich die Traditionen des

---

[2] So z.B.: H. v. Campenhausen, Die Askese im Urchristentum, in: Tradition und Leben. Kräfte der Kirchengeschichte. Aufsätze und Vorträge, 1960, 139; Schrage, Einzelgebote, 217; H.-D. Wendland, Die Briefe an die Korinther, NTD 7, [13]1972, 54.

[3] H. Conzelmann, Der erste Brief an die Korinther, Meyer V, [11]1969, 30: "Gnosis in statu nascendi." "Man mag die Korinther als Proto-Gnostiker charakterisieren."

[4] Nach Chr. Maurer, Ehe und Unzucht nach 1 Kor 6,12-7,7, WuD 6 (1959) 160ff., soll sich 7,1-7 gegen dieselbe Front richten wie 6,12-20 (!). Zustimmung bei O. Merk, Handeln aus Glauben. Die Motivierungen der paulinischen Ethik, MThSt 5, 1968, 102f.

[5] H. Baltensweiler, Die Ehe im Neuen Testament. Exegetische Untersuchungen über Ehe, Ehelosigkeit und Ehescheidung, AThANT 52, 1967, 166 u. passim; Conzelmann, 1. Kor. 139ff. - D.L. Balch, Backgrounds of I Cor. VII: Sayings of the Lord in Q; Moses as an Ascetic θεῖος ἀνήρ in II Cor III, NTSt 18 (1971/72) 351ff. konstruiert die Existenz einer asketischen Gruppe unter den Opponenten des Paulus in Korinth, die von der Tradition der Logienquelle abhängig ist. Anders als Paulus vertreten sie einen extremen Asketizismus, der auf Spekulationen zurückgeht, die Mose, Christus und den christlichen Pneumatiker miteinander verbinden. Wie bei Mose (Philon, de vita Mos II, 66 bis 70) so ist auch beim christlichen Pneumatiker der Sexualverzicht Voraussetzung des Offenbarungsempfangs.

[6] Anders W. Schmithals, Die Gnosis in Korinth. Eine Untersuchung zu den Korintherbriefen, FRLANT 66, [3]1969, 222f. Schmithals leugnet, daß 7,1-24 asketische Tendenzen in der korinthischen Gemeinde belegt (für 7,25-38 will er das nicht ausschließen). Aber dieses Urteil ist nur möglich, weil er die eschatologische Motivation des Eheverzichts als Gegensatz zur asketischen mißversteht (223, Anm. 2) und überhaupt einen zu engen Begriff von Askese verwendet (vgl. 222, Anm. 1).

[7] D.J. Doughty, Heiligkeit und Freiheit. Eine exegetische Untersuchung der Anwendung des paulinischen Freiheitsgedankens in 1 Kor 7, Diss. Göttingen, 1965: Es gibt in Korinth keine eigene asketische "Partei" (nach Doughty ist freilich die Rede von korinthi-

(Heidenmission treibenden) hellenistischen Judenchristentums. Die Unsicherheit der Gemeinde im Bezug auf die Frage der Ehe und die offenkundig vorhandenen Neigungen zum Sexualverzicht erklären sich m.E. zureichend aus dem (sei es auch mißverstandenen) Motiv der eschatologischen Entweltlichung - der Grundforderung und der Grundbestimmung der neuen Existenz; und das zumal dann, wenn man sich die rigoristische und zu einem gewissen Sexualpessimismus neigende Paränese des hellenistischen Judenchristentums vor Augen hält[8]. Die Frage der Korinther ist im Grunde die, ob die Übernahme der neuen Existenz in der Taufe nicht den partiellen oder vollständigen Sexualverzicht einschließt[9]. Das ist offenbar überhaupt weithin die Grundfrage der christlichen Sexualmoral in den Anfängen gewesen. Sie ist z.Z. des Paulus und für die Gemeinden seines Wirkungskreises noch durchaus kontrovers (sie ist in bestimmten Randgebieten der Kirche, in denen der Katholisierungsprozeß erst spät eingesetzt hat, noch lange lebendig geblieben)[10]. Die christliche Motivation hat hierin z.Z. des Paulus ihre bestimmte Gestalt noch nicht gewonnen. Das ist die Situation, aus der sich die Anfragen der Korinther verstehen.

---

schen "Parteien" überhaupt unrichtig: 135, Anm. 1 u. passim); die asketischen Neigungen der Korinther verstünden sich vielmehr als Konsequenzen des Geist-Enthusiasmus (125.143f. u. passim). Doch rückt Doughty die *paulinische* Position im Dienste seiner (vergebens geleugneten: 166) apologetischen Tendenz zu weit von der Position der korinthischen Enthusiasten ab. Auf Einzelheiten kann ich hier nicht eingehen.

[8]   Unter den Lastern, vor denen die Neugetauften gewarnt werden, hat die πορνεία deutlich den Primat. Sie erscheint schon statistisch am häufigsten (vgl. die Übersicht bei S. Wibbing, Die Tugend- und Lasterkataloge im Neuen Testament und ihre Traditionsgeschichte unter besonderer Berücksichtigung der Qumran-Texte, BZNW 25, 1959, 87f.), führt zuweilen den Katalog an (Gal. 5,19ff.; 1. Kor. 6,9ff.; Kol. 3,5ff.; Eph. 5,3) und gilt offenbar (in jüdischer Tradition: Billerbeck III, 64ff.; IV, 354ff.) als ein Kardinallaster der Heiden. Der Kampf gegen die πορνεία wird mit besonderer Strenge geführt: der Sexualrigorismus bestimmter Gruppen des frühen Judentums ist in der Tradition des missionierenden hellenistischen Judenchristentums eschatologisch verschärft. Die Libido erscheint hier überall nur in ihrer entfremdeten Gestalt - als concupiscentia, durch die die christliche Existenz in besonderer Weise gefährdet ist.

[9]   Im einzelnen: Fordert das Christsein die partielle oder vielleicht sogar die totale Kontinenz der Ehepartner (7,3ff.), die Trennung vom heidnischen Ehepartner (7,12ff.), den Verzicht auf das Eingehen einer neuen Ehe (7,39f. und zuvor schon: 7,8), den Verzicht der Unverheirateten auf die Ehe (7,8f.), die Bewahrung der Virginität (7,25ff.)? Zu 7,36-38 siehe unten.

[10]   K. Müller, Die Forderung der Ehelosigkeit für alle Getauften in der alten Kirche, in: Aus der akademischen Arbeit. Vorträge und Aufsätze, 1930, 63ff. Zu der besonders interessanten (aber auch umstrittenen) Entwicklung der Askese in der alten ost-syrischen Kirche vgl. nur: A. Adam, Grundbegriffe des Mönchtums in sprachlicher Sicht, ZKG 65 (1953/54) 209ff.; ders., Erwägungen zur Herkunft der Didache, ZKG 68 (1957) 37ff.; A. Vööbus, History of Asceticism in the Syrian Orient. A Contribution to the History of Culture in the Near East. I: The Origin of Asceticism. Early Monasticism in Persia, CSCO 184, 1958; G. Kretschmar, Ein Beitrag zur Frage nach dem Ursprung frühchristlicher Askese, ZThK 61 (1964) 27ff.

Die Antworten, die Paulus auf diese Anfrage gibt, gehen mit den asketischen Tendenzen der Adressaten weithin konform. Es sollte nicht mehr geleugnet werden, daß Paulus die christliche Existenz in 1. Kor. 7 grundsätzlich sexualasketisch motiviert (die Einschränkungen, die er setzt, heben diesen Befund nicht auf, sondern setzen ihn vielmehr voraus). Der Befund selbst ist eindeutig: Die Antwort des Paulus setzt mit der Maxime ein καλὸν ἀνθρώπῳ γυναικὸς μὴ ἅπτεσθαι (7,1) - das ist des Paulus eigenes Urteil, und nicht etwa Zitat der korinthischen Anfrage[11]. Die Vermeidung des sexuellen Kontaktes ist an und für sich ratsam (daß das nicht jedermanns Sache ist, steht auf einem anderen Blatt, hebt aber die Maxime als solche nicht auf: Paulus wiederholt sie ja auch, der Sache nach, in 7,7.8.26). Entsprechend kann das Vermögen, auf die Ehe zu verzichten, gerade als Charisma bezeichnet werden (7,7)[12]. Den ἄγαμοι und χῆραι wird bescheinigt, daß es ratsam sei, so zu leben wie Paulus, nämlich im Eheverzicht (7,8). Das gleiche gilt für die παρθένοι (7,26). Der Witwe ist das Eingehen einer zweiten Ehe erlaubt, aber der Verzicht darauf wäre (wenn er sich ohne moralischen Schaden realisieren läßt) nach der γνώμη des Paulus vorzuziehen (7,40). Der besondere casus schließlich, den Paulus in 7,36-38 voraussetzt, ist bekanntlich umstritten. Handelt es sich um einen frühen Beleg für das Syneisaktentum[13], oder um Brautleute[14], die vor der Frage stehen, ob die in der Taufe übernommene neue Existenz nicht den Eheverzicht fordert[15]? Paulus zieht jedenfalls auch hier den

---

[11] Die Maxime in 7,1 ist nicht Formulierung der Korinther (so z.B. J. Jeremias, Zur Gedankenführung in den paulinischen Briefen, jetzt in: Abba. Studien zur neutestamentlichen Theologie und Zeitgeschichte, 1966, 273), sowenig wie die ähnlichen Maximen in 7,8 und 26. Vgl. noch: Gal. 4,18; 1. Kor. 9,15; Röm. 14,21; und Conzelmann, 1. Kor. 139, Anm. 10.

[12] Daß die Formulierung des Paulus in 7,7 impliziere, auch die Ehe sei ein Charisma (!), ist ein Mißverständnis des Textes (zuletzt wieder E. Güttgemanns, Der leidende Apostel und sein Herr. Studien zur paulinischen Christologie, FRLANT 90, 1966, 233). Vgl. dagegen: schon H. Lietzmann, An die Korinther I.II, HNT 9, ⁵1969 (erg. v. W.G. Kümmel), 30; O. Merk, Handeln, 100, Anm. 133; Conzelmann, 1. Kor. 143; ders., ThW IX, 395, Anm. 23. Die Ehe ist für Paulus nicht Charisma, sondern Zeichen für den Mangel an einem bestimmten Charisma; nämlich: wer zur Ehe genötigt ist, entbehrt des charisma continentiae. Darum muß Paulus ja hinzufügen: wer dieses Charisma entbehrt, wird wohl durch ein anderes entschädigt werden!

[13] Zur ganzen Frage: W.G. Kümmel, Verlobung und Heirat bei Paulus (1 Kor 7,36-38), jetzt in: Heilsgeschehen und Geschichte. Gesammelte Aufsätze 1933-1964, hrsg. von E. Gräßer, O. Merk, A. Fritz 1965, 310-327. Zur Diskussion über die Syneisaktenhypothese: 311f.320ff.

[14] Das hat zuletzt Kümmel zu erweisen gesucht: a.a.O. 322ff. Zustimmung bei Chr. Maurer, WuD 6 (1959) 164, Anm. 7; Schrage, Einzelgebote, 149; Merk, Handeln, 121; Baltensweiler, Ehe, 184; Conzelmann, 1. Kor. 160f.

[15] Auf die Naherwartung ist dabei nicht reflektiert (anders Kümmel, a.a.O. 326; Schmithals, Gnosis, 223, Anm. 2; Merk, Handeln, 121). Das Motiv ist vielmehr in 7,37 ausgesprochen: bestimmend ist das Virginitätsideal.

Eheverzicht vor, konzediert aber die Ehe für den Fall des sexuellen Notstandes[16].

II

Erweist sich Paulus in alledem von asketischen Tendenzen bestimmt[17], so erhebt sich zunächst die Frage nach der Motivation der Askese. Sie ist keineswegs einheitlich. Es lassen sich verschiedene Motive voneinander unterscheiden.

a) Ein allgemein-asketisches Motiv ohne nähere Begründung liegt in 7,1 vor. Erwägungen, wie sie Paulus hernach in 7,26ff. bzw. in 7,32ff. vortragen wird, dürfen hier in 7,1 noch nicht eingetragen werden[18]. Vielmehr ist es charakteristisch, daß es sich um eine allgemeine Maxime handelt, die gerade nicht spezifisch "christlich", geschweige denn spezifisch theologisch motiviert wird. In der Maxime von 7,1 kommt das prinzipielle asketische "Vorverständnis" des Paulus zum Ausdruck[19].

b) In 7,26ff. wird dann der Vorzug des Eheverzichts durch den Hinweis auf die Naherwartung begründet. Das Argument lautet: Angesichts der bevorstehenden Katastrophe sollten die Glieder der Gemeinde vor zusätzlichen Belastungen (wie sie sich aus der ehelichen Bindung ergeben) bewahrt bleiben (7,28b)[20]. Die ganze Argumentation macht den Eindruck einer sekundären Motivation[21].

c) Die entscheidende Motivation findet sich jedenfalls erst in 7,32-35[22]. Das asketische Vorverständnis des Paulus wird hier christologisch transponiert. In 7,32-35 wird ja (was nicht verharmlost werden darf) der Vorzug des Eheverzichts vom Zentrum des paulinischen Glaubens aus abgeleitet, nämlich von der Idee der radikalen und ungeteilten Hingabe an den Kyrios. Paulus stellt es so

---

[16] Eine Vermittlung zwischen Syneisaktenhypothese und Kümmels Deutung bei Schmithals, Gnosis, 222f.

[17] v. Campenhausen, Askese, 138; Wendland, Kor. 54; Conzelmann, 1. Kor. 140.

[18] 7,1b ist also nicht von der Naherwartung her motiviert. Dagegen auch (in Auseinandersetzung mit Kümmel, z.St.) Conzelmann, 1. Kor. 140, Anm. 14. Desgleichen darf die Maxime 7,1b auch nicht von der Forderung der Ganz-Hingabe an den Kyrios erklärt werden. Dieses Motiv kommt vielmehr erst in 7,32bff. zur Sprache.

[19] Das Virginitätsideal ist mitbestimmend in 7,34b und 7,37b.

[20] In 7,29-31 folgt ein Traditionsstück (W. Schrage, Die Stellung zur Welt bei Paulus, Epiktet und in der Apokalyptik. Ein Beitrag zu 1 Kor 7,29-31, ZThK 61, 1964, 125ff.; näherhin 138ff.; zustimmend: Merk, Handeln, 118f.), das im Grunde in Spannung zu der übergreifenden Argumentation steht, weil der Tenor von 7,29-31 jedenfalls nicht den Vorzug der Ehelosigkeit beweist, sondern (wie immer das ὡς μή näherhin zu erklären ist) die innere Distanz zu den Bindungen der Welt. (Die Frage der Verwandtschaft des Traditionsstückes mit Motiven der späteren Stoa bzw. der jüdischen Apokalyptik ist hier nicht zu behandeln.)

[21] Vgl. die ähnliche Vermutung bei v. Campenhausen, Askese, 145f.

[22] So auch v. Campenhausen, Askese, 146.

dar, daß im Grunde nur der Ehelose zur ungeteilten Hingabe an den Kyrios befähigt ist, während der in der Ehe Lebende seine Hingabe teilen muß: καὶ μεμέρισται (7,34)[23]. Sofern hinter solchen Formulierungen der Gedanke des Χριστοῦ εἶναι steht, kann man in der Tat von einer *"christologischen"* Begründung des Eheverzichts sprechen[24]. Der Anspruch des Kyrios steht dabei in Konkurrenz zu den Ansprüchen der "Welt" (!)[25]. Sofern Christus den unbedingten, den ungeteilten Gehorsam fordert, den Gehorsam der Freiheit, motiviert sich der Eheverzicht an dieser Stelle vom Unbedingten her, und d.h., er ist im strengen Sinn *eschatologisch* motiviert - freilich so, was beachtet werden muß, daß das Unbedingte lediglich als negative Bestimmung gegenüber den Bedingungen der Endlichkeit gesetzt ist. Jedenfalls erscheint der Eheverzicht als jene Existenzform, die dem eschatologischen Charakter der christlichen Existenz im eigentlichen Sinne angemessen ist. Und d.h. mit anderen Worten: Paulus steht (solange nur dieses Motiv allein betrachtet wird) durchaus im Zusammenhang mit jener Tradition, für die die Verbindung von Taufe und Eheverzicht charakteristisch war. Und schließlich ist zu beachten, daß die Begründung, die Paulus hier gibt, wenigstens der Intention nach, jeden Rückfall in die Gesetzlichkeit ausschließen soll. Es ist gerade der eschatologische Unbedingtheitsanspruch, der die Forderung davor schützen soll, zum entfremdenden Gesetz zu werden. Das mögliche gesetzliche Mißverständnis wird von Paulus sofort abgewiesen (7,35). In seinem Sinn müßte man sagen: der christologisch motivierte Sexualverzicht ist nicht ein Ziel, dessen Verwirklichung von der Leistung abhängt, sondern versteht sich als Gabe, als Charisma (7,7!), als etwas, das nicht erworben, sondern entgegengenommen wird.

In Summa: wir haben verschiedene Motive vor uns, die nur nachträglich, in der exegetischen Reflexion, voneinander getrennt werden können, die in der Unmittelbarkeit selbst ineinander übergehen. Und zwar: wir finden ein allgemein asketisches Vorverständnis (das sich am deutlichsten in der Maxime 7,1 ausspricht); es wird in 7,26ff. sekundär rationalisiert und in 7,32ff. in den Zusammenhang der christologischen Motivation übertragen. Das Ineinander der Motive ist hier das Charakteristische, und das Sachproblem besteht offenbar darin, ob und in welchem Maße die Motive des Vorverständnisses in die christologisch-eschatologische Motivation "aufgehoben" worden sind. Man kann auch sagen: die asketische Motivation in 1. Kor. 7 ist nicht eindeutig, sondern überdeterminiert.

---

[23] καὶ μεμέρισται gehört noch zum voraufgehenden Satz. Zum Text: Conzelmann, 1. Kor. 159 u. Anm. 31.

[24] So auch v. Campenhausen, Askese, 146; Merk, Handeln, 120f. Doch wird dies bei Merk mit der Motivation aus der Naherwartung gleich wieder harmonisiert.

[25] Vgl. Conzelmann, 1. Kor. 159. Doch meint Conzelmann, es sei zu fragen, "wieweit die Formulierung ad hoc überspitzt ist" (?).

III

Indessen: die konkreten Weisungen des Apostels in den Fragen der Ehe und des Eheverzichts sind ja nun keineswegs nur von der asketischen Motivation her bestimmt; sondern es ist geradezu das Charakteristische der diesbezüglichen Ausführungen des Apostels, daß sich die asketische Motivation durch Bedachtnahme auf das ohne moralischen Schaden Mögliche, auf das Realisierbare begrenzt. Damit kommen wir zu einer zweiten Reihe von Motiven, und auch hier ist die Motivation überdeterminiert. Die Behauptung, daß im Eheverzicht allein die vollständige und ungeteilte Hingabe an den Kyrios möglich ist, hätte ja (konsequenterweise) zu der Auffassung führen müssen, daß in der Tat jenes Junktim von Taufe und Sexualverzicht besteht, das in enthusiastischen Kreisen des frühen Christentums gepredigt worden ist. Statt dessen aber begrenzt Paulus die asketische Motivation, und zwar in doppelter Weise:

a) Er reflektiert auf die Macht der (dämonisch verursachten) Konkupiszenz (7,5), die sich bei denen einstellen wird, ja nach seiner Meinung geradezu zwanghaft einstellen muß, denen das Charisma der Enthaltsamkeit nicht gegeben ist, und die dennoch den Weg der Ehelosigkeit bzw. des Sexualverzichts wählen. Die Argumentation ist die: Wenn der Eheverzicht auch das an und für sich Ratsame darstellt, so ist er doch nicht für alle ratsam. Der bloße Eheverzicht (bzw. der Sexualverzicht innerhalb der Ehe) ist noch nicht notwendigerweise identisch mit der Freiheit von der Konkupiszenz. Vielmehr drohen im Gegenteil diejenigen, denen die Enthaltsamkeit nicht als Gabe verliehen ist, gerade im Gefolge des Verzichts zu einem Opfer der Konkupiszenz zu werden. Um der Gefahr der πορνεῖαι entgegenzuwirken (7,2), ist der Ausweg der Ehe gestattet, ja geradezu geraten. Die Ehe erscheint mithin (in gut jüdischer Tradition)[26] als remedium incontinentiae[27]. Entsprechend wird die eheliche Kontinenz beschränkt (7,5), den Unverheirateten und Witwen die Ehe gewährt (mit der charakteristischen Begründung: κρεῖττον γάρ ἐστιν γαμεῖν ἢ πυροῦσθαι [7,9]), den Verlobten (?) zur Ehe geraten, wenn es der sexuelle Notstand erfordert (7,36ff.). In alledem ist die "Angst vor der Konkupiszenz"[28] wirksam. Diese Angst beschränkt das asketische Wollen und macht die Zustimmung zu dem enthusiastischen Junktim von Taufe und Eheverzicht unmöglich.

b) Aber die Zustimmung zu diesem Grundsatz ist noch von einer anderen Seite her unmöglich gemacht: Für Paulus ist die Ehe ein Institut göttlicher

---

[26] Billerbeck, III, 368.372f.

[27] Ambros. de viduis 13,79 (PL 16,259): incontinentiae remedia. Vgl. Hieron. ep. 49 (48), 14 (ed. Hilberg, CSEL 54, 374f.).

[28] Diese Formulierung stammt von E. Peterson, der sie in anderem, aber verwandten Zusammenhang verwendet hat: Einige Beobachtungen zu den Anfängen der christlichen Askese, in: Frühkirche, Judentum und Gnosis. Studien und Untersuchungen, 1959, 213.

Setzung, das als solches durch die schon vollzogene eschatologische Wende der Existenz nicht tangiert wird[29]. Paulus hält daher auch an der Gültigkeit bestimmter eherechtlicher Normen fest[30]. Der asketischen Neigung, eine bestehende Ehe aufzulösen, wird ausdrücklich widersprochen: Wer verheiratet ist, ist gebunden (7,27). Daher hält Paulus auch an der Gültigkeit des debitum tori fest (7,3)[31]. Die Witwe ist (vom Gesetz!) zu einer zweiten Ehe berechtigt (7,39). Entsprechend bedarf es nun freilich auch einer sorgfältigen (und schwierigen!) Erörterung der Scheidungsfrage (7,10ff.)[32]. Und schließlich (und vor allem) wird das prinzipielle Recht der Getauften, eine Ehe einzugehen, ausdrücklich festgehalten: Wer eine Ehe eingeht, sündigt nicht (7,28). Den Kompromiß zwischen der prinzipiell asketischen Position und der Bedachtnahme auf das vinculum matrimonii zeigt sehr schön 7,27: Wer durch das vinculum der Ehe gebunden ist, darf sich nicht lösen, wer frei ist, soll sich (wenn er es ohne moralischen Schaden vermag) nicht wieder binden. Oder mit anderen Worten: die Freiheit der eschatologischen Existenz wird durch die Ehe nicht aufgehoben (daher ist die Ehe erlaubt), wohl aber beschränkt (daher ist die Ehelosigkeit das Bessere)[33].

Aus alledem folgt daher, und auch das sollte nicht mehr geleugnet werden, daß Paulus in 1. Kor. 7 die Legitimierung der Ehe für die Getauften nicht von

---

[29] Daß die Ehe für Paulus göttliche Ordnung ist, zeigt auch Röm. 7,1-3.

[30] Eine Reflexion darüber, wie diese Normen in den Zusammenhang der eschatologischen Freiheit eingefügt sind, bietet Paulus nicht; nicht einmal eine Reflexion über die Differenz zwischen den Bestimmungen des alttestamentlichen Rechts und dem Scheidungsverbot des Kyrios!

[31] Auffällig ist hier die Gleichstellung von Mann und Frau (7,3f.). Ob sie wirklich aus der Begrenzung der Freiheit durch den Partner (so Conzelmann, 1. Kor. 142) folgt, oder nicht eher aus mythologischen Vorstellungen von der μία σάρξ der Ehepartner, bleibe dahingestellt.

[32] Einzelfragen zu 7,10ff. sind hier nicht zu erörtern.

[33] Gewiß ist die asketische Tendenz von der paulinischen eleutheria her ausgelegt (Conzelmann, 1. Kor. 140f. u. passim). Freilich nach beiden Seiten hin: die christliche Freiheit schränkt nicht nur die asketischen Tendenzen ein (sie macht eine Absolutsetzung der Askese unmöglich und schließt das Mißverständnis der Askese als Heilsweg aus, vgl. auch v. Campenhausen, Askese, 143f.; Doughty, Heiligkeit, 224); sondern der Eheverzicht wird zugleich auch (was nicht übersehen werden darf) als Freiheit für den Kyrios ausgelegt (daß daneben noch andere Motivationen der Askese wirksam sind, wie wir gesehen haben, steht jetzt nicht zur Debatte). Die paulinische Freiheit motiviert also der Sache nach *beide* Seiten: die Askese wie die Konzession der Ehe. Und eben deshalb kommt es im Effekt weder zu einer Absolutsetzung noch zu einer Verwerfung der Sexualaskese, sondern zu einem Kompromiß. - Unbefriedigend die Ausführungen bei Doughty, 146ff. Doughty betont, daß die paulinische Position nicht vom Gegensatz "sittliches Ideal-Wirklichkeit" her verstanden werden darf: dieser Gegensatz sei ja durch das Indikativ-Imperativ-Verhältnis abgelöst. Indessen: damit ist doch nur die Voraussetzung der *neuen* Problematik formuliert, nämlich: wie ist die eschatologische Motivation mit den konkreten Bedingungen der Endlichkeit und Entfremdung zu vermitteln? Hier reicht der Rekurs auf das (formelle!) Indikativ-Imperativ-Verhältnis nicht mehr aus, es ergibt sich die Nötigung zu einer neuen positiven Normensetzung und damit zugleich wiederum (freilich auf einer neuen Ebene) der Gegensatz von Wunsch und Wirklichkeit.

der eschatologischen Motivation her versucht, sondern vielmehr von den die eschatologische Existenz begrenzenden Bedingungen der Endlichkeit (und Entfremdung). Die Ehe wird nicht in Beziehung zum Heilsgeschehen gesetzt (die libido in keine Beziehung zur ἀγάπη - das Stichwort ἀγάπη fehlt, nicht zufällig, im ganzen Kapitel!), sondern die Ehe legitimiert sich durch die göttliche Setzung des Schöpfers (als Ordnung der noch existierenden Welt), und sie legitimiert sich von der Nötigung her, als remedium für die Konkupiszenz-Anfälligen zu dienen. Die Ehe ist in 1. Kor. 7 *vinculum* und *remedium* - aber sie ist kein Symbol für das Unbedingte, von dem die eschatologische Existenz bestimmt ist[34]. Sie ist *noch nicht* in das neue Sein *integriert, sondern* sie ist - trotz des neuen Seins - *konzediert*.

IV

Auf diese Weise entsteht dann das charakteristische Gefälle vom Wünschenswerten über das Mögliche zum Ausgeschlossenen. *Ausgeschlossen* ist die πορνεία (bzw. schon jede Form des Überwundenwerdens durch die Konkupiszenz). *Möglich* ist die Ehe, und zwar eben für diejenigen, denen die Gabe der Kontinenz nicht verliehen ist. Aber das eigentlich *Wünschenswerte* bleibt natürlich der Eheverzicht, wenn er auch freilich nicht allgemein realisierbar ist. *Die so entstehende Differenzierung ist das konkrete Ergebnis der antinomen Motivreihen.* Der eschatologische Anspruch der Gesamtgemeinde wird ebenso festgehalten wie der eschatologische Radikalismus der Asketen. Innerhalb der Gemeinden bildet sich (offenbar von Anfang an) ein eigener *Stand* von freiwillig Ehelosen.

Vom Ende der Entwicklung her gesehen erweist sich mithin Paulus an dieser Stelle als Wegbereiter der späteren großkirchlichen Konzeption, und zwar (wohlgemerkt!) nicht dadurch, daß er die Sexualaskese favorisierte (was er freilich auch getan hat), sondern dadurch, daß er den asketischen Radikalismus begrenzte. Denn nicht die Favorisierung der Askese, sondern die Einschränkung des ursprünglichen Radikalismus ist das Signum der zur großkirchlichen Moral führenden Entwicklung gewesen.

Nachtrag. Der Beitrag über 1. Kor. 7 war ein erster Versuch über eine perenne Problematik. Die Grundtendenz halte ich auch heute noch für richtig. Einzelnes wäre zu verbessern; z.B. möchte ich heute von "Tabu-Askese" (in 7,1: so im ursprünglichen Text des Aufsatzes) nicht mehr sprechen und daher auch die mißverständliche Wendung von der Verdrängungsaskese und der Weltverneinung nicht gebrauchen. Diese Motive spielen bei Paulus noch keine Rolle. Auch die Rede von Ansätzen zu einer Zweistufenmoral möchte ich

---

[34] Der Unterschied zur Ehekonzeption von Eph. 5,22ff. ist also schon vom Ansatz her ganz deutlich. Für 1. Kor. 7 gehört die Ehe zu den Größen, die die volle eschatologische Existenz *begrenzen* und *einschränken*. In Eph. 5,22ff. dagegen wird bereits versucht, die Ehe in die neue Existenz zu "integrieren". Sie wird zum Heilsgeschehen in eine positive Beziehung gesetzt.

vermeiden. Wichtig ist mir die Einsicht (die Anm. 34 thematisiert ist), daß im 1. Kor. 7 erst eine erste Reflexionsstufe der Thematik vorliegt, die durch die Erwägungen von Eph. 5 ergänzt wird. Die Stichworte sind in der Tat: Askese (1. Kor. 7) und Mysterium (Eph. 5). Mir scheint, daß es Aufgabe der Exegese ist, die Texte vor einer Einebnung in bestimmte, heute moderne und ganz anders geartete Motive zu schützen. *Agere contra.*

Zur Entwicklungsgeschichte des Wanderradikalismus im Traditionsbereich der Didache

Wir haben Anlaß zu der Annahme, daß sich die Anfänge des nachösterlichen Christentums in bestimmten Bereichen des palästinensisch-syrischen Raums in zwei sehr verschiedenartigen sozialen Formen darstellten: neben den Christen am Ort finden wir die Gruppe der heimatlosen, von Ort zu Ort wandernden Missionare und Propheten der neuen Bewegung. Wahrscheinlich darf man sogar ohne Übertreibung umgekehrt sagen: neben den wandernden Charismatikern, als den eigentlichen Trägern der neuen Bewegung, bildeten sich vereinzelt Gruppen von ortsansässigen Christen, aus denen im Laufe der Entwicklung die Ortsgemeinden entstanden.

Das Phänomen der "Wandercharismatiker" oder "Wanderasketen" ist in letzter Zeit mehrfach Gegenstand von Untersuchungen gewesen[1]. Es ist wahrscheinlich, daß der Ursprung dieses Phänomens in der frühen palästinensischen Kirche zu suchen sein wird, und zwar bei Missionaren und Propheten, die unter den veränderten Bedingungen der nachösterlichen Zeit in ihrer Weise versucht haben, eine analoge Fortführung der Jüngernachfolge zu realisieren[2]. M.E. ist auch die erste, "enthusiastische" Mission im palästinensisch-syrischen Raum mit den wandernden Charismatikern zu verbinden. Die Bewegung scheint hernach im dörflichen und kleinstädtischen Bereich Syriens ihre Fortsetzung gefunden zu haben, und es scheint schließlich von da aus eine Entwicklung gegeben zu haben, die zur frühen ostsyrischen Kirche (oder wenigstens zu bestimmten Traditionen in ihr) führte. Was auf diese Weise in Erscheinung tritt, ist ein eigenständiger Zweig der Entwicklungsgeschichte des

---

[1] G. Kretschmar, Ein Beitrag zur Frage nach dem Ursprung frühchristlicher Askese, ZThK 61 (1964) 27ff.; jetzt auch in: K.S. Frank, Askese und Mönchtum in der alten Kirche, Wege d. Forschung 409, 1975, 129ff. (ich zitiere im folgenden nach der Erstveröffentlichung); ders., Das christliche Leben und die Mission in der frühen Kirche, in: H. Frohnes - U.W. Knorr (edd.), Kirchengeschichte als Missionsgeschichte. I: Die Alte Kirche, 1974, 94ff.; G. Theißen, Wanderradikalismus. Literatursoziologische Aspekte der Überlieferung von Worten Jesu im Urchristentum, ZThK 70 (1973) 245ff.; ders., Legitimation und Lebensunterhalt: Ein Beitrag zur Soziologie urchristlicher Missionare, NTS 21 (1974/75) 192ff.

[2] G. Theißen stellt (unter Weiterführung des Ansatzes bei Kretschmar, vgl. Wanderr. 252, Anm. 20) die Frage nach den eigentlichen Traditionsträgern der (ethischen Radikalismus propagierenden) Jesus-Überlieferung. Für Theißen sind eben jene Wanderasketen die Tradenten; sie versuchen in ihrer Weise, Jesu Forderung wörtlich zu realisieren, Heimatlosigkeit, Eheverzicht, Besitzverzicht (Wanderr. 249ff.). Theißen versteht die Askese der Wandercharismatiker als authentische Fortführung der τρόποι κυρίου und Jesus selbst als ersten Wandercharismatiker (257).

frühen Christentums[3], wichtig unter anderem für die Frage nach dem (hier bes. lang verzögerten) Übergang von der ursprünglichen eschatologischen Unmittelbarkeit zur frühkatholischen Mentalität.

Innerhalb dieser Entwicklung kommt (wie es scheint) den diesbezüglichen Aussagen der Gemeindeordnung der Didache eine Schlüsselstelle zu. Läßt sich ein Bild von dem Stand der Entwicklung geben, den die Anordnungen der Didache dokumentieren[4]? Dazu müßte freilich m.E. der Versuch unternommen werden, auch in der Gemeindeordnung der Didache deutlich zwischen dem vorgegebenen Material und dem "Didachisten" zu unterscheiden. Das soll im folgenden versucht werden. Daß alle Aussagen über die Didache angesichts des Zustandes unserer Didache-Überlieferung nur hypothetischen Charakter tragen, ist m.r. immer wieder betont worden[5]. In noch stärkerem Maße gilt das selbstverständlich von den (freilich unvermeidlichen) traditionsgeschichtlichen Differenzierungen.

I

Die literarische Analyse, mit der wir einsetzen, ergibt folgendes Bild: 11,1f. beschließt den Abschnitt 7-10 (Anweisungen über den Kult) und leitet zu der folgenden Gemeindeordnung (11-15) über. In 11,1f. ist m.E. der Didachist am

---

[3] Was die dabei wirksamen asketischen Motive betrifft, so ist es nötig, daran zu erinnern, daß damit nur ein bestimmter Teilaspekt, *eine* der Entwicklungslinien der Geschichte der urchristlichen und frühchristlichen Askese aufgedeckt ist.

[4] Vorausgesetzt ist dabei die Annahme, daß der Verfasser der Did. am Anfang des 2. Jh. für syrische Gemeinden im dörflichen oder kleinstädtischen Milieu schreibt. Zur zeitlichen Ansetzung vgl. nur: J. Quasten, Patrology. I: The Beginnings of Patristic Literature, 1975[5], 37; B. Altaner - A. Stuiber, Patrologie. Leben, Schriften und Lehre der Kirchenväter, 1966[7], 81; Ph. Vielhauer, Geschichte der urchristlichen Literatur. Einleitung in das Neue Testament, die Apokryphen und die Apostolischen Väter, 1975, 737. Frühansetzungen empfehlen sich m.E. nicht. Zum Ort vgl. Quasten, Patr. 37 (höchstwahrscheinlich Syrien); O. Bardenhewer, Geschichte der altkirchlichen Literatur, I, 1962 [Nachdruck], 96 (wahrscheinlich Syrien oder Palästina); Altaner, Patr. 81 (Syrien-Palästina); mit Vorsicht Vielhauer, Gesch. d. urchr. Lit. 737. Zum ländlichen bzw. kleinstädtischen Milieu vgl. 13,3-7; R. Knopf, Die Apostolischen Väter. I: Die Lehre der zwölf Apostel. Die zwei Clemensbriefe, HNT, Erg.Bd., 1920, 34; Kretschmar, Askese, 41, Anm. 35; Vielhauer, Gesch. d. urchr. Lit. 737. - A. Adam, Erwägungen zur Herkunft der Didache, ZKG 68 (1957) 1ff., 37ff. u. passim trat für ein syrisches Original ein. Seine These: Die Urgestalt der Did. sei als Kirchenbuch für die jungen Gemeinden in Ostsyrien zum Aufbau ihres Gemeindewesens geschrieben worden. Hypothetische Ansetzung der Zeit: zw. 90 u. 100; als Ort der Abfassung vermutet Adam Pella. Kritik bei Vielhauer, Gesch. d. urchr. Lit. 737.

[5] Vielhauer, Gesch. d. urchr. Lit. 734.737. Instruktiv (aber im Gesamturteil über den Bryennios-Text übertrieben) die Skepsis bei E. Peterson, Über einige Probleme der Didache-Überlieferung, jetzt in: Frühkirche, Judentum und Gnosis. Studien und Untersuchungen, 1959, 146ff. (Der Br.-Text sei lediglich eine späte Rezension der Did.: 181!)

Werk, und zwar bildet 11,1f. die Überleitung[6] zu dem neuen Thema: die Gemeinde wird hingewiesen auf ankommende Lehrer, die daraufhin zu prüfen sind, ob sie das bisher Mitgeteilte lehren oder nicht. Im negativen Fall soll die Gemeinde nicht auf sie hören, im positiven Fall sollen die Lehrer aufgenommen werden. Damit ist das Thema des folgenden Abschnittes angegeben[7].
Die Komposition des Folgenden ist freilich nicht sofort durchsichtig[8]. In 11,3 wird ein Abschnitt περὶ δὲ τῶν ἀποστόλων καὶ προφητῶν angekün-

---

[6]   Gegen J.-P. Audet, La Didachè. Instructions des apôtres, Ét. Bibl., 1958, 111, der 11,2 als Abschluß von D 1 versteht, m.r. Vielhauer, Gesch. d. urchr. Lit. 735. - Audet unterscheidet zwischen D 1, D 2 und dem Interpolator. D 2 ist erst nach Abschluß von D 1 und unter dem Druck neuer Bedingungen (111) angeschlossen worden, stammt aber wahrscheinlich von demselben - apostolischen! - Autor (vgl. 104ff., 110ff., 119f.). Kritisch zu Audets Unterscheidung von D 1 und D 2: Vielhauer, Gesch. d. urchr. Lit. 735.

[7]   M. Dibelius, Geschichte der urchristlichen Literatur, Neudruck, ed. F. Hahn, ThB 58, 1975, 151f., und ders., Die Pastoralbriefe, HNT 13, 4 von H. Conzelmann ergänzte Aufl., 1966, 5f. wollte für Did. 7-15 ein Schema der Komposition wiedererkennen, das auch in 1. Tim. 2 und 3 vorliegt. Für dieses Schema sei charakteristisch die Abfolge von Anweisungen über Gebet (vgl. Did. 7-10; 1. Tim. 2,1ff.), sittliche Bedingungen des Gottesdienstes (Did. 14; 1. Tim. 2,8ff.) und Gemeindeorganisation (Did. 15,1f.; 1. Tim. 3,1ff.). Die Anweisungen von Did. 11-13 fallen dann aus diesem Schema heraus, sie dürften nach Dibelius jüngeren Datums sein, aus gegebenem Anlaß an dieser Stelle eingefügt. Zustimmung bei Vielhauer, Gesch. d. urchr. Lit. 727. Aber die These ist nicht zwingend, die Parallelen sind nicht genau, und die pauschale Annahme, Did. 11-13 sei jüngeren Datums, ist m.E. unberechtigt. Gesetzt selbst, der Didachist hätte wirklich in 11-13 ein vorgegebenes literarisches Schema unterbrochen, so könnte er doch sehr wohl bei der Behandlung der aktuellen Frage auch älteres Traditionsgut mitverwendet haben; d.h.: in 11-13 kann sich altes Traditionsgut und Redaktionelles finden. Und das ist, wie ich zeigen möchte, in der Tat der Fall.

[8]   Daß Did. 11-13 keine Einheit darstellt, ist öfter vermutet worden. Vgl. Knopf, Did. 33; nach Audet, Did. 111f. stammt 11,3ff. von D 2 (vgl. auch Did. 435); 13,3.5-7 wird dem Interpolator zugeschrieben (105ff., 457; vgl. 453), 13,4 ist Glosse (458). W. Schmithals, Das kirchliche Apostelamt. Eine historische Untersuchung, FRLANT 79 (1961) 171, Anm. 373 rechnet damit, daß die in 11,3-6 übernommenen Traditionen älter sein könnten als die endgültige Redaktion. Nach Schmithals, Apostelamt, 172, "dürfte das von der Didache verwertete Material, in dem von Aposteln die Rede ist, noch im 1. Jahrhundert fixiert worden sein". Eine (freilich überkomplizierte) Traditionsgeschichte unseres Abschnittes versuchte G. Schille, Das Recht der Propheten und Apostel - gemeinderechtliche Beobachtungen zu Didache Kapitel 11-13, in: Theologische Versuche, edd. P. Wätzel - G. Schille, 1966, 84ff. Am Anfang stünde das Recht der Gemeinde, die Charismatiker zu prüfen; dieses Recht wäre der Gemeinde sukzessive entzogen worden; schließlich verbiete der Autor (= der Didachist) die Prüfung der Charismatiker (die inzwischen zu Gemeindebeamten geworden sind). Schille versucht, durch die Unterscheidung von kasuistischer Regelung, apodiktischer Dekretierung und deklarativen Formeln (89ff.) sein Konzept von der Traditionsgeschichte zu unterstützen. Wichtige traditionsgeschichtliche Urteile: Zur alten Überlieferung (im Stil der deklarativen Formel) gehört 11,4-6 (4 ist freilich durch "die anredende Gesetzesparänese des Autors" erweitert worden, 92, Anm. 31; hier sei ein Dekret in deklarative Formeln eingedrungen, 91, Anm. 25,5); ebenso gehört zur alten Überlieferung 11,9f. Eine spätere Stufe zeigten (88) die Prüfungsvermerke (11,11a; 13,1f.; wobei die Regel 11,11 noch älter sein könnte als die "Anstellungsformel" in 13,1f.; vgl. Schille, 101). 11,12 "ist eine erweichte Spätform der Apostel-Unterhaltsregel 11,6 ohne Titel" (!? 88). Die letzte Stufe markiert der Autor der

digt, der strenggenommen nur bis 11,12 reichen kann. Cap. 12 nennt (nach Aposteln und Propheten) eine dritte Gruppe, auf die wir durch die Überschrift in 11,3 nicht vorbereitet sind: gewöhnliche zuwandernde Christen. Cap. 13 wiederum greift noch einmal auf die Propheten zurück, deren Fall doch, wie es scheint, in 11,7-12 ausführlich und abschließend behandelt worden war. Man kann nun nicht 13,1 an 11,12 anschließen[9], denn cap. 13 ist zu deutlich durch das Stichwort $\vartheta\acute{\epsilon}\lambda\omega\nu$ $\kappa\alpha\vartheta\tilde{\eta}\sigma\vartheta\alpha\iota$ $\pi\rho\grave{o}\varsigma$ $\acute{v}\mu\tilde{\alpha}\varsigma$ mit 12,3ff. verbunden. 13,1 folgt also logisch auf 12,3-5 und setzt diesen Abschnitt voraus. Man kann aber auch nicht 13,1f. unmittelbar mit 12,1-5 unter dem Stichwort "Brüder, die sich niederlassen wollen" zusammenfassen[10], denn in 12,1f. ist davon noch nicht die Rede. Auffällig ist weiter, daß in der Überschrift 11,3 nur die Apostel und Propheten genannt sind, deren causa auch zunächst allein behandelt wird; von den $\delta\iota\delta\acute{\alpha}\sigma\kappa\alpha\lambda o\iota$ ist nicht die Rede[11]. Dagegen tauchen die Lehrer hernach in 13,2 (wenn auch nur mehr am Rande) auf, und bilden (zusammen mit den Propheten) in 15,1f. das Gegenüber zu den örtlichen

---

Didache, der in 11,7 die Prüfung der Charismatiker verbietet, was er in 11,8 zu begründen (!?) sucht (87). - Ähnlich kompliziert ist auch die Traditionsgeschichte von c. 12 und 13 vorgestellt: Für 12,1a.2b.5a (!) vermutet Schille ältere Tradition (95, Anm. 53); 13,3-7 bestünde (90f.) aus einer älteren Vollzugsformel (5-7) und einer jüngeren Einleitungsformel (3f.). Die Partie enthält kasuistische Regelungen, man könne aber auch nicht mehr vom rein kasuistischen Stil sprechen. "Die kasuistische Form ist in den dekretalen Bereich eingeschmolzen" (91). Vgl. noch unten Anm. 60. - Gegen die Analyse von Schille (die im einzelnen viele wertvolle Beobachtungen bringt) erheben sich m.E. folgende Hauptbedenken: 1. Das Verbot der Prüfung der Charismatiker (11,7) ist sicher nicht jüngste Tradition, sondern im Gegenteil älteste Überlieferung. Dergleichen findet sich schon 1. Kor. 2,15 (worauf Schille selbst - einschränkend - hinweist: 87, Anm. 11). Das Nebeneinander von Prüfungsverbot und Kriterienbildung muß nicht auf zeitlich verschiedene Traditionsstufen verteilt werden (vgl. unten Anm. 37). Ich vermag daher auch nicht einzusehen, daß in der Entwicklung der Did.-Tradition der Gemeinde das Prüfungsrecht der Charismatiker sukzessive entzogen wurde. 2. Die getroffene Unterscheidung von Textsorten rechtlichen Charakters fügt sich nur mühsam den Texten selbst. Schille muß konzedieren, daß z.T. Mischformen vorliegen (91.94). 3. Das Thema der Did.-Tradition ist nicht die sukzessive "Entmündigung der Gemeinde" (102), sondern das Nebeneinander von zwei verschiedenen sozialen Formen christlicher Existenz, die zur Zeit des Didachisten zu dem Versuch der Integration der Wandercharismatiker führt. - Nach Abschluß des Manuskripts wurde mir durch die Güte von G. Kretschmar der Text seines für die Festschr. Rousseau vorbereiteten Aufsatzes "Die innerkirchlichen Dienste und das Amt der Kirche in der Welt. Strukturen der frühen Christenheit" zugänglich. Kretschmar unterscheidet verschiedene Schichten der Did. (vgl. schon ders., Askese, 37). Für unseren Zusammenhang ist dabei u.a. wichtig, daß er die Bestimmung 15,1 der letzten Schicht der Did. zuweist und von den vorangehenden Ausführungen über die wandernden Charismatiker abhebt.

[9] So Knopf, Did. 33.

[10] Audet, Did. 453. Für Audet gehören 12,1-5 und 13,1f. zusammen. Die Zäsur liegt zwischen 13,2 und 3. Den Abschnitt 13,3.5-7 weist Audet dem Interpolator zu. Vgl. oben Anm. 8.

[11] Audet, Did. 442, erklärt das so: die Lehrer seien höchstwahrscheinlich keine Wander-Lehrer, daher fehlen sie in 11,3-12, finden sich dagegen in 12,1-13,2. Schwerlich richtig.

Amtsträgern (dort wiederum fehlen unter den Charismatikern die Apostel ganz)[12]. Diese Beobachtungen würden sich nun erklären, wenn man annimmt, daß dem Verfasser der Didache in 11,4ff. eine ältere Tradition vorlag. Diese ältere Tradition redete von den Wanderaposteln und Wanderpropheten (und nur von diesen) bzw. davon, wie solche Charismatiker von den Christen am Ort aufzunehmen sind (11,4-12). Die *Wanderlehrer* werden hier noch nicht erwähnt. Der Didachist hat (aus gegebenem Anlaß) dieses *ältere Material reproduziert*, wobei nicht entschieden werden muß, ob dem Verfasser formuliertes Gut vorlag oder ob er (weniger wahrscheinlich) in archaisierender Weise Traditionselemente selbst sprachlich ausformulierte. In jedem Fall repräsentiert der Abschnitt 11,4-12 *Verhältnisse, die älter sind als die des Verfassers der Did.*, und die sich auch der Sache nach in mancher Hinsicht von den Verhältnissen z.Zt. des Verfassers unterscheiden. Der Verfasser hat die Reproduktion der Überlieferung mit einer Einleitung versehen (11,3; die Rede vom δόγμα τοῦ εὐαγγελίου ist wohl für die Redaktion der Did. typisch[13]

---

[12]   So auch Schille, Recht, 85: der Aposteltitel ist auf 11,4-6 beschränkt, fehlt in den weiteren Regeln. - Eine andere Frage ist, ob man als Argument auch den Dissens zwischen dem Apostelbegriff in 11,4ff. und der Überschrift der Did. nennen kann, und zwar deshalb, weil ja Wortlaut und Echtheit der Überschrift umstritten sind. Audet, Did. 91ff., hat gute Gründe für die Annahme ins Treffen geführt, daß die Did. ursprünglich nur den Kurztitel als Überschrift aufwies, in welchem die Nennung der Dodeka fehlte. Audet sieht keinen dissensus zwischen der Überschrift (dem Kurztitel) und 11,3-6 (119). Vgl. auch G. Klein, Die zwölf Apostel. Ursprung und Gehalt einer Idee, FRLANT 77 (1961) 80ff. Nach J. Roloff, Apostolat - Verkündigung - Kirche. Ursprung, Inhalt und Funktion des kirchlichen Apostelamtes nach Paulus, Lukas und den Pastoralbriefen, 1965, 82, Anm. 138 würde freilich immer noch ein dissensus bestehen, sofern Roloff unterstellt, daß, auch wenn die Dodeka nicht genannt sind, gleichwohl in der Überschrift "eine abgegrenzte Zahl von Aposteln" gemeint sei, was offenbar für die Wanderapostel von cap. 11 nicht zutrifft. Wieder anders stellt sich das Problem für Vielhauer, Gesch. d. urchr. Lit. 723ff. Vielhauer betont die Sachdifferenz zwischen dem Kurztitel und dem Apostelbegriff in cap. 11. "Die 'Apostel' in 11,3-6 sind keine unbestrittene Lehrautorität wie die 'Apostel' im Titel" (724). Vielhauer schließt daraus, daß auch der Kurztitel nicht vom Didachisten stammt, sondern von einer späteren Hand.

[13]   11,3 ist Rubrik aus der Feder des Didachisten, vgl. H. Köster, Synoptische Überlieferung bei den Apostolischen Vätern, TU 65, 1957, 10; Schille, Recht, 88. Der Hinweis auf das "Evangelium" (in Did. viermal: 8,2; 11,3; 15,3.4) ist m.E. für den Redaktor typisch. Zu εὐαγγέλιον in Did. vgl. ThW II, 734 (Friedrich); Köster, Synopt. Überl. 10f.209ff.; H. v. Campenhausen, Die Entstehung der christlichen Bibel, BHTh 39 (1968) 142ff.; P. Stuhlmacher, Das paulinische Evangelium. I: Vorgeschichte, FRLANT 95 (1968) 60f.; A. Sand, Kanon. Von den Anfängen bis zum Fragmentum Muratorianum, HD I, 3a (1), 1974, 55f. "Evangelium" bezeichnet für den Didachisten, wie Köster, 10f.209ff.239f. gezeigt hat, ein evangelium scriptum, auf das er seine Leser bei Gelegenheit hinweist, ohne es wörtlich zu zitieren. Mündliche und schriftliche Evangelientradition konkurrieren in der Zeit der Did. (genauer: auch noch in der Zeit des Didachisten) keineswegs. Dazu v. Campenhausen, Entstehung, 144. - Inhaltlich ist "Evangelium" von Did. als eine Sammlung von Regeln, Anweisungen gefaßt. Im "Evangelium" findet der Leser die Befehle des Kyrios - und zwar hinsichtlich des rechten Gebets (8,2), des rechten Almosens (15,4), hinsichtlich des Verhaltens gegenüber den fehlenden Brüdern (15,3), - und eben auch hinsichtlich der für den Traditionsbereich von Did. dringlichen Frage nach

und durch zwei von ihm selbst gebildete Anhänge (12,1-5; 13,1ff.) an die Verhältnisse seiner eigenen Zeit angepaßt. Daß 13,3.5-7 spätere Interpolation sei (so Audet)[14], ist m.E. nicht erweislich. Dagegen ist Audet zuzustimmen in der Annahme, daß in 13,4 eine spätere Glosse vorliegt[15], in der eine spätere Zeit verrät, daß inzwischen auch die ortsansässigen Propheten rar geworden sind. Übrigens ist für die Redaktion charakteristisch, daß in 13,5 und 7 auf die ἐντολή (gemeint ist wohl die ἐντολή κυρίου, die der Verfasser in 13,1 zitiert und in 13,2 wiederholt hat) hingewiesen wird. Und schließlich fällt nicht zufällig in diesem Abschnitt die Nennung der διδάσκαλοι (13,2), von denen wir aus 15,1f. wissen, daß sie in den Gemeinden des Didachisten neben und nach den Propheten als Charismatiker in Erscheinung treten.

Sind diese Aufstellungen richtig, dann hätten wir folgenden Aufbau des Abschnittes anzusetzen:

11,1f. Überleitung (Red.).

11,3 Einleitung zur alten Überlieferung (Red.).

11,4-12 Über die Aufnahme von Wanderaposteln und Wanderpropheten (Trad.)[16].

12,1-5 Erster Anhang: Über die Aufnahme nichtcharismatischer zureisender Brüder (Red.).

13,1-3.5-7 Zweiter Anhang: Über die Unterhaltspflicht gegenüber Propheten (und Lehrern), die sich in der Gemeinde niederlassen wollen (Red.)[17]. (13,4 Spätere Glosse).

---

dem rechten Verhalten gegenüber den wandernden Charismatikern (das setzt 11,3 voraus). - (In dem noch unveröffentlichten Aufsatz von G. Kretschmar, vgl. oben Anm. 8, wird eine Bearbeitung sämtlicher Schichten der Did. angenommen, die in die 2. Hälfte d. 2. Jh. gehören soll [?]; für diese Bearbeitung ist der Hinweis auf "das Evangelium" charakteristisch.)

[14] Did. 105ff.457; vgl. 453.

[15] Did. 458. Die Glosse muß freilich alt sein. Const. apost. 7,29 scheint sie bereits vorauszusetzen.

[16] Gattungsmäßig gehört das Traditionsstück zu den "Gemeinderegeln für den Umgang mit wandernden Charismatikern" (Theißen, Legitimation, 192; doch bezieht Theißen diese Aussage auf Did. 11 insgesamt; zur Sache vgl. Mt. 10,40-42). - Die innere Struktur des Abschnittes ist deutlich:

   (1) 11,4-6: Über die Wanderapostel
      (a) 11,4:   Die Würde des Apostels
      (b) 11,5f.:   Kriterien zur Unterscheidung des rechten Apostels
                  vom Pseudopropheten.
   (2) 11, 7-12: Über die Wanderpropheten
      (a) 11,7:   Die Würde des Propheten
      (b) 11,8:   Das entscheidende Kriterium zur Unterscheidung des rechten
                  Propheten vom Pseudopropheten
      (c) 11,9-12: Drei Einzelfälle

[17] Struktur:
   (1) 12,1-5: Erster Anhang: Über die Aufnahme nichtcharismatischer zureisender Brüder
      (a) 12,1a: Das Recht der Zuwandernden auf gastliche Aufnahme

Der Didachist kommt in 15,1ff. noch einmal auf die Propheten und Lehrer zu sprechen - charakteristischer Weise im Zusammenhang der Frage nach der rechten Relation zwischen örtlichen Amtsträgern und seßhaft gewordenen Charismatikern. Die Tendenz ist die gleiche, die ihn auch in capp. 11-14 beherrscht (und die im Grunde auch schon die alte Tradition 11,4ff. zeigte): es geht darum, eine sinnvolle Relation zwischen den beiden Gruppen (den wandernden Charismatikern und den ortsansässigen Christen) herzustellen[18]. Der Standpunkt des Didachisten (und schon der Tradition) ist dabei der des ortsansässigen Christen. Hier spricht nicht ein Vertreter der wandernden Charismatiker, sondern hier redet ein Vertreter des ortsgebundenen Christentums[19]. Aber damit sind wir bereits bei der Sachfrage angelangt.

II

Wir versuchen zunächst, die Verhältnisse zu erkennen, die in der alten Tradition 11,4-12 vorausgesetzt sind. Der erste Eindruck lehrt: Wandercharismatiker und ortsansässige Christen stellen zwei selbständige und deutlich voneinander unterschiedene Formen christlicher Existenz dar. Das Problem ist die Relation der beiden Gruppen zueinander.

Von den ortsansässigen Christen erfahren wir aus 11,4-12 wenig. 11,5 setzt voraus, daß in dem Raum, für den die Tradition spricht, bereits ein dichteres Netz von einzelnen christlichen Häusern existiert: der wandernde Apostel

---

     (b) 12,1b: Die Prüfung der Zuwandernden
     (c) 12,2:   Der Durchreisende
     (d) 12,3-5:   Der Neuankömmling, der sich niederlassen will.
  (2) 13,1-3.5-7: Zweiter Anhang: Über die Unterhaltspflicht gegenüber Propheten
       (und Lehrern), die sich in der Gemeinde niederlassen wollen
     (a) 13,1f.:   Das Recht der Propheten (und Lehrer), sich niederzulassen
     (b) 13,3.5-7: Die Unterhaltspflicht der Gemeinde.

[18] Daß die Christen für den Traditionsbereich des Didachisten in zwei sozialen Formen leben, als wandernde Charismatiker und als Gemeindechristen am Ort, schlägt sich im Aufbau der Did. darin nieder, daß die Gemeindeordnung aus zwei Teilen besteht: Weisungen über das Verhalten gegenüber den wandernden Christen (capp. 11-13), Weisungen über das Verhalten der Ortsgemeinde (capp. 14-15). Dabei ist aber auch der erste der beiden Teile vom Standpunkt des Gemeindechristentums her bestimmt.

[19] Den *Anlaß* für die Aufnahme der alten Tradition (11,4-12) durch den Didachisten bildet also die Tatsache, daß auch noch zu seiner Zeit das Institut der Wandercharismatiker existiert - wenn auch (wie wir sehen werden) in einer veränderten Form. Auch der Didachist kennt noch die *beiden* Formen christlicher Existenz: die im strengen Sinn eschatologisch lebenden παροικοῦντες und die Christen am Ort. Nun leben aber die beiden Gruppen nicht ohne Konflikt miteinander: unter den zuwandernden Charismatikern finden sich auch Pseudopropheten, Schwindler und Betrüger, vor denen die Gemeinden gewarnt werden müssen; und: z.Zt. des Didachisten geraten zudem die wandernden Charismatiker mit den Ortsfunktionären in Konflikt. In dieser Situation rekurriert der Verfasser der Did. auf alte Überlieferungselemente und adaptiert sie durch Zusätze für seine eigene Zeit.

kann damit rechnen, daß er in einer Tagesreise das nächste christliche Haus oder die nächste christliche Gruppe (doch wohl in einem der nächsten Dörfer oder in einer der kleinen Städte) antrifft.

Bei diesen Christen am Ort suchen wandernde Christen für kurze Zeit Aufnahme. Es ist dabei offenbar nicht an ein einmaliges, sondern an ein wiederholtes, regelmäßiges Vorkommnis gedacht. Die Ankömmlinge sind selbst ohne festen Wohnsitz, ohne Erwerb, sie sind auf Unterstützung durch die ortsansässigen Christen angewiesen[20]. Die Ankömmlinge sind als Charismatiker charakterisiert[21]. Die beiden verwendeten Titel (Apostel und Prophet) weisen auf zwei unterschiedliche Formen der zuwandernden Charismatiker. Gemeinsam ist beiden die peregrinatio. Sie ist für den Apostel von Did. 11,4ff. offenbar eine konstitutive Bestimmung. Eine dauernde Niederlassung des Apostels ist undenkbar, der Aufenthalt bei den ortsansässigen Brüdern ist auf einen, notfalls auf einen zweiten Tag beschränkt (11,5)[22]. Doch ist auch der Prophet (trotz des Fehlens einer ähnlich rigorosen Bestimmung über die Aufenthaltsfrist) als ein heimatloser, von Ort zu Ort ziehender Charismatiker gedacht. Neben der Heimatlosigkeit steht der Besitzverzicht, der wiederum beim Apostel besonders streng gefaßt ist. Der Apostel lebt ausschließlich von der Unterstützung durch die Christen am Ort. Wenn der Apostel einkehrt, ist er selbstverständlich Gast; zieht er am folgenden Tag weiter, so hat er Anspruch auf die Tagesration für den kommenden Tag[23]; verlangt er dagegen Geld, ist er sofort entlarvt (11,6)[24]. Daß auch der Prophet von Did. 11,7ff. ohne jeden Besitz lebt, ist nicht direkt gesagt. Immerhin lassen auch hier die Warnungen in 11,9.12 etwas von der Armut und Dürftigkeit des wahren Propheten erkennen. Vom Eheverzicht ist verbo tenus nicht die Rede, doch wird man ihn als

---

[20] Vgl. 3. Joh. 7f., wo es von den wandernden Brüdern heißt: ὑπὲρ γὰρ τοῦ ὀνόματος ἐξῆλθον μηδὲν λαμβάνοντες ἀπὸ τῶν ἐθνικῶν. ἡμεῖς οὖν ὀφείλομεν ὑπολαμβάνειν τοὺς τοιούτους...

[21] Wohlgemerkt: sie sind keine Gemeindegründer oder Gemeindeorganisatoren. Ihre Intention richtet sich nicht auf die historische Existenz einer christlichen Gruppe im Rahmen der bestehenden Gesellschaft, sondern auf den eschatologischen Exodus aus der damaligen Gesellschaft. Sie sind daher auch schwerlich als die charismatischen "Amtsträger" der Gesamtkirche im Gegensatz zu den örtlichen Amtsträgern zu verstehen; sondern sie verstehen sich als konsequente Nachfolger Jesu in conspectu regni coelorum. - Zur Unterscheidung zweier Typen von urchristlichen Wanderpredigern (der hier vorliegende Typ des Wanderpredigers, der im ländlichen Milieu beheimatet ist, und der Typus des in den Städten missionierenden Gemeindeorganisators) vgl. Theißen, Wanderr. 264ff.; ders., Legitimation, 193ff.

[22] M liest: οὐ μενεῖ δὲ ἡμέραν μίαν. Vor ἡμέραν ist εἰ μή einzusetzen (A. Harnack, Lehre der zwölf Apostel nebst Untersuchungen zur ältesten Geschichte der Kirchenverfassung und des Kirchenrechts, TU 2, 1.2, 1893 [Neudruck], 39).

[23] τὸν ἄρτον λαμβάνειν = den Lebensunterhalt empfangen (Bauer, Wbch., s.v. ἄρτος). ἕως οὗ αὐλισθῇ zeigt, daß mit ἄρτος lediglich die Ration für den kommenden Tag gemeint ist. - Die Weisung 11,6a steht übrigens im Widerspruch zu Mt. 6,8.

[24] Vgl. Lk. 10,4 (Q?): μὴ βαστάζετε βαλλάντιον, Mk. 6,8: μὴ εἰς τὴν ζώνην χαλκόν, Mt. 10,9: μὴ κτήσησθε χρυσὸν μηδὲ ἄργυρον μηδὲ χαλκὸν εἰς τὰς ζώνας ὑμῶν.

Regelfall getrost unterstellen dürfen. 11,11 scheint dagegen auf die Sitte des matrimonium spirituale anzuspielen. Daß diese Sitte bei den späteren Formen des Wanderasketentums in Syrien verbreitet war, wissen wir aus Ps. Clem. ep. de virg. 1,10[25].

Did. 11,3ff. unterscheidet deutlich zwischen Wanderaposteln und Wanderpropheten[26]. Die Bestimmungen über den *Apostel* sind weit rigoroser gefaßt. Eine Reflexion über den Titel Apostel fehlt leider. Daß kein abgegrenzter Apostelkreis, kein Bezug auf die δώδεκα vorliegt, ist deutlich[27]. Gemeint ist hier eine zahlenmäßig nicht abgegrenzte Schar von wandernden Charismatikern und Missionaren, die bei ortsansässigen Sympathisanten einkehren. Did. 11,4ff. scheint andere als wandernde Apostel nicht zu kennen. Soviel ist sofort deutlich: der Apostel der Did. erscheint als Gesandter, als Repräsentant des Kyrios (weshalb er auch wie dieser aufgenommen werden will: 11,4)[28]. Den

---

[25] Das Syneisaktentum wird dort verurteilt, hier (Did. 11,10f.) unter Kautelen in Schutz genommen.

[26] Es ist sicher richtig, die Apostel und Propheten von Did. 11,3-12 nahe zusammenzurükken (eine strenge, "kirchenrechtliche" Trennung von "Ämtern" liegt natürlich nicht vor; vgl. Audet, Did. 440f.). Dennoch darf man ἀπόστολος und προφήτης nicht gleichsetzen (so Kretschmar, Askese, 37; Roloff, Apostelamt, 82; differenzierter: Schille, Recht, 86; Prophet bezeichne das Charisma, Apostel die Funktion; primär stünde nur die Sache des Propheten zur Debatte: 93). Dafür kann auch nicht die Verwendung des Terms ψευδοπροφήτης im Apostel-Abschnitt (11,6) ins Treffen geführt werden (Roloff, 82, Anm. 139; Schille, Recht, 93). Denn die Verwendung des Terms in 11,6 ist doch wohl lediglich eine sprachliche Verlegenheitslösung! Dem Tradenten ist offenbar das Wort ψευδαπόστολος unbekannt. Es ist vor 2. Kor. 11,13 nicht belegt und stellt wohl überhaupt erst eine ad hoc-Prägung des Paulus dar (vgl. ThW I, 447,9ff. Rengstorf; Schille, Recht, 93, Anm. 33). Vermutlich ist es als analogon zu ψευδοπροφήτης gebildet. Die apost. Väter haben das Wort ψευδαπόστολος nicht. Es taucht erst wieder bei Hegesipp (Eus. hist. eccl. 4,22,6), Justin, dial. 35,3 und Ps. Clem. hom. 16,21,4 auf; fortan häufig. (Typisch ist, wie etwa apc. 2,2 dieselbe Sache gemeint ist, aber das Wort fehlt!) Der Term ψευδοπροφήτης ist dagegen geläufig (LXX, Philon, NT; Past. Herm. mand. 11,1.2.4.7; der Term spielt dann natürlich eine Rolle in der Auseinandersetzung der Großkirche mit den montanistischen Propheten; ThW VI, 862f., Friedrich).

[27] Die Frage nach dem historischen Ort des hier vorliegenden Apostelverständnisses im Rahmen der Gesamtgeschichte des urchristlichen Apostolats ist hier nicht zu erörtern, und ist m.E. auch immer noch nicht überzeugend gelöst. Vgl. nur: G. Saß, Die Apostel in der Didache, in: W. Schmauch (ed.), In memoriam Ernst Lohmeyer, 1951, 235ff.; Klein, Zwölf Apostel, 50ff.80ff.; Schmithals, Apostelamt, 42f.170ff.212ff.242; F. Hahn, Der Apostolat im Urchristentum. Seine Eigenart und seine Voraussetzungen, KuD 20, 1974, 54ff.; näherhin: 60f.

[28] δεχθήτω ὡς κύριος ist freilich in äth. und copt. nicht bezeugt, doch bietet copt. hier kein sicheres Zeugnis für die Annahme, δεχθήτω ὡς κύριος sei spätere Interpolation. Genaueres zu den Problemen des copt. Textes an dieser Stelle bei L.-Th. Lefort, Les pères apostoliques en copte, CSCO 135 (Scr. copt. 17), 1952, 33, Anm. 15; CSCO 136 (Scr. copt. 18), 1952, 27, Anm. 19. Die Wendung (bezeugt: M georg.) dürfte ursprünglich sein. - Mit κύριος ist natürlich Jesus gemeint (unnötige Bedenken bei Audet, Did. 443). - Im übrigen ist nicht auszuschließen, daß der Redaktor die Wendung δεχθήτω ὡς κύριος in seiner Überleitung (11,2) vorwegnahm. Was die Tradition speziell auf die Apostel bezog, hätte dann der Redaktor verallgemeinert.

Hintergrund stellt die erste, enthusiastische Mission im palästinensischen und syrischen Raum dar. Nur von da aus, nur als ein späteres Derivat dieser Bewegung, ist m.E. der Apostel von Did. 11,4ff. zu begreifen, - wobei die Frage, wie weit die Naherwartung noch konstitutiv ist, nicht entschieden werden kann. Als Funktion des Apostels der Did.-Tradition dürfen wir vermuten: eschatologische Verkündigung, Bußruf, Exorzismen. Wie seine Verkündigung, so ist auch die Lebensführung des Apostels eschatologisch motiviert. Heimatlosigkeit, Besitzverzicht und Eheverzicht (?) repräsentieren die eschatologische Existenz. Der Apostel verkündet und lebt intentional die radikale Entweltlichung. Die soziale Rolle als Außenseiter der Gesellschaft[29] demonstriert nach seinem eigenen Verständnis die eschatologische ἀπόταξις[30].

Die andere Gruppe von wandernden Asketen (im Range neben und nach den Aposteln[31]) wird von den *Propheten* gebildet, wandernden Spiritualen, deren Gabe das λαλεῖν ἐν πνεύματι (vgl. 11,7.8), also die ekstatische Rede ist[32]. Es ist zu beachten, daß die Propheten der Did. von außen kommende, zuwandernde Pneumatiker sind. Propheten, die aus der ortsansässigen Gemeinde stammen, erwähnt Did. nicht. Die Propheten der Tradition in 11,7-12 sind Wandernde, die bei den ortsansässigen Christen vorübergehend Fuß fassen, um hernach wieder weiter zu ziehen. Wichtig ist der Vermerk, daß man den echten Propheten an den τρόποι κυρίου erkennt (11,8)[33]. Ein genaueres Bild über Art und Inhalt ihrer geistgewirkten, ekstatischen Rede gewinnen wir aus 11,7ff. nicht, denn was sich aus 11,9 und 12 ergibt, ist vielleicht nicht repräsentativ. Man wird in erster Linie an apokalyptische, esoterische Verkündigung zu denken haben. Einen Hinweis darauf bietet vielleicht 11,11[34]. Wenn

---

[29] Dazu Theißen, Wanderr. 261ff.

[30] Über die gesellschaftlichen und ökonomischen Faktoren des urchristlichen Wanderradikalismus: Theißen, Legitimation, 193ff. Dabei geht es zurecht nicht um reduktive Ableitung, sondern um die Analyse der wechselseitigen Beziehung von gesellschaftlicher Situation und religiöser Motivation. - Über das Phänomen der Verwandtschaft der urchristlichen Wandercharismatiker zum kynischen Wanderphilosophen: Theißen, Wanderr. 255ff.; speziell über die Differenz: 258f.

[31] Doch darf das Rangverhältnis natürlich nicht als ein kirchenrechtlich bereits fest geordnetes vorgestellt werden. Lehrreich sind hier die polemischen Ausführungen von Audet, Did. 439ff. (auch wenn Audet hier - anders als wir - noch an die Trias Apostel - Prophet - Lehrer denkt).

[32] An Glossolalie ist anscheinend nicht gedacht (vgl. 11,9f.12).

[33] Gemeint ist selbstverständlich Jesus. Unnötig die Erwägungen bei Audet, Did. 450.

[34] Die bekannte Crux (ποιῶν εἰς μυστήριον κοσμικὸν ἐκκλησίας) versteht sich immer noch am besten, wenn man die Harnacksche Deutung akzeptiert: es sei von sexueller Askese die Rede, wahrscheinlich speziell von "geistlichen Verlöbnissen" (Lehre, 44ff.). Ebenso: Knopf, Did. 32f.; ThW IV, 831, 29ff. (Bornkamm); H. v. Campenhausen, Kirchliches Amt und geistliche Vollmacht in den ersten drei Jahrhunderten, BHTh 14, 1963², 78, Anm. 10; Adam, Herkunft 20; Kretschmar, Askese, 34, Anm. 18; K. Niederwimmer, Askese und Mysterium. Über Ehe, Ehescheidung und Eheverzicht in den Anfängen des christlichen Glaubens, FRLANT 113 (1975) 191. Das Verhalten ist dann wohl durch Syzygiespekulationen, auf die der Text anspielt, motiviert. Die nächste Parallele zu der vorliegenden Spekulation stellt 2. Kl. 14 dar. Zu den Syzygiespekulationen

der Prophet mit der προφῆτις in einem matrimonium spirituale lebt (ein befremdendes Novum gegenüber der genuinen Tradition!), so wird dies (wie es scheint) durch eine esoterische Spekulation begründet[35]. Doch soll in 11,4ff. nicht der Apostel oder der Prophet beschrieben werden. Was ein Apostel oder Prophet im Sinne des Sprachgebrauches der angeredeten Gruppe ist, das ist offenbar als bekannt vorausgesetzt. Die Intention der Regeln von 11,4ff. geht in eine ganz andere Richtung. Die ortsansässigen Christen sind von Betrügern und Schwindlern bedroht, die sich als Apostel und Propheten ausgeben, ohne es zu sein[36]. Man hat sich daran zu erinnern, daß der Zuwandernde den Christen am Ort zunächst unbekannt gewesen sein kann, und es in der Regel auch gewesen sein wird. Es geht darum, (aus gegebenem Anlaß) Kriterien aufzustellen, an denen der wahre Apostel vom Betrüger, der propheta verus et probatus vom propheta falsus unterschieden werden kann. Ein leitendes Stichwort des Abschnittes ist demgemäß ψευδοπροφήτης (11,5.6.8.9.10). Doch ist die leitende Intention nicht polemischer, sondern eher apologetischer Natur. Die Weisungen haben beide Male das gleiche Gefälle: zuerst wird das Recht und die Würde des Charismatikers herausgestellt

---

überhaupt vgl. Niederwimmer, Askese, 186ff. und passim. - Die an unserer Stelle vorliegende Vorstellung wäre dann diese: das irdische matrimonium spirituale (das μυστήριον κοσμικόν) ist Abbild und Nachvollzug der himmlischen Syzygie zwischen Christus und der Kirche (*so* ist zu verstehen, und danach ist auch meine Fehlinterpretation in Askese, 191, zu korrigieren). Der Tradent ist dabei bemüht, das matrimonium spirituale von Prophet und Prophetin, das offenbar bei den ortsansässigen Christen da und dort Anstoß erregt hat, unter bestimmten Bedingungen zu rechtfertigen (man vgl. dagegen Ps. Clem. de virg. und die spätere Entwicklung!). - Andere, ältere Auffassungen der Stelle bei F.X. Funk, Patres apostolici, I, 1901², 28f. - Adam geht vom koptischen Text aus (vgl. Lefort, CSCO 135, 34), der sich bekanntlich stark vom M unterscheidet. Adam übersetzt: "Jeder Prophet, wahrhaftig, der erprobt, der lehrt und bezeugt eine weltliche Überlieferung in der Kirche, der soll bei euch nicht gerichtet werden..." (Herkunft, 6). Adam vermutet (Herkunft, 7) ein syrisches Original: aus syr. 'ašlem erkläre sich sowohl das ποιεῖν der versio graeca wie die ΠΑΡΑΔΟΣΙΣ der versio coptica. Einfacher scheint mir die Annahme, daß copt. (wie übrigens auch äth.) den griechischen Text nicht mehr verstanden haben oder nicht mehr verstehen wollten. Man hat m.E. vom griechischen Text von M auszugehen, der durch georg. (abgesehen von zwei kleinen, belanglosen Änderungen) bestätigt wird. Audet, Did. 451. - Wenig überzeugend ist Audets eigener Deutungsversuch (Did. 452). - Offen bleibt bei der Annahme der Harnackschen Deutung der Sinn der Wendung ὡσαύτως γὰρ ἐποίησαν καὶ οἱ ἀρχαῖοι προφῆται (11c). Hier ist wohl am besten (vgl. auch Funk, Patres apostolici, 29f. und Knopf, Did. 33) an die *alttestamentlichen* Propheten zu denken. Jos. ant. 12,413; Lk. 9,8; ThW I, 485 (Delling).

[35] Die Grundstellen für solche Spekulationen bilden: Gen. 1,27; 2,24. Vgl. Niederwimmer, Askese, Index.

[36] Zur Veranschaulichung dient: Mt. 7,15ff.; Herm. mand. 11; mit Abstand: Lukian, de morte Peregr. 11-13; Orig. c. Cels. 7,9.11. Zum Verfall des urchristlichen Prophetentums in der ersten Hälfte des 2. Jh.: M. Dibelius, Die Apostolischen Väter. IV: Der Hirt des Hermas, HNT Erg.Bd., 1923, 538ff.

(11,4 beim Apostel, 11,7 beim Propheten)[37], und erst hernach werden bestimmte Kriterien formuliert, die dazu dienen sollen, den echten Apostel vom falschen, den wahren Propheten vom Pseudopropheten zu unterscheiden[38]. Oder anders gesagt: trotz der eingeschlichenen Verfallserscheinungen des Instituts der Wandercharismatiker sollen die Christen am Ort an dem Institut des Wandercharismatikertums selbst nicht irre werden[39]. Die Selbständigkeit und der besondere Rang der wandernden Charismatiker (sofern es sich dabei um wirkliche Apostel und wahre Propheten handelt!) ist für die Tradition unbestritten.

Dennoch sind unzweifelhaft beide Gruppen, die "wandernden" und die "seßhaften" Christen, aufeinander angewiesen. Die wandernden Charismatiker können ihre Lebensform nicht durchhalten ohne die dauernde Unterstützung durch die Brüder in den Dörfern und kleinen Städten. Sie sind darauf angewiesen, bei ihnen einzukehren, von ihnen mit dem Nötigsten und Dürftigsten unterstützt zu werden, und von ihnen ausgerüstet zu werden für den folgenden Tag (bzw. was die Propheten betrifft: für den Tag ihrer Weiterreise). Was sie den Christen am Ort bzw. den Ortsgemeinden dafür bieten, ist - nicht ihre Gabe, sondern das Charisma, das ihnen geschenkt ist. Es ist für mich fraglich, ob man wirklich (für die in 11,4ff. dargestellten Verhältnisse) von einer "Leitung" der "Gemeinde" durch die Wanderasketen sprechen soll. Wandernde Charismatiker sind eo ipso zur Leitung einer Ortsgemeinde nicht geeignet - und sie sind von ihrem Selbstverständnis her dazu auch nicht prädestiniert. Und zudem ist es ja auch fraglich, in welchem Ausmaß wir für die in Did. 11,4ff. vorausgesetzten Verhältnisse bereits von konstituierten Ortsgemeinden zu sprechen haben. Aber natürlich werden die Charismatiker für die Zeit ihrer gastlichen Anwesenheit in den kleineren oder größeren christlichen Gruppen, bei denen sie Aufnahme fanden, dominiert haben. Im Apostel erscheint ja der Kyrios selbst (11,4) und das geistgewirkte Wort des Pneumatikers gilt als Befehl (11,9.12). Was die ortsansässigen Christen für die wandernden Charismatiker tun, ist nicht als Entgelt oder Bezahlung zu verstehen. Die Christen am Ort kommen im Unterhalt der Wanderasketen nur ihrer Pflicht nach, dem vom Herrn Gesandten, der auf der "heiligen Reise" vorübergehend bei ihnen

---

[37] Die Würde des Apostels gründet in seiner Rolle als Stellvertreter des Kyrios (11,4), die Würde des Propheten in seiner Inspiriertheit (11,7). Die Struktur von 11,4/5f. und 11,7/8ff. ist m.E. parallel. Traditionsgeschichtliche Unterscheidungen sind nicht angebracht (anders Schille, vgl. oben Anm. 8). - Besteht zwischen 11,7 und 11,8 ein Widerspruch? Der Tradent will an beidem festhalten, an der Unantastbarkeit des Propheten (11,7) und an der Nötigung, den echten Propheten vom falschen unterscheiden zu können. Ähnlich Paulus, vgl. 1. Kor. 2,15 mit 14,29.37f. Die Lösung des Tradenten: die Unantastbarkeit gilt nur für den propheta verus (11,8a). Harnack, Lehre, 43; v. Campenhausen, Kirchl. Amt, 78.

[38] Auffällig ist, daß die Pseudopropheten hier nirgends ausdrücklich als Irrlehrer gebrandmarkt werden. Vgl. dagegen die Charakterisierung in der Schlußapokalypse 16,3! (Schmithals, Apostelamt, 171, denkt an gnostische Pneumatiker.)

[39] v. Campenhausen, Kirchl. Amt, 78.

einkehrt, Dach, Ruhestatt und Nahrung zu bieten. Es sind eher "archaische" Motive, die hier eine Rolle spielen, transformiert in den Motivationshorizont der eschatologischen Motivation.

III

Die Verhältnisse, die der Didachist voraussetzt (11,1-3; 12; 13; 15) zeigen sofort ein anderes Bild.

Zunächst: Konnte man im Hinblick auf 11,4ff. noch im Zweifel sein, ob bereits fest umrissene Orts*gemeinden* vorausgesetzt sind (oder ob nicht eher an einzelne, noch nicht zu Gemeinden konstituierte Gruppen zu denken ist), so ist für die Situation des Redaktors jeder Zweifel ausgeschlossen. 15,1f. setzt konstituierte Ortsgemeinden voraus, die im Begriffe sind, Funktionäre aus ihren eigenen Reihen zu wählen. Welche Konsequenzen das für die Relation zu den Wandercharismatikern hat, wird gleich noch zu erörtern sein.

Sodann: Wie sich die Gruppe der ortsansässigen Christen verändert hat, so auch die Gruppe der peregrini. Dabei ist in erster Linie darauf hinzuweisen, daß nun neben den wandernden Charismatikern auch *"gewöhnliche" wandernde Brüder* bei den Gemeinden zukehren (12,1ff.), also Christen, die keinen charismatischen Anspruch erheben - wobei einige von ihnen in der Absicht kommen, sich an dem neuen Ort und mit Unterstützung der Gemeinden niederlassen[40] zu können (12,3-5). Auch hier ist die Gemeinde vor Betrügern zu schützen. Die Anweisungen des Didachisten suchen in kasuistischer Manier der Gefahr der Ausbeutung durch dubiose Elemente entgegenzuwirken[41].

Doch hat auch die Zuwanderung von *Charismatikern* nicht aufgehört. Daß der Didachist überhaupt die Tradition 11,4ff. aufnahm, setzt ja voraus, daß in irgendeiner Weise das dort angesprochene Problem auch für seine Zeit und für

---

[40] M liest in 12,3 καθῆσθαι. Harnack, Lehre, 49, emendierte: καθίσαι. Ebenso 13,1 (Lehre, 50). Doch kann in LXX und in der urchristlichen Literatur καθῆσθαι auch die reflexive Bedeutung haben. Bauer, Wbch., s.v. κάθημαι; Bl.-Debr. § 100.101.

[41] 12,1 formuliert den Grundsatz: vor jeder Prüfung ist dem Neuankömmling, der sich darauf beruft, ein Christ zu sein, das Gastrecht zu gewähren. Erst nachdem die primitiven Pflichten erster gastlicher Aufnahme erfüllt sind, soll der Neuankömmling geprüft werden (ἔπειτα δέ ... 1b). 12,2ff. geht dann auf verschiedene casus ein. Erster Fall (12,2): der Gast ist auf der Durchreise; er ist aufzunehmen, zu unterstützen, doch soll er die Gastfreundschaft nicht länger als zwei bis drei Tage (und auch das nur im Notfall) in Anspruch nehmen. Zweiter Fall (12,3-5): Der Neuankömmling will sich niederlassen. Die diesbezüglichen Bestimmungen lassen etwas von den bösen Erfahrungen der örtlichen Gemeinden mit allerlei seltsamen "Brüdern" durchblicken. Die Weisung geht drei Möglichkeiten durch: (a) wenn der Ankömmling ein Handwerk erlernt hat (in diesem Fall hat die Gemeinde keine Unterhaltspflicht, er hat selbst für sich aufzukommen: 12,3); (b) wenn der Neuankömmling kein Handwerk erlernt hat, also (wie wir verstehen müssen) ein Taglöhner oder Bettler ist (in diesem Fall soll sich die Gemeinde offenbar bemühen, für ihn eine Arbeitsstelle zu finden: 12,4); (c) wenn der Zuwandernde nicht bereit ist, Arbeit anzunehmen (in diesem Fall ist die Absage an ihn schroff: 12,5).

seine Verhältnisse noch gegeben war. In der Tat ist auch für den Didachisten das Wandercharismatikertum nach wie vor lebendig. Freilich: es haben sich doch wesentliche Veränderungen vollzogen. Von Wander*aposteln* ist jetzt nicht mehr die Rede. Die Gruppe der Spiritualen setzt sich jetzt nicht mehr aus Aposteln und Propheten zusammen (so in 11,4-12), sondern aus Propheten und Lehrern (13,1-7; 15,1f.). Dabei liegt das Hauptinteresse des Didachisten offenbar bei den Propheten.

Die Lehrer[42] werden nur neben und nach ihnen, in 13,2 lediglich in einer eilfertigen und etwas beiläufigen Art erwähnt (13,3 kehrt sofort wieder zu den Propheten zurück)[43].

Dazu kommt: Zur Zeit des Didachisten (und in seinem Bereich) vollzieht sich ein *Wandel im Institut des Wanderprophetismus*[44]. 13,1ff. behandelt den Fall, daß ein Prophet (natürlich ein *propheta verus!*) den Wunsch äußert, sich nicht vorübergehend, sondern dauernd niederzulassen, d.h. also seine Heimatlosigkeit aufzugeben (der Fall wird im Anschluß an den anderen behandelt, demzufolge ein nichtcharismatischer Christ bei der Ortsgemeinde um Ansiedlung auf Dauer bemüht ist: 12,3ff.). Der Didachist sieht sich genötigt, die Frage zu regeln, was zu geschehen hat, wenn ein bisher heimatloser Prophet ansässig werden will - offenbar ist dieser Fall noch nicht gang und gäbe, und offenbar herrscht keineswegs Einhelligkeit darüber, wie sich die Ortsgemeinde zu verhalten hat. Wie der Zusammenhang zeigt, ist das spezielle Problem, das dabei auftaucht, nicht das Ansässigwerden als solches, sondern die Frage der Unterhaltspflicht von seiten der Gemeinde! Denn daß dem *Wander*propheten das Recht der Aufnahme und des Unterhalts zusteht, duldete ja keinen Zweifel. Wohl aber war es zweifelhaft, ob nicht auch der Prophet (so wie der gewöhnliche Christ) für den Fall, daß er *seßhaft* wird, unter der Regel steht ἐργαζέσθω καὶ φαγέτω (12,3) bzw. μὴ ἀργὸς μεθ᾽ ὑμῶν ζήσεται Χριστιανός (12,4). Die Entscheidung, die der Didachist trifft, ist für die Beurteilung seiner Position von großer Tragweite. Das Ansässigwerden des *propheta verus* wird akzeptiert, *dennoch bleibt seine ursprüngliche Ausnahmesituation gewahrt*. Der προφήτης ἀληθινός (ebenso wie der διδάσκαλος ἀληθινός) soll nicht von seiner eigenen Hände Arbeit leben müssen (13,1f.)[45],

---

[42]　Es sind doch wohl *Wander*-Lehrer gemeint. Anders Audet, Did. 442.456.

[43]　Was die διδάσκαλοι betrifft, so läßt der Text zunächst nur dieses erkennen: (1) Sie fehlen noch in dem alten Überlieferungsstück 11,4ff. (2) Sie spielen dagegen eine Rolle in den Verhältnissen, die der Didachist voraussetzt. (3) Es handelt sich wahrscheinlich um Wanderlehrer; sie gehören jedenfalls mit den Propheten zusammen, bilden mit ihnen zusammen eine Gruppe, der die Gruppe der ortsinternen "Kleriker" gegenübersteht. (4) Die Lehrer stehen im Rang hinter den Propheten.

[44]　Anders Audet, Did. 455f.; richtig Schille, Recht, 86. Doch scheinen mir die Wendungen "Gemeinde-Beamtete" und "Anstellungsregelung" (für 13,1) nicht voll zutreffend.

[45]　Vgl. Mt. 10,10b/Lk. 10,7b (Q?). Daß der Redaktor ein schriftliches Evangelium zitiert, ist unbeweisbar. Köster, Synopt. Überl. 212f. Vgl. noch 1. Tim. 5,18. Vielleicht spielt auch Paulus in 1. Kor. 9,14 auf das Wort an. Ursprünglich handelt es sich um eine allgemeine Maxime jüdischer Chokma (Billb. I, 569; III, 379ff.400f.), die von der christli-

sondern ihm steht das Recht auf die Erstlingsgaben zu (13,3; auf die kleinstädtischen Verhältnisse angewendet in 13,5-7)[46]. Die Begründung der Entscheidung ist charakteristisch. Sie erfolgt einerseits durch einen Rekurs auf die alttestamentliche Tradition (13,3: den Propheten steht die ἀπαρχή zu, weil sie eben jene Ehrenstellung einnehmen, die im alten Bund die ἀρχιερεῖς eingenommen haben[47]; ein munus sacerdotale der Propheten ist damit schwerlich verbunden!); und andererseits wird die Entscheidung durch Rekurs auf die Jesus-Überlieferung begründet (vgl. das Logion, das er 13,1f. zitiert und in 13,5 bzw. 7 als Gebot des Herrn qualifiziert)[48].

Schließlich zeigt sich die gewandelte Situation noch an einer anderen, mindestens ebenso wichtigen Stelle. Im Zusammenhang mit Anordnungen die regelmäßigen Gemeindeversammlungen betreffend (cap. 14) kommt der Didachist zu der Forderung, die Gemeinden mögen aus ihrer Mitte ἐπίσκοποι καὶ διάκονοι wählen[49], wobei sofort die Bedingungen aufgezählt werden, die ein Kandidat für die Übernahme einer solchen Funktion aufzubringen hat (15,1)[50]. Es ist hier nicht der Ort, auf die verwickelte Geschichte dieser beiden Termini

---

chen Tradition aufgenommen und speziell zur Rechtfertigung der Unterhaltspflicht gegenüber dem Apostel (Q), dem Propheten (Did.), dem Presbyter (1. Tim.) verwendet wurde. Es ist zu beachten, daß entwicklungsgeschichtlich (was nicht notwendig auch heißt: chronologisch!) die Verwendung des Logions in Did. eine ältere Stufe repräsentiert als die Verwendung in 1. Tim.

[46] 13,5-7 setzt den Gedankengang von 13,3 fort. In umständlicher Weise wird die Frage der Abgaben näherhin erläutert. Der Inhalt von 5-7 stimmt mit 3 nicht völlig überein. Knopf, Did. 35: "Offensichtlich werden jetzt auch die berücksichtigt, die keine eigene Landwirtschaft haben, sondern ihre Vorräte einkaufen, die von Handwerk, Gewerbe und Handel leben." Eine andere Auffassung bei Schille, Recht, 90f., 99f.; vgl. oben Anm. 8. Die (ältere) Wendung (13,5-7) stellt nach Schille, Recht, 100 "eine Unterhaltsregelung für beschränkte Zeit" dar; und zwar sei an die vorübergehende Aufnahme des Katecheten ins Haus des Katechumenen gedacht. Die jüngere Formel (3f.) zeige "einen tiefgreifenden Wandel". Die Propheten sind jetzt Angestellte der Ortsgemeinden, die vorübergehende Unterhaltspflicht sei zur stehenden Pflicht erhoben (ebdt.). Die Doppelregel 13,1f. belege schließlich "das werdende Anstellungsrecht" (100).

[47] Angespielt wird auf die levitischen Abgaben: Dt. 18,4 vgl. 16,2.10f.; Num. 18,8ff.; Neh. 10,32ff.; Ez. 45,13-16.

[48] Ein späterer Glossator (vgl. oben Anm. 15) hat den Text in 13,4 interpoliert. Die Entwicklung ist inzwischen vorangeschritten. Nun mangelt es bereits zuweilen an prophetischen Charismatikern. In diesem Fall soll die Gemeinde ihre Abgaben den Armen zugute kommen lassen.

[49] Die Funktionäre werden offenbar von der gesamten Gemeinde gewählt. χειροτονεῖν bezeichnet hier die "demokratische" Wahl im Gegensatz zur autoritären Einsetzung. Vgl. 2. Kor. 8,19; Ign. ad Philad. 10,1; ad Smyrn. 11,2; ad Polyc. 7,2. - Anders verwendet ist χειροτονεῖν in act. 14,23; vgl. Tit. 1,9 v. l. Hier bezeichnet der term. nicht "wählen", sondern "ernennen", Lohse, ThW IX, 426f.

[50] Did. 15,1 nennt vier Bedingungen: ἄνδρας πραεῖς καὶ ἀφιλαργύρους καὶ ἀληθεῖς καὶ δεδοκιμασμένους. Die Anweisungen gehören in die gleiche literar. Gattung wie 1. Tim. 3,1ff.; Tit. 1,5ff.; 1. Ptr. 5,1ff.; Polyc. 5,2; 6,1. Die Knappheit der Ausführungen der Did. ist bemerkenswert.

einzugehen[51]; für unseren Zusammenhang ist es zunächst lediglich von Belang, in den genannten Amtsträgern (oder besser: Funktionären) Repräsentanten der Ortsgemeinden wiederzuerkennen[52]. Es werden dabei noch einmal die gegenüber 11,4ff. veränderten Verhältnisse sichtbar, und zwar nicht nur im Hinblick auf die Gruppe der ortsansässigen Christen (deren fortgeschrittene Stabilisierung nach leitenden und dienenden Funktionären verlangt!), sondern auch im Hinblick auf die Rolle der Charismatiker. Denn es steht jetzt dem Charismatiker nicht mehr nur die ortsansässige Schar der Christen gegenüber, sondern die ansässig werdenden Charismatiker treten mit den Repräsentanten und Funktionären der Ortsgemeinde in Konkurrenz[53]. In 11,4ff. heißt das Gegenüber: der wandernde Charismatiker / die Christen am Ort; jetzt heißt es: die ansässig werdenden Charismatiker / die Funktionäre der Ortsgemeinde. Die Wendung λειτουργεῖν λειτουργίαν (15,1)[54] spielt vielleicht auf die Frage nach dem Vollzug und der Leitung des Gemeindegottesdienstes an. Eine genaue Bestimmung der Situation läßt sich aus dem etwas unklaren Text nicht mit Sicherheit erheben. Nur die *Tendenz* des Didachisten ist deutlich: die Anweisung 15,1f. will offenkundig dazu dienen, die Verhältnisse der beiden führenden Gruppen zur Ortsgemeinde (und damit natürlich auch zueinander) zu klären. Der Didachist ist deutlich auf Ausgleich bedacht. Er will die einheimisch werdenden Charismatiker aus ihrer dominierenden Stellung nicht verdrängen, billigt aber zugleich dem aufkommenden Orts-"klerus" (sit venia verbo) gleiches Recht zu[55]. Beide Gruppen (die örtlichen Funktionäre ebenso wie die in den Gemeinden ansässig gewordenen Spiritualen) dienen der Kirche am Ort durch den Vollzug des "heiligen Dienstes"[56]. Die Episkopen und Diakone

[51] Auch auf das Gegenüber zum Titel "Presbyter", der hier nicht zufällig fehlt (in Const. apost. 7,31,1 ist er nachgetragen), kann hier nicht eingegangen werden.
[52] Die Episkopen und Diakone sind jedenfalls keine herumziehenden Charismatiker, sondern Glieder der Gemeinde am Ort. Sie werden nicht zur Nachfolge im pointierten Sinn gerufen (wie die charismatischen Apostel und Propheten), sondern von der Gemeinde zu einer bestimmten Funktion im Bereich der Ortsgemeinde gewählt und bestellt.
[53] Die hier in Erscheinung tretende Entwicklung gilt zunächst nur für den Traditionsbereich der Did. Generalisierende Hypothesen sind m.E. nicht gerechtfertigt.
[54] Die Wendung ist nicht eindeutig. Allgemeines zur Wortgruppe: ThW IV, 232ff. (Strathmann), wo aber auf Did. 15,1 nur en passant eingegangen wird.
[55] Der Weg der Pneumatiker (wie er sich für den Traditionsbereich der Did. darstellt) führt also von einer relativen Eigenständigkeit außerhalb der ortsansässigen Christen (so noch in 11,4ff.) über die Eingliederung in die Ortsgemeinde (innerhalb der sie zunächst allein eine dominierende Rolle spielen), zur Gleichschaltung mit den ortsinternen Funktionsträgern (15,1f.). Zuletzt werden die Ortskleriker ganz ihre Funktionen übernehmen, und Idee und Wirklichkeit des wandernden Spiritualen geraten in heterodoxes Milieu.
[56] Harnack hatte es so dargestellt: die ursprünglich wesentlich organisatorisch und administrativ tätigen Episkopen und Diakone übernehmen mit dem Zurücktreten bzw. Absterben der Charismatiker deren Lehramt (Lehre, 56ff.137ff.). Ähnlich: R. Knopf, Das nachapostolische Zeitalter. Geschichte der christlichen Gemeinden vom Beginn der Flavierdynastie bis zum Ende Hadrians, 1905, 156ff.; Dibelius, Gesch. d. urchr. Lit. 152. Gegen die Vorstellung vom Aufstieg der Ökonomen zu geistlichen Funktionen: v. Campenhausen, Kirchl. Amt, 79, Anm. 6. Es ist in der Tat die Frage, ob die Did. 15,1f.

sind die (von Gott!)[57] Geehrten *zusammen* mit (15,2) den Propheten und Lehrern[58]. Das heißt doch wohl: der Vollzug und die Leitung des Gottesdienstes, Funktionen, die seit der Etablierung der Spiritualen in den Gemeinden in den Händen der Spiritualen lagen, sollen nun zugleich auch von der aus der Ortsgemeinde selbst stammenden Gruppe der Funktionäre übernommen werden[59]. Oder anders ausgedrückt: die Charismatiker werden eingefügt in die Ortsgemeinde (ohne ihre Sonderstellung zu verlieren), die Ortsgemeinde bringt zur gleichen Zeit aus sich Funktionäre hervor, die im Begriffe sind, die leitenden Funktionen der Charismatiker zu übernehmen. Im übrigen bedeutet das alles noch nicht eine Bevormundung oder Entmündigung der Gemeinde durch die "Amtsträger". Auch jetzt noch richten sich die Ermahnungen und Weisungen an die gesamte Gemeinde[60]. Sie ist es, die zum rechten Verhalten gegenüber den verschiedenen Zuwanderern aufgerufen wird (12,1: σύνεσιν γὰρ ἕξετε δεξιὰν καὶ ἀριστεράν!)[61], ihr wird zugemutet, daß sie in Fällen, die sich nicht von vornherein kasuistisch festlegenlassen, selbst entscheidet (12,4), und sie ist es schließlich auch, die aus ihren Reihen ihre Funktionäre zu wählen hat (15,1).

---

geforderten Episkopen und Diakone je *nur* organisatorisch-praktische Funktionen ausübten.

[57] Harnack, Lehre, 58; Knopf, Did. 37f.

[58] Sie stehen mit den Charismatikern im gleichen Rang. - Charakteristischerweise gibt es aber noch keine Unterhaltspflicht gegenüber den Ortsfunktionären. Die Unterhaltspflicht ist noch auf die Charismatiker beschränkt.

[59] Daß dies in dem Maße geschehe, als Propheten in den Gemeinden fehlten (Harnack, Lehre, 58; vgl. 146; ThW VI, 861 [Friedrich]; Kretschmar, Askese, 38, Anm. 26) ist freilich in 15,1f. nicht angedeutet und lediglich aus 13,4 erschlossen - was aber wahrscheinlich spätere Verhältnisse wiedergibt.

[60] Vgl. v. Campenhausen, Kirchl. Amt, 78ff. - Ganz anders urteilt Schille, Recht 102f. u. passim, der ja auch eine ganz andere Entwicklungsgeschichte und Traditionsgeschichte rekonstruiert. Vgl. oben Anm. 8. Nach Schille steht hinter der von ihm rekonstruierten Entwicklung "die Diskussion um zwei entgegengesetzte Geist-Konzeptionen" (102), nämlich einerseits "die täuferische Behauptung einer vollgültigen Geistbegabung aller Getauften", andererseits "der Glaube an die hervorgehobene Stellung des Propheten als des Charismatikers im Vollsinne" (ebdt.). Der einen Gruppe entspräche "das deklarative Rechtsgebaren" (ebdt.), der anderen "die dekretale Aufrichtung des eschatologischen Rechtes" (103). Im Bereich der Tradition von Did. 11-13 sei ursprünglich das prophetische Charisma ganz dem Taufcharisma untergeordnet gewesen (!?), das Amtscharisma habe später "kraft der angestammten Selbständigkeit die Fesseln zerrissen und das Taufcharisma zur Laienbegabung herabgewürdigt" (103). Daß zwei verschiedene Gruppen einander gegenüberstehen, ist dabei klar erkannt, der soziale Gegensatz der beiden Gruppen aber (Wandercharismatiker - Christen am Ort) und der Gang der Entwicklung ist m.E. verfehlt worden.

[61] Die Ausdrucksweise von 12,1b (vgl. Jona 4,11 LXX) ist breviloquent, das objektlose γνώσεσθε auffällig. Vielleicht ist "σύνεσιν γὰρ ἕξετε" (Harnack, Lehre, 48) als Parenthese zu fassen. Der Sinn ist aber klar. Zur Terminologie vgl. nur ThW II, 37, 40ff. (Grundmann).

IV

Es ist offenkundig, daß die Etappen der Entwicklung, die hier gezeichnet wurden, nichts anderes darstellen als Etappen in der Entwicklung des "Katholisierungsprozesses", wobei z.Zt. der Abfassung der Did. dieser Prozeß noch keineswegs abgeschlossen, sondern durchaus noch im Fluß ist. (Abgeschlossen wird er charakteristischerweise erst im Rahmen der Verarbeitung der Did. in den const. apost.!) Blickt man auf Did. 11-13; 15, dann stellt sich der Katholisierungsprozeß dar als *Prozeß der sukzessiven Eingliederung der eschatologisch motivierten Wanderaskese in den sich ebenso sukzessive stabilisierenden Verband der "seßhaften" Christen, der Gemeinden am Ort.* Der Gegensatz, der die Entwicklung hervorruft, ist hier (wie sonst) der von eschatologischer ἀπόταξις einerseits und Anpassung an die herrschenden historisch-gesellschaftlichen Bedingungen andererseits. *Was zur frühkatholischen Lösung führt, ist der Trend zur Stabilisierung der Gruppe.* Dabei ist (wiederum: hier wie sonst) zu beachten, daß die frühkatholische Lösung (in diesem Fall: die Integration der Wandercharismatiker in die Gemeinden am Ort) nicht willens ist, die eschatologische Motivation preiszugeben. Die Lösung besteht nicht darin, daß das Eschaton als Motivation verschwindet, sondern darin, daß Formen des Lebensvollzuges gesucht werden, durch die eschatologische Motivation einerseits und Leben unter den Bedingungen der gesellschaftlichen Realität andererseits vermittelt werden können. Es ist klar, daß das entweltlichte Charismatikertum der wandernden Apostel und Propheten der ursprünglichen eschatologischen Unmittelbarkeit genauer entspricht als die Lebensform der Gemeinden am Ort; es ist aber ebenso klar, daß mit dem Verlust der ursprünglichen Unmittelbarkeit auch das Wandercharismatikertum entweder pervertieren oder in eine andere soziale Form umgesetzt werden mußte. *Denn geschichtsmächtig wird das Eschaton nur, wenn es sich aufhebt.* Die Zukunft der Kirche lag nicht bei den wandernden Charismatikern, sondern bei den einzelnen Gemeinden am Ort - aber das bedeutete nun wiederum nicht, daß ein sich stabilisierendes Kirchentum das Charisma der Wanderpropheten verwarf, sondern: die sich stabilisierenden Gemeinden versuchten vielmehr, sich die Charismatiker zu integrieren, um auf diese Weise nicht nur dem alten Institut der Wandercharismatiker, sondern auch sich selbst zu einer neuen Gestalt zu verhelfen. Daß damit keine endgültige Lösung gefunden wurde, hat (in diesem Fall) die weitere Geschichte des Wanderradikalismus gezeigt.

Doctrina apostolorum (Cod. Mellic. 597)

Doctr. apost. gehört zu den Schlüsseltexten der (früh-)christlichen katechetischen Tradition bzw. ihrer jüdischen Vorläufer. Der archaische Text verdient
nicht nur (wie herkömmlich) das Interesse der neutestamentlichen Forschung
und der Patristik, sondern auch das Interesse des praktischen Theologen.
Vielleicht macht es darüberhinaus dem Jubilar - als einem "gelernten" Österreicher - ein wenig Freude, daß der folgende Beitrag auf das kostbare Fragment des doctr.-Textes Bezug nimmt, das zu den Schätzen einer österreichischen Klosterbibliothek gehört.

I

Von doctr. apost. existieren bekanntlich nur zwei Handschriften, ein vollstän-
diger Text in einem Münchener (ehemals Freisinger) Codex (Cod. Lat. Monac. 6264; olim Frising. 64; s. XI; Bayr. Staatsbibliothek München)[1] und ein
Textfragment (ein Fragment, das den Anfang der doctr. überliefert) in einem
Melker Codex, von dem dann im folgenden allein die Rede sein soll. Der
doctr.-Text des Monac. wurde von J. Schlecht im Jahre 1900 entdeckt und
ediert (maßgebend die Ausgabe von 1901)[2]. Das Melker Fragment hatte ein
seltsames Geschick. Es wurde bereits 1723 von dem gelehrten Benediktiner B.
Pez ediert[3], doch konnte damals - lange vor der Auffindung des Textes der
Didache - natürlich niemand die Bedeutung des Textes ermessen. Nach der
Entdeckung des Bryennios-Manuskriptes richtete zuerst O. v. Gebhardt die
Aufmerksamkeit auf das Melker Fragment, das er nach der ed. Pez zitierte
und besprach[4]. Die Handschrift selbst galt als verloren, wurde jedoch noch im
selben Jahr bei einem Besuch von F.X. Funk in Melk wiederentdeckt[5]. Funk

---

[1] Die Hs. umfaßt 105 beidseitig beschriebene Pergamentblätter, der doctr.-Text findet
    sich: fol. 102v.-103v.
[2] J. Schlecht, Doctrina XII apostolorum. Die Apostellehre in der Liturgie der katholischen
    Kirche, Freiburg, 1901. Schlecht gab S. 101ff. eine diplomatische ed. des doctr.-Textes.
    Im Anhang Lichtdrucktafeln der Hs. fol. 102v.-103v.
[3] B. Pez, Thesaurus anecdotorum novissimus. Aug. Vindel., 1723, tom. IV, pars II, 5ff.;
    vgl. auch M. Kropff, Bibliotheca Mellicensis, Vindob., 1747, 18.
[4] O. v. Gebhardt, Ein übersehenes Fragment der Διδαχή in alter lateinischer Überset-
    zung, TU II, 1/2, Leipzig, 1886, 275ff.
[5] F.X. Funk, Zur alten lateinischen Übersetzung der Doctrina apostolorum, Theol. Quar-
    talschr. 68, 1886, 650ff. - Im Jahre 1898 hat auch Schlecht die Hs. an Ort und Stelle
    untersucht, vergl. ders., a.a.O. 43, Anm. 2.

hat im Anhang seiner Didache-Ausgabe von 1887 den Text des Melker doctr.-Fragments abgedruckt[6]. Eine Synopse der beiden Texte (Cod. Monac. bzw. Frising. und Mellic.) findet sich bei Schlecht, 16f.[7]. Eine Rezension der doctr. bot Lietzmann in seiner Didache-Ausgabe[8], und bieten jetzt auch W. Rordorf und A. Tuilier im Anhang ihrer Didache-Edition[9].

Es ist hier nicht der Ort, auf die literarkritischen Fragen einzugehen, die mit der doctr. apost. verbunden sind. Ich bemerke lediglich en passant, daß sich heute, was das literarische Verhältnis von doctr. und Didache (bzw. von doctr., Didache und Barn.) betrifft, eine in den Grundzügen feste Meinung durchzusetzen beginnt, die nach früheren Vorbildern B. Altaner erneuerte[10] und die vor allem (allerdings mit wesentlichen Differenzierungen und Abweichungen gegenüber Altaner) J.-P. Audet entwickelte[11]. Für Audet gehen (um nur das Wichtigste zu nennen, auf Einzelheiten und Einzelfragen kann hier nicht eingegangen werden) die Duae-viae-Teile in Did. und Barn. auf eine unabhängig voneinander gebrauchte und je sehr verschieden verwendete, ursprünglich jüdische Duae-viae-Tradition zurück (die für verschiedene literarische Ausprägungen offen war und dementsprechend auch in verschiedenen Formen umlief). Doctr. ist keine Teilübersetzung der Did., sondern (völlig unabhängig von Did.) eine alte lateinische Übersetzung einer bestimmten Ausprägung jener jüdischen Duae-viae. Audet suchte auch (wie schon andere vor ihm) zu zeigen, daß die Duae-viae, von der die doctr. eine lateinische Übersetzung bietet, noch rein jüdischen Charakter tragen[12]. Insbesondere wies Audet auf die Verwandtschaft unserer Duae-viae-Tradition mit 1 QS III, 13-IV, 26 hin[13]. Auch nach Rordorf-Tuilier sind doctr., der Zwei-Wege-Teil des Barn. und der Zwei-Wege-Teil der Did. voneinander unabhängige Zeugen einer ursprünglich jüdischen Zwei-Wege-Tradition, die in vielen Formen existierte[14].

---

[6] F.X. Funk, Doctrina duodecim apostolorum. Canones apostolorum ecclesiastici ac reliquae doctrinae de duabus viis expositiones veteres, Tübingen, 1887, 102ff.

[7] Einen guten sprachlichen Kommentar zur doctr., der auch wichtig ist für textkritische Fragen, bot L. Wohleb, Die lateinische Übersetzung der Didache kritisch und sprachlich untersucht, Stud. z. Gesch. u. Kultur d. Altert. VII, 1, Paderborn, 1913.

[8] Die Didache. Mit kritischem Apparat, herausgg. v. H. Lietzmann, Kl. Texte f. Vorl. u. Übungen 6, 6. Aufl., Berlin, 1962.

[9] W. Rordorf und A. Tuilier, La doctrine des douze Apôtres (Didachè), SChr. 248, Paris. 1978. Die Rezension der doctr.: 207ff.

[10] B. Altaner, Zum Problem der lateinischen Doctrina Apostolorum, Vig. Christ. 6, 1952, 160ff. Über die Vorläufer: Altaner, 160f.

[11] J.-P. Audet, La Didachè. Instructions des Apôtres, Ét. Bibl., Paris, 1958, 122ff.

[12] Audets Vermutungen über die Herkunft des Titels der doctr. (die mich nicht überzeugen) und über die Herkunft des epilogus secundus (*per dominum Iesum Christum regnantem et dominantem cum deo patre et spiritu sancto in saecula saeculorum, amen*) - Addition eines späteren Kopisten: Audet, 136, was sehr wahrscheinlich ist - brauchen hier nicht weiter untersucht zu werden.

[13] Zu den Qumran-Bezügen vgl. nur den Bericht bei H. Braun, Qumran und das Neue Testament, II, Tübingen, 1966, 184ff. Die Sachfrage ist hier nicht zu erörtern.

[14] A.a.O. 28.

Und in der Tat: daß doctr. nicht eine Version der Didache (Did. 1-6) darstellt, sondern die Übersetzung einer selbständigen, von Did. unabhängigen (ursprünglich wohl griechischen) Schrift bietet, die ihrerseits von jüdischen Duae-viae-Traditionen abhängt (welche - jeweils unabhängig voneinander - auch in Did. und Barn. eingeflossen sind)[15], - das scheint eine plausible Lösung darzustellen. Der Zwei-Wege-Traktat war ursprünglich sehr wahrscheinlich rein jüdisch[16], ob die Form, in der er in doctr. erscheint, nicht doch bereits (wenn auch oberflächlich) christianisiert ist (der epilogus secundus hat freilich als Beleg dafür auszuscheiden), kann man - trotz Audet - fragen. An dem hohen Alter des griechischen Originals der doctr. ist nach alledem nicht zu zweifeln; man wird an die zweite Hälfte des 1. Jhdts. n. Chr. zu denken haben. Natürlich ist der Traktat auch in der Form, in der er in doctr. erscheint, keine Einheit, wie schon eine einfache Analyse zeigt[17]. Indessen sind die literarkritischen Fragen - wie gesagt - nicht Gegenstand der vorliegenden Untersuchung. Ich wende mich im folgenden lediglich dem Melker Fragment und seinem Text zu.

II

Es handelt sich um einen jetzt in Leder gebundenen[18] Pergament-Codex im Quartformat, mit der Sign. 597 (ehemals 914, noch früher Q 52). Die Hs. umfaßt jetzt 115 Bl. im Format 17,5 x 24. Sie stammt aus dem frühen 10., vielleicht noch aus dem 9. Jhdt.[19], ist also älter als der Monac. Überschriften

---

[15] Auf Rezensionen des Zwei-Wege-Traktates (und nicht etwa auf die Didache) gehen auch die Zwei-Wege-Abschnitte in der apostol. Kirchenordnung (cc. 4-14) und in der (arab.) Vita des Schenute (L.E. Iselin, Eine bisher unbekannte Version des ersten Teiles der 'Apostellehre', TU 13, 1, Leipzig, 1895, 1ff.) zurück; vielleicht trifft dies auch für das ps.-athanas. Syntagma (MPG 28, 836ff.) und die ps.-athanas. fides Nicaena (28, 1637ff.) zu.

[16] Die gelegentlich geäußerte Auffassung, der jüdische Zwei-Wege-Traktat sei ursprünglich für jüdische Proselyten bestimmt gewesen (vgl. noch Altaner, 160), ist fragwürdig. Vgl. jetzt auch die Bedenken bei Rordorf-Tuilier, 31, Anm. 5.

[17] Der Lasterkatalog 2,2-7 war urspr. sicher selbständig und ist erst nachträglich vom Redaktor des Traktats zur interpretatio des Doppelgebotes (1,2) gemacht worden. Selbständig war ursprünglich gewiß auch der spezielle Lasterkatalog 3,1-10, der durch seine psychologisierende Moral stark an chokmatische Überlieferungen erinnert. In 4,1-11 liegt eine "Haustafel" zu Grunde. Der Lasterkatalog 5,1b-2b ist eine Dublette zum Lasterkatalog des Anfangs. Der Epilog 6,1-5 (epilogus primus) dürfte Zusatz des Redaktors des Traktats sein. D.h.: doctr. liegt als ein *Kompilat* vor.

[18] Am Rücken beschriftet: Lectionarium aestivale, saec. X. - Eine bedeutungslose Abschrift des doctr.-Textes des Cod. 597, auf die auch Rordorf-Tuilier, 205, Anm. 1, hinweisen, findet sich in einer Sammelhandschrift d. 18. Jhdts. (Mellic. 144, olim 1071; fol. 4r.-4v.). Es handelt sich um die handschriftliche Sammlung der Texte, die Pez im Thesaurus anecd. noviss. IV,2 publizierte.

[19] Für die Datierung bin ich Hinweisen von Herrn Univ. Doz. Dr. K. Zelzer und Frau Dr. M. Zelzer dankbar.

und z.T. auch Initialen sind in Rotschrift. Der Codex bringt eine Homilien-
sammlung zu den Lektionen des Kirchenjahres (wie der Monac.), doch ist die
Melker Hs. am Anfang wie am Ende leider defekt. Lediglich die Homilien der
zweiten Hälfte des Kirchenjahres sind erhalten, die Hs. setzt ein mit dem
Sonntag nach Pfingsten. Einen Überblick über den Inhalt der Hs. hat seinerzeit
schon Funk gegeben[20]. Ich erwähne jetzt nur die letzten Stücke, die auf das
Commune sanctorum folgen[21]: *omelia de ecclesia* (fol. 104 r.), *omelia sancti
Augustini de alleluia* (fol. 106 r.), *de resurrectione fidelium sancti Augustini*
(fol. 108 r.), *omelia de fide* (fol. 109 r.), *item alia* (fol. 110 v.), *item alia* (fol.
112 v.). Es folgt *ammonitio sive predicatio* (sic) *sancti Bonifacii episcopi de
abrenuntiatione in baptismatae* (sic) (fol. 114 r.-115 r.). Fol. 115 v. (die
letzte erhaltene Seite des Cod.) bringt zunächst in Zl. 1-6 nach der rubrizierten
Überschrift *ex dictis sancti Augustini* folgenden Text[22]: *haec est fides, quae
paucis uerbis tenenda in symbolo nouellis christianis datur. quae pauca uer-
ba fidelibus nota sunt, ut credendo subiugati recte uiuant, recte uiuendo cor
mundent, corde mundato quod credunt intellegant.* Es handelt sich um Aug.,
de fide et symb. 25, die Schlußworte der augustinischen Schrift[23]. Daraufhin
folgt Zl. 7-25 der Text des Eingangs der doctr., nämlich 1,1-3a + 2,2-6[24], en-
dend mit *nec adolator nec conten...* Der Rest der Handschrift, und damit auch
der Rest des doctr.-Textes ist verloren.

Wir haben es hier nur mit dem zuletzt genannten Text zu tun, dem doctr.-
Fragment. Ich bringe im folgenden den Text des Mellic., Zeilen, Orthographie
und Interpunktion folgen dem Original, die Abkürzungen sind aufgelöst[25]. Im
Apparat bezeichnet g die LAA des Mellic., *g* [1] die Korrekturen von der selben
Hand. Im Monac. haben wir zwischen dem ursprünglichen Text (*f*), den Kor-
rekturen von erster Hand (*f* [1]) und nachträglichen Korrekturen von zweiter (*f* [2])

---

[20] Theol. Quartalschr. 68, 1886, 650ff.
[21] Zu vgl. sind die parr. im Monac.: Schlecht, 37f.
[22] Kleinschreibung und Interpunktion von mir. Abkürzungen sind stillschweigend aufge-
      löst.
[23] Der Text weicht von der ed. Zycha (CSEL 41,32) an einer Stelle ab: nach *ut credendo*
      ist *subiugentur deo* ausgefallen (die gleiche LA ist auch sonst reich bezeugt, vgl. die
      Angaben bei Zycha z.St.). Homoioteleuton?
[24] Die "Interpolatio christiana" Did. 1,3b-2,1 hat bekanntlich kein Gegenstück in der doctr.
      Es handelt sich nicht um einen Ausfall der überlieferten doctr., sondern um einen Zu-
      satz des Didachisten zu seiner - der doctr. verwandten - Vorlage. Ein der interpolatio
      christiana entsprechender Text fehlt bekanntlich auch in Barn., in der apost. Kir-
      chenordnung und in der (arab.) Vita des Schenute. Hier überall liegen (verschiedene,
      wenn auch verwandte) Rezensionen des Zwei-Wege-Traktats zugrunde, dem derglei-
      chen offenbar fehlte. - Dagegen wird die interpolatio christiana von Const. apost. VII, 1
      bezeugt, die eben nicht direkt vom Zwei-Wege-Traktat, sondern bereits von der Did. ab-
      hängig sind. Da die interp. christiana auch bereits durch das Did.-Fragment Pap. Oxyrh.
      1782 (s. IV fin) (B.P. Grenfell - A.S. Hunt [edd.], The Oxyrhynchus Papyri, XV, Lon-
      don, 1922, p. 12ff.) bezeugt wird, ist die Annahme einer *nach*didachistischen Interpola-
      tion zwar nicht ausgeschlossen, aber wenig wahrscheinlich.
[25] Nicht gekennzeichnet ist die aufgelöste Abkürzung von *et* in Zl. 8.9.12.

und dritter Hand (f^3) zu unterscheiden[26]. Für unser Textstück kommen nur f und f^2 in Betracht.

7   DOCTRINA APOSTOLORU(M). -
          Viae duae sunt in seculo. - uite et mortis; Lucis
          et tenebrarum; In his constituti sunt angeli duo
10   unus aequitatis. - alter iniquitatis; Distantia aut(em)
          magna est. - duaru(m) uiaru(m); Uia ergo uitae. haec. e(st).
          d(eu)m
          Primo diliges aeternu(m). - qui te fecit; - Secundo p(ro)xi
          mu(m) tuu(m). - ut te ipsum; Omne aut(em) quod tibi non
          uis fieri. - alii ne feceris; Interp(re)tatio aut(em) horum
15   verboru(m). haec. e(st); Non moechaberis; Non homicidiu(m)
          facies. - non falsum testimoniu(m) dices; Non puerum
          [   ] uiolaueris. - Non fornicaueris. - Non mag
          facies. - Non medicamenta mala facies. - Non occides
          filium in abortum. Nec natu(m) succides. - Non concupis
20   ces quisquam de re p(ro)ximi tui. - Non p(er)iurabis. - Non
          male loqueris. - Non eris memor malo(rum) facto(rum);
          Non eris duplex in consiliu(m) dandum. neq(ue) bilinguis <;>
          Tendiculu(m) eni(m) mortis. est lingua. - Non erit uerbu(m)
          u
          tuum uacum. - Nec mendax. - Non eris cupidus. -
25   Nec auarus. - nec rapax. - Nec adolator. - Nec conten
7   doctrina apostolorum g : de doctrina apostolorum f
12   deum *ins.* g^l *supra lin.* : deum f
13   quod tibi non uis fieri g : quod tibi fieri non vis f
14   alii corr. g^l f^2 *ex alio* / ne g : non f / interpretatio - est g :
          in rasura f^2
15   moechaberis g : mechaberis f (cf. *Wohleb,* 7)
17   *lac. in* g / uiolaueris g : uiolaberis f; cf. *Wohleb,* 7.19f.;
          uiolabis *coni. Schlecht, Rordorf-Tuilier* / fornicaueris g :
          fornicaberis f / non mag *(sic!)* g : non magica f
19   abortum g : auortum f (cf. *Wohleb,* 8)
20   quisquam (?) *corr.* g^l *ex* quicquam (?) : quicquam f / periurabis
          g : peiurabis f
22   non g : nec f
24   *emend.* g^l
25   adolator gf : adulator f^2 *(scripsit* u *supra lin.)*; cf. *Wohleb,*
          58.62 / conten ... *reliqua desunt in g*

---

[26] Über die drei verschiedenen Hände in Cod. Monac.: Schlecht, 17f.

Der Text ist sorgfältig geschrieben. An zwei Stellen hat der Schreiber nachträgliche Verbesserungen angebracht (Zl. 12 und Zl. 24). Die Überschrift ist in Großbuchstaben und Rotschrift, am Rand eingezogen. Den Titel dürfte *g* gegen *f* richtig wiedergegeben haben. In Zl. 8 ist der erste Buchstabe als Initiale (über zwei Zeilen reichend) an den Rand gerückt, eine kleinere Initiale bildet der erste Buchstabe Zl. 12 und Zl. 23. Für *g* (bzw. seine Vorlage) begann mit *primo diliges...* und *tendiculum enim...* jeweils ein neuer Abschnitt. *f* zeigt nichts dergleichen. In Zl. 14 hat der Schreiber das *alio* seiner Vorlage nachträglich durch Rasur in *alii* verbessert, ebenso *f²* im Cod. Monac. Auch das *ne* (non *f*) könnte eine Verbesserung des Schreibers gegen die Vorlage sein, die vielleicht den Vulgarismus bot: *alio non feceris*, vgl. Wohleb, 18f. Die Zl. 17 beginnt mit einer längeren Lakune: eine Falte im Pergament, die nicht beschrieben wurde. Zu *uiolaueris* (Zl. 17, vielleicht ursprünglich, gegen *f*) vgl. Wohleb, 7.19f. *fornicaueris* erklärt sich vermutlich als Nachwirkung von *uiolaueris* (Wohleb, 19). Das letzte Wort Zl. 17 ist jedenfalls defekt. Pez markierte eine Lücke zwischen *fornicaueris* und *non medicamenta*, Funk las *maofacies* und conjizierte *malefacies*. Doch ist das letzte Wort Zl. 17 deutlich als *mag*[27] (vielleicht sogar *magi*) zu lesen, *g* hatte also an dieser Stelle den gleichen Text wie *f* vor sich *(non magica facies)*. Wie *g* zu dieser seltsamen Lesart kam, ist schwer zu sagen. Zl. 20 liest *g* nicht *quidquam* (wie seit Pez angegeben wird), sondern *quisquam* (?!), korrigiert aus *quicquam* (wie es scheint); das letztere hat auch *f*, und das wird auch in der Vorlage von *g* gestanden sein. - Mit Zl. 25 bricht der Text mit den schwer lesbaren Buchstaben conten (contentiosus *f*) ab. - Was die Textform der beiden Zeugen betrifft, so wird man die weitgehende Übereinstimmung auf einen gemeinsamen Archetyp zurückführen[28].

Cod. Mellic. 597 gehört zu den ältesten und wertvollsten Handschriften der Melker Stiftsbibliothek. Es ist ein großer Verlust, daß die Handschrift am Anfang und (vor allem) am Ende nicht vollständig überliefert ist. Um so seltsamer ist die Fügung, daß uns gerade noch die letzte erhaltene Seite der Handschrift einen wertvollen, ja vermutlich sogar den ältesten, wenn auch fragmentarischen Text der doctr. überliefert - einer Schrift, die bis ins 11. Jhdt. in der Taufkatechese der westlichen Kirche im Gebrauch war, deren zu

---

[27] So jetzt auch Rordorf-Tuilier.

[28] Schlecht vermutete, daß der Zwei-Wege-Katechismus in Rom gebraucht wurde und von dort nach Deutschland kam (43). Über seine Untersuchungen zum Ort der Zwei-Wege im Rahmen der Liturgie (69ff.) ist hier nicht zu handeln. Eine neuerliche Untersuchung dieser Frage wäre vielleicht lohnend. - Vgl. jetzt auch die kurzen und prägnanten Ausführungen bei Rordorf-Tuilier, 206. Die doctr. ist in der alten Kirche bei der präbaptismalen Katechese verwendet worden, so noch im 8. Jhdt. in der Praxis des Bonifatius (vgl. den Zusammenhang, in dem die doctr. in beiden codd. überliefert ist). Das Ende dieser Tradition ist wahrscheinlich durch die Reform Gregors VII. bedingt, und damit bricht dann auch die hs. Überlieferung der doctr. ab. (Zum zeitlichen Zusammenhang des Cod. Monac. mit dem gregorianischen Kirchenstreit: Schlecht, 40ff.)

postulierendes griechisches Original aber auf die Anfänge der christlichen Literatur in neutestamentlicher Zeit zurückgeht, - ja (mindestens, was die darin verarbeiteten Traditionen betrifft) sogar bis in die noch jüdische Vorgeschichte der katechetischen Tradition.

Theologie als akademische und kirchliche Disziplin

Wilhelm Kühnert verdanken wir eine ausführliche und ausgewogene Untersuchung staatskirchenrechtlicher Art über "Die Rechtsstellung der Wiener Evangelisch-theologischen Fakultät im Kraftfeld von Staat und Kirche"[1]. Die folgenden kurzen Thesen beschäftigen sich nicht mit der rechtlichen Problematik, sondern mit der wissenschaftstheoretischen. Sie versuchen einiges zur Position und Funktion der wissenschaftlichen Theologie als akademischer und zugleich kirchlicher Disziplin zu sagen. Mögen sie dem verehrten Jubilar willkommen sein!

Was ist Theologie?

(1) Unter Theologie verstehen wir im allgemeinsten Sinn die Erhebung des Glaubens zur Klarheit des bewußten Wissens. Voraussetzung dieses Urteils ist die Einsicht in die Mannigfaltigkeit der Vermittlungsstufen des Glaubens. Der Glaube kann in unmittelbarer Vermittlung existieren (in der Unmittelbarkeit der Praxis), er kann sich auf der Stufe mythischen Bewußtseins objektivieren, er kann zur intentionalen Vermittlung greifen, er kann sich schließlich auch zur Stufe reflektierten Wissens seiner selbst erheben. In all diesen Stufen kann die Intention des Glaubens (und daher auch der Glaube selbst) mit sich identisch bleiben, auch wenn das Maß der Vermittlung wechselt.

(2) Ist für die theologische Vermittlung die Klarheit des bewußten Wissens charakteristisch, so bedeutet das (entfaltet), daß man erst dann von theologischen Sätzen sprechen kann, wenn folgende Bedingungen erfüllt sind: a) die methodische Entfaltung der Inhalte des Glaubens, b) die begriffliche Bestimmtheit der Entfaltung, c) die systematische Durchdringung der Inhalte des Glaubens.

Diese Bedingungen gelten nicht nur für die systematische Theologie, sondern sie gelten - je in ihrer Weise - auch für die historische Theologie, für das Kirchenrecht und die sogenannte praktische Theologie.

(3) Für Sätze, in denen sich der Glaube ausspricht, ist charakteristisch, daß sie die persönliche Beteiligung und Betroffenheit des Sprechenden, die existentielle Partizipation implizieren. Es gibt keinen theologischen Satz ohne die

---

[1] In: Ex aequo et bono. W.M. Plöchl - FS, edd. P. Leisching - F. Pototschnig - R. Potz, 1977, 473ff.

persönliche Betroffenheit des Sprechenden. Sie drängt zur Praxis, ist selbst in ihrer Weise bereits praxis pietatis. Es kann daher keinen grundsätzlichen Zwiespalt geben zwischen theologischen Sätzen einerseits und der Praxis des Glaubens andererseits, wenn auch - zugegebenermaßen - das Maß und die Art der existentiellen Betroffenheit bei den verschiedenen Urteilen und Sätzen theologischer Arbeit verschieden groß sein wird.

Offenbarung und theologische Vernunft

(4) Theologie gründet auf Offenbarung, setzt also Offenbarung voraus. Ohne Offenbarung gibt es keine Theologie. Offenbarung ist das erste, Theologie das zweite Wort. Theologie kann Offenbarung nicht erzeugen, sondern nur entgegennehmen. Offenbarung ist Offenbarung dessen, was uns letztlich angeht, letztlich betrifft. Sie ergreift, erschüttert und verwandelt uns (P. Tillich).

(5) Offenbarung ist - wieder mit Tillich gesprochen - paradox, aber nicht absurd. Paradox heißt: Sätze der Offenbarung sind oft wider den Augenschein, gegen geltende Werte gerichtet, anstößig. Sie bieten dem herkömmlichen Lebensverständnis ein Skandalon. Aber sie sind nicht absurd, d.h. sie sind nicht widervernünftig, sonst könnte man über Offenbarung nicht in klaren, verständigen Sätzen reden, Offenbarung könnte nicht verständig und anspruchsvoll vermittelt werden. Diese Zusammenhänge lassen sich an der iustificatio impiorum exemplifizieren: Die Rede von der Rechtfertigung des Gottlosen aus Glauben allein, χωρὶς ἔργων, ist eine zunächst (und immer wieder) *anstößige und paradoxe* Verkündigung. Das herkömmliche Leistungsbewußtsein, die traditionelle Über-Ich-Moral und Über-Ich-Religion wehren sich gegen eine solche Verkündigung; in der Tat: der Glaube an die iustificatio impii impliziert zugleich die Preisgabe herkömmlichen Lebensverständnisses, die Überwindung des Skandalon. Aber: die Verkündigung der iustificatio impii ist *nicht widervernünftig, nicht absurd*; sie kann in klaren und verständigen Sätzen vermittelt werden, die theologische Vernunft kann ihren immanenten Sinn erörtern und aufdecken.

(6) Aufgabe der Theologie ist es demgemäß, den Sinn der Sätze der Offenbarung zur Anschauung zu bringen, die der Offenbarung inhärente Vernunft aufzudecken und einsichtig zu machen. Dabei geht keineswegs das Mysterium der Offenbarung verloren, vielmehr wird es erst in seinem besonderen Sinn als Mysterium bewußt.

(7) Falsch ist dagegen das weitverbreitete, vulgär-religiöse Urteil (das oft als Argument gegen die wissenschaftliche Theologie gebraucht wird), Offenbarung und Vernunft stünden im ausschließenden Gegensatz zueinander. Eine solche Auffassung ist im Grunde dualistisch-"manichäisch", sofern sie die von Gott geschenkte Vernunft aus dem Bereich der Offenbarung ausschließen und

zum Gegner der Offenbarung machen will. Das führt letzten Endes zum Irrationalismus und zur religiösen Willkür. Die theologische Vernunft beugt sich dagegen in Demut vor der Offenbarung; die Offenbarung zerstört nicht die Vernunft, sondern gibt ihr erst ihren letzten Sinn und Halt.

(8) Damit ist nicht die Möglichkeit und gelegentliche Wirklichkeit des Konfliktes zwischen der theologischen Vernunft einerseits und der Tradition andererseits geleugnet, was ja auch die Geschichte der Theologie zeigt. Indessen handelt es sich dabei nicht um *grundsätzliche* Antagonismen, sondern um *transitorische* Konflikte der Vermittlung, sei es, daß das, was als Vernunft erscheint, sich in Wahrheit als Unvernunft decouvriert, sei es, daß das, was den Anspruch erhebt, religio vera zu sein, auf die Dauer als religio falsa durchschaut wird. Da Theologie theologia viatorum ist, gilt für sie, daß Konflikte zwischen Glauben und Verstehen möglich und wirklich sind. Sie müssen vom einzelnen bzw. von der Gruppe durchgestanden werden. Doch kann der Glaube eine *grundsätzliche* Diastase von Glauben und Verstehen nicht zugeben, weil sonst das Verstehen dämonisiert werden würde.

(9) Steht theologische Vernunft nicht im Gegensatz zum Mysterium fidei, so auch nicht im Gegensatz zur demütigen Einfalt des Glaubens. Doch hat man auch in Sachen des Glaubens zwischen der *kindlichen Einfalt* (die auch dem Theologen wohl ansteht) und der *infantilen Naivität* (die manchmal fälschlicherweise für Glaubenseinfalt gehalten wird) zu unterscheiden. Die kindliche Einfalt wächst mit dem Maß des Verstehens. Die infantile Naivität schlägt das kritische Verstehen nieder.

Theologie als Wissenschaft im Rahmen der Universität

(10) Theologie hat ihre Existenz im Rahmen der universitas litterarum nicht zu scheuen, sie nimmt diesen Platz vielmehr rechtens ein. Dabei ist nicht nur an die historische Rolle der Theologie, an ihre Bedeutung in der Vergangenheit zu erinnern, sondern der Platz, den sie einnimmt, gebührt ihr auch in der Gegenwart und in Zukunft. Theologie ist Wissenschaft, sofern sie in *methodischer* Weise ihre Gegenstände bearbeitet, nach *begrifflicher* Klarheit sucht und den Sinn des Ganzen *systematisch* zu entfalten bemüht ist. Die Methoden der wissenschaftlichen Theologie sind allgemein zugänglich und jederzeit überprüfbar. Das gilt wiederum nicht nur (selbstverständlich) für die historische Theologie, sondern ebenso für die Methoden der systematischen Theologie, des Kirchenrechts und der praktischen Theologie.

(11) Die Stellung der Theologie im Rahmen der universitas litterarum wäre nur dann vom wissenschaftlichen Standpunkt aus gefährdet, wenn sich ein rein positivistischer Wissenschaftsbegriff durchsetzen würde, für den Offenbarung dessen, was uns unbedingt angeht, zur Leerformel geworden ist. Das Unzurei-

chende eines solchen Wissenschaftsbegriffes ist aber leicht zu zeigen. Die Frage nach dem Unbedingten, auf welche die Offenbarung Antwort gibt, läßt sich aus der menschlichen Existenz nicht verdrängen, was sich schließlich auch darin zeigt, daß auf die Dauer andere Disziplinen mehr oder weniger offenkundig die Aufgaben der Theologie übernehmen müssen, und zwar nicht nur in historischer, sondern auch in systematischer Hinsicht. Der Mensch hat nicht die Entscheidung, sich zum Unbedingten zu verhalten oder nicht zu verhalten, sondern er hat lediglich die Entscheidung zwischen religio vera oder religio falsa. Wie im alltäglichen Leben der Versuch, die Fragen der Religion zu verdrängen, zu pseudoreligiösen Ersatzformen führt, so führt im Bereich der Wissenschaft der Versuch, die Theologie zu verdrängen, zu Pseudotheologie bzw. zu pseudotheologischen Ersatzformen.

Das kirchliche Interesse an der wissenschaftlichen Theologie; Theologie als kirchliche Funktion

(12) Kirche ist eine eschatologische und geschichtsmächtige Größe in einem. Als *eschatologische* Größe motiviert sie sich von der kommenden, in Jesus von Nazareth bereits gegenwärtigen Gottesherrschaft her; ihre Glieder sind Bürger der civitas caelestis; sie steht - als eschatologische Größe - kritisch und distanziert zu aller Geschichte und Gesellschaft, zur Kultur, auch zur Wissenschaft. Als *geschichtsmächtige* Größe dagegen partizipiert die Kirche an Gesellschaft und Kultur und deshalb auch am wissenschaftlichen Leben. Die Kirche hat demgemäß im Laufe ihrer Geschichte Kultur geschaffen bzw. mitbestimmt; gerade die eschatologische Motivation erwies sich jeweils auf die Dauer auch als geschichtsmächtig. Was die Kirche an Kultur hervorgebracht hat, ist in die allgemeine Tradition eingegangen, so daß selbst noch die säkulare Kultur an christlichen Traditionen partizipiert.

(13) Die Kirche muß beides sein: eschatologische und historische Größe. Gibt sie den *eschatologischen* Anspruch preis, dann pervertiert sie sich selbst, sie droht, in der jeweiligen Kultur aufzugehen, sie verliert ihren Auftrag und ihre Funktion. Kirche darf aber auch die *historische* Motivation nicht preisgeben (und zwar gerade, um die eschatologische Motivation zu bewahren). Gibt die Kirche ihre Geschichtsmächtigkeit preis, besser: versucht sie, sich aus den Ansprüchen der Gesellschaft und Kultur in ein künstliches Ghetto zurückzuziehen, dann verliert sie ihren Charakter als Kirche und wird mehr oder weniger zur *Sekte* im soziologischen Sinn.

(14) In dem Maße, als die Kirche geschichtsmächtig wurde und auf die Gesellschaft einwirkte, entstand auch (zuerst bei den Alexandrinern) wissenschaftliche Theologie als Programm und Praxis (wobei sich im Laufe der Zeit selbstverständlich die Methoden und Ziele der wissenschaftlichen Theologie je

nach dem Stand des historischen Bewußtseins veränderten). Das Interesse der Kirche an der wissenschaftlichen Theologie ist also kein anderes als das Interesse an ihrer eigenen Geschichtsmächtigkeit. Gerade an dem Einsatz einer Kirche für die in ihren Reihen getriebene wissenschaftliche Theologie kann man den jeweiligen Stand an spezifisch kirchlichem Bewußtsein ablesen. Umgekehrt gilt: Kirche, die wissenschaftliche Theologie nicht will, oder auch nur konstant ignoriert, ist auf dem Weg zur Sekte.

(15) Das positive Interesse der Kirche an der wissenschaftlichen Theologie ist näherhin ein Dreifaches: a) Die Kirche braucht die Auseinandersetzung der wissenschaftlichen Theologie mit den übrigen Wissenschaften, weil es ihr darum gehen muß, das Evangelium auf dem Vermittlungsniveau der jeweiligen Gegenwart zu verkündigen. Es bedarf also der systematischen Entfaltung des neuen Seins in Christus auf dem Vermittlungsniveau der Gegenwart unter ständiger Auseinandersetzung mit den Wissenschaften der universitas litterarum. Nur so kann dem universalen Anspruch des Evangeliums entsprochen werden. Andernfalls drohte die Sprache der Verkündigung zu antiquieren, das Evangelium würde keine glaubwürdige Vermittlung finden, die Wahrheit des Evangeliums würde zwar nicht aufhören, Wahrheit zu sein, sie würde aber als diese Wahrheit nicht mehr verstanden werden. b) Die Kirche braucht die wissenschaftliche Theologie zur Übersetzung traditioneller Aussagen in die Sprache der jeweiligen Gegenwart. Damit ist nicht nur die philologische Arbeit des unmittelbaren Übersetzens gemeint, sondern - im weitesten Sinn - die Aufgabe der *Vergegenwärtigung* des Evangeliums. Denn das Evangelium wie überhaupt die Schrift ist uns ja in historisch abständigen Texten gegeben, bei denen zwischen der verbindlichen *Intention* und den historisch relativen *Vermittlungen* unterschieden werden muß. Es bedarf also der umfassenden, wissenschaftlichen Beschäftigung mit den Texten, von denen die Kirche lebt, mit dem Ziel, deren Sinn zu erschließen, um auf diese Weise die Identität des Glaubens damals und heute wahren zu können. Damit die Aufgabe der Vergegenwärtigung nicht willkürlich, sondern methodisch und überprüfbar geschieht, bedarf es der Arbeit der wissenschaftlichen Theologie. Ohne sie würde die Predigt der Kirche bald verarmen bzw. dem willkürlichen Umgang des Einzelnen mit der Tradition ausgeliefert sein. c) Die Kirche braucht die wissenschaftliche Theologie schließlich aber auch dazu, sich selbst in ihrer Geschichte und in ihrem Wesen immer besser zu verstehen, um sich vor Fehlhaltungen und Fehlentscheidungen in Ordnung und Recht, in Praxis und Lehre immer besser zu schützen. In alledem kann die Theologie bis zu einem bestimmten Grad als das Gewissen der Kirche fungieren, freilich nur dann, wenn sie sich selbst als Theologie nicht von ihren eigentlichen Aufgaben abbringen läßt, sondern mit Entschlossenheit an dem festhält, zu dem sie berufen ist.

(16) Eben weil die Kirche in der beschriebenen Weise an der wissenschaftlichen Theologie interessiert ist, läßt sie auch ihre zukünftigen Amtsträger, Pfarrer und Lehrer, an den Fakultäten, an denen wissenschaftliche Theologie

getrieben wird, ausbilden. Diese Ausbildung dient sicher auch dem Erlernen bestimmter Fähigkeiten, die für den zukünftigen Beruf unmittelbar notwendig sind. Doch beschränkt sich das kirchliche Interesse nicht darauf, sondern die Kirche ist darüber hinaus daran interessiert, daß die zukünftigen Amtsträger in der Zeit ihres Studiums mit der wissenschaftlichen Methode der Theologie, ihren Fragestellungen und Lösungsversuchen vertraut werden. Die Kirche erwartet vom Studium der Theologie nicht nur (pragmatisch) theologische *Aus*bildung, sondern (grundsätzlich) theologische *Bildung*. Das Ziel der theologischen Bildung ist (wie das Ziel jeder Bildung) Urteilsfähigkeit und Selbständigkeit. Wer - und sei es auch noch so partiell - an der theologischen Forschung partizipierte, sollte immun geworden sein für laienhafte, willkürliche, unmethodische Urteile und Praktiken; er sollte (umgekehrt) die große Tradition der theologischen Forschung wenigstens bis zu einem gewissen Grad - kennengelernt haben, und zwar so, daß er zeit seines Lebens nicht aufhört, soviel an ihm ist, seine theologische Bildung weiter zu pflegen.

(17) Wissenschaftliche Theologie wird demgemäß nie von der Kirche weg, sondern explizit und implizit immer zur Kirche hin erziehen, weil sie von solchen getrieben wird, die selbst zur Kirche gehören.

(18) Das Interesse der Kirche an der wissenschaftlichen Theologie ist nach alledem nicht Interesse an etwas Fremdem, sondern Interesse an einer Arbeit, die in ihren eigenen Reihen und zu ihren eigenen Gunsten geschieht. Daß die wissenschaftliche Theologie der universitas litterarum angehört, schließt nicht aus, daß sie zugleich eine Funktion der Kirche ist. Eine Funktion der Kirche ist sie, weil sie von Gliedern der Kirche im Interesse der Kirche getrieben wird.

Scheitern und Rechtfertigung

(19) Jede Wissenschaft hat ihre Aporien, das gilt auch für die Theologie. Vielleicht kann man dabei zwischen "perennen" Aporien und zeitbedingten Aporien unterscheiden. In den zeitbedingten Aporien erlebt die theologische Arbeit ihre zeitbedingte Grenze, in der Auflösung solcher Aporien erlebt sie die Ermutigung eines (mit aller Vorsicht zu formulierenden) wissenschaftlichen Fortschrittes, sie erlebt jedenfalls den Prozeß des Lernens. In den perennen Aporien dagegen stößt sie an die unbedingte Grenze menschlichen Verstehens, an das Mysterium.

(20) Theologie als Geisteswissenschaft fällt Urteile, die nicht in jedem Fall leicht überprüfbar sind. Wahrheit oder Irrtum der theologischen Aussage wird oft erst nach längerer Zeit deutlich. Auch der Theologe treibt seine Arbeit nicht nur von Einsicht zu Einsicht, sondern auch von Irrtum zu Irrtum.

(21) Theologie ist eine menschliche Wissenschaft. Sie ist von der Leidenschaft, aber auch von den Vorurteilen und Befangenheiten ihrer Träger geprägt, sie ist gelegentlich auch mit Blindheit geschlagen. In dieser Situation ist der Theologe aufgerufen, seine Existenz nicht auf seine eigene theologische Arbeit zu gründen (also auch auf diesem Gebiet jeder Werkgerechtigkeit auszuweichen), sondern es vielmehr im gläubigen Vertrauen Gott zu überlassen, was aus seiner eigenen Arbeit wird. Auch für den Theologen gilt die Rechtfertigung allein aus Glauben. Der Theologe ist an die Worte des Apostels gewiesen: *si cuius opus arserit, detrimentum patietur; ipse autem salvus erit, sic tamen quasi per ignem*[2].

---

[2]   1. Kor. 3,15.

Kirche als Diaspora

Mit dem Begriff Diaspora verbindet man im christlichen Sprachgebrauch herkömmlicherweise die Situation einer Minderheitenkirche in einer mehrheitlich anderskonfessionellen Umgebung[1]. In der letzten Zeit beginnt sich daneben noch ein anderer Begriff von kirchlicher Diaspora durchzusetzen: nach weitverbreitetem Urteil geht die gesamte Christenheit zunehmend (wenn auch in den verschiedenen Bereichen in sehr verschiedener Weise) einer Minderheitensituation entgegen, die gesamte Christenheit wird nach diesem Urteil zunehmend zur Diaspora. Es ist in den letzten Jahrzehnten vielfältig versucht worden, die Grundlagen zu einer theologischen Bewältigung der Diaspora, also zu einer Art "Diaspora-Theologie" zu legen[2]. Rekurriert man dabei (wie begreiflich und notwendig) zunächst auf das Neue Testament, so erweisen sich die neutestamentlichen Aussagen zum Thema einerseits als frappierend, andererseits als verwirrend. Das Neue Testament kennt (von Joh. 7,35 und - möglicherweise - Jak. 1,1 abgesehen, wo der jüdische Sprachgebrauch des Wortes vorliegt) den Begriff Diaspora zur Bezeichnung der Situation der *Gesamt*kirche (1. Petr. 1,1). Die gesamte Kirche befindet sich nach dieser neutestamentlichen Konzeption als Diaspora in ihrer Umwelt, ja in der Welt über-

---

[1] Auf die verschiedenen Wandlungen, die der Begriff in den letzten hundert Jahren erfahren hat, brauche ich hier nicht einzugehen.

[2] V. Grüner, Systematische Grundfragen der Diasporatheologie, ZsTh 13, 1936, 429ff.; G. May, Diaspora als Kirche, ZsTh 17, 1940, 459ff.; G. Niemeier, Diaspora als Gestalt kirchlichen Seins und kirchlicher Sendung, EvTh 7, 1947/48, 226ff.; K. Hennig, Evangelische Diaspora, EvTh 9, 1949/50, 423ff.; H. Kruska, Zum neuen Verständnis der Diaspora, Theol. Viat. 5, 1953/54, 299ff.; K. Rahner, Theologische Deutung der Position des Christen in der modernen Welt, in: Sendung und Gnade. Beiträge zur Pastoraltheologie (Tyrolia), 1966[4], 13ff.; W. Preiss jr., Der Diasporacharakter der Kirche, Ev. Diasp. 36, 1965, 100ff.; H. Fischer, Diaspora. Erwägungen zu einem Begriff und einer Situation, Ev. Diasp. 37, 1966, 35ff.; W. Dantine, Strukturen der Diaspora. Situation auf dem Hintergrund des österreichischen Protestantismus, Ev. Diasp. 38, 1967, 37ff.; W. Krusche, Die Gemeinde Jesu Christi auf dem Weg in die Diaspora, Ev. Diasp. 45, 1975, 56ff.; G. Besch, Theologie der Diaspora? Ev. Diasp. 46, 1976, 31ff.; ders., Gefahren und Chancen der Diaspora, Ev. Diasp. 47, 1977, 38ff.; Chr.E. Schott, Diaspora als Herausforderung an die Praktische Theologie, Ev. Diasp. 48, 1978, 74ff.
Exegetisches: R. Frick, Not, Verheißung und Aufgabe der Diaspora nach dem biblischen Zeugnis, MPTh 32, 1936, 261ff.; ThW II, 98ff. (K.L. Schmidt); V, 840ff. (K.L. u. M.A. Schmidt; R. Meyer); H. Braun, Die Diaspora und ihre Verheißung im Neuen Testament, Ev. Diasp. 35, 1964, 97ff.; W.H. Schmidt, Diasporasituation im Alten Testament, Ev. Diasp. 37, 1966, 17ff.; O. Böcher, Jüdische und christliche Diaspora im neutestamentlichen Zeitalter, Ev. Diasp. 38, 1967, 147ff.; R. Schnackenburg, Gottes Volk in der Zerstreuung. Diaspora im Zeugnis der Bibel, jetzt in: Schriften zum Neuen Testament. Exegese in Fortschritt und Wandel, 1971, 321ff.

haupt. Im Rekurs auf dieses Motiv erfuhr der Begriff Diaspora eine grundlegende Aufwertung. Die Diaspora-Situation wird als regelmäßige Bestimmung[3] verstanden[4], und von da aus werden dann wesentliche Schlüsse für den Aufbau einer "Diaspora-Theologie" gezogen. Indessen ist es notwendig, sich zu vergegenwärtigen, in welchem Sinn *genauerhin* die Existenz der Kirche in neutestamentlicher (und frühchristlicher) Zeit als Diaspora-Existenz (bzw. wie wir gleich hinzufügen: als Paroikia-Existenz) zu verstehen ist. Dieser Frage wenden wir uns im folgenden zu.

I

Hintergrund und Voraussetzung für die neutestamentliche Begrifflichkeit[5] bildet selbstverständlich die zeitgenössische jüdische Diaspora[6] mit ihren etwa vier bis sechs Millionen Menschen (davon etwa eine Million allein in Ägypten) - im Ganzen etwa ein Zehntel der Gesamtbevölkerung des Imperiums[7]. Entstanden war die jüdische Diaspora - grob gesprochen - sowohl durch politische Katastrophen (erzwungene Deportationen) als auch durch freiwilligen Verbleib in der Fremde, bzw. durch freiwillige Abwanderung[8]. Die Beurteilung der Diaspora durch das Judentum selbst war ambivalent. Einerseits wurden die Deportationen als göttliches Strafgericht verstanden[9], und dieses Urteil blieb auch noch in späterer Zeit erhalten, sofern es zu den messianischen Hoffnungen Israels gehört, daß Gott in den letzten Tagen die Zerstreuten sammeln und wieder heimbringen wird[10]. Daneben existierte aber (vor allem in

---

[3] D.h.: der soziale Begriff ist ins Eschatologische gehoben.

[4] Dantine, 37: "Die Grundsituation der Christenheit in der Welt überhaupt." Vgl. noch: Kruska, 307.311f.; Hennig, 425ff.; Schnackenburg, 321; Besch, Diaspora, 33. - Doch ist zu bemerken, daß Dantine davor warnte, diese Zusammenhänge dazu zu mißbrauchen, die Differenz zwischen der Situation der geschlossenen Großkirchen und der Situation der Minderheitenkirchen zu verschleiern: Strukturen, 37f. - Zur Kritik Schotts an dem "neuen" Begriff von Diaspora siehe später.

[5] διασπορά ist ein typisch bibelgriechisches Wort (Ausnahmen: Plut., mor. 1105A; Cl. Alex. protr. IX, 88,3; ob auch Philon, de praem. et poen. 115 hierhergehört, ist unklar). Die meisten Belegstellen finden sich in LXX (siehe ThW II, 98f.).

[6] Ich verweise hier lediglich auf: E. Schürer, Geschichte des jüdischen Volkes im Zeitalter Jesu Christi, III, 1909[4], 1ff.; A. v. Harnack, Die Mission und Ausbreitung des Christentums in den ersten drei Jahrhunderten, I, 1924[4], 5ff.; S.W. Baron, A Social and Religious History of the Jews, I, Columbia Univ. Press, 1958[3]; H. Lietzmann, Geschichte der Alten Kirche, I, 1975[4.5], 68ff.; H. Hegermann, Das hellenistische Judentum, in: Umwelt des Urchristentums, hg. v. J. Leipoldt u. W. Grundmann, I, 1979[5], 292ff. (Lit.); RAC III, 972ff. (A. Stuiber); Böcher, 150ff.

[7] Vgl. nur Hegermann, 294.

[8] Schürer, 2f.; Hegermann, 295ff.; W.H. Schmidt, 22ff.; Stuiber, 972f.

[9] Ez. 22,15; Neh. 1,8; Ps.Sal. 9,1 u.ö.

[10] Dtn. 30,3f.; Jes. 11,12; 43,5-7; 49,22; Ez. 11,17; 20,34; 34,12-16; Mich. 2,12f.; Neh. 1,9; Sach. 8,7f.; 10,6ff.; Ps. 147,2; Jes.Sir. 33,13; 2. Makk. 1,24-29; Ps.Sal. 8,28;

der frühen Kaiserzeit) auch ein anderes Urteil, begründet in dem begreiflichen Stolz des Judentums über die Größe und Verbreitung seiner Diaspora[11]. Der Diasporajude konnte sich (im Besitz von Bund und Gesetz) als Erzieher der Heiden zu Frömmigkeit und Gerechtigkeit verstehen[12]. Die Diaspora-Situation bot ideale Möglichkeiten für die damals außerordentlich starke und lebendige religiöse Propaganda des Judentums, für den Gewinn von Proselyten oder wenigstens "Gottesfürchtigen"[13]. Bei alledem blieb die Orientierung nach der Heimat, nach Jerusalem, nach dem Tempel erhalten[14]. Auf die Situation nach den Katastrophen des jüdischen Krieges bzw. des Bar-Kochba-Aufstandes brauchen wir hier nicht einzugehen, weil sie für unsere engere Fragestellung ohne Belang ist.

Bekannt sind die Vorteile, welche die christliche Mission aus der Existenz der jüdischen Diaspora und speziell aus der jüdischen Mission bei den Heiden zog[15]. Die jüdische Mission mit ihrer Verkündigung einer monotheistischen Gotteslehre, mit ihren ethischen, humanitären und sozialen Tendenzen hat der christlichen Verkündigung vielfältig vorgearbeitet, man kann vielleicht geradezu von einer praeparatio evangelica sprechen. Vor allem scheint eine der wichtigsten Zielgruppen der christlichen Mission aus der Missionsarbeit der Diaspora zu stammen: es scheint, daß die σεβόμενοι bzw. φοβούμενοι τὸν θεόν für die christliche Mission besonders aufgeschlossen waren und daß sie in der ersten Zeit einen erheblichen Anteil der Mitglieder des neuen Glaubens stellten. Das ist auch zu begreifen: diese heidnischen Sympathisanten des Judentums mußten für die christliche Mission in besonderer Weise geöffnet sein; alles, das sie am Judentum anzog, fanden sie in der christlichen Verkündigung wieder, während ihnen andererseits bestimmte Barrieren, die das Judentum und seine Religion für geborene Heiden mit sich brachte, erspart blieben.

Angesichts dieses Sachverhalts fällt es auf, daß das Stichwort Diaspora in den neutestamentlichen Schriften relativ selten und spät auftaucht. Die jüdische Diaspora ist gemeint in der beiläufigen Erwähnung Joh. 7,35; unsicher ist die Bedeutung in Jak. 1,1 (ταῖς δώδεκα φυλαῖς ταῖς ἐν τῇ διασπορᾷ)[16].

11,2ff.; vgl. W.H. Schmidt, 29ff.; Später: Schemone Esre, ben. 10; Musaphgebet für Rosch-Haschana 4 (W. Staerk, Altjüd. liturg. Gebete, KlT 58, 1930[2], 24).

[11] Or. Sib. III, 271; Jos. ant. XI, 133; XV, 14.39; bell. II, 398; VII, 43; Philon, leg. ad Gaj. 281f.; in Flacc. 45f. Zur weltweiten Verbreitung des Judentums vgl. auch den Heiden Strabon bei Jos. ant. XIV, 115. Christliche Belege: Apg. 2,5.9-11; 15,21.

[12] Röm. 2,17ff.!

[13] Vgl. nur Schürer, 155ff.; Hegermann, 307ff.

[14] Schürer, 149; Hegermann, 301ff.; Stuiber, 973.

[15] Harnack, 20; einzelnes bei Stuiber, 976ff.

[16] Vgl. nur M. Dibelius, Der Brief des Jakobus, KEK XV, 1957[9], 66f. Dibelius plädiert für die übertragene Bedeutung, der Brief ist gerichtet "an das wahre Israel, dem der Himmel die Heimat, die Erde aber nur Fremde, d.h. Diaspora ist, also an die Christenheit auf Erden" (66). Ähnlich Schnackenburg, 331 (mit Diaspora sei hier wahrscheinlich gemeint: die Kirche als das wahre Israel). Vgl. auch schon R. Knopf, Die Briefe Petri und Judä, KEK XII, 1912[7], 30. Anders F. Mußner, Der Jakobusbrief, HThK XIII, 1, 1975[3],

Das kann bereits im übertragenen Sinn die Kirche als das wahre Gottesvolk in der Zerstreuung bedeuten; doch ist auch die traditionelle Bedeutung möglich, dann wäre an christliche Gemeinden in der jüdischen Diaspora gedacht. Besonders auffällig ist das Fehlen des Terms Diaspora in den lukanischen Schriften. Wenigstens bis zum sog. Apostelkonvent (Apg. 15) bildet doch Jerusalem den Vorort der Christenheit, demgegenüber die Mission außerhalb Palästinas eine Art christlicher Diaspora erzeugt. Doch bildet Lk. nirgends diesen Gedanken (Apg. 8,1.4; 11,19 darf dafür nicht in Anspruch genommen werden). Auch Paulus und Hebr. verwenden den Term nicht (daß die Minderheitensituation der Kirche bei ihnen gleichwohl reflektiert, aber durch andere Stichworte vermittelt wird, darüber wird gleich noch zu sprechen sein). Dagegen ist das Stichwort aufgenommen und sogleich christlich umgedeutet[17] im Präskript des 1. Petr., wo als Adressat die ἐκλεκτοὶ παρεπίδημοι διασπορᾶς Πόντου, Γαλατίας, Καππαδοκίας, Ἀσίας καὶ Βιθυνίας (1. Petr. 1,1) erscheinen[18]. Der ganze Ausdruck steht dort, wo in den paulinischen Präskripten die jeweilige ἐκκλησία genannt wird - und offensichtlich ist die komplizierte Benennung der Adressaten bewußter Ersatz für das einfache und zu erwartende ταῖς ἐκκλησίαις ... κ.τ.λ. Das heißt aber: Kirche wird hier (gleich im Präskript, an betonter Stelle) bezeichnet und qualifiziert als Diaspora in den verschiedenen Provinzen Kleinasiens, d.h. allgemein: als Diaspora in der Welt. Während man in Jak. 1,1 noch zweifeln kann, ob der Term bereits metaphorisch gemeint ist[19], dürfte die metaphorische Bedeutung im Präskript des 1. Petr. sicher sein. Hier ist also der Term bereits christlich geprägt und umgedeutet[20]. Aufgenommen ist aus der alttestamentlich-

---

61f.: Mußner denkt an "christliche Gemeinden, die außerhalb Palästinas leben" (61), also an die Diaspora im herkömmlichen Sinn. Vgl. auch Böcher, 148.

[17] Nach alter Deutung wäre freilich an gläubig gewordene Juden aus der kleinasiatischen Diaspora zu denken. Seit dem 19. Jh. setzte sich langsam (mit Ausnahmen) die andere, m.E. richtige Deutung durch: Diaspora ist metaphorisch gemeint. Vgl. nur R. Knopf, 29f.; K.H. Schelkle, Die Petrusbriefe. Der Judasbrief, HThK XIII, 2, 1970³, 19: hier ist "nicht die jüdische Diaspora gemeint, sondern das Wort gilt von der Kirche und ihrer Heimatlosigkeit in Zeit und Welt"; L. Goppelt, Der Erste Petrusbrief, KEK XII, 1, 1978⁸, 78f.; Schnackenburg, 330; N. Brox, Der erste Petrusbrief, EKK XXI, 1979, 56.

[18] Zum Fehlen des Artikels bei διασπορᾶς: Bl. Debr. Rehk. § 252, Raderm. 116. Der gen. διασπορᾶς ist gen. epexeg. oder attrib. seu qualit. K.L. Schmidt, 104. Knopf zieht die erste Bedeutung vor (30).

[19] Vgl. oben Anm. 16.

[20] Schelkle hat darauf hingewiesen, daß die Wahl der Termini in 1,1 mit der damaligen Situation der Kirche zusammenhängt: "Denn die Kirche lebte in apostolischer Zeit als kleine Minderheit in wirklicher Zerstreuung unter den Heiden. Und der Brief ist geschrieben am Vorabend von Verfolgungen. Eben in diesen Bedrängnissen werden sich die Christen ihrer Fremdlingschaft bewußt werden. Diese geschichtliche Stunde wird aber heilsgeschichtlich verstanden. Die Kirche ist ihrem Wesen nach in der Welt immer in der Fremde und in der unterlegenen Minderheit" (20). Vgl. Brox, 56f.: "Die Situation der Christen, die er (scil. der Verf.) im Auge hat, ließe sich soziologisch in etlichen Hinsichten als die einer Minderheit beschreiben. Hier wird sie mit Hilfe theologischer Kategorien ('Erwählung', 'Fremde',) in einem welt- und geschichtsumfassenden Kontext

jüdischen Begrifflichkeit die Idee der kleinen Schar, die fern von der Heimat
zerstreut in der Fremde lebt[21]; nicht aufgenommen ist das Motiv des göttlichen
Gerichts als Ursache der Diaspora, an seine Stelle tritt im Gegenteil das Motiv
der Erwählung[22]: gerade durch die Erwählung werden die ehemaligen Heiden
zur Diaspora in der Welt. Diaspora entsteht nicht mehr durch den Gerichtsakt
der Deportation, sondern durch den Heilsakt der Erwählung. Durch die Erwählung werden sie herausgenommen aus ihrer Umwelt, der sie sich in bestimmter Weise entfremden[23]. Vor allem aber ist die Begrifflichkeit spirituali-
siert: die Heimat der Erwählten ist nun nicht mehr das irdische Jerusalem,
nach dem sie sich orientieren, sondern das ewige Ziel, das Christus den Seinen
bereitet hat. Auf diese Weise wird Diaspora zu einer Wesenskennzeichnung
der christlichen Existenz als einer eschatologischen[24]. Sie sind jetzt "Gottes
Volk in der Zerstreuung dieser Welt" (Schnackenburg)[25]. Es kann jetzt jemand
durchaus in seiner Heimat leben und dennoch ist er als Christ in der Diaspora.
Die "Welt" wird zur Fremde, auch wenn sie Heimat ist[26].

Wird hier Diaspora zu einem eschatologischen Begriff, so geschieht ähnliches in den berühmten Mahlgebeten der Didache[27]. Hier wird das alttestamentlich-jüdische Motiv[28] der eschatologischen Sammlung der Zerstreuten
aufgenommen, wobei aber natürlich nicht mehr Jerusalem als der Ort der
Heimkehr verstanden ist, sondern Gottes jenseitiges Reich. So heißt es im
Weihegebet über das Brot: "Wie dieses Brot zerstreut war auf den Bergen und
gesammelt zu einem wurde, so laß auch deine Kirche von den Enden der Erde
in dein Reich gebracht werden" (9,4)[29]. Und im Dankgebet heißt es: "Ge-

---

gedeutet und in letztlich tröstliche Proportionen gestellt." Entscheidend ist es also zu
beobachten, daß die soziale Minderheitensituation eschatologisch umgedeutet wird.

[21] Goppelt, 79.

[22] Ebd. Zum Stichwort "Erwählung" vgl. noch Chr. Wolff, Christ und Welt im 1. Petrusbrief, ThLZ 100, 1975, 334; Brox, 56.

[23] Schelkle, 19: "Die Wahl Gottes sonderte aus der Umwelt aus, so sehr, daß der Erwählte
hier Fremdling ist. Als Fremde wohnen die Erwählten in heimatloser Zerstreuung." Vgl.
auch Goppelt, 77.79; Wolff, 333ff.; Brox, 56. - Zur atl.-jüd. Tradition vom Erwählten
als dem Fremden vgl. den Exkurs bei Goppelt, 81ff.

[24] Wolff, 333.

[25] Gottes Volk, 336. Wolff macht darauf aufmerksam, daß die Christen als Diaspora das
neue Gottesvolk darstellen (334.336f.).

[26] Nach Wolff, 334ff. wird das Motiv der Fremdlingsschaft im 1. Petr. näherhin entfaltet:
1. durch die andere Herkunft der Christen (Wiedergeburt!), 2. durch die andere Lebensweise, 3. durch den anderen Kult.

[27] Die immer noch umstrittene Frage, ob es sich dabei um Eucharistiegebete oder Agapen-
gebete handelt, braucht hier nicht erörtert zu werden.

[28] Im NT: Mk. 13,27 par.; Joh. 10,16; 11,51f.; 17,21ff.

[29] Es handelt sich um ein auch später weitverbreitetes Motiv der Liturgie, vgl. Athan. de
virg. 13 (hg. v. v. d. Goltz, TU.NF 14/2a, 1905, p. 47); Serapion euchol. 13,13 (Funk,
Didascalia et const. apost. II, 1906, 174); Pap. Dêr Balizeh II, verso, lin. 3-11 (hg. v.
Roberts-Capelle, An Early Euchologium: The Dêr Balizeh Papyrus, 1949, p. 26); const.
apost. VII, 25. Weiteres bei A. Vööbus, Liturgical Traditions in the Didache, 1968, 80.
Vgl. noch Cypr. ep. 63,13 (CSEL 3,2,712); 69,5 (754).

denke, Herr, deiner Kirche, sie zu erretten von allem Bösen und sie zu vollen-
den in deiner Liebe, und sammle sie von den vier Winden[30], die geheiligte, in
dein Reich, das du ihr bereitet hast" (10,5)[31]. Es ist deutlich, daß hier die Kirche implizit als Diaspora in der Welt verstanden wird, wobei die eschatologische Hoffnung ausgesprochen wird, daß Gott seine Kirche (das neue Israel)
aus der Zerstreuung sammeln wird in sein Reich. Diese eschatologische Hoffnung wird gegenwärtig in der Mahlfeier: das eine Brot deutet auf die *eine*
Kirche, die geeint ist aus der Zerstreuung, und die Mahlfeier ist ausgerichtet
auf die eschatologische Sammlung, ja nimmt sie im Essen des *einen* Brotes
bereits vorweg.

II

Wir sind in der Untersuchung des neutestamentlichen Diaspora-Begriffes auf
das für die neutestamentliche Zeit konstitutive Motiv der Entweltlichung der
Kirche gestoßen[32]. Dieses Motiv wird im Umkreis der Diaspora-Terminologie
noch durch eine Reihe anderer Termini[33] näherhin beschrieben, für die charakteristisch ist, daß sie allesamt ursprünglich staatsrechtliche Bedeutung hatten,
aber in der Sprache der Christen ins Eschatologische gewendet worden sind.
Den frühesten Beleg bringt Paulus, wenn er Phil. 3,20 dekretiert: ἡμῶν γὰρ
τὸ πολίτευμα ἐν οὐρανοῖς ὑπάρχει. Dabei ist πολίτευμα hier gleich
πόλις[34]. Die civitas, in der die Christen Bürger sind, ist die civitas caelestis,
dort sind sie beheimatet, dort haben sie ihr Bürgerrecht; es ist dies - der Sache
nach - nichts anderes als die ἄνω Ἰερουσαλήμ, die "freie", unsere "Mutter"
(Gal. 4,26), deren Kinder - im eschatologischen Sinn - die "Freien" sind
(4,31)[35]. Daß die Christen Bürger der *himmlischen* Polis sind[36], wird vor allem
im Hebr. thematisiert[37], wobei der Verfasser dieses Thema in den Zusammenhang seiner Ontologie einbringt: die irdischen Erscheinungen sind nur Abschattungen der himmlischen Dinge, die allein volle Seinsmächtigkeit in sich

---

[30] Vgl. Mk. 13,27 par.
[31] Die Kirche ist auch hier das wandernde Gottesvolk; das vorbereitete Ziel der Wanderung ist Gottes Reich.
[32] "Weltdistanz der Kirche": Stuiber, 974. - Stuiber erklärt (975) die für die Folgezeit charakteristische Vermeidung des Stichwortes Diaspora bezogen auf die Kirche aus der
christlichen Beurteilung der Ereignisse des Jahres 70. - Immerhin stammt 1. Petr. (und
Jak.) aus der Zeit *nach* 70!
[33] παρεπίδημος, πάροικος, ξένος. Dazu: πόλις, πολίτευμα, πατρίς.
[34] Vgl. jetzt auch K. Aland, Das Verhältnis von Kirche und Staat in der Frühzeit, in:
Aufstieg und Niedergang der römischen Welt, II/23,1 (hg. v. W. Haase), 1979, 187ff. -
Zum folgenden vgl. noch W. Schäfke, Frühchristlicher Widerstand, ebendort 562ff.
("Die 'Stadt' der Christen").
[35] Vgl. auch Kol. 3,1.3.
[36] Dieser Zug fehlt im 1. Petr.: Goppelt, 81.
[37] Dazu jetzt auch Aland, 209f.

tragen. Entsprechend sind auch die irdischen Heimatländer und Heimatstädte,
Kanaan und Jerusalem, nur Abschattungen der wahren Heimat, die unvergänglich und unzugänglich in der Transzendenz liegt, oder vielleicht besser:
diese selbst ist. Sich nicht an die Schatten zu verlieren, sondern sich von den
unanschaulichen, aber wahren und allein seinsmächtigen, jenseitigen (und zukünftigen!) Urbildern her zu motivieren, das heißt im Sinne des Hebr.: glauben! So wird dem Leser das Beispiel Abrahams vor Augen geführt, der im
Lande der Verheißung nur als πάροικος lebte, und sich auf die θεμελίους
ἔχουσα πόλις ausrichtete[38], deren Erbauer Gott selbst ist (Hebr. 11,9f.). Die
Erzväter starben, ohne das Land der Verheißung in Besitz genommen zu haben[39], sie bekannten[40], als ξένοι καὶ παρεπίδημοι zu leben, die die πατρίς
nicht besitzen, sondern suchen (11,13f.)[41], gemeint ist die πόλις, die Gott
ihnen bereitet hat (11,16). Die Christen sind nicht zu dem irdischen Abbild des
Offenbarungsortes gelangt, zum irdischen Zion, sondern zu seinem himmlischen Urbild, der Stadt des lebendigen Gottes, deren Bürger sie sind, d.h. zur
Ierusalem caelestis[42] bzw. zur himmlischen Festversammlung in der Gegenwart Jesu (12,18ff.22ff.). 13,13 ruft zum Exodus aus den Geborgenheiten der
bisherigen Existenz auf, hinaus in die Fremde der Schmach Christi, denn (so
wird das mit der berühmten Wendung 13,14 begründet) "wir haben hier
(ohnehin) keine Stadt, die bestehen bleibt, sondern wir suchen die zukünftige".
Der Christ hat "hier" keine Stadt für die Ewigkeit, alle Städte, in denen er
wohnt, sind Zwischenstationen auf dem Weg zum ewigen Ziel, zur "Ruhe",
nach der er sich sehnt. In solchen Sätzen geht es nicht um eine allgemeine
Jenseitssehnsucht - wie z.B. bei Philon[43] -, sondern um die spezifisch christli-

---

[38] Der Gegensatz ist: die Zelte, in denen man vorübergehend wohnt / die Stadt, die Fundamente besitzt.

[39] Daß sie den Gegenstand der Verheißungen von ferne sahen und grüßten (V. 13), ist ein
poetisches Bild. Im Tode grüßen sie von ferne die Heimat "wie der Wanderer die am
Horizont auftauchende Vaterstadt": E. Riggenbach, Der Brief an die Hebräer, KNT
XIV, 1913, 360. - Vergil, Aen. III, 524: Italiam laeto socii clamore salutant.

[40] Gemeint ist Gen. 23,4; 24,37; vgl. 1. Chr. 29,15; Ps. 39 (38),13b; 119 (118),19. H.
Windisch, Der Hebräerbrief, HNT 14, 1931[2], 102: "Hier sind Worte, die ursprünglich
einen wirtschaftlichen Notstand ausdrücken, unter dem Einfluß der religiösen Spiritualisierung zum Symbol einer Jenseitssehnsucht geworden." Zur Paroikos-Frömmigkeit Israels vgl. K.L. Schmidt u. M.A. Schmidt, 844ff.; K.L. Schmidt, Israels Stellung zu den
Fremdlingen und Beisassen und Israels Wissen um seine Fremdling- und Beisassenschaft, Judaica 1, 1945, 269ff.

[41] "Es handelt sich um die Fremdlingschaft, die offenbar der Glaubensdefinition von Hebr.
11,1 entsprechen soll" (O. Michel, Der Brief an die Hebräer, KEK XIII, 1966[12], 400).

[42] Windisch, 113; Michel, 394f. Das himmlische Jerusalem ist für den Verf. nicht eigentlich ein "transzendenter Ort", sondern die Transzendenz selbst. Riggenbach, 356.

[43] Vgl. nur de cherub. 120f.; de conf. ling. 77f.; de agric. 65 u.ö. K.L. Schmidt u. M.A.
Schmidt, 847. Bei Philon ist die Jenseitssehnsucht eingebettet in ein dualistisches anthropologisches System, es fehlt der eschatologische (und natürlich auch der christologische) Aspekt. - Über die (spätere) Jenseitssehnsucht der gnostischen Texte ist hier nicht
zu handeln. Sie ist völlig anders motiviert als die authentisch-christliche, eschatologische Welt-Distanz.

che Motivation, um die Existenz eines Glaubens, der von dem neuen und eigentlichen Sein lebt, das Jesus geoffenbart hat, und das als verheißene Zukunft vor Augen steht. In diesem Sinn erscheint die christliche Existenz als eine transitorische und die Kirche als "wanderndes Gottesvolk". Finden diese Motive im Hebr. (einem theologischen Traktat) ihre Explikation, so erscheinen sie ohne weitere theologische Vermittlung angedeutet auch in 1. Petr. 1,1 (die Auserwählten sind die παρεπίδημοι), in 1,17 (die Zeit des Christenstandes ist die Zeit der παροικία), in 2,11 (wo die Christen als πάροικοι καὶ παρεπίδημοι charakterisiert sind)[44,45]. Gern wird dieses Motiv in den ekklesiologischen Aussagen der Briefpräskripte untergebracht, vgl. 1. Petr. 1,1; 1. Kl. inscr.; Pol. ad Phil. inscr.; Mart. Polyc. inscr.; Dionys. v. Korinth bei Eus. hist. eccl. IV, 23,5; Mart. Lugd. bei Eus. hist. eccl. V, 1,3. Es scheint sich in diesen Fällen um eine bereits geläufig gewordene Wendung zu handeln: Kirche ist und lebt in der Paroikia, sie ist dadurch in ihrem Wesensstande bestimmt. Thematisiert ist die Paroikia-Existenz des Christen in 2. Kl. 5,1, ausführlich in Past. Herm. sim 1 und ebenso ausführlich vor allem in Diogn. 5[46]: πατρίδας οἰκοῦσιν ἰδίας, ἀλλ' ὡς πάροικοι· μετέχουσι πάντων ὡς πολῖται, καὶ πάνϑ' ὑπομένουσιν ὡς ξένοι. πᾶσα ξένη πατρίς ἐστιν αὐτῶν, καὶ πᾶσα πατρὶς ξένη (5,5)[47]. Im 2. Jh. ist die Rede von der christlichen Existenz als Paroikia offenbar durchaus geläufig[48]. Besonders interessant ist die Tatsache, daß Paroikia seit dem 2. Jh. auch zur Bezeichnung der *Einzel*gemeinde wird (Iren. bei Eus. hist. eccl. V, 24,14; der Antimontanist Apollonius bei Eus. hist. eccl. V, 18,9)[49]. Erst seit dem 3. Jh. tritt der Paroikia-Aspekt der Ekklesiologie zurück[50].

---

[44] Brox, 57: die Metaphern "verstehen christliche Existenz ... als Nicht-Angepaßt-Sein an den verbreiteten Lebensstil, als Verweigerung von Identität und Zustimmung, als eine die greifbare Lebensbedingungen transzendierende Hoffnung, die das Leben unter diesen Bedingungen reguliert. 'Heimat' haben die Christen also anderswo". Vgl. auch 80. Brox bemerkt (112) ganz zurecht, daß sich damit zugleich "die Aura des Elitären" verbindet.

[45] Eph. 2,19 ist nur scheinbare Ausnahme: die zur Gemeinde Gestoßenen sind nun zwar keine Fremdlinge und Beisassen mehr - im Hinblick auf das Gottesvolk, zu dem sie ja jetzt gehören; wohl aber werden sie eben dadurch jetzt erst Fremdlinge und Beisassen gegenüber der "Welt".

[46] Eine Interpretation beider Abschnitte ist hier nicht möglich. Reizvoll wäre ein Vergleich. Hermas scheint mir dabei radikaler zu sein als Diognet.

[47] "...auf die Frage nach ihrem Namen, ihrer Volkszugehörigkeit, ihrer Heimatstadt antworten den Märtyrer nicht selten lediglich: Ich bin Christ" (Aland, 228; dort auch Belege aus der Märtyrerliteratur).

[48] Aland, 230ff.

[49] Harnack, 421, Anm. 4. Von παροικία leitet sich das Wort Parochie ab.

[50] Harnack, 421f. - Interessant die Zusammenstellung über Phil. 3,20 u.a. in der Literatur des 2. Jh. bei Aland, 234ff. Aland sucht zu zeigen, daß bereits im 2. Jh. (im Zusammenhang mit dem Rückgang der Naherwartung) die neutest. Aussagen an die neue Situation angepaßt wurden. Um so typischer ist es dann, daß die ursprüngliche Motivation - nun transformiert auf den Exodus des Asketen - in Vita Ant. 14 (PG 26, 865 B) neuerdings anklingt.

III

Versuchen wir, das Ergebnis zu formulieren. Den unmittelbaren Anlaß zur Aufnahme der *Diaspora*-Terminologie bildet die Minderheitensituation der ersten Christen inmitten der (jüdischen und) heidnischen Umwelt. Diese soziale Situation ruft die Erinnerung an die jüdische Diaspora-Situation wach und läßt per analogiam von christlicher Diaspora reden. Es ist auffällig, wie selten und relativ spät das geschieht. Ob die Christen den ganzen Begriffskomplex absichtlich eher gemieden haben und ob dahinter vielleicht eine bestimmte Deutung der Ereignisse des Jahres 70 steht, kann man fragen[51]. Wichtiger ist das andere: in christlicher Verwendung bekommt der Term Diaspora eine neue, metaphorische Bedeutung. Die Minoritäten-Situation wird - im Sinne der christlichen Eschatologie übertragen auf die Situation eschatologisch bedingter Welt-Distanz. Die Christen erscheinen nicht nur als Minderheit in ihrer Umwelt, sondern als Minorität in der Welt überhaupt, ihre Heimat ist das kommende Eschaton (und nicht mehr das irdische Jerusalem oder die Erez Jisrael). Diese metaphorische Verwendung des Terms Diaspora läßt das *Paroikia-Motiv* assoziieren, das in der urchristlichen und frühchristlichen Literatur ungleich reicher belegt ist und wenigstens in den ersten Jahrhunderten des neuen Glaubens Lebensgefühl und Kirchenverständnis bestimmt. Das Entscheidende ist hier nicht die Minderheitensituation, sondern die Situation der Fremdheit, der Distanz speziell gegenüber Staat und Gesellschaft, bedingt durch die Zugehörigkeit zur civitas caelestis. Dieses Motiv wird in den Texten mit verschiedener Radikalität, aber doch überall radikal genug durchgeführt, um erst seit dem 3. Jh. zurückzutreten: die Kirche, die zu einer bestimmenden Macht der antiken Gesellschaft geworden ist, sieht sich vor andere Aufgaben gestellt. (In gewisser Weise übernimmt hernach das Mönchtum das Paroikia-Motiv - freilich in charakterischen Transformationen.)

Überblickt man diese Zusammenhänge, dann ergibt sich zunächst, daß sich die exegetische Begründung einer "Diaspora-Theologie" gar nicht so leicht und problemlos gestaltet, wie es nach den meisten Darstellungen den Anschein hat. Selbstverständlich wird eine konfessionelle Minderheitenkirche ihre eigene Diaspora-Situation im Lichte des neutestamentlichen Diaspora-Begriffs zu verstehen suchen, und das mit gutem Recht. Man muß sich allerdings vor Augen halten, daß der neutestamentliche Diaspora- bzw. Paroikia-Begriff nicht unmittelbar, nicht ohne tiefgreifende Umdeutungen auf die Diaspora-Situation einer konfessionellen Minderheitenkirche anwendbar ist; wobei noch zusätzlich nicht zu vergessen ist, daß die neutestamentlichen Aussagen weniger an der Idee der Existenz einer religiösen Minderheit als an der Idee der eschatologischen Welt-Distanz der Gruppe interessiert sind. Leichter und unmittelba-

---

[51] Vgl. oben Anm. 32.

rer scheint die neutestamentliche Konzeption auf die "säkulare Diaspora"[52]
anwendbar, d.h. auf die - nach weitverbreitetem Urteil - auf uns zukommende
Diaspora-Situation der gesamten Christenheit. Die Auffassung, daß Diaspora
das Schicksal der Christenheit unserer Epoche sein wird oder bereits ist
(wobei sich die Diaspora-Situation in den verschiedenen Bereichen verschieden gestaltet), wird besonders seit 1945 mehrfach sowohl von evangelischer[53]
wie katholischer Seite (hier besonders eindringlich von K. Rahner)[54] vertreten.
Es liegt nahe, Parallelen zur urchristlichen bzw. frühchristlichen Situation zu
ziehen[55] und an die der Kirche wesensmäßig zugehörige Diaspora-Situation zu
erinnern. Indessen ist auch hier auf eine wesentliche Differenz hinzuweisen.
Die Diaspora-Situation der frühen Christenheit war die in einer unchristlichen
Umwelt, die wirklich oder vermeintlich auf uns zukommende moderne
Diaspora-Situation der Gesamtkirche ist (wenigstens in den europäischen und
amerikanischen Ländern) eine Diaspora der "nachchristlichen" Ära und trägt
eben deshalb ein ganz anderes Gepräge[56]. Die "Fremde", der sich die Kirche
hier ausgesetzt sieht, ist weithin von Residuen christlich geprägter Kultur bestimmt, so daß die Auseinandersetzung mit ihr einen anderen Charakter tragen
muß als etwa die Polemik und Apologetik der Frühzeit. In der Diaspora-
Situation der Gegenwart ringt nicht eine Minderheit um Anerkennung, sondern eine ehemalige Majorität um Verständnis, und zwar um Verständnis bei
den Entfremdeten bzw. um ein Neuverständnis der eigenen Geschichte. Die
Auseinandersetzung mit der Tradition und die kritische Aufarbeitung der eigenen Vergangenheit sind spezifische und unabdingbare Aufgaben der "neuen"
Diaspora-Situation in den europäischen und amerikanischen Ländern. Von
diesen Motiven müßte sich demgemäß auch eine systematisch-theologische
bzw. praktisch-theologische Reflexion über das Stichwort Diaspora leiten
lassen.

Indessen bleibt, geht man von den neutestamentlichen bzw. frühchristlichen
Texten aus, schließlich noch eine letzte Frage. Die neutestamentlichen und
frühchristlichen Aussagen über Diaspora und Paroikia der Kirche sind nicht so
sehr an der Minderheitensituation der Kirche interessiert und orientiert als
vielmehr an dem Motiv der eschatologischen Entweltlichung. Zwar lassen sich

---

[52] Der Begriff bei Besch, Gefahren und Chancen, 40.
[53] Vgl. nur: Kruska, 307; Preiss, 100ff.; Fischer, 49f.; Krusche, 56ff.; Besch, Diaspora, 33.
[54] Position des Christen, 24ff. "Die These, die ich aufstellen möchte, ist diese: Die christli-
     che Situation der Gegenwart ist, soweit sie wirklich von heute und für morgen gilt, cha-
     rakterisierbar als Diaspora, welche ein heilsgeschichtliches *Muß* bedeutet, aus dem wir
     für unser christliches Verhalten Konsequenzen ziehen dürfen und müssen" (24). Rahner
     spricht (27) von einer "planetarischen Diaspora", davon, "daß die Kirche *überall*
     Diasporakirche wird, Kirche unter vielen Nichtchristen... " (32).
[55] Schnackenburg, 336: "Diaspora ist heute wieder Schicksal und Kennzeichen des Chri-
     stentums auf der ganzen Erde."
[56] Darauf hat Schott, 87f., hingewiesen. Auf die beiden anderen Argumente Schotts einzu-
     gehen, ist hier nicht der Ort. Schott will die neue Fassung des Diaspora-Begriffs über-
     haupt ablehnen (81ff.).

die diesbezüglichen Aussagen nicht zu einem lückenlosen und widerspruchs-
freien Lehrsystem vereinen, doch sind die treibenden Motive den verschiedenen Texten durchaus gemeinsam. Von der Radikalität, mit der insbesondere
die eschatologische Motivation durchgeführt ist, war bereits die Rede. Eine
am Neuen Testament orientierte theologische Lehre über die Diaspora müßte
demgemäß vor allem auch das heute sehr unzeitgemäße Motiv der eschatologischen Welt-Distanz der Kirche aufarbeiten, und dabei dürften sich (auch
wenn man konzediert, daß lediglich das Motiv, nicht aber die historisch abständigen Vermittlungen verbindlich sind) erhebliche Probleme ergeben. Und
doch hängt die Frage der Identität der Kirche mit ihren Ursprüngen eben daran, in welcher Weise die treibenden Motive der Anfänge (die die Identität der
Gruppe sichern) heute, unter den so veränderten Bedingungen, nachvollzogen
werden können. Man kann sich gelegentlich des Eindrucks nicht erwehren,
daß diese Frage nicht immer mit der notwendigen Klarheit und Entschlossenheit erkannt und behandelt wird.

Das Entscheidende ist die für jede christliche Generation neu gestellte Frage nach der dem jeweiligen Kairos entsprechenden, konkreten Vermittlung der
eschatologischen Motivation mit den jeweiligen gesellschaftlichen Bedingungen. Dieses beides (das eschatologische Motiv und die Aufgabe der konkreten
Vermittlung unter den jeweiligen Bedingungen) stellt die Konstante dar, welche die Identität der Gruppe sichert (die jeweiligen konkreten historischen und
gesellschaftlichen Bedingungen, bzw. die jeweilige konkrete Vermittlung bildet die Variable). Wie die Vermittlung in früheren Zeiten versucht wurde, das
kann dabei aus der Geschichte gelernt werden. Wie die Vermittlung heute und
morgen zu bewerkstelligen ist, obliegt dem "Totalexperiment des Glaubens"
(E. Heintel), das freilich nicht einer blinden und willkürlichen Praxis überlassen werden darf, sondern vor der kritischen Vernunft verantwortet werden
muß.

Glaube und Toleranz

Wer als christlicher Theologe eingeladen ist, einen Festvortrag über das Thema "Glaube und Toleranz" zu halten, gerät leicht in die Versuchung, sich die Sache zu leicht zu machen. Er könnte nämlich geneigt sein, sofort Toleranz als christliches Prinzip in Anspruch zu nehmen, Belege aus dem Alten und Neuen Testament zu häufen, um zu zeigen, welche Rolle die Gesinnung der Toleranz von Anfang an in der christlichen Tradition gespielt hat, um schließlich in systematischer Weise den Stellenwert der Toleranz im Gesamtgebäude christlicher Ethik zu bestimmen. Das alles wäre vielleicht einleuchtend und überzeugend - leichtfertig wäre es gleichwohl, und zwar deshalb, weil dabei verschwiegen wäre, was doch beim Stichwort "Toleranz" aus dem Munde des christlichen Theologen zuallererst gesagt werden muß: nämlich, *daß die Christenheit in ihrer Geschichte auf diesem Gebiet unendliche Male schuldig geworden ist*; daß die Geschichte der Christenheit (wohlgemerkt *aller* Konfessionen, die evangelische Christenheit miteingeschlossen) keineswegs ausschließlich als Geschichte brüderlicher Duldsamkeit erscheint, sondern immer wieder als Geschichte grober Intoleranz, ja erschreckender Aggression.

Man kann sich vor diesem Bekenntnis nicht dadurch retten, daß man die Vergangenheit als etwas erklärt, das doch heute nicht mehr wirksam ist (als gäbe es heute in den verfaßten Kirchen keine Fälle von religiöser Intoleranz mehr); und man kann sich auch nicht dadurch retten, daß man sich auf die Position eines evangelischen Theologen *Österreichs* zurückzieht; denn das ist freilich wahr: die kleine österreichische Diasporakirche ist kaum je in ihrer Geschichte aufgefordert gewesen, Toleranz zu gewähren, war aber lange Zeit hindurch in der Situation, Toleranz zu erhoffen; und doch wäre es allzu billig, das Prinzip der gesamtkirchlichen Solidarität durch Rückzug auf die zufällige Geschichtswahrheit einer Diasporakirche zu verletzen. Was das Problem der Toleranz betrifft, so hat man schon zynisch gesagt, daß es sich da bei den christlichen Gruppen nicht anders verhält als bei anderen Gruppen auch: solange die Gruppe in der Minderheit ist, fordert sie für sich Toleranz; hat sie die Mehrheit errungen, ist sie nicht mehr bereit, anderen Toleranz zu gewähren. Das mag übertrieben und (wie gesagt) zynisch sein: es bleibt doch die Tatsache, daß wir Christen alle miteinander im Laufe der Geschichte an dieser Stelle immer wieder schuldig geworden sind, was schließlich dazu führte, daß die Kirche sich selbst und ihren Herrn vielfältig verraten hat.

Erst wenn man das unumwunden ausgesprochen hat, hat man das Recht erworben, sich als christlicher Theologe diesem Thema zu nähern. Erst wenn dies alles gesagt ist, kann der christliche Theologe ansetzen, positiv zu sagen, was er von seinem Standpunkt aus zu diesem Thema zu sagen hat. Er wird dann gewiß zögernder und vorsichtiger zu beginnen haben, aber es wird das, was er zu sagen hat, vielleicht aufrichtiger und wahrhaftiger klingen.

Das war eine erste Vorbemerkung, der eine zweite hinzuzufügen ist. Die zweite Vorbemerkung handelt von dem, *was man überhaupt und näherhin unter Toleranz zu verstehen hat.* Der christliche Glaube hat nämlich ein ganz bestimmtes Verständnis von Toleranz, das sich von dem herkömmlichen, herrschenden Verständnis von Toleranz in mancher Hinsicht unterscheidet. Machen wir uns *zunächst einmal das herkömmliche, das herrschende Verständnis von Toleranz* klar. Es hat sich im Laufe der Zeit, im Laufe der Entwicklung der europäischen Kultur gebildet und leitet sich aus den verschiedensten Wurzeln ab. Kann man die *Reformation* als eine der Wurzeln des modernen Toleranzbegriffes auffassen? Mit gewissen Einschränkungen, ja. Während das Mittelalter die Häretiker als böswillige Verbrecher ansah (Häresie galt als Mord an der Seele, mit all den entsetzlichen Folgen, die eine solche Auffassung mit sich brachte, man denke nur an die Inquisition), trat Luther bereits 1520 für einen prinzipiell anderen Standpunkt ein: Ich denke jetzt an eine der drei großen reformatorischen Schriften des Jahres 1520, nämlich an die Schrift "An den christlichen Adel deutscher Nation", in der er gegen Ende auch auf die Frage des Verhaltens gegenüber den Ketzern zu sprechen kommt, wobei Johannes Hus als Paradebeispiel dient. Luther verurteilt die Hinrichtung Husens und formuliert dann den im 16. Jahrhundert bemerkenswerten Satz: "ßo solt man die ketzer mit schrifften, nit mit fewer ubirwindenn, wie die alten vetter than habenn. Wen es kunst were, mit fewr ketzer ubirwindenn, ßo weren die hencker die geleretisten doctores auff erdenn, durfften wir auch nit mehr studierenn, ßondern wilcher den andern mit gewalt ubirwund, mocht yhn vorprenenn" (W.A. 6, 455). Damit ist die im Mittelalter herrschende Auffassung durchbrochen, und die Kirche wird aufgerufen, in religiösen Auseinandersetzungen nicht die Gewalt, sondern die Überzeugung reden zu lassen.

Damit verbindet sich bei Luther ein Weiteres, der Durchbruch des modernen *Prinzips der Gewissensfreiheit:* Der Glaube kann nur in freier, persönlicher Entscheidung gewonnen werden, er kommt aus der Predigt des reinen Gotteswortes, er fordert die Beugung des Gewissens unter Gottes Wort, Zwang hilft hier nicht. Indessen darf die von Luther betonte Gewissensfreiheit noch nicht mit dem Prinzip der Gewissensfreiheit späterer Zeit (etwa der Zeit der Aufklärung) verwechselt werden: das freie Gewissen Luthers ist gleichzeitig gebundenes Gewissen, gebunden an Gottes Wort. Luther kennt noch nicht die Autonomie des Gewissens. Und wenn Luther auch gegen die Verfolgung der Andersgläubigen eintrat, so war ihm doch andererseits die Idee eines Staatswesens, das verschiedene religiöse Konfessionen zu gleicher Zeit schiedlich-friedlich beherbergt, unerschwinglich. Hierin dachte er (und nicht er allein) noch durchaus mittelalterlich, von der Idee eines durch eine einheitliche Lehre gesicherten Corpus Christianum her; daß zur selben Zeit verschiedene

Konfessionen ("Religionen") in einem Staatswesen geduldet werden könnten, schien undenkbar: war damit nicht die Ordnung und Eintracht des Staates gefährdet?

Fragen wir also nach der Entstehung der modernen Toleranz-Idee, so haben wir einen Schritt weiter zu gehen: Für die moderne Toleranz-Idee wichtiger als die lutherische Reformation sind die *Wiedertäufer* und die *Spiritualisten* der Reformationszeit geworden, ein Balthasar Hubmaier, der bereits 1524 literarisch für die religiöse Duldung eintrat, ein Kaspar von Schwenckfeld, Sebastian Franck, in der Schweiz der humanistisch gesinnte Sebastian Castellio. Der Hort der weiteren Entwicklung der Toleranz-Idee war dann nicht Deutschland, sondern Westeuropa, Frankreich, insbesondere *England*, wobei sich hier reformatorische und frühaufklärerische Gedanken in merkwürdiger und charakteristischer Weise miteinander verbanden. Und in der Tat vollzog sich der endgültige Durchbruch der modernen Toleranz-Idee erst in der *europäischen Aufklärung*, ich nenne nur John Locke, Pierre Bayle, Gotthold Ephraim Lessing. *Der von der europäischen Aufklärung gebildete Toleranzgedanke hat sich durchgesetzt und ist zum Maßstab des modernen Toleranzprinzips geworden.* Auch die Duldung der evangelischen Kirche durch das Patent des Kaisers im Jahre 1781 ist ein Produkt dieser modernen, aufklärerischen Gesinnung, die nicht bloß Idee einzelner geblieben ist, sondern die weitesten staatsrechtlichen Konsequenzen nach sich gezogen und die moderne Ideologie und Praxis des staatlichen Umgangs mit der Verschiedenartigkeit von Konfessionen und Religionen geprägt hat. Wenn wir also heute von Toleranz sprechen, so meinen wir in der Regel diesen aufklärerischen Toleranzbegriff - es ist der Toleranzbegriff, der innerhalb der deutschen Literatur in Lessings Nathan sein ergreifendes Manifest gefunden hat.

Analysiert man diesen Begriff von Toleranz, dann findet man zwei Motive: Das erste ist die zunehmende Einsicht in *die Rolle des Gewissensurteils*, das nach aufklärerischer Auffassung durch nichts gebunden werden kann, also autonom ist; das Gewissensurteil des einzelnen darf durch keine staatliche oder kirchliche Autorität eingeschränkt werden, die religiöse oder weltanschauliche Überzeugung des einzelnen ist als solche zu respektieren, woraus folgt, daß Staat und Gesellschaft prinzipiell verschiedene religiöse oder weltanschauliche Urteile zu tolerieren haben, der Staat kann nach dieser Konzeption nicht mehr auf eine bestimmte, einseitige religiöse oder weltanschauliche Position festgelegt werden. Auch das Prinzip der freien politischen Meinungsbildung, wie wir es von der modernen Demokratie her kennen, ist damit verbunden. Daneben steht aber seit der Aufklärung noch ein *zweites* Motiv: Der religiöse Pluralismus der nachreformatorischen Zeit hat das Bewußtsein Europas auf das Tiefste erschüttert und unsicher gemacht. War im Mittelalter die Kirche als das Corpus Christianum Garant der einen, unproblematischen Wahrheit gewesen (die wenigen mittelalterlichen Skeptiker fallen da nicht ins Gewicht), so stellte sich jetzt, in nachreformatorischer Zeit, die eine Wahrheit dar als gespalten in die verschiedensten Lehrmeinungen und Praktiken. Das allgemeine Bewußtsein, das jahrhundertelang zum Gehorsam gegenüber der Lehrautorität erzogen worden war, stand nun vor dem verwirrenden Phänomen einander bekämpfender Lehrautoritäten und verlor darob die unmittelbare Gewißheit, die frühere Zeiten in größerem oder geringerem Maße besessen hatten. Friedrich Logau (gest. 1655) dichtete in seinen Deutschen Sinngedichten:

> "Luthrisch, Päbstisch und Calvinisch, diese Glauben alle drey
> Sind vorhanden, doch ist Zweyffel, wo das Christentum dann sey."

Man suchte nach einem Schiedsrichter zwischen den Lehrmeinungen der verschiedenen Konfessionen und fand ihn zunehmend in der autonomen Vernunft. Doch konnte - allem rationalistischen Optimismus zum Trotz - die Vernunft niemals ersetzen, was der Glaube geboten hatte. So breitete sich vor allem unter den Gebildeten eine vorsichtige Skepsis aus, die zum vollständigen Indifferentismus ausarten konnte. Am Ende war keine Konfession, keine religiöse oder philosophische Lehrmeinung im sicheren Besitz der Wahrheit, und angesichts einer solchen Unsicherheit empfahl sich als das Sachgemäße und Vernünftige die prinzipielle Duldung aller Standpunkte. Wenn keiner mehr sicher recht hat, haben alle irgendwo recht. Nathan bringt das in der Ringparabel auf seine Weise so zum Ausdruck:

> " ... Man untersucht, man zankt,
> Man klagt. Umsonst: der rechte Ring war nicht erweislich"
> (und nach einer Pause setzt er hinzu):
> "Fast so unerweislich als
> Uns jetzt - der rechte Glaube" (III, 7).

Toleranz als Folge der Skepsis - das ist das andere Element des aus der Aufklärung stammenden, bis heute in den Grundzügen geltenden Toleranzbegriffes.

Dieser kleine historische Exkurs war nötig, um uns das herkömmliche, das herrschende Verständnis von Toleranz bewußt zu machen. Wir sind jetzt so weit, um die Frage stellen zu können, *wie sich der christliche Glaube dazu verhält*, welche spezielle Position vom Glauben her dazu einzunehmen ist, in welcher Relation Glaube und Toleranz zueinander stehen. Die Antwort auf diese Frage ist nach zwei Seiten hin zu geben, und zwar entsprechen diese beiden Seiten den beiden Motiven, aus denen sich der herkömmliche Toleranzbegriff speist (wie wir ihn eben erörtert haben): *Gewissensfreiheit* und *Indifferentismus*. Es ist offenkundig, daß der christliche Glaube von sich aus eine weite Wegstrecke mit dem Prinzip der Gewissensfreiheit zusammengehen kann (das wird zunächst zu erörtern sein), während er umgekehrt die "relativierende Toleranz" (A. Hartmann), die aus Skepsis und Indifferentismus kommt, nicht teilen wird (das wird in einem zweiten Gedankengang zu erörtern sein).

I

Ich komme zunächst zum ersten Gedankengang: *Glaube und Freiheit des Gewissens*. Ich berühre damit sofort ein vitales Interesse, das die Gemeinschaft der Glaubenden haben muß, und zwar jede Glaubensgemeinschaft, auch die nichtchristliche. Das vitale Interesse besteht darin, daß der Glaubensakt des einzelnen wirklich diesen Namen verdient, d.h. daß es sich wirklich um einen echten Glaubensakt handelt. Dazu ist aber die freie Gewissensentscheidung vonnöten. Der Glaube ist ein Akt der Freiheit, d.h. er muß aus freien Stücken kommen, sonst ist er wertlos, noch genauer: sonst ist er überhaupt kein Glaube. Ein aufgezwungener Kult, eine erzwungene Religionsausübung, vielleicht gar eine widerwillig geleistete Observanz - das ist kein echter Glaube. Glaube fordert nicht nur das äußere Tun, das Mittun und Mitmachen, sondern er fordert eine innere Gesinnung, eine Zustimmung von innen her, eine Einstimmung vom Zentrum der Person her, biblisch gesprochen: er fordert das "Herz". Es genügt, an die berühmte Wendung aus den paulinischen Briefen zu erinnern: "Wenn du (schreibt Paulus an die Römer) mit deinem Munde bekennst, daß Jesus der Herr ist, und wenn du mit deinem Herzen glaubst, daß Gott ihn von den Toten erweckt hat, wirst du gerettet" (Röm. 10,9). Der Glaube ist ein Bekenntnis der Lippen, aber er darf selbstverständlich kein *bloßes* Lippenbekenntnis sein, sondern was der Mund bekennt, muß aus dem Herzen kommen. Glaube fordert das "Ja" vom Zentrum der Person her, ein "Ja", das aus dem "Grunde des Herzens" kommt. Man muß deshalb sagen, *daß Glaube die Freiheit der Entscheidung* voraussetzt, nämlich die konkrete Möglichkeit, sich so oder anders zu entscheiden, die Freiheit der Entscheidung im Gegensatz zum Zwang.

Die christliche Theologie wird dem Menschen niemals die *materielle* Freiheit zugestehen können, nämlich die Fähigkeit, sich aus eigenem Vermögen das Heil zu erwerben, sich durch eigene Leistungen zu rechtfertigen, die Identität (wie man heute sagt) durch eigene Anstrengung zu gewinnen. Aber der gleiche christliche Glaube setzt zur gleichen Zeit die *formale* Freiheit voraus, nämlich die Entscheidungsfreiheit und damit die persönliche Verantwortung des Menschen in Sachen des Glaubens. Der Glaube ist nur in dem Maße wirklicher Glaube, als er aus dem Zentrum der Person durch Einsatz des ganzen Menschen gewonnen wird. In diesem Sinn ist der Glaube ein Kind des Herzens bzw. des Gewissens.

Woher das kommt, ist leicht zu sagen: ein Glaubensurteil unterscheidet sich von anderen Urteilen dadurch, *daß beim Glaubensurteil immer die ganze Person des Menschen mit gefordert ist*. Für das, was ich wirklich glaube, muß ich persönlich einstehen. Es mag andere Urteile geben, die mich persönlich nichts kostet. Die Einsicht in die Richtigkeit mathematischer Urteile, naturwissenschaftlicher Urteile ist erzwingbar. Solche Urteile sind demonstrierbar, ich habe nicht die Wahl, mich dafür oder dagegen zu entscheiden, sondern, wenn das Urteil richtig ist, habe ich ihm zuzustimmen, wenn es sich als falsch herausgestellt hat, habe ich es abzulehnen. Aber nur ein Teilbereich unseres Lebens läßt sich mit dieser sicheren Sachlogik abdecken. Auch schon auf dem Gebiet der Naturwissenschaften, der Medizin, der Technik steht der Mensch oft genug vor Alternativen, die seine persönliche Entscheidung herausfordern. Er kann sich in solchen Fällen aus den Daten Entscheidungshilfen holen, aber die letzte Entscheidung bleibt doch ihm überlassen, es bleibt das Risiko - das Risiko des Arztes, des Ingenieurs, aber auch des Politikers, des Erziehers.

Dieses Risiko wird zu einer absoluten Größe, wenn es um die letzten und grundsätzlichen Entscheidungen unseres Lebens geht, um die Fragen der Religion. Auch hier kann sich der einzelne Entscheidungshilfen holen, er braucht nicht blind zu entscheiden, er kann und muß Gründe abwägen; aber die Entscheidung selbst bleibt ihm letztlich doch auferlegt, sie wird ihm nicht abgenommen und darf ihm nicht abgenommen werden. Er ist mit seinem Ich, mit seiner ganzen Person gefordert, er muß das Risiko übernehmen, sei es das Risiko des Glaubens oder sei es das Risiko des Unglaubens. Ob die christliche Offenbarung die Wahrheit ist oder nicht, kann man auf keinem Computer ausrechnen lassen. Hier muß jeder selbst auf Grund der Daten, die er kennt, die Entscheidung treffen, um dann für die getroffene Entscheidung einzustehen. Deshalb beruht also der Glaube auf der Freiheit der Entscheidung, und deshalb ist diese Entscheidung des einzelnen auch immer zu respektieren. Sie ist zu respektieren als die Entscheidung des einzelnen Gewissens, ohne die in Sachen des Glaubens nichts zu haben ist.

Daraus ergibt sich ein Doppeltes: Einmal folgt daraus, *daß religiöse Überzeugungen nicht aufgezwungen werden dürfen.* Man muß freilich sofort hinzufügen, daß in der Geschichte der christlichen Mission oftmals gegen dieses Prinzip gesündigt wurde. Die karolingische Sachsenmission, die Verbreitung des Christentums mit dem Schwert, hat sich in den folgenden Jahrhunderten gerächt. Allgemein gilt: Eine aufgezwungene Religion schafft noch in den Kindeskindern Abneigung und Ressentiments. Die erzwungene Gegenreformation in Österreich ist zwar einerseits die Voraussetzung (eine der Voraussetzungen) für die einheitliche Barockkultur unserer Heimat, zugleich aber auch ein ungeheurer Verlust an menschlicher und kultureller Substanz gewesen. Sie hat der katholischen Kirche bis auf diesen Tag geschadet, sie hat mitgewirkt zu dem distanziert-skeptischen Verhältnis, das viele Österreicher der Kirche überhaupt entgegenbringen. Umgekehrt ist es ein altes Gesetz, daß die Versuche, durch physischen oder psychischen Druck religiöse Überzeugungen auszutreiben, das genaue Gegenteil hervorrufen. Die Intoleranz der Gläubigen fördert den Unglauben, die Intoleranz der Ungläubigen fördert den Glauben.

In Sachen des Glaubens oder Unglaubens ist die Person des Menschen im Spiel, sein "Herz", das Zentrum seines Ichs, hier gilt kein Zwang, bzw. wo dennoch Zwang ausgeübt wird, rächt sich die Person gegenüber ihren Unterdrückern.

Das ist das eine. Es folgt daraus aber noch ein anderes, das ebenso wichtig ist: Wenn es sich so verhält, dann sind wir in jedem Fall *zur Ehrfurcht vor dem fremden Gewissen genötigt.* Dabei ist eine traditionelle Unterscheidung vonnöten, auf die ich im Verlauf meiner Darlegungen noch einmal zurückkommen werde: Man hat zu unterscheiden zwischen dem Inhalt des Gewissensurteils und dem Gewissensurteil selbst. Material, was den Inhalt des Gewissensurteils betrifft, bin ich keineswegs zur Zustimmung verpflichtet. Ich kann meinen, es besser zu wissen als das Gewissen des anderen, und weiß es vielleicht auch wirklich besser; aber formal, was den Gewissensentscheid des andern betrifft, bin ich gleichwohl zu Toleranz und Respekt verpflichtet. Ich habe (wie wir zu sagen pflegen) auch das "irrende Gewissen" zu respektieren, nicht den *Irrtum* des Gewissens, aber den Irrtum des *Gewissens.* D.h. aber, wenn ich meine, daß mein Nächster in seinem Gewissensentscheid irrt, bin ich doch zu Respekt und Toleranz seiner Person gegenüber verpflichtet, und ich darf, um ihn zur besseren Einsicht zu bringen, keine anderen Methoden verwenden als das sachliche Gespräch, als das Zeugnis meines eigenen Gewissens. Zweifellos kann es hier - insbesondere im gemeinschaftlichen und gesellschaftlichen Bereich - Grenzfälle geben, die zu erheblichen Konflikten führen, doch dürfen uns solche Grenzfälle nicht irre werden lassen an der prinzipiellen Toleranz gegenüber dem (wie wir jeweils meinen) "irrenden Gewissen".

Dergleichen Überlegungen wird der Christ von seinen Voraussetzungen her in besonderer Weise begründen. Er wird im Hinblick auf die Glaubens- und Gewissensfreiheit durchaus auch von "Menschenrechten" sprechen können, nur wird er diesen Rechten eine tiefere Begründung geben. *Das hier formulierte Recht des Menschen gründet nach christlichem Verständnis in des Menschen besonderem Status als imago Dei, als Gottes Ebenbild.* Die Gottesebenbildlichkeit des Menschen wird nirgends so sichtbar wie in seiner Personalität und in der darin eingeschlossenen Freiheit und Würde. Der Respekt vor dem Gewissen des Mitmenschen ist darum - nach christlichem Verständnis - letztlich ein Respekt vor seiner Person, vor dem Geheimnis seiner Personalität, ein Geheimnis, das in der Gottesebenbildlichkeit gründet, also letztlich ein Respekt vor dem Schöpfer selbst. Im Respekt vor dem Ebenbild ehren wir Gott selbst, seinen Schöpfer. In solchen Überlegungen erfährt der Respekt vor dem Gewissensurteil des Menschen, die Toleranz auch gegenüber einem irrenden Gewissen, vom christlichen Glauben her eine Vertiefung, die weit über das hinausgeht, was von einer säkularen Moral her zu diesem Thema gesagt werden kann. Der Respekt vor dem Gewissensurteil des Nächsten ist für den Christen nicht ein bloßes Menschenrecht, sondern darüber hinaus eine res religiose observanda, weil in der personalen Entscheidung des Menschen die Gottesebenbildlichkeit des Menschen präsent wird.

Solche Überlegungen sind heute nicht nur Gemeingut protestantischer Ethik, sondern sie sind - spätestens seit dem Zweiten Vatikanischen Konzil - auch Gemeingut der katholischen Ethik geworden. Es sei mir erlaubt, diese Zusammenhänge kurz zu streifen. Die *klassische katholische Lehre* stand lange Zeit dem Prinzip der bürgerlichen Toleranz mit Reserve, ja Ablehnung gegenüber. Nach traditioneller Auffassung kommt der Kirche, die im Besitz der geoffenbarten Wahrheit ist, die alleinige Anerkennung und alles Recht zu, während die von der geoffenbarten Lehre abweichenden Lehrmeinungen streng genommen kein von der Sache her legitimiertes Existenzrecht besitzen. Nur die Wahrheit hat ein Anrecht auf Anerkennung, nicht der Irrtum. Die römische Kirche verlangte daher vom Staat die volle Anerkennung und sah (immer nach der klassischen vorkonziliaren Lehre) den konfessionell einheitlichen, nämlich den katholischen Staat als die einzige, der Wahrheit der Offenbarung entsprechende Staatsform an; in praxi konnte die Duldung irrender religiöser Gemeinschaften notwendig werden, wenn schwere Gründe, die dem Gemeinwohl dienen, ins Treffen geführt werden konnten. Doch handelte es sich dabei nicht um eine Toleranz abweichender Anschauungen im Sinne des erörterten europäischen Toleranzbegriffes, sondern lediglich um ein im Grunde widerwilliges Zugeständnis.

Diese traditionelle Lehre der römischen Kirche ist schon in der Zeit Pius XII. im Prinzip durchbrochen worden, sie hat aber vor allem in der *"Deklaration über die Religionsfreiheit"* des Zweiten Vatikanischen Konzils (vom Jahre 1965) *eine grundstürzende Veränderung* erfahren. Es ist hier nicht der Ort, von den dramatischen Ereignissen zu berichten, die dieser Erklärung vorausgegangen sind. Es muß hier genügen, auf den für unsere Zusammenhänge entscheidenden Punkt hinzuweisen: Die Deklaration unterscheidet zwischen dem Recht der *Wahrheit* (der Wahrheit bleibt wie bisher das alleinige Recht auf Anerkennung und Geltung) und dem Recht der *Person* (d.h. der Person kommt auf jeden Fall das Recht auf Respekt und Toleranz zu, auch dann, wenn die vom einzelnen vertretene Auffassung objektiv im Irrtum sein sollte). Oder anders ausgedrückt: Das Konzil unterscheidet zwischen dem *Sachproblem* (Wahrheit und Irrtum) einerseits und dem *moralischen Grundsatz* (Würde der Person und ihrer Gewissensentscheidung) andererseits. Und d.h. schließlich: Das Prinzip der Religionsfreiheit wird nun in bestimmter Weise in das katholische Lehrsystem aufgenommen und integriert.

Ich zitiere einige Sätze zur Verdeutlichung: "Das Vatikanische Konzil erklärt, daß die menschliche Person das Recht auf religiöse Freiheit hat. Diese Freiheit besteht darin, daß alle Menschen frei sein müssen von jedem Zwang, ... so daß in religiösen Dingen niemand gezwungen wird, gegen sein Gewissen zu handeln, noch darin gehindert wird, privat und öffentlich, als einzelner oder in Verbindung mit anderen - innerhalb der gebührenden Grenzen - nach seinem Gewissen zu handeln. Ferner erklärt das Konzil, das Recht auf religiöse Freiheit sei in Wahrheit auf die Würde der menschlichen Person selbst gegründet..." (decl. 2). Der Mensch (ich zitiere weiter) "darf also nicht gezwungen werden, gegen sein Gewissen zu handeln, besonders im Bereich der Religion. Denn die Verwirklichung und Ausübung der Religion besteht ihrem Wesen nach vor allem in inneren, willentlichen und freien Akten, durch die sich der Mensch unmittelbar auf Gott hinordnet..." (decl. 3). In späteren Abschnitten wird die Lehre von der Religionsfreiheit einerseits auf die Offenbarung zurückgeführt (decl. 9), und es werden dann die Väter der Kirche bemüht, um diesen Grundsatz als perenne christliche Lehre aufzuweisen (decl. 10). Decl. 12 sagt schließlich: "Gewiß ist bisweilen im Leben des Volkes Gottes auf seiner Pilgerfahrt - im Wechsel der menschlichen Geschichte - eine Weise des Handelns vorgekommen, die dem Geist des Evangeliums wenig entsprechend, ja sogar entgegengesetzt war; aber die Lehre der Kirche, daß niemand zum Glauben gezwungen werden darf, hat dennoch die Zeiten überdauert."

Soweit die Zitate aus der konziliaren Erklärung über die Religionsfreiheit. Es kann nicht die Aufgabe des evangelischen Theologen sein, diese Sätze nach allen Seiten hin zu kommentieren und über die praktische Durchführung dieser beherzigenswerten Äußerungen zu räsonieren. Wohl aber ist es Sache auch des evangelischen Theologen, die Gesinnungsänderung, die sich hier vollzogen hat mit dankbarer Freude zur Kenntnis zu nehmen. In der Tat vollzieht sich hier eine Hinwendung zur Spiritualität biblischer Anthropologie, die das konziliare Dokument über die Religionsfreiheit zu den interessantesten Dokumenten des Konzils macht. Wir sind zur Hoffnung berechtigt, an dieser Stelle in Hinkunft gemeinsame, also wahrhaft ökumenische Motive zu vertreten, wenn wir von der Würde der Person, vom Respekt vor ihrem Gewissensurteil, von der Freiheit der Religionsausübung, von der Toleranz gegenüber Andersgläubigen sprechen.

Nach diesem Exkurs kehre ich wieder zurück zum Faden der Darstellung. Wir haben - in den Erörterungen des ersten Teils - gesehen, was der christliche Glaube *positiv* zum Thema Toleranz zu sagen hat, wobei die Stichworte "Gewissensfreiheit, Religionsfreiheit, Würde der Person" leitend waren. Es ist auch deutlich geworden, daß die christlich motivierte Toleranz als Gesinnung und Praxis von der biblischen Lehre der Gottesebenbildlichkeit des Menschen bestimmt ist. Eben darin hat sie ihre besondere, die spezifisch christliche Begründung, eine Vertiefung, die über ein bloß säkular begründetes Menschenrecht sogar noch hinausgeht. So weit dürfte die Position der theologischen Urteile zum Thema Toleranz deutlich sein. Indessen ist mit alledem nur die *eine* Seite des Sachverhalts berührt. Wir wenden uns jetzt dem zweiten Teil zu, in dem es darum geht, die *Grenzen* der Toleranz zu bestimmen, und zwar wiederum von Überlegungen her, die dem christlichen Glauben in spezifischer Weise zu eigen sind.

II

Wir gehen davon aus, daß der in der europäischen Aufklärung entstandene Toleranzbegriff, der heute der im wesentlichen herrschende ist, als *eines* seiner treibenden Motive die weltanschauliche und religiöse Skepsis zugrunde liegen hat. Davon ist eingangs die Rede gewesen. Der Zusammenbruch der einheitlichen Weltanschauung des Mittelalters, die Erfahrung der Pluralität von religiösen und weltanschaulichen Meinungen, hat seit dem Zeitalter der Aufklärung eine aus der Skepsis gespeiste Gesinnung der Toleranz gefördert: Wer keine festen Meinungen besitzt, kann im Streit der Weltanschauungen leicht tolerant sein. Wer von Jugend auf die verschiedensten religiösen und politischen Anschauungen kennengelernt hat und wer sich zu keiner wirklich ernstlich bekennt, wird die Rolle des neutralen Beobachters einnehmen, der alles gelten lassen kann, weil ihm alles letztlich zweifelhaft ist. Wir nennen diese Form der Toleranz die "relative Toleranz" (mit dem Ausdruck, den A. Hartmann geprägt hat), oder auch die "Toleranz aus Indifferentismus". Es ist klar, daß der christliche Glaube bei dieser Form der Toleranz nicht mitmachen kann. Der christliche Glaube ist der Wahrheit verpflichtet, die in Jesus von Nazareth, geoffenbart ist. Er kann nicht in die Haltung der Gleichgültigkeit verfallen (alles ist gleichgültig, weil alles gleich gültig ist). Der Glaube ist festgelegt. Darin erweist sich für ihn *die Grenze der Toleranz*. - Versuchen wir, uns dies näherhin zu verdeutlichen.

a) Der Glaube lebt davon, daß *Gott* sich festgelegt hat. Die biblische Gottesoffenbarung des Alten Testamentes mündet in die Aussage: "Ich bin der Herr, dein Gott, du sollst keine anderen Götter haben neben mir!" Die Offenbarung des Neuen Testamentes mündet in die Aussage: Es ist in keinem anderen das Heil zu finden außer in Jesus von Nazareth! Der Offenbarer sagt von sich: "Ich bin der Weg, die Wahrheit und das Leben, niemand kommt zum Vater denn durch mich!" Damit wird ein Unbedingtheitsanspruch formuliert, an dem wir nichts abmarkten dürfen, weil wir andernfalls ein wesentliches Element des christlichen Glaubens preisgeben müßten. Die christliche Offenbarung besteht nicht aus bloß allgemeinen Sätzen unverbindlichen Charakters, aus bloßen Vermutungen über Gott und die Welt, sondern aus einer Reihe von positiven Aussagen, die lehrhaften, dogmatischen Charakter annehmen können und auch tatsächlich angenommen haben. Dieser Sachverhalt gehört zur Positivität des Christentums, man spricht vom Christentum als von einer positiven Religion, d.h. von einer Religion, die nicht im Allgemeinen eines mehr oder weniger unverbindlichen Aussagesystems bleibt, sondern die durch eine konkrete Verbindung mit historischen Sachverhalten festgelegt ist und die zu eindeutigen, konkreten Aussagen gelangt, denen widersprochen werden kann und die darum ein positives Bekenntnis fordern.

Aber nicht nur Gott hat sich festgelegt. Auch der *Glaube* ist - eben durch die Positivität der Offenbarung - festgelegt. Der christliche Glaube bleibt nicht in der Schwebe einer unbestimmten, allgemeinen Religiosität. Er bleibt nicht bloß emotional, er bleibt nicht unbestimmt, verschwommen, unklar, unfaßbar und daher willkürlich interpretierbar, sondern er gelangt zu klaren Aussagen, zu konkreten Bestimmungen, die zwar den Geheimnis-Charakter Gottes nicht preisgeben, aber doch von diesem Geheimnis in einer so deutlichen Weise sprechen, daß es möglich ist, sich diesen Aussagen in bewußter Entscheidung anzuschließen oder zu verschließen. Der Glaube fordert das klare Bekenntnis zu dem dreifaltigen Gott. Durch dieses Bekenntnis wird er auch geschichtsmächtig, d.h., er schafft dadurch den feierlichen Akt des Bekenntnisses, vor allem im Gottesdienst, er läßt schließlich sogar die Möglichkeit des Konfliktes offen: Wer sich zu Jesus bekennt, muß - wenigstens der Möglichkeit nach - damit rechnen, daß ihn sein Bekenntnis etwas kosten kann, bis hin zum Verlust beruflicher und bürgerlicher Vorteile, bis hin zu Nachstellungen und Verfolgungen, bis hin zum blutigen Zeugnis des Martyriums. Wir, die wir in einem Staat leben, der noch von der christlichen Kultur geprägt ist und in dem sich die christlichen Konfessionen der gesetzlichen Anerkennung und sogar mancher gesetzlich bestimmter Vorteile erfreuen, wollen von diesem letzten Einstehen für den Glauben, vom Martyrium, nicht viel sagen, weil es uns nicht zusteht. Aber wir können es andererseits auch nicht verschweigen, daß der Glaube in der Geschichte (und auch in der Gegenwart) tausendfältig auf diese Probe gestellt worden ist. Es ist offenkundig, daß es in statu confessionis, d.h. in der Stunde der Wahrheit, da der Christ sein Bekenntnis abzulegen hat, keine Flucht in die Indifferenz gibt.

Schließlich ist auch der Ausweg verwehrt, den Glaubensakt als *eine bloß individuell gültige, subjektive Überzeugung* zu deklarieren, so daß man sagen könnte: man lasse dem einzelnen seine subjektive Überzeugung, die - als subjektive - ohnehin nicht nachprüfbar ist und die jedenfalls toleriert werden kann. Wer so argumentiert, übersieht, daß der Glaubensakt und die darin eingeschlossenen Urteile *allgemeingültigen Charakter* tragen. Wer sagt "Ich glaube, daß Jesus Christus der Herr ist", meint damit keineswegs "*ich* glaube es, für *mich* gilt es, andere mögen es anders halten". Sondern er meint mit dieser Aussage, etwas Allgemeingültiges behauptet zu haben, etwas, das nicht nur für ihn, nicht nur für seine Subjektivität Geltung besitzt, sondern dem allgemeine Geltung zukommt; er fand in seinem Glauben die Wahrheit schlechthin, die nicht zur selben Zeit auch das Konträre für wahr erklären kann und die nicht einmal die indifferente Neutralität als echte Möglichkeit zu konzedieren imstande ist. Das bedeutet freilich nicht, daß er den Gegner seiner Überzeugung mit physischer Gewalt oder psychischem Druck zu bekämpfen hat (das wäre ein Rückfall in die religiöse Barbarei, deren sich leider auch die Kirche zuweilen schuldig machte), sondern es bedeutet lediglich, daß der Glaubende gegenüber dem Unglauben, gegenüber der Skepsis oder gegenüber der neutralen Indifferenz eine klare Position beziehen muß, eine Position, die zwar die andersartige, wie er weiß, falsche Überzeugung des anderen respektiert, aber dennoch von der Wahrheit seines eigenen Bekenntnisses nicht einen Augenblick abweicht. Wir treffen also auf das Miteinander von *toleranter Einstellung* gegenüber der abweichenden Überzeugung des andern einerseits und *Festigkeit des eigenen Bekenntnisses* andererseits, und wir sehen, daß es sich dabei in der Tat nicht um eine Alternative handelt, um ein Entweder-Oder, sondern um ein Nebeneinander und Miteinander. Der Glaubende wird zu gleicher Zeit auf seinem eigenen Glaubensstandpunkt zu beharren haben, wie er zugleich imstande sein wird, die gegenteilige Überzeugung des andern zu respektieren.

Es dürfte deutlich geworden sein, wo für den Glauben die "Grenze der Toleranz" beginnt. Sie beginnt dort, wo der Glaube zum Bekenntnis gefordert ist. Damit ist nichts von dem zurückgenommen, was im ersten Teil positiv vom Respekt gegenüber der persönlichen Überzeugung des anderen gesagt worden ist; wohl aber ist deutlich geworden, daß der Glaube zwischen der persönlichen Überzeugung des einzelnen, die er immer respektieren wird, und dem Bekenntnis zur Wahrheit, das ihm absolut gilt, unterscheiden muß. Man kann diese Beziehung vielleicht auf die folgende Formel bringen: Der Glaube kennt eine Toleranz der *Person*, aber er kennt dort, wo es um Bekenntnis geht, keine Indifferenz in der *Sache*. Der christliche Glaube kann sich nicht auf den Standpunkt stellen, daß alle Wege zu Gott führen - oder vielleicht auch keiner - und daß daher in allen Religionen gleich viel Wahrheit und gleich viel Irrtum zu finden ist; sondern der Glaube setzt den ihm geoffenbarten Weg des Heils absolut und setzt sich damit ganz bewußt der Kritik aus, daß er sachlich intolerant ist. Er weiß, daß es dabei in Wahrheit nicht um das Problem der Toleranz, sondern um die Positivität seines Bekenntnisses geht, die ihm das Ausweichen und Offenlassen, die Skepsis oder die Indifferenz nicht ermöglichen.

b) An dieser Stelle unserer Überlegungen angekommen, ist es freilich nötig, die erarbeitete Position nach drei Seiten hin kurz zu konkretisieren, und zwar im Hinblick auf die Stellung des Christen zu anderen, nichtchristlichen Religionen, sodann im Hinblick auf die interkonfessionelle Thematik und schließlich im Hinblick auf die innerprotestantischen Konflikte. Ich versuche auf diese drei Bereiche in gebotener Kürze einzugehen.

Zunächst: Man erwartet vom Christen, daß er seinen eigenen Glauben absolut setzt, und daß er nicht umhin kann, das zu tun, haben wir im voraufgehenden versucht zu verstehen. Dennoch muß die Absolutsetzung des eigenen Glaubens nicht bedeuten, daß der Christ anderen religiösen Überzeugungen ausschließlich ablehnend und verständnislos gegenübersteht. Auch wer den christlichen Glauben absolut setzt, wird Elemente der Wahrheit auch in *anderen Religionen* und religiösen Überzeugungen finden und anerkennen können. Der Christ wird anerkennen können, daß es auch außerhalb der christlichen Kirche echtes Ergriffensein vom Unbedingten gibt, daß es auch außerhalb der christlichen Kirche und unabhängig von ihrer Tradition die Bereitschaft zur völligen Hingabe an Gott geben kann und gibt, eine Hingabe, die oft großartig, bewegend, ja manchmal den Christen selbst beschämend sein kann. Gerade wer den unbedingten Anspruch Gottes aus dem Alten und Neuen Testament erfahren hat, gerade wer geprägt ist durch die Unbedingtheit der göttlichen Forderung und der göttlichen Liebe, wie sie uns im Evangelium verkündet wird, gerade der sollte sensibel sein für religiöse Werte und Verwirklichungen auch in anderen Religionen und religiösen Überzeugungen. Er wird Verständnis und Respekt aufbringen, wo er solchen Phänomenen begegnet, er wird sich bemühen, sie zu begreifen und zu würdigen, vielleicht auch aus ihnen zu lernen.

Aber (und das ist nun sofort hinzuzusetzen): Das *Maß* der fremden Religionen und religiösen Überzeugungen, das *Kriterium*, an dem sie im ganzen wie im einzelnen zu messen sind, bleibt doch die *eine* Wahrheit, die sich in Jesus von Nazareth geoffenbart hat und die Jesus selber ist. Der Christ braucht also nicht zu leugnen, daß es relative Wahrheiten auch in anderen religiösen Überzeugungen gibt, aber er wird diese Überzeugungen an der Christusoffenbarung messen, in der sich die Wahrheit selbst geoffenbart hat. Man mag das Intoleranz nennen, aber es handelt sich in Wahrheit nicht um Intoleranz, sondern um die Ablehnung einer skeptischen Indifferenz, es handelt sich um die notwendige Folge, die sich aus der Positivität der Offenbarung und des Glaubens ergibt.

Sodann, ein anderer Bereich: die innerchristliche Kontroverse und das Problem der Ökumene. Wir haben Grund zu großer Dankbarkeit dafür, daß wir in einem Zeitalter leben, in dem die christlichen Konfessionen ihre wechselseitige Brüderlichkeit erkannt haben und (doch wenigstens weithin) auch exerzieren. Das zu Ende gehende Jahrhundert wird vielleicht in die Kirchengeschichte als das Jahrhundert der Ökumene eingehen; dies jedenfalls: Die Fähigkeit, aufeinander zu hören, die Lehrmeinungen des anderen in fairer Weise zu erfassen und wiederzugeben, die oft fremden und befremdenden Traditionen des anderen dem eigenen Bewußtsein näher zu bringen, das aufkeimende Verständnis füreinander bei gleichzeitigem Verschwinden mancher Kontroversen, die unseren Vätern noch als unüberbrückbar gegolten haben -, dies alles ist ein Stück Geschichte der Kirche geworden, auch der Geschichte der Kirche unserer gemeinsamen Heimat. Jeder Schritt voraus, der hier geschehen ist, erfüllt uns mit Dank, jeder Schritt zurück wäre verhängnisvoll. Dennoch ist auch hier vor dem Indifferentismus zu warnen, vor einer konfessionellen Gleichstellung und Gleichmacherei, vor einer ökumenischen Schwärmerei, die bereits vorwegnimmt, was noch nicht geleistet ist, die immer noch bestehende Widersprüche und Gegensätze abspannt oder als beseitigt ansieht, obwohl sie noch nicht beseitigt sind. Man ist deshalb kein Prophet, wenn man die Formulierung wagt: *Die Zukunft der Ökumene* liegt nicht in der ökumenischen Schwärmerei, die Zukunft der Ökumene liegt einerseits im persönlichen Bereich, dort also, wo Katholik und Protestant miteinander leben, miteinander ihren Glauben leben, wo Mißverständnisse und Vorurteile wechselseitig abgebaut werden. Wir haben dafür den Ausdruck "Ökumene von unten" oder "Ökumene an der Basis". Hier ist der Ort für eine aus der gemeinsamen christlichen Motivation stammende Toleranz, die eben gerade nicht Indifferenz und Gleichgültigkeit sein darf, sondern die echte, in manchen Fällen sogar schmerzliche Auseinandersetzung braucht, die Geduld der Liebe, das Annehmen des andern auch dort, wo man ihn nicht versteht. Darüber hinaus liegt (wie ich meine) die Zukunft der Ökumene in der hartnäckigen theologischen Reflexion, die unbeirrt von Modeerscheinungen ihren Weg geht. Es wären dafür leicht Beispiele zu bringen, daß oft genug theologische Arbeit, die gar nicht spezifisch ökumenische Beiträge liefern wollte, de facto im Geist der Ökumene wirkt, während umgekehrt bewußt ökumenische Anstrengungen sehr oft nur zu Scheinerfolgen führen.

Ein dritter Bereich: die innerkonfessionelle Problematik. Ich denke jetzt - im Rahmen des Protestantismus - an die zunehmende Polarisierung zwischen *evangelikalen Strömungen* einerseits und der *kritischen Theologie* andererseits. Diese Polarisierungen haben im Protestantismus der Bundesrepublik Deutschland in der letzten Zeit stark zugenommen, sie spielen bei uns vielleicht nicht diese Rolle, wir finden sie aber auch in Österreich in Auseinandersetzungen, die theologische, ethische, kulturpolitische Probleme betreffen. Beide Gruppen (die "Evangelikalen" wie die so genannten "kritischen Theologen") sind nicht homogen, sondern bestehen wieder aus einzelnen Gruppierungen, die sich voneinander unterscheiden. Es ist schon deshalb nicht leicht, dazu etwas Sachgemäßes zu sagen. Zweifellos wird es in erster Linie auf das brüderliche Gespräch ankommen, das die persönliche Überzeugung des andern ernst nimmt und respektiert. Auseinandersetzungen sind an sich noch keine Katastrophe, sondern sie sind ein Zeichen des Lebens, das nicht anders als in Widersprüchen vorwärts schreitet.

Es werden auch beide Gruppen voneinander zu lernen haben: Die kritische Theologie wird nicht vergessen dürfen, daß der Glaube mehr ist als bloß rationale Reflexion und Praxis; und die evangelikalen Gruppen werden lernen müssen, daß der christliche Glaube die Auseinandersetzung mit der kritischen Vernunft nicht scheuen darf und nicht zu scheuen braucht, ja, daß die Kirche in, mit und unter ihrer eschatologischen Gestalt zugleich eine geschichtsmächtige Größe ist, die sich auf die kulturellen und wissenschaftlichen Herausforderungen der Zeit einlassen muß, um nicht in ein freiwilliges Ghetto abgedrängt zu werden. Aufeinander hören und gegenseitige Toleranz wird also auch hier, innerhalb der kirchlichen Polarisierungen, vonnöten sein. Und doch ist auch hier mit dem Stichwort Toleranz nicht das Letzte gesagt, sondern gerade auch hier bringt die Wahrheitsfrage sofort die Grenze jeder Sachtoleranz zum Bewußtsein. Die hier anstehenden Fragen dürfen nicht verharmlost oder verschleiert werden, sondern sie müssen durchdacht, ausgetragen und vielleicht auch ausgelitten werden -, freilich im sachlichen und brüderlichen Gespräch!

Ich komme zum Schluß. Ich habe eben (nicht zufällig) von der christlichen *Brüderlichkeit* gesprochen als dem Prinzip, das die Gemeinschaft der Glaubenden regiert. Und in der Tat: Erst damit ist die Ebene christlicher Spiritualität erreicht. *Brüderlichkeit ist das erste und letzte Wort, das der Glaube zum Thema Toleranz zu sagen hat.* Brüderlichkeit schließt die Toleranz ein (nämlich die Achtung vor dem Nächsten und den Respekt vor der abweichenden Meinung meines Nächsten) und Brüderlichkeit transzendiert zugleich jede bloße Duldung. Brüderlichkeit ist strenggenommen sogar mehr als bloße Gleichberechtigung. Für die Brüderlichkeit (wie der Christ sie versteht) ist charakteristisch, daß sich der einzelne mit seinem Nächsten identifiziert, daß er sich in ihm wiederfindet, daß er sich auf seine Seite stellt, daß er auch die negativen und ärgerlichen Seiten des Nächsten bis hin zu Anstoß und Schuld erträgt, akzeptiert und vergibt. Brüderlichkeit ist mehr als Toleranz, weil Brüderlichkeit von der gegenseitigen Vergebung lebt. Brüderlichkeit lebt davon, daß Gott selbst in Jesus von Nazareth unser Bruder geworden ist, der uns erträgt und akzeptiert, so wie wir wirklich sind. Die Kirche Jesu Christi ist dazu da, diese Gesinnung und Praxis der Brüderlichkeit zu verbreiten. Diese Aufgabe steht fest, trotz unendlicher Verfehlungen und Abirrungen, die sich in der Geschichte der Kirche ereignet haben. Brüderlichkeit - gegründet auf der gemeinsamen Zugehörigkeit zur familia Dei, gegründet auf dem gemeinsamen Glauben: das ist es, worauf die Welt wartet. Die Welt fordert Toleranz. Die Kirche ist dazu da, noch mehr zu bringen: Brüderlichkeit!

Textprobleme der Didache

Über die Möglichkeiten, den Text der Did. zu erstellen, gehen die Urteile auseinander. Das hängt mit der Einschätzung des Bryennius-Textes zusammen. E. Peterson urteilte seinerzeit ganz pessimistisch: "Daß man die Didache in der Form des Br.-Textes an den Anfang der altkirchlichen Literatur stellt, scheint mir historisch nicht gerechtfertigt zu sein. Es ist wohl sicher, daß es eine ältere Form gegeben hat, aber diese auf Grund der Br.-Handschrift rekonstruieren zu wollen, scheint mir eine unlösbare Aufgabe zu sein. Wir können nur Aporien feststellen, aber nicht den ursprünglichen Text ermitteln[1]." Dieses Urteil ist übertrieben. Peterson hat eine Reihe von interessanten Beobachtungen am Text gemacht, aber manches ist überzogen, und schließlich ist seine eigene Hypothese, der Br.-Text ginge auf eine "späte Rezension der Didache" zurück, die in sektiererischen Kreisen entstanden sei[2] (an einer früheren Stelle seines Aufsatzes vermutete er, "daß wir es im Br.-Text der Didache vielleicht mit einer novatianischen Rezension der Didache zu tun haben")[3], ganz unglaubwürdig. Ph. Vielhauer, der den Aufstellungen von Peterson und A. Adam[4] mit Reserve gegenüberstand, urteilte immerhin, man sehe, "wie sehr es noch an den methodischen Voraussetzungen zur Rekonstruktion des Originaltextes fehlt. Wenn nicht neue Funde Hilfe bringen, bleibt der Zustand des Did.-Textes desolat und bleiben die historischen Rückschlüsse aus der Did. hypothetisch"[5]. In der Tat: neue Funde wären gerade auf diesem Gebiet der altkirchlichen Literatur in hohem Maße erwünscht, aber wir haben zur Zeit keine und müssen uns mit dem vorhandenen Material begnügen[6]. Rordorf -

---

[1] Über einige Probleme der Didache-Überlieferung, in: Frühkirche, Judentum und Gnosis. Studien und Untersuchungen, 1959, 146ff. (das Zitat: 181f.).

[2] Probleme 181.

[3] Probleme 162; vgl. auch 166.

[4] Erwägungen zur Herkunft der Didache, ZKG 68 (1957) 1ff.; jetzt in: Sprache und Dogma. Untersuchungen zu Grundproblemen der Kirchengeschichte, 1969, 24ff. (Adam hat übrigens in der Zweitveröffentlichung die zeitliche Ansetzung der Didache verändert: er datiert sie jetzt zwischen 90 und 100 n. Chr., vgl. p. 24.)

[5] Geschichte der urchristlichen Literatur, 1975, 734. Vgl. auch die reservatio, mit der Vielhauer 737 seine eigenen Aufstellungen beschließt.

[6] Die Angaben über die Materialien zur constitutio textus und die Angaben über die gebrauchten Sigeln finden sich im Anhang des Aufsatzes. Von den Editionen wurden folgende benützt:
A. Harnack, Lehre der zwölf Apostel nebst Untersuchungen zur ältesten Geschichte der Kirchenverfassung und des Kirchenrechts, TU 2,1.2, 1893; F.X. Funk, Patres Apostolici, I, 1901 (2. Aufl.); Th. Klauser, Doctrina Duodecim Apostolorum. Barnabae Epistula, Flor. Patr. I, 1940; F.X. Funk - K. Bihlmeyer, Die Apostolischen Väter, I, SQS II, 1,1, 1970 (3. Aufl.); H. Lietzmann, Die Didache. Mit kritischem Apparat, Kl. T. 6, 1962 (6.

Tuilier urteilen nach einer Analyse des Br.-Textes[7] über diesen viel günstiger[8]. Sein "Prototyp" soll aus der Zeit der großen neutestamentlichen Unzialen (Sin. Alexandr.) stammen[9]. Sieht man von den verlorengegangenen Schlußzeilen des Textes ab (wir kommen auf dieses Problem noch zurück), so gelte: "ce manuscrit présente avec quelques variantes accidentelles le texte de la Didachè qui est attesté de diverses manières dans la tradition ecclésiastique des premiers siècles[10]." Ist dieses Urteil nun wiederum zu optimistisch? Fest steht jedenfalls, daß wir - rebus sic stantibus - mit dem gegebenen Material der Überlieferung auskommen müssen. - Daß der Redaktor der Didache durch plagiierende Aufnahme von kanonischen Quellen in seinem Buch bewußt apostolische Verhältnisse nur fingieren wollte (wie zuletzt Layton aufgrund der Untersuchung des Abschnittes 1,3b-2,1 angenommen hat)[11], glaube ich nicht (das Problem der Titel der Schrift, in denen Apostolizität arrogiert wird, jetzt einmal ausgenommen). Nein: die Didache ist keine archaisierende literarische Fiktion, sondern wird das Kompilat eines unbekannten, wohl judenchristlichen Autors vom Beginn des 2. Jh. sein, der über verschiedene altertümliche Quellen und Traditionen verfügte, aus denen er eine Art "Regelbuch" für seine Gemeinden im kleinstädtisch-dörflichen Milieu des palästinensisch-syrischen Grenzgebietes zusammenstellte, nicht ohne seine Quellen zu redigieren und (vor allem im Schlußteil der Schrift, cc. 13-15) aus eigener Feder zu ergänzen. Die Didache gehört also sehr wohl zu den Anfängen der altkirchlichen Literatur.

Die folgende Untersuchung stellt sich nicht die (im Rahmen eines Aufsatzes sinnlose) Aufgabe, sämtliche textkritische Fragen der Didache zu erörtern, sondern sie beschränkt sich auf einige besonders charakteristische Exempla. Ich gehe dabei im Einzelnen so vor, daß ich zunächst eine Reihe von *Glossen* zu erkennen suche, die in den Did.-Text eingedrungen sind; im Anschluß daran sollen *weitere traditionelle Probleme des Did.-Textes* kurz erörtert werden. Das Bewußtsein des weithin hypothetischen Charakters der Aufstellungen verbindet sich mit der Hoffnung auf neue Texte, die uns auf jeden Fall willkommen sein werden, ob sie uns in unseren Urteilen bestätigen oder nicht.

Aufl.); J.-P. Audet, La Didachè. Instructions des Apôtres, 1958; W. Rordorf - A. Tuilier, La Doctrine des Douze Apôtres (Didachè), SCh 248, 1978.
[7] 102ff.; die zitierten Editionen finden sich in Anm. 6.
[8] Skeptischer als letztere urteilte Audet, 77f.
[9] 105. "...le Hierosolymitanus 54 remonte vraisemblablement à un prototype de critique exégétique du Ve siècle... (106). Ebd. wird der Prototyp in das 4. oder 5. Jh. datiert.
[10] 107. Für die Frühzeit vgl. 125f. Cl. Alex. erlaube die Vermutung, daß er eine Rezension der Did. gelesen habe, die dem H-Text nahe stand. Und 126 wird Ps. Cypr. de aleat. 4 (CSEL 3,3, p. 96) als Indiz für die frühe Verbreitung der Textform des H-Textes in Anspruch genommen.
[11] B. Layton, The Sources, Date and Transmission of Didache 1.3b-2.1, HThR 61 (1968) 371f.

I

Mitten in einem (wie ich meine: redaktionellen)[12] Abschnitt, der durch synoptisches Gut geprägt ist (1,3bff.), steht in 1,4a im Text von H der Satz: ἀπέχου τῶν σαρκικῶν καὶ σωματικῶν ἐπιθυμιῶν, der schon vom Kontext her (in den er sich nicht fügt) als Glosse verdächtig ist. Die Überlieferung ist schwankend:

P: ἄκουε τί σε δεῖ ποιοῦντα σῶσαι σοῦ τὸ πνεῦμα· πρῶτον
   πάντων ἀπόσχου τῶν σαρκε[ι]κῶν ἐπιθυμειῶν
H: ἀπέχου τῶν σαρκικῶν καὶ σωματικῶν ἐπιθυμιῶν[13].
Const. 7,2,4: ἀπέχου τῶν σαρκικῶν καὶ κοσμικῶν ἐπιθυμιῶν.

Daß es sich um eine Glosse handelt, scheint mir außer Zweifel zu sein[14]. Die verschiedenen Textformen spiegeln m.E. verschiedene Stufen in der Geschichte der Interpolation wider[15]. Ich rekonstruiere hypothetisch folgende Textgeschichte: (1) Am Anfang steht eine frühe Interpolation[16] etwa in der Form ἀπέχου τῶν σαρκικῶν ἐπιθυμιῶν (wobei vielleicht 1. Ptr. 2,11 ἀπέχεσθαι τῶν σαρκικῶν ἐπιθυμιῶν vorschwebte). Dem Glossator fehlte im Kontext ein Hinweis auf dieses traditionelle Moment der katechetischen Unterweisung und er trug es darum nach. (2) Daß diese Glosse früh in den Text eingedrungen sein muß, beweist die Tatsache, daß sie bereits dem Archetyp von P vorlag. Der Schreiber von P (oder vielleicht schon seiner Vorlage) hat die Glosse erweitert[17]. Er stellte ihr einen kurzen Text voran, der die Funktion hat, die Bedeutung der folgenden Ermahnung herauszustreichen: ἄκουε τί σε δεῖ ποιοῦντα σῶσαι σοῦ τὸ πνεῦμα πρῶτον πάντων, daraufhin folgte der Text der ursprünglichen Glosse in der Form: ἀπόσχου (sic!) τῶν σαρκε[ι]κῶν ἐπιθυμειῶν. Die erweiterte Glosse ist jetzt durch den Gegensatz von Pneuma und Sarx (bzw. durch den von Pneuma und den

---

12   Die sogenannte 'interpolatio christiana' 1,3b-2,1 (die nach dem Ausweis von Barn., Doctr., Can., Epit., Arab., Synt. doctr., Fides patr. im Zwei-Wege-Traktat fehlte) ist m.E. keine spätere Glosse, sondern redaktionell. Vgl. R. Knopf, Die Lehre der zwölf Apostel. Die zwei Clemensbriefe (HNT, Erg.Bd. I), 1920, 2; H. Köster, Synoptische Überlieferung bei den Apostolischen Vätern (TU 65), 1957, 220ff.

13   Ebenso Georg.

14   Harnack (der P noch nicht kannte) akzeptierte den H-Text, ebenso Funk und Lietzmann. Bihlmeyer las: ἀπέχου τῶν σαρκικῶν [καὶ σωματικῶν] ἐπιθυμιῶν. Ebenso Klauser. Audet, der den ganzen Abschnitt 1,3bff. für eine nachträgliche Interpolation in den Did.-Text erachtete, dekretierte 4a (in der Form Ἀπέχου τῶν σαρκικῶν ἐπιθυμιῶν) als Glosse innerhalb der Interpolation (266). Rordorf - Tuilier übernehmen den H-Text.

15   Audet 55f. rekonstruierte zwar keine Folge von Textstufen, kam aber im Effekt zu einem Ergebnis, das dem oben erörterten nahe verwandt ist. Doch ist zu beachten, daß Audet nicht von einer *asketisierenden* Glosse spricht. Zudem versteht er den Text als Glosse in einen bereits interpolierten Text.

16   Audet 266.

17   Audet 55.266 denkt an den Schreiber von P. - Ob seine Aufstellungen über die Vignette in P Zl. 20ff. zu Recht bestehen, kann hier auf sich beruhen.

σαρκικαὶ ἐπιθυμίαι) geprägt. (3) Unabhängig davon wurde aber auch der Text der ursprünglichen, kürzeren Glosse tradiert - und erweitert. Das geschah im Archetyp von H, so daß wir jetzt in H lesen: ἀπέχου τῶν σαρκικῶν καὶ σωματικῶν ἐπιθυμιῶν, wobei die Form, die Const. überliefert, nur eine Variante dazu darstellt: ἀπέχου τῶν σαρκικῶν καὶ κοσμικῶν ἐπιθυμιῶν. Vielleicht hat Const. (oder schon seine Vorlage?) σωματικῶν durch κοσμικῶν ersetzt, weil ihm der Terminus ἐπιθυμίαι σωματικαί fremdartig vorkam[18]. Zum Ausdruck der Const. kann man Tit. 2,12; 2. Kl. 17,3 vergleichen[19]. Ergebnis: der Text der Did. ist in 1,4a frühzeitig durch eine (in verschiedenen Formen erscheinende) *asketisierende Glosse* erweitert worden. Da sie P und Const. bereits voraussetzen, wird man ihre Urform spätestens in das 3. Jh. zu setzen haben.

Eine weitere Glosse liegt in 2,5b vor. Hier ist nicht nur die Wortstellung ψευδής, οὐ κενός unsicher, sondern auch das in H folgende ἀλλὰ μεμεστωμένος πράξει verdächtig. Die Zeugen (des zum Zwei-Wege-Traktat gehörenden Abschnittes) bieten:

H: ψευδὴς οὐ κενός· ἀλλὰ μεμεστωμένος πράξει[20].
Can. 6,2: κενὸς οὐδὲ ψευδής.
Doctr.: *vacuum nec mendax*
Epit. 3: κενός
Const. 7,4,3: κενός· περὶ παντὸς γὰρ λόγου ἀργοῦ δώσετε λόγον.
(4) οὐ ψεύσῃ...

Deutlich ist sofort, daß der Zwei-Wege-Traktat die Formulierung ἀλλὰ μεμεστωμένος πράξει nicht besessen hat. Sie fehlt in Doctr., Can., Epit[21]. Man könnte an eine redaktionelle Einfügung des Didachisten denken, indessen fehlt die Wendung auch in Const.[22] Sie ist also Glosse[23]. Die Glosse stammt übrigens aus späterer Zeit und hat mit dem Glossator von 1,4a nichts zu tun[24]. Zudem wird durch die indirekten Zeugen die Wortfolge κενός, οὐ ψευδής

---

[18] 4. Makk. 1,32 unterscheidet zwischen ἐπιθυμίαι ψυχικαί und σωματικαί. Beide sollen vom Logismos beherrscht werden. Die stoische Anthropologie schimmert durch.

[19] Layton, Sources 375ff., hat eine andere, ungleich kompliziertere Hypothese aufgestellt. Immerhin hält auch er 1,4a für eine nachträgliche asketische Glosse.

[20] So auch (mit anderer Interpunktion) edd.

[21] In Barn. fehlt der ganze Passus, der Did. 2,5 entsprechen würde. Auch Synt. doctr. und Fides patr. weisen keine Parallelen auf.

[22] Was Const. zwischen κενός und οὐ ψεύσῃ liest, ist Zusatz des Kompilators aus Mt. 12,36.

[23] Eine formale Parallele bringt z.B. Corp. Herm. 16,2: Ἕλληνες γάρ, ... λόγους ἔχουσι κενοὺς ἀποδείξεων ἐνεργητικούς (v. 1. ἐνεργητῶν), καὶ αὕτη ἐστὶν Ἑλλήνων φιλοσοφία, λόγων ψόφος. ἡμεῖς δὲ οὐ λόγοις χρώμεθα, ἀλλὰ φωναῖς μεσταῖς τῶν ἔργων.

[24] Daß die Klausel nicht zur ursprünglichen Redaktion des Didachisten gehört haben mag, erwägt auch Audet 292, verwirft dann aber den Gedanken.

nahegelegt. Der Text von Did. 2,5 ist daher m.E. zu konjizieren: οὐκ ἔσται ὁ λόγος σου κενός, οὐ ψευδής.

Die Wendung τὴν ἁγιασθεῖσαν in der Benediktion 10,5 (von den Herausgebern akzeptiert) hat schon Vööbus textkritisch beanstandet[25]. Die Wendung fehlt in Copt. und Const. 7,26,4[26]. Ich halte sie für eine liturgische Glosse.

Ein Problem für sich ist das berühmte Gebet nach 10,7. Es findet sich bekanntlich nicht in H, wohl aber in Copt. und hat eine Parallele in Const. 7,27. Das Gebet ist bis zuletzt Gegenstand reicher Kontroversen gewesen[27]. Es ist nicht notwendig, den bekannten Sachverhalt und die Forschungsgeschichte ausführlich darzustellen[28]. Ich beschränke mich auf das Notwendigste und Entscheidende[29]. Zu den Vertretern der Echtheit des Abschnittes gehörten u.a. Bihlmeyer und Peterson, die auch je eine eigene Rezension der vermuteten Urform des Gebetes hergestellt haben[30], wobei Peterson - seinem Ansatz entsprechend - nur wenig vom Text der apost. Const. abwich. (Aber in Wirklichkeit weist Const. - aufs Ganze gesehen - die entwickeltere und also spätere Textform auf.) Unter den Vertretern der Unechtheit haben Audet[31] und besonders Vööbus[32] darzulegen versucht, daß der Verfasser des Gebetes die vorausgehenden Benediktionen imitiert, wobei sich die Imitation als solche verrät[33]. Die bisherigen Untersuchungen gingen dabei in der Regel davon aus, daß es sich nicht nur in Const., sondern auch in Copt. um ein 'Myron'-Gebet handelt, um eine Benediktion über das Hl. Salböl (wobei dann noch zu fragen blieb, ob das Öl als Krankenöl oder als Öl des Taufsakraments vorzustellen ist)[34]. Diese traditionellen Voraussetzungen werden nun neuerdings von St.

---

[25]   A. Vööbus, Liturgical Traditions in the Didache (PapETSE 16), 1968, 93. - Vööbus hält allerdings auch die βασιλεία-Klausel (so auch in 9,4) für einen nachträglichen Zuwachs, m.E. zu Unrecht.

[26]   Const. hat freilich an dieser Stelle überhaupt gekürzt.

[27]   Von den hier zitierten Editionen ist Bihlmeyer für die Echtheit eingetreten; Klauser, Audet, Rordorf - Tuilier haben den Text nicht aufgenommen.

[28]   Vgl. nur: Audet 67ff.; Vööbus, Liturg. Trad. 41ff., und zuletzt St. Gero, The so called Ointment Prayer in the Coptic Version of the Didache, HThR 70 (1977) 67ff.

[29]   Die Tatsache, daß sich in anderen frühen Liturgien ähnliche Gebete finden (so in der Hippol. Kirchenordnung, vgl. Hippol. de Rome, La tradition apostolique d'après les anciennes versions, ed. B. Botte, SCh 11, 1968 [2. Aufl.], 54: nach den eucharistischen Gebeten; vgl. die oratio pro oleis et aquis oblatis im Euchol. d. Serapion, 17, ed. Funk, Didasc. et Const. Apost. 2, 1906, 179f.: nach dem Gebet nach der Kommunion des Volks), hilft zur Entscheidung nicht weiter. Sie kann sowohl für als gegen die Echtheit ins Treffen geführt werden und hängt zudem mit der Frage zusammen, auf welche Art von Mahlfeier sich die Benediktionen Did. cc. 9f. beziehen.

[30]   Bihlmeyer XX; Peterson, Probleme 157.

[31]   Unechtheit: 67ff.

[32]   Unechtheit: Liturg. Trad. 56ff.

[33]   Diesbezügliche Beobachtungen bereits bei C. Schmidt, ZNW 24 (1925) 95; dann: Audet 69f.; Vööbus, Liturg. Trad. 56f. (Der Kompilator der Const. versuchte - nach Vööbus - das Gebet stärker an Struktur und Stil der vorausgehenden Gebete anzupassen: 57.)

[34]   Für Const. scheint mir das Letztere festzustehen, vgl. 7,22,2; 44,2.

Gero[35] bestritten, und zwar mit dem Hinweis darauf, daß das copt. Stichwort 'stinoufi' schwerlich Übersetzung für ein griechisches μύρον sein wird[36]. Gero setzt zudem voraus, daß sich die Benediktionen in c. 9 und 10 auf eine Agape, auf ein judenchristliches Gemeinschaftsmahl beziehen. Aus beiden Voraussetzungen baut er nun eine phantasievolle Konstruktion auf: es handle sich im (echten!) 'stinoufi'-Gebet nach 10,7 um eine dem jüdischen Usus in etwa entsprechende 'benedictio incensi'. Erst der Kompilator der apost. Const. hätte das nicht mehr verstanden und daraus ein Myron-Gebet gemacht - und im Archetyp von H und Georg. wäre das Gebet aus Unverständnis überhaupt getilgt worden[37]. Lassen wir zunächst die immer noch umstrittene Frage, ob cc. 9f. eine Agape schildern, beiseite: daß die Rückübersetzung von 'stinoufi' in μύρον problematisch ist, muß man zugeben. Aber die Hypothese einer 'benedictio incensi' scheint mir doch weit hergeholt, die Annahme eines Mißverständnisses oder Unverständnisses in Const. und der Tilgung im Archetyp von H (und Georg.) sehr fragwürdig, der Imitationscharakter der Benediktion doch zu deutlich, und dementsprechend die Echtheit des Abschnittes durch die Aufstellungen von Gero keineswegs gesichert. M.E. hat es (bis stärkere Beweise erbracht werden) bei der Annahme der Unechtheit des Abschnittes zu bleiben, und der Text von Const. legt mindestens nahe, daß wir es - trotz der sprachlichen Schwierigkeiten, die sich durch den Terminus 'stinoufi' in Copt. ergeben[38] - mit einem (nun eben als spätere Interpolation in den Text geratenen)[39] Myron-Gebet zu tun haben, - wobei der ursprüngliche Text der Interpolation im Ganzen (nicht notwendiger Weise in allen Einzelheiten) der aus Copt. zu erschließenden griechischen Vorlage näher stehen wird als der Form in Const., die bestimmte Veränderungen aufweist; und wobei (außerdem) offen bleiben kann, ob sich μύρον (ursprünglich!) auf das Krankenöl oder auf

---

[35] Ointment Prayer 67ff.

[36] Bedenken gegen diese Rückübersetzung schon bei Lefort, CSCO 136, 26, Anm. 13. Lefort übersetzt (136, 26): parfum.

[37] Diese letzte Annahme, 84, ist vielleicht der schwächste Punkt der Aufstellungen von Gero. Schon Peterson (der das μύρον für das Öl der postbaptismalen Salbung hielt) hat sich mit der Erklärung schwer getan, warum in H der Passus fehlt. Er argumentierte mit seiner Hypothese einer novatianischen Rezension der Urdidache (Probleme, 158ff.162). Daß die Vertreter der Echtheit des Myron- (bzw. 'stinoufi'-)Gebetes die Beweislast dafür haben, aus welchen Gründen dieses Gebet in H (und Georg.) gestrichen sein könnte, und daß es eigentlich keine guten Gründe dafür gibt, hat schon Audet 68 sehr richtig herausgestellt.

[38] Crum bringt im Coptic Dictionary, 1962, 363A - freilich unter dem Stichwort "fragrant substance, incense" - immerhin zwei Belege für stǒi bzw. sthǒinǒufi / μύρον: Lk. 23,56 sah. und Ez. 27,17 boh. Darauf weist auch Gero, Ointment Prayer 69, Anm. 10 hin. Er fährt fort: "But Lefort is clearly correct in saying that a Coptic translator normally would not have chosen stinoufi to render myron." Das muß man zugeben, und doch scheinen die Belege die - ausnahmsweise - Wiedergabe von 'myron' durch 'stinoufi' nicht eo ipso auszuschließen.

[39] Für die Unechtheit traten auch Rordorf - Tuilier 48 ein, freilich noch ohne Kenntnis der Aufstellungen von Gero.

das Öl des Taufsakraments bezog. Ist das richtig, dann folgt daraus freilich, (1) daß die Did. nicht nur durch geringfügige Glossen, sondern (wenigstens an dieser Stelle) auch durch größere Interpolationen im Zuge ihrer Überlieferung erweitert worden ist; (2) daß die Benediktion nach 10,7 relativ früh in bestimmte Zweige der Did.-Überlieferung eingedrungen sein muß, da sie sowohl von Copt. bezeugt ist, als auch bereits dem Kompilator von Const. 7 vorlag; (3) daß H an dieser Stelle einen *nicht*-interpolierten Text aufweist, einen Text, der älter und besser ist als der Text der Vorlage von Const. und Copt.

Schließlich ist noch auf 13,4 hinzuweisen: ἐὰν δὲ μὴ ἔχητε προφήτην, δότε (scil. τὴν ἀπαρχήν) τοῖς πτωχοῖς. Der Text ist zwar auch in Const. 7,29,2 vorausgesetzt[40], zeigt aber vom Inhalt her, daß er eine spätere Situation voraussetzt als die des Didachisten. Er ist spätere Glosse, wie bereits Audet m.R. vermutet hat[41].

Versuchen wir, das bisherige Ergebnis zu formulieren:

(1) Die Did. ist im Laufe ihrer Textgeschichte *mehrfach glossiert* worden. Glossen finden sich in 1,4a; 2,5b; 10,5; 13,4; nach 10,7 findet sich in einem Teil der Texttradition eine längere Interpolation. Die Glossierung ist durchgehend. Wir haben mit der Möglichkeit weiterer Glossen zu rechnen.

(2) Die Zusätze stammen *aus verschiedenen Zeiten*. Ältere Glossen liegen in 1,4a und 13,4 vor; wohl noch in das 3. Jh. gehört die Interpolation nach 10,7 (in ihrer ursprünglichen Form); jüngeren Datums sind 2,5b und 10,5.

(3) Auch das Interesse, das zur Glossierung geführt hat, ist verschieden: 1,4a ist von asketisch-rigoristischem Geist geprägt; 2,5b ist ein paränetischer Zusatz; die Glosse in 10,5 erweitert die vorliegende Benediktion in der Sprache der Liturgie; eine Zufügung liturgischer Art findet sich nach 10,7; aus 13,4 spricht eine Tendenz zur Anpassung des vorliegenden Textes an veränderte kirchenrechtliche Zustände[42].

(4) Das Br.-Manuskript weist zwar die (zumeist relativ kurzen) Glossen, nicht aber die längere Interpolation nach 10,7 auf, was den Text von H doch in einem besonderen Licht erscheinen läßt.

II

Nach der Exzision von Glossen wenden wir uns nun einer Reihe weiterer Fragen der Text-Tradition zu.

Ich weise zunächst auf die bekannten (freilich geringfügigen) Verbesserungen des Textes hin, die man aus P gegen H gewinnen kann (wobei P regel-

---

[40] πᾶσαν δεκάτην δώσεις τῷ ὀρφανῷ καὶ τῇ χήρᾳ, τῷ πτωχῷ καὶ τῷ προσηλύτῳ.

[41] 458. Audet hält freilich 13,4 für eine Glosse im Rahmen einer vorgängigen Interpolation (13,3.5-7). Vgl. 105ff. Anders meine Analyse Wr. Stud. 90 (1977) 151f. (13,4 wird von den edd. sonst akzeptiert). [In diesem Band: S. 75f.]

[42] Vgl. meinen Aufsatz Wr. Stud. 90 (1977) 145ff. [In diesem Band: S. 70ff.]

mäßig noch von anderen Textzeugen unterstützt wird). In 1,3c ist mit P und Const. 7,2,2 τοῦτο ποιοῦσιν zu lesen (gegen τὸ αὐτὸ ποιοῦσιν H, was wahrscheinlich aus Mt. 5,46 bzw. Lk. 6,33 eingeflossen ist; übrigens gibt es auch zu Mt. 5,46 die v. l. τοῦτο!). Den P-Text haben auch Bihlmeyer, Klauser, Audet akzeptiert; anders Rordorf - Tuilier. In 1,3d ist mit P und Const. 7,2,2 ὑμεῖς δὲ φιλεῖτε (gegen ὑμεῖς δὲ ἀγαπᾶτε H) zu lesen. Die H-Lesart könnte von Mt. 5,44 bzw. Lk. 6,27 beeinflußt sein. Den P-Text haben auch Bihlmeyer, Klauser, Audet; anders wiederum Rordorf - Tuilier. Schließlich ist in 2,7b mit P (ebenso Can. 6,4; Epit. 3) περὶ ὧν δὲ (gegen περὶ δὲ ὧν H) zu lesen. So auch Bihlmeyer, Klauser, Rordorf - Tuilier; anders Audet. - Umgekehrt ist in 3,1 die Lesart ἀπὸ παντὸς πράγματος πονηροῦ P (gegen ἀπὸ παντὸς πονηροῦ H; Can. 7; vgl. ἀπὸ παντὸς κακοῦ Const. 7,5,4; Epit. 4) nur eine sekundäre Verdeutlichung, ohne Anspruch auf Ursprünglichkeit. Auch Doctr. hat in ihrer Weise verdeutlicht: *ab homine malo...* (Im gleichen Vers ist in P nach πονηροῦ καὶ die Wendung ἀπὸ παντός ausgefallen.) Und ebenso ist ἐπειδὴ ὁδηγεῖ P in 3,2 (gegen ὁδηγεῖ γάρ H; Can. 7; Epit. 4) nur sekundäre Angleichung an 3.4.5.6. - Soviel zu den Fragen, die sich aus dem Vergleich mit den Lesarten von P ergeben. (Von der besonderen Form, in der die Interpolation 1,4 in P erscheint, war bereits oben die Rede.)

In 3,4c scheint im H-Text etwas ausgefallen zu sein. H liest: μηδὲ θέλε αὐτὰ βλέπειν· ἐκ γὰρ τούτων ἁπάντων ... κ.τ.λ. Const. hat leider von μηδὲ θέλε an keine Parallele zum Did.-Text. Daß im H-Text ein (zufälliger) Ausfall statthatte[43], zeigt Georg., der voraussetzt: μηδὲ θέλε αὐτὰ βλέπειν ἢ ἀκούειν ... u.s.f. Der Wege-Traktat, aus dem die Passage stammt, las in seinen verschiedenen Versionen ähnlich:

Can. 10: μηδὲ θέλε αὐτὰ ἰδεῖν μηδὲ ἀκούειν
Epit. 7: μήτε θέλε αὐτὰ εἰδέναι μηδὲ ἀκούειν
Doctr.: *nec velis ea videre nec audire*[44]

Bihlmeyer, Klauser, (Audet,) Rordorf - Tuilier konjizieren daher m.R. im Did.-Text: μηδὲ θέλε αὐτὰ βλέπειν ⟨μηδὲ ἀκούειν⟩ ... κ.τ.λ.[45].

Auch 5,1 fin. ist der überlieferte Text zu verbessern:
H (Georg.): ὕψος, ἀλαζονεία
Const. 7,18,1: ὑψηλοφροσύνη, ἀλαζονεία, ἀφοβία
Barn. 20,1: ... ἀφοβία θεοῦ (ἀφοβία Sin*)
Doctr.: *vanitas. deum*[46] *non timentes*

---

[43] "par accident": Audet 307.

[44] Synt. doctr. 2,5 (p. 123 Hyvernat) hat paraphrasiert: μήτε μὴν ταῦτά σοι ποιεῖν μήτε ὑπὸ ἄλλου σοι γένηται. Vgl. Fides patr. (160B): μήτε ἀφ' ἑαυτοῦ μήτε ἀπὸ ἄλλου τινός.

[45] Dagegen ist die Konjektur von Lietzmann in 4,6 δώσεις ⟨εἰς⟩ λύτρωσιν so wenig nötig wie die von Klauser und Audet: δὸς εἰς λύτρωσιν.

[46] *deum* inseruit f² supra lineam.

Im Br.-Text (und Georg.!) ist entweder ἀφοβία (Bihlmeyer, Rordorf - Tuilier), oder - weniger wahrscheinlich - ἀφοβία θεοῦ (Klauser) ausgefallen (Audet: ἀφοβία <θεοῦ>).

Ein Problem für sich bildet die Rubrik in 9,3a: περὶ δὲ τοῦ κλάσματος, wozu gleich 9,4a zu nehmen ist: ὥσπερ ἦν τοῦτο κλάσμα διεσκορπισμένον ... κ.τ.λ. Auf die Schwierigkeit, die mit dem Terminus κλάσμα an diesen Stellen verbunden ist, haben Peterson[47] und Vööbus[48] hingewiesen. In der Regel versteht man κλάσμα als Ausdruck für "gebrochenes Brot", Brot, das mit der Hand in Stücke zerbrochen wurde, um dann ausgeteilt zu werden[49]. Man würde dann freilich eher den Plural περὶ δὲ τῶν κλασμάτων erwarten[50]. Zur Not ist der Singular an beiden Stellen denkbar, aber eben doch nur zur Not. Typischerweise lesen (worauf Vööbus hinwies)[51] die liturgischen Parallelen zu 9,4 nicht κλάσμα, sondern ἄρτος: καὶ ὥσπερ ὁ ἄρτος οὗτος ἐσκορπισμένος ἦν ἐπάνω τῶν ὀρέων... Serapion, Euchol. 13,13 (Funk, Didasc. et Const. Apost. II, 1906, 174); [καὶ ὃν τρό]πον ο[ὗτος ὁ ἄρ]τος ἐσκορπισμένος ἦν [ἐ]πάνω [τῶν ὀρέων]... Pap. Dêr Balizeh, II, verso, lin. 3f. (edd. C.H. Roberts - B. Capelle, 1949, 26); καὶ καθὼς ὁ ἄρτος οὗτος ἐσκορπισμένος (v. 1. διεσκορπισμένος) ὑπάρχει ὁ ἐπάνω ταύτης τῆς τραπέζης... Ps. Athan. de virg. 13 (ed. v.d. Goltz, TU, NF. 14,2a, 1906, 47)[52]; vom εἷς ἄρτος redet auch Const. 7,25,3 - doch kommen wir auf diesen Text gleich noch zurück. Nun hat Peterson darauf aufmerksam gemacht, daß in der ägyptischen liturgischen Tradition κλάσμα term. techn. für die Hostienpartikel ist[53]. Er nimmt denselben Sprachgebrauch auch für Did. 9,3f. an[54]. "Ich sehe daher keine andere Möglichkeit, die Schwierigkeit zu überwinden, als mit der Annahme, daß das Wort κλάσμα in c. 9 der Didache unter dem Einfluß der ägyptischen Liturgie in den Text gekommen ist"[55]. Auch Vööbus hält κλάσμα für sekundär[56], ursprünglich wäre im Text ἄρτος gestanden[57]. Der Sachverhalt wird vollends deutlich, wenn man sich vor Augen hält, daß Const. 7,25,3 liest: ὥσπερ ἦν τοῦτο διεσκορπισμένον (!) καὶ συναχθὲν

---

[47] ΜΕΡΙΣ, Hostienpartikel und Opferanteil, in: Frühkirche, Judentum und Gnosis, 99f.
[48] Liturg. Trad. 88f.146ff.
[49] So etwa Knopf 26; Bauer, Wb. z. NT, s.v.
[50] κλάσμα Teil, Bruchstück, Brocken. Vgl. τὸ περισσεῦον τῶν κλασμάτων Mt. 14,20; 15,37; κλάσματα Mk. 6,43; περισσεύματα κλασμάτων 8,8; κόφινοι κλασμάτων 8,19; πληρώματα κλασμάτων 8,20; κλασμάτων κόφινοι Lk. 9,17; τὰ περισσεύσαντα κλάσματα Joh. 6,12; κόφινοι κλασμάτων 6,13. Die apost. Väter haben das Wort (außer an den Stellen Did. 9,3f.) nicht.
[51] Liturg. Trad. 88f.147f. Vgl. auch Peterson, ΜΕΡΙΣ 100, Anm. 14.
[52] Vööbus, Liturg. Trad. 88 u. Anm. 20; 148 u. Anm. 52 weist noch auf die äthiopische Anaphora-Tradition hin. Vgl. auch Peterson, ΜΕΡΙΣ 100, Anm. 14.
[53] ΜΕΡΙΣ 98f.
[54] ΜΕΡΙΣ 99f.
[55] ΜΕΡΙΣ 100.
[56] Liturg. Trad. 148.
[57] Liturg. Trad. 89.

ἐγένετο εἰς ἄρτος... Ich schließe daraus (mit Peterson und Vööbus), daß κλάσμα im Did.-Text sekundär ist und daß der Ausdruck unter dem Einfluß der Liturgiesprache Ägyptens in den Text gelangt ist (und zwar erst relativ spät). Ich vermute, daß die Rubrik 9,3a ursprünglich lautete περὶ δὲ τοῦ ἄρτου und daß 9,4a weder ἄρτος noch κλάσμα nannte, sondern lautete: ὥσπερ ἦν τοῦτο[58] διεσκορπισμένον ἐπάνω τῶν ὀρέων καὶ συναχθὲν ἐγένετο ἕν, οὕτω... κ.τ.λ. Und ich folgere daraus schließlich, daß der Archetyp von H in Ägypten entstanden ist[59].

Allgemein akzeptiert ist die Verbesserung des H-Textes in 10,3 fin. H liest: διὰ τοῦ παιδός σου. Schon die Parallelen in 9,2.3.(4) und 10,2 müssen nahelegen, daß es auch in 10,3 heißt: διὰ Ἰησοῦ τοῦ παιδός σου[60]. Diese Lesart ist nun aber seit der Auffindung des Copt. Fragments gesichert[61].

Dagegen wirft Copt. in 10,4a ein Problem auf. Der in H überlieferte Text liest: πρὸ πάντων εὐχαριστοῦμέν σοι... κ.τ.λ., Copt. dagegen setzt voraus: περὶ πάντων... κ.τ.λ. Für die Lesart des Copt. ist seinerzeit M. Dibelius eingetreten[62], und zwar mit Recht. Denn das Gebet der Did. geht (wie übrigens ja die Mahlgebete durchwegs) auf eine jüdische Vorlage zurück, in diesem Fall (worauf auch Dibelius hinwies) auf die zweite Benediktion des jüdischen Nach-Tisch-Gebetes. "Und für alles danken wir dir, Jeja, unser Gott..."[63]. Zu vergleichen ist Const. 7,38,1: εὐχαριστοῦμέν σοι περὶ πάντων... κ.τ.λ. und 7,38,4: περὶ πάντων σοι διὰ Χριστοῦ εὐχαριστοῦμεν... κ.τ.λ. (obwohl die Stellen aus einem späteren Zusammenhang stammen). Klauser hat das richtige περί in den Text aufgenommen[64]. 10,4 ist zu lesen: περὶ πάντων εὐχαριστοῦμέν σοι, ὅτι δυνατὸς εἶ· σοὶ[65] ἡ δόξα εἰς τοὺς αἰῶνας[66].

---

[58] Die Emendation v. Gebhardts τοῦτο <τὸ> κλάσμα halte ich angesichts des Textes von Const. für überflüssig.

[59] An ägyptische Herkunft der Textform des Archetyps, wenn nicht des Archetyps selbst, denkt auch Audet 77 (freilich auf Grund anderer Überlegungen).

[60] Georg.: "Durch deinen Sohn Christus Jesus."

[61] Copt. gibt hier (und im Myron-Gebet) παῖς mit ϥΗΡΙ wieder.

[62] Die Mahl-Gebete der Didache, in: Botschaft und Geschichte, II, 1956, 124.

[63] Daß Dibelius hier wie sonst an eine hellenistische Umwandlung des jüdischen Mahlgebetes glaubt, ehe es in die christliche Kultsprache aufgenommen wurde, kann beiseite bleiben.

[64] Seltsamerweise sind Bihlmeyer und Audet bei der Lesart πρό geblieben (Audet verteidigt 409f. die akzeptierte Lesart mit Argumenten, die mich nicht überzeugt haben). Rordorf - Tuilier lesen πρό, bemerken aber 181, Anm. 3, daß der Copt. wahrscheinlich richtig liest. Sie verweisen auch auf Mart. Polyc. 14,3: διὰ τοῦτο καὶ περὶ πάντων σὲ αἰνῶ... κ.τ.λ. - Peterson, Probleme 171, hat an der Überlieferung des folgenden ὅτι-Satzes Anstoß genommen und (m.E. willkürlich) konjiziert.

[65] σύ ist Schreibfehler von H, den schon Br. verbesserte. Das σοί wird von Copt. bestätigt.

[66] Copt. hat nach αἰῶνας add. ἀμήν und setzt ein signum dispositionis. Das Gleiche nach V. 5 und nach ὁ κόσμος οὗτος V. 6. Akzeptiert von Dibelius, Mahl-Gebete 122; Audet 401; vgl. die Erwägungen bei Köster, Synopt. Überl. 194. Das "Amen" wäre im Munde

An das Nach-Tisch-Gebet sind einige Sätze angeschlossen (10,6), die bekanntlich eine schwere crux interpretum darstellen. Auch die Textüberlieferung ist schwankend, doch ist nur ein Problem von Belang, 10,6b:

H: ὡσαννὰ τῷ θεῷ Δαυίδ[67]
Copt.: ὡσαννὰ τῷ οἴκῳ Δαυίδ
Const. 7,26,5: ὡσαννὰ τῷ υἱῷ Δαυίδ

Von den drei Varianten[68] ist die letzte natürlich durch Angleichung an Mt. 21,9.15 entstanden und scheidet für die constitutio textus der Did.-Stelle aus[69]. Die Lesart des Copt. wurde von Audet akzeptiert und ist in der Tat ernstlich zu erwägen[70]. Einen interessanten Vorschlag hat Dibelius[71] gemacht; er konjiziert vermutungsweise als Urtext ὡσαννὰ τῷ θεῷ οἴκου Δαυίδ. Urtext wird gleichwohl diesmal die Lesart des Br.-Textes sein[72].

Desgleichen ist in 11,4 fin. am überlieferten H-Text festzuhalten: δεχθήτω ὡς κύριος (om. Copt. Eth.). Der kleine Satz ist keine nachträgliche Interpolation aus 11,2[73], sondern unentbehrlich.

Dagegen ist in 12,1a der H-Text zu verbessern. Nach πᾶς δὲ ὁ ἐρχόμενος ist (mit Copt. Eth. Georg., aber auch Const. 7,28,3) πρὸς ὑμᾶς einzufügen[74].

---

der respondierenden Gemeinde zu denken. - Möglich, aber es sieht doch eher nach einem späteren Zusatz aus.

[67] Ebenso Georg.

[68] Eine ausführliche und umständliche Erörterung bei Audet 62ff. Dazu 420f.

[69] Audet 62 verweist noch auf Const. 8,13,13.

[70] Audet führt verschiedene Argumente ins Treffen. Der Hinweis (63) auf Schemone esre 14 pal. Rez. 'beth David' ist deshalb wenig überzeugend, weil in demselben Gebet auch von 'elohej David' die Rede ist (vgl. Audet selbst: 66). Audet 63f. rekurriert auf die bekannte textkritische Notiz des Orig. in Ps. 8 (ed. Lommatzsch, XII, 16), in der die Lesarten τῷ οἴκῳ Δαυίδ und τῷ υἱῷ Δαυίδ zu Mt. 21,9 und 15 erwogen werden. Ferner verweist Audet 64 auf eine afrikanische Texttradition (bei D. de Bruyne, Rev. bén. 27, 1910, 298ff.), die im capitulum den Text liest: osanna domui david. (Die Arbeit von de Bruyne war mir unzugänglich, ich referiere nach Audet.) Audet gelangt zu der Annahme, daß tatsächlich auch in Mt. 21,15 (anders 21,9) der ursprüngliche Text vom Hause David gesprochen habe (66). In beiden Fällen (bei Mt. 21,15 und in Did. 10,6) sei der ursprüngliche Text verdrängt worden. Indessen scheinen mir gerade die zuletzt genannten Aufstellungen alles andere als sicher zu sein. Am Urtext ὡσαννὰ τῷ υἱῷ Δαυίδ in Mt. 21,15 ist m.E. kein Anlaß zu zweifeln. Sollte man wirklich mit einer (auch in Ägypten?) vorhandenen Texttradition zu Mt. 21,15 ("Haus David") rechnen können, so wäre - trotz Audets Protest - der Einfluß dieser Lesart auf den copt. Text von Did. 10,6 gut denkbar. (Übrigens hält Audet auch die von H gebotene Version für alt, ja palästinensischen Ursprungs, 66f.) Wenn (im Rahmen der Gesamtdeutung des schwierigen Verses 10,6) Audet die Lesart τῷ οἴκῳ Δαυίδ für "pratiquement certaine" hält (420), so wird ihm nur der zustimmen, der auch seine Deutung des ganzen Verses (415ff.) zutreffend findet.

[71] Mahl-Gebete, 126, Anm. 10.

[72] So lesen Bihlmeyer, Klauser, Rordorf - Tuilier.

[73] So Bihlmeyer XIX, der dann auch das folgende δέ streichen muß. - Dagegen Niederwimmer, Wr. St. 90 (1977) 156, Anm. 28. [In diesem Band: S. 78, Anm. 28.]

Es handelt sich in H um ein bloßes Schreibversehen, vielleicht entstanden durch Homoioteleuton (-ος / -ας).

Der Br.-Text bricht bekanntlich in 16,8 mit den Worten τότε ὄψεται ὁ κόσμος τὸν κύριον ἐρχόμενον ἐπάνω τῶν νεφελῶν τοῦ οὐρανοῦ ab. Daß dies nicht der Schluß der Schrift sein kann, der ursprüngliche Schluß vielmehr verloren gegangen ist, wird allgemein angenommen und ist in der Tat durch drei Beobachtungen gesichert: (1.) Der Text bricht fol. 80b mit den Worten τοῦ οὐρανοῦ, hinter welche der Kopist einen Punkt setzt, ab, ohne irgendeinen Hinweis darauf, daß damit der Schluß der Schrift erreicht wäre[75]. Der Rest der Zeile (eine halbe Zeile) und der Rest der Seite (7 Zeilen) sind leer. Das widerspricht den Gewohnheiten des Kopisten[76]. Man kann den Befund nur so deuten, daß der Schreiber wußte (oder vermutete), mit ἐπάνω τῶν νεφελῶν τοῦ οὐρανοῦ ist der Text nicht zu Ende. Er ließ daher die restlichen Zeilen der Seite leer, vielleicht in der Hoffnung, den Rest (aus einer anderen, vollständigen Vorlage) zu späterer Zeit nachtragen zu können[77]. (2.) Sowohl Georg. als auch Const. 7,32,4f. bringen einen (allerdings im Einzelnen verschieden lautenden) Abschluß, dem das Thema des Weltgerichtes gemeinsam ist. Const. ist dabei ausführlicher als Georg. (3.) Der Aufbau der Schlußapokalypse (Did. 16,3-8)[78] fordert als Abschluß einen Hinweis auf das iudicium extremum[79]. - Das ist der Sachverhalt. Die Frage ist nun: Läßt sich der Schluß der Did. rekonstruieren? Const. 7,32,4f. bietet eine wortreiche Paraphrase, aus der der ursprüngliche Schluß der Vorlage nicht mehr hergestellt werden kann. Die georg. Version, die einen der Sache nach ganz passablen Schluß aufweist, ist für sich allein genommen zu unverläßlich, um daraus den

---

[74] So Bihlmeyer XIX; Audet, Klauser: <πρὸς ὑμᾶς>. - Das Gegenargument von Rordorf - Tuilier, 188f., Anm. 3, hat mich nicht überzeugt.

[75] Vgl. dagegen die sonstigen Schlußzeichen des Kopisten, aufgezählt bei Audet 74.

[76] Vgl. die Erörterungen bei Audet 73f.

[77] Audet 74. Die Überlegungen Audets über Format und Schriftart der Vorlage (ein Miniaturkodex in Unzialschrift, 75ff.) gehen von der fragwürdigen Voraussetzung aus, daß der Schreiber für den Rest des Textes gerade noch 7 Zeilen (= den Raum, den er für den Text einer Seite seiner Vorlage braucht) errechnete. Aber der Kopist wußte offenbar nicht, wieviel noch fehlte und ließ einfach den Rest der Seite leer.

[78] 16,1f. gehört m.E. noch nicht zur Apokalypse, sondern leitet sie ein. Das Stück ist redaktionell (!), wobei der Didachist synoptische Tradition und einen Warnspruch verwendet hat, der sich in ausführlicherer Version auch Barn. 4,9 findet. Abhängigkeit ist unerweislich. - Der Gattung nach gehört 16,1f. zur eschatologischen Paränese.

[79] Zur Gliederung von V. 3-8 ist vor allem auf das vierfache τότε hinzuweisen (vgl. Ph. Vielhauer, bei Hennecke - Schneemelcher, II, 443). Der Text gliedert sich m.E. folgendermaßen:

a) Das Auftreten der Pseudopropheten und der Zerfall der christlichen Gemeinschaft, 16,3-4a.

b) Das Auftreten des Antichrists, 16,4b-4d.

c) Der große Abfall und die Bewahrung der Getreuen, 16,5.

d) Die Offenbarung des dreifachen Zeichens der Wahrheit, 16,6f.

e) Die Ankunft des Kyrios, 16,8 - man hat zu verstehen: die Ankunft des Kyrios zum Weltgericht.

verlorenen Textschluß der griechischen Didache zu rekonstruieren. Unter diesen Umständen scheint die Rekonstruktion des Schlusses überhaupt aussichtslos. Wir müssen uns mit dem begnügen, was wir mit einiger Sicherheit annehmen können, nämlich, daß der Schluß der Did. in apokalyptischer Sprache vom Endgericht gesprochen haben wird, vom iudicium extremum, welches der auf den Wolken des Himmels erschienene Kyrios vollzieht. Der Wortlaut dieses Textstückes ist (solange neue Quellen fehlen) nicht mehr herzustellen.

Anhang: Textüberlieferung und Sigla

Direkte Tradition:
a) Cod. Hieros. 54, fol. 76a-80b; a. 1056; griech. Patriarchat Jerusalem; Reproduktion: J.R. Harris, The Teaching of the Apostles, 1887; Sigel: H.
b) P. Oxyrh. 1782, 2 Fragmente eines Pergament-Codex; s. IV fin.; Did. 1,3c-4a; 2,7b-3,2a; ed. B.P. Grenfell - A.S. Hunt, The Oxyrh. Papyri, XV, 1922, 12ff. (Text: p. 14); Sigel: P.

Fragmente von Übersetzungen:
a) P. Or. 9271, 1 Blatt, s. V init.; London, Br. Museum; Did. 10,3b-12,2a in copt.; ed. L.-Th. Lefort, Les pères apostoliques en copte (CSCO 135), 1952, 32ff. u. (CSCO 136), 1952, 25ff.; vgl. dazu jetzt: St. Gero, The so-called Ointment Prayer in the Coptic Version of the Didache: A Re-Evaluation, HThR 70 (1977) 67ff.; Sigel: Copt.
b) Can. eccl. 52, versione ethiopica; G. Horner, The Statutes of the Apostles or Canones ecclesiastici, 1904, 193f.; Did. 11,3-5.7-12; 12; 13,1.3-7; 8,1f.; Sigel: Eth.
c) Problematisch ist die georgische Version. Alles, was wir besitzen, ist die Kollation einer Abschrift einer inzwischen verlorengegangenen Vorlage (vermutlich aus der ersten Hälfte des 19. Jh. [!]) mit dem griechischen Text nach Harnacks großer Ausgabe: G. Peradse, ZNW 31 (1932) 115f. Was Peradse, ebd. 114, über die Herkunft der versio georg. sagt, ist sehr problematisch. In Wirklichkeit haben wir es bei der georg. Version wohl mit einer ganz späten, modernen Übersetzung zu tun. Aber daß sie direkt aus dem Manuskript des Bryenn. geschöpft ist, wie Rordorf - Tuilier, La Doctrine des Douze Apôtres (Didachè), SCh 248, 1978, 115, Anm. 2, vermuten, glaube ich nicht. Trotz der Problematik der versio georgica (und unserer nur oberflächlichen Kenntnis von ihr) wird man sie doch (wenn auch mit Vorbehalten) in einzelnen Fällen zu textkritischen Erörterungen heranziehen dürfen. Sigel: Georg.

Indirekte Überlieferung:
a) Const. apost. 7,1-32 (ed. F.X. Funk, Didascalia et Constitutiones Apostolorum, I, 1906, 386ff.). Der Kompilator des 7. Buches hat die Did. ausgeschrieben und z.T. paraphrasiert. Sigel: Const.
b) Versionen des Zwei-Wege-Traktats:
Barn. 18-20.
Doctr. apost. (Cod. Monac. lat. 6264; fol. 102v-103v; s. XI? München Staatsbibliothek; ed. J. Schlecht, Doctrina XII apostolorum. Die Apostellehre in der Liturgie der katholischen Kirche, 1901, 101ff.; Cod. Mellic. 597; fol. 115v.; s. IX?; Melk, Stiftsbibliothek; Doctr. 1,1-3a; 2,2-6; vgl. K. Niederwimmer, in: Theol. scientia eminens practica, Fschr. Zerbst, 1979, 270f., [in diesem Band: S. 92]); Sigel: Doctr.
Canones eccl. ("Apostolische Kirchenordnung") 4,1-13,4 (ed. Th. Schermann, Die allgemeine Kirchenordnung, frühchristliche Liturgien und kirchliche Überlieferung, I, 1914, 15ff.); Sigel: Can.
Epitome (ed. Th. Schermann, Eine Elfapostelmoral oder die X-Rezension der beiden Wege, 1903, 16ff.); Sigel: Epit.

Arab. Vita Schenute, vgl.: Eine bisher unbekannte Version des ersten Teiles der "Apostellehre", gefunden und besprochen von L.E. Iselin, übersetzt von A. Heusler, TU 13, 1b, 1895, 6ff.; Sigel: Arab.

Ps. athanas. Syntagma doctrinae (PG 28, 836A-845B bzw. P. Battifol, in: Studia Patristica II, 1890, 121ff.); Sigel: Synt. doctr. Fides CCCXVIII patrum (PG 28, 1637A-1644B); Sigel: Fides patr.

Zur praedicatio de Deo im Neuen Testament

Die folgenden Erwägungen bringen (natürlich) keine ausgeführte Darstellung der Gotteslehre des Neuen Testaments, sondern beschränken sich auf einige Prolegomena dazu. Ich versuche in exemplarischer Auswahl, auf einige Besonderheiten und auch auf einige Interpretationsprobleme hinzuweisen, die zu beachten sind, wenn man sich diesem Thema zuwendet[1].

I

a) Wenn das Neue Testament von Gott redet, dann immer so, daß der Mensch dadurch in seiner Existenz absolut und in einem letzten Sinn betroffen ist. Gott erschließt sich in seiner Offenbarung, und Offenbarung ist (um eine Formulierung P. Tillichs zu verwenden) das, was den Menschen ergreift, erschüttert und verwandelt. Wenn das Neue Testament von Gott redet, dann redet es von dem heiligen Gott, der der Schöpfer ist, der sich dem menschlichen Zugriff entzieht. Die wirkliche Gotteserkenntnis, die Erkenntnis des wirklichen Gottes

---

[1] R. Bultmann, Theologie des Neuen Testaments (ed. O. Merk), 1980 (8. Aufl.); H. Conzelmann, Grundriß der Theologie des Neuen Testaments, 1976 (3. Aufl.); K.H. Schelkle, Theologie des Neuen Testaments, II: Gott war in Christus, 1973, 249ff. - G. Delling, Partizipiale Gottesprädikationen in den Briefen des Neuen Testaments, St. Th. 17, 1963, 1-59; dass. in Kurzfassung: Geprägte partizipiale Gottesaussagen in der urchristlichen Verkündigung, in: G. Delling, Studien zum Neuen Testament und zum hellenistischen Judentum, Ges. Aufs. 1950-1968 (edd. F. Hahn, Tr. Holtz, N. Walter); 1970, 401-424; ders., ΜΟΝΟΣ ΘΕΟΣ, ebdt. 391-400; W.G. Kümmel, Die Gottesverkündigung Jesu und der Gottesgedanke des Spätjudentums, SASW 10, 1925; jetzt in: Heilsgeschehen und Geschichte, Ges. Aufs. 1933-1964 (edd. E. Gräßer, O. Merk, A. Fritz), MThS 3, 1965, 107-125; Th. Müller, Gottesbild und Gottesbeziehung im Neuen Testament, 1966; F.J. Schierse, Die neutestamentliche Trinitätsoffenbarung, in: Mysterium Salutis, II: Die Heilsgeschichte vor Christus (edd. J. Feiner - M. Löhrer), 1967, 85-131; J. Pfammater, Eigenschaften und Verhaltensweisen Gottes im Neuen Testament, ebdt. 272-290; K. Rahner, Theos im Neuen Testament, in: Schriften zur Theologie, I, 1967 (8. Aufl.), 91-167; G. Schneider, Urchristliche Gottesverkündigung in hellenistischer Umwelt, BZ.NF 13, 1969, 59-75; E. Schweizer, Was heißt "Gott"? Gedanken zur Problematik des Gottesbegriffes in der modernen Theologie, Ev. Th. 25, 1965, 339ff.; jetzt in: Beiträge zur Theologie des Neuen Testaments, Neutestamentliche Aufsätze (1955-1970), 1970, 207-218; W. Schrage, Theologie und Christologie bei Paulus und Jesus auf dem Hintergrund der modernen Gottesfrage, Ev. Th. 36, 1976, 121-154; Chr. Demke, "Ein Gott und viele Herren". Die Verkündigung des einen Gottes in den Briefen des Paulus. Ev. Th. 36, 1976, 473-484. - ThW III, 65-123 (Kleinknecht, Quell, Stauffer, Kuhn); RGG (3. Aufl.), II, 1715-1717 (E. Fascher); BHH I, 588f. (W. Schmauch); EWNT II, 346-352 (H.D. Betz).

ist kein Ergebnis menschlicher Bemühung, sondern freies Geschenk der Gnade. Und die sachgemäße Antwort des Menschen auf Gottes Offenbarung ist der Lobpreis des Herzens.

b) Das Neue Testament kennt keine Problematisierung des Gottesbegriffes[2]. Das Neue Testament kennt keine "Gottesfrage". Gott ist für die Zeugen des Neuen Testaments keine Frage, sondern absolute Gewißheit. Diese Gewißheit schützt nicht gegenüber der Möglichkeit und Wirklichkeit der Anfechtung. Die Anfechtung führt aber niemals dazu, an der Wirklichkeit Gottes irre zu werden. Die Frage ist nicht die, ob Gott ist[3], sondern die Frage ist, was er tut[4].

c) Die neutestamentlichen Gottesprädikationen sind entscheidend durch die alttestamentlich-jüdische, und (wie wir hinzufügen müssen) speziell auch durch die hellenistisch-jüdische Tradition vorgeprägt[5]: Gott ist der Heilige[6], der eine[7], der allein wahre[8], der lebendige Gott[9], der im Gegensatz zu allen Götzen steht, der jenseitig unsichtbare Gott[10], der ewige[11], der allmächtige

---

[2] Rahner, Theos im Neuen Testament, 108ff.; Conzelmann, Theol. 119; Schelkle, Theol. II, 265.

[3] Charakteristisch ist es, in welcher Weise das Neue Testament die überlieferte "natürliche Theologie" mit ihren Gottesbeweisen aufnimmt, nämlich lediglich als Voraussetzung für die Schuldhaftung der Heiden (Röm. 1,18ff.). Vgl. auch 1. Kor. 1,21.

[4] Rahner (Theos im Neuen Testament, 109ff.) erklärt die Selbstgewißheit der Zeugen des Neuen Testaments daraus, daß diese (bzw. genauerhin ihr "tragende[r] Grund", 112) nicht aus dem stammt, was wir die natürliche Offenbarung nennen, sondern aus der Offenbarung Gottes in der Geschichte, aus der Offenbarung des alten und neuen Bundes. Wenn die Zeugen des Neuen Testaments so "selbstverständlich" vom Sein Gottes reden, dann deshalb, weil sie von Gottes Offenbarung an Israel und von der Offenbarung durch Jesus Christus herkommen. - Vgl. auch die Ausführungen bei Schelkle, Theol. II, 265.

[5] Bultmann, Theol. 68ff.; Schelkle, Theol. II, 273.300ff.; H.D. Betz, EWNT II, 347.

[6] Vgl. Lk. 1,49; Joh. 17,11; 1. Ptr. 1,16; apc. 3,7; 4,8; 6,10; vgl. auch Lk. 1,72; 1. Kor. 3,17; Eph. 2,19 usw.

[7] εἷς: Mk. 2,7; 10,18; 12,29.32; Lk. 18,19; Röm. 3,30; 1. Kor. 8,4.6; Gal. 3,20; Eph. 4,6; 1. Tim. 2,5; Jac. 2,19; vgl. Joh. 8,41. μόνος: Mt. 4,10 par.; Lk. 5,21; Joh. 5,44; 17,3; Röm. 16,27; 1. Tim. 1,17; 6,15; Jud. 4.25. Vgl. Mt. 24,36; 1. Tim. 6,16; apc. 15,4 und Delling, Studien, 398f.

[8] ἀληθής: Joh. 3,33; 8,26; Röm. 3,4; ἀληθινός: Joh. 7,28; 1. Thess. 1,9; apc. 6,10; μόνος ἀληθινός: Joh. 17,3; ἡ ἀλήθεια τοῦ θεοῦ: Röm. 1,25; 3,7; 15,8; vgl. weiter Hebr. 6,18.

[9] θεὸς (ὁ) ζῶν: Mt. 16,16; 26,63; (Joh. 6,57); act. 14,15; Röm. 9,26; 2. Kor. 3,3; 6,16; 1. Thess. 1,9; 1. Tim. 3,15; 4,10; Hebr. 3,12; 9,14; 10,31; 12,22; 1. Ptr. 1,23; apc. 7,2; 15,7; vgl. 4,9; 10,6. - Zur alttestamentlichen Vorgeschichte der Wendung vgl. jetzt: S. Kreuzer, Der lebendige Gott. Bedeutung, Herkunft und Entwicklung einer alttestamentlichen Gottesbezeichnung, BWANT 116, 1983; im Neuen Testament steht das Attribut "der lebendige Gott" im Gegensatz zu den toten Götzen der Heiden (vgl. Bultmann, Theol. 73).

[10] Joh. 1,18; 6,46; 1. Joh. 4,12; Röm. 1,20; Kol. 1,15; 1. Tim. 1,17; 6,16; Hebr. 11,27.

[11] ἄφθαρτος: Röm. 1,23; 1. Tim. 1,17; αἰώνιος: Röm. 16,26; 1. Tim. 6,16: ὁ μόνος ἔχων ἀθανασίαν... Gottes ewige Doxa: 1. Ptr. 5,10.

Gott[12], der Schöpfer[13], Regent[14] und Richter[15] seiner Welt. Der Gott, von dem das Neue Testament redet, ist derselbe, der sich den Vätern gezeigt hat[16], der sich im Exodus geoffenbart hat, dem Israel seine Weisung verdankt[17], der durch die Propheten geredet hat[18]. Aber: Gott hat sich jetzt (im eschatologischen Jetzt!) neu und endgültig geoffenbart: "Viele Male und in vielfacher Weise hat Gott einst zu den Vätern gesprochen durch die Propheten, (jetzt) am Ende dieser Tage, hat er zu uns gesprochen durch den Sohn..." (Hebr. 1,1f.). Und damit ist die entscheidende Aussage des Neuen Testaments de deo erreicht[19].

II

Aus den Belegen des Neuen Testaments ließe sich nachträglich eine systematisch vermittelbare Gotteslehre entwickeln, aber im Neuen Testament selbst ist die Gotteslehre als solche noch nicht ausdrücklich thematisiert und daher auch nicht systematisch entfaltet. Die einzelnen Aussagen sind noch nicht zu einem System der Gotteslehre zusammengefügt. Zwar gibt es auch schon im Neuen Testament selbst Ansätze zu einer systematischen Darlegung von Glaubensinhalten, doch beziehen sich diese Ansätze nicht auf den Artikel de deo, sondern (z.B.) auf den Artikel de iustificatione (in bestimmten Passagen der paulinischen Briefe); hinter den johanneischen Schriften steht ein systematischer Konnex von Aussagen christologischer Art, wie hinter bestimmten Passagen des Hebräerbriefes ein systematisch durchdachter Zusammenhang der Relation

---

[12] Mk. 10,27 par.; Mt. 3,9 par. usw.; keines Dinges bedürftig: act. 17,25.
[13] Mk. 10,6 par.; 13,19 par.; act. 4,24; 17,24; Röm. 4,17; 8,19ff.; 11,36; 1. Kor. 8,6; 12,18; Eph. 3,9; 4,6; 1. Tim. 4,4; 6,13; Hebr. 2,10; 3,4; 11,3.10; apc. 4,11; 14,7.
[14] Mt. 11,25 par.; act. 4,24; 17,24; 1. Tim. 6,15; apc. 6,10; 11,4; παντοκράτωρ: 2. Kor. 6,18; apc. 1,8; 4,8; 11,17; 15,3; 16,7.14; 19,6.15; 21,22. Gott allein kennt den Gang der Endereignisse: Mk. 13,32 par.
[15] Gott als κριτής: Hebr. 12,23; Jac. 4,12. κρίνειν: Mt. 7,1f. par.; act. 17,31; Röm. 2,16; Hebr. 10,30; 13,4. κρίσις: Mt. 10,15; 11,22 par.; 11,24; 12,36.41f. par.; 23,23 par.; 23,33; 2. Thess. 1,5; 1. Tim. 5,24; Hebr. 9,27; 10,27; Jac. 2,13; 5,12; 2. Ptr. 2,4.9; 3,7; Jud. 6; apc. 14,7; 16,7; 18,10; 19,2. κρίμα: Mk. 12,40 par.; act. 24,25; Röm. 2,2f.; 3,8; 5,16; 11,33; 13,2; 1. Kor. 11,34; Gal. 5,10; 1. Tim. 5,12; Hebr. 6,2; Jac. 3,1; 1. Ptr. 4,17; 2. Ptr. 2,3; Jud. 4; apc. 17,1; 18,20. δικαιοκρισία: Röm. 2,5.
[16] Der Gott der Väter: act. 3,13.25; 5,30; 7,32.45; 13,17ff.; 22,14; 24,14; 26,6; Röm. 9,5. Der Gott Abrahams, Isaaks und Jakobs: Mk. 12,26 par.; act. 3,13; 7,32.
[17] Der Gott Israels: Mt. 15,31; Lk. 1,68; ähnlich: act. 13,17; vgl. noch Lk. 1,16.
[18] Belege erübrigen sich.
[19] Würde also die neutestamentliche Lehre de deo nicht (wie hier) lediglich skizziert, sondern ausführlich entfaltet, so wäre auch die konkrete Beziehung zur alttestamentlichen Gotteslehre darzustellen, und das wäre vermutlich ein Beitrag zum Thema Einheit der Schrift bzw. zu einer gesamtbiblischen Theologie. - Was K. Rahner (Theos im Neuen Testament, 99ff.) zur "Offenbarungsgeschichte" sagt, ist lehrreich, aber im einzelnen doch problematisch. - Zur gleichen Thematik: Pfammater, Eigenschaften, 273ff.290; Schrage, Ev. Th. 36, 1976, 131f. (zu Paulus).

von Seinsmächtigkeit und abgeleiteter Existenz. Dazu kommt ein Weiteres: die neutestamentlichen Aussagen de deo gehören verschiedenen Weisen der Vermittlung an. Das Zeugnis des Neuen Testaments von Gott ist intentionaliter einheitlich, hinsichtlich des Vermittlungsstandes aber different. Wir sind gewohnt, die verschiedenen literarischen Gattungen voneinander zu unterscheiden, wir sollten aber auch stärker als bisher auf die Verschiedenartigkeit des Vermittlungsstandes innerhalb verwandter Aussagen achten. Streng genommen müßte die formgeschichtliche[20] Betrachtung der Texte durch eine (sit venia verbo) vermittlungsgeschichtliche fortgeführt werden, deren Aufgabe es wäre, dem jeweiligen Text eine Stelle im Rahmen des Prozesses der Vermittlung zuzuweisen[21].

Die neutestamentlichen Aussagen de deo gehören also verschiedenen genera dicendi und daher auch verschiedenen Weisen der Vermittlung an: Man könnte vielleicht unterscheiden:

a) Prädikationen, die das eigentlich Intendierte mit Hilfe der Vorstellungen des antiken Weltbildes (hier: Vorstellung eines überweltlichen Himmelsraums) zu vermitteln suchen[22],

b) metaphorische Gottesprädikationen[23],

c) Prädikationen, die eine begriffliche Wesensbestimmung ausdrücken[24], bzw. solche, die eine begriffliche Reflexion voraussetzen[25].

Gehören die Aussagen verschiedenen Vermittlungsweisen an, dann dürfen sie dort, wo es um eine ausgeführte systematische Darstellung geht, auch nicht unvermittelt miteinander verbunden werden. Soll die intentionale Einheit der

---

[20] Auf eine besondere (im Alten Testament vorgebildete) Form neutestamentlicher Gottesprädikationen hat Delling hingewiesen: St. Th. 17, 1963, 1ff. und Studien, 401ff.

[21] Schierse, Trinitätsoffenbarung, 87 unterscheidet zwischen Offenbarungsgeschehen, Kerygma, Homologie und theologischer Reflexion.

[22] Z.B.: Mt. 6,9; vgl. apc. 11,13; 16,11; 22,1.3; vgl. 20,12; der Himmel als Gottes Thron: Mt. 5,34f.; 23,22; act. 7,49; Hebr. 8,1; 12,2; apc. 7,10.15; 12,5; 14,15; 19,4 u. ähnl.

[23] πατήρ; βασιλεύς: Mt. 5,35; 1. Tim. 1,17; 6,15; apc. 15,3; 17,14; vgl. 19,16. Hierher gehören auch Syntagmata wie: δάκτυλος θεοῦ: Lk. 11,20; die Hand Gottes: Lk. 1,66; 23,46; Joh. 10,29; act. 4,28; 7,50; 13,11; χεῖρες θεοῦ ζῶντος: Hebr. 10,31; ἡ κραταιὰ χείρ: 1. Ptr. 5,6 (die metaphorische Bedeutung ist reflex). Natürlich können auch Übergänge von der ersten zur zweiten Gruppe vorliegen, vgl. z.B. die Wendung von der sessio ad dexteram dei: Mk. 12,36 par.; 14,62 par.; act. 2,33f.; 5,31; 7,55f.; Röm. 8,34; Eph. 1,20; Kol. 3,1; Hebr. 1,3.13; 8,1; 10,12; 12,2; 1. Ptr. 3,22.

[24] Joh. 4,24; 1. Joh. 1,5; 4,8.16. Es handelt sich nicht um Definitionen (die Sätze sind nicht konvertibel), sondern um Wesensbestimmungen.

[25] Hierher gehören die "metaphysischen" Prädikationen, die via negationis (man denke an Philon, de sacr. Ab. et Caini, 101!) gewonnen sind: ἀίδιος (Röm. 1,20), ἀόρατος (Röm. 1,20; Kol. 1,15; 1. Tim. 1,17; ἄφθαρτος (Röm. 1,23; 1. Tim. 1,17); ἀπείραστος (Jac. 1,13); οὐδὲ προσδεόμενός τινος (act. 17,25). - Hierher gehören sodann wohl auch die παν-Formeln (Röm. 11,36; 1. Kor. 8,6; 12,6; Eph. 4,6; Hebr. 2,10 usw.). Weiters gehören hierher Wendungen, in denen sich (wie ich trotz der Einwände von Chr. Demke, Ev. Th. 36, 1976, 479, meine) das Motiv der Nichtobjektivierbarkeit Gottes ausdrückt: 1. Kor. 8,2; 13,12; Gal. 4,9. Schließlich gehören hierher die Ansätze zu einer reflexen theologischen Erkenntnislehre: 1. Kor. 13,9ff., speziell 13,12.

neutestamentlichen Gottesaussagen im System sichtbar werden, so müßte durch Interpretation eine Transposition der Gesamtaussagen auf die Ebene begrifflich-systematischer Reflexion vorbereitet werden. (Daß eine solche Umsetzung nicht nur einen Gewinn bringt, nämlich einen Gewinn an begrifflicher Klarheit, sondern immer zugleich auch einen Verlust, weil die Begriffsbildung die vorbegrifflichen genera dicendi nie ganz einholen, nie ausschöpfen und daher auch nicht ersetzen kann, steht dabei auf einem anderen Blatt.)

III

Die neutestamentlichen Aussagen de deo sind in ihrer Besonderheit dadurch bestimmt, daß sie (nicht immer, aber doch zumeist) implizit oder explizit im Zusammenhang mit der Christusoffenbarung[26] bzw. der Offenbarung des Geistes stehen[27]. Man kann diesen Sachverhalt auch so formulieren: im Neuen Testament ist (in einem wohl zu verstehenden Sinn) Gott durch Jesus und durch die Offenbarung des Heiligen Geistes definiert[28]. Wer und was Gott ist, wird erst in Jesus von Nazareth (in seiner Verkündigung, in seinem Geschick, in seiner Person), wird erst in der Gegenwart des Heiligen Geistes vollgültig sichtbar. Im Zentrum der neutestamentlichen Gottesaussagen steht die (verschieden vermittelte) Überzeugung, daß Gott selbst in der Person Jesu von Nazareth und im Heiligen Geist gegenwärtig war und ist[29].

a) Dies im Hinblick auf die Gegenwart Gottes in Jesus von Nazareth zu vermitteln, dienen die sogenannten christologischen Hoheitstitel, die in verschiedener Klarheit und von verschiedenen Traditionen her die Bedeutung Jesu auszusagen versuchen. Bereits vorhandene Titel sind in abgewandelter, zum Teil fundamental veränderter Form mit Jesus verbunden worden[30]. Die Hoheitstitel, so verschieden sie auch ihrer Herkunft nach sein mögen, haben ihren Sinn nicht nur darin, zu sagen, wer Jesus ist, sondern sie werden (umgekehrt) auch von der Positivität der Jesus-Offenbarung her kritisiert. Man kann sagen: es wird nicht eigentlich Jesus an diesen Hoheitstiteln gemessen, sondern die Hoheitstitel, die dazu dienen, Jesus zu akklamieren, werden

---

[26]   Zum Verhältnis von Theologie und Christologie bei Paulus: Schrage, Ev. Th. 36, 1976, 122ff.

[27]   Theologie darf aber nicht auf Christologie und Pneumatologie reduziert werden. Gegen die Reduktion der Theologie auf Christologie (und Soteriologie) richtig Schrage, op. cit. 127f.

[28]   Für Paulus: Schrage, op. cit. 126.

[29]   Das christliche Kerygma ist durch eine dreifache Erfahrung konstituiert: durch die Erfahrung der Vollmacht Jesu, durch die Ostererfahrungen und durch die Erfahrung des Geistes. Vgl. Schierse, Trinitätsoffenbarung, 102.

[30]   Auf die Frage, wie weit schon der irdische Jesus Hoheitstitel für sich in Anspruch genommen hat (in Frage kommt vor allem der Titel "Menschensohn"), gehe ich hier nicht ein.

an ihm gemessen und dementsprechend verwendet oder umgeformt[31]. Die Titel sind Annäherungen, das Geheimnis des Menschen Jesus von Nazareth und das Geheimnis seiner Sendung auszusagen, ein Geheimnis, das sich erst in der Gottesprädikation Jesu voll erschließt[32]. Erst hier, in der Akklamation Jesu als θεός, ist abschließend ausgesagt, was ausgesagt werden soll.

Dazu tritt ein anderes: der christliche Glaube ist nicht nur durch die Verkündigung und das Geschick Jesu von Nazareth geprägt, sondern ebenso auch durch die Erfahrung des Geistes. Es ist hier nicht der Ort, die neutestamentliche Lehre vom Geist Gottes zu entfalten, sondern es genügt für die gegenwärtigen Überlegungen, festzuhalten, daß schon bei Paulus der Geist in engste Beziehung zum Kyrios gesetzt ist (bis hin zu Wendungen wie 2. Kor. 3,17 und 1. Kor. 15,45), bzw. daß eine enge Beziehung zwischen θεός, χριστός und πνεῦμα ausgesprochen ist, daß andererseits aber der Geist weder mit Christus noch mit dem Vater identifiziert wird[33]. Damit ist aber eine Beziehung intendiert, die in der paulinischen Theologie selbst noch nicht systematisch expliziert wird, die aber gerade von dem, der den paulinischen Formulierungen "nach-denkt", eine Explikation (im Sinne und in der Richtung des von Paulus Gesagten) fordert, eine Explikation, die schließlich unausweichlich in die Richtung der Trinitätstheologie führen muß. In die gleiche Richtung führt aber auch die johanneische Parakletverheißung, in der die neutestamentliche Pneumatologie einen ihrer Höhepunkte erreicht: Der Geist-Paraklet wird (wie der Logos) als Gesandter und Offenbarer prädiziert. Auf die Sendung Jesu, des Offenbarers, folgt (nach seiner Heimkehr zum Vater) die Sendung des Geist-Parakleten als Offenbarer, - eine Verheißung, die sich in der Geist-Erfahrung der nachösterlichen Gemeinde erfüllt hat[34]. In Summa: die neutestamentliche Pneumatologie impliziert das Bekenntnis zur vollen Gottheit des Geistes.

D.h. aber (wenn wir wieder auf den engeren Zusammenhang unserer Themenstellung blicken): die Gotteslehre des Neuen Testament intendiert in sol-

---

[31] Vgl. Schierse, Trinitätsoffenbarung, 104.

[32] Joh. 1,1; 20,28; Tit. 2,13; Hebr. 1,8f.; 2. Ptr. 1,1. Auf Jesus zu beziehen ist auch 1. Joh. 5,20 (vgl. R. Schnackenburg, Die Johannesbriefe, HThK XIII, 3, 1979 [6. Aufl.], 291f.; R. Bultmann, Die drei Johannesbriefe, KEK XIV, 1969 [8. Aufl.], 92f.), und wahrscheinlich auch Röm. 9,5. - Textlich unsicher Joh. 1,18 (vgl. B.M. Metzger, A Textual Commentary on the Greek New Testament, 1971, 198 u. P.R. Mc Reynolds, in: New Test. Textual Criticism, F.S. Metzger, 1981, 105ff.). - Gottesprädikation Jesu bei Ign.: Eph. inscr.; 1,1; 7,2; 15,3; 18,2; Trall. 7,1; Röm. inscr. (bis); 3,3; 6,3; Smyrn. 1,1; 10,1.

[33] Einerseits: 1. Kor. 12,4-6; 2. Kor. 13,13; Gal. 4,4-6 usw.; besonders charakteristisch der Wechsel von Geist Gottes - Geist Christi - Christus in euch: Röm. 8,9-11. Anderseits: "Es gibt Beziehungen, die nicht umkehrbar sind..." Das Pneuma übt "Funktionen aus, die ihm eigentümlich sind und so nicht von Christus oder dem Vater gesagt werden könnten" (Schierse, Trinitätsoffenbarung, 119; überhaupt ist der Abschnitt 115ff. zu vergleichen).

[34] Die Parakletverheißung: Joh. 14,15-17.25f.; 15,26; 16,4b-11.12-15. Zum Verhältnis von Christusoffenbarung und Offenbarung des Parakleten vgl. nur Schierse, Trinitätsoffenbarung, 123f. - Eine auffallende Parallele zur johanneischen Paraklet-Tradition findet sich bekanntlich: Gal. 4,4-6.

chen Aussagen etwas, das im Neuen Testament selbst noch nicht ausdrücklich thematisiert und im vollen Umfang gedanklich vermittelt ist; das Neue Testament entwickelt noch nicht eine explizite, systematisch entfaltete Trinitätslehre, wohl aber weist das Neue Testament den, der die Texte nicht bloß zitieren, sondern verstehen will, an, die nur implizit ausgesprochenen Motive zu explizieren, und das heißt hier: die Explikation führt zu trinitätstheologischen Aussagen, von denen man nicht sagen wird, daß sie explizit im Neuen Testament selbst entfaltet, wohl aber, daß sie durch die noch nicht systematisch miteinander verbundenen Motive implizit gesetzt sind. Oder anders gesagt: das Neue Testament zeigt eine implizite trinitarische Theologie, die eine begriffliche Entfaltung, eine systematische Explikation fordert[35]. Was im Neuen Testament an dieser Stelle implizit angelegt ist, hat die Kirche in ihrer Lehre zu explizieren und systematisch-begrifflich zu entfalten. Daraus folgt nicht nur die bleibende und unüberholbare Bedeutung der Schrift als Quelle und Norm der Kirche, sondern ebenso auch die Berechtigung und Notwendigkeit der systematischen Theologie, die an die Schrift gebunden, zugleich aber gehalten ist, die Positivität des in der Schrift Ausgesagten dem jeweiligen Bewußtseinsstand des Verstehenden entsprechend voll zu explizieren[36].

b) Wir wenden uns sodann einer weiteren Grundbestimmung der neutestamentlichen praedicatio de deo zu: Gott, der in Jesus von Nazareth offenbar geworden ist, ist der deus pro nobis. Das Neue Testament redet ständig und unaufhörlich davon, daß sich Gott in Jesus von Nazareth (und in seinem Geist) uns Menschen zugute erschlossen hat und zwar in endgültiger Weise. In Jesus von Nazareth und in Gottes Geist hat sich Gottes Heil geoffenbart, und zwar im eschatologischen Sinn. D.h. allgemein gesprochen: die neutestamentliche Gotteslehre ist entscheidend durch Soteriologie und Eschatologie bestimmt. Das Neue Testament bezeugt, daß Gott - in der Weise des Mysteriums[37] - uns zugute gehandelt hat und noch handeln wird. In der Verkündigung Jesu[38] erscheint der nahe Gott, der im Begriffe ist, seine Herrschaft über die Welt aufzurichten. Die Nähe Gottes radikalisiert die Forderung Gottes ebenso wie

---

[35] Hierher gehören auch eine Reihe von Stellen wie: Mt. 28,19; Mk. 1,10f.; 1. Kor. 12,4-6; 2. Kor. 13,13; Gal. 4,6; Eph. 1,3; Tit. 3,5 u.a.m. Schierse, 125ff.; Schelkle, Theol. II, 310ff.

[36] Über die Unüberholbarkeit und Unersetzbarkeit der Schrift (weder die exegetische noch die systematische Vermittlung kann die Schrift voll ausschöpfen): Schierse, Trinitätsoffenbarung, 87.

[37] Gottes heilsame Offenbarung ist zugleich Mysterium. Das zeigt sich darin, daß das apostolische Kerygma im Widerspruch zu den Werten und Maßstäben der Welt steht (1. Kor. 1,18ff.; 2,6ff.); es zeigt sich darin, daß Gottes Heilsplan alles kreatürliche Wähnen und Mutmaßen unendlich übersteigt (Röm. 11,33ff.). Man könnte vielleicht formulieren: gerade im *Mysterium* wird Gott offenbar.

[38] Kümmel, Die Gottesverkündigung Jesu, 107ff.; Bultmann, Theol. 22ff.; Conzelmann, Theol. 118ff.; Schierse, Trinitätsoffenbarung, 89ff.; Pfammater, Eigenschaften, 277ff.; Schrage, Ev. Th. 36, 1976, 135ff. (mit dem Nachweis der Einheit des Gottesbildes bei Jesus und in der Theologie des Paulus).

seine Vergebung[39]. Die nachösterliche Tradition ist durch die Bedeutung des Geschickes Jesu bestimmt, durch seinen Tod, seine Auferstehung[40], seine Erhöhung, durch die Sendung des Geistes. Gott erscheint als der eschatologische Richter und Retter, der durch Jesus von Nazareth sein Gericht und sein Heil heraufgeführt hat und heraufführen wird[41]. Die Botschaft von dem im eschatologischen Sinn richtenden und rettenden Gott steht auch im Mittelpunkt der Verkündigung und Theologie des Apostels Paulus. Gott hat sich in seiner Barmherzigkeit von sich aus mit uns versöhnt, er hat die Apostel zur Proklamation der vollzogenen Versöhnung eingesetzt, im Glauben an das Evangelium Gottes wird Gottes Gerechtigkeit erlangt, der Friede, das Leben aus dem Tod, welches seinerseits wiederum ermöglicht und verlangt, daß die Kinder Gottes sich selbst zum Gottesdienst darbieten. Ist hier überall der Gottesglaube mit soteriologischen und eschatologischen Aussagen verbunden, so gilt das mutatis mutandis erst recht für die Theologie der johanneischen Schriften. Gott offenbart sich der Welt durch seinen Gesandten als das Heil für die Welt. Die Gottesaussagen erscheinen durchwegs im Kontext der Soteriologie und Eschatologie, wobei das Grundmodell der Aussagen (die Sendung des Offenbarers, sein Werk, das Selbstgericht der Welt, die Heimkehr des Offenbarers in die Glorie, die Sendung des Parakleten) in immer neuen Varianten konkretisiert wird. Die Heilstat verwirklicht sich so, daß der ewige Logos selbst menschliches Fleisch und Blut annimmt: als deus incarnatus ist Gott der deus pro nobis[42]. Der Gott-Logos, der Gott bei Gott, partizipiert an der endlichen Existenz des Menschen, indem er in diese eintritt, und er rettet den Menschen dadurch, daß er in sich das neue, eschatologische Sein als Gabe für die Menschen offenbart. An der Sendung des unigenitus zeigt sich das ganze Ausmaß der göttlichen Liebe[43].

---

[39] Radikalisierung der Forderung und der Vergebung gründen in der Vollmacht Jesu. "Alle Lehrstücke Jesu sind von einer indirekten Christologie geprägt" (Conzelmann, Theol. 146).

[40] Vgl. die feierlichen Wendungen Röm. 4,24; 8,11; 2. Kor. 4,14; Gal. 1,1; Kol. 2,12; 1. Ptr. 1,21. "So wird ὁ ἐγείρας... nahezu zu einem Gottesnamen" (Delling, Studien, 407).

[41] Sofern sich die Predigt an die Heiden wandte, ging der Christusverkündigung die Verkündigung des εἷς θεός voraus. Vgl. die Charakterisierung der Heiden als ἐλπίδα μὴ ἔχοντες καὶ ἄθεοι ἐν τῷ κόσμῳ (Eph. 2,12). Der erste Schritt zur conversio ist die Abkehr von den Idolen und die Hinkehr zu dem εἷς θεός, dem Schöpfer und Herrn der Kreatur, act. 14,15-17; 17,23-30; 1. Kor. 8,4-6; 12,2; Gal. 4,8; 1. Thess. 1,9; 4,5; Hebr. 6,1 usw. Die christliche Mission knüpft hier an die vorausgegangene Mission des hellenistischen Judentums an. Bultmann, Theol. 68ff.; G. Schneider, BZ.NF 13, 1969, 59ff. Schneider sucht zu zeigen, daß nicht nur aus missionarisch-praktischen Gründen, sondern "auch nach immanent-biblischem Verständnis der erste Artikel an den Anfang gehört" (75).

[42] Vgl. Kol. 2,9; 1.Tim. 3,16; Ign. Eph. 7,2; ἐν σαρκὶ γενόμενος θεός.

[43] "Daß Gott uns liebe, daß er 'der liebe Gott' ist, das ist nicht eine metaphysische Selbstverständlichkeit, sondern das unfaßbare Wunder, das das Neue Testament immer verkünden muß, das zu glauben immer wieder die höchste Anstrengung der Glaubenskraft des Menschen erfordert. Die Liebe Gottes mußte erst in der Sendung des eingeborenen

IV

Ist so der neutestamentliche Gottesbegriff wesentlich von der in Jesus von Nazareth und in seinem Geist geschehenen Offenbarung her bestimmt, so polemisieren die Texte (wiederum in verschiedener Weise) gegen das Mißverständnis der Offenbarung, wie wir es in einem falschen, depravierten Enthusiasmus finden. Das geschenkte neue Sein (so lautet die Polemik) bleibt (solange diese Welt steht) unter der Bedingung der Endlichkeit, die Existenz der Kirche ist noch nicht die des offenbaren Gottesreiches, sondern eine Existenz des Übergangs, ein Provisorium, in dem das zukünftige Heil prinzipiell, aber noch nicht total geschenkt ist. Der Glaube, der sich auf den gekommenen Gott gründet, richtet sich auf den kommenden Gott. Gerade die eschatologische Schar, die um ihr Privileg weiß, nämlich darum, daß ihre Glieder τέκνα θεοῦ heißen und sind, - gerade diese Schar weiß zugleich, "daß es noch nicht erschienen ist, was wir sein werden" und sie richtet sich aus auf den Tag, da sie Gott sehen wird καθώς ἐστιν (1. Joh. 3,2). Hierher gehört - als Konsequenz der Einsicht in den "eschatologischen Vorbehalt" - die Leidensbereitschaft. Beruht der Glaube des Neuen Testaments auf der Erfahrung des neuen Seins und schenkt er eschatologische Hoffnung, so kann diese Hoffnung doch in der Situation der Anfechtung zur spes contra spem werden[44]. Andererseits gilt: gerade in der Erfahrung der Nichtigkeit, der Hilflosigkeit und Ausweglosigkeit, schließlich in den vielfältigen Formen der Todesbedrohung blickt der Glaube auf Gott, der die Toten auferweckt[45]. Auferweckung der Toten ist creatio ex nihilo[46]. Der Gottesglaube des Neuen Testaments fordert an dieser Stelle einen Lernprozeß, von dem niemand, solange er lebt, sagen kann, er hätte ihn bereits abgeschlossen. Der Glaube verlangt die Einsicht in die Anfechtbarkeit unserer Existenz. Der Glaube verlangt damit zugleich die Einsicht in die Unverfügbarkeit Gottes. Der Glaube verlangt aber über das alles hinaus die Bereitschaft zur Hoffnung wider alle Hoffnung, weil es Gottes Wesen ist, dort zu erscheinen, wo die Nichtigkeit unserer Existenz offenbar geworden ist.

V

Ein letzter Aspekt: die Offenbarung fordert die persönliche Antwort des Glaubens an den Gott, der uns in Jesus Christus und seinem Geist erfahrbar

---

Sohnes in die Welt real werden, 'erscheinen' (ἐφανερώθη 1 Jo 4,9), wir mußten sie, wie sie wirklich ist, erst daran erfahren, um sie wirklich glauben zu können: καὶ ἡμεῖς ἐγνώκαμεν καὶ πεπιστεύκαμεν τήν ἀγάπην ἣν ἔχει ὁ θεὸς ἐν ἡμῖν (1 Jo 4,16)" (Rahner, Theos im Neuen Testament, 131).

[44] Röm. 4,18.

[45] Exemplarisch: 2. Kor. 1,8-11! Vgl. 1. Kor. 4,9ff.; 2. Kor. 4,7ff.; 11,23ff.

[46] Röm. 4,17. Delling, Studien, 406f.

wird. Zugleich aber ist die Gottesbeziehung vermittelt durch die Gemeinschaft derer, die durch Glaube und Taufe in die Kirche eingetreten sind, um dort Christus, ihrem Herrn, zu dienen. Gott begegnet mir in der Kirche, in der sich Christus verleiblicht[47]. Der Gottesglaube des Neuen Testaments ist (in einem wohl zu verstehenden Sinn) ein kirchlicher Glaube[48] (so sehr er jeweils auch ein kirchenkritischer Glaube sein kann).

Kirche ist aber nicht nur der Ort der Präsenz Gottes in Wort und Sakrament und der Ort des gegenseitigen Dienstes; Kirche ist zugleich auch der Ort des gottesdienstlichen Lobpreises. Die eigentliche Antwort des Menschen auf Gottes Rede ist die Doxologie, sei es die Doxologie des Einzelnen oder die gemeinsame Doxologie jener, die sich zum Gottesdienst zusammengefunden haben. Das schließt die Rede von Gott in der missionarischen und seelsorgerlichen Verkündigung, in der Apologie und Polemik nicht aus, und es schließt auch (im Hinblick auf die weitere Entwicklung) die Rede von Gott in der Schriftauslegung und im theologischen System nicht aus. Doch soll darüber unvergessen bleiben, daß die Antwort des Menschen auf die göttliche Offenbarung nach neutestamentlichem Verständnis die ihr gemäße Form erst im Lobpreis gewinnt. Gott spricht und die gemäße Antwort des Menschen ist erstlich und letztlich Lobpreis. Δόξα τῷ θεῷ πάντων ἕνεκεν[49].

---

[47] Röm. 12,4f.; 1. Kor. 12,12ff.; vgl. Gal. 3,27f. Diese Ansätze sind dann in der Ekklesiologie des Eph. und Kol. weiter entfaltet.

[48] Für die Verbindung von Theologie und Ekklesiologie sind z.B. die folgenden Syntagmata charakteristisch: (ἡ) ἐκκλησία τοῦ θεοῦ: act. 20,28; 1. Kor. 1,2; 10,32; 11,16.22; 15,9; 2. Kor. 1,1; Gal. 1,13; 1. Thess. 2,14; 2. Thess. 1,4; 1. Tim. 3,5.15. θεοῦ γεώργιον, θεοῦ οἰκοδομή: 1. Kor. 3,9. (ὁ) οἶκος (τ.) θεοῦ: 1. Tim. 3,15; Hebr. 10,21; 1. Ptr. 4,17. (ὁ) ναὸς (τ.) θεοῦ: 1. Kor. 3,16f.; 2. Kor. 6,16. ποίμνιον τοῦ θεοῦ: 1. Ptr. 5,2. υἱοὶ (τ.) θεοῦ: Röm. 8,14.19; Gal. 3,26; vgl. 2. Kor. 6,18; Gal. 4,6f.; Hebr. 2,10; 12,5ff. (τ.) τέκνα (τ.) θεοῦ: Joh. 1,12; 11,52; Röm. 8,16f.21; 9,8; Phil. 2,15; 1. Joh. 3,1f.10; 5,2. (ὁ) λαὸς (τ.) θεοῦ: Hebr. 4,9; 1. Ptr. 2,10; vgl. 2. Kor. 6,16; Hebr. 8,10; apc. 21,3 u.a.m.

[49] Der Wahlspruch des Hl. Johannes Chrysostomus, bei Palladius, dial. de vita Chrys. 11 (Migne, patr. gr. 47, 38).

Zu Eugippius, Vita S. Severini c. 43

I

Im Aufbau der eugippianischen Vita Sancti Severini[1] bringen die cc. 40-43 den Bericht über den Abschied und Heimgang des Heiligen[2]. Die Kapitel zeigen, wie Noll bemerkte[3], die "herkömmlichen Elemente: letzte Ermahnungen, Weissagung der Zukunft, Verfügung über das Begräbnis, Segen". Der Zusammenhang stellt sich genauerhin folgendermaßen dar: 40,1-3 schildert *(cum se idem beatus Severinus de hoc saeculo transiturum deo revelante sensisset)* das letzte, von Ermahnungen bestimmte Gespräch Severins mit dem Rugierkönig Fewa und seiner Gattin Giso; c. 40,4ff. wendet sich der Heilige an die Seinen und gibt testamentarische Aufträge (Ankündigung des Abzugs der

[1] Ich zitiere die ed. Noll: Eugippius. Das Leben des Heiligen Severin. Lateinisch und Deutsch. Einführung, Übersetzung und Erläuterungen von R. Noll, SQAW 11, Berlin, 1963. - Die Sekundärliteratur zur Vita Severini ist bereits Legion. Indessen berührt die folgende Untersuchung nicht die zumeist verhandelten historischen bzw. allgemeinhagiographischen Fragen, sondern beschränkt sich auf einen Interpretationsversuch des c. 43. Ich hoffe, für diese engere Fragestellung wenigstens nichts Unabdingbares übersehen zu haben.

[2] Zur literarischen Eigenart der Vita vgl. nur: W. Bulst, Eugippius und die Legende des hl. Severin. Hagiographie und Historie, in: Die Welt als Geschichte, 10, 1950, 18-27; M. Pellegrino, Il Commemoratorium Vitae Sancti Severini, RSCI 12, 1958, 1-26; H.-J. Diesner, Severinus und Eugippius, WZ.GS 7, 1957/58, 1165-1172; H. Baldermann, Die Vita Severini als literarisches Genos und als historische Quelle, Diss. Hamburg, 1955, 10ff. 86ff.; ders., Die Vita Severini des Eugippius, Wr. Stud. 74, 1961, 142-155 und 77, 1964, 162-173 (ich zitiere mit dem Sigel "Baldermann, Vita" die an erster Stelle genannte Dissertation); M. van Uytfanghe, Éléments évangéliques dans la structure et la composition de la 'Vie de saint Séverin' d'Eugippius, Sacris erudiri 21, 1972/73, 147-159; ders., La bible dans la 'Vie de saint Séverin' d'Eugippius. Quelques typologies bibliques dans un document historique, Latomus 33, 1974, 324-351; F. Lotter, Severinus von Noricum. Legende und historische Wirklichkeit. Untersuchungen zur Phase des Übergangs von spätantiken zu mittelalterlichen Denk- und Lebensformen, MGMA 12, Stuttgart, 1976; E.M. Ruprechtsberger, Beobachtungen zum Stil und zur Sprache des Eugippius, in: Römisches Österreich. Jahresschrift d. österr. Gesellschaft f. Archäologie 4, 1976, 227-299; A. Quacquarelli, La 'Vita sancti Severini' di Eugippio: etopeia e sentenze, Vet. Chr. 13, 1976, 229-253; allgemein ist auch zu vergleichen das c. IX "Der geistige und gesellschaftliche Wandel des Mönchtums zwischen Spätantike und Mittelalter", in: F. Prinz, Frühes Mönchtum im Frankenreich. Kultur und Gesellschaft in Gallien, den Rheinlanden und Bayern am Beispiel der monastischen Entwicklung (4. bis 8. Jahrhundert), 1965, 499ff.; speziell zu Eugipp: 473ff.; V. Pavan, Note sul monachesimo di s. Severino e sulla cura pastorale nel Norico, Vet. Chr. 15, 1978, 347-360.

[3] Noll, Eugippius, 142; vgl. Lotter, Severinus, 77 (über die cc. 40-46).

Romanen aus den Donauprovinzen; Auftrag, den Leichnam des Heiligen mit-
zuführen); c. 41 erzählt von der Weissagung des Heiligen über seinen Todes-
tag[4]; c. 42 bringt (analog zu 40,1ff.) eine beschwörende Ermahnung an Ferde-
ruch, den Bruder des Königs; c. 43 schließlich schildert den letzten Lebenstag
des Heiligen: um Mitternacht wendet sich Severin mit einer großen Rede - der
einzigen längeren oratio in der ganzen Schrift[5] - an die Mönche seines Klosters; es folgt (43,8) der Abschied von den einzelnen Brüdern, Kommunion
und *signatio crucis*. Unter den gemeinsam gebeteten Worten des 150. Psalms
stirbt der Heilige (43,9)[6].

In diesem Gefüge nimmt die Rede Severins (43,2-7) eine besondere Stelle
ein[7]. Eugipp selbst macht das deutlich, und zwar nicht nur durch die Situati-
onsschilderung (die Mönchsgemeinde hat sich um Mitternacht am Sterbebett
des Heiligen versammelt), sondern auch durch die einleitenden Worte, die er
der Rede vorausschickt: *paterna*[8] *informatione corroborans, instanter ac
mirabiliter talia prosecutus aiebat...* (43,1). Im allgemeinsten Sinn steht die
folgende Oratio in der Tradition der sog. "Abschiedsreden"[9]. Der Redner

---

[4]   Vgl. schon 40,1.4 und Lotter, Severinus, 84 u. Anm. 233.

[5]   Eugippius nennt sie in den capitula die *ultima et prolixa exhortatio*. In 43,8: *aedifica-
tionis alloquium*. "Es handelt sich in diesem Falle um die einzige längere Rede Severins
im ganzen Commemoratorium, die über den Rahmen der sonst üblichen Auflockerung
der Erzählung durch eingebaute Oratio recta hinausführt und im Aufbau eine selbständige Rolle spielt" (Baldermann, Vita, 64).

[6]   Das Folgende c. 44 schildert die Plünderung des Klosters durch die Rugier, die darauf
folgenden politischen Auseinandersetzungen, den Abzug der Romanen und die transla-
tio der Reliquien des Hl. Severin. Lotter, Severinus, 71 erkennt in cc. 43 und 44 eine
fortlaufende Erzählung. "Dies dürften die einzigen Abschnitte sein, denen nicht in sich
geschlossene Episodenerzählungen, sondern lebendige unmittelbare Erinnerungen zu-
grundeliegen, die durch den Prozeß der Legendenbildung noch nicht sehr stark entstellt
waren."

[7]   Uytfanghe, Éléments évangéliques, der durchgehend Einfluß der Evangelien auf die
Struktur und Komposition der Vita annimmt, weist auch bei der severinischen Abschiedsrede auf das Vorbild der Evangelien, und zwar sei speziell die johanneische Abschiedsrede der Typus, an dem sich die Vita orientiert (157). Uytfanghe behauptet sogar
eine thematische Verwandtschaft: 43,5 weise auf Joh. 14,15; 43,3 auf Joh. 15,18f. u.
15,11f. Doch sind die Belege nicht überzeugend. Die Abschiedsrede der Vita ist m.E.
nicht speziell an Joh. 14-16 orientiert. Vgl. auch Anm. 10.

[8]   Vgl. 10,1: *praeceptum tanti patris...* und 26,2: *paterna iussione*.

[9]   E. Stauffer, RAC I, 29ff. - Frühe hagiographische Parallelen z.B. Athan. Vita Antonii,
89ff. (PG 26, 968ff.); Paulin. Vita Ambr. 45ff. (PL 14, 42f.); Sulp. Sever. Vita S. Martini ep. 3,6ff. (SC 133, 336ff.); Vita S. Melaniae iun. 65ff. (SC 90, 260ff.); Vita S. Honorati 32ff. (ed. S. Cavallin, 71ff.); Vita S. Hilarii 26ff. (ed. S. Cavallin, 102ff.) u.s.f.
Das hier auftauchende Problem des Verhältnisses von Topik und Historie ist komplex.
Daß sich Übereinstimmungen auf diesem Gebiet in der Regel nicht durch die Annahme
literarischer Entlehnung erklären, dürfte klar sein (allgemein dazu Lotter, Severinus,
138ff.; zu dem von Lotter, 140 gleichwohl vermuteten Zitat in 43,2f. siehe unten). Näher liegt es in solchen Fällen, an Abhängigkeit vom gemeinsamen Topos zu denken, den
die hagiographischen Autoren in mente präsent haben. Indessen ist der Sachverhalt
noch komplizierter, und zwar dadurch, daß topische Elemente nicht nur die schriftliche
und mündliche Tradition bestimmen, sondern auch den Handlungsablauf als solchen

markiert das auch noch zusätzlich dadurch, daß er am Anfang auf die Abschiedsworte des Patriarchen Jakob hinweist (43,2) und am Schluß der Rede die Abschiedsworte des Apostels Paulus in Milet zitiert (43,7). Seine eigene Rede ist auf diese Weise durch zwei biblische Vorbilder (je eines aus dem Alten und Neuen Testament) eingerahmt und bestimmt[10]. Ist 43,2-7 schon durch das genus dicendi herausgehoben, so entsprechen dem auch die rhetorischen Mittel, die darin verwendet werden[11]. Hinzu tritt, daß nirgendwo in der Vita eine solche Häufung von biblischen Zitaten und Reminiszenzen[12] zu finden ist wie hier[13]. Und last not least tritt die Rede auch vom Inhalt her als etwas Besonderes hervor. Im ganzen wird man mithin sagen dürfen, c. 43,2-7 bildet einen, wenn nicht sogar den Höhepunkt innerhalb der Komposition der Vita[14]. Die Abschiedsrede Severins erscheint als "...un testamento spirituale, la somma di tutti i suoi principi della vita monastica"[15].

Daß die Rede von Eugipp stilisiert ist, bedarf wohl keines Beweises. Daß ihr Gehalt, ihre Substanz gleichwohl severinisch sein kann, wird man nicht leugnen können[16]. Anders steht es mit der Vermutung Baldermanns[17], daß c.

---

bestimmen können. D.h.: daß der Topos als literarische Fiktion eingesetzt werden kann, steht außer Zweifel (man denke an die frühjüdischen Parallelen wie z.B. Ass. Mos., Test. XII, syr. Bar. 43-46; 76,1ff.; Vita Ad. et Evae 30-48.49f. u.a.m.); das bedeutet aber nicht, daß das Auftauchen der Topik in jedem Fall eine Fiktion signalisiert. Vielmehr kann schon der historische Vorgang selbst (nicht erst die Überlieferung) topischen Charakter getragen haben, und das wird oft genug auch der Fall gewesen sein. - Die ganze (über unser engeres Exempel hinausgehende) Frage nach dem Verhältnis von Topik und Historie bedarf neuer Untersuchung.

[10] Daß er (wie ich gegen Uytfanghe meine, s.o. Anm. 7) nicht die Abschiedsrede Jesu zitiert (Joh. 14-16), ist m.E. kein Zufall, sondern hängt mit der Demut des Asketen zusammen. Vgl. auch das zu Jakob Gesagte: 43,2!

[11] Allgemein: Bulst, Eugippius, 22f.; ausführlich: Baldermann, Vita, 36ff.; speziell zu c. 43: 64ff.; vgl. auch Ruprechtsberger, Beobachtungen, 254ff.282ff. Zur Verwendung des cursus in diesem Kapitel vgl. Quacquarelli, Vita, 246f.

[12] Das ganze Commemoratorium ist vom Schriftzitaten und Reminiszenzen durchsetzt. Eugipp ist auch dort, wo er nicht bewußt zitiert, sehr oft unreflex von der Sprache der Hl. Schrift bestimmt. Cassiod. inst. 23 (PL 70, 1137) nennt Eugipp bekanntlich: Scripturarum divinarum lectione plenissimum. Zum usus scripturarum bei Eugipp vgl. Baldermann, Vita, 69ff.; Uytfanghe, Éléments évangéliques, 148: "omniprésence de la bible"; ders., Bible, passim (speziell der Einfluß der biblischen Typologie!). - Eine Untersuchung über den Bibel-Text des Eugippius wird erst nach Abschluß der Vetus-Latina-Edition möglich sein. - Christliche Autoren sind in der Vita selten, heidnische - wie es scheint - überhaupt nicht zitiert. Lotter, Severinus, 43 (ebd. die lehrreiche Gegenüberstellung Eugippius - Ennodius, 43ff.).

[13] Vgl. Uytfanghe, Éléments évangéliques, 157.

[14] Die besondere Stellung der Abschiedsszenen bzw. der Abschiedsrede ist oft betont worden: Baldermann, Vita, 64; Diesner, Severinus, 1167; Ruprechtsberger, Beobachtungen, 250. - Auf die Abschiedsrede Severins spielt übrigens schon der erste Leser des Commemoratoriums, nämlich Paschasius, ep. ad Eug. 5 an. Er bringt dort mit dem Hinweis auf Mattathias eine weitere biblische Parallele zur severinischen Abschiedsrede.

[15] Quacquarelli, Vita, 246.

[16] Vgl. Noll, Eugippius, 142 ("deren Gehalt ... sicherlich als authentisch betrachtet werden darf..."); Baldermann, Vita, 66ff.

43 "eine Vorarbeit für die spätere Niederschrift oder ein Niederschlag" der -
für verloren gehaltenen - Mönchsregel des Eugipp[18] darstelle. Diese Vermutung ist gegenstandslos, da die verloren geglaubte Regel ident ist mit dem
1976 von Villegas und de Vogüé edierten[19] Text fol. 9ʳ-77ᵛ des (u.a. auch für
die *Regula magistri* wichtigen) Cod. Paris. lat. 12634 s. VI ex.[20]. Für die Authentizität als Werk des Eugipp ist vor allem A. de Vogüé eingetreten[21]. Die
Regel ist ein Cento aus verschiedenen monastischen Schriften. Sie ist weder
Vorbild noch Abbild der severinischen Abschiedsrede. Daß einzelne sachliche
Berührungen bestehen[22], steht auf einem anderen Blatt. Dagegen hat die Abschiedsrede c. 43 eine entfernte (freilich weit kürzere) Parallele in der Vita
selbst, und zwar in der Ansprache Severins an die Mönche 9,4f.[23].

Doch kehren wir zur Analyse von c. 43 zurück. Es drängt sich folgende
Gliederung auf:

Exordium *(Filii in Christo carissimi, scitis, quod beatus Jacob...)*
Paränetischer Hauptteil
(1) Die *vita monastica* als eschatologischer Exodus *(Abraham namque...)*
(2) Warnung vor falscher Sicherheit *(confido autem in domino...)*
(3) Der Beistand Gottes und der Heiligen
     (assiduis ergo precibus hoc sperate...)
(4) Exhortatio: Es gilt, Mönch zu *sein* und nicht bloß zu *heißen*
     (non desit militantibus...)
Peroratio *(sed quid vos ultra demoror...)*

---

[17] Vita, 68.
[18] Isid. Hisp. de vir. ill. c. 26 (34) (PL 83, 1097 A): *Scripsit et regulam monachis consi-
      stentibus in monasterio sancti Severini, quam eisdem moriens quasi testamentario jure
      reliquit (moriens* etc. bezieht sich auf Eugipp).
[19] Eugippii Regula, edd. F. Villegas et A. de Vogüé, CSEL 87, 1976. De Vogüé datiert die
      Abfassung der Regel in die Zeit zwischen 530 und 535 (praef. XVI s.).
[20] Eine Analyse des Textes bei A. de Vogüé, Nouveaux aperçus sur une règle monastique
      du VIᵉ siècle, RAM 41, 1965, 19ff.
[21] La Règle d'Eugippe retrouvée? RAM 47, 1971, 233-266.
[22] Vogüé weist in der praef. (p. VIII) seiner Ausgabe auf den *"nexus inter duos libros, cum
      utrimque vel oratio perpetua specialiter commendetur vel societas vitae communis".*
      Vgl. auch ders., RAM 47, 1971, 258ff.
[23] Die kurze Rede ist als *forma* (Noll übersetzt: Lebensregel) für die Mönche charakteri-
      siert und ist schon von daher mit 43,2-7 verwandt. Sie hat zwei Teile: (1) Ermahnung,
      in der Tradition der Väter zu bleiben (womit wohl die Mönchsväter, die Eremiten der
      Wüste gemeint sind, vgl. Lotter, Severinus, 79, während c. 43 auf die Patriarchen des
      Alten Testaments zurückblickt), weil die *imitatio patrum* vor dem Rückfall in das welt-
      liche Leben schützt (unter Anführung des biblischen Exempels: die Frau des Lot). (2)
      Spezielle Anweisung über die *incentiva libidinum*, die durch Gottesfurcht abgetötet und
      deren Feuer durch die Tränengabe gelöscht wird; charakteristisch sind hier die termini
      mönchischer Askese: *sancta conversatio* und der Mönch als *is, qui parentes reliquit et
      saeculum.* Die bestimmende Frömmigkeit ist hier wie in c. 43 die mönchische *abdicatio
      mundi.*

Versuchen wir, uns im folgenden die Hauptgedanken der Rede zu vergegenwärtigen.

II

Das Exordium (43,2) sucht die Situation zu deuten, in der sich Redner und
Zuhörer befinden. Das geschieht (wie in der Vita üblich) im Lichte biblischer
Reminiszenzen: der Redner erinnert an die alttestamentliche Erzählung vom
Abschied des Patriarchen Jakob (Gen. 49), der seine Söhne zu sich rief, sie
segnete und die *mysteriorum arcana futurorum* enthüllte. Analoges scheint
sich jetzt am Totenbett des Heiligen zu vollziehen. Indessen wird sofort die
Differenz zwischen dem heiligen Patriarchen und dem demütigen Mönch[24]
zum Ausdruck gebracht: *hanc praerogativam nostris usurpare viribus non*
audemus. Severin will sich nicht mit dem Patriarchen vergleichen, nur das eine
soll aus der alttestamentlichen Typologie übernommen werden, der Hinweis
auf das Beispiel des Patriarchen, also auf die *exempla maiorum*. D.h.: der
Redner stellt sofort den Zusammenhang zwischen der alttestamentlichen Patriarchengeschichte und ihrer neutestamentlichen Deutung im Hebräerbrief
her. Schon bei der Wendung *"exempla maiorum"* hat der Redner Hebr. 11 im
Auge[25], jenes berühmte Kapitel, in dem die *nubes testium* (Hebr. 12,1) aufge-
führt wird, zu denen auch die Patriarchen Israels gehören. Auch die Wendung
quorum intuentes exitum conversationis imitamini fidem (43,2) stammt aus
dem Hebräerbrief (13,7). Damit sind - am Ende des Exordiums - die beiden
Hauptbegriffe gewonnen, die für die folgende Rede in ihrem ersten Teil von
Bedeutung sein werden: Hebr. 11 ist eine Abhandlung über die *fides*, die sich
vor allem in der Ausrichtung auf das himmlische Vaterland zeigt - ein Grund-
gedanke des Hebräerbriefes (11,13ff.; vgl. 13,14), aber auch ein Grundgedan-
ke der mönchischen Frömmigkeit Severins. Das ist das Thema des Folgenden.
    Mit *Abraham namque vocatus...* (43,2 fin.)[26] setzt der Hauptteil der Rede
ein, der (um einen bibelwissenschaftlichen Begriff zu verwenden) durchwegs
paränetischen Charakter trägt. Der Redner nimmt auf das Beispiel des Patriarchen Abraham Bezug[27], dessen gläubiger Gehorsam (ganz wie im Kontext von
Hebr. 11) als Vorbild für die *fides* des Christen aufgeboten wird. Die Schilde-

---

[24]   *Unum tamen, quod humilitati congruit* (43,2).
[25]   Vgl. Pasch. ep. ad Eug. 4: *unde idem apostolus* (gemeint ist Paulus!) *iustorum catalo-*
       gum summa brevitate contexens ab Abel incipiens insignium virorum pergit narrare
       virtutes.
[26]   Zur Gliederung: Ruprechtsberger, Beobachtungen, 282f.
[27]   Er übergeht also die von der "Vorlage" (nämlich Hebr. 11) zunächst gebotene Reihe
       Abel (11,4), Henoch (11,5f.), Noah (11,7) und geht gleich zu Abraham (11,8ff.) über.
       Dabei spielt nicht nur die voraufgehende Reminiszenz an die Erzväter eine Rolle, son-
       dern natürlich vor allem die (seit Paulus geltende) fundamentale Rolle Abrahams im ty-
       pologischen Schriftbeweis.

rung des vorbildlichen Verhaltens des Patriarchen *(vocatus a domino fide oboedivit, ut exiret in locum, quem accepturus erat in possessionem, et exiit nesciens, quo venturus esset)* ist freies Zitat von Hebr. 11,8[28]. Die Interpretation (43,3 init.) macht deutlich, worauf es dem Redner ankommt: jene *fides*, die es nachzuahmen gilt, besteht aus der Verachtung der irdischen Dinge (negativ) und aus der leidenschaftlichen Ausrichtung auf die *patria caelestis* (positiv)[29]: *huius igitur beati patriarchae imitamini fidem, imitamini sanctitatem*[30], *terrena despicite, patriam caelestem semper inquirite*[31]. Daß dieses Thema am Anfang der Rede steht, ist kein Zufall; gerade für den Mönch (als exemplarischen Christen) erscheint das christliche Leben als Exodus-Existenz[32]. Wovon sonst sollte der *famulus dei* reden, wenn nicht zuerst über dieses Grundgebot und Grundverständnis der *vita monastica?* Die eschatologische Motivation der Frühzeit ist - mutatis mutandis - aufgenommen und in den Kontext der mönchischen Praxis übersetzt. Das rechtverstandene und authentische Leben der christlichen Asketen will ja nichts anderes sein als die (den veränderten Verhältnissen entsprechende) radikale Verwirklichung der eschatologischen Existenz. Der Mönch ist auf Erden heimatlos wie der Christ der Frühzeit und richtet sich aus auf die Heimkehr in das himmlische Vaterland[33]. Der Aufruf zur *imitatio fidei* des Patriarchen ist also nichts anderes als der Aufruf zur Heimatlosigkeit des Glaubenden. Und es ist natürlich ein beabsichtigtes pathetisches Moment, wenn dieser Aufruf als Vermächtnis dessen

---

[28] Abraham als Vorbild der mönchischen Existenz: Greg. Nyss. Enc. Ephr. syr. (PG 46, 833 A); Vita S. Hilarii 5 (ed. Cavallin, 84f.); Vita S. Honorati 12 (ed. Cavallin, 57). Lotter, Severinus, 140 hält literarische Abhängigkeit unserer Stelle von den beiden Viten für wahrscheinlich. Aber es besteht nach meinem Urteil lediglich eine motivliche Verwandtschaft, die nicht so eng ist, daß man an literarische Entlehnung denken müßte.

[29] ...*ad veram perennemque patriam praelata consolatione migrabimus* (Vita S. Hilar. 26 [ed. Cavallin, 102]).

[30] Daß neben die *fides* sofort die *sanctitas* tritt, stammt nicht aus der Vorlage, sondern aus den theologischen Voraussetzungen des Redners. - Beachte übrigens Anapher und Homoioteleuton: Baldermann, Vita, 67; Ruprechtsberger, Beobachtungen, 263.

[31] Das ist eine sehr freie Paraphrase von Hebr. 11,9f. in Verbindung mit 11,14 *(patriam inquirere)* und 11,16 *(caelestem)*. An die Stelle der *fundamenta habens civitas* (Hebr. 11,10) ist die *patria caelestis* getreten. - Baldermann, Vita, 64f. erkennt einen "kunstvoll gebauten Chiasmus" nach der Form A,B,A,B,B,A,B,A.

[32] Wohlgemerkt: es ist hier nicht (wie anderswo in der Vita) an die Emigration der Romanen nach Italien gedacht, sondern an den *eschatologischen* Exodus als die durchhaltende Lebensform des Mönchs (des ernsten Christen). Der Text ist mißverstanden bei Uytfanghe, Bible, 345f.

[33] Zur Heimatlosigkeit bzw. Diaspora-Situation im Lebensvollzug des frühen Christentums vgl. K. Niederwimmer, Kirche als Diaspora, Ev. Th. 41, 1981, 290ff. [In diesem Band: S. 102ff.] Zur Heimatlosigkeit im Mönchtum: H. v. Campenhausen, Die asketische Heimatlosigkeit im altkirchlichen und frühmittelalterlichen Mönchtum, jetzt in: Tradition und Leben. Kräfte der Kirchengeschichte. Aufsätze und Vorträge, 1960, 290ff.

erklingt, der im Begriffe ist, aus der Heimatlosigkeit aufzubrechen in die himmlische Welt[34].

Mit der Wendung *confido autem in domino* (43,3b) setzt der zweite Abschnitt des Hauptteils der Rede ein. Nun richtet sich der Blick des Redners auf die Schar der Brüder, die auf Erden zurückbleiben. Der Redner vertraut darauf, daß er nicht umsonst unter ihnen gewirkt hat, ja er erhofft sich von seinem gesegneten Wirken ewigen Lohn. Der sterbende Vater seiner Mönche stellt den Brüdern ein gutes Zeugnis aus: *video enim vos gaudium meum fervore spiritus ampliasse, amare iustitiam, fraternae caritatis vincla diligere, castitati operam dare, humilitatis regulam custodire* (43,3c)[35]. Es erscheinen (mit Bedacht) vier Kardinaltugenden des mönchischen Lebens: *iustitia, caritas, castitas* und *humilitas*. Die Schlußwendung *(humilitatis regulam custodire)* wird man m.E. nicht pressen dürfen, als spiele der Redner damit auf eine formulierte Regel an[36]. Regula bedeutet hier lediglich "Vorschrift". Das Wort ist aus Gründen des rhetorischen Parallelismus gewählt *(vincla - opera - regula)*. Ist das Urteil des scheidenden Mönchsvaters über die zurückbleibende Mönchsgemeinde ein positives, so entspricht es doch der *humilitas* des Mönchs, daß er sein eigenes Urteil als lediglich menschliches versteht, das letztlich irrelevant bleibt angesichts des allein relevanten Urteils, das Gott spricht; daher die antithetische Formulierung: *sed orate, ut quae humanis aspectibus digna sunt aeternae discretionis examinatione firmentur* (43,4a). Das wird im folgenden durch Schriftzitate - man möchte sagen: gesichert. Hinter dem Satz *quia non, sicut videt homo, videt deus*[37] steht natürlich 1. Sam. 16,7. Das folgende Reflexionszitat *(sicut divinus sermo denuntiat)* gibt frei 1. Chron. (1. Paral.) 28,9 wieder[38]. Die Zitate bringen die Differenz zwischen der göttlichen Allwissenheit und dem beschränkten Wissen des Menschen zum Ausdruck.

Der folgende Aufruf zum unablässigen Gebet (43,4b)[39] - ein Motiv, das in der Vita mehrfach erscheint[40] - hat demgemäß die Hoffnung auf die *illumina-*

---

[34] Zur Heimatlosigkeit Severins vgl. ep. ad Pasch. 9; Lotter, Severinus, 79f.; Ruprechtsberger, Beobachtungen, 243ff. (Auf die biographischen Fragen, die mit dieser Stelle verbunden sind, ist hier nicht einzugehen.)

[35] Parallelismus der Satzglieder: Ruprechtsberger, Beobachtungen, 258.

[36] Auch *forma* (9,4) beweist m.E. nichts. Pavan, Note, 358.

[37] Anapher. Ruprechtsberger, Beobachtungen, 263.

[38] Oder Röm. 8,27 - doch ist der Text des Römerbriefs hier von 1. Chron. 28,9 abhängig.

[39] Lk. 18,1; Röm. (1,9f.); 12,12; Eph. 5,20; Kol. 4,2; 1. Thess. (1,2f.); 5,17; (Philem. 4); Tert. de exh. cast. 10,2 (CCL 2, 1029f.); Clem. Alex. strom. VII, 35,2f. (GCS 17, 27); Orig. de orat. 12,2 (GCS 3, 324f.); Athan. vita Anton. 3 (PG 26, 845 A); Ambros. expos. in Psalm. Sermo 19,16 u. 18 (CSEL 62, 429f.); Aug. enn. in Psalm. 34,2,16 (CCL 38, 321); Cassian. coll. 10,10 (SC 54, 85ff.); 10,14 (95); Apophtheg. patr. de abb. Lucio (PG 65, 253 BC); Bened. reg. 4,56 (CSEL 75, 35) u.s.f.

[40] Oratio continua (4,7); *mirabiliter in orationis effici iugitate continuus* (35,2); *in orationibus vel abstinentia iugiter perseverans* (39,1). Vgl. auch die Kapitelüberschrift zu c.

tio cordis zum Inhalt, man hat zu verstehen: erbeten wird jene Erleuchtung, die den Menschen davor bewahrt, in oberflächlicher und vielleicht falscher Selbsteinschätzung zu bleiben, und ihm ermöglicht, tiefer zu sehen und die Wahrheit zu erkennen. Doch führt der Redner mit *eosque ... (deus) aperiat ...* einen neuen, tröstlichen Gedanken ein: die durch das unablässige Gebet vorbereitete und von Gott geschenkte Erleuchtung wird (so darf gehofft werden) den Betenden auch die Augen auftun für ein Geheimnis, das den Augen der Menschen sonst verborgen bleibt: die Betenden sind nicht allein, sondern sie sind umgeben von den reichen *adiumenta sanctorum*[41], die den Gläubigen mit ihrer Hilfe beistehen[42], ja: Gott selbst ist ihnen nahe, wenn sie nur einfältigen Herzens sind[43]. Der Gedanke ist also der: Gott und seine Heiligen umgeben - unsichtbar, aber wirksam - die Schar der Glaubenden, speziell im Gebet (vielleicht ist sogar noch konkreter an den Gottesdienst der Mönche gedacht). Und der Redner erhofft für seine Brüder, daß ihnen die Augen für diesen Tatbestand aufgetan werden. Auch diese tröstliche Zuversicht war zuvor durch einen Hinweis auf die Schrift eingeführt worden, gemeint ist 2. Rgn. 6,17, eine Stelle, die vom Redner allegorisch interpretiert wird[44].

Mit 5a setzt der letzte Abschnitt der Paränese ein. Er trägt den Charakter einer *exhortatio*[45]. Die Verklammerung mit dem Voraufgehenden ist durch das Stichwort "Gebet" gegeben: *assiduis precibus* (4b) - *oratio* (5a). Doch wendet sich der Redner sofort einem anderen damit verbundenen Thema zu, dem Thema der *paenitentia*. Sie kommt speziell dem Mönch zu, dem *miles Christi*[46], denn der Mönch ist ja der Büßer schlechthin, sein Leben ein exemplarisches Bußleben. Das *paenitentiam agere* (eine bekannte biblische Wendung)[47]

---

35. Auch: Eug. reg. 26,45 (aus der Pachomius-Regel) (CSEL 87, 47), vgl. dazu oben Anm. 22.

[41] Anapher: *quanta - quanta*. Baldermann, Vita, 67; Ruprechtsberger, Beobachtungen, 263.

[42] Die vollendeten, zu Gott aufgehobenen Heiligen erscheinen hier fast als Schutzengel. - Die Kirche der Vollendeten umgibt das Volk Gottes, das noch unterwegs ist auf seiner peregrinatio durch die Welt. Dahinter steht natürlich der Gedanke der Einheit des corpus Christi.

[43] *Deus enim noster simplicibus appropinquat* klingt wie eine Sentenz. Der Gedanke ist vielleicht von Ps. 34 (33),19; vgl. 85 (84),10 u. 145 (144),18 mitbestimmt.

[44] Allegorische Interpretation ist in der Vita selten. Der hier vorliegende Gedanke ist der: wie Gott den Toten auf das Gebet des Propheten hin die Augen wieder öffnete, so möge er den Betenden die Augen ihres Herzens (!) auftun, damit sie instand gesetzt sind, die verborgene Wirklichkeit zu erkennen.

[45] Baldermann, Vita, 65 weist auf das Trikolon: *non desit - oratio / non pigeat - perpetrare / non dubitetis - sacrificium* (43,5a).

[46] In 6,5 und 42,1 erscheint Severin selbst als *miles Christi*. Die mönchische Askese als *militia*: 42,2. Vgl. die Rede von der *militia* in der Abschiedsrede des Hilarius: Vita S. Hilar. 26 (ed. Cavallin, 102).

[47] Vgl. Mt. 3,2; 4,17; 12,41; Mk. 1,15; 6,12; Lk. 15,10; 16,30; act. 2,38; 8,22; 17,30; 2. Kor. 12,21; apc. 2,5.16.21f.; 3,3.19; 9,20; 16,9.11.

wird konkretisiert durch *lugere peccantes*[48] und *lacrimarum inundatio*[49]. In Buße und Trauer, bis hin zu Tränen, zeigt sich die echte Umkehr des Sünders, der *spiritus contribulatus*, der das Opfer ist, welches (nach Ps. 51[50],19 - die Stelle wird frei zitiert) Gott gnädig annimmt. Die Mönche sollen jederzeit bereit sein zur wirklichen Umkehr. Sie sollen aber auch (als *corde humiles*[50], als *mente tranquilli*[51]) als *delicta omnia praecaventes* bzw. als *divinorum semper memores mandatorum* ständig vor der Sünde auf der Hut sein. Denn es nützt ihnen - nein: uns![52] nichts, äußerlich durch das Mönchsgewand im Anschein der Frömmigkeit zu stehen, wenn wir in Wirklichkeit Sünder sind. Dieser Gedanke wird rhetorisch sehr packend durchgeführt: die *humilitas vestis*, das *nomen monachi*, das *vocabulum religionis*[53], schließlich die *species pietatis* nützen nichts, wenn wir in praxi als entartet erfunden werden (43,5b)[54]. Und daran schließt sich nun ganz natürlich die Ermahnung, auf welche der ganze Redeteil hinaus will (daher die neuerliche Apostrophe: *filii mei carissimi*), nämlich: nicht nur Mönch zu *heißen*, sondern es in Wahrheit zu *sein* (43,6a). Oder anders: die *mores* sollen mit dem *propositum susceptum* übereinstimmen[55]. D.h.: die Praxis monastischer Lebensführung soll dem Gelübde entsprechen. Ganz von selbst stellt sich hier die Assoziation ein: was allgemein gilt, gilt womöglich noch mehr vom Mönch (43,6b). Wenn schon der *homo*

---

[48] Auf der Ebene der Sprach-Kompetenz sind die beiden Wendungen vielleicht durch Erinnerung an 2. Kor. 12,21 miteinander verbunden.

[49] Die Gabe der Tränen: 9,5.

[50] Eine biblische Wendung: Mt. 11,29, aber es ist typischer Weise ganz unsicher, ob bewußt darauf angespielt wird oder nicht, so sehr ist die Bibelsprache zur eigenen Sprachkompetenz geworden. - Vgl. noch *humilitas mentis* (Vita 1,2); *intima humilitas* (4,11); *cordis humilitas* (25,3).

[51] Vermutlich ist das ruhige Herz im Gegensatz zur Unruhe der "Eitlen" gemeint.

[52] Sehr fein schließt sich der Redner hier mit den Angeredeten zusammen.

[53] *Religio* ist hier wohl bereits "das entschiedene Christentum, das die Mönche praktizieren". *Religio* und *pietas* stehen parallel.

[54] Man kann sich die Struktur dieser Sätze so veranschaulichen: (vgl. die Ausführungen bei Baldermann, Vita, 66 und Ruprechtsberger, Beobachtungen, 258):
     simus igitur
         corde humiles,
         mente tranquilli,
         delicta omnia praecaventes,
         ac divinorum semper memores mandatorum,
     scientes non prodesse nobis
         humilitatem vestis,
         nomen monachi,
         vocabulum religionis,
         speciem pietatis,
     si circa observantiam mandatorum degeneres inveniamur
         et reprobi.

[55] Das *propositum susceptum* ist natürlich der vom Mönch gefaßte Entschluß zum asketischen Leben bzw. das entsprechende Gelübde; vgl. *suscepto ... professionis sanctae proposito* (44,2). K. Gamber, Die Severins-Vita als Quelle für das gottesdienstliche Leben in Norikum während des 5. Jh., RQ 65, 1970, 147.

saecularis ein großes Unrecht setzt, sofern er sich versündigt, um wieviel mehr gilt das für den (man erwartet: *homo spiritualis*, statt dessen heißt es einfach) Mönch, der ja mit der Sünde der Welt gebrochen hat[56]. An dieser Stelle bricht in einer außerordentlich kennzeichnenden Wendung, in einer kühnen Metapher[57], noch einmal die spezifische Frömmigkeit mönchischer *abdicatio mundi* hervor: die Mönche erscheinen als diejenigen, *qui blandimenta saeculi quasi atrocem bestiam fugientes Christum cunctis affectibus praetulerunt*[58]. Der fast wie ein Bekenntnis klingende Satz gewährt Einblick in die Schwere des Kampfes, die Entschlossenheit der Weltabkehr, die Radikalität und Totalität der Hingabe. Die Rede erreicht hier - an ihrem Höhepunkt - das höchste Maß an Affekt.

Mit der letzten, packenden Wendung hat der Hauptteil der Rede auch sein Ende gefunden. Eine kurze Peroratio (43,7) folgt, die durch die rhetorische Frage *sed quid vos ultra demoror* und die neuerliche Apostrophe eingeleitet wird. Der Redner verzichtet im folgenden auf eigenständige Formulierungen. Wie er in der Einleitung auf ein alttestamentliches Vorbild zurückgriff, so bildet er jetzt den Redeschluß aus dem Vorbild des Neuen Testaments. Er zitiert die Abschiedsrede des Apostels Paulus in Milet (act. 20,32) und schließt mit einer Doxologie, auf die man sich das gemeinsam gesprochene "Amen" der Mönchsgemeinde zu denken hat.

III

Wir blicken zurück:

a) Der Abschnitt 43,2ff. ist *formal* durch die Stellung im ganzen der Schrift (Höhepunkt der Abschiedsszenen, cc. 40ff.) ausgezeichnet. Eugipp insinuiert dem Leser, daß nun, im Vermächtnis des Heiligen, Besonderes zur Sprache kommt. Die Rede Severins (es ist die längste von allen) ist relativ sorgfältig gegliedert und weist zahlreiche rhetorische Mittel auf. Dazu kommt schließlich die durchgehende - hier besonders stark in Erscheinung tretende - Biblizität der Ausdrucksweise: zwar ist die ganze Vita von der Sprache der lateinischen Bibel geprägt, doch ist die Anzahl der Zitate und Reminiszenzen in diesem Abschnitt besonders groß. Der Leser versteht: in der Stunde des Abschieds formuliert der Diener Gottes in bewußt gehobener und durch besondere Biblizität geweihter Sprache sein geistliches Testament.

---

[56] Ähnlich 9,4: die Mönche haben die *abdicatio mundi* hinter sich, jetzt müssen sie vor dem Rückfall in das weltliche Leben gewarnt werden: *ne is, qui parentes reliquit et saeculum, pompae saecularis inlecebras retrorsum respiciendo cuperet, quas vitaverat...* Zur Sache vgl. Ambr. de Abr. I, 2,9 (PL 14, 424 B); Cassian. coll. XVIII, 5 (SC 64, 16).

[57] Baldermann, Vita, 67.

[58] Zu vgl. ist 9,4, speziell das Stichwort *saeculum / saecularis*.

b) Die Rede ist *inhaltlich* nicht zufällig von zwei Grundmotiven bestimmt: einmal vom Motiv der Exodus-Existenz des Mönchs, in der sich die eschatologische Motivation der christlichen Anfänge "wiederholt"; zum andern vom Motiv demütiger Selbstkritik, die darauf aus ist, die eschatologische Existenz wirklich und wirksam in die Lebenspraxis umzusetzen. Es gilt also (das ist das eine), aus der Welt aufzubrechen hin zum himmlischen Vaterland (das macht den Mönch aus); es gilt aber auch (das ist das andere), den eigenen Stand ständig zu überprüfen (um nicht bloß Mönch zu heißen, sondern zu sein). Wenn man das Wort "Mönch" durch "Christ" ersetzt, hat man die beiden Hauptmotive der urchristlichen Paränese.

Die scheinbar unproblematische Aktualisierung der eschatologischen Motivation in der *vita monastica*, wie sie sich hier darstellt, ist lehrreich und verdient unsere Aufmerksamkeit.

Nachfolge Jesu nach dem Neuen Testament

Nachfolge Jesu - was ist das? Blickt man auf den gängigen Sprachgebrauch, dann ist die Antwort auf diese Frage leicht zu geben. Der christliche Verkündiger verwendet den Begriff der "Nachfolge Jesu" dann, wenn er vom Ernst des christlichen Lebens sprechen will. Wir sagen "zur Nachfolge berufen sein", "in der Nachfolge stehen", oder "in der Nachfolge leben" - und wir meinen damit immer das Ernstmachen mit dem christlichen Glauben, die entschiedene Beugung unter das Joch Christi. Dietrich Bonhoeffer hat in seinem berühmten Buch über die Nachfolge geschrieben: "In der Nachfolge kommen die Menschen aus dem harten Joch ihrer eigenen Gesetze unter das sanfte Joch Christi. Wird damit" (so setzt er hinzu) "dem Ernst der Gebote Jesu Abbruch getan? Nein, vielmehr wird erst dort, wo das ganze Gebot Jesu, der Ruf in die uneingeschränkte Nachfolge bestehen bleibt, die volle Befreiung der Menschen zur Gemeinschaft Jesu möglich[1]." Und: "Das Gebot Jesu ist hart, unmenschlich hart, für den, der sich dagegen wehrt. Jesu Gebot ist sanft und nicht schwer für den, der sich willig darein ergibt[2]." Karl Rahner und Herbert Vorgrimler definieren "Nachfolge" folgendermaßen: Nachfolge ist "die glaubende Bereitschaft, dem Reich Gottes (...), das in Jesus da ist, ...in radikalster Weise bis zur Selbstverleugnung und der Annahme des Kreuzes Christi über sich alle Gewalt einzuräumen[3]." Solche Formulierungen sind in sich deutlich. Sie machen klar, was wir meinen, wenn wir in pointierter Weise von der Nachfolge Jesu zu sprechen wagen.

Nachfolge Jesu - das hat dementsprechend eine große, eine bewegende Geschichte[4]. Sie beginnt mit den Märtyrern, die in der Preisgabe ihres Lebens im wörtlichen Sinn das Kreuz Christi auf sich nehmen. Sie findet in bestimmten Motiven des altkirchlichen Mönchtums ihre nächste, für die weitere Zeit bestimmende Ausprägung. Es genügt, auf eine Schlüsselszene im Leben des Mönchspatriarchen Antonius hinzuweisen, der eines Tages im Gottesdienst das Evangelium vom reichen Jüngling hört. Mit der wörtlichen Erfüllung des Rufs, alles zu verkaufen und Jesus nachzufolgen, beginnt die Apotaxis des heiligen Antonius[5]. Die Geschichte der Nachfolge erlebt dann im Mittelalter

---

[1] Nachfolge, 1952[4], V.
[2] Ebdt.
[3] Kleines theologisches Wörterbuch, HerBü 557, 1981[13], 291.
[4] Übersichten geben: E. Kähler in RGG[3] IV, 1288-1292; F. Frerichs in EKL II[2], 1495-1498; R. Hofmann in LThK[2] VII, 759-762. Allgemein Religionsphänomenologisches bei G. van der Leeuw, Phänomenologie der Religion, 1977[4], 550ff., 763f.
[5] Athan. vita Anton. 2 (PG 26, 841ff.).

einen weiteren Höhepunkt, zum Beispiel bei den Waldensern, dann bei den
Bettelorden, man denke an die Verbindung von Wanderpredigt und evangelischer Armut bei Dominicus, oder an Franziskus von Assisi, der für sich und
seine Brüder eine Wiederholung, eine schöpferische Neugestaltung des armen
Wanderlebens Jesu initiierte[6]. Dabei "wird" die Erzählung vom reichen Jüngling "zu einem Grundtext des Franziskus, und was die konkrete Lebensform
betrifft, zum Ausgangspunkt der franziskanischen Bewegung[7]." Das frühe
Franziskanertum erscheint uns heute wie ein lebendiger Kommentar zur
Nachfolge-Bewegung in der Jesus-Überlieferung. Was sich dort - im Evangelium - findet, wird hier in heiliger Einfalt wieder-holt[8]. In die Zeit des Spätmit-
telalters gehört dann das berühmte Buch de imitatione Christi, das Buch von
der Nachfolge Christi (wie wir - freilich nicht genau - zu übersetzen pflegen).
Es ist schwer, von der Bedeutung dieses Buches zu sprechen, ohne in kon-
ventionelle Formulierungen zu verfallen. Jedenfalls handelt es sich um das
bedeutendste Erbauungsbuch der ganzen christlichen Kirche. Es ist das neben
der Bibel verbreitetste Buch der Christenheit[9]. Im 16. Jahrhundert wird die
Nachfolge-Tradition in den Exerzitien des Ignatius von Loyola geschichtsmächtig[10]. Aus dem Liedgut des 17. Jahrhunderts singen wir noch heute:
"Lasset uns mit Jesus ziehen / seinem Vorbild folgen nach..." und: "Mir nach,
spricht Christus unser Held, mir nach, ihr Christen alle..." Im vorigen Jahrhundert spielt die Nachfolge-Thematik eine besondere Rolle bei Sören Kierkegaard[11]. Und in unserem Jahrhundert hat der schon zitierte Dietrich Bonhoef-

---

[6]   Vgl. J. v. Walter, Franz von Assisi und die Nachahmung Christi, 1910, näherhin: 38ff.
      bzw. 188ff. (aber unzureichend); K. Beyschlag, Die Bergpredigt und Franz von Assisi,
      BFChTh II, 57, 1955; über das Thema der Nachfolge näherhin: 159ff. (doch scheinen
      mir Beyschlags Urteile über die Differenzen zwischen der Jesus-Überlieferung und
      Franz problematisch). Vor allem ist jetzt zu vergleichen: W. Egger, Nachfolge als Weg
      zum Leben, ÖBS 1, 1979, 237ff.
[7]   Egger, Nachfolge, 238.
[8]   "Die von Franziskus gewählte Lebensweise zeigt überraschende Parallelen zu der in der
      Logienquelle geschilderten Lebensweise der ersten Boten Jesu" (Egger, Nachfolge, 282).
      Überhaupt ist zu diesem Thema zu vergleichen, was Egger, a.a.O., 282f. ausführt.
[9]   Vgl. nur in der Einleitung von Fr. Eichler zu: Thomas von Kempen, De imitatione
      Christi. Nachfolge Christi und vier andere Schriften. Lateinisch und deutsch, 1966, 25f.
      - Auf die bekannten Fragen nach der Verfasserschaft braucht hier natürlich nicht einge-
      gangen zu werden.
[10] Zum Nachfolge-Motiv bei Ignatius vgl. nur: G. Switek, "In Armut predigen". Untersu-
      chungen zum Armutsgedanken bei Ignatius von Loyola, STGL 6, 1972, 242ff., 256ff.
      und passim.
[11] Vgl. nur: Erbauliche Reden in verschiedenem Geist, Ges. Werke 18, 229ff. (über Lk.
      14,27): Einübung im Christentum, Ges. Werke 26, 228ff. Weiters: S. Hansen, Die Be-
      deutung des Leidens für das Christusbild Sören Kierkegaards, KuD 2, 1956, 1ff.; H.
      Fritzsche, Kierkegaards Kritik an der Christenheit, AzTh I, 27, 1966, 47ff. - Wenigstens
      anmerkungsweise sei hier (im Hinblick auf die Jahrhundertwende) auf einen anderen
      Aspekt der Wirkungsgeschichte der Nachfolge hingewiesen: L. Specker (ed.), Politik
      aus der Nachfolge. Der Briefwechsel zwischen Howard Eugster-Züst und Christoph
      Blumhardt 1886-1919, 1984.

fer das wohl eindringlichste Buch zu diesem Thema geschrieben[12]. Das Buch gehört zu den theologischen Klassikern unseres Jahrhunderts.

Damit sind nur wenige Stationen eines weiten wirkungsgeschichtlichen Weges genannt, bei dem es (wie es nicht anders sein kann) zu sehr verschiedenartigen Ausprägungen des Motivs gekommen ist.

Doch ist jetzt nicht die Wirkungsgeschichte der Nachfolge Jesu zu erörtern (so interessant sie auch sein mag), sondern es soll den Ursprüngen selbst nachgegangen werden. Was war das, Nachfolge Jesu, damals, am Anfang, in den Anfängen unseres Glaubens? Wie sieht der Ursprung aus? Wir fragen danach nicht (oder jedenfalls nicht nur) aus historischer Neugierde, sondern wir fragen danach in der Absicht, unsere eigene christliche Existenz besser zu verstehen, um unsere eigene Spiritualität heute an dem Feuer der Anfänge neu zu entzünden. Wir fragen nach dem, was authentische Nachfolge Jesu ist und sein kann. Authentische Nachfolge Jesu ist nur möglich, wenn sie sich an dem orientiert, was uns durch die Schrift vorgegeben ist.

Ich versuche im folgenden in einem ersten Teil, das Nachfolge-Motiv in der ältesten Jesus-Überlieferung darzustellen. Es folgt ein zweiter Teil, der die Veränderungen dieses Motivs in nachösterlicher Zeit skizziert. Ein kurzer dritter Teil, der Schlußteil, soll aus alledem die Summe ziehen für das, was sich daraus für unsere eigene, heutige Existenz ergibt.

I

Wir fragen zunächst: In welchen Zusammenhängen hat Jesus selbst von der Nachfolge geredet? Und wir antworten: im Zusammenhang seiner Verkündigung von der Nähe der Gottesherrschaft[13]. Wann immer man Verkündigung und Lebenspraxis Jesu darzustellen hat, hat man mit dem Thema der Ankündigung der Gottesherrschaft in der Botschaft Jesu zu beginnen. Hier liegen die Wurzeln und die Motive für alles weitere. Jesus ist aufgetreten mit der Botschaft, daß das Reich Gottes nahe ist, ja, daß es in ihm, in seiner Verkündigung und seinem Wirken bereits hereinbricht - das Reich, auf das im Grunde

---

[12] Zu Bonhoeffers Nachfolge-Buch, seine Entstehung und seine Bedeutung vgl. Eb. Bethge, Dietrich Bonhoeffer. Theologe. Christ. Zeitgenosse, 1970³, 505.515ff.

[13] Vgl. nur: A. Schulz, Nachfolgen und Nachahmen. Studien über das Verhältnis der neutestamentlichen Jüngerschaft zur urchristlichen Vorbildethik, StANT 6, 1962, 67; Ferdinand Hahn, Die Nachfolge Jesu in vorösterlicher Zeit, in: Ferd. Hahn - A. Strobel - E. Schweizer, Die Anfänge der Kirche im Neuen Testament, EvFo 8, 1967, 22ff.; K. Kertelge, Jesus und die Gemeinde, in: K. Müller (ed.), Die Aktion Jesu und die Re-Aktion der Kirche. Jesus von Nazareth und die Anfänge der Kirche, 1972, 104ff. "Die Nachfolge Jesu impliziert ursprünglich die unbedingte Bereitschaft, mit Jesus die Ankunft des Gottesreiches zu erwarten" (105). "Nachfolge ist ... der durch die Nähe der Gottesherrschaft begründete Anschluß an Jesus und seine Sache" (W. Schrage, Ethik des Neuen Testaments, GNT 4, 1982, 50).

alle Menschen warten, weil sich mit seinem Kommen erst der Sinn des menschlichen Lebens erfüllt. Das ist freilich keine Ankündigung unter anderen Ankündigungen, sondern ein letztes Wort in letzter Stunde, eine Botschaft, bei der es ums Ganze geht. Hier steht alles auf dem Spiel. Eine Verkündigung vom Hereinbrechen der Gottesherrschaft fordert demgemäß vom Menschen einen letzten Einsatz, eine völlige Offenheit und Bereitschaft, die große Entscheidung. Es ist die Konversion, die Umkehr, die vom Menschen gefordert wird, das heißt die Ab-kehr von bisherigen Lebensgewohnheiten und Werthaltungen und (damit verbunden) die Hin-kehr zu neuen Werten, zu einer neuen Lebenspraxis, zu einer Lebenspraxis, die sich vom Kommen der Gottesherrschaft her motiviert. Die Umkehr kann zuweilen befremdlichen, geradezu paradoxen Charakter annehmen. Bestimmte Werthaltungen werden auf den Kopf gestellt. Wenn Gottes Reich kommt, sieht vieles, sieht alles anders aus. Wer die Botschaft von der hereinbrechenden Gottesherrschaft vernommen hat, wird die Konsequenzen ziehen, er wird der kommenden Gottesherrschaft entgegen leben. Er hat, wenn er das tut, um im Stil der Jesus-Überlieferung zu reden: "die Zeichen der Zeit" verstanden[14].

Wie der eine Schatz, die eine köstliche Perle allen anderen Besitz geringfügig und gleichgültig macht, so daß man ihn freudig und ohne Zögern in die Waagschale wirft, so hat der Anbruch der Gottesherrschaft alle bisherigen Werte relativiert. Das ist der Zusammenhang, in dem auch die ursprüngliche Nachfolge-Forderung Jesu steht. Erst wenn wir das verstanden haben, begreifen wir, was Jesus mit Nachfolge meinte, verstehen wir die Radikalität und Unerbittlichkeit, aber auch den Glanz der Verheißung, der mit der ursprünglichen Nachfolge-Forderung Jesu verbunden war.

Damit ist der allgemeine Rahmen abgesteckt. Versuchen wir nun, die Nachfolge-Forderung Jesu genauer ins Auge zu fassen[15]. Man kann dabei (mit einiger Abstraktion) das, was hier zu sagen ist, in drei thematische Gruppen einteilen. Ich unterscheide die Themen: Der "Eintritt in die Nachfolge"[16], der Verzicht, der Auftrag.

a) Der Eintritt in die Nachfolge. Die evangelischen Berichte kennen verschiedene Formen, in denen sich dieser Eintritt vollzogen hat. Sie erzählen von ausdrücklichen Berufungen durch Jesus, sie erzählen davon, daß einer den andern zu Jesus bringt, sie erzählen aber auch von einzelnen, die von sich aus den Wunsch äußerten, in die Nachfolge Jesu eintreten zu dürfen[17]. Den Ruf

---

[14] Die Zeichen der Zeit, die verstanden sein wollen: Mt. 16,2f. bzw. Lk. 12,54ff.

[15] Zur Begrifflichkeit: H. Zimmermann, Christus nachfolgen. Eine Studie zu den Nachfolge-Worten der synoptischen Evangelien, ThGl 53, 1963, 243f.: G. Schneider in EWNT I, 118ff.: H.-W. Kuhn, Nachfolge nach Ostern, in: D. Lührmann - G. Strecker (edd.), Kirche (FS Bornkamm), 1980, 106 und Anm. 3.

[16] Der Begriff bei Kuhn, Nachfolge, 109.113, Anm. 50 und 124f.

[17] Kuhn, Nachfolge, 109. Zum letzten der drei Fälle bemerkt Kuhn natürlich zurecht, "daß menschliche Bereitschaft nicht genügt" (ebdt.). - Interessant ist das Gegenüber der markinischen Berufungserzählungen zu den Nachfolge-Perikopen in der Logienquelle.

zur Nachfolge veranschaulicht am Anfang des Markusevangeliums die Perikope 1,16-20 (vgl. Mt. 4,18-22), die von der Berufung der ersten Jünger (Simon und Andreas - Jakobus und Johannes) erzählt. Die Erzählung besteht aus zwei genau parallel aufgebauten Szenen, in denen alles Unwesentliche weggelassen und nur das Entscheidende dargestellt ist. Die Begegnung mit Jesus hat etwas zugleich Zufälliges und Schicksalhaftes. Das entscheidende Wort heißt "Auf, mir nach!" Sein Blick fällt auf sie, er holt sie aus ihrer bürgerlichen Berufstätigkeit heraus, sie folgen ihm ohne Widerrede: "Sie folgen ihm" heißt: Sie lassen ihre Arbeit liegen und stehen, bzw. sie lassen ihren Vater zurück, sie gehen fortan hinter ihm her, hinter Jesus her, niemand weiß, wohin. Die kleine Szene Mk. 2,14 par. (die Berufung des Levi) bestätigt das Erkannte. Wie dort die Fischer ihre Netze und ihr Boot zurücklassen, so hier der Zöllner seinen Zolltisch. Er steht von seinem Platz am Wechseltisch auf und geht Jesus nach, jetzt, sofort, ohne Diskussion, ohne Frage, ohne Sicherung seiner Zukunft. Mögen diese Szenen in ihrer Darstellung abstrahierend und schematisch sein[18], sie bringen jedenfalls zum Ausdruck, daß der bedingungslose Gehorsam gegenüber diesem Ruf gefordert wird. Dieser Gehorsam impliziert die sofortige Bereitschaft[19].

Nachfolge duldet keinen Aufschub. Wer gerufen ist, ist *jetzt* zum Gehorsam gerufen[20]. Zur Nachfolge ist nur der geeignet, der bereit ist, alle Rücksichten und Bindungen zugunsten der Gottesherrschaft und ihres Verkündigers zurückzustellen. Dieses Motiv wird in unübertrefflicher Weise in einem Jesuswort veranschaulicht, das uns das sogenannte "Spruchbuch" überliefert hat (Mt. 8,21f. par.). Hier geht es um jemanden, der von sich aus den Eintritt in

---

Dort (bei Mk.) der Ruf, hier (in Q) der eigene Entschluß. Dazu nur Kuhn, Nachfolge, 113f.

[18] R. Bultmann hat (Die Geschichte der synoptischen Tradition, FRLANT 29, 1979⁹, 27) zur Charakterisierung dieser Erzählungen den Begriff "ideale Szene" geprägt, was in der Regel (mit verschiedenen Präzisierungen) übernommen wird. Ich halte diese Bezeichnung für nicht treffend (Bedenken auch bei Th. Aerts, Suivre Jésus. Evolution d'un thème biblique dans les Evangiles synoptiques, EThL 42, 1966, 495) und spreche lieber von einer Darstellung, die stark abstrahierend und schematisierend arbeitet. Vermittelnd z.B. J. Gnilka, Das Evangelium nach Markus, 1. Teilband, Mk. 1-8,26; EKK II, 1, 1978, 75.

[19] Vgl. noch die Erzählung von der Berufung des Petrus (Lk. 5,1-11). Ein Ruf in die Nachfolge auch Mk. 10,21 par. An die synoptischen Berufungserzählungen erinnert Joh. 1,43, wo wahrscheinlich vorjohanneische Tradition vorliegt, vgl. Ferdinand Hahn, Die Jüngerberufung Joh 1,35-51, in: J. Gnilka (ed.), Neues Testament und Kirche (FS Schnackenburg), 1974, 177f. In Joh. 1,41f. und 45f. ruft nicht Jesus, sondern ein Jünger ruft den andern zur Nachfolge, Hahn, op. cit. 178. Hahn nennt das sehr treffend "indirekte Berufung" (182.190). Zur Gattung der Berufungsgeschichten gehört schließlich auch die apokryphe Parallele aus dem Ebionäer-Evangelium bei Epiph. pan. haer. XXX, 13,2f. (GCS I, 349f. ed. Holl).

[20] Dieses Motiv hat bekanntlich eine besondere Wirkungsgeschichte in der mönchischen oboedientia sine mora, vgl. nur Reg. Ben. 5,1 und 7ff. (CSEL 75², 38f. ed. Hanslik) - aus der Regula Magistri. Ad. de Vogüé, Die Regula Benedicti. Theologisch-spiritueller Kommentar, Reg. Ben. St. Suppl. 16, 1983, 116f.

die Nachfolge Jesu begehrt. Der zu rekonstruierende Q-Text lautete etwa so[21]: "Ein anderer sprach: Erlaube mir, daß ich zuerst weggehe und meinen Vater begrabe! Er aber sagte zu ihm: Folge mir und laß die Toten ihre Toten begraben!" Ein ähnliches Wort Jesu findet sich Lk. 9,61f.[22]: "Wieder ein anderer sagte: Ich will dir nachfolgen, Herr. Erlaube mir aber zuerst, mich von denen, die in meinem Hause sind, zu verabschieden. Jesus aber sprach zu ihm: Keiner, der die Hand an den Pflug legt und zurückblickt, ist geeignet für das Reich Gottes[23]!" Gemeinsam ist solchen Worten die Unerbittlichkeit der Forderung, die kein Zögern und keine Kompromisse erlaubt, die sich, wenn es sein muß, auch über die Gebote der Pietät hinwegsetzt[24]. Jesus nachfolgen heißt: jetzt Gott entgegengehen, und das duldet nichts anderes neben sich.

An dieser Stelle ist sofort auf einen bedeutsamen Sachverhalt hinzuweisen. Wir sprechen von denen, die Jesus ständig begleiteten, von der Nachfolge im pointierten Sinn. Nachfolge in diesem pointierten Sinn meint in der ältesten Jesus-Überlieferung nicht das Verhalten der großen Menge, nicht die große Gruppe der Anhänger, sondern Nachfolge in diesem pointierten Sinn bezieht sich ursprünglich auf einen engeren Kreis von Anhängern, für den eigene Verhältnisse und eigene Bestimmungen gelten. Wir stoßen hier auf ein Phänomen, das in sich völlig deutlich ist, dessen Konsequenzen aber nicht immer genügend bedacht werden: Jesus hat nicht alle zur Nachfolge gerufen bzw. nicht alle in die Nachfolge aufgenommen, sondern nur einen engeren Kreis. Man hat bei den Anhängern Jesu, bei den Anhängern des irdischen Jesus, offenbar zwischen einem weiteren Kreis und einem engeren Kreis zu unterscheiden[25]. Joa-

---

[21]   Rekonstruktion bei M. Hengel, Nachfolge und Charisma. Eine exegetisch-religionsgeschichtliche Studie zu Mt 8,21f. und Jesu Ruf in die Nachfolge, BZNW 34, 1968, 4. Andere Rekonstruktionen bei S. Schulz, Q. Die Spruchquelle der Evangelisten, 1972, 434f.; Ath. Polag, Fragmenta Q. Textheft zur Logienquelle, 1982[2], 42; Kuhn, Nachfolge, 115.

[22]   Sondergut, vielleicht aber aus Q (gegen Herkunft aus Q: S. Schulz, Q, 435, Anm. 239). Zu Q gerechnet von: A. Schulz, Nachfolgen und Nachahmen, 108; H. Frankemölle, Jahwebund und Kirche Christi. Studien zur Form- und Traditionsgeschichte des "Evangeliums" nach Matthäus, NtA, N.F. 10, 1974, 88; Polag, Fragmenta Q, 42; vorsichtig: Aerts, Suivre, 493; Hengel, Nachfolge und Charisma, 4; G. Schneider, EWNT I, 122.

[23]   Zu der "Dreiergruppe" Lk. 9,57-62: Hengel, Nachfolge und Charisma, 4f.

[24]   Dazu (im Bezug auf Mt. 8,21f. par.): Hengel, Nachfolge und Charisma, 9ff. Zum Sinn und zur Auslegungsgeschichte des Logions Mt. 8,22 par. vgl. H.G. Klemm, Das Wort von der Selbstbestattung der Toten. Beobachtungen zur Auslegungsgeschichte von Mt VIII. 22 par., NTS 16, 1969/70, 60-75.

[25]   Vgl. Kittel, ThWNT I, 215; A. Schulz, Nachfolgen und Nachahmen, 47: "Die Überlieferung gliedert die Anhänger Jesu in einen größeren Kreis und in eine engere Gemeinschaft." Vgl. noch 95f.; J.J. Vincent, BHH II, 1273; Hengel, Nachfolge und Charisma, 68ff.; H. Merklein, Der Jüngerkreis Jesu, in: K. Müller (ed.), Die Aktion Jesu und die Re-Aktion der Kirche, 1972, 89f.; R. Pesch, Das Markusevangelium I. Teil. Einleitung und Kommentar zu Kap. 1,1-8,26, HThK II/1, 1980[3], 113 und Anm. 18; G. Lohfink, Wie hat Jesus Gemeinde gewollt? Zur gesellschaftlichen Dimension des christlichen Glaubens, 1982[6], 42f.; W. Schrage, Ethik, 51f.; R. Schnackenburg, Die sittliche Bot-

chim Jeremias formulierte sehr anschaulich: "Die Schar derer, die sich dem Evangelium öffnen, sammelt sich um Jesus sozusagen in konzentrischen Kreisen[26]." Der weitere Kreis der Anhänger bejahte die Verkündigung Jesu, blieb aber in den gewohnten Bahnen des sozialen Lebens, in Familie und Beruf[27]. Nur der engere Kreis, ein kleiner Kreis von Anhängern, gab das bisherige, alltägliche Leben auf und ging fortan "hinter ihm her"[28]. Nur dieser engere Kreis bildet die Gruppe der Nachfolgenden im pointierten Sinn. Und nur von diesem engeren Kreis ist zunächst die Rede.

b) Wir sprachen von der Thematik des Eintritts in die Nachfolge. Wir kommen nun zu dem anderen Thema: Zur Nachfolge gehört ursprünglich auch der reale Verzicht[29]. Dem engeren Kreis derer, die Jesus in seine Nachfolge gerufen hat, werden bestimmte Formen des Verzichtes zugemutet. Man darf die diesbezüglichen Forderungen Jesu nicht als bloß "bildliche Ausdrucksweise" fassen oder als bloße Ideale, denen doch keiner nachkommt. Sondern sie sind wörtlich gemeint und sie sind von dem kleinen Kreis der Nachfolgenden auch praktiziert worden. Man kann von einer eschatologisch motivierten Askese sprechen und sollte das auch tun, um der Wahrheit die Ehre zu geben[30]. Der Verzicht ist nötig um der je größeren Freiheit willen, die er ermöglicht[31]. Aber, wer ist zu dieser Freiheit fähig? Wer mit ihm gehen will, muß zuvor die Kosten überschlagen und prüfen, ob sein Herz bereit ist. Hierher gehören zwei

---

schaft des Neuen Testaments, Bd. I: Von Jesus zur Urkirche, HThK Suppl. I, 1986, 59.65ff. Dieser Sachverhalt ist besonders unterstrichen bei G. Theißen und Kuhn. Zu Theißen vgl.: Wanderradikalismus. Literatursoziologische Aspekte der Überlieferung von Worten Jesu im Urchristentum, jetzt in: Studien zur Soziologie des Urchristentums, WUNT 19, 1983[2], 79ff.; ders., "Wir haben alles verlassen" (Mc. X, 28). Nachfolge und soziale Entwurzelung in der jüdisch-palästinischen Gesellschaft des 1. Jahrhunderts n.Chr., jetzt in: Studien, 106ff. Zu Kuhn: Nachfolge, passim. "Die Nachfolge war ursprünglich Ausnahme" (Kuhn, op. cit. 124 gegen Hahn, Nachfolge Jesu, 26). - Zu Theißens Thesen über den Wanderradikalismus in der Jesusbewegung vgl. noch seine für einen weiteren Leserkreis bestimmte Studie: Soziologie der Jesusbewegung. Ein Beitrag zur Entstehungsgeschichte des Urchristentums, TEH 194, 1977.

[26] Neutestamentliche Theologie. Erster Teil. Die Verkündigung Jesu, 1979[3], 164.

[27] Wir kennen noch Namen aus der Schar der Anhänger Jesu, die *nicht* in die Nachfolge gerufen wurden: Nikodemus (Joh. 3,1.4.9; 7,50; 19,39); Josef von Arimathia (Mk. 15,43 par. 45; Joh. 19,38); Zachäus (Lk. 19,2ff.); Lazarus v. Bethanien (Joh. 11,1ff.; 12,1ff.). Vgl. A. Schulz, Nachfolgen und Nachahmen, 95; Lohfink, Gemeinde, 42f.

[28] Jeremias, Neut. Theol. I, 164f. unterschied drei Gruppen: die Anhänger Jesu, "die mit ihren Familien auf die Königsherrschaft warten und die ihn und seine Boten aufnehmen", die Jünger, die mit Jesus umherziehen (164), und (innerhalb dieses engeren Kreises) noch die Dodeka (165). Dies ändert aber an der grundsätzlichen Unterscheidung eines weiteren und eines engeren Kreises nichts.

[29] Aerts, Suivre, 486: "...le renoncement à d'autres biens".

[30] Daß die asketische Motivation erst nachträglich ins Christentum eingedrungen sei, trifft für die eschatologisch motivierte Askese nicht zu.

[31] Christum maiore cum libertate sequi: Conc. Vatic. II, decret. de accom. renov. vitae rel. 1.

Gleichnisse, die uns das Lk.-Evangelium überliefert hat: Lk. 14,28-33[32]. Die beiden Gleichnisse machen deutlich, daß Jesus von den ihm Nachfolgenden einen bestimmten Verzicht fordert (fordern muß) und daß der Nachfolgewillige erst überschlagen soll, ob er dazu überhaupt fähig ist. Die Nachfolge Jesu war also mit Verzicht verknüpft. Überblickt man die diesbezüglichen Aussagen der Überlieferung, so erkennt man folgende Elemente: Nachfolge fordert den Verzicht auf Selbstbestimmung, Nachfolge fordert den Besitzverzicht, Nachfolge führt in die Heimatlosigkeit Jesu.

Nachfolge fordert den Verzicht auf Selbstbestimmung. Hinter Jesus hergehen bedeutet zunächst, sich den Weg von Jesus selbst vorgeben zu lassen, bedeutet den Verzicht darauf, sein Leben wie bisher selbst zu bestimmen, über sein Leben selbst zu verfügen, es nach eigener Willkür selbst zu gestalten. Dabei geht es selbstverständlich nicht um die Zerstörung der personalen Freiheit, sondern im Gegenteil um einen Akt höchster Freiheit, um einen Akt freudiger Selbstpreisgabe aus dem Zentrum der Person. Niemals ist der Mensch so frei wie in dem Augenblick, da er sich ganz dem Willen Gottes ergibt. Die Nachfolgenden gaben den Willen zur selbstherrlichen Gestaltung ihres Lebens auf und banden ihr Leben an das seine. Er konnte fortan über ihr Leben verfügen. Es ist deutlich, daß das Mitgehen mit Jesus, das Hinter-ihm-Hergehen, diese Konsequenz nach sich zieht. Er selbst übernimmt jetzt die Führung und Gestaltung ihres Lebens. Die Nachfolgenden geben um der Gottesherrschaft willen und um Jesu willen, der die Gottesherrschaft verkündigt und bringt, das kleinere Gut der Selbstbestimmung auf, um ein größeres Gut zu gewinnen. Indem sie sich in bestimmter Hinsicht aufgeben, erhalten sie erst die Chance, sich in einem tieferen Sinn zu gewinnen.

Nachfolge war aber auch (und das ist das nächste) mit dem realen Besitzverzicht verbunden. Wir haben uns die Schar, die Jesus um sich sammelte, als eine Gruppe von Leuten vorzustellen, die für ihren eigenen Lebensunterhalt nicht aufkommen konnte (weil sie ihre Besitztümer preisgegeben hatte) und daher von den Zuwendungen der Freunde lebte. Sie lebten von Almosen[33]. Die Forderung des Besitzverzichts ist vor allem in der Perikope vom reichen Jüngling dargestellt (Mk. 10,17ff. par.) - eine der wirkungsmächtigsten Erzählungen der Evangelien. Wir haben hier die Erzählung von einem vergeblichen

---

[32]   Zu diesem Doppelgleichnis vgl. nur: J. Jeremias, Die Gleichnisse Jesu, 1984[10], 195 (zu V. 33: ebdt. 111 Anm. 1). Jeremias verweist in diesem Zusammenhang noch auf zwei apokryphe Logien: Ev. Thom. copt. 82 (Leipoldt, 46f.) und 98 (Leipoldt, 50f.). Ob zurecht?

[33]   Übrigens haben wir hier an eine Besonderheit zu erinnern: unter den Jesus Nachfolgenden gab es auch (verwitwete) Frauen (dazu: Jeremias, Neut. Theol. I, 164f.); von ihnen wird (in versprengten Nachrichten Lk. 8,3: Mk. 15,41) berichtet, daß sie die Gruppe aus ihrem Vermögen unterstützten, d.h. für ihre Versorgung aufkamen. Von ihnen war also nicht die Trennung vom Besitz gefordert.

Ruf [34] zur Nachfolge vor uns[35], vergeblich deshalb, weil der Gerufene nicht bereit ist, sich von seinen Reichtümern zu trennen. Man sollte nicht leugnen, daß nach dieser Erzählung die Trennung vom Besitz Voraussetzung für den Eintritt in die Jüngernachfolge Jesu darstellt[36]. Die Erzählung macht deutlich (was dann durch die Passage Mk. 10,28ff. noch unterstrichen wird), daß wenigstens in der Regel die freiwillige Preisgabe allen Besitzes zur Jüngerschaft des irdischen Jesus gehörte. Wer ihm nachfolgen wollte, konnte seinen Besitz nicht mitnehmen, sondern trat in die heilige Armut derer, die Gottes Herrschaft entgegengehen. Wiederum haben wir hinzuzufügen: das galt nur für die Gruppe der Nachfolgenden. Jesus hat nicht von jedem gefordert und erwartet, daß er auf seinen Besitz verzichtet. Er hat vor dem Verfall an den Götzen Mammon gewarnt (Mt. 6,24 par. Q) und den bitteren Ernst der hier bestehenden Gefährdung betont (Mk. 10,25 par.). Aber von denen, die ihm nachfolgen wollten (und nur von denen), hat er gefordert, sich des Besitzes ganz zu entledigen; nicht weil Besitz als solcher etwas Böses ist, sondern um die Seinen zu bewahren vor dem Verfall an den Besitz, der das Verlangen nach Gott erstickt.

Nachfolge war schließlich (und damit kommen wir zu der letzten der drei genannten Bestimmungen) mit der Teilnahme am Lebensweg und an der Lebenspraxis Jesu verbunden. Nachfolge bestand ja darin, einem wandernden und in diesem Sinn heimatlosen Lehrer auf seinem Weg zu folgen[37]. Wer in die Nachfolge Jesu eintrat, brach auch auf diesem Gebiet die Brücken hinter sich ab. Er löste sich - wenigstens zeitweise - aus dem Verband der Familie, er verließ sein Haus und wurde zu einem Menschen, der ohne sicheren Unterhalt, ohne ein festes Dach über seinem Kopf seinem Meister folgte, - menschlich gesprochen ins Elend. Diese Zusammenhänge sind thematisiert in dem Logion Mt. 8,19f. par. Q, wo Jesus zu einem Nachfolgewilligen sagt: "Die Füchse haben Höhlen und die Vögel des Himmels haben Nester; aber des Menschen Sohn hat nichts, wo er sein Haupt hinlegen könnte" (Mt. 8,20 par. Q). Mk.

---

[34] Das Logion V. 21 "rückt die Perikope in die Nähe der Berufungsgeschichten": J. Gnilka, Das Evangelium nach Markus. 2. Teilband. Mk 8,27-16,20, EKK II/2, 1979, 84.

[35] Das Nachfolge-Motiv ist ebenso wie V. 22b nicht erst nachträglich eingefügt: Egger, Nachfolge, 187. "Die ursprüngliche Erzählung ist ... weder eine Erzählung vom Almosengeben in radikaler Zuspitzung noch eine Erzählung, in der Jesus die Beobachtung des Gesetzes einschärft, sondern die Geschichte einer mißglückten Berufung" (188). Anders jetzt wieder R. Busemann, Die Jüngergemeinde nach Markus 10. Eine redaktionsgeschichtliche Untersuchung des 10. Kapitels im Markusevangelium, BBB 57, 1983, 98f. und passim (das Element der Nachfolge sei nachgetragen).

[36] "Das Austeilen der Güter ist weder als eine Form von Nächstenliebe zu interpretieren noch als Einschärfung des ersten Gebotes, sondern als die für die Nachfolge notwendige Voraussetzung: die Nachfolge geschieht in der auch soziologisch feststellbaren Form der Besitz- und Heimatlosigkeit (Vv. 21.28.29f.): der reiche Mann soll zu jenem engeren Kreis gehören, der das Wanderleben Jesu teilt" (Egger, Nachfolge, 214).

[37] Wie sich Jesu Wirken als wandernder Lehrer mit der matth. Notiz 4,13 (vgl. 9,1) verträgt, steht auf einem anderen Blatt.

10,28 läßt der Evangelist den Petrus sagen: "Siehe, wir haben alles verlassen und sind dir nachgefolgt." Und in der Antwort Jesu (V. 29) wird konkretisiert, was mit dem "alles" näherhin gemeint ist, nämlich: Brüder und Schwestern, Mutter und Vater, Kinder und Äcker..., das heißt also der ganze Lebensbereich, in dem sie ihr bisheriges Dasein führten[38]. Damit tritt noch einmal die Radikalität des Verzichts heraus. Hierher gehört dann auch das Motiv der Leidensgefolgschaft (Mk. 8,34 par.; Mt. 10,38 par. Q; vgl. Joh. 12,26) - davon wird später noch zu handeln sein. - Man muß freilich sofort hinzusetzen: es handelt sich bei alledem selbstverständlich nicht um ein quälendes Opfer, das unter Seufzen gebracht wird und dessen Sinn sich der einzelne immer nur mühsam vergegenwärtigen kann; sondern es handelt sich um die freudige Hingabe des Vorläufigen, der endlichen Sicherungen, Bindungen und Beziehungen, in der Absicht, damit größere Freiheit für Gott, größere Verfügbarkeit zu gewinnen, größere Freiheit für das, was uns letztlich betrifft. Es handelt sich um einen begeisterten Aufbruch hinter dem her, der in Vollmacht Gottes Willen verkündigt und Gottes Reich verheißt.

c) Diese ihm ergebene, arme, heimatlose Schar kann dann von ihm gelegentlich ausgesandt werden, um ihn bei der Proklamation der kommenden Gottesherrschaft zu unterstützen. Wir sind damit zum Thema der besonderen Funktion und Aufgabe der Nachfolgenden gelangt. Die Aufgabe der Nachfolgenden besteht natürlich im allgemeinen Sinn darin, Jesus auf seinem Weg zu begleiten, ihm, dem Meister, zu dienen. Im engeren Sinn besteht die Aufgabe der Nachfolgenden darin, Jesus bei seiner Tätigkeit als Boten der Endzeit zu unterstützen. Das deutet einerseits die Berufungsgeschichte des Markusevangeliums an (1,16-20), wenn den Fischern, die zur Nachfolge berufen werden, das Befehls- und Verheißungswort zugerufen wird: Ich will machen, daß ihr Menschenfischer werdet" (1,17)[39]. Ähnlich lautet das Wort in der sonst eigenständigen lukanischen Erzählung von der Berufung des Petrus (Lk. 5,10). Und in der Tat: die Evangelien berichten mehrfach von Sendungen der Jünger. Die Jünger haben dabei nichts anderes zu sagen als er: sie rufen die letzte, die entscheidende Stunde aus, das Kommen von Gottes Reich. Sie verkünden den Frieden und rufen zur Buße. Sie erscheinen in alledem als die heiligen Boten der Endzeit, und von daher versteht man dann, wie es kommt, daß die Lebenspraxis der wandernden Boten genau geregelt ist. In ihrer heiligen Armut erscheint die Lebensweise des Menschen, der ganz auf Gott angewiesen ist, der sich ihm ganz ausgeliefert hat. Die Regeln für wandernde Boten, die uns die

---

[38] Vgl. auch Mt. 10,37 par. Q.
[39] Zum Begriff "Menschenfischer": Hengel, Nachfolge und Charisma, 85ff.; Pesch, Markusevangelium, I, 111, 113; Gnilka, Markus, I, 73f.

Evangelien überliefert haben (Mk. 6,7-13; Mt. 10,5-16; Lk. 9,1-6; 10,1-12), sprechen eine deutliche Sprache[40].

Wir halten inne. Überblickt man all das, wovon jetzt die Rede war - Berufung, Verzicht, Auftrag -, dann kann man in der Tat von einer "Nachfolge-Bewegung" sprechen, die der irdische Jesus ins Leben gerufen hat. Sie gehört zu den sichersten Elementen dessen, was wir über den sogenannten "historischen" Jesus wissen. Man kann im Hinblick auf die von Jesus gestiftete Nachfolge-Bewegung nach historischen Vorbildern fragen, oder besser: fragen, ob es ähnliche Phänomene im historischen und kulturellen Umkreis gegeben hat[41]. Und diese Frage ist natürlich auch längst gestellt worden. Sicher wirkt die alttestamentliche Tradition ein (man denke an das Verhältnis von Prophet und Prophetenschüler bei Elia und Elisa)[42], obwohl selbst hier Differenzen bestehen[43]. Dagegen scheidet das rabbinische Lehrer-Schüler-Verhältnis[44] als Vorbild für die Nachfolge Jesu aus[45]. Jesus war kein rabbinischer Lehrer und seine Schüler keine Gelehrtenschüler[46]. Auch die Erinnerung an den zeitgenössischen Zelotismus, die religiös motivierte Aufstandsbewegung in den beiden ersten Jahrhunderten, hat beiseite zu bleiben. Jesus hat seine Schüler nicht zur Vorbereitung eines kommenden Aufstands gesammelt, und die von ihm verkündete Gottesherrschaft ist nicht mit der Idee einer irdischen Revolution verbunden[47]. Ein wirkliches Vorbild für die Nachfolge Jesu gibt es nicht[48]. Der Vergleich mit ähnlichen Bewegungen oder Erscheinungen zeigt jeweils nur das Besondere an der Nachfolge Jesu[49].

---

[40] Damit verwandt sind die "Gemeinderegeln für den Umgang mit wandernden Charismatikern" (Theißen, Studien, 201), zu denen Mt. 10,40-42 und Did. 11,4-12 gehören. Sie bilden sozusagen das Gegenstück zu den Regeln für die wandernden Charismatiker.

[41] Die religionsgeschichtlichen Analogien erörterte ausführlich und eindringlich: Hengel, Nachfolge und Charisma, 18ff.

[42] 1. Kön. 19,19-21. Die Stelle hat (wie öfter vermutet wurde) vielleicht auf die Gestaltung bestimmter neutestamentlicher Nachfolgetexte eingewirkt.

[43] Hengel, Nachfolge und Charisma, 19.

[44] Zum rabbinischen "Nachfolgen": Billb. I, 187f.528f.; Kittel, ThWNT I, 213; A. Schulz, Nachfolgen und Nachahmen, 19ff.; Hahn, Nachfolge Jesu, 14f.; Hengel, Nachfolge und Charisma, 57f.

[45] Anders früher A. Schulz, der aber natürlich auch nicht einfach die Jesusnachfolge aus dem rabbinischen Lehrer-Schüler-Verhältnis ableitete, sondern Gemeinsamkeiten und Differenzen betonte: Nachfolgen und Nachahmen, 33.63.

[46] Zimmermann, Christus nachfolgen, 243; ausführlich: Hengel, Nachfolge und Charisma, 46ff. Weiters: Frankemölle, Jahwebund und Kirche, 87f.; Merklein, Jüngerkreis, 81ff.; Lohfink, Gemeinde, 43f.; Schrage, Ethik, 49f.

[47] Vgl. nur: Hengel, Nachfolge und Charisma, 63ff.

[48] Am nächsten stehen wohl noch die Täufer-Schüler, doch handelt es sich hier lediglich um eine Analogie. Vgl. zu dieser Frage: Hengel, Nachfolge und Charisma, 40 (im Anschluß an Dahl und Bornkamm); Kuhn, Nachfolge, 108: "Historisch hat Jesus ... die Form des Jüngerkreises unmittelbar vom Täufer übernommen."

[49] Schnackenburg, Sittliche Botschaft, I, 60.

Was ist dieses Besondere[50]? Fassen wir es noch einmal zusammen: Nachfolge gehört in den Zusammenhang der Verkündigung der kommenden Gottesherrschaft. Jesus ruft in die Nachfolge kraft seiner besonderen und unvergleichlichen Vollmacht. Die so Berufenen bilden den engeren Kreis seiner Anhänger. Sie teilen sein Leben, seine Entbehrungen, seine Leiden, aber auch seine Hoffnungen. Sie sind von ihm beauftragt, wie er das Kommen des Reiches zu proklamieren. Zugleich aber bilden sie in alledem die heilige Schar der Endzeit, den Vortrupp des hereinbrechenden Reiches[51]. Über ihnen leuchtet bereits das Licht des kommenden Äons.

II

Ich gehe nun zum zweiten Teil der Darstellung über. Wie hat sich die Nachfolge-Bewegung in nachösterlicher Zeit gestaltet? Gab es überhaupt eine weitere Nachfolge-Bewegung, jetzt, da er, der Meister selbst, leiblich nicht mehr unter ihnen gegenwärtig war? Oder bricht die Nachfolge-Bewegung mit dem Tod Jesu einfach ab[52]?

a) Wir stellen zunächst - vielleicht mit einer gewissen Überraschung - fest: die Nachfolge-Bewegung fand auch nach Ostern ihre Fortsetzung[53], allerdings in einem engeren geographischen Bereich (im Norden Palästinas, in Galiläa und, wie wir vermuten, im palästinensisch-syrischen Grenzgebiet). Die Nachfolgenden konnten nun nicht mehr hinter ihrem irdischen Meister einhergehen. Aber sie - sagen wir besser: einige von ihnen - setzten die ehemals praktizierte Lebensform fort. Andere, neue, traten hinzu[54]. Die Meinung wird zurecht bestehen, daß es nach Ostern zwei Zentren des sich bildenden Christentums ge-

---

[50]　Hengel spricht von "prophetisch-charismatische(n) Züge(n)" bei Jesus (Nachfolge und Charisma, 70ff.), er redet von einer "'charismatischen Autorität'..., die die der zeitgenössischen apokalyptischen Propheten schlechterdings übertraf" (71, im Orig. gesperrt). "Das 'Charisma' Jesu durchbricht die Möglichkeiten einer religionsphänomenologischen Einordnung" (97f.). Vgl. auch G. Schneider, EWNT I, 120. Merklein, Jüngerkreis, 87ff.: die messianische Exusie Jesu.

[51]　Vgl. Kertelge, Jesus und die Gemeinde, 108.

[52]　Das war die These von A. Schulz, Nachfolgen und Nachahmen, 131ff. Nachfolge im ursprünglichen Sinn findet mit der Passion ihr Ende, was kommt, sind Umdeutungen. - In Wirklichkeit war die Entwicklung komplizierter: neben den Umdeutungen der Nachfolge stand eine Zeitlang das Fortleben der Institution der wandernden Boten -, wenn sich dies auch unter den seit Ostern veränderten Verhältnissen vollzog.

[53]　Wir verdanken die Einsicht in dieses Phänomen vor allem G. Kretschmar, G. Theißen und H.-W. Kuhn. Vgl.: G. Kretschmar, Ein Beitrag zur Frage nach dem Ursprung frühchristlicher Askese, jetzt in: K.S. Frank (ed.), Askese und Mönchtum in der alten Kirche, WdF 409, 1975, 171.175f. u. passim: Theißen, Studien, 79ff.: Kuhn, Nachfolge, 105ff.

[54]　Diesen Sachverhalt könnte die "indirekte Berufung" widerspiegeln, die wir in den johanneischen Berufungsgeschichten vorfinden: Joh. 1,41f. und 45f., vgl. oben Anm. 19 und Hahn, Jüngerberufung, 190.

geben hat: Jerusalem - mit einer rasch wachsenden, relativ großen, festen Gemeinde am Ort, und Galiläa, wo (wie wir vermuten) neben den sich bildenden kleinen Ortsgemeinden die Nachfolge-Bewegung lebendig blieb. Immer noch zogen hier wandernde Boten in Armut und Dürftigkeit von Ort zu Ort und kündeten von der Nähe des Reichs - wobei die neuen Erfahrungen, die Auferstehung Jesu und die Erfahrung des Geistes, hinzutraten. Die Existenz einer nachösterlichen Nachfolge-Bewegung wird aus der Überlieferung der Nachfolge-Sprüche erschlossen, die der Vergessenheit anheimgefallen wären, wenn sie nicht eine bestimmte, an ihnen vital interessierte Gruppe als Tradenten gefunden hätten[55]. Wir haben aber noch ein stärkeres Argument: Es gibt eine frühchristliche Schrift vom Anfang des zweiten Jahrhunderts, in der die nachösterliche Fortsetzung der Nachfolge-Bewegung wieder auftaucht. Ich meine die sogenannte "Lehre der zwölf Apostel" (Didache). Hier ist (cap. 11)[56] wieder von wandernden Boten die Rede, sie heißen Apostel und Propheten, ziehen heimatlos von Ort zu Ort und kehren von Zeit zu Zeit bei den Ortsgemeinden ein, um dann wieder weiterzuziehen. Wir lesen da:

(Did. 11,3) Was aber die Apostel und Propheten betrifft, so handelt nach der Weisung des Evangeliums. (4) Jeder Apostel, der zu euch kommt, soll aufgenommen werden wie der Herr. (5) Er soll aber nicht (länger) bleiben als einen Tag; wenn es aber die Not verlangt, noch den anderen; wenn er aber drei Tage bleibt, ist er ein Pseudoprophet. (6) Wenn der Apostel fortzieht, soll er nichts mitnehmen außer einer Brotration, bis er übernachtet: wenn er aber Geld verlangt, ist er ein Pseudoprophet (es folgt dann der Abschnitt über die Propheten).

Bei dem Stichwort "Apostel" dürfen wir selbstverständlich nicht an die "Zwölfe" denken, sondern es ist der weitere Apostelbegriff gemeint. Apostel sind hier wandernde Missionare, die die Botschaft weitertragen und im Namen Jesu zur Umkehr rufen. Und bei dem Stichwort "Propheten" ist natürlich an die frühchristlichen Propheten gedacht, deren Existenz auch sonst bezeugt ist, nur daß wir es hier mit Propheten zu tun haben, die ursprünglich von Ort zu Ort ziehen. In alledem setzt sich auf eine sehr spezifische Weise und mutatis mutandis die Nachfolge-Bewegung Jesu fort. Der Text, den ich zitiert habe, gibt rigorose Vorschriften für die Wander-Apostel: Sie dürfen nur einen, im Notfall zwei Tage am Ort bleiben; sind die zwei Tage vergangen, erwartet man von ihnen, daß sie weiterziehen. Sie haben selbstverständlich das Recht, von den Gemeinden unterstützt zu werden, sie dürfen aber kein Geld nehmen

---

[55] Den Zusammenhang von Tradition und Lebenspraxis betonte Theißen, Studien, 79ff.89ff. u. passim. Er argumentiert umgekehrt. Er geht von der Tradition der wandernden Charismatiker (und ihrer Lebenspraxis) aus und fragt dann zurück nach ihrer jesuanischen Authentizität (90ff.).

[56] Zu den cc. 11ff. vgl. meine Untersuchung: Zur Entwicklungsgeschichte des Wanderradikalismus im Traditionsbereich der Didache, WSt N.F. 11, 1977, 145-167. [In diesem Band: S. 70ff.]

- man erinnert sich sofort an ähnliche Weisungen in unseren Evangelien, etwa
Mk. 6,8ff. Der folgende Abschnitt gibt dann wichtige Vorschriften für die
wandernden Propheten (Did. 11,7-12), doch sind diese Vorschriften nicht so
rigoros wie für die Apostel. - Das alles sind hochbedeutsame Nachrichten, die
uns Gruppen des frühen Christentums zeigen, von denen wir in der Regel wenig wissen. Ich habe an anderer Stelle zu zeigen versucht, daß wir es bei diesen Berichten mit altem Überlieferungsgut zu tun haben, so daß die hier vorausgesetzten Verhältnisse noch aus dem letzten Drittel des ersten Jahrhunderts stammen werden[57]. Diese Texte setzen also in einer für uns willkomme-
nen Weise die Berichte der Evangelien über die Nachfolge Jesu fort. Dort - in
den Evangelien - die Anfänge der Nachfolge. Hier - in diesen alten Berichten
vom Ende des ersten Jahrhunderts - die weitere Entwicklung (oder wenigstens
ein bestimmter Teil der weiteren Entwicklung) der einst von Jesus gestifteten
Nachfolge.

b) Kehren wir zu den neutestamentlichen Texten zurück. Wir haben nämlich für die nachösterliche Zeit noch eine andere Entwicklungslinie zu betrachten. Das Stichwort lautet diesmal: Umdeutung der Nachfolge. Wir haben (um
das vorauszuschicken) in der frühen Christenheit weite Traditionsbereiche, in
denen das Motiv der Nachfolge Jesu überhaupt fehlt, zum Beispiel bei Paulus[58], in den Deuteropaulinen, im Hebräerbrief, im Jakobusbrief, im zweiten
Petrusbrief, im Judasbrief [59]. Daneben gibt es andere Traditionsbereiche, in
denen das Motiv erhalten blieb, aber (anders als bei den wandernden Charismatikern der nachösterlichen Zeit) einen neuen Inhalt, eine neue Konkretion
bekam. Worin bestand die Umdeutung? Nachfolge wurde jetzt, in diesen Bereichen der nachösterlichen Tradition, auf die gesamte Gruppe der Gläubigen
ausgedehnt. Nachfolge verlor also den alten Sinn, die spezifische Beschränkung auf einen kleinen Kreis, und bezog sich jetzt auf die Gemeinschaft aller
Getauften. Dazu kommt (in logischer Konsequenz) noch ein Weiteres: Nachfolge wurde jetzt zu einer Metapher für Christsein, zu einem Ausdruck für die
Lebenspraxis der Getauften, und zwar aller Getauften. Man kann auch sagen:
Nachfolge wurde identisch mit "Glauben".

Ich lasse hier die schwierigen Fragen beiseite, wie weit sich dieser Übergang schon in der vormarkinischen Tradition[60], dann im Markusevangelium
(soll heißen in der redaktionellen Konzeption des Evangelisten) vollzogen

---

[57] Vgl. meinen Aufsatz in WSt N.F. 11, 1977, 147ff. [In diesem Band: S. 71ff.]
[58] Paulus kennt keine sequela domini, wenigstens fehlt dieses Motiv in den uns überlieferten Briefen (man beachte die einzige, ganz anders geartete Verwendung des Stichworts
bei Paulus in 1. Kor. 10,4!). Aber Paulus kennt das Motiv der imitatio Christi. Doch
müssen Nachfolge und Nachahmung deutlich voneinander unterschieden werden. Erst
in der Wirkungsgeschichte werden sie konfundiert.
[59] Die Gemeinden der Johannesbriefe könnten vielleicht wandernde Charismatiker kennen
(vgl. 3. Joh. 5ff.), obwohl hier (wie in Did.) das Stichwort der "Nachfolge" fehlt.
[60] Dazu Kuhn, Nachfolge, 111.116.

hat[61], bzw. wie weit im Mt.-Evangelium[62] (die Deutung der lukanischen Konzeption ist in dieser Frage besonders schwierig[63]). Ich beschränke mich vielmehr auf jenen Bereich, bei dem der Übergang, von dem hier die Rede ist, völlig deutlich und unzweifelhaft in Erscheinung tritt: das ist im Johannesevangelium der Fall[64].

Das Johannesevangelium kennt einerseits noch den alten Sprachgebrauch, wonach ἀκολουθεῖν im prägnanten Sinn (Stellen, an denen das Wort nur allgemeine Bedeutung hat, scheiden für unser Thema aus) die Jüngernachfolge beim irdischen Jesus bedeutet (so in 1,40 und 43)[65]. Andererseits wird "Nachfolgen" zu einem Synonym für den - jedermann möglichen - Anschluß an Jesus, den Offenbarer. Nachfolgen wird also sachident mit Glauben[66] (so in 8,12[67]; 10,4.5 und 27[68]). Nachfolgen heißt hier im Joh.-Evangelium: die Stim-

---

[61] Zum Nachfolgebegriff im Mk.-Evangelium: Aerts, Suivre, 502ff.; H.D. Betz, Nachfolge und Nachahmung Jesu Christi im Neuen Testament, BHTh 37, 1967, 31ff.; E. Schweizer, Jüngerschaft und Kirche, in: Ferd. Hahn - A. Strobel - E. Schweizer. Die Anfänge der Kirche im Neuen Testament, EvFo 8, 1967, 80f.; K.-G. Reploh, Markus - Lehrer der Gemeinde. Eine redaktionsgeschichtliche Studie zu den Jüngerperikopen des Markusevangeliums, SBM 9, 1969, 27ff., 123ff.; 222ff.; W. Bracht, Jüngerschaft und Nachfolge. Zur Gemeindesituation im Markusevangelium, in: J. Hainz (ed.), Kirche im Werden. Studien zum Thema Amt und Gemeinde im Neuen Testament, 1976, 143ff.; Busemann, Jüngergemeinde, passim; Schrage, Ethik, 131ff.

[62] Zum Nachfolgebegriff im Mt.-Evangelium: Zimmermann, Christus nachfolgen, 251ff.; Aerts, Suivre, 504ff.; Betz, Nachfolge und Nachahmung, 33ff.; Schweizer, Jüngerschaft und Kirche, 81; Frankemölle, Jahwebund und Kirche, passim, speziell: 81f., 86ff.

[63] Zum Nachfolgebegriff im Lk.-Evangelium: Zimmermann, Christus nachfolgen, 253ff.; Aerts, Suivre, 508ff.; Betz, Nachfolge und Nachahmung, 40f.

[64] Zum Nachfolgebegriff im Joh.-Evangelium: A. Schulz, Nachfolgen und Nachahmen, 162ff.; Betz, Nachfolge und Nachahmung, 36ff.; E. Schweizer, Erniedrigung und Erhöhung bei Jesus und seinen Nachfolgern, AThANT 28, 1962[2], 130ff.; ders., Jüngerschaft und Kirche, 82ff.; Hahn, Jüngerberufung, 172ff.; Kuhn, Nachfolge, 119f.

[65] "Nachfolgen" in 1,37f. bereitet die Jüngerschaft vor. - Die Unterschiede zu den synoptischen Berichten sind hier nicht zu erörtern. R. Bultmann, Das Evangelium des Johannes, KEK II, 1985[20], 76; C.K. Barrett, The Gospel according to St. John. An Introduction with Commentary and Notes on the Greek Text, 1978[2], 179; R.E. Brown, The Gospel according to John (I-XII). Introduction, Translation, and Notes. Anchor Bible 29, 1966, 77f.; S. Schulz, Das Evangelium nach Johannes, NTD 4, 1983[4], 40f.; A. Schulz, Nachfolgen und Nachahmen, 110f.; Hahn, Jüngerberufung, 172ff.; speziell 181, Anm. 38.

[66] A. Schulz formuliert als Überschrift: "Nachfolgen, ein Synonym für Glauben im vierten Evangelium" (Nachfolgen und Nachahmen, 172); vgl. Schweizer, Erniedrigung und Erhöhung, 131; Ferdinand Hahn, Das Glaubensverständnis im Johannesevangelium, in: E. Gräßer - O. Merk (edd.), Glaube und Eschatologie (FS Kümmel), 1985, 58f.; R. Schnackenburg, Das Johannesevangelium, I. Teil. Einleitung und Kommentar zu Kap. 1-4, HThK IV, 1, 1967[2], 308; II. Teil. Kommentar zu Kap. 5-12, HThK IV, 2, 1971, 241.356; ders. Sittliche Botschaft, I, 66; S. Schulz, Joh. 126.

[67] In 8,12 ersetzt "nachfolgen" das eigentlich zu erwartende "glauben". Vgl. Bultmann, Joh. 261; A. Schulz, Nachfolgen und Nachahmen, 174; Schweizer, Erniedrigung und Erhöhung, 131; Schnackenburg, Joh. II, 241.

[68] Die Überleitung zwischen beiden Bedeutungen bildet etwa 12,26. Hier wird ein synoptisches Logion variiert. Bultmann, Joh. 325; Brown, Joh. I, 475; S. Schulz, Joh. 167. - Wieder auf einem anderen Blatt stehen 13,36; 21,18f.; 21,22. Dazu s.u.

me des Offenbarers hören, sich ihm anschließen, ihm gehorchen, ihm dienen. Er, der ewige Logos, der die Welt geschaffen hat, ist - vom Vater gesandt - in die Welt gekommen, um die Seinen zum Glauben an sich und damit zur Offenbarung der Wahrheit zu rufen. Wer an ihn glaubt, hat das Heil. Statt dessen kann es auch heißen: wer ihm nachfolgt, hat das Heil, das heißt: Glauben und Nachfolgen werden austauschbare Begriffe. Es ist überhaupt charakteristisch, wie die Rede von der Nachfolge jetzt, im Joh.-Evangelium, eingeschmolzen ist in die charakteristische Diktion der johanneischen Offenbarungsreden[69]. So in der "Hirtenrede": der gute Hirte ruft zur Nachfolge auf, jedermann und zu jeder Zeit. Die Nachfolgenden sind die Schafe des guten Hirten (10,4.5.27)[70]. Oder in der "Lichtrede": der Offenbarer, das Licht der Welt, ruft jedermann auf, ihm, dem Licht, nachzufolgen, um das Leben zu gewinnen (8,12). Oder in der "Passionsrede": wer ihm nachfolgt, das heißt ihm dient, erhält die Verheißung, auch mit ihm sein zu können in der Glorie (12,26). Nachfolge ist jetzt also für jeden möglich geworden, es ist nicht mehr das spezifische Verhalten einer kleinen Gruppe. Nachfolge gilt für jeden, der sich der Botschaft Jesu erschließt. Mit alledem ist der Begriff aufgehoben in das System der johanneischen Theologie.

c) Wir haben im vorausgehenden gesehen, wie sich die Nachfolge Jesu auch in nachösterlicher Zeit fortsetzte (a); sodann: wie bei einigen Christen der nachösterlichen Zeit die Nachfolge Jesu einen neuen Inhalt und Sinn gewann (b). Wir haben jetzt noch einen letzten Schritt zu tun, um die nachösterliche Entwicklung darzustellen. Das Stichwort heißt jetzt: Nachfolge Jesu als Nachfolge seines Kreuzweges. Wir dürfen diesen Aspekt nicht verschweigen, er gehört wesentlich zur neutestamentlichen Rede von der Nachfolge Jesu hinzu.

Vergegenwärtigen wir uns: die Christen der nachösterlichen Zeit wußten von der Nachfolge-Bewegung, die der irdische Jesus ins Leben gerufen hatte; schon der irdische Jesus wird die Jünger darüber belehrt haben, daß die Nachfolge ohne Bereitschaft zum Leiden und sogar zum Martyrium nicht zu realisieren ist (von der diesbezüglichen Tradition wird gleich die Rede sein). Wir fragen uns: Bekam der Ruf der Nachfolge nicht jetzt, im Licht der Passionsereignisse, noch einen besonderen, zusätzlichen Klang? Das war in der Tat so. Den Niederschlag dieser Entwicklung finden wir zunächst in dem berühmten Wort von der Leidensgefolgschaft und Kreuzesnachfolge, sodann aber in der Tradition, die von den Nachfolgern als den Blutzeugen spricht. Ich versuche, das mit wenigen Worten zu verdeutlichen.

---

[69] Ich verbinde damit nicht die Hypothese einer eigenen Quelle (wie seinerzeit Bultmann), sondern bezeichne mit diesem Begriff lediglich eine bestimmte, für das Joh.-Evangelium charakteristische Redegattung.

[70] "Die nachösterliche Situation der Jünger ist deutlich berücksichtigt": G. Schneider, EWNT I, 124.

Zunächst: das Jesus-Wort von der Leidens- bzw. Kreuzesnachfolge. Wir finden es doppelt überliefert, bei Markus (8,34 par.) und in der Logienquelle (Mt. 10,38 par.)[71]. Die markinische Form lautet: "Wenn einer hinter mir hergehen will, gebe er sich selber preis[72], und nehme sein Kreuz auf, und (so) folge er mir nach!" (Mk. 8,34b)[73]. In der Logienquelle dürfte das Wort ursprünglich so (oder so ähnlich) gelautet haben: "Wer nicht sein Kreuz nimmt und hinter mir hergeht, kann nicht mein Jünger sein"[74]. Heute wird durchwegs angenommen, daß die Fassung der Logienquelle die ältere ist[75]. Man muß wissen, wie ein solches Wort in den Ohren der Zeitgenossen klang! Wenn (wie wahrscheinlich) dieses Wort von der Kreuzesnachfolge schon vom irdischen Jesus gesprochen worden ist, dann mutet er den Nachfolgenden zu, wenn es sein muß, auch einen Weg zu gehen, der mit dem Weg eines zum Kreuzestod Verurteilten verglichen werden kann. Nachfolge heißt "sich an ein Leben wagen, das ebenso schwer ist wie die letzte Wanderung eines zum Tode Verurteilten"[76]. In diesem Sinn könnte und wird schon der irdische Jesus das Logion geprägt haben[77]. Oder ist das Logion nachösterlich[78]? Dann würde es bereits auf den Kreuzestod zurückblicken, den der Herr erlitten hat. Indessen: Wie immer man die Herkunftsfrage entscheidet[79] - kein Christ kann jetzt, nach

---

[71] Dazu kommt (wohl aus den Synoptikern): Ev. Thom. copt. 55b (Leipoldt, 40f.). Zu Joh. 12,26 siehe oben.

[72] Zum Sinn der Wendung vgl. Reploh, Markus, 126f. (im Anschluß an Fridrichsen).

[73] Folgt das Logion vom Lebensgewinn und Lebensverlust: 8,35. Interessant ist die lukanische Parallele (9,23) zu Mk. 8,34. Lukas fügt zur Forderung "der nehme sein Kreuz auf" hinzu: "Tag für Tag".

[74] Vgl. Polag, Fragmenta Q, 70. Etwas anders: S. Schulz, Q, 430f.

[75] A. Schulz, Nachfolgen und Nachahmen, 83f.; Schweizer, Erniedrigung und Erhöhung, 15 (wahrscheinlich); J. Schneider, ThWNT VII, 578; Betz, Nachfolge und Nachahmung, 28; Reploh, Markus, 125; die Q-Tradition ist wiederum wahrscheinlich von Lk besser bewahrt worden: Aerts, Suivre, 491; J. Schneider, a.a.O.; E. Dinkler, Jesu Wort vom Kreuztragen, in: Signum Crucis. Aufsätze zum Neuen Testament und zur christlichen Archäologie, 1967, 79 (doch λαμβάνειν statt βαστάζειν): Merklein, Jüngerkreis, 75; Kuhn, Nachfolge, 117.

[76] A. Fridrichsen bei J. Schneider, ThWNT VII, 578, Anm. 53. Zustimmung bei Jeremias, Neut. Theol. I, 232; Schnackenburg, Sittliche Botschaft I, 62f. "Nach der Aussage dieses Spruches und dem Horizont der Q-Quelle liegt hier ein Wort des irdischen Jesus vor, der zur leidensbereiten und martyriumsnahen Jüngernachfolge aufruft": S. Schulz, Q, 432.

[77] Als Hintergrund für die Metapher vom Kreuztragen vermutete Ad. Schlatter seinerzeit den Zelotismus: Der Evangelist Matthäus, 1963[6], 350. - E. Dinkler, Signum Crucis, 85ff. hat die Hypothese vorgetragen, es sei ursprünglich die Versiegelung mit dem Taw-Zeichen gemeint gewesen, das derjenige, der in die Bußbewegung Jesu eintrat, zu übernehmen hatte. In der nachösterlichen Tradition des Logion sei an die Stelle des Taw der Bezug auf das historische Kreuz Christi getreten (97).

[78] Kuhn, Nachfolge, 121. Aber ist die Argumentation überzeugend? Übrigens vermutet Kuhn (ebdt.), daß das Logion noch vor 50 gebildet wurde: "Der Nachfolgegedanke bezieht sich hier ohne Zweifel auf den 'aktiven' Kreis der begrenzten Gruppe der Jünger."

[79] Hahn, Nachfolge Jesu, 21: auf den irdischen Jesus geht zurück das Motiv, "daß der Jünger den Weg seines Meisters mitgehen muß, daß auch ihm Niedrigkeit und Leiden nicht erspart bleiben". Doch ist Mk. 8,34 nachösterlich überformt, vgl. Merklein, Jüngerkreis,

Passion und Ostern, dieses Wort hören, ohne an das Kreuz seines Herrn zu denken[80]. Das heißt aber: Von der Passion Jesu her erschließt sich in jedem Fall eine neue Dimension der Nachfolge. Natürlich predigt uns Jesu Wort keine Leidensseligkeit, keine Leidenstrunkenheit, keine Verherrlichung des Leidens. Das Leiden ist und bleibt etwas Lebenswidriges. Aber Jesus mutet dem, der es mit der Nachfolge ernst meint, zu, daß er bereit ist, ein Leiden um seinetwillen zu übernehmen und durchzuhalten. Ein solches Leiden erhält seinen besonderen Sinn. Der Glaubende darf sagen: Es ist mein Kreuz - und zugleich das Kreuz meines Herrn, das ich trage. Der Sinn eines solchen Leidens liegt darin, daß es Leiden in der Nachfolge Jesu ist, daß das Leiden des Schülers mit dem Leiden des Meisters verbunden wird[81].

Von hier aus führt ein gerader Weg zu einigen Stellen im Johannesevangelium. Ich meine jetzt jene, die von der Leidensgefolgschaft des Petrus reden. Das Johannesevangelium versteht das Martyrium Petri als Kreuzesnachfolge. Im Johannesevangelium wird an zwei Stellen auf das Martyrium Petri Bezug genommen, und an beiden Stellen wird es mit dem Nachfolge-Motiv verknüpft. In 13,36 weissagt Jesus dem Petrus (unter ausdrücklicher Zuhilfenahme des Wortes "Nachfolgen") das Martyrium[82]. In 21,18f. (22) wird diese Weissagung wiederholt und präzisiert. Diese berühmte Szene bedarf nur weniger Worte zur Erläuterung. Das einleitend verwendete Bild (im Alter wird dich ein anderer gürten...) hat einen vordergründigen und einen hintergründigen Sinn. Vordergründig denkt man daran, daß ein alter Mann nicht mehr imstande ist, sich selbst zu gürten, und auf fremde Hände angewiesen ist, die ihn führen. Hintergründig ist damit aber etwas anderes gemeint: das Gefesseltwerden des Gefangenen, der abgeführt wird, wohin er nicht will. Das "Ausstrecken der Hände", von dem dann die Rede ist, stellt vielleicht eine geheimnisvolle Anspielung auf die Kreuzigung dar. Sollte diese Deutung zu-

---

76: "...wird man wenigstens soviel annehmen dürfen, daß der Sache nach Jesus seine Jünger nicht darüber im Zweifel ließ, daß Nachfolge ein Wagnis sei, das mit dem Tode endigen konnte." H. Schürmann, Der Jüngerkreis Jesu als Zeichen für Israel (und als Urbild des kirchlichen Rätestandes), in: Ursprung und Gestalt. Erörterungen und Besinnungen zum Neuen Testament, 1970, 52: "Es ist nicht mehr ganz durchsichtig, wie weitgehend diese Worte vom Passionsgeschehen her nachträglich überformt sind. Aber das Martyrium, speziell in der Form der römischen Kreuzigung, war eine reale Möglichkeit; die Bereitschaft dazu scheint Jesus von Nachfolgewilligen als Aufnahmebedingung verlangt zu haben."

[80]   Bestritten für Q von S. Schulz, Q, 433.

[81]   In diesen Zusammenhang gehört auch 1. Petr. 2,21. Der Autor ruft die Leser auf, den "Spuren" des Weges Jesu zu folgen, diese Spuren führen aber ins Leiden. Die alte Nachfolge-Tradition ist hier im Licht der Passion gesehen (Leiden pro nobis!). Vgl. L. Goppelt, Der Erste Petrusbrief (ed. Ferdinand Hahn), KEK XII, 1, 1978, 201ff.; G. Schneider, EWNT I, 125.

[82]   Geleugnet von Bultmann, Joh. 460 und Anm. 4. Erst der Verf. von c. 21 hätte das wohl so mißverstanden (553). Vgl. aber R. Schnackenburg, Das Johannesevangelium, III. Teil. Kommentar zu Kap. 13-21, HThK IV, 3, 1975, 62.

recht bestehen (sie ist nicht unumstritten)[83], so hätten wir hier den ältesten Beleg dafür, daß Petrus gekreuzigt wurde. Die Fortsetzung des Textes ist dann getränkt mit dem Pathos der urchristlichen Märtyrerfrömmigkeit. Es heißt nicht einfach: "Und das sagte er, um anzudeuten, wie Petrus sterben würde", sondern es heißt (V. 19a): "um anzudeuten, mit welchem Tod er Gott verherrlichen sollte"[84]. Der Märtyrertod wird nicht als persönliche Katastrophe verstanden, sondern als Gnade, ja geradezu als Gottesdienst, als Lobpreis Gottes, als Doxologie. Und damit klar ist, daß Petri Tod die Konsequenz seiner Jesus-Nachfolge ist, heißt es dann am Schluß (V. 19b. Vgl. V. 22): "Folge mir nach" - nämlich, wie man versteht: du wirst denselben Weg zu gehen haben wie ich[85].

Halten wir wieder inne: Wir haben den Weg abgeschritten, der von der Nachfolge-Bewegung des irdischen Jesus bis zur Nachfolge Christi in der urchristlichen Märtyrerfrömmigkeit führt. Wir brechen hier die historische Analyse ab und wenden uns einem kurzen dritten Teil zu, in dem versucht werden soll, die Summe aus den historischen Rekonstruktionen zu ziehen.

III

Die Summe aus dem Ganzen, die Bedeutung solcher Texte für uns, für unsere Generation: Natürlich kann es jetzt nicht darum gehen, einen ausführlichen moraltheologischen oder aszetischen Traktat über die Nachfolge zu entwerfen[86], sondern es kann lediglich darum gehen, einige Konsequenzen aufzuzeigen, die sich aus den historischen Analysen ergeben, um die wir uns im vorausgehenden bemüht haben.

---

[83] Geleugnet von Bultmann, Joh. 552, Anm. 6 und 553, Anm. 3. Skeptisch auch S. Schulz, Joh. 252. Vgl. aber Barrett, John, 585. Fraglich nach Schnackenburg, Joh. III, 438. Erwogen von R.E. Brown, The Gospel according to John (XIII-XXI). Introduction, Translation, and Notes, Anchor Bible 29 A, 1970, 1107f.

[84] Zur Märtyrer-Terminologie vgl. Bultmann, Joh. 553, Anm. 3; Brown, John, II, 1108.

[85] Unklar ist apc. 14,4. In 19,14 sind wohl Engel gemeint (vgl. H. Kraft, Die Offenbarung des Johannes, HNT 16a, 1974, 250).

[86] J. Weiß, Die Nachfolge Christi und die Predigt der Gegenwart, 1895, 158ff.; O. Zimmermann, Lehrbuch der Aszetik, 1932², 32ff. u. passim; D. Bonhoeffer, Nachfolge, passim; K. Barth, Kirchliche Dogmatik, IV/2, 1955, 603ff.; Fr. Tillmann, Die Verwirklichung der Nachfolge Christi, I. II (Handbuch der katholischen Sittenlehre IV), 1950⁴; W. Trillhaas, Ethik, 1970³, 61.541; J. Moltmann, Kirche in der Kraft des Geistes. Ein Beitrag zur messianischen Ekklesiologie, 1975, 348ff.; J.B. Metz, Zeit der Orden? Zur Mystik und Politik der Nachfolge, 1977²; R. Strunk, Nachfolge Christi. Erinnerungen an eine evangelische Provokation, 1981; Egger, Nachfolge, 208ff.225ff.; J. Bours, Da fragte Jesus ihn. Schritte geistlicher Einübung in die Jesusnachfolge, 1983; C.M. Martini, Und sie gingen mit ihm. Der Weg des Christen nach dem Markusevangelium, 1985²; ders., Was allein notwendig ist. Jesusnachfolge nach dem Lukasevangelium, 1984; J. Weismayer, Leben in Fülle. Zur Geschichte und Theologie christlicher Spiritualität, 1983 (speziell: 202ff.).

Die Haupteinsicht, die sich aus der historischen Analyse ergibt, scheint mir die zu sein: Das Neue Testament kennt eine doppelte Form von Nachfolge und dementsprechend sollten auch wir zwischen einer Nachfolge im engeren und einer Nachfolge im weiteren Sinn unterscheiden[87]. Nur so kommen wir mit der von uns analysierten Tatsache zurecht, daß sich die Lehre und Praxis der Nachfolge in neutestamentlicher Zeit in zwei verschiedenen Grundformen zeigt: einmal als Ausdruck der christlichen Existenz schlechthin (also bezogen auf jedermann) - so am deutlichsten im Joh.-Evangelium; das wäre Nachfolge im weiteren Sinn. Zum andern kennt das Neue Testament Nachfolge als eine besondere Lebensform einer engeren Gruppe, in der das radikale Ethos der Jesus-Überlieferung gelebt wird (Verzicht auf Besitz, auf Familie, auf Beruf, auf Selbstbestimmung, um einer größeren Freiheit für Christus willen); das wäre Nachfolge im engeren Sinn. Beide Formen der Nachfolge finden wir im Neuen Testament, beide Formen haben über das Neue Testament hinaus ihre Wirkungsgeschichte gehabt im Leben der Kirche und wirken fort bis auf den heutigen Tag. Diese Unterscheidung muß offenbar auch für uns maßgebend sein, so verändert auch sonst die Verhältnisse sein mögen, unter denen wir heute die christliche Motivation zu leben haben. Ich versuche das - im Hinblick auf unsere eigene Situation - ein wenig zu verdeutlichen.

a) Zur Nachfolge im weiteren Sinn sind wir alle gerufen. Christus nachzufolgen ist eine Forderung, die an uns alle gerichtet ist, an uns alle, die wir durch Glaube und Taufe Christus übergeben sind. Wir, die wir in der Familie und im bürgerlichen Beruf leben, werden uns an jenen neutestamentlichen Texten orientieren, die den Begriff Nachfolge im weiteren Sinn verwenden, bei denen also Nachfolgen und Glauben (wie wir gesehen haben) zusammenfällt. Allerdings werden wir uns die Sache nicht zu leicht machen dürfen. Nachfolge hat immer mit der Entschiedenheit des Glaubens zu tun. Nachfolge schließt ein den vorherrschenden Anspruch Jesu auf unser Leben. Nachfolge heißt für uns: Über allen Ansprüchen, die an unser Leben gestellt werden, gibt es einen letzten und absoluten Anspruch, den nur Jesus stellen darf, und dem sich alles unterzuordnen hat. Familie und Beruf, Erfolg und persönliches Glück, alles das darf in der Hierarchie unserer Werte seinen Platz einnehmen; aber nichts von alledem darf sich als leitender oder gar als absoluter Wert installieren. Das kann im Konfliktfall zu schweren Entscheidungen führen, und mit Konfliktfällen hat jedenfalls der, der sich um die Nachfolge Jesu bemüht, immer zu rechnen. Wer in der Nachfolge Jesu leben will, muß bereit sein zu einem unter Umständen ungewöhnlichen Verhalten, zu einem Engagement, über das die Mitwelt vielleicht den Kopf schüttelt. Er muß bereit sein, in der

---

[87] Den Begriff "Nachfolge im engeren Sinn" finde ich bei Schnackenburg, Sittliche Botschaft, I, 62. Schrage, Ethik, 53 redet vom "Schicksal und Lebensstil der Nachfolger im engeren Sinn". Solche Wendungen zeigen, daß man heute um die Differenzierung zwischen den beiden Formen der Nachfolge nicht mehr herumkommt. Das ist aber nicht nur historisch bedeutsam, sondern ebenso bedeutsam für die christliche Ethik.

Fürsorge für den Nächsten, im Einsatz für den Nächsten, auch im sozialen Einsatz, in der Vergebung bis an die Grenze des Erträglichen zu gehen - und dann noch einen Schritt darüber hinaus... Er muß (man darf es nicht verschweigen) dazu bereit sein, daß in besonderen Fällen von ihm auch ein Opfer verlangt wird.

So etwa mag man den Weg der Nachfolge im weiteren Sinn charakterisieren, als einen Weg für uns alle, die wir im Glauben stehen.

b) Aber nun das andere: Nachfolge im engeren Sinn. Nachfolge im engeren Sinn orientiert sich am eschatologischen Radikalismus der Jesus-Überlieferung, von dem im ersten Teil unserer Darstellung die Rede war, bzw. an der nachösterlichen Fortführung dieser Form der Jesus-Nachfolge. Was dort gefordert war und gelebt wurde, hat uns vielleicht erschreckt; aber es hat immer wieder Menschen gegeben, die versucht haben, diesen Forderungen Jesu auf ihre Weise zu entsprechen. Der Radikalismus Jesu ist in der Schrift niedergelegt, und man darf sich nicht wundern, wenn er im Laufe der Geschichte immer wieder aufbricht. Er ist seinem Wesen nach nicht an die damaligen sozialen Formen gebunden, sondern er ist lediglich an das Grundmotiv gebunden, das die Anfänge bestimmt hat und das jede authentische Erneuerung dieser Motivation bestimmen wird, nämlich: die radikale Hingabe der eigenen Existenz an die Sache des Reiches Gottes, eine Hingabe, die bis zum Verzicht auf Beruf, Besitz und Familie rührt. Das hat es gegeben, gibt es und wird es auch in Zukunft geben. Die Wirkungsgeschichte zeigt, daß sich christliche Gruppen immer wieder vom Radikalismus der ursprünglichen Nachfolge-Tradition inspirieren ließen, um je auf ihre Weise die Motive des Ursprungs aufzunehmen.

Die Kirche, auch die evangelische Kirche, muß offen sein für diesen Weg, für den Weg einzelner, Berufener, die durch die Nachfolge Jesu aus den Grenzen des bürgerlichen und konventionellen Lebens herausgeführt werden zu einem Leben des Verzichts - um der größeren Verfügbarkeit, um der größeren Freiheit willen, der Freiheit für Christus und sein Reich. Sie leben - zeichenhaft für die ganze Kirche - die *eine*, eschatologische Motivation in besonderer Radikalität[88]. Dabei darf es natürlich nicht um irgendwelche Formen der Schwärmerei gehen, sondern ausschließlich um den wirklichen Ruf, um die ernste Berufung, um den schlichten Gehorsam gegenüber einem besonderen Ruf. Und schließlich geht es natürlich auch nicht um ein mechanisches Nachmachen dessen, was wir im Neuen Testament vorfinden, sondern um eine schöpferische Neuinterpretation der Überlieferung, die sich vom Wort Jesu in einfältigem Gehorsam inspirieren läßt.

---

[88] Das Nebeneinander und Miteinander der beiden Weisen der Nachfolge darf natürlich nicht im Sinne einer Zwei-Stufen-Moral verstanden (mißverstanden) werden. Dieser Ansatz ist nun auch in der katholischen Theologie überwunden, vgl. nur: Weismayer, Leben in Fülle, 190ff. Wo es sich um einen besonderen Ruf handelt, steht die Wahl auch nicht im freien Belieben des Gerufenen.

Immer wieder haben sich einzelne und ganze Gruppen gefragt, was für sie der totale, auch die ökonomische und soziale Existenz verändernde Anspruch des Reiches Gottes bedeutet. Vielleicht sind heute (im evangelischen Bereich) die mancherlei Kommunitäten, die sich in der zweiten Hälfte unseres Jahrhunderts gebildet haben (jeder von uns kennt wenigstens die bekannteste unter ihnen: Taizé), ein konkretes Beispiel für das, was hier gemeint ist[89]. Wir erwarten uns von solchen Gruppen auch zurecht Anstöße für die immer nötige spirituelle Erneuerung der Gesamtkirche, jedenfalls dann, wenn und sofern solche Gruppen bemüht sind, den Ruf zur größeren Freiheit zu leben, zu jener Freiheit, die niemals etwas anderes ist als Gnade um Gnade.

Ich komme zum Schluß. Ich habe versucht, zwischen den beiden Formen der Nachfolge zu unterscheiden: Nachfolge im weiteren und Nachfolge im engeren Sinn. Ob man nun zu der einen oder zu der anderen Weise der Nachfolge geführt wird, für beide Lebensformen, die man jeweils zu gehen gerufen ist, gilt der Ernst der Forderung Jesu. Für beide gilt aber auch, daß unterwegs oder am Ende das Kreuz Christi stehen kann. Wer Jesus nachfolgt, auf diese oder auf jene Weise, muß damit rechnen, daß er auch am Kreuzweg Jesu Anteil gewinnt, in der Zeugenschaft für ihn, wenn es Gott will. Es kommt uns, die wir - Gott sei Dank - unter Verhältnissen leben, in denen der christliche Glaube frei bekannt und ungehindert gelebt werden kann, nicht zu, über diesen äußersten Fall der Nachfolge, über das Martyrium also, allzu redselig zu werden. Aber die Kirche als Ganze muß jedenfalls immer offen sein für diesen Extremfall der Nachfolge, einen Extremfall, zu dem sich niemand drängen darf, den sich niemand zu wünschen braucht, um dessen Vermeidung man bitten darf.

Solange wir leben, suchen wir nach Werten, deren Besitz (wenn "Besitz" das rechte Wort ist) unser Leben hell und sinnvoll macht. Wir erleben aber auch, wie schnell die irdischen Werte zerbrechen. In der Nachfolge Jesu wird uns der höchste aller Werte angeboten, eine Lebenserfüllung, die durch nichts zerstört werden kann. Wer Jesus nachfolgt, dem ist das Höchste verheißen, was verheißen werden kann: das ewige Heil.

---

[89] Eine gute Information bietet I. Reiner, Verbindliches Leben in Bruderschaften, Kommunitäten, Lebensgemeinschaften, 1986.

Vita abscondita
Erwägungen zu Kol. 3,1-4

Innerhalb der neutestamentlichen Aussagen über das eschatologische Leben
stellt der Abschnitt Kol. 3,1-4 in mancher Hinsicht eine Besonderheit dar. Das
Leben als eschatologisches Geschenk erscheint hier unter dem Aspekt der *vita
abscondita*. Ich versuche im folgenden, einige Fragen, die mit diesem Abschnitt verbunden sind, zu erörtern.

I

a) Kol. 3,1-4 ist als "Übergang" qualifiziert worden, nämlich als Übergang von
dem mehr lehrhaften Teil, der voraufgeht (man kann ihn mit Kol. 1,12 beginnen lassen, er reicht dann bis 2,23), und der folgenden Paränese (die mit 3,5
einsetzt und ab 3,18 in eine sogenannte Haustafel mündet)[1]. Zwischen dem
lehrhaften Teil und der Paränese steht 3,1-4. Der spezielle Zusammenhang
kann an den leitenden Begriffen der Verse 2,12f.; 2,20; 3,1; 3,3 und 3,5 abgelesen werden[2]: mit Christus Gestorben-Sein, Begraben-Sein, Auferweckt-Sein
und (als Konsequenz daraus) die Aufforderung der *abdicatio mundi* (3,5). Die
Thematik von Tod und Auferstehung hält offenbar diese Passagen zusammen.

---

[1] "1-4 leitet mit einem dem Vorhergehenden formell (...) und sachlich (...) verwandten
Gedankengang zur folgenden Paränese über": M. Dibelius, An die Kolosser, Epheser, an
Philemon, HNT 12, 1953[3], neu bearbeitet von H. Greeven, 40. "Überleitung zur Paränese" (ebdt.). Ed. Lohse, Die Briefe an die Kolosser und an Philemon, KEK IX, 2, 1977[2],
192f.: "Übergang zur Paränese" (193); Ed. Schweizer, Der Brief an die Kolosser, EKK
12, 1980[2], 130.135: "Übergangsabschnitt". Grundsätzlich zustimmend: H.E. Lona, Die
Eschatologie im Kolosser- und Epheserbrief, FzB 48, 1984, 173f. (wobei Lona natürlich
m.R. darauf hinweist, daß der lehrhafte Teil zugleich "einen stark appellativen Charakter" trägt: 174). Vgl. noch J. Lähnemann, Der Kolosserbrief. Komposition, Situation
und Argumentation, StNT 3, 1971, 54: "Kol 3,1-4 vermittelt zwischen der Widerlegung
der Irrlehre und der Paränese." Dabei sollen nach Lähnemann 2,6 und 3,1f. besonderes
Gewicht haben. Die beiden Stellen "geben den *Skopos* des Kolosserbriefes an" (55, vgl.
auch 59). Anders: Fr. Zeilinger, Der Erstgeborene der Schöpfung. Untersuchungen zur
Formalstruktur und Theologie des Kolosserbriefes, 1974; er sieht (60) in 3,1-4 den
"Abschluß der Polemik" (im Orig. ausgez.). 62f. wird Kol. 3,3f. als Schlußabschnitt der
Polemik bestimmt. 72 heißt es dann: 3,1f. = "Schlußantithese", scil. des polemischen
Teils; 3,3f. "Abschluß (Überleitung)". Zu anderen Auffassungen vgl. noch Lona,
Eschatologie, 173, Anm. 146.

[2] Vgl. Dibelius - Greeven, Kol. 40.

Der Imperativ der Paränese ist an den Indikativ der Heilszuwendung gebunden[3].

Nun darf freilich der Begriff "Übergang" nicht mißverstanden werden. Die Perikope 3,1-4 hat nicht nur die formale Funktion, von der einen Redegattung zur anderen hinüberzuleiten. Sie hat inhaltlich ihr eigenes Gewicht. Im übrigen liegt nach meinem Dafürhalten das Schwergewicht dieses Übergangs mehr bei dem Folgenden als bei dem Voraufgehenden: denn das bestimmende Motiv der Perikope ist nicht Polemik, sondern Paränese. Im Hinblick auf das Folgende könnte man (ohne den Übergangscharakter der Perikope zu leugnen) 3,1-4 als Grundlegung des Folgenden, nämlich als Grundlegung der Taufparänese verstehen[4]. Auf sie folgt dann ab 3,5ff. die Durchführung.

b) Die innere Struktur der Perikope ist m.E. durchsichtig. Beherrschend ist das paränetische Motiv: τὰ ἄνω ζητεῖτε..., τὰ ἄνω φρονεῖτε, das allein schon durch die anaphorische Wiederholung herausgestrichen wird. Der Rest ist Bedingung bzw. Begründung der Paränese. Und zwar wird die Mahnung doppelt bedingt bzw. begründet: durch 3,1 und 3,3. Die erste Wendung (3,1) bezieht sich auf das Mitauferstanden-Sein mit Christus (man hat zu verstehen: in der Taufe); die zweite Wendung (3,3) reflektiert auf den Tauftod und die daraus folgende Verborgenheit der ζωή, die erst mit der Epiphanie Christi aufgehoben wird (3,4). Das folgende νεκρώσατε οὖν... (3,5) schließt sich dann verständlich an: wenn ihr tot seid, so tötet die Glieder, die (noch) auf Erden sind...[5].

II

Interpretieren heißt bei einer Perikope wie dieser, zunächst die Gedankenfolge der Argumentation nachzuvollziehen. Doch ist zu beachten, daß hier (wie so

---

[3]   Das gleiche Indikativ-Imperativ-Verhältnis auch schon in 2,6! Liegt das gleiche Verhältnis vor wie bei Paulus? Das hat seinerzeit R. Bultmann bejaht (Theologie des Neuen Testaments, UTB 630, 1984[9], durchges. u. erg. v. O. Merk, 527.554). Anders E. Gräßer, Kolosser 3,1-4 als Beispiel einer Interpretation secundum homines recipientes, in: ders., Text und Situation. Gesammelte Aufsätze zum Neuen Testament, 1973, 131. J. Gnilka, Der Kolosserbrief, HThK X, 1, 1980, 172 spricht von einer "Steigerung". Vgl. zur Sache auch Lona, Eschatologie, 164.

[4]   E. Haupt, Die Gefangenschaftsbriefe, KEK VIII/IX, 1902[7.8] (der allerdings 3,1-4 ausschließlich zum Folgenden zieht) bemerkt richtig: die Perikope bringt "*die allgemeine Basis* für die dann folgende ethische Einzelausführung" (Kol. 120). H. Conzelmann, in: J. Becker, H. Conzelmann, G. Friedrich, Die Briefe an die Galater, Epheser, Philipper, Kolosser, Thessalonicher und Philemon, NTD 8, 1981[2], 195: "Grundlegung"; "Grundlegung der Paränese" (Lähnemann, Kolosserbrief, 54.61). Vgl. noch H. Halter. Taufe und Ethos. Paulinische Kriterien für das Proprium christlicher Moral, FThSt 106, 1977, 204: "Basis-Mahnung".

[5]   Eine andere Struktur-Analyse bei Zeilinger, Untersuchungen, 61f.72.

oft) der überlieferte Text sozusagen nur eine Kurzfassung dessen ist, was an Motiven im Schreiber lebendig ist, nur ein Stenogramm eines weit umfassenderen Zusammenhangs. Zwischengedanken sind einzufügen, Unausgesprochenes, aber Intendiertes, ist zu ergänzen. "Hinter" dem Text (man kann auch sagen in seiner "Tiefenstruktur") liegt ein systematischer Zusammenhang, der in der Positivität des Gesagten selbst (also in der "Oberflächenstruktur") nicht, oder wenigstens nicht voll entfaltet ist. Oder anders ausgedrückt: hinter den Ausführungen unseres Textes steht ein Komplex von Motiven, von denen einige expliziert worden sind, andere nur implizit bleiben. Versucht man, dieses "System" von expliziten und impliziten Motiven herzustellen, so ergibt sich ungefähr Folgendes:

a) Der christologische Aspekt. Grundlage der Paränese bilden die Heilsereignisse des Todes, der Auferstehung, der Erhöhung Jesu. Auferstehung und Erhöhung[6] sind vorgestellt als Versetzung εἰς τὰ ἄνω[7] und haben die *sessio ad dexteram Dei patris* zur Folge (3,1)[8]. Indessen ist die Glorie Christi noch verborgen, sie harrt erst noch der Epiphanie, d.h. des in der Zukunft liegenden Zeitpunktes ihrer Aufdeckung (3,4a). Was jetzt schon gilt, aber den Augen der Welt verborgen ist, Christi Glorie, wird dann für alle Augen offenbar werden. Dieser Offenbarung (die nicht geschildert wird, hier aber auch nicht geschildert zu werden braucht) gehen Zeit und Welt entgegen.

b) Der soteriologische Aspekt. Als Erhöhter ist Christus zugleich "euer Leben" (3,3a und 4b)[9], d.h. derjenige, der Leben in sich trägt und spendet[10]. Mit ihm zugleich ist auch das von ihm gespendete Heilsgut, die ζωή, zwar schon jetzt gegenwärtig, aber zugleich noch den Augen der Welt, der Kontrolle des endlichen Verstandes verborgen. Es ist mit ihm zusammen - könnte man sagen - in der "oberen", "himmlischen" Welt, während wir immer noch auf Erden sind[11]. Dadurch entsteht eine dialektische Relation, die zwar im Text nicht

---

[6]   "Auferstehung ist somit eindeutig als Erhöhung interpretiert; d.h. nicht die Todesüberwindung steht im Vordergrund des Denkens, so sehr sie eingeschlossen ist, sondern der Durchbruch in die Welt Gottes, der auch für den Mitauferstandenen gilt": Schweizer, Kol. 132f.

[7]   Dazu E. Lohmeyer, Der Brief an die Kolosser, in: Die Briefe an die Philipper, an die Kolosser und an Philemon, KEK IX, 1961[12], 132, Anm. 2.

[8]   Die Wendung ist geprägt von Ps. 110,1. Vgl. noch Mk. 12,36 par.; act. 2,34f.; Röm. 8,34; Eph. 1,20; Hebr. 1,3.13; 8,1; 10,12. Es liegt eine bekenntnishafte Wendung vor: Lohse, Kol. 193; Conzelmann, Kol. 196; Schweizer, Kol. 132; Gnilka, Kol. 171.

[9]   Der Text in 4b ist unsicher. "Euer Leben" liest jetzt die ed. Nestle-Aland 26 mit P[46] Sin C D* F G P Ψ 33 etc. latt bo Cypr. Alternative Lesart ist "unser Leben", so B D[1] H der Mehrheitstext, sy sa Ambr und Epiphan. Vgl. B.M. Metzger, A Textual Commentary on the Greek New Testament, 1971, 624. Ein Sachproblem ist damit nicht verbunden. Schweizer, Kol. 135, Anm. 461; Lona, Eschatologie, 179, Anm. 158.

[10] Zur Formulierung vgl. 1,27. Zur Wendung "Christus, euer Leben" vgl. Ign. ad Eph. 3,2; 7,2; Magn. 1,2; Smyrn. 4,1. Mit Abstand zu vgl. ist Joh. 11,25; 14,6.

[11] Die Nähe zur johanneischen Terminologie ist auffällig: Joh. 3,31; 8,23.

weiter entfaltet wird, die die Textaussagen aber wesentlich bestimmt. Einerseits sind die getauften Gläubigen bereits der Welt abgestorben, und zwar
wirklich, ontisch, nicht bloß metaphorisch; d.h.: die Taufe hat sie der Welt in
geheimnisvoller Weise entzogen, hat zwischen ihnen und der Welt eine Barrie-
re gelegt (vgl. 2,12f.20 und 3,3a), sodaß sie der Welt gegenüber nur noch
Tote sind[12]. Zugleich sind sie in der Taufe mit Christus auferstanden (vgl.
2,12f. und 3,1a), sie sind also in seinen Seinsbereich versetzt worden[13], was
zur Folge hat, daß sie hier auf Erden nichts mehr zu suchen haben. Ihr eigentliches Leben ist nicht mehr "hier", sondern "dort" bei Christus, und mit Christus in Gott[14]. Andererseits wird gegenüber jedem illusionären Verständnis der
christlichen Existenz betont, daß ihr eschatologisches Leben, das Heilsgut,
immer noch "verborgen" ist, nämlich verborgen in Gott (3,3b). Ihr Leben ist
so verborgen, wie auch Christus noch verborgen ist[15]. Verborgen heißt: der
sinnlichen Vergewisserung nicht zugänglich, der Kontrolle des endlichen Verstandes entzogen. Das Heilsgut ist also kein Gegenstand, über den die endliche Existenz frei verfügen könnte, sondern es verhält sich merkwürdigerweise
so, daß der Glaubende sein eigentliches Leben - in seiner ungebrochenen Fülle
und Ganzheit[16] - nicht bei sich hat, sondern als ein anderes, fremdes, als ein
Hoffnungsgut außerhalb seiner selbst[17].

---

[12]   Vgl. Chrys. in epist. ad Col. hom. VII, 2 (PG 62, 346): wenn dieses unser Leben nicht
das wirkliche Leben ist, sondern wenn es verborgen ist, dann haben wir dieses unser Leben als Tote zu leben. - In solchen Aussagen gründet ein wesentliches Element der
christlichen Aszetik.

[13]   Vgl. schon 1,5, wo von dem Hoffnungs-*gut* die Rede ist, das für uns in den Himmeln
bereit liegt. Ebenso 1,13, wonach die Christen bereits in die Basileia versetzt sind. Vgl.
noch Eph. 2,5f.

[14]   Vgl. Chrys. op. cit. VII, 2 (62, 345).

[15]   *Quia vero haec vita est per Christum, Christus autem est occultus a nobis, quia est in
gloria Dei patris. Et similiter vita, quae per eum nobis datur, est in occulto, ubi sc.
Christus est in gloria Dei patris*: Thom. Aquin. Expos. super epist. ad Col. z.St. (In
Omnes D. Pauli Apostoli epistolas Commentaria, II, 1857, 436.)

[16]   Natürlich darf man die Krypsis des eschatologischen Lebens nicht als eine absolute
fassen. Dann hätte auch der Imperativ keinen Sinn. Vielmehr ist die Krypsis so zu verstehen, daß das eschatologische Leben jetzt nur partiell faßbar wird, die endgültige, totale und umfassende Enthüllung unseres wahren Lebens erst bevorsteht. Die Verhülltheit
des eschatologischen Lebens ist (natürlich!) nicht so zu verstehen, als wäre es schlechterdings nur Gegenstand einer empirielosen *fiducia*, sondern so, daß das, was vorläufig
und partiell bereits erfaßbar ist, in seiner ganzen Fülle erst noch aussteht. Andererseits
wird die Offenbarung des Lebens in seiner Fülle alle irdische Verwirklichung des Lebens übersteigen: "Es gibt eine Zukunft des Heils, die jede historische Verwirklichung
übersteigen wird" (Lona, Eschatologie, 99).

[17]   Haupt, Kol. 122: "...so hat der Christ in Gott die Stätte seines Lebens, und weil er sie in
ihm hat, ist dies Leben ein verborgenes". Schweizer, Kol. 133: "eine verborgene Realität".

Diese Bestimmung wird erst mit, bei und durch die Parusie Christi aufgehoben (3,4). Wenn Christus erscheinen wird, dann wird mit ihm zugleich (mit ihm, der unser Leben ist und hat) auch unser Leben erscheinen, d.h. an die Stelle der Krypsis wird die Epiphanie unseres wahren Lebens treten[18]. Die bisher verborgene Glorie unseres Lebens wird dann - zusammen mit der Glorie Christi - aufleuchten[19]. Wir werden dann manifest sein, was wir jetzt nur in der Verborgenheit der Latenz sind[20]. *"Modo autem gloria Dei nostri, gloria Christi nostri latet: et cum illo abscondita est et nostra. Sed cum Christus apparuerit vita vestra, tunc et vos cum illo apparebitis in gloria"* (Augustinus)[21].

Die dialektische Bestimmung, um die es hier geht, kann auch so gefaßt werden, daß die "Identität" der Glaubenden noch verborgen ist. Die Gabe des Heilsgutes hat den Glaubenden schon in den Seinsbereich Christi versetzt, zugleich bleibt er noch eine Zeit lang seiner eigenen, endgültigen Identität entzogen, als einer, der auf die Vollendung seiner selbst erst wartet und hofft[22]. Er bleibt also eine geschichtliche Existenz, die echte Zukunft hat, - und zwar Zukunft als Raum der Bewährung[23].

c) Der paränetische Aspekt. Aus der paradoxen Situation, in der sich der glaubende Getaufte befindet, ergibt sich der paränetische Anspruch, der an ihn gerichtet wird. Da er noch nicht vollendet ist, gibt es eine echte Paränese, da ihm aber das Heil bereits zuteil wurde (wenn auch in verborgener Weise), ist die Paränese vor dem Rückfall in die Gesetzlichkeit geschützt. Der Getaufte wird in der Paränese nur zu dem gerufen, was er bereits ist. Er wird aber dazu aufgerufen, weil er das, was er ist, noch verborgen ist, weil ihm die Vollendung noch fehlt[24]. Ist er mit Christus gestorben, so soll die Welt keine bestimmende Macht mehr über ihn haben, sie soll nicht mehr das sein, womit er steht und fällt[25], sie soll weder Gegenstand religiöser Scheu sein, noch soll sie

---

[18] Zur Thematik "Krypsis-Epiphanie" vgl. nur: Severian v. Gabala bei K. Staab, Pauluskommentare aus der griechischen Kirche, 1984[2], 327; Haupt, Kol. 121; Lohse, Kol. 195; Schweizer, Kol. 134.

[19] Vgl. 1. Joh. 3,2! Lona, Eschatologie, 182f.

[20] Dibelius - Greeven, Kol. 40.

[21] Sermo 255, 5 (PL 38, 1188).

[22] Ambst. ad Col. 3,4: *haec consolatio fiduciam spei parit, ut securi de futura vita omnia postponentes Christum sequamur* (CSEL 81/3, 193).

[23] Vgl. Bultmann, Theol. 527.

[24] Daß die Paränese in Kol. nicht mehr eschatologisch motiviert sei (wie J. Ernst, Die Briefe an die Philipper, an Philemon, an die Kolosser, an die Epheser, RNT, 1974, 146 statuiert), kann man m.E. nicht sagen. Vgl. Ernst selbst: 221f.

[25] Gräßer hat (Beispiel, 140f.) gegen diese - traditionelle - Deutung Einwände erhoben mit dem Hinweis auf die lokal-mythologische Vorstellung von der "oberen" Welt in unserem Text. Aber es ist die Frage, ob die Rede von der oberen Welt im lediglich mythologischen Sinn gemeint ist. Richtig m.E. Schweizer: "Die erstaunliche Feststellung von 2,20, daß sie nicht mehr 'in der Welt leben', ist demnach so zu verstehen, daß sie die

ihn zur sittlichen Selbstentfremdung übermächtigen; vielmehr soll er die noch vorhandenen Bindungen an das Böse abtöten (3,5ff.). Er kann es jetzt, weil er - als Toter - davon prinzipiell befreit ist. Ist er mit Christus auferstanden, so soll er τὰ ἄνω suchen, sich darauf einstellen, sich von daher motivieren (3,1f.)[26]. Konkret heißt das: er soll den "neuen" Menschen anziehen (3,10), der zugleich der "obere" und der "kommende" Mensch ist. Ist das Leben des glaubenden Getauften auch verborgen, so ist doch die neue sittliche Motivation[27] und alles, was aus ihr folgt, dasjenige, das jetzt schon vom neuen Leben sichtbar werden kann. In *summa*: Weil der Christ der Welt abgestorben und mit Christus auferstanden ist, ist es zugleich möglich und sinnvoll, sich von dem her, was "oben" und zugleich "zukünftig" ist, zu motivieren. Weil der Christ zugleich aber immer noch als irdisch-endliche Existenz lebt, als einer, der sein eigentliches Sein noch nicht eingeholt hat, ist es notwendig und sinnvoll, ihn durch Paränese zu motivieren.

III

Es bleibt die Frage nach der Relation unseres Textes zur paulinischen Theologie[28]. Diese Thematik ist im voraufgehenden bereits mehrfach implizit berührt worden, sie wird jetzt nicht *in extenso* erörtert, sondern ich beschränke mich e.g. auf die beiden Zentralfragen, auf das Stichwort συνηγέρϑητε (Kol. 2,12 und 3,1) und auf die Lehre von der *vita abscondita*, die für die Getauften bereit liegt (3,3f.).

a) Zunächst einige Bemerkungen zu der viel gequälten Frage nach dem traditionsgeschichtlichen Stellenwert der Lehre von der Präsenz der Auferstehung im Taufsakrament. Es ist eine weitverbreitete Auffassung, daß sich in diesem Punkt Paulus und der Auct. ad Col. deutlich voneinander unterscheiden: Paulus kenne keine Auferstehung in der Taufe, er biegt in Röm. 6,5 und 6,8 vor einer solchen Konsequenz aus (die Futura ἐσόμεϑα in 6,5 und συζήσομεν in 6,8 werden eschatologische, nicht logische Futura sein). Anders der Auct. ad Col. Er spricht in 2,12 (vgl. auch 2,13) und 3,1 vom Auferstandensein mit Christus im Praeteritum. Er bekennt sich *verbotenus* zur Lehre

---

Welt nicht mehr als Ziel und Sinn ihres Lebens auffassen können" (Kol. 131). Vgl. noch Halter, Taufe, 207.

[26] Zu 3,2 bildet den Gegensatz Phil. 3,19. Lohmeyer (Kol. 133, Anm. 1) hat die Frage gestellt, ob die Wendung "trachtet nach oben" liturgische Hintergründe hat.

[27] "...orientation nouvelle de la vie": Ch. Masson, L'Épitre de Saint Paul aux Colossiens, CNT X (2), 1950, 139.

[28] Für die sog. "Echtheitsfrage" des Kol. dürfte die Arbeit von W. Bujard, Stilanalytische Untersuchungen zum Kolosserbrief als Beitrag zur Methodik von Sprachvergleichen, StUNT 11, 1973 einen wichtigen Beitrag leisten. Ich gehe hier davon aus, daß der Kol. von einem Paulusschüler verfaßt worden ist.

von der Auferstehung in der Taufe[29]. An dieser Stelle - sagt man - differiere der Kol.brief deutlich von Paulus, wie immer man diese Differenz hernach zu verstehen hat[30]. Der Sachverhalt ist nun freilich komplexer. Zum ersten ist - selbst, wenn man zugesteht, daß Paulus in Röm. 6,5 und 8 der Aussage von einem bereits erfolgten Mitauferstanden-Sein mit Christus ausweicht - das Motiv selbst, die *resurrectio* in der Taufe, im paulinischen System nicht undenkbar. Das angenommene Ausweichen vor dieser Konsequenz (wie reflex es immer gewesen sein mag und wie immer es begründet war) schließt keine *grundsätzliche* Absage gegenüber dieser Lehre ein. Paulus hätte sonst ganz anders formuliert. Mehr noch: Nehmen wir an, daß Paulus unter dem Eindruck der korinthischen Causa (und im Bemühen, Mißverständnisse zu vermeiden) in Röm. 6,1ff. (mehr oder weniger reflex) zurückhaltend ist gegenüber der Aussage vom Mitauferstanden-Sein mit Christus, so ist doch der *Sache* nach dieses Element auch in seiner eigenen Tauflehre gesetzt. Denn die Taufe bewirkt ja nicht nur den Tod des alten Menschen, sondern sie konstituiert zugleich den neuen Menschen, der vom Sündenleib befreit ist, das neue Sein, die Voraussetzung für den wirklichen Gehorsam, die Voraussetzung für den paränetischen Imperativ. Das neue Sein aber ist (wenn auch nur in partieller Vorwegnahme) Teilhabe am Auferstehungs-Leben des erhöhten Herrn - wie die Gegenwart des Geistes zeigt[31] (wobei die proleptische Teilnahme am Auferstehungs-Leben

---

[29] Eine Auferstehung in der Taufe kennt auch das Tauflied (?) Eph. 5,14. Vgl. noch 2,5f. Lona, Eschatologie, 355ff.

[30] Von einigen Exegeten wird das als eine grundlegende Differenz zur paulinischen Theologie angesehen. Vgl. Ernst, Kol. 146: "die Perspektiven haben sich ... völlig verschoben." Lohse, Kol. 156: "Gegensatz zu Röm. 6,4f.". Lona, Eschatologie, 160ff. und passim. - Mehrfach ist vermutet worden, daß sich die Differenz gegenüber Paulus aus der Polemik gegenüber der Kolossensischen "Philosophie" erklärt, vgl. Lohse, Kol. 253ff.; Schweizer, Kol. 112; Gnilka, Kol. 135; J. Pfammater, Epheserbrief, Kolosserbrief, NEB.NT 10/12, 1987, 73; G. Sellin, 'Die Auferstehung ist schon geschehen'. Zur Spiritualisierung apokalyptischer Terminologie im Neuen Testament, Nov. Test. 25, 1983, 232; vermutet auch von Zeilinger, Untersuchungen, 147. In eigener Weise hat das bekanntlich Gräßer ausgebildet: Beispiel, 135ff. und passim, wobei Gräßer meinte, daß die Apologetik des Auct. ad Col. "im geistigen Aspekt der kolossischen Gemeinde" blieb (135, im Orig. ausgez.). Er statuierte, "daß der gnostischen Soteriologie der Häretiker mit einer radikalisierten gnostischen Soteriologie begegnet wird" (136, im Orig. ausgez.). - Anders Ernst, Kol. 147: "Die Irrlehre ist zwar für manches verantwortlich, aber ihr lokaler Charakter kann nicht den grundsätzlichen theologischen Umbruch erklären."

[31] Lehrreich sind in diesem Zusammenhang die Ausführungen bei Halter, Taufe, 50f.55f.61.70f.88f. Halter kann daher dann zu Kol. 3,1 συνηγέρθητε bemerken: "Das ist zwar terminologisch, nicht aber dem Inhalt nach" unpaulinisch (205). Vgl. im übrigen schon O. Kuss, Der Römerbrief, I, 1963², 299 (zu Röm. 6,4): "Paulus spricht nicht ausdrücklich von einem 'mitauferweckt werden'..., aber indem er V. 4b auf die Auferweckung des Christus von den Toten hinweist, bevor er von dem Mitsterben V. 4a auf unseren Wandel V. 4c schließt, deutet er an, daß es sich in der Taufe auch um ein

Jesu auf die noch ausstehende, vom Glauben erwartete und erhoffte Auferweckung und Verklärung des Leibes der Gläubigen bei der Parusie ausgerichtet ist). Im übrigen ist Röm. 6,5b.10b und 11b, vor allem aber 6,13 zu vergleichen ὡσεὶ ἐκ νεκρῶν ζῶντας[32], wo das Motiv der erfolgten Auferstehung in der Taufe deutlich implizit gesetzt ist[33].

Schließlich ist der Sachverhalt auch noch dadurch kompliziert, daß die Vermutung zurecht bestehen wird, schon die *vor*paulinische Tauflehre habe nicht nur das Mit-Sterben, sondern - konsequenterweise - auch das Mit-Auferstehen mit Christus im sakramentalen Akt gelehrt. Diese vorpaulinische Tauftradition[34] liegt so oder so auch den Ausführungen des Apostels in Röm. 6,1ff. zugrunde. Sie bildet aber auch die Grundlage der Ausführungen von Kol. 2,12f. und 3,1ff.[35]. Wenn also Paulus (aus gegebenem Anlaß) in Röm. 6 vermieden hat, ausdrücklich von der Taufe als Akt sakramentalen Mitauferstehens mit Christus zu sprechen, so hat der Auct. ad Col. seinerseits (aus *anderem* gegebenen Anlaß) keinen Grund gehabt, das gleiche zu tun, sondern er hat auf die (gemeinsame) vorpaulinische Tauflehre zurückgreifend auch dieses Element der Tauflehre direkt ausgesprochen und bis zu einem gewissen Grad expliziert[36].

Mitauferwecktwerden handelt, wenn der Gedanke auch formal niemals klar ausgesprochen ist...". Kuss weist dann im folgenden m.R. auf V. 11 und 13.

[32] Zu der Bedeutung des ὡσεί steht das Richtige bei Halter, Taufe, 70f.

[33] Grundsätzlich gilt: die sakramentale Auferstehung ist das Unterpfand für die Auferweckung und Verklärung des Leibes bei der Parusie. - G. Sellin, op. cit. (Anm. 30) konstruierte das Gegensatzpaar: "Leben als Geistempfang bei der Taufe" und "Auferweckung der Leiber bei der Parusie" und wies das erstere einem "hellenistisch-jüdische(n) Spiritualismus" zu (230). Paulus soll demgemäß eine "doppelte Eschatologie" besessen haben. M.E. reißt Sellin auseinander, was bei Paulus zusammengehört, und weist (fälschlich) das sakramental vermittelte Leben einem "hellenistisch-jüdische(n) Spiritualismus" zu. Die Gegenwart des Geistes und des eschatologischen Lebens bildet bei Paulus vielmehr zusammen mit der apokalyptisch vermittelten Zukunftshoffnung eine sachliche Einheit.

[34] Einen m.E. irreführenden Vorschlag hat jetzt U. Schnelle, Gerechtigkeit und Christusgegenwart. Vorpaulinische und paulinische Tauftheologie, GTA 24, 1983, 79ff. gemacht: "als Ursprungsort der Tradition" vermutet er Korinth (79). "Es trifft hier also die Alternative 'vorpaulinisch - paulinisch' nicht zu, vielmehr handelt es sich um eine von paulinischem Denken beeinflußte, nicht aber abhängige Konzeption. Paulus hat diese Tauftradition aufgenommen und sie in charakteristischer Weise modifiziert..." (80). Kol. 2,12; 3,1ff. und Eph. 2,6 sind dann "keineswegs nur Weiterentwicklungen von Röm. 6..., sondern in unterschiedlicher Weise Repräsentanten jener in Korinth konzipierten nebenpaulinischen Tauftheologie" (ebdt.). - Ich vermute eher, daß die Lehre vom sakramentalen Sterben und Auferstehen mit Christus zum ersten Mal bei den "Hellenisten", also im Stephanus-Kreis, reflex wurde.

[35] Vgl. Gnilka, Kol. 135: "Die Auseinandersetzung bietet mithin den Anlaß, daß unser Brief über Röm. 6 hinaus die ältere Auffassung einbringt, die in Eph. 2,5f. fortwirkt."

[36] Lähnemann, Kolosserbrief, 156ff. erklärt die Varianten in der Lehre vom Mitsterben und Mitauferstehen mit Christus (er zieht Röm. 6,1ff.; Gal. 2,19f.; Kol. 2,12f.; Eph.

Daß er dabei den "eschatologischen Vorbehalt" nicht überspringt, ist deutlich und wird in der Regel auch dort betont, wo man die Differenz zu Paulus herausstreicht. In Kol. 2,12 ist durch den pointierten Zusatz διὰ τῆς πίστεως das perfektionistische Mißverständnis der christlichen Existenz abgewiesen, und in 3,1ff. ist durch die pointierte Rede von der *Verborgenheit* der Heilsgabe das gleiche getan. Im Sinne des Kol. gilt: Ja, der Getaufte ist bereits mit Christus zusammen auferstanden; aber: das durch den sakramentalen Akt erworbene Heilsgut, das eschatologische Leben, ist noch mit Christus zusammen verborgen in Gott, und der Glaubende *wartet* auf eine in der Zukunft noch ausstehende Epiphanie, die ihm erst voll zuwenden wird, was ihm durch den sakramentalen Akt verliehen wurde. Es ist auch m.E. nicht so, daß in Kol. 3,1ff. der zeitliche Aspekt der Eschatologie durch eine Metaphysik der Sphären verdeckt oder ersetzt wäre[37], sondern räumliche und zeitliche Kategorien sind miteinander verbunden. Die "obere" Welt ist zugleich die "kommende" Welt Gottes. Weil die "obere" Welt kommt, hat der Getaufte Zukunft und weil er Zukunft hat, ist er durch die Paränese gefordert[38]. Die Geschichtlichkeit und Verantwortlichkeit der irdischen Existenz ist festgehalten, das Mitauferwecktsein mit Christus entläßt nicht aus der Geschichte, sondern qualifiziert die geschichtliche Zeit der Glaubenden in einem bestimmten Sinn[39].

b) Wie verhält es sich mit der traditionsgeschichtlichen Frage nach dem Motiv der *vita abscondita*, die am Ende geoffenbart wird? Zunächst ist deutlich: die Hoffnung auf das mit Christus in Gott verborgene Leben "droben" ist eine Konsequenz der sakramentalen *resurrectio*. Weil die Getauften mit Christus sakramental gestorben und auferstanden sind, haben sie ihr wahres Leben nicht mehr "hier", sondern "dort" - *cum Christo in Deo*[40]. Man kann fragen, wie sich die Lehre von der *vita abscondita in Deo* mit paulinischen Positionen

---

2,5f.; 5,14 und 2. Tim. 2,11f. heran) aus der Situations- und Funktionsverschiedenheit der Texte. Anders als Lähnemann denke ich beim Verf. des Kol. an einen Paulusschüler. Ich stimme aber mit L. darin überein, daß die besprochenen Differenzen zwischen Paulus und Kol. aus der verschiedenen Situation erklärt werden könnten.

[37] G. Bornkamm, Die Hoffnung im Kolosserbrief. Zugleich ein Beitrag zur Frage der Echtheit des Briefes, in: ders., Geschichte und Glaube, II, Ges. Aufs. IV, 1971, 208ff.; Lohse, Kol. 252. Zu Gräßer, s.u. Gegen Bornkamm: O. Merk, Handeln aus Glauben. Die Motivierungen der paulinischen Ethik, MThSt 5, 1968, 203, Anm. 19; vgl. noch Schweizer, Kol. 133.135 und zuvor schon Fr.J. Schierse, SJ, 'Suchet, was droben ist!', GuL 31, 1958, 88.90. Gegen Bornkamm und Gräßer: Lähnemann, Kolosserbrief, 174f., Anm. 61. Anders wieder Lona, Eschatologie, 165: die Zeitkategorie verschwinde im Kol. nicht, aber: es soll in Kol. doch "eine andere Denkform" herrschen als bei Paulus, eine Denkform, "die nicht durch das Zeitliche, sondern durch das Räumliche grundsätzlich bestimmt ist". Vgl. 188 und passim.

[38] Vgl. Halter, Taufe, 614, Anm. 9 fin.

[39] Die Differenz des Kol. zur Parole der Irrlehrer, die 2. Tim. 2,18 bekämpft werden, streicht Lohse, Kol. 158f. und 194f. heraus. Vgl. auch Gnilka, Kol. 174. - Anders Gräßer, Beispiel, 134; Sellin, op. cit. (Anm. 30), 234.

[40] Vgl. Eph. 2,6.

(etwa Phil. 3,20f.; 1. Kor. 15,35ff. und speziell 51ff.) verträgt[41]. Nach Paulus erwartet der Christ im Zuge der apokalyptischen Ereignisse die Verwandlung des irdischen "Leibes" in einen Leib der Glorie. Nach dem Auct. ad Col. ist unser eschatologisches Leben (also das, was dem Glorien-Leib entspricht) bereits mit Christus in den Höhen verwahrt und verborgen und wird zusammen mit der Erscheinung Christi epiphan werden. Wenn Christus kommt, bringt er auch unser eigentliches Leben mit sich. Nun ist von der Vorstellung der bevorstehenden Verwandlung bis zu der anderen, derzufolge unser eschatologisches Leben bereits bei Gott präsent ist und auf uns wartet, nur ein Schritt. Von dem paulinischen Satz "unser politeuma ist in den Himmeln" (Phil. 3,20) ist kein weiter Weg zu dem Satz "unser Leben ist mit Christus verborgen in Gott" (Kol. 3,3)[42]. Das wäre anders, wenn die Lehre des Kol.briefes von der *vita abscondita* auf gnostische Traditionen zurückgehen würde[43], was aber ganz unwahrscheinlich ist. Sie wird vielmehr im Denkmilieu der Apokalyptik ihre Voraussetzungen haben[44]. Schließlich stimmen Paulus und der Kol.brief grundsätzlich in der Hoffnung überein, daß auf den Getauften bei der Wiederkunft Christi die endzeitliche Verwandlung aus dem Todes-Leben in das Leben der Glorie wartet[45]. Dennoch ergibt sich hier ein neues

---

[41]   Für Gräßer, Beispiel, 143 sind die eschatologischen Aussagen unseres Kolosser-Textes durch einen "Zusammenprall zweier heterogener eschatologischer Konzeptionen, einer hellenistisch-mystischen und einer urchristlich-apokalyptischen" geprägt.

[42]   Vgl. die schöne Formulierung von E. Peterson zu Phil. 3,20: "Wir suchen nicht nur unsere Heimat im Himmel, wir haben sie vielmehr schon dort" (Apostel und Zeuge Christi. Auslegung des Philipperbriefes, 1940, 30).

[43]   Nach Gräßer, Beispiel, 146f. ist die Wendung "Christus - unser Leben" eine Identitätsformel auf gnostischem Hintergrund, wobei freilich der Auct. ad Col. die Konsequenz der *unio mystica* vermeidet (147). Wenn dann Jesu Epiphanie zugleich unsere eigene ist, so schimmere die spezifische Mythologie wieder durch, wobei freilich wiederum die Wendung "mit Christus" die *unio mystica* ausschließt (148).

[44]   Gräßer selbst verweist (Beispiel, 149, Anm. 92) auf Bornkamm, ThWNT IV, 821, 17ff., distanziert aber diesen Hinweis dadurch, daß der Bezug der apokalyptischen Aussagen zu Kol. nur "formal" sei. - Auf die apokalyptische Tradition weist m.R. Gnilka, Kol. 174f. und zwar speziell auf syr. Bar. 84,6; 4. Esra 7,14; 13,18; mehr bei P. Volz, Die Eschatologie der jüdischen Gemeinde im neutestamentlichen Zeitalter nach den Quellen der rabbinischen, apokalyptischen und apokryphen Literatur dargestellt, 1934², 114ff. Doch geht (nach Gnilka) die Lehre des Kol.briefes über die jüdische Apokalyptik darin hinaus, daß das eschatologische Leben in bestimmter Weise schon gegenwärtig sei (Gnilka, Kol. 175). Verweis auf die Apokalyptik auch bei Zeilinger, Untersuchungen, 148, Anm. 42.

[45]   Anders Gräßer, Beispiel, 144.148: Kol. 3 hätte eine andere Eschatologie, von Auferstehung und Verwandlung sei eben nicht die Rede. An ihre Stelle träte - wie es scheint - die Apotheose. Gräßer interpretiert die eschatologischen Aussagen unseres Textes von einem hellenistisch-mystischen bzw. gnostischen Deutungsmodell her. Dazu ist aber m.E. kein Anlaß. Die diesbezüglichen Aussagen unseres Textes lassen sich durchaus auch vom apokalyptischen Kontext her veranschaulichen. Gegen das *argumentum e silentio* (Kol. schweige von der zukünftigen Auferweckung) m.R. Halter, Taufe, 392. -

Element in der apokalyptischen Veranschaulichung des Eschatons. Für Paulus gilt: die Getauften werden verwandelt werden, sie werden nach der Verwandlung die Ikone des himmlischen Menschen tragen (1. Kor. 15,49), die Unverweslichkeit und Unsterblichkeit (15,53), das σῶμα πνευματικόν (15,44), d.h. einen Leib, der dem Glorien-Leib des Auferstandenen gleichgestaltet ist (Phil. 3,21). Auch Kol. 3,4 impliziert die *glorificatio* der christlichen Existenz. Dabei geht aber der Kol.brief in der gedanklichen Vermittlung dieser Hoffnung über die paulinischen Texte darin hinaus, daß er die verklärende Verwandlung der Existenz der Getauften als Folge der Aufdeckung des schon geschenkten eschatologischen Lebens versteht. Man könnte vielleicht sagen: die Verwandlung und Verklärung der irdischen Existenz vollzieht sich durch die Aufdeckung des jenseitigen, himmlischen Lebens, das jetzt schon (wenn auch in Gott verborgen) für die Getauften bereit liegt. Damit ist ein gegenüber den überlieferten paulinischen Texten neues Element in der vorstellenden Explikation des Eschatons angeschlagen. Von einer "Weiterentwicklung" der paulinischen Lehre würde ich aber auch hier nicht sprechen wollen[46], denn die Lehre von der *vita abscondita* wird schwerlich etwas anderes sein als eine Konsequenz der Lehre von der sakramentalen Auferstehung mit Christus. Das eine wie das andere wird auf vorpaulinische Tradition zurückgehen.

Daß Kol. 3,4 fin. eine Verwandlung der Glaubenden impliziert, betont zurecht Lona, Eschatologie, 183. Doch hätte in Kol. die Leiblichkeit nicht mehr die zentrale Bedeutung wie bei Paulus (188). Aber kann man von einer einzigen Stelle her rechtens solche gewichtigen Schlüsse ziehen?

[46] Daß im Kol.brief an anderen Stellen sehr wohl eine Weiterentwicklung der paulinischen Lehre statthat, steht natürlich auf einem anderen Blatt.

Et Verbum caro factum est

Eine Meditation zu Johannes 1,14

I

Das Johannes-Evangelium nimmt innerhalb des Neuen Testaments eine Sonderstellung ein. Das ist den Lesern aufgefallen, seit dieses Buch überhaupt im Kanon steht. Diese Sonderstellung (die mit der dem Evangelisten eigenen Sprache und Spiritualität zusammenhängt) hat dazu geführt, daß das vierte Evangelium früh gegenüber den anderen Evangelien aufgewertet wurde. Durch die Jahrhunderte geht der Lobpreis des Johannes-Evangeliums. Clemens von Alexandrien, der Vorsteher der christlichen Katechetenschule um 200 nach Christus, hat die Bezeichnung "geistliches Evangelium" aufgebracht (bei Eus. hist. eccl. VI, 14,7), - er meint: während die ersten drei mehr die äußeren Vorgänge des Wirkens Jesu beschreiben, blieb es dem vierten Evangelium vorbehalten, das Geistliche darzustellen. Für seinen Nachfolger, den großen Origenes, der übrigens den ersten kirchlichen Kommentar zum Johannes-Evangelium geschrieben hat, ist dieses Buch das Zentrum der ganzen Bibel (in Joh. 1,4,23: SC 120,70). Ähnlich urteilt der anonyme Prolog zu den Predigten Augustins über das Johannes-Evangelium (CChr.S.L. 36, XIV). Entsprechend haben sich darum auch die größten Geister der alten und der mittelalterlichen Kirche dieses Evangeliums angenommen. Wir besitzen Kommentare (Teile von Kommentaren, vollständige Kommentare oder ganze Predigtreihen) von Origenes[1], von Johannes Chrysostomus[2], von Cyrill[3], aus dem lateinischen Westen die berühmten Predigten Augustins[4]. Aus dem Mittelalter haben wir unter anderem Kommentare von dem spekulativen Theologen Johannes Scotus Eriugena[5], einen besonders wichtigen Kommentar von dem

---

[1] GCS IV, 1ff.; bzw. SC 120 (I-V), 157 (VI-X), 222 (XIII), 290 (XIX-XX). Deutsche Übersetzung: R. Gögler, Origenes. Das Evangelium nach Johannes, übersetzt und eingeführt, 1959.

[2] PG 59, 23ff.

[3] PG 73 und 74. Zur griechischen Johannes-Auslegung ist noch zu vergleichen: J. Reuss, Johanneskommentare aus der griechischen Kirche, TU 89, 1966.

[4] In Iohannis Evangelium tractatus CXXIV: CChr.S.L. 36. Deutsche Übersetzung: Th. Specht, Des heiligen Kirchenvaters Augustinus Vorträge über das Evangelium des heiligen Johannes, 3 Bde, BKV² 8.11.19, 1913/14.

[5] PL 122, 283ff.

Fürsten der Scholastik, von Thomas von Aquin[6], eine Auslegung des Eingangs von Meister Eckhart[7] und anderes mehr.

Die spätere Zeit denkt hier nicht anders. Für Luther ist das Johannes-Evangelium "das eynige zartte recht hewbt Euangelion und den andern dreyen weyt weyt fur zu zihen und hoher zu heben" (W.A.D.B. 6,10)[8]. Luther spricht vom "summus Euangelista" (W.A. 29, 366)[9]. Joh. Albr. Bengel vom "Evangelistarum princeps"[10]. Und noch die heutige Zeit, die mit dergleichen schmückenden Bezeichnungen rar umgeht, weiß das Johannes-Evangelium entsprechend einzuschätzen. Rud. Schnackenburg schreibt: Das Johannes-Evangelium "...ist die reifste Frucht der Evangelienproduktion und die vollkommene Verkörperung dessen, was 'Evangelium' seinem inneren Gehalt nach sein will[11]."

Innerhalb des Johannes-Evangeliums ist es dann wiederum der Prolog, der berühmte Eingang 1,1-18, der besondere Aufmerksamkeit und Würdigung erfahren hat. In der alten Kirche diente er speziell zur spekulativen Begründung der Trinitätslehre und der Christologie. Das setzte sich in der folgenden Tradition fort. Im Mittelalter wurde der Prolog zudem als Segensspruch gebraucht, etwa als Segensspruch über die eben erst Getauften[12]. Wurde die Bibel als Schwurbuch verwendet, dann schlug man Joh. 1 auf. Darauf hatte man zu schwören. Und als Dr. Faust dazu übergeht, "das heilige Original in mein geliebtes Deutsch zu übertragen", beginnt er prompt mit dem Johannes-Prolog. Luther sagt: "Dies ist das höchste Evangelium unter allen" (Ellwein, 1). Und H. Schlier spricht von der "Summe des Evangeliums", dem "Inbegriff des Evangeliums"[13].

Daß die Rationalisten den Prolog nicht schätzten, steht auf einem anderen Blatt und wieder auf einem anderen Blatt steht der Gebrauch des Prologs (vor

---

[6]   Super Evangelium s. Ioannis lectura, ed. R. Cai, 1952[5].
[7]   Expositio Sancti Evangelii secundum Iohannem, herausgg. u. übers. v. K. Christ und Jos. Koch, in: Meister Eckhart. Die deutschen und lateinischen Werke. Die lateinischen Werke, III, 1936.
[8]   Zu Luther vgl.: D. Martin Luthers Evangelien-Auslegung, herausgg. v. E. Mühlhaupt, IV: Das Johannes-Evangelium mit Ausnahme der Passionstexte, bearb. v. E. Ellwein, 1977[3] (daraus ist im folgenden unter dem Stichwort "Ellwein" zitiert). - Einen Überblick über die Kommentare zum Johannes-Evangelium im ganzen gibt: R. Schnackenburg, Das Johannesevangelium, I. Teil. Einleitung und Kommentar zu Kap. 1-4, HThK IV, 1, 1986[6], XIIff. über das Johannes-Evangelium in der Geschichte: I, 171ff.
[9]   Übrigens ist es vielleicht nicht uninteressant, sich in Erinnerung zu rufen, daß das Johannes-Evangelium in den Kontroversen der Reformationszeit "keine besondere Rolle" spielt (Schnackenburg, Joh. I, 186).
[10] Gnomon, 1860, 195.
[11] Joh. I, 2. Natürlich hat die Hochschätzung des Johannes-Evangeliums bei den verschiedenen Autoren verschiedene Gründe. Dies im einzelnen aufzuzeigen, ist hier nicht der Ort.
[12] R.E. Brown, SS, The Gospel according to John, I (i-xii), AnB 29, 1966, 18.
[13] H. Schlier, Im Anfang war das Wort. Zum Prolog des Johannesevangeliums, in: Die Zeit der Kirche, 1958[2], 274.

allem seiner Eingangsworte) zur Bekräftigung spekulativer Sätze im deutschen Idealismus[14]. Die Geschichte der Exegese (M. Theobald hat sie jüngst dargestellt)[15] zeigt, daß die Faszination, die von diesem Text ausgeht, auch im 19. und 20. Jahrhundert nicht erlosch. Sie hat Generationen von Theologen angespornt, die literarischen und religionsgeschichtlichen Fragen des Prologs zu erörtern. Heute steht neben den literarischen und religionsgeschichtlichen Fragen noch eine andere Frage zur Debatte, nämlich die nach der Rolle, welche der Prolog in der Geschichte der johanneischen Gemeinde einnimmt. Doch brauchen wir bei der hier vorliegenden Meditation auf die religionsgeschichtlichen Fragen und die zuletzt genannte Problematik nicht einzugehen.

Angesichts des besonderen Ranges, den der Johannes-Prolog einnimmt, erscheint jede Interpretation und speziell die von 1,14 als Wagnis[16]. Und doch: Dieser Text ist auch uns geschrieben. Wir hören ihn als Kinder des ausgehenden 20. Jahrhunderts anders als Origenes und Thomas, anders als Luther und Calvin, anders auch schon als Bultmann... Auf jeden Fall will der Text von gehorsamen Herzen verstanden werden, die ihn als das aufnehmen, was er ist: als Evangelium. So hat ihn auch die Kirche, deren gehorsame Glieder wir sind, immer gehört, und so haben auch wir ihn zu hören.

II

Es wird gut sein, wenn wir zunächst (in größter Kürze) einige Worte über die literarische Gestalt des Prologs verlieren. Seit Wagenmann 1875 als erster den teilweise poetischen Charakter des Prologs erkannt hat[17], gilt es als eine der Hauptfragen der literarischen Analyse, das im Text verborgene Lied, den im Text verborgenen Hymnus, wiederzuerkennen[18]. Über die verschiedenen Versuche der bisherigen Forschung, diese Aufgabe zu erfüllen, informiert jetzt die Monographie von Theobald[19]. Nach meiner Auffassung[20], die besonders den

---

[14] M. Theobald, Die Fleischwerdung des Logos. Studien zum Verhältnis des Johannesprologs zum Corpus des Evangeliums und zu 1 Joh, NTA 20, 1988, 6ff.

[15] Vgl. vorige Anm.

[16] "Iohannes est Evangelista ad quem exponendum pertinet alius quam ego. Ipse me deberet praedicare. Sed quia oportet..." (Luther, W.A. 29, 366, 14ff.).

[17] Dazu Theobald, Fleischwerdung, 42f.

[18] Natürlich gibt es auch Gegner dieser Hypothese, z.B.: E. Ruckstuhl, Die literarische Einheit des Johannesevangeliums, 1951; W. Eltester, Der Logos und sein Prophet. Fragen zur heutigen Erklärung des johanneischen Prologs, in: Apophoreta, F.S. E. Haenchen, BZNW 30, 1964, 109ff.

[19] Theobald, Fleischwerdung, passim.

[20] Sicherheit ist hier nicht zu erreichen. "Man muß ... eine persönliche Entscheidung treffen, aber sich dabei des Unsicherheitsfaktors bewußt sein" (Schnackenburg, Joh. I, 202).

literarischen Aufstellungen von J. Becker[21] und Y. Ibuki[22] (bei Ibuki freilich keine ausdrückliche strophische Gliederung) nahesteht (ähnlich, aber andere strophische Gliederung bei R.E. Brown[23] und O. Hofius[24], eine Auffassung, die hier selbstverständlich nicht in extenso erörtert werden muß), haben wir es mit einem dreistrophigen Hymnus zu tun[25], der sich folgendermaßen darstellt: Die erste Strophe umfaßt die Verse 1.3.4, die zweite Strophe die Verse 5.10.11.12ab, die dritte Strophe schließlich die Verse 14 und 16. Zwischen diese poetischen Sätze des Textes sind Sätze in gewöhnlicher Prosa eingeschoben (V. 2.6-9.12c.13.15.17-18), die von dem Vorläufer des Logos, von Johannes dem Täufer, reden bzw. die einen theologischen Kommentar zu den Texten des Hymnus beisteuern. Diese Zusätze, die vom Evangelisten oder (doch wohl besser) vom vielzitierten Redaktor des Evangeliums stammen, erklären den Text und suchen ihn vor bestimmten Mißverständnissen zu schützen. Das alles ist hier natürlich nicht im einzelnen zu zeigen.

Mit diesem Hymnus hat der Evangelist sein Buch eröffnet und er hätte es nicht schöner und bewegender eröffnen können. Und zwar ist es ein Hymnus, der das Geschick des ewigen Gotteswortes besingt. Die erste Strophe (V. 1.3 und 4) besingt in geheimnisvoller Andeutung, wie der ewige Gott-Logos die Schöpfung ins Leben gerufen hat; die zweite Strophe (V. 5.10.11 und 12ab) besingt den Eintritt des Logos in die von ihm geschaffene Welt - eine Einkehr, die wegen der Ablehnung der Welt zum Teil vergeblich gewesen ist; die dritte Strophe, der Höhepunkt des Ganzen (V. 14 und 16), preist in überschwenglichen Worten die Fleischwerdung des Logos. Es ist der Lobgesang der Erwählten: Sie haben den Logos geschaut und die Güter des Heils empfangen, die er gebracht hat, Gnade und Wahrheit ohne Maß. Der Wechsel zum "Wir-Stil" in V. 14[26] erklärt sich meines Erachtens am besten daraus, daß wir es ab

---

[21] J. Becker, Beobachtungen zum Dualismus im Johannesevangelium, ZNW 65, 1974, 71ff. (näherhin: 73f.); ders., Das Evangelium des Johannes, Kapitel 1-10, ÖTK 4/1, 1985², 70.

[22] Yu Ibuki, Lobhymnus und Fleischwerdung, AJBI 3, 1977, 132ff. Vgl. noch Theobald, Fleischwerdung, 468f., dessen Aufstellungen den unseren aber schon etwas ferner sind. Auf Theobalds These von der Verzahnung des Hymnus mit der Evangelieneröffnung ist hier nicht einzugehen.

[23] Brown, John, I, 3ff.

[24] O. Hofius, Struktur und Gedankengang des Logos-Hymnus in Joh 1,1-18, ZNW 78, 1987, 1ff. Hofius rechnet zum Hymnus: V. 1-5.9-12c.14.16. - Auf die bleibenden Differenzen in den Aufstellungen der genannten Autoren habe ich hier natürlich nicht einzugehen.

[25] Ob er bei der Taufe oder aber (was ich vorziehen möchte) bei der Feier der Eucharistie gesungen wurde, möchte ich nicht entscheiden. - Brown, John, I, 3ff.22 teilt freilich in vier Strophen. Ebenso Hofius, Struktur, 11.

[26] Dazu bekanntlich vor allem E. Käsemann, Aufbau und Anliegen des johanneischen Prologs, in: Exegetische Versuche und Besinnungen, II, 1970³, 155ff. Zur Kritik: Chr. Demke, Der sogenannte Logos-Hymnus im johanneischen Prolog, ZNW 58, 1967, 45ff. (näherhin: 61f.); E. Haenchen, Das Johannesevangelium. Ein Kommentar (herausgg. v. U. Busse), 1980, 129 bemerkt übrigens zurecht: "Außerdem ist der stilistische Bruch

V. 14 mit dem Respons der Gemeinde zu tun haben[27]. Die beiden ersten Strophen werden meines Erachtens vom Vorsänger gesungen. In der dritten Strophe antwortet die Gemeinde. Was der Gesang des Vorsängers dunkel andeutet - das Wirken des ewigen Wortes -, das nimmt der Lobpreis der ganzen Gemeinde auf. Nun wird nicht mehr geheimnisvoll angedeutet, sondern offen ausgesprochen: Der ewige Gott-Logos war unter uns und wir schauten seinen Glanz.

III

Versuchen wir nun, uns der zentralen Aussage V. 14 anzunähern. Der Vorsänger hat in zwei Strophen (V. 1.3.4 und 5.10.11.12ab) vom präexistenten Logos, dem Schöpfer des Alls gesungen, der sich (das war der Inhalt der zweiten Strophe) in seine Schöpfung hinein gegeben hat und dort - vergeblich - Aufnahme suchte. Er sang aber auch von der kleinen Schar der Erwählten, die das anfängliche Wort aufnahm, die den Logos erkannte, von der Schar der "Kinder" Gottes. Nun ist die Gemeinde am Wort. Sie nimmt in der dritten Strophe, in der Form eines Responsoriums, den Gesang des Vorsängers auf. Sie antwortet im Chor auf das vom Vorsänger geschilderte Geschehen. Von jetzt an redet der Hymnus im Stil des Bekenntnisses. Die Gemeinde bekennt dankbar, lobpreisend, was der Logos an ihr getan hat. Laudamus te, benedicimus te, adoramus te... "Und so fällt jetzt der Satz, bei dem die versammelten Gläubigen ihre Knie beugen, weil das entscheidende Geheimnis genannt wird" (Schlier)[28] - das Geheimnis der Menschwerdung Gottes. In der Tat: An dieser Stelle gebührt es dem Christen, die Knie zu beugen. Venite, adoremus.

> Und das Wort ward Fleisch,
> und wohnte unter uns,
> und wir schauten seinen Glanz,
> den Glanz des Einziggeborenen vom Vater,
> voller Gnade und (voller) Wahrheit (V. 14).

Der erste Satz (V. 14a) greift auf das Bisherige zurück und präzisiert es. Das Licht, hatte es geheißen, scheint in der Finsternis (V. 5), er war in der

---

nicht so hart, wie man nach *Käsemann* glauben möchte: die kettenartige Verschlingung geht weiter."

[27] Schon Demke (a.a.O., 61) dachte bei V. 14.16 an ein Responsorium, meinte aber, der Evangelist hätte es aus vorgegebener Tradition angefügt; V. 14.16 sei die Antwort auf einen himmlischen Gesang. Besser Yu Ibuki, a.a.O., 132ff., näherhin 142ff. Hier wird V. 14.16 zum Urhymnus gerechnet und erwogen, ob sich "die bekenntnishafte Antwort" nicht aus einem antiphonischen Gesang erklärt (143); Schnackenburg, Joh. I, 542 hält die Aufstellungen von Ibuki für erwägenswert. Ich möchte an Vorsänger und Responsorium der Gesamtgemeinde (V. 14.16) denken.

[28] Anfang, 281.

Welt, hatte es geheißen (V. 10), er kam in sein Eigentum (V. 11). Was heißt das alles? Der Vorsänger hat das alles nur geheimnisvoll angedeutet. Jetzt, im Lobpreis der Gemeinde, wird das Geheimnis enthüllt:

> In unser armes Fleisch und Blut
> verkleidet sich das ewig Gut.

Das ist also das Neue, das Stichwort "sarx", Fleisch. Der Logos erscheint in der Welt als Mensch "mit Fleisch und Blut". Er ward Fleisch heißt: Er begab sich ins Fleisch hinein[29]. Der Logos ward Fleisch heißt also: Gott wurde Mensch, der Unendliche wurde endlich, der Schöpfer ein Geschöpf. Wir stehen hier vor dem größten Geheimnis des christlichen Glaubens. Was hier bekannt wird, ist ein unerwartetes, unglaubliches, unbegreifliches Geschehen. Und es wird im Jubel der Gemeinde bekannt[30].

"Das Geheimnis der Menschwerdung übersteigt von allen göttlichen Werken am meisten die Vernunft. Nichts Wunderbareres kann man sich als Gottestat ausdenken, als daß der wahre Gott, Gottes Sohn, wahrer Mensch würde. Und weil dies Geheimnis unter allen das wunderbarste ist, so folgt, daß alle anderen Wundertaten auf den Glauben an dieses Wunderbarste hingeordnet seien" (Thom. Aquin. Contra gent. IV, 27)[31].

Versuchen wir, so gut wir es vermögen, das Gehörte im einzelnen zu bedenken. Zunächst: Der Logos nimmt Fleisch an, wird Fleisch, aber er hört natürlich nicht auf zu sein, was er ist, der ewige Logos. Gott hat durch die Menschwerdung nicht aufgehört, Gott zu sein. Er hat nicht das göttliche Wesen aufgegeben und mit dem menschlichen vertauscht, so daß man sagen müßte: Vorher war er Gott, jetzt ist er nur mehr Mensch. Daß das nicht so gemeint ist, zeigt uns die Fortsetzung, die ja von dem göttlichen Glanz des Fleischgewordenen spricht. Nein: Er hat das menschliche Wesen zu seinem göttlichen aufgenommen. Der Hymnus will offenbar die volle Gottheit (Logos!) und die volle Menschheit (sarx!)[32] aussagen, ohne daß durch die Inkarnation eines von beiden unterginge. Das ist es, was der Prolog sagen will, und das hat die Kirche in ihrer Lehre festgehalten[33].

---

[29] Athan. Sermo maior de fide 1 (PG 26, 1265 A).

[30] Schnackenburg hat Recht, wenn er eine deutliche Trennungslinie zu den angeblichen Parallelen aus hellenistischer und speziell aus gnostischer Religiosität zieht. "...die christliche Lehre vom menschgewordenen Gottessohn läßt sich nach der Inkarnationsaussage von Joh 1,14 nicht als eine *Spielart* unter anderen, sondern nur als *Protest* gegen sämtliche anderen Ausprägungen des hellenistisch gnostischen Erlösungsglaubens begreifen" (Joh. I, 244). Vgl. auch S. Schulz, Das Evangelium nach Johannes, NTD 4, 1983[15], 31.

[31] Divi Thomae Aquinatis, Summa contra Gentiles, ed. Leon. 1894, 600. Übers.: Thomas v. Aquin, Sentenzen über Gott und die Welt, lateinisch-deutsch, zusammengestellt, verdeutscht und eingeleitet v. J. Piper, 1987[2], 277.

[32] Natürlich: sine peccatis!

[33] Origenes rechnet den Satz: incarnatus est, cum deus esset, et homo factus mansit quod erat, deus (de princ. I, praef. 4: ed. Görgemanns - Karpp, p. 88) zu den Grundlehren der

Sodann: Es ist vielleicht doch kein Zufall, daß es nicht einfach heißt "der Logos wurde Mensch", sondern daß die grob sinnliche Vokabel "Fleisch" gewählt wird, um zu sagen, was zu sagen ist. Das typische Bibelwort "sarx, caro, Fleisch", das man in seinen Nuancen nur sehr schwer im Deutschen wiedergeben kann, bezeichnet hier das Sinnenfällige, das, was man mit Händen greifen kann, das, was sich den Sinnen erschließt, was man betasten kann (vgl. 1. Joh. 1,1!), den sinnlich wahrnehmbaren Gegenstand. Dann sagt aber unser Text (und das Paradox wird immer größer): Gott wird gegenständlich, er tritt ein in die gegenständliche, sinnenfällige Welt, jeder Doketismus ist ausgeschlossen. Wir haben von dem Märtyrerbischof Ignatius von Antiochien (nur wenige Jahre nach der Entstehung des Johannes-Evangeliums) einen ähnlichen Hymnus auf die Inkarnation, in dem das hier Gesagte ganz deutlich heraustritt:

> Einer ist der Arzt,
> er ist fleischlich und geistlich,
> geworden und ungeworden,
> der im Fleisch erschienene Gott,
> im Tod das ewige Leben... (Eph. 7,2).

Alle Versuche, die Menschwerdung Gottes abzuschwächen, verbieten sich also. Es wäre ja scheinbar viel einfacher, könnte man sagen, in einem Menschen der Geschichte sei das religiöse Bewußtsein besonders mächtig geworden, habe sich - sozusagen - der göttliche Geist besonders ausgewirkt. Dann hätte man in dem Erlöser einen Menschen vor sich, der von Gott besonders inspiriert ist, und nichts weiter. Aber der johanneische Text wäre dabei natürlich grob mißverstanden. Der Logos wird mit dem Menschen Jesus von Nazareth nicht lediglich verbunden (so daß man an eine geistige Einwohnung einer überirdischen Macht in einen Menschen denken könnte), nein: der Logos wird mit dem Menschen Jesus von Nazareth identifiziert, er wird dieser Mensch. Nach dem Akt der Inkarnation sind (in der Sprache der klassischen Dogmatik gesprochen) die göttliche und die menschliche Natur in einer Person geeint. Der Logos ist wirklich dieser Mensch geworden und dieser Mensch ist wirklich der ewige Logos. In Jesus von Nazareth begegnet uns beides: ein Mensch wie unsereins - und der ewige Gott, und dieses beides, das Göttliche und das Menschliche, unvermischt, aber auch ungetrennt. Wer in das Antlitz Jesu blickt, blickt in das Antlitz Gottes. Das ist das unauslotbare Geheimnis des christlichen Glaubens, der eigentliche Artikel, mit dem Glaube und Kirche stehen oder fallen (vorrangig und vorgängig auch noch vor der Rechtfertigungslehre). Jesus ist der unter uns gegenwärtige Gott, der unter uns Menschen als Mensch gegenwärtige Gott.

Kirche. Weitere Beispiele aus der Patristik wären leicht zu bringen. Vgl. nur und vor allem Conc. Ephes. (Ep. II Cyr. ad Nest. init.): DS 250 (111a).

Die theologische Tradition formuliert das Paradox zuweilen mit größter Schärfe: Talis enim erat illa susceptio, quae deum hominem faceret et hominem deum (Aug. de trin. I, 13 [28]: CChr.S.L. 50, 69). Vgl. dazu Thom. Aquin. S.Th. III, q. 50,4[34]. Luther steht hier ganz in der Tradition. Er predigt 1539: "Gott ist Mensch, Mensch ist Gott, unzertrennt in einer Person. Gottes Kind und Menschenkind ist ein Kind" (Ellwein, 58). Und schließt daraus: Gott "ist unser Mitbürger geworden" (Ellwein, 61)[35].

Dazu eine letzte Überlegung: Es handelt sich um ein Geschehen innerhalb der irdischen Geschichte. "Er wohnte (oder: er zeltete) unter uns" (V. 14b)[36]. Gott wird zu einer bestimmten Stunde der Weltgeschichte von einem einfachen jüdischen Mädchen namens Maria als Mensch geboren. Der ewige Logos erscheint "als ein Mensch mit einem Menschennamen und einem konkreten Menschengeschick..." (Schlier)[37]. Damals und dort ist das geschehen, nicht vorher, nicht nachher und nirgendwo sonst. Maria wird damit zur Mutter Gottes und das Jahr der Geburt wird zum Mittelpunkt der Weltgeschichte. Das ist das Zentrum unseres Glaubens, das ist es, wovor wir unsere Knie beugen. Alles andere folgt daraus.

Aber nun weiter: Während die beiden ersten Sätze (V. 14a und 14b) das Ereignis als solches besungen haben, formuliert der folgende Satz (V. 14c) die Konsequenz, die sich daraus ergibt: "Wir schauten seinen Glanz." Weil er gekommen ist, weil er gegenständlich wurde, weil er schaubar wurde, schauten wir ihn, konnten wir ihn schauen, schauten wir den göttlichen Glanz. "Wir" - das sind schwerlich nur Augenzeugen der ersten Zeit (sonst könnte die folgende Kirche dieses Lied nicht mehr singen). "Wir" - das ist eher die gesamte Kultgemeinde, die Kirche über die Zeiten hinweg (aber freilich die Kirche, die angewiesen ist auf das Zeugnis der Augenzeugen). Dann wird freilich das Schauen zu einem differenzierteren Vorgang: es ist das Schauen des Glaubens gemeint[38], damals wie heute - und es klingt ein Thema an, das der Evangelist

---

[34] Divi Thomae Aquinatis. Summa Theologica, ed. altera Romana, IV, 1894, 428f.

[35] Er umschreibt das "indivise, inseparabiliter" natürlich, ohne das "inconfuse, immutabiliter" auszuschließen.

[36] Die Ausdrucksweise erinnert wohl an ein bestimmtes Motiv der frühjüdischen Weisheitsliteratur: Sir. 24,4.8; äth. Hen. 42,1f. Zur Sache: "er weilte unter uns Menschen als ein Mensch, und zwar - so wird man mithören müssen - als Gast, der wieder Abschied nahm, wenngleich der Ton auf dem Positiven der Aussage ruht" (R. Bultmann, Das Evangelium des Johannes, KEK II, 1985[20], 43). B. Lindars, The Gospel of John, 1977, 94.

[37] Anfang, 286.

[38] An dieser Stelle - vor allem - wäre eine Auseinandersetzung mit den Ausführungen R. Bultmanns am Platz. Bultmann betont (Joh. 45) sehr klar, daß es sich um das "glaubende Schauen", um "das Sehen des *Glaubens*" handelt, läßt dieses aber jenseits aller Empirie sein (46). Das ist im Sinne seiner Theologie konsequent (und wird im ganzen Kommentar durchgehalten); aber entspricht es auch dem Johannesevangelium? Vgl. z.B. die Kritik bei Brown, John, I, 32: "But does not Bultmann make too much of a revealer without a revelation?"

am Ende seines Buches (in der Erzählung von der Erscheinung vor Thomas)
wieder berühren wird. "Sie haben Ihn gesehen mit den Augen des Glaubens,
gehört mit den Ohren des Glaubens, berührt mit den Händen, die glauben,
geschmeckt mit dem Mund, der glaubt" (Schlier)[39].

Was haben sie geschaut, berührt, ergriffen? Wir sind die Luther-
Übersetzung gewohnt: seine Herrlichkeit. Das ist natürlich recht übersetzt,
trifft aber die Sache noch nicht zur Gänze. Doxa ist hier der Schein, der
Glanz, die Glorie, die göttliche Aura, das göttliche Wesen im Glanz, das laute-
re Licht der Gottheit. Sie haben Jesus in die Augen geschaut - selbst mit den
Augen des Glaubens - und da haben sie etwas von dem Lichtglanz Gottes
gesehen, von dem Licht der Liebe, von jener Liebe, mit der der Vater den
Sohn liebt und der Sohn den Vater. Es ist das ewige Licht, das zwischen Vater und Sohn leuchtet - und das Licht, das uns erleuchtet, seit der Sohn unter
uns ist[40]. Und es ist wirklich das ewige Licht, so wahr der Sohn, dessen Glanz
wir im Glauben sehen, der eingeborene Sohn des Vaters ist (V. 14d). Er ist
ganz nahe beim Vater, er trägt des Vaters Wesen an sich. Er ist nicht eine Art
Engelwesen, ein Zwischenwesen zwischen Gott und Mensch, sondern der
unigenitus filius, und darum ist auch das Licht, das er spendet, Licht vom
göttlichen Licht, Glanz vom göttlichen Glanz.

Und nun folgt (V. 14e) die Erklärung dessen, was das alles für uns bedeutet. Was bedeutet das, wenn Gott greifbar wird? Was bedeutet das, wenn wir
seinen Glanz schauen? Wir erfahren jetzt aus dem Mund der lobpreisenden
Gemeinde, daß diese Schau das Heil vermittelt, und zwar das Heil in Fülle:
Gnade und Wahrheit[41]. Er selbst, der Offenbarer, ist gleichsam angefüllt mit
diesen Gütern, mit dem Heilsgut der Gnade und dem Heilsgut der Wahrheit.
Er fließt über von diesen Gütern, diese Heilsgüter gehen ihm nie aus, er ist der
ewige Brunnen der Gnade, der ewige Quell der Wahrheit.

Werfen wir noch einen Blick auf V. 16. Dieser Vers schließt unmittelbar an
V. 14 an und bringt (wenn wir richtig deuten) das Ende des Hymnus:

> Denn[42] von seiner Fülle
> haben wir alle genommen
> Gnade um Gnade.

Ist das wirklich der lobpreisende Schluß des Liedes, so mag man sich hin-
zudenken: Alleluja, alleluja! Wir alle haben genommen, sagt die Gemeinde,

---

[39] Anfang, 282f.
[40] Dazu Schlier, Anfang, 282.
[41] Schon Bengel, Gnomon, 202, vermutete dahinter das alttestamentliche "chesed we
emeth"; vgl. noch Schnackenburg, Joh. I, 248; Brown, John, I, 14; Lindars, John, 95.
Dagegen z.B.: W. Bauer, Das Johannesevangelium, HNT 6, 1925[2], 24; Bultmann, Joh.
50, Anm. 1.
[42] Der Hymnus könnte ursprünglich καί statt ὅτι gelesen haben, also: "und von seiner
Fülle...". Vgl. nur Schnackenburg, Joh. I, 205, Anm. 1. Daß viele Handschriften καί lesen, steht auf einem anderen Blatt.

"keiner ging leer aus" (Schlier)[43]. Ist Er voller Gnade und Wahrheit, dann versteht sich, daß diese Fülle auf uns überfließt und wir alle aus dieser Fülle Güter des Heils erlangen. Die uns geläufige Übersetzung "Gnade um Gnade" gibt das Gemeinte sehr gut wieder; gemeint ist im griechischen Text: eine Gnade nach der anderen, Gnade über Gnade[44]. Wir haben also zu verstehen: Gott gibt seine Gnade nicht kärglich, Gott gibt mit beiden Händen. Die Gnadenerfahrung des Christen wird nicht so sein, daß man sich mit Notrationen zufrieden geben müßte. Nein: Es ist mehr Brot da, als man braucht (sie heben die Brocken auf und füllen damit noch Körbe...), und der Wein fließt in Strömen. Gott verschwendet sein Heil. Wer eingetreten ist in sein Haus, wird dort alles finden, was er braucht, und täglich noch mehr.

IV

Halten wir noch einmal inne und versuchen wir, uns das Sinnziel des Textes zu verdeutlichen.

Der Prolog hat in seiner zentralen Aussage (V. 14) davon gesprochen, daß der ewige Logos dieses unser menschliches Leben geteilt hat, wir dürfen hinzusetzen: dieses Leben, das wir zerstört haben und noch jeden Augenblick zerstören; aber *Er* hat es geteilt (wie wir zu verstehen haben) ohne Sünde, ohne selbst den Mächten der Entfremdung anheimzufallen. Damit wird die Inkarnation zum Heilsgeschehen uns zugute[45].

Indem Gott selbst in die menschliche Existenz eingetreten ist, hat er eine neue Weise des menschlichen Lebens eröffnet, die alles erneuert, die unser Leben vor dem Verderben rettet, die uns vor den Mächten der Zerstörung bewahrt, vor der Macht der Sünde, vor der Macht des Todes. Er hat eine neue Möglichkeit und Wirklichkeit des Lebens gestiftet, die zu verkündigen und zu verwirklichen die Seinen gerufen sind.

Reden wir johanneisch: Er hat in diese unsere Finsternis Licht gebracht, indem seine Glorie, das Licht der göttlichen Wirklichkeit, für die Augen des Glaubens sichtbar wurde. Er hat uns damit das wirkliche Leben eröffnet, das Leben, das allein den Namen "Leben" verdient. Mehr noch: Er hat die Seinen gesammelt und sammelt sie noch stets in der Gemeinschaft der Liebe, die

---

[43] Anfang, 283.

[44] Blaß - Debrunner - Rehkopf, Gramm. § 208, Anm. 1 mit zwei schönen sprachlichen Parallelen aus Philon, de post. 145 und acta Petri et Pauli c. 41 (Lipsius - Bonnet, I, 1, p. 197).

[45] Die Inkarnation hat sich in der Passion vollendet. Erst mit dem Tod waren die Konsequenzen, erst mit dem Sterben war die Sendung Jesu vollbracht. In der Passion duldet der inkarnierte Logos das Leid und den Tod der irdischen Existenz, die *Folgen* der Sünde, ohne selbst an der Sünde Anteil zu haben. Diese Zusammenhänge und die Bedeutung der "Verherrlichung", der Heimkehr zum Vater (die Voraussetzung für die Sendung des Parakleten) - diese Zusammenhänge sind hier nicht mehr zu erörtern.

durch seine Botschaft und durch die Zeichen seiner heiligen Sakramente getragen ist vom Licht seiner Auferstehung, vom Licht der Wirklichkeit Gottes.
Die Offenbarung der göttlichen Wirklichkeit, der Wahrheit, die zugleich Offenbarung der Gnade ist, ist auch die Ermöglichung und Verwirklichung der
eigentlichen menschlichen Existenz, jener Existenz, die, weil sie zu Gott heim-
gekehrt ist, endlich auch zu sich selbst gefunden hat.

Von solchen Überlegungen aus beginnt sich das Sinnziel der Inkarnation zu
enthüllen. J. Blank hat im Anschluß an Augustinus das Ziel der Menschwerdung Gottes dargestellt als - Menschwerdung des Menschen. "Gott ist Mensch
geworden, damit der Mensch wieder in Wahrheit Mensch werde"[46]. Die
"Menschwerdung Gottes" geschah "um der Menschwerdung des Menschen
willen"[47]. Solche Sätze sind jetzt verständlich. Sie erschließen uns - vielleicht
noch nicht die ganze Tiefe, aber doch wesentliche Aspekte dessen, was wir
hier meditierend umkreisen, das Mysterium der Inkarnation.

Ich möchte mit einem Text schließen, der in ähnlicher Weise das Ziel der
Menschwerdung umschreibt: dem Schluß des Buches adversus haereses des
Heiligen Irenäus von Lyon. Irenäus erörtert dort (V, 36: SC 153, 464ff.) am
Ende seines Werkes die doppelte Bewegung, die die Heilsgeschichte aus-
macht: die eine, die von Gott zum Menschen führt (die Inkarnation), und die
andere, die vom Menschen zu Gott führt (die Erlösung). Lassen wir Irenäus
selber sprechen:

"Denn es ist ein Sohn, der den Willen des Vaters vollendete, und ein Men-
schengeschlecht, in welchem die Geheimnisse Gottes sich vollziehen..., so daß
sein Sohn, das eingeborene Wort, hinabsteigt in das Geschöpf, das heißt in
sein Gebilde, und von ihm aufgenommen wird.

Und das Geschöpf hinwiederum nimmt auf das Wort und steigt zu ihm em-
por, indem es über die Engel sich erhebt, und so wird es nach dem Bild und
Gleichnis Gottes"[48].

---

[46] Das Evangelium nach Johannes, Ia (Geistliche Schriftlesung), 1981, 114. - Zu dem
bekannten Satz des Athanasius, Gott ist Mensch geworden, damit wir göttlich würden,
vgl. jetzt Basil Studer, Gott und unsere Erlösung im Glauben der Alten Kirche, 1985,
147f.

[47] Blank, ebdt.

[48] Übersetzung von E. Klebba, Des heiligen Irenäus fünf Bücher gegen die Häresien, Buch
IV-V, 2. Band, BKV^2 4, 1912, 573f. - Zur Bedeutung der Inkarnation im theologischen
System des Irenäus vgl. nur Studer, a.a.O., 80ff.

Vom Glauben der Pilger

Erwägungen zu Hebr. 11,8-10 und 13-16

Die folgenden Zeilen versuchen, einen kleinen Beitrag zu der Frage zu leisten, wie ein bestimmtes Motiv der alttestamentlichen Patriarchengeschichte im Neuen Testament neu gedeutet worden ist. Ich denke an die für die christliche Spiritualität besonders bedeutende Perikope Hebr. 11,8-10 und 13-16. Versuchen wir, uns die Grundaussagen dieser Texte zu vergegenwärtigen.

I

Hebr. 11 bringt einen *"tractatus de fide"*[1], der trotz seiner Selbständigkeit mit dem Vorausgehenden und dem Folgenden deutlich verbunden ist[2]. Der Aufbau des Kapitels ist durchsichtig. Am Anfang steht eine Wesensbestimmung des Glaubens (V. 1), die verbotenus keinen spezifischen Bezug zur Christologie aufweist. Das ist auch nicht nötig, denn der Leser hat noch die Aussagen über die Pistis im Ohr, die im vorausgehenden gemacht worden sind[3], und er wird in 12,2 erfahren, daß Jesus der Urheber und Vollender dieses Glaubens ist. Der Verfasser ist in 11,1 von einem partiellen Interesse geleitet: Er will keine vollständige Definition des Glaubens geben, sondern lediglich entscheidende Züge herausstellen[4], die für die paränetische Intention des Folgenden wichtig sind[5]. Gesagt werden soll, was der Glaube *bewirkt*[6]. Von V. 2 an folgt

---

[1] H. Windisch, Der Hebräerbrief, HNT 14, 1931[2], 98.

[2] Vgl. nur: Windisch, Hebr., 98f.; O. Kuss, Der Brief an die Hebräer, RNT 8/1, 1966[2], 165.

[3] H. Hegermann, Der Brief an die Hebräer, ThHK 16, 1988, 222.

[4] Hegermann, Hebr., 222.

[5] F. Bleek, Der Brief an die Hebräer, III, 1840, 721; J. Moffatt, A Critical and Exegetical Commentary on the Epistle to the Hebrews, ICC, 1952 (reprint), 160; A. Schlatter, Der Glaube im Neuen Testament, 1982[6], 523, Anm. 1; C. Spicq, L'Épître aux Hébreux, EtB, II, 1953, 334.336; D. Lührmann, Glaube im frühen Christentum, 1976, 75f. Für E. Gräßer ist der Bezug zur Paränese ausschließlich (Der Glaube im Hebräerbrief, MThSt 2, 1965, 146ff.). Aber die christologische Relation fehlt doch nicht (12,1!), wenn der Glaubensbegriff des Hebr. freilich (wie gerade Gräßer schön dargestellt hat) nicht in der jesuanischen oder paulinischen Tradition steht, sondern in der "alexandrinischen" Ontologie die Voraussetzung seiner Vermittlung hat.

[6] Vgl. H. Braun, An die Hebräer, HNT 14, 1984, 337.

dann - unter ständiger Anwendung der rhetorischen Figur der Anapher[7] - eine Exempelreihe, die in V. 3 mit einer Reflexion über die Schöpfung einsetzt, dann aber V. 4ff. die "Wolke der Zeugen" vorführt, an deren Verhalten abgelesen werden kann, was Glaube seinem Wesen nach ist. Es sind Zeugen der alttestamentlichen Geschichte, die vorgeführt werden: Abel, Henoch, Noah, Abraham, Jakob, Mose, Rahab - dann bricht der Redner unwillig ab (V. 32). Die Zeugenreihe ist ihm oder (wie er fürchtet) seinen Hörern zu lang geworden. Statt weitere Exempla anzuführen, nennt er nur mehr kursorisch einzelne Namen und zählt die Leiden auf, die die Zeugen im Glauben ertragen haben (V. 32ff.). V. 39f. bildet die Zusammenfassung - mit einer spezifischen Pointe: sie alle haben zwar geglaubt, aber bei Lebzeiten die Erfüllung der Verheißung nicht erlangt. Sie mußten (wie man wohl verstehen soll) auf die Endzeit warten. Erst jetzt, da Christus eingetreten ist in das Heiligtum und hinter ihm die Seinen eintreten, erst jetzt ist für die genannten Zeugen der Weg zum Gewinn der Verheißung frei[8].

Es hat sich längst die Vermutung aufgedrängt, daß der auctor ad Hebraeos in der Exempelreihe auf vorgegebenes Material reflektiert[9], wobei man ja nicht an eine geschriebene Vorlage denken muß[10]. Es liegt wohl ein Schulthema der hellenistischen Synagoge zugrunde[11], das mit der Form der Exempelreihe arbeitete[12]. Daß die aufgezählten exemplarischen Frommen (von Abraham abge-

---

[7]   Blaß - Debrunner - Rehkopf, 491, 1. Zur Anapher überhaupt: Lausberg, Handbuch der literarischen Rhetorik. Eine Grundlegung der Literaturwissenschaft, 1973[2], 318ff.

[8]   Vgl. nur O. Michel, Der Brief an die Hebräer, KEK 13, 1966[12], 370. Zum Thema der Verheißung vgl. jetzt: C. Rose, Verheißung und Erfüllung. Zum Verständnis von ἐπαγγελία im Hebräerbrief, BZ NF 33, 1989, 60ff.178ff.

[9]   Windisch, Hebr., 98; J. Héring, L'Épître aux Hébreux, CNT 12, 1954, 104; H. Thyen, Der Stil der jüdisch-hellenistischen Homilie, FRLANT 65, 1955, 18 (wahrscheinlich schriftliche Vorlage); G. Schille, Katechese und Taufliturgie. Erwägungen zu Hebr. 11, ZNW 51, 1960, 112ff.; Michel, Hebr., 368.371; G. Theißen, Untersuchungen zum Hebräerbrief, StNT 2, 1969, 98ff.; Lumpe, RAC VI, 1244f.; Braun, Hebr., 336; F.E. Wieser, Die Abrahamvorstellungen im Neuen Testament, EHS.T 317, 1987, 31 und passim; M. Rissi, Die Theologie des Hebräerbriefs. Ihre Verankerung in der Situation des Verfassers und seiner Leser, WUNT 41, 1987, 106.

[10] Hegermann, Hebr., 221.226f.

[11] Windisch, Hebr., 98; Héring, Hébr., 104. Nach Michel, Hebr., 368 ist wohl auch schon die Vorlage christlich gewesen. Michel meint (372), "daß ursprünglich ein feierlicher Hymnus auf den Glauben" vorlag. Schille, Katechese, 129 stellt die Frage, "ob die Vorlage von Hebr. 11 einmal am Anfang einer Taufliturgie gestanden hat"; Wieser, Abrahamvorstellungen, 122; Rissi, Theologie, 106f.: Es liegen zwei Vorlagen zugrunde, die der Verfasser aufgenommen und kommentiert hat.

[12] Allgemeines: Exemplum (RAC VI, 1229ff., A. Lumpe); M.R. Cosby, The rhetorical composition of Hebrews 11, JBL 107, 1988, 267ff. Jüdische Exempelreihen: Weish. 10f.; Sir. 44-50; 1. Makk. 2,51ff.; Philon, Praem. 7-66.67-78: Virt. 198ff.; CD II, 17ff.; IV Esr. 7,106ff.; frühchristlich: Jak. 2,21ff.; 1. Clem. 4-6 usf. Ein schönes Beispiel aus späterer Zeit: Method. symp. XI, 288f. (GCS 27, 134f.).

sehen, der schon in der Überlieferung als Vater des Glaubens gilt) ausgerechnet für den *Glauben* zeugen, daß also die Tugend der *Pistis* dargestellt werden soll, dürfte erst auf den Verfasser zurückgehen. Wieweit er auch sonst in
die Topik eingegriffen hat, läßt sich schwer sagen. Für Zusätze des Verfassers
möchte ich jedenfalls die V. 13-16 und 39f. halten[13], aber vielleicht auch V.
1.10.19.26f. und 35[14]. Sie betonen allesamt, daß sich der Glaube auf die jen-
seitige Welt richtet, die Welt der Auferstehung, der creatio ex nihilo. Das entspricht der einleitenden "Definition", die ebenso aus der Feder des auctor ad
Hebraeos stammen wird[15].

II

Werfen wir zunächst einen kurzen Blick auf diese einleitende Definition (V.
1)[16]. Sie besteht aus zwei parallel aufgebauten Sätzen. Als Schlüsselbegriff
erscheint zunächst *"hypostasis"*. Er ist - unter dem Einfluß der reformatorischen Exegese - traditionell als "Zuversicht" interpretiert worden. Diese
Deutung sollte heute überwunden sein[17]. *"Hypostasis"* heißt an unserer Stelle
"Wirklichkeit" und die Definition will demgemäß sagen, daß im Glauben die
Hoffnungsgüter, auf die der Glaubende sich richtet, bereits Wirklichkeit sind,
das Ausstehende ist bereits vorweggenommene Realität[18]. Entsprechend bedeutet das zweite Stichwort *"elenchos"* an dieser Stelle "Erweis, Beweis". Der
Glaube ist sich selbst der Beweis für die unsichtbaren Güter, auf die er sich

---

[13] Vgl. dazu die Überlegungen bei Windisch, Hebr., 101; T.H. Robinson, The Epistle to
the Hebrews, 1933, 161; Kuss, Hebr., 173; Michel, Hebr., 370.372.390f.397.422; Wieser, Abrahamvorstellungen, 30f.123; vgl. die folgende Anm.

[14] Zum Ganzen vgl. die Analyse bei Theißen, Untersuchungen, 98ff. Vom Verfasser soll
sein: V. 1f.6.10.13-16.39f., wahrscheinlich auch 26. Wenig anders: Braun, Hebr., 336.
Auch das anaphorische *"pistei"* geht auf den Verfasser zurück (337); Wieser, Abrahamvorstellungen, 31, Anm. 4, 122ff. (Hypothese von drei Schichten); Rissi rechnet zu den
Zusätzen des Verfassers: V. 1.3.6.10.13-16 und 26 (Theologie, 106). Über die V. 32ff.
vgl. Theologie, 112.

[15] Theißen, Untersuchungen, 98; Hegermann, Hebr., 222; Rissi, Theologie, 106f.112.

[16] Schlatter, Glaube, 520ff.614ff.; Windisch, Hebr., 106ff.; ThWNT VIII, 571ff. (Köster);
Gräßer, Glaube, 46ff.99ff.; Spicq, Hébr I, 76ff.; II, 371ff.; Kuss, Hebr., 166ff.; G. Daut-
zenberg, Der Glaube im Hebräerbrief, BZ NF 17, 1973, 161ff.; Michel, Hebr., 376ff.;
Braun, Hebr., 106ff.; Lührmann, Glaube, 70ff.; E. Brandenburger, Pistis und Soteria.
Zum Verstehenshorizont von 'Glaube' im Urchristentum, ZThK 85, 1988, 165ff.; nä-
herhin: 175.192; EWNT III, 228f. (G. Barth); 972f. (Hollander).

[17] ThWNT VIII, 585 (Köster).

[18] Köster, a.a.O., 586: "Der Glaube ist die Wirklichkeit des Erhofften" (im Original gesperrt). Vgl. die formale Parallele bei Philon, Migr. 44.

richtet[19]. Es geht nicht um die subjektive Einstellung, sondern um die objekti-
ve Präsenz des Erhofften bzw. des Unsichtbaren[20]. H. Köster spricht mit
Recht von "einer Formulierung von unvergleichlicher Kühnheit"[21]. Glaube ist
hier im Grunde als *das neue Sein* verstanden, als die Wirklichkeit der eschatologischen Existenz, die freilich unter den Bedingungen der Endlichkeit und der
Entfremdung leben muß, was zu ganz bestimmten, in den Augen der Welt
paradoxen Verhaltensweisen führt, von denen die Exempelreihe berichten
wird. Glaube ist also eine Wirklichkeit wider den Augenschein der Empirie
des Endlichen, ausgerichtet darauf, daß das, was proleptisch erfahren werden
kann, endlich definitiv Gegenstand der Erfahrung wird. Oder anders: Der
Glaube hat eine doppelte Bestimmtheit. Einerseits hat er die Wirklichkeit des
Eschatons, seinen "Gegenstand", außerhalb seiner selbst; andererseits partizipiert er bereits an der Wirklichkeit, auf die er sich richtet, und so hat er diese
Wirklichkeit und den Erweis für sie zugleich in sich selbst. Welche Konsequenzen das für den Vollzug der Existenz hat, sucht der Verfasser in der Exempelreihe - oder besser: in seinen Kommentaren dazu - zu verdeutlichen.

III

Unter den Beispielen für die vorbildliche Pistis erwartet man natürlich *Abraham*[22]. Und in der Tat ist in der Zeugenreihe keine Gestalt der alttestamentlichen Heldengeschichte ausführlicher gewürdigt als der "Vater des Glaubens"
(V. 8-19). Die Abrahamsperikope ist freilich uneinheitlich strukturiert[23].
Deutlich fällt der Abschnitt V. 13-16 aus dem Ganzen heraus, und zwar nicht
nur, weil er thematisch eine Wiederholung darstellt, sondern vor allem deshalb, weil in ihm nicht eine neue Glaubenstat genannt, sondern über die Glau-
benstaten der schon zuvor Genannten reflektiert wird[24]. V. 13-16 erscheint

---

[19]   Anders jetzt wieder Hegermann, Hebr., 222: "Festsein von erhofften, Gewißsein von
       nicht sichtbaren Dingen", und vgl. seine folgende Interpretation (223ff.). Rissi, Theolo-
       gie, 108 (im Anschluß an Michel): *Hypostasis* = "Gewähr, Grundlage, Garantie".

[20]   Die bekannte und kontroverse Frage nach der Relation von Raum- und Zeitkategorie in
       der Ontologie des Hebräerbriefes (dazu jetzt wieder E. Gräßer, Das wandernde Gottes-
       volk. Zum Basismotiv des Hebräerbriefes, ZNW 77, 1986, 160ff.) kann hier natürlich
       nicht diskutiert werden.

[21]   Köster, a.a.O., 586.

[22]   Vgl. Billb. III, 188.194ff.; Michel, Hebr., 389f.; F. Schröger, Der Verfasser des Hebrä-
       erbriefes als Schriftausleger, BU 4, 1968, 216, Anm. 1; Wieser, Abrahamvorstellungen,
       31, Anm. 6, 161ff.

[23]   (a) V. 8-10: Abrahams Auszug und Fremdlingschaft in Kanaan; (b) V. 11f.: Abrahams
       und Saras Glaube; (c) V. 13-16: Noch einmal das Thema der Fremdlingschaft; (d) V.
       17-19: Abrahams Glaube bei der Opferung Isaaks.

[24]   Theißen, Untersuchungen, 98; A. Strobel, Der Brief an die Hebräer, NTD 9, 1975, 207;
       Rissi, Theologie, 106.

wie ein unterbrechendes Räsonnement, wie ein Kommentar[25] des Verfassers zu seiner Tradition. V. 17 schließt nahtlos an V. 12 an[26]. Man wird schwerlich fehlgehen, wenn man in dem Abschnitt V. 13-16 einen Nachtrag sieht, den der Verfasser aus der eigenen Feder beigesteuert hat[27]. Erst in V. 17 setzt dann die vorgegebene Tradition wieder ein[28].

Daraus darf man aber folgern, daß gerade in dem kommentarartigen Räsonnement der V. 13-16 ein besonderes Anliegen des Verfassers zu Tage tritt[29]. Das Thema war bereits in dem - aus der Topik stammenden - Abschnitt V. 8f. angeschlagen. Der Verfasser hat es in dem Zusatz V. 10 in seinem Sinn gedeutet. Es ist ihm so wichtig, daß er es weiters durch ein eigenes Räsonnement (V. 13-16) noch einmal herausstellt und unterstreicht. Der Glaube, wie ihn die Exempelreihe in c. 11 darstellt, zeigt sich ja in verschiedenen Erscheinungsformen. Aber das, woran dem auctor ad Hebraeos am meisten liegt (wie die Zusätze aus der eigenen Feder zeigen), ist das Motiv der eschatologischen Wallfahrt des Glaubens, die erst in Christus ihre Vollendung findet[30]. Man vergleiche die Wendung in V. 13 "sie hatten die Verheißungen nicht in die Hand bekommen" mit jener anderen aus der Peroratio V. 39 "sie haben das Verheißungsgut nicht davongetragen"[31]. Hier wie dort spricht nicht die Topik, sondern der Verfasser selbst[32].

Von wem ist aber nun in dem Einschub V. 13-16 genauerhin die Rede? Wer ist mit der Wendung "sie alle" (V. 13) gemeint? Die Zuvorgenannten insgesamt, also die ganze Reihe von Abel an kann nicht gut gemeint sein, obwohl das immer wieder vermutet wurde[33]. Denn die Ausführungen von V. 13-16 passen nicht recht auf Abel und Noah und gar nicht auf Henoch. Es ist daher besser, den Abschnitt auf Abraham und auf seine "Miterben", Isaak und Jakob, zu beziehen, die in V. 9 genannt waren[34]. D.h.: V. 13-16 räsonniert

---

[25] Vgl. z.B. Wieser, Abrahamvorstellungen, 30.123; Rissi, Theologie, 106.

[26] Robinson, Hebr., 161; Michel, Hebr., 391.

[27] Nach Michel, Hebr., 400 schöpft der Autor gleichwohl aus apokalyptischen Traditionen.

[28] Vgl. dazu vor allem Theißen, Untersuchungen, 98ff.

[29] Vgl. besonders Michel, Hebr., 390; Theißen, Untersuchungen, 98ff.; Rissi, Theologie, 109.

[30] Theißen hat (Untersuchungen, 100) schön gezeigt, wie der Verfasser des Hebräerbriefes durch seine Reflexionen die Paradigmenreihe neu deutet.

[31] Den Zusammenhang beider Stellen betonen auch Michel, Hebr., 391; Theißen, Untersuchungen, 100; Lührmann, Glaube, 76: 11,13 und 11,39f. sind "resümierende Zwischenbemerkungen".

[32] "Was der Verfasser in allen Beispielen des 11. Kapitels als sein Anliegen ausgedrückt findet, bringt er in seinem Schlußwort V. 39f. zusammen" (Rissi, Theologie, 112).

[33] Z.B. Kuss, Hebr., 173.

[34] Vgl. nur: Bleek, Hebr., III, 770; B. Weiß, Kritisch exegetisches Handbuch über den Brief an die Hebräer, KEK 13, 1888, 294; E. Riggenbach, Der Brief an die Hebräer, NT 14, 1913, 360; Moffatt, Hebr., 173; Strobel, Hebr., 207.216; die Schwierigkeit ergibt sich aus der Differenz zwischen Vorlage und Kommentar (Theißen, Untersuchungen, 98f.).

über die Patriarchen. Und weiters folgt daraus, daß V. 8f. (im wesentlichen traditionell) und V. 10 bzw. 13-16 (im wesentlichen aus der Feder des Verfassers) sachlich zusammengehören, in gewisser Weise so wie "Text" und "Kommentar". Damit ist schließlich aber auch das spezielle Thema deutlich, von dem beide Abschnitte bestimmt sind[35]. Es ist *der vorbildliche Glaube der Patriarchen als fides peregrinorum*. Dieser Thematik wenden wir uns nun zu.

IV

"Durch Glauben leistete Abraham, als der Ruf an ihn erging, der Weisung Folge, an einen Ort auszuziehen, den er zum Erbe empfangen sollte, und er zog aus, ohne zu wissen, wohin er kommt" (V. 8)[36]. Damit ist auf die Schlüsselstelle Gen. 12,1 und 4 angespielt[37]. Der Glaube erscheint hier als Gehorsam gegenüber dem Ruf, und zwar als tätiger Gehorsam. Der Gehorsam führt dazu, die Heimat zu verlassen und - auf den bloßen Ruf hin - in die Fremde zu ziehen, auf die bloße Verheißung hin, daß das Ziel der Wanderung der Ort sein würde, der zum Erbteil gesetzt ist.

Glaube ist hier also: Exodus. Freilich ein Exodus besonderer Art. Er hat mit utopischen Aufbrüchen in die Zukunft nichts zu tun. Der Glaubende geht - menschlich gesehen - ins Leere. Wer dem Ruf mit Unglauben begegnete, würde von einem durch nichts gerechtfertigten Risiko sprechen, von einem Aufbruch ins Nichts. Was dem Glauben als Verheißung erscheint, erscheint dem Unglauben als nichtig. Wer den Weg des Rufes geht, wird durch das unverrückbare Festhalten an dem Wort der Verheißung vor dem Absturz in die Sinnlosigkeit gehalten.

Glaube als Exodus ist Loslassen, sich Loslösen, Absterben. Wenn auch der Glaubensbegriff des Hebräerbriefes darin vom paulinischen differiert, daß er die Alternative von "Glaube" und "Werk" nicht betont, so kommt er der paulinischen Auffassung doch in einem anderen Punkt nahe, nämlich darin, daß der gläubige Exodus aus den Sicherungen und Bindungen der Endlichkeit herausführt. Was bei Paulus das Mitsterben mit Christus, das Mitgekreuzigtwerden mit ihm ist, das ist im Hebräerbrief der Aufbruch des Exodus. Gläubiger Exodus ist ein Todesgeschehen, eine Preisgabe von Bindungen, von Konventionen, von Werten, ein "Weg ins Dunkle hinein"[38].

"Durch Glauben siedelte er in das Land der Verheißung als in ein fremdes über und wohnte in Zelten zusammen mit Isaak und Jakob, den Miterben derselben Verheißung" (V. 9). Damit taucht das zentrale Motiv der *Fremdling-*

---

[35] Theißen, Untersuchungen, 100 meint, daß dieses Thema (die "Wanderung zum eschatologischen Ziel") das eigentliche Anliegen des Verfassers im *ganzen* c. 11 ist.

[36] Die Übersetzung hier und im folgenden aus Braun, Hebr.

[37] Vgl. Act. 7,2ff.

[38] Strobel, Hebr., 214.

schaft auf, das dann der Kommentar in V. 13 noch speziell herausstreichen wird[39]. Die Fremdlingschaft zeigt sich darin, daß Abraham kein festes Haus gewinnt, sondern (sit venia verbo) eine provisorische Zelt-Existenz führt. Der Unglaube richtet sich ein, dem Glauben bleibt alles provisorisch. Die Güter der Familie, die Güter des Berufs bleiben provisorisch, provisorische Güter bleiben Lebensziele und Lebensertrag. Und zwar nicht aufgrund einer seltsamen Vorliebe für alles Provisorische, sondern deshalb, weil hier das Provisorische alles Irdischen realisiert wird. Der rechte Ort des Lebens, die wirkliche Heimat, wird von den wechselnden Provisorien des Lebens nicht mehr erwartet. Damit wir Abrahams Glauben in diesem Sinn verstehen, hat der auctor ad Hebraeos kommentiert: "Er (sc. Abraham) wartete nämlich auf die die Fundamente besitzende Stadt[40], deren Werkmeister und Bildner Gott ist" (V. 10)[41]. Das soll heißen: die Polis, auf die er wartet, ist die Transzendenz[42].

V

"Glaubensgemäß starben diese alle: sie hatten die Verheißungen nicht in die Hand bekommen, sondern sie (nur) von ferne erblickt und ihnen gleichsam zugewinkt..." (V. 13a)[43]. Die entscheidende Aussage steht gleich am Anfang: Die Patriarchen, die Vorbilder des Glaubens, haben bei Lebzeiten die Erfüllung der Verheißungen nicht erfahren. Sie sind darüber gestorben, man soll verstehen: das gelobte Land, das der Hebräerbrief meint, ist nicht irgendein

---

[39] H. v. Campenhausen zitiert den Satz: "Wen Gott sucht, der wird heimatlos" (Die asketische Heimatlosigkeit im altkirchlichen und frühmittelalterlichen Mönchtum, in: ders., Tradition und Leben. Kräfte der Kirchengeschichte, 1960, 316). Zum Thema vgl. W.G. Johnsson, The Pilgrimage Motif in the Book of Hebrews, JBL 97, 1978, 239ff.

[40] Vgl. Apk. 21,14.19f.; IV Esr. 10,27.

[41] Zur Himmelsstadt bzw. zum himmlischen Jerusalem: Billb. IV, 2, 1239 (Index); P. Volz, Die Eschatologie der jüdischen Gemeinde im neutestamentlichen Zeitalter, 1934, 372ff.410ff.; Windisch, Hebr., 113; Michel, Hebr., 394f.

[42] Aber ist die Polis in 12,22 nicht bereits präsent? Und gilt Analoges nicht auch für die Katapausis in 4,3? Vgl. die Betonung der präsentischen Eschatologie bei Hegermann, Hebr., 107ff. (obwohl Hegermann die Existenz des eschatologischen Vorbehalts in Hebr. nicht leugnet). Aber Braun wird recht haben, wenn er im Präsens von 4,3 lediglich die "paränetische Andringlichkeit" sieht (Hebr., 91) und das Eingehen des Gottesvolkes in die Katapausis als "Aufgabe" faßt (ebd.). Ebenso werden die Aussagen von 12,22ff. wohl zu Recht als "Vorwegnahme" gedeutet (ebd.). Vgl. Hebr., 435: "Sie sind da: in Glauben und Sehnsucht", "es ist eine Zusage". Die Vorwegnahme geschieht im Gottesdienst (356). Ist das richtig, dann entfiele die spezielle Betonung der präsentischen Eschatologie, wie sie Hegermann für Hebr. proponiert. Selbstverständlich können hier die schwierigen Fragen nach der Eschatologie unseres Briefes nicht ausführlich diskutiert werden.

[43] In der Übersetzung weiche ich hier z.T. von Braun ab.

Kanaan dieser Erde[44], sondern es ist ganz jenseitig. Die Erfüllung der Verheißung ist im irdischen Leben nicht zu erwarten.

Aber man kann die Erfüllung gleichsam von ferne sehen - wie Mose das irdische Kanaan (Dtn. 32,49ff.; 34,4); man kann dem gelobten Land voller Sehnsucht zuwinken. Die Kommentare zitieren mit Recht (um diese Metapher zu verdeutlichen) die Szene aus der Äneis, da die Gesellen des Äneas zum ersten Mal von ferne die Gestade Italiens erblicken (III, 521; ed. Hirzel):

"Iamque rubescebat stellis Aurora fugatis,
cum procul obscuros collis humilemque videmus
Italiam. Italiam primus conclamat Achates.
Italiam laeto socii clamore salutant."

Man soll wohl verstehen, daß es im Leben der Glaubenden Augenblicke gibt, da der Gegenstand der Verheißung, von dem hier die Rede ist, für kurze Zeit aus seiner Verborgenheit hervortritt, um sich freilich gleich wieder zu verbergen. In solchen Augenblicken wird die himmlische Polis, der Gegenstand der Erwartung, in partieller Vorwegnahme bereits Gegenwart (vgl. 12,22ff.). Und das ist ja in der Tat die Erfahrung des Glaubens, daß das Heilsgut für Augenblicke sichtbar werden kann, daß es proleptisch erfahren werden kann - in der Erfahrung des Geistes, im Jubel der Eucharistie, in der beispielhaften Existenz der Heiligen, im Sieg des Märtyrers[45]. In der österlichen Eucharistie (und jede Eucharistie ist österlich) wird die feiernde Kirche bereits in die himmlische Festversammlung versetzt (12,22ff.!), und sie grüßt von ferne das Ziel der Verheißung[46]. In alledem wird partiell und provisorisch die Erfahrung des Heils vorweggenommen, freilich niemals so, daß an die Stelle der Hoffnung der Besitz treten würde, niemals so, daß der Akt des Glaubens überflüssig würde[47], niemals so, daß das tägliche Sterben des in das scheinbare Nichts hinausziehenden Glaubens suspendiert werden könnte.

Im Gegenteil: gerade der immer nur proleptische und nie völlig eindeutige Charakter der vorweggenommenen Erfahrung (die den Akt des Glaubens nicht ausschließt, sondern einschließt) beweist geradezu die besondere Bestimmung der Glaubenden als *Fremdlinge*. Denn was als Erfahrung möglich ist, verweist den Erfahrenden in die ihm unzugängliche Transzendenz, ersetzt nicht, sondern stärkt nur den Glauben. "...und sie gaben zu, daß sie auf Erden 'Fremde und Beisassen' sind. Indem sie solche Dinge sagen, tun sie ja kund,

---

[44] Daß in 11,9 trotzdem Kanaan das Land der Verheißung heißt, ist eine Reminiszenz an die alttestamentliche Tradition, die der auctor ad Hebraeos gerade in unseren Texten neu gedeutet hat. Dazu vgl. jetzt: Rose, Verheißung, 179ff.187.

[45] Anders Michel, a.a.O., 398.

[46] Etwas ganz anderes ist die Vision des himmlischen Jerusalem: syrBar. 4,4ff.

[47] Braun, Hebr., 363: "Mit dem Sehen des Glaubens."

daß sie nach einer Heimat auf der Suche sind" (V. 13b.14)[48]. Die Patris der Christen ist niemals irgendein irdisches Land[49], auch Kanaan ist es nicht. Daraus folgt aber: die Stellung der Glaubenden zu den Vaterländern ist immer die des paulinischen "tamquam non". Man ist im Vaterland zu Hause und bleibt doch zuletzt jeder Heimat fremd. Die Grenze zwischen Vaterland und Fremde beginnt sich für die "Vaganten des Glaubens" zu verwischen. Was ist noch Vaterland, was ist schon Fremde? "Jedes Vaterland" (sagt der Diognetbrief von den Christen) "ist ihnen Fremde und jede Fremde Vaterland" (Diog. 5). Und damit leben sie ja nicht etwa eine realitätsfremde Existenz, sondern im Gegenteil: sie verhalten sich richtig zur Wirklichkeit des Endlichen. Denn in Wahrheit gibt es für den Menschen keinen Ort, der zu ihm gehört. Wir gehören zu keinem Ort, und kein Ort gehört zu uns[50]. In der Existenz des Glaubens wird nur sichtbar, was wirklich ist. "Wir haben keine bleibende Stadt" (Hebr. 13,14). "Weißt du denn nicht, daß unser gegenwärtiges Leben eine Fremde ist? Bist du denn ein Bürger? Ein Wanderer bist du! Verstehst du, was ich sage? Du bist kein Bürger, sondern ein Wanderer und ein Reisender. Sage nicht: ich habe diese oder jene Stadt. Keiner hat eine Stadt. Die Stadt ist oben. Die Gegenwart ist ein Weg" (Johannes Chrysostomos, Hom. de capto Eutr. 5: PG 52, 401)[51].

Es gibt natürlich immer die Möglichkeit, die Versuchung, sich nun doch auf Erden eine Zeit zu sichern, die uns gehört, einen Ort zu schaffen, der uns nicht verrät. Aber der beständig Glaubende wird dieser Versuchung widerstehen. Er wird durch seine Existenz bekennen, daß er ein Fremdling ist und bleibt. "Und wenn sie jene (sc. Heimat), aus der sie fortgezogen waren, gemeint hätten, hätten sie Gelegenheit gehabt, umzukehren. Nun aber strecken sie sich nach

---

[48] Die Differenz zwischen der alttestamentlichen Tradition (Gen. 17,8; 23,4; 21,23; 24,37; 28,4; 47,9) und ihrer neutestamentlichen Deutung ist natürlich oft beobachtet worden. Schröger, Schriftausleger, 216ff. Aus der sozialen Fremdlingschaft wird eine eschatologische. Übrigens spielt Philon dabei im Bestfall die Rolle eines partiellen Vorläufers. Die Fremdlingschaft ist bei ihm anthropologisch-dualistisch (die Seele des Weisen hat ihre Heimat im Himmel), aber nicht eschatologisch gefaßt: Conf. 77f.; Cher. 120f.; Her. 267; Gig. 61; Agr. 65. Heidnische Parallelen zum Thema der Fremdlingschaft bei Moffatt, Hebr., 174; Braun, Hebr., 364.

[49] Phil. 3,20; 1. Petr. 1,1; 2,11; Diog. 5,9; PsClem. hom. XIII, 20,3 (GCS I, 202). K. Niederwimmer, Kirche als Diaspora, EvTh 41 1981, 290ff. (näherhin 295ff.). [In diesem Band: S. 102ff. (näherhin S. 107ff.)]

[50] Vgl. P. Tillich, Systematische Theologie, I, 1983[7], 228.

[51] Es schiene mir problematisch, die hier gepredigte Weltabkehr "dualistisch" zu nennen (dagegen auch Michel, Hebr., 423). Und natürlich ist die Differenz zu heidnischen Autoren, zu Philon und zur Gnosis herauszustellen. Die im Hebr. gepredigte Weltabkehr ist nicht philosophisch motiviert, auch nicht theosophisch-gnostisch, sondern von der Eschatologie des Osterglaubens her. Sie hat nichts zu tun mit der dualistischen Weltverachtung. Die Welt ist ein Geschöpf Christi (Hebr. 1,2). Schöpfer und Erlöser sind ident. Vielmehr geht es darum, den Glaubenden, der für die Ewigkeit bestimmt ist, vor dem Verfall an das Zeitliche zu bewahren.

einer besseren aus, nämlich nach einer himmlischen" (V. 15.16a). Die Heimat der Christen ist das himmlische Jerusalem, die Ierusalem caelestis, die *Ouranopolis*. Sie ist der Gegenstand der Sehnsucht, das Ziel der Wanderschaft, das Ende der eschatologischen Wallfahrt der Kirche. Gemessen an diesem Ziel verblassen alle endlichen Ziele des Lebens, verblassen vor allem auch die Götzen. Es ist der Trug der Götzen, daß sie den Menschen dort festhalten wollen, wo es in Wahrheit keine Bleibe gibt. Und es ist die Wahrheit Gottes, daß er sich zu den Exulanten des Glaubens bekennt. Darum war und ist Gott der Gott Abrahams, Isaaks und Jakobs[52], weil er der Gott der Glaubenden ist, der Gott derer, die bereit sind, aus jeder Bleibe aufzubrechen, der Gott derer, die das Gesetz der Wahrheit erkannt haben: Nur im Opfer ist Bestand, nur in der Preisgabe Gewinn. "Deswegen ist Gott ihnen gegenüber nicht zu stolz, sich 'ihr Gott' nennen zu lassen: er hat ihnen ja eine Stadt bereitet" (V. 16b). Darum ist der Gott der Patriarchen aber auch der Gott des neuen Bundes. Denn Jesu sich opfernde Existenz ist die Eröffnung der himmlischen Patris für die, die gewillt sind, ihm auf dem Weg des Exodus zu folgen. Und darum ist der Gott der Patriarchen auch der Gott der Kirche. Denn die Kirche ist die Gemeinschaft derer, die - nach dem Vorbild der Frommen des Alten Testamentes und in der Gefolgschaft des Hohenpriesters nach der Weise Melchisedeks - aufgebrochen sind zur himmlischen Patris. "Non sumus ... filii paganorum atque gentilium ... sed sumus filii patriarcharum, qui fide probati et in fide perfecti fuerant, ut acquirerent sibi suas animas ad salutem" (Haimo von Auxerre)[53].

---

[52] Vgl. Gen. 28,13; Ex. 3,6.15.
[53] Bei Spicq, Hébr. II, 334.

Ecclesia sponsa Christi

Erwägungen zu 2. Kor. 11,2f. und Eph. 5,31f.

Ulrich Kühn, dem wir ein Lehrbuch der Ekklesiologie verdanken, möge es freundlich aufnehmen, wenn im folgenden über ein ekklesiologisches Thema des Neuen Testaments gehandelt wird. Bei den Dogmatikern steht es nicht gerade im Zentrum der Überlegungen, exegetisch aber führt es doch sehr schnell in das "Herz" der Ekklesiologie.

Hätte man eine systematische Gesamtdarstellung der neutestamentlichen Ekklesiologie zu bieten, so könnte man m.E. so vorgehen, daß man - von der Peripherie zum Zentrum voranschreitend - zunächst die Fremdbezeichnungen und Selbstbezeichnungen der neuen religiösen Gemeinschaft analysierte; man könnte sodann die Erörterung der notae der Kirche nach neutestamentlichem Befund anschließen; die Darstellung müßte aber schließlich in jedem Fall in eine Analyse jener ursprünglich mythischen Wendungen einmünden, in denen das eigentliche Mysterium der Kirche gefaßt ist - ich meine die Rede von der Kirche als der heiligen Pflanzung, als dem Haus Gottes, als dem Leib Christi, als der Braut Christi[1]. Spätestens bei der Analyse dieser Begriffe ergibt sich, daß man vom Neuen Testament aus m.R. von einem Geheimnis der Kirche sprechen kann, und es will mir scheinen, daß dieses mysterium ecclesiae zu jenen Bestimmungen gehört, die zu dem von uns sogenannten "Kanon im Kanon" zu rechnen sind.

In der folgenden Skizze beschränke ich mich auf das zuletzt genannte Motiv, auf die Rede von der Kirche als der sponsa sive uxor Christi, und auch hier nur auf die beiden Stellen 2. Kor. 11,2f. und Eph. 5,(22ff.)31f. Ich gehe also nicht auf den Gebrauch dieses Motivs in Mt. 25,1ff.; Joh. 3,29; apc. 17,1ff.; 19,7; 21,1ff. ein[2], und natürlich erst recht nicht auf die religionsgeschichtlichen Zusammenhänge. Eine Erörterung dieser Thematik habe ich anderswo versucht, das braucht hier nicht wiederholt zu werden[3]. Immerhin

---

[1] Also: nomina - notae - natura ecclesiae. Zum letzteren darf man wohl vergleichen: ita nunc quoque variis imaginibus intima Ecclesiae natura nobis innotescit (Vatic. II, Const. dogm. de Eccl. I,a.6).

[2] Der Gedanke, daß die Kirche mit Christus vermählt ist, wohl auch schon Röm. 7,4.

[3] K. Niederwimmer, Askese und Mysterium. Über Ehe, Ehescheidung und Eheverzicht in den Anfängen des christlichen Glaubens, FRLANT 113, 1975, 134ff. Vgl. im übrigen: H. Windisch, Der zweite Korintherbrief, KEK VI, 1924[9], 320ff.; R.A. Batey, New Testament Nuptial Imagery, 1971, 2ff. und 70ff.; J.P. Sampley, 'And the two shall become one flesh'. A Study of Traditions in Ephesians 5: 21-33, SNTS Mon.Ser. 16, 1971, 37ff.;

zeigt die weite Streuung der Belege schon in neutestamentlichen und frühchristlichen Texten, daß wir ein gemeinchristliches Motiv vor uns haben, das
von den verschiedenen Autoren z.T. sehr verschieden entfaltet worden ist. So
glaube ich auch, daß bereits Paulus das Motiv übernommen hat, und in der
Tat zeigt m.E. jede Interpretation, daß Paulus wie der auct. ad Eph. aus einem
gemeinsamen, größeren Zusammenhang heraus formulieren, der von den Hörern der jeweiligen Texte ohne weiteres verstanden wird[4]. Versuchen wir also,
uns das hier zur Debatte stehende Motiv - in größter Kürze und entsprechen-
der Abstraktion - zu verdeutlichen.

I

Das Motiv taucht in 2. Kor 11,2f. nur ganz kurz und sozusagen im Vorbeige-
hen auf. Es ist nicht selbst Gegenstand und Thema, sondern lediglich Medium
der Vermittlung. Kaum berührt wird es wieder fallen gelassen[5]. Das Leitthe-
ma, dem es sich hier unterzuordnen hat, ist die Apologie des paulinischen
Apostolats, näherhin handelt es sich um einen Teil der sogenannten
"Narrenrede"[6]. Indessen redet der Apostel in V. 2f. noch nicht in der Maske
des Narren, sondern er meint ernst, was er sagt[7].

Die Verse 2 und 3 bilden ein geschlossenes Ganzes, einen kleinen allegori-
schen Midrasch über die - bedrohte - bräutliche Verbindung der Kirche von
Korinth mit Christus, ihrem Herrn.

Ziel des kleinen Abschnittes ist es, der Kirche von Korinth die "Eifersucht"
des Apostels mitzuteilen[8], mit der er um die bräutliche Reinheit der korinthischen Gemeinde eifert[9], bzw. seine Furcht, sie würde doch noch ihrem Kyrios
abtrünnig werden. Dabei sind zwei Elemente zu beachten: einmal die ekklesiologische Metapher von der Kirche als der bräutlichen Jungfrau, die Christus

---

     H. Schlier, Der Brief an die Epheser. Ein Kommentar, 1971[7], 264ff.; J. Gnilka, Der
     Epheserbrief, HThK X, 2, 1990[4], 290ff.

[4] Zu 2. Kor. 11 vgl. die Überlegungen bei D. v. Allmen, La Famille de Dieu. La Symbo-
     lique familiale dans le Paulinism, OBO 41, 1981, 244f. und Sampley, Traditions, 82.

[5] V. 2f. bezeichnet Windisch als "Zwischengedanken" (2. Kor. 317).

[6] Windisch, 2. Kor. 315ff.; J. Zmijewski, Der Stil der paulinischen 'Narrenrede', BBB 52,
     1978.

[7] Windisch, 2. Kor. 318.

[8] "Eifer Gottes" ist kaum gen. auct. (so H. Lietzmann - W.G. Kümmel, An die Korinther
     I.II, HNT 9, 1969[5], 144f.). Windisch (2. Kor. 319) plädiert für gen. qual. oder orig.
     "Möglich ist, daß P. ...nur eben die Heiligkeit seines Eiferns kennzeichnen und jeden
     Gedanken an selbstsüchtige Motive ausschließen will" (ebdt.). Für gen. qual. auch R.
     Bultmann, Der zweite Brief an die Korinther, KEK Sonderband, hrsg. v. E. Dinkler,
     1976, 202; gen. subj.: Chr. Wolff, Der zweite Brief des Paulus an die Korinther, ThHK
     VIII, 1989, 211, Anm. 114.

[9] Zmijewski, Stil 81 und Anm. 30 bemerkt m.R., daß in V. 2 ein Hysteron-Proteron vor-
     liegt. V. 2a setzt in der Sache V. 2b voraus.

anverlobt ist, und zum anderen die damit verbundenen Anspielungen an die Schrift. Ich vermute, daß schon hier, bei Paulus, positiv Gen. 2,24 den exegetischen Hintergrund der Ausführungen bildet (auch wenn Paulus die Stelle nicht direkt zitiert). In der Eile des Briefes geht er vielmehr sofort e contrario auf Gen. 3,13 ein, wo er das dunkle Gegenbild zur Treue der jungfräulichen Braut findet. Wenn dort vom Teufel als dem Verführer Evas die Rede ist[10], dann bedeutet das für die paulinische (und vermutlich schon vorpaulinische) Exegese, daß darin der urgeschichtliche Typos für den drohenden Treuebruch der Virgo Ecclesia in der Endzeit zu finden ist. Wie der Teufel Eva von Gott abtrünnig machte, so versucht er jetzt (am Ende der Zeiten) auch Evas Antitypos, die Virgo Ecclesia, von Christus abtrünnig zu machen, ihre einfältige und ungeteilte Hingabe an ihren Bräutigam zu vernichten, und damit den Bund zwischen Christus und der korinthischen Kirche, seiner sponsa, zu zerstören[11]. Was damit gemeint ist, zeigt die Fortsetzung: Die Kirche würde ihre Virginität verlieren, wenn sie (was droht) einen "anderen Jesus", einen "anderen Geist", ein "anderes Evangelium" akzeptierte (V. 4), d.h. wenn sie vom paulinischen Kerygma abfiele[12].

Unzweifelhaft ist hier die Relation zwischen Christus und der Kirche als Relation der heiligen Brautschaft gesehen, wobei dem Apostel die Rolle des Brautführers zukommt[13]. Christus ist der Bräutigam[14], die Kirche[15] ist die ihm anverlobte Braut, die virgo casta[16], deren Pflicht es ist, sich für den Tag der Hochzeit (für den Tag der eschatologischen Heimholung) rein und unsträflich zu bewahren. Die Verlobung ist also schon vollzogen worden, die Hochzeit

---

[10] Wahrscheinlich steht hinter den paulinischen Ausführungen das haggadische Motiv vom Teufel, der Eva zum Ehebruch verführt. R.H. Strachan, The Second Epistle of Paul to the Corinthians, 1935, 18; Windisch, 2. Kor. 323f.; Lietzmann, Kor. 145; Bultmann, 2. Kor. 203; Batey, Imagery, 13. Die Stellen bei Windisch, a.a.O.; Kümmel, Kor. 209f.; Niederwimmer, Askese, 134.

[11] Windisch, 2. Kor. 324.

[12] Mit der Virginität ist also metaphorisch die Reinheit der Lehre und des Glaubens gemeint, so schon Theodoret, in II. Cor. z.St. (PG 82, 440); virgines ergo vult eos esse in fide (Ambrosiaster, in ep. ad Cor. z.St.: CSEL 81, 2, 280).

[13] Das ist die traditionelle und wohl richtige Auslegung, vgl. schon Chrysostomus, in ep. II ad Cor. hom. 23,1 (PG 61, 554); Theodoret z.St. (PG 82, 440); Thomas Aqu. D. Pauli Apost. Epist. Comm. II, 1857, 105. Zur Rolle des Brautführers (zu unterscheiden von den Freunden des Bräutigams): Billb. I, 500ff.; Wolff, 2. Kor. 211. Zur rabbinischen Verwendung der Metapher (Mose als Brautführer): ThWNT I, 652, 10ff. (Stauffer). Windisch (2. Kor. 318ff.) denkt an den Brautvermittler oder Brautvater. Vgl. auch Bultmann, 2. Kor. 202.

[14] Ich habe euch einem Mann verlobt: die Kirche kann nur diesem angehören. Windisch 2. Kor. 320; Bultmann, 2. Kor. 202; Wolff, 2. Kor. 211.

[15] Das ist hier im engeren und eigentlichen Sinn die Kirche von Korinth. Aber was von der Einzelkirche gilt, gilt natürlich erst recht von der Gesamtkirche: Windisch, 2. Kor. 321.

[16] Zur Vorstellung von der virgo casta vgl. noch die Angaben bei Windisch, 2. Kor. 322.

steht noch aus, sie wird bei der Parusie stattfinden[17]. Die Kirche wird dann
ganz mit ihrem Kyrios vereint, sie wird ganz bei ihm sein. D.h. aber: Schon
hier, bei Paulus, tritt die Kirche in die engste Beziehung zum Kyrios, die sich
denken läßt. Die Kirche ist, was sie ist, als Gefährtin Christi. Ekklesiologie
und Christologie sind aneinander gebunden. Für einen Augenblick erscheint
eine Ekklesiologie eigenständiger Art, für die charakteristisch ist, daß sie nicht
von der sozialen Bedeutung der Kirche her entworfen ist, sondern streng genommen von der Christologie her. Der Christus, der im Protoplasten typolo-
gisch vorgebildet ist, kann wie dieser nicht ohne Syzygos sein. Er hat seine
Syzygos - in der Kirche.

II

Die gleiche Tradition, die hinter 2. Kor. 11,2f. steht, findet sich (entfaltet und
mit gewissen Differenzen) in Eph. 5,22ff. wieder. Die Differenzen hat seinerzeit Schlier in klassischer Weise zusammengefaßt, das braucht nicht wiederholt zu werden[18]. Sie zeigen, daß das Bild von der sponsa bzw. der uxor Domini (wie es jetzt auch heißt)[19] nicht aus 2. Kor. 11 gewonnen ist. Es ist also
nicht so, daß der auct. ad Eph. ein bei Paulus vorfindliches Motiv lediglich
entfaltet hätte[20]. Vielmehr gehen 2. Kor. 11,2f. und Eph. 5,22ff. auf eine gemeinsame, ursprünglich mythische Tradition zurück, die im 2. Kor. nur angedeutet, in Eph. 5 weiter expliziert ist[21]. Nicht zufällig wird in Eph. 5,31 auch
die zugrunde liegende Kernstelle Gen. 2,24 zitiert, die wie wir vermutet haben
- auch hinter 2. Kor. 11,2f. steht. Im übrigen geht es in Eph. 5 nicht um das
Thema der Treue der Kirche zu ihrem Kyrios, sondern um den ersten Versuch, den wir kennen, im Rahmen einer sog. "Haustafel" die christliche Ehe
näherhin zu begründen. Dabei ist aber bemerkenswert, daß der Verf. bei der
Begründung seiner Paränese zu den spekulativen Elementen der Ekklesiologie
greift - ein Zusammenhang, der nicht sofort einsichtig ist, der aber geradezu
die Pointe des Ganzen darstellt. Wir haben also, wie oft beobachtet wurde, in
Eph. 5,22ff. ein seltsames Miteinander von Paränese und spekulativer Ekkle-

---

[17] Das Richtige schon bei Chrys. 23,1 (PG 61, 553f.), der aber im folgenden die Allegorie
      anders wendet.
[18] Eph. 266.
[19] Die Kirche erscheint in 5,22-24 als uxor, ebenso in 28-32, dagegen in 25-27 als sponsa.
      Schlier, Eph. 260; R. Schnackenburg, Der Brief an die Epheser, EKK X, 1982, 263.
[20] Noch weniger treffend wäre die Annahme, der Verf. hätte die ganze Symbolik ad hoc
      gebildet. Schnackenburg, Eph. 312.
[21] Zur religionsgeschichtlichen Einordnung von Eph. 5,25ff. vgl. Niederwimmer, Askese,
      149f. Zustimmend H. Merkel, Der Epheserbrief in der neueren exegetischen Diskussion,
      ANRW II, 25,4, 1987, 3191, Anm. 229a. Anders: K.M. Fischer, Tendenz und Absicht
      des Epheserbriefes, FRLANT 111, 1973, 173ff. bzw. näherhin 194. Dagegen m.R. Mer-
      kel, a.a.O. 3192.

siologie vor uns[22]. Die christliche Ehe wird durch spekulative Ekklesiologie begründet[23].

a) Ohne jetzt auf eine Einzelerklärung des Abschnittes einzugehen, beschränken wir uns im folgenden auf die unmittelbar für unsere Fragestellung wichtigen Motive. Dabei ist zunächst noch einmal zu betonen, daß die ekklesiologischen Aussagen durch Schriftexegese gewonnen werden, und zwar durch Exegese von Gen. 2,24. Die für die Exegese wichtige Pointe des Ganzen ist die unio carnalis der Protoplasten, die "Mia-Sarx-Union" von Mann und Frau. Der Verf. hat, wie ich vermute, diesen Text schon längere Zeit im Sinn (sicher seit V. 29, wo das Stichwort "sarx" fällt)[24]. Wenn er dann am Schluß seiner Ausführungen (in V. 31f.) eine richtiggehende Exegese der alttestamentlichen Schriftstelle bringt, so hat dieser ausdrückliche Schriftbeweis natürlich die Funktion, das bisher Gesagte zur Gänze zu untermauern[25]. V. 33 ist demgegenüber nur noch eine zusammenfassende paränetische Wiederholung[26]. Die Wendung "dieses Geheimnis ist groß..." (V. 32a) ist wohl keine hermeneutische Formel, die auf den verschlüsselten Sinn des Schriftzitates hinweisen würde, sondern bezieht sich auf den wesentlichen Inhalt des Zitates, auf die Mia-Sarx-Union der Protoplasten[27], die jetzt an Christus und der Kirche ihre eschatologische Erfüllung findet[28].

Es ist also deutlich, daß der Verf. ein Beispiel seiner typologischen Schriftinterpretation gibt. Er deckt auf, was in Gen. 2,24 eigentlich, im tieferen Sinn, gemeint ist. Der urgeschichtliche Text hat in seiner Tiefendimension eine eschatologische Bedeutung, die der Verf. jetzt enthüllt. Er kann sie enthüllen, weil jetzt die Endzeit eingetreten ist, in der sich die Schrift zugleich enthüllt wie erfüllt; und er kann diese Deutung geben, weil er als Charismatiker den Geist der Endzeit besitzt, vor dem die Hüllen der Geschichte abgefallen sind. Wenn er daher ausdrücklich sagt "Ich aber rede von..." oder "Ich aber beziehe (den Text) auf..." (V. 32b), so liegt es in der Tat nahe, darin eine besondere

---

[22] Was die Motive betrifft, so ist natürlich zu beachten, daß in Eph. 5 zwei Motivkreise miteinander verbunden sind: Corpus Christi und sponsa Christi.

[23] Schlier, Eph. 253.

[24] Wenn nicht schon seit V. 26.

[25] "Tout ce passage culmine donc dans la citation de Gen. 2,24, au v. 31" (Allmen, Famille, 254). "Tout le contexte appelait cette citation" (N. Hugedé, L'Épître aux Éphésiens, 1973, 219).

[26] Schnackenburg, Eph. 249.

[27] Nur diese Beziehung des Textes ist gemeint. Auf andere Momente des Gen-Zitates geht der Verf. nicht ein. Vgl. nur: Schnackenburg, Eph. 261 und Anm. 664. Zur augustinischen Exegese vgl. A.-M. La Bonnardière, L'interprétation augustinienne du magnum sacramentum de Éphés. 5,32, Rech. Aug. 12, 1977, 3ff. Zur späteren Exegese vgl. J. Zalotay, Sacramentum hoc magnum est (Eph. 5,32). Geschichte der Exegese dieses Verses mit Ausschluß der patristischen Zeit, Diss. Wien, 1954. Vgl. auch Schnackenburg, Eph. 343ff.

[28] So z.B. M. Dibelius - H. Greeven, An die Kolosser, Epheser, an Philemon, HNT 12, 1953³, 95; Schlier, Eph. 262; Sampley, Traditions, 96; Gnilka, Eph. 288f. Abweichende Interpretationen bei Schlier, 262 u. Anm. 4 und 5 und Gnilka, 287f.

Distanzierung anderer Interpretationen angedeutet zu finden[29]. D.h.: im Umkreis seiner Kirche war Gen. 2,24 Gegenstand divergierender Interpretationen. Vielleicht wendet sich der auct. ad Eph. tatsächlich gegen eine abweichende, gnostisierende Interpretation der Textstelle und stellt dieser in bewußter Polemik seine eigene entgegen[30].

b) Aber wie deutet der auct. ad Eph. die Gen.-Stelle? Er bezieht sie auf die Union zwischen Christus und seiner Kirche, d.h. wie man vom Kontext her verstehen muß: auf die Syzygie zwischen Christus, dem Eheherrn, und der Kirche, seiner Frau. Was die Schrift von der sarkischen Einheit der Protoplasten erzählt, hat recht verstanden einen geheimnisvollen christologischen bzw. ekklesiologischen Sinn, meint in einem tieferen Sinn (der sich erst jetzt erschlossen hat) die Einheit zwischen dem Christus und seiner Frau, der Kirche. Von den beiden gilt: Sie sind zu einem Fleisch geworden, d.h. sie sind untrennbar miteinander verbunden, ohne ident zu sein. Die urgeschichtliche Mia-Sarx-Union der Protoplasten ist also lediglich eine Präfiguration für die endzeitliche Figur (sit venia verbo), die erst jetzt heraustritt: Christus eins mit seiner Kirche.

Dabei verbietet es der paränetische Charakter der Perikope, daß diese Momente einer spekulativen Ekklesiologie voll entfaltet werden. Immerhin fallen in den Versen 25ff. eine Reihe von Aussagen, die über den paränetischen Charakter des Ganzen hinausgehen. So lesen wir: Christus hat die Kirche geliebt, indem er sich für sie dahingab (d.h.: indem er sie durch sein Opfer erlöste: V. 25)[31]. Das soteriologische Geschehen wird sakramental fruchtbar im Taufsakrament[32], durch das die Kirche geheiligt und gereinigt wird (V. 26)[33], und dies (oder beides zusammen) hat wiederum den Effekt, daß Christus sich die Kirche als eine heilige und makellose Braut darstellt (V. 27), d.h. daß er sich in der Kirche eine sponsa gloriosa, sancta et immaculata geschaf-

---

[29] Erwogen z.B. bei Dibelius - Greeven, 95; vgl. vor allem: Schlier, Eph. 262; ThWNT IV, 830 (Bornkamm); Sampley, Traditions, 52; Niederwimmer, Askese, 153. Anders z.B.: Gnilka, Eph. 294; Schnackenburg, Eph. 261.

[30] "Paulus zitiert also die auch sonst angeführte Stelle Gen. 2,24, um sie seinen Gegnern zur Bestätigung seiner Auffassung von der Ehe als Nachvollzug des Verhältnisses Christi zur Kirche zu entwinden" (Schlier, Eph. 262).

[31] Vgl. schon V. 23: die Rede vom Soter seines Leibes!

[32] Die auffallende Rede vom "Wasserbad im Wort" ist wohl so zu verstehen: Wort ist die Taufformel bzw. der Name Christi, der über dem Täufling feierlich ausgerufen wird. Schlier: Eph. 257. So schon Chrys. in ep. ad Eph. hom. XX (PG 62, 137). Weitere Vertreter dieser Auffassung bei Schlier, ebdt. Anm. 6. Dazu neigt auch Gnilka, Eph. 282.

[33] Im Hintergrund steht möglicherweise der Ritus des Brautbades, hier dann übertragen als Taufbad der Kirche. Vgl. O. Casel, Die Taufe als Brautbad der Kirche, JLW 5, 1925 (1973²), 144ff.; ThWNT IV, 299, 22ff. (Oepke).

fen hat. In alledem klingt etwas von einem umfangreichen Zusammenhang an, der nur in seinen Grundzügen entfaltet wird[34].

c) Von da aus fällt dann ein Licht auf die christliche Ehe. Sie ist - wie der ganze Abschnitt mittelbar und unmittelbar lehrt - die nachträgliche Entsprechung zur Verbindung Christi mit seiner Kirche. D.h.: In der Syzygie zwischen Christus und der Kirche hat die christliche Ehe ihr Urbild und Vorbild[35], das sie widerspiegelt und wiedergibt. Es handelt sich dabei (wie man ausdrücklich betonen muß) wirklich um eine Entsprechung zwischen Urbild und Nachbild, und nicht um einen bloßen Vergleich. Wer hier lediglich einen Vergleich finden möchte, würde die lange Vor- und Nachgeschichte des Motivs übersehen müssen. Er würde auch übersehen, daß die paränetischen Aussagen über die irdische Ehe durch die ekklesiologischen Aussagen begründet sind[36]. D.h.: Die Aussagen über die Ehe werden durch den Rekurs auf die Syzygie zwischen Christus und der Kirche grundgelegt, das eine hat in dem anderen seinen Seinsgrund. Es handelt sich um eine ontische Relation, bei der das Wesen des einen im Wesen des anderen real erscheint[37]. Daraus folgt aber dann, daß das matrimonium christianum am matrimonium Christi cum ecclesia Anteil hat, daß es an diesem partizipiert, und zwar sowohl in der Weise des Seins wie in der Weise des Sollens. Die Verbindung Christi mit der Kirche begründet die christliche Ehe und ist zugleich ihre verbindliche Norm, nach der sich die Ehe auszurichten hat. Die Ehe ist der Nachvollzug dieser Verbindung und soll der Nachvollzug sein[38].

Mit alledem sind wir aber zu einem entscheidenden Punkt gelangt: Die christliche Ehe wird in Eph. 5 nicht mehr nur schöpfungstheologisch begründet (das ist lediglich vorausgesetzt), sondern speziell christologisch und ekklesiologisch, also vom Christusgeschehen her, also von der Erlösung her[39]. Und damit wiederum stellt sich von selbst die - verwickelte - Frage nach der Sakramentalität der Ehe[40], eine Frage, bei der natürlich vom Vorkommen des lateinischen Stichworts sacramentum im Vulgata-Text von 5,32 ganz abgese-

---

[34] Zum religionsgeschichtlichen Ort vgl. oben Anm. 21. Mit "Gnosis" haben diese Aussagen des Eph. nichts zu tun; vielmehr scheint mir der auct. ad Eph. gegen eine gnostisierende Interpretation von Gen. 2,24 zu polemisieren.

[35] Schlier, Eph. 259; Schnackenburg, Eph. 262.264.302.343.346.

[36] Schlier, Eph. 255.

[37] Es erscheinen also im Grunde drei Syzygien: die Syzygie der Protoplasten, die Syzygie zwischen Christus und der Kirche - die eigentliche Syzygie - und schließlich die Syzygie zwischen Ehemann und Ehefrau, in der die Gemeinschaft zwischen Christus und der Kirche nachgebildet ist.

[38] Wie das im einzelnen näherhin gefaßt wird, kann hier nicht entfaltet werden. Es wird auch nicht allein (worauf noch einmal hinzuweisen ist) durch das Motiv der himmlischen Brautschaft, sondern auch noch durch das Motiv des Leibes Christi vermittelt. Das alles ist hier nicht zu erörtern.

[39] Schlier, Eph. 276. Gnilka, Eph. 276, Anm. 2.

[40] Zur kontroversiellen Interpretation von Eph. 5 in dieser Frage vgl. die knappe Skizze bei Schnackenburg, Eph. 346ff.

hen wird und bei der selbstverständlich Eph. 5,22ff. auch nicht als direkter "Schriftbeweis" für die Sakramentalität der Ehe herangezogen werden kann[41], zu schweigen davon, daß das Neue Testament ja überhaupt noch keine explizite Sakramentenlehre vorträgt[42]. Wohl aber wird der nachträgliche Schluß auf den Sakramentscharakter der Ehe begreiflich, wenn man sich vor Augen führt, daß nach Eph. 5,22ff. die Ehe tatsächlich als Abbild und Nachvollzug der heilsamen und gnadenhaften Verbindung Christi mit seiner Kirche vorgestellt ist, oder (anders ausgedrückt) wenn man sich vor Augen führt, daß sich die eschatologische Union Christi mit seiner Kirche in der Unio der christlichen Ehe repräsentiert[43]. An dieser Stelle führt die Exegese zu Fragen, die für das interkonfessionelle Gespräch von erheblicher Bedeutung sind. Ob eine konfessionelle Annäherung über den Begriff des "Bundes" möglich ist (wie Schnackenburg andeutete)[44], sei dahingestellt. Die entscheidende Frage wird vermutlich die sein, ob man von einem Sakrament sprechen kann oder sogar muß, wenn (wie die kritische Exegese ergibt) von einem Nachvollzug der heilsamen Unio Christi mit seiner Kirche die Rede ist.

III

Blicken wir nach dieser kurzen Skizze noch einmal zurück.

Zunächst: 2. Kor. 11,2f. und Eph. 5,21ff. sind beide - unabhängig voneinander - Niederschläge einer breit gestreuten frühchristlichen Tradition, die eine reiche Vor- und Nachgeschichte hat. Die Tradition ist in 2. Kor. 11 nur angedeutet, in Eph. 5 wenigstens bis zu einem gewissen Grad entfaltet.

Sodann: Es handelt sich dabei jedesmal um eine typologische Schriftexegese. Die Union der Protoplasten bildet die typologische Folie für Aussagen über die Kirche und ihr Verhältnis zu ihrem Kyrios, wobei die Kirche einmal als virgo, ein anderes Mal als uxor aufgefaßt wird.

Weiterhin: Beide Stellen konzipieren eine spekulative Ekklesiologie. Wenn man versucht, die Eigentümlichkeiten der hier vorliegenden Konzeption von der Kirche zu erfassen, so fällt auf, daß sie nicht "von unten", von der Sozietät her entwickelt ist (Kirche als religiöse Gemeinschaft), sondern sozusagen "von oben" her, von ihrer "mystischen" Verbindung mit dem himmlischen Soter. Natürlich stehen die beiden ekklesiologischen Konzeptionen nicht im Gegensatz zueinander; andererseits ist es wohl deutlich, daß die Ekklesiologie "von

---

[41] Schnackenburg, Eph. 261.264.

[42] Conc. Trid. sessio XXIV versteht (wie bekannt) Eph. 5 nicht als Beweis, sondern als Andeutung eines Sakraments: DS 1799.

[43] Zum Ganzen immer noch bemerkenswert: Schlier, Eph. 263, Anm. 1. "Ihr (scil. der Ehe) ist als Nachvollzug der himmlischen Ehe Christi und der Kirche das zugesprochen, was man dann als den sakramentalen Charakter erkannte" (Schlier, 276).

[44] Eph. 349.

oben" unseren gegenwärtigen theologischen Entwürfen weniger entspricht, ja sogar weithin fremd geworden ist. Um so notwendiger ist es - im Sinne des Prinzips agere contra - immer wieder auf sie hinzuweisen. Es scheint mir ausgemacht, daß sich die natura ecclesiae erst durch den Rekurs auf die "Ekklesiologie von oben" voll erschließt[45]. Die durch diese Ekklesiologie ausgedrückten Motive stellen eine merkwürdige, eine dialektische Beziehung zwischen Christus und der Kirche her. Einerseits steht Christus als Kyrios der Kirche gegenüber; andererseits ist er mit ihr in der Mia-Sarx-Union unlöslich verbunden[46]. Sofern er der Kirche gegenübersteht, ist er das absolute Korrektiv der Kirche; sofern er mit ihr eins ist, wird es grundsätzlich kein sentire cum Christo ohne sentire cum ecclesia geben können, man wird grundsätzlich Christus nicht ohne die Kirche, Christus nicht an der Kirche vorbei haben können[47]. Diese dialektische Beziehung von Einheit und Differenz - das ist an dieser Stelle das besondere Geheimnis der Kirche.

Und schließlich: Höchst bedeutsamer Weise wird die ekklesiologische Konzeption in Eph. 5 mit der Frage verknüpft, wie eine spezifisch christliche Begründung der Ehe möglich ist. Für die Antwort ist charakteristisch, daß die Ehe nicht mehr nur schöpfungstheologisch begründet wird, sondern ihren eigentlichen Sinn erst durch die Erlösung in Christus gewinnt, nämlich als Nachvollzug der ekklesiologischen Syzygie. D.h. aber: Wie die Kirche in das Mysterium Christi hineingezogen ist, so die Ehe in das Mysterium der Kirche.

---

[45] Schnackenburg, Eph. 318. Um Mißverständnisse zu vermeiden, sei ausdrücklich gesagt, daß mit der Ekklesiologie "von oben" nicht eine ecclesia invisibilis gemeint ist, die man in abstrakter Weise von der "verfaßten" Kirche trennen könnte. Vielmehr ist die Kirche beides in einem: eine irdische Größe, die (in Christus) bereits in die Epourania ragt (Eph. 1,3; 2,6). Die beiden Aspekte dürfen nicht getrennt werden. Die Rede von der Kirche als sponsa Christi gilt daher von der irdischen, von der "verfaßten" Kirche. Erst wenn das deutlich ist, gewinnen diese Aussagen ihr volles Profil.

[46] Schlier, Eph. 279. Vgl. ders., Die Kirche nach dem Briefe an die Epheser, in: Die Zeit der Kirche. Exegetische Aufsätze und Vorträge, 1958[2], 176. Und ders., Ekklesiologie des Neuen Testaments, Myst. Sal IV,1, 1972, 158; R. Schnackenburg, Die Kirche im Neuen Testament, QD 14, 1961, 153.

[47] Nur vom sentire cum ecclesia aus ist auch die immer notwendige Kritik an der Kirche möglich, wenn sie sachgemäß sein will.

Erwägungen zur Disziplin
"Theologie des Neuen Testaments"

Die neutestamentliche Wissenschaft kennt herkömmlicher Weise eine Teildisziplin mit dem Namen "Theologie des Neuen Testaments". Sie wird behandelt, wenn die Vorfragen und Einzelfragen der Textauslegung der neutestamentlichen Schriften (einigermaßen und natürlich immer nur vorläufig) behandelt sind. Was ist Inhalt und Aufgabe dieser Disziplin? Auf einer ersten, vorläufigen Reflexionsstufe könnte man sagen: Die Disziplin "Theologie des Neuen Testaments" hat die Aufgabe, eine systematisch geordnete Gesamtdarstellung der Lehraussagen des Neuen Testaments zu bieten. Die Disziplin entspringt einem Bedürfnis der Vernunft, nämlich dem Bedürfnis, Lehrsätze nicht unvermittelt nebeneinander stehen zu lassen, sondern sie in ihrem inneren Zusammenhang darzustellen. Da das Neue Testament selbst offenkundig einen solchen geschlossenen Zusammenhang nicht oder nur in Ansätzen darbietet, versucht die verstehende Vernunft nachträglich, die inneren Zusammenhänge der Lehraussagen zu erkennen und danach anzuordnen. Auf diese Weise soll so etwas wie ein einigermaßen geschlossenes Ganzes entstehen (von dem her dann auch das Einzelne besser begriffen werden kann). - Unsere Disziplin folgt also dem, was Kant einmal das "architektonische Interesse der Vernunft" (Kritik der reinen Vernunft, B 503: Ak. Ausg. III, 1911, 329) genannt hat. Als Analogon zur neutestamentlichen Theologie existiert die "Theologie des Alten Testaments", und als Verbindung beider fungiert (oder soll fungieren) eine "Biblische Theologie". Über Aufgabe und Methoden der Biblischen Theologie (um das kurz zu streifen) ist gerade in den letzten Jahren unter den Exegeten viel verhandelt worden. Da es bei den hier vorliegenden Überlegungen nicht um die gesamtbiblische Theologie geht, sondern lediglich um die neutestamentliche, kann ich m.E. die speziellen Probleme der Biblischen Theologie außer acht lassen. Ich verweise aber auf den jüngsten und bisher besten Entwurf, den H. Hübner vorgelegt hat: Biblische Theologie des Neuen Testaments, Bd. I, Prolegomena, 1990. Auf die Durchführung des Programms der Prolegomena in dem folgenden, noch ausstehenden Teil kann man sehr gespannt sein[1].

---

[1]   Inzwischen sind erschienen: Bd. II: Die Theologie des Paulus und ihre Wirkungsgeschichte, 1993; Bd. III: Hebräerbrief, Evangelien und Offenbarung. Epilegomena, 1995. Vgl. meinen Versuch einer Würdigung des Ganzen in: ThLZ 116, 1991, 830ff.; 119, 1994, 318ff.; 121, 1996, 937ff.

Hier soll es also nur um die Disziplin Theologie des Neuen Testaments gehen. Es ist längst ausgemacht, seit wann diese Disziplin existiert. 1787 hat Joh. Phil. Gabler als Antrittsrede in Altdorf "De iusto discrimine theologicae biblicae et dogmaticae regundisque recte utriusque finibus" gehandelt. G.L. Bauer hat dann 1800-1802 eine eigene Biblische Theologie des Neuen Testaments geschaffen. Seither sind alttestamentliche und neutestamentliche Theologie arbeitstechnisch voneinander getrennt (wobei aber bis heute die Synthese einer gesamtbiblischen Theologie als Desiderat bleibt). Über die mithin um 1800 erfolgte Verselbständigung einer eigenen neutestamentlichen Theologie gegenüber der Dogmatik wäre viel zu sagen. Sie hängt jedenfalls (um wenigstens nur dies zu streifen) mit der Einsicht der historisch-kritischen Exegese in einen interessanten Sachverhalt zusammen, nämlich: in den Sachverhalt der Differenz zwischen Dogmatik (in der die christlichen Glaubenssätze entfaltet und vermittelt sind) und neutestamentlicher Tradition, in der eine solche Entfaltung und Vermittlung nur in Ansätzen vorliegt. Es ist klar, daß die Positivität der Anfänge nicht den gleichen Vermittlungsstand haben kann wie die Dogmatik späterer Zeit. Immerhin bedurfte es des historischen und zugleich kritischen Bewußtseins, um die hier vorliegende Differenz zu erkennen und die methodischen Konsequenzen daraus zu ziehen. Übrigens hat O. Merk die Geschichte der Anfänge unserer Disziplin geschrieben (Biblische Theologie des Neuen Testaments in ihrer Anfangszeit, MThSt 9, 1972). Was also diese Fragen betrifft, sei ein für allemal auf die Darstellung von O. Merk verwiesen. Es liegt aus unserem zu Ende gehenden Jahrhundert eine ganze Reihe von Versuchen vor, eine Theologie des Neuen Testaments zu bieten (den berühmtesten und bis heute lehrreichsten Versuch hat noch R. Bultmann 1949ff., jetzt 1984 in 9. Auflage geboten). Und auch über Sinn und Methode einer Theologie des Neuen Testaments ist in den letzten Jahrzehnten viel verhandelt worden. Die diesbezüglichen Fragen sind weithin offen und daher ist es auch nicht ausgemacht, wie eine Theologie des Neuen Testaments auszusehen hat und wie sie aufzubauen ist. Ich möchte im folgenden nur einige Gesichtspunkte erwähnen, die mir in diesem Zusammenhang bedeutsam erscheinen. Wenn man sie bedenkt, ist es m.E. möglich, die Aufgabe unserer Disziplin näherhin zu bestimmen und zu zeigen, was sie leisten kann und was nicht.

I

Bei den Gesichtspunkten, die kurz zu bedenken sind, handelt es sich um folgende: a) um die Differenz innerneutestamentlicher Theologoumena, die sich aus der Vielfalt der Voraussetzungen ihrer Autoren ergibt; b) um die Tatsache, daß im Neuen Testament bestimmte theologische Motive nur implizit, nicht explizit gegeben sind und nach einer über das Neue Testament hinausgehenden gedanklichen Vermittlung verlangen; schließlich c) um die Differenz im Vermittlungsstand innerhalb der verschiedenen neutestamentlichen Texte. Alle diese Beobachtungen zusammen konkretisieren die Aufgabe einer Theologie des Neuen Testaments. Versuchen wir, uns das zu verdeutlichen.

a) Man pflegt zu sagen, daß das Neue Testament keine *explizite* systematische Lehreinheit darstellt. (Wäre es anders, dann würde es der Disziplin "Theologie des Neuen Testaments" gar nicht bedürfen.) Das Neue Testament, so wie es uns die Kirche überliefert hat, bietet keinen in sich geschlossenen expliziten theologischen Entwurf, sondern offenbar eine Vielfalt von theologischen Lehrentwürfen, die im Text selbst noch nicht zu einem geschlossenen Ganzen vereinigt sind. An dieser schlichten Tatsache scheitert jeder "Biblizismus". Die Vielfalt der Entwürfe erklärt sich allein schon aus der *Differenz der Voraussetzungen*, von der die verschiedenen Autoren ausgehen. Paulus kommt (wie er selbst sagt) aus einem pharisäischen Judentum, das (wie wir wiederum feststellen können) sehr stark durch apokalyptische Vorstellungen geprägt ist. Er hat versucht, von diesen seinen Voraussetzungen aus die Jesus-Tatsache zu verstehen. Johannes war vielleicht vor seinem Christwerden Täuferschüler, und das geistige Milieu, dem er verpflichtet ist, hat (wie immer man es ansetzt) mit dem geistigen Milieu des Apostels Paulus wenig gemeinsam. Es ist eine weisheitliche Sprache und Vorstellungswelt besonderer Art, die das "Vorverständnis" seiner Theologie darstellt, von dem aus er in seiner Weise versucht hat, Jesus zu verstehen und zu verkündigen. Wieder ganz anders sind - e.g. - die Voraussetzungen des Verfassers des sog. Hebräerbriefes. Er kommt, wie es scheint, aus dem popularphilosophischen Bildungsmilieu des hellenistischen Judentums. Er versucht, den christlichen Glauben von einer "alexandrinischen" Ontologie aus zu verstehen. Natürlich sind die Differenzen des Vorverständnisses nicht absolut, und neben den Differenzen gibt es genug Gemeinsames. Dennoch sind die Differenzen der Voraussetzungen nicht zu verkennen. Schon sie allein verleihen den drei genannten theologischen Entwürfen ihr je eigenes Profil. Wenn man nun davon ausgeht, daß die hier exemplarisch genannten theologischen Positionen gleichwohl *intentionaliter* darin übereinstimmen, daß sie ein und denselben Christus, ein und dieselbe Offenbarung intendieren und aussprechen, sodaß man bei verschiedener sprachlicher Vermittlung auf eine dahinter liegende gemeinsame Intention zurückschließen darf, so muß man doch zugeben, daß das Neue Testament selbst, in der Positivität, in der es sich darbietet, eine solche gedankliche Aufarbeitung noch nicht bietet (und natürlich auch noch gar nicht bieten kann). D.h.: Die Einheit in der Vielfalt sprachlicher Vermittlung wird erst von uns aufzuweisen sein. Sie zu erkennen, ist ein Produkt der Anstrengung der interpretierenden Vernunft.

b) Damit hängt ein Weiteres zusammen. Es gibt theologische Themen, die im Neuen Testament *implizit ausgesagt, aber nicht explizit vermittelt* werden. Ein Beispiel: Der christliche Glaube ist selbstverständlich an die Aussagen de Deo, die sich im Neuen Testament finden, gebunden, aber er wird feststellen, daß die Gotteslehre als solche im Neuen Testament noch nicht vollständig entfaltet ist. Es genügt, auf die trinitarische Thematik hinzuweisen. Das Neue Testament ist durch die Gottesprädikation Jesu und durch eine Reihe von Stellen, an denen der Heilige Geist personhaft gefaßt ist, implizit trinitarisch bestimmt. Wenn die volle Gottheit Jesu bekannt wird (und das geschieht im Neuen Testament mehrfach explizit) und wenn gleichwohl an der Einheit Gottes festgehalten wird, entsteht für den verstehenden Glauben gebieterisch die Forderung nach einer gedanklichen Vermittlung beider Aussagen - eine gedankliche Vermittlung, die sich in actu stets am Neuen Testament orientieren wird, die aber nicht einfach durch Zitat des neutestamentlichen Textes geleistet werden kann, weil das Neue Testament selbst *diese* gedankliche Vermittlung noch nicht besitzt. Der unitarische Monotheismus ist im Neuen Testament durch einen trinitarischen Monotheismus überwunden; aber dieses Motiv ist im Neuen Testament selbst als solches noch nicht thematisiert. Es war erst Aufgabe der späteren kirchlichen Theologie, die diesbezüglichen Motive des Neuen Testaments durch Ausbildung einer eigenen, über das Neue Testament hinausgehenden Begrifflichkeit zu explizieren. Gerade indem man sich an die Aussagen des Neuen Testaments gebunden fühlte, war es nötig, im sorgfältigen Hören auf den Text über den Vermittlungsstand des Textes hinauszugehen, um den Motiven des Textes gerecht zu werden. Ein anderes Beispiel bietet die Sakramentenlehre. Deutlich sind im Neuen Testament die beiden sacramenta maiora, Taufe und Eucharistie, zu erkennen. Es gibt aber im Neuen Testament keine explizite, nach allen Seiten hin vollständig entfaltete Sakramentenlehre. Nirgends wird definiert, was ein Sakrament ist, nirgends wird ausdrücklich gesagt, wie viele es gibt oder wie Sakramente wirken. Man kann zwar per interpretationem Antwort auf diese Fragen gewinnen, aber nicht einfach durch Zitat neutestamentlicher Stellen selbst.

c) Schließlich ist in diesem Zusammenhang auf die *Differenzen im Reflexionsstand* der verschiedenen neutestamentlichen Texte hinzuweisen. Die Texte gehören den verschiedensten sprachlichen Gattungen an, was Konsequenzen für ihren Vermittlungsstand hat. Die dogmatische Konstitution über die göttliche Offenbarung des 2. Vatikanischen Konzils hat in c. III, art. 12 die diesbezüglichen Beobachtungen der Exegese in die klassisch gewordene Formulierung gefaßt: Ad hagiographorum intentionem eruendam inter alia etiam genera litteraria respicienda sunt. Aliter enim atque aliter veritas in textibus vario modo historicis, vel propheticis, vel poeticis, vel in aliis dicendi generibus proponitur et exprimitur. Hier ist implizit deutlich zwischen der intentio textus einerseits und dem modus dicendi andererseits unterschieden und die hermeneutischen Konsequenzen aus der Form- und Gattungsgeschichte sind gezogen. Es ist also unmöglich, die neutestamentlichen Texte in planer Weise nebeneinander zu stellen. Sie sind überhaupt nicht *neben*einander zu stellen, sondern sachlich durch Interpretation miteinander zu vermitteln!

Abgesehen davon, daß neutestamentliche Texte verschiedenen sprachlichen Gattungen angehören, ist weiters zu beachten, daß öfter verschiedene Texte ein und dieselbe Thematik auf verschiedenem Reflexionsniveau behandeln. Es ist Aufgabe der Interpretation, das zu erkennen und dadurch falsche Gegenüberstellungen, falsche Alternativen zu vermeiden. Man wird z.B. sagen dürfen, daß sich die Lehranschauungen von der Geltung des Gesetzes im Matthäus-Evangelium und bei Paulus explizit nicht ohne weiteres decken. Es scheint mir aber fraglich, daraus eine Alternative konstruieren zu wollen. Die Differenzen erklären sich vielleicht, oder wenigstens zum Teil, auch dadurch, daß die paulinische Gesetzeslehre ein höheres Maß an Differenziertheit aufweist als die Andeutungen lediglich motivlicher Art, die wir zu diesem Thema im Matthäus-Evangelium finden. Ja, auch bei Paulus selbst scheint es in der Lehre von der Tora Reflexionsstufen zu geben. Die Ausführungen des Römerbriefes sind in bestimmten Punkten differenzierter als die des Galaterbriefes (aber intentionaliter keine anderen, als hätte sich zwischen Galaterbrief und Römerbrief eine Änderung in der Gesetzesauffassung vollzogen, wie heute gelegentlich vermutet wird). Und selbst im Römerbrief kann man m.E. noch verschiedene Differenzierungen beobachten, bis der Apostel schließlich im Begriff der lex fidei (3,27) und lex spiritus (8,2) das Ziel seiner theologischen Distinktionen erreicht hat.

Ziehen wir die Summe aus dem Ganzen, so ergibt sich zunächst einmal das Ende jeder biblizistischen Position, die das Neue Testament meint, ohne jede theologische Vermittlung unmittelbar zur Grundlage des Glaubens und der Praxis heranziehen zu können. Eine solche Position beruht auf einer nicht geringen Selbsttäuschung, weil auch die Biblizisten faktisch das Neue Testament immer schon als ein durch die Kirche vermitteltes und in der theologischen Reflexion stets wieder neu zu vermittelndes Buch vor sich haben. Eben diese Einsicht ist zugleich aber auch maßgebend für die Theologie des Neuen Testaments als Disziplin. Sie hat in ihrer Geschichte sehr bald erkannt, daß sie hinter ihrer Aufgabe zurückbleibt, wenn sie nur die verschiedenen "Lehrtropen" in mechanischer Weise nebeneinander stellt. Sie hat weiter gelernt, daß sich eine geschichtliche Betrachtung dieser Texte nicht darin erschöpft, jedem Text seinen Platz in einer konstruierten Entwicklungsgeschichte zuzuweisen (so unverzichtbar das Konstrukt einer geschichtlichen Entwicklung sein wird). Als geschichtlich werden die Texte erst ernst genommen, wenn man zwischen ihrer Intention und der Positivität ihrer Vermittlung unterscheidet. Erst dann werden die unter a) bis c) erörterten Phänomene sachgemäß gewürdigt. Es kann also bei einer Theologie des Neuen Testaments nicht darum gehen, einfach die Positivität des Überlieferten wiederzugeben (und sei es auch in einer historischen Entwicklung), sondern es muß darum gehen, das Ganze als *einen historisch bedingten Verstehens-Prozeß* zu erkennen, den wir selbst von unserem eigenen Vermittlungsstand her zu begreifen haben.

II

Aber wir können m.E. noch einen Schritt weitergehen und nach alledem versuchen, die Gestalt der Disziplin "Theologie des Neuen Testaments" genauer zu bestimmen.

a) Bei der Frage nach dem Aufbau der Darstellung (um damit zu beginnen) kann die *Unterscheidung von theologischen Sätzen im weiteren und im engeren Sinn* eine Hilfe leisten. Es ist heute weithin üblich geworden, alle Sätze der neutestamentlichen Überlieferung als theologische Sätze im engeren Sinn zu qualifizieren, was zur Folge hat, daß man von einer "Theologie Jesu" oder von einer "Theologie der Apokalypse" spricht. M.E. ist das eine Ungenauigkeit. Natürlich sind alle Texte des Neuen Testaments im weiteren Sinn "theologische" Texte, sofern in ihnen der Glaube bis zu einem gewissen Grad zur Klarheit der Reflexion gelangt ist. Es gibt keine Sätze reiner Unmittelbarkeit. Dennoch scheint es mir richtig (um den Begriff der Theologie vor einer Inflation zu bewahren), zwischen Theologie im weiteren und Theologie im engeren Sinn zu unterscheiden. Theologie im engeren und eigentlichen Sinn liegt m.E. nur dort vor, wo klare und distinkte Begriffe gebildet werden und wo (sei es auch nur im Ansatz) die Aussagen des Glaubens in einen explizit gedanklichen Zusammenhang gebracht werden, d.h. also dort, wo ein Systemansatz vorliegt. Faßt man den Begriff Theologie im engeren Sinn in dieser Weise, hat man den Vorteil, z.B. die Unmittelbarkeit der prophetischen Verkündigung (die schließlich etwas anderes ist als ein theologisches System) in ihrer besonderen Gestalt sachgemäß zu würdigen. Denn selbstverständlich geht jeder systematischen Reflexion etwas anderes voraus, das den Gegenstand der Reflexion allererst konstituiert und die systematische Reflexion überhaupt erst möglich macht. Der theologischen Reflexion geht die Verkündigung Jesu und das Heilsgeschehen voraus, die systematische Reflexion folgt hernach. Ja, es ist überhaupt im höchsten Maße erstaunlich, daß die neue Religion schon in ihren Anfängen nicht in der Unmittelbarkeit der Verkündigung und der Praxis verharrte, sondern an mehreren Stellen dazu überging, das Geoffenbarte in seinem gedanklichen Sinn systematisch zu entfalten. Damit begann Theologie im engeren und eigentlichen Sinn, und das geschah zuerst bei Paulus, dann bei Johannes und (nicht zu vergessen) im Hebräerbrief. Hier überall liegt bei aller Verschiedenheit des Vorverständnisses das Bedürfnis vor, das Geglaubte auch methodisch zu durchdenken. Natürlich handelt es sich noch nicht um Gesamtsysteme, sondern nur um Ansätze, die jeweils um ein bestimmtes zentrales Motiv des Glaubens kreisen. Auch fehlt natürlich noch die "technische", "wissenschaftliche" Behandlung der Themen (die erst im 3. Jahrhundert, in der alexandrinischen Theologie einsetzen wird). Und doch liegt bereits früh die Intention vor, den Sinn des Geglaubten als einen denkbaren und aussagbaren Zusammenhang zu fassen.

Von da aus legt es sich nahe, diejenigen Traditionen, die im engeren Sinn theologische Reflexion bieten, bei der Darstellung der Theologie des Neuen Testaments zusammenzunehmen und ihnen jene Constitutiva vorauszustellen, die den Glauben allererst begründet haben und die die condicio sine qua non der theologischen Reflexion bilden. Geht man sinnvollerweise historisch vor, dann wird man den Ausführungen über Paulus, Johannes und den Hebräerbrief einen Abschnitt über die Entstehung des Frühkatholizismus folgen lassen. Es legt sich also nahe, die Darstellung der Theologie des Neuen Testaments in einem Dreischritt durchzuführen: die Begründung des Glaubens - die ersten Versuche, ihn systematisch zu entfalten - die gesellschaftliche Stabilisierung, ohne welche Glaube und Kirche nicht wären, was sie sind (Übereinstimmung mit und Differenz dieses Aufbaus zur klassischen Darstellung Bultmanns dürften deutlich sein. Zur Differenz im Theologie-Begriff vgl. KuD 17, 1971, 106ff.). [In diesem Band: S. 53ff.] Da nun m.E. der christliche Glaube durch ein Dreifaches konstituiert wurde, durch die Verkündigung Jesu, durch das Paschamysterium und durch die Geisterfahrung, so haben diese drei Elemente den ersten Teil einer Theologie des Neuen Testaments zu bilden (Stichwort: Konstitution). Ihm folgt die Darstellung der Anfänge der theologischen Systembildung (Stichwort: Reflexion). Und am Schluß haben Überlegungen über die frühkatholische Entwicklung zu stehen (Stichwort: Stabilisation). Ich füge hinzu, daß es m.E. hoch an der Zeit ist, die Bedeutung herauszustreichen, die der Schlußepoche der urchristlichen Entwicklung zukommt. Sie ist bei aller Kritik im wesentlichen positiv zu werten. Sie stellt nicht einen Verfall, sondern in gewisser Weise das Ziel der Entwicklung dar.

b) Schließlich sei noch eine Frage wenigstens gestreift, die für die Gestalt einer Theologie des Neuen Testaments zweifellos von Bedeutung ist, nämlich die vielgequälte *Frage nach der Einheit* der neutestamentlichen Theologie. Wir sagten schon, daß das Neue Testament selbst sich noch nicht als geschlossenes System zeigt, das nach seiner Sinn-Einheit fragt, sondern als eine Summe von mehr oder weniger selbständigen Traditionen, die nachträglich von der Kirche zu einem gemeinsamen Buch zusammengefügt worden sind. Hieraus entsteht die Versuchung, bei der Positivität des Überlieferten zu verharren und lediglich einen Pluralismus von Lehranschauungen zu konstatieren. Dieser Versuchung ist nicht immer widerstanden worden (man hat dann eine bestimmte Position zum "Kanon im Kanon" gemacht, gelegentlich aber diese Position zum "Kanon *gegen* den Kanon" gesetzt und die Entscheidung der Kirche für die tota scriptura aufgehoben). Demgegenüber ist daran festzuhalten, daß der christliche Glaube, wie er sich in der Offenbarungsurkunde des Neuen Testaments verbindlich zeigt, eine Sinn-Einheit besitzen wird, die man freilich nicht mit dem Computer mechanisch herausholen kann, sondern die sich erst im und nach dem Vollzug der Interpretation als These ergibt. Entsprechend ist auch die Frage nach der "Mitte" der Schrift nicht eine Frage nach einem Teil der Schrift (von dem aus andere Teile distanziert werden können), sondern die Frage nach den treibenden Motiven des Ganzen, sozusagen nach dem Herz des Organismus.

Was diese "Mitte" darstellt, kann hier selbstverständlich nicht deduziert werden. Das setzt eine ganze Theologie des Neuen Testaments voraus. Aber wenn es nicht zu kühn ist, wenigstens thesenhaft zu proponieren, was sich dabei m.E. als treibendes Motiv des Ganzen (und damit auch als "Mitte") ergibt, so würde ich sagen müssen, daß es drei Geheimnisse des christlichen Glaubens sind, um die das Neue Testament kreist, die es verstehend intendiert: das Mysterium der Inkarnation, des Todes und der Auferstehung, der Sendung des Heiligen Geistes, das Mysterium der Trinität und das Mysterium der Kirche. Gesetzt, daß damit wirklich die Sinn-Einheit des Neuen Testaments erfaßt ist, also das, was die neutestamentlichen Texte auf verschiedenen Stufen der Vermittlung und mit verschiedener Klarheit intendieren, und zugleich das, was die anderen Themen des Neuen Testaments verständlich macht, so könnte man sagen, daß es die Aufgabe der Disziplin "Theologie des Neuen Testaments" ist, in interpretando diese Sinn-Einheit in Erscheinung treten zu lassen. Und damit wäre nun in der Tat zwar nicht anders, wohl aber konkreter als zu Eingang unserer Überlegungen, die Aufgabe dieser Disziplin bestimmt.

Interpretation als Vermittlung

Es ist eine perenne Aufgabe der Exegese - wie im Grunde jeder Wissenschaft - nach Herkunft, Bedeutung und Grenze der eigenen Methode zu fragen. Die Probleme, die sich dabei für die neutestamentliche Exegese auftun, sind freilich so vielschichtig, daß es eines großen Maßes an Mut und Unbefangenheit bedarf, um sich auf diese Fragen einzulassen. Andererseits ist jede exegetische Arbeit in actu auch eine implizite Antwort auf das Methodenproblem, und das heißt: es ist in Wirklichkeit gar nicht möglich, dem hier obwaltenden Problemkreis auszuweichen. Auch wer die komplizierten Fragestellungen der Methodenproblematik ignorieren würde, wer sich also in die Positivität der exegetischen Arbeit flüchtete, würde doch in seiner Arbeit unwillkürlich Antworten auf die Methodenproblematik geben, ob ihm das recht wäre oder nicht. In den letzten Jahrzehnten tritt zur Verschärfung des Problems die Tatsache hinzu, daß die klassischen Methoden der sog. historisch-kritischen Forschung von den verschiedensten Seiten her in Frage gestellt worden sind; es genügt - als Beispiel -, auf die tiefenpsychologische Exegese hinzuweisen, die freilich nach meinem Urteil die historisch-kritische Forschung nicht ersetzen, sondern (im Bestfall) nur ergänzen kann. Doch das steht auf einem anderen Blatt.

Die folgenden Zeilen gehen nicht auf diese neuen Methoden ein, sondern greifen ein Einzelproblem der Hermeneutik auf, das grundlegender ist und von dem man sagen kann, daß es bei jeder Interpretation präsent ist. Es sei erlaubt, mit einer gewissen Unbefangenheit an dieses Problem heranzugehen, wobei man verstehen wird, daß ich in den folgenden Zeilen, die nur den Charakter einer Skizze tragen, auf Auseinandersetzungen mit dem Ozean der Sekundärliteratur verzichte. Andernfalls würde aus dem hermeneutischen Essay eine umfangreiche Untersuchung werden[1].

I. Hermeneutische Differenz

Ich lenke zunächst die Aufmerksamkeit auf den unleugbaren Sachverhalt, daß unsere endliche Sprache in der Positivität des jeweils Ausgesagten immer hin-

---

[1] Charakteristisch für den Stand der neutestamentlichen Hermeneutik sind die disparaten Ansätze und Durchführungen in den drei deutschsprachigen Lehrbüchern der jüngeren Zeit: P. Stuhlmacher, Vom Verstehen des Neuen Testaments. Eine Hermeneutik, NTD Erg. 6, 1986 (2. Aufl.); H. Weder, Neutestamentliche Hermeneutik, 1989 (2. Aufl.); K. Berger, Hermeneutik des Neuen Testaments, 1988. Vgl. noch W. Schenk, Art. Hermeneutik, III, TRE XV, 1986, 144ff. (Literatur).

ter dem zurückbleibt, was noch an Sinn-Elementen impliziert ist oder sein könnte. Die Sprache holt nie den Sinn ein, den sie intendiert, weil kein Satz unserer Sprache endgültig und abgeschlossen ist. Jeder Satz ist fortsetzbar, jede Aussage erst eine Andeutung, jede Affirmation auch eine implizite Frage. Das gilt selbst dort, wo unsere Sprache klare und eindeutige Vermittlung leistet. Weil jeder Satz jederzeit (und sozusagen "nach allen Seiten hin") unvollständig und ergänzungsbedürftig ist, ist Sprechen ein unendlicher Prozeß - und zwar gerade deshalb, weil der sprachliche Ausdruck der Endlichkeit verhaftet bleibt: Was endlich ist, hat den absoluten Sinn außerhalb seiner selbst.

In der Theologie kommt dieser Sachverhalt darin zum Ausdruck, daß das Wort der Offenbarung einer ständig zu erneuernden Auslegung bedarf. Das Prinzip "Sola scriptura" bedeutet ja nicht, daß es genügt, die Schrift in ihrem Wortlaut zu wiederholen; vielmehr bleibt sie - seltsamerweise - nur lebendig, wenn sie immer wieder durch neue, durch unsere interpretatorischen Sätze "ausgelegt" wird, - d.h. wenn die Tradition, aus der sie kommt, in der Tradition der Auslegung ihre Fortführung findet. Dabei ist bei einer sachgemäßen Interpretation vorausgesetzt, daß die Intention des Textes in der jeweils neuen Vermittlung gewahrt bleibt. Wir stoßen damit bereits auf die grundlegende Unterscheidung zwischen der Text-Intention in ihrer damaligen textlichen Vermittlung und der späteren Vermittlung der gleichen Intention. Diese Differenz, die Differenz zwischen Intention und Vermittlung, kann man die hermeneutische Differenz nennen. Sie ist nicht nur dort bestimmend, wo es darum geht, einen Text zu interpretieren (was ja immer heißt: seine Intention aus der Vermittlung abzulesen), sondern sie bestimmt immer schon die menschliche Sprache in allen ihren Erscheinungsformen. Die Differenz von Intention und Vermittlung ist ein Wesensmerkmal menschlicher Sprache überhaupt[2].

II. Historische Differenz

Ein weiterer Schritt führt zu den Problemen, welche die hermeneutische Differenz bei historisch abständigen Texten aufwirft. Innerhalb des Genus der hermeneutischen Differenz gibt es die besondere Species der historischen Differenz. Historisch abständige Texte - wie das Neue Testament - bilden einen Sonderfall der hermeneutischen Differenz. Zu der Schwierigkeit, die Intention

---

[2] Die Unterscheidung von Intention und Vermittlung ist die implizite Grundlage der Hermeneutik von Dei Verbum. Vgl.: Cum autem Deus in Sacra Scriptura per homines more hominum locutus sit, interpres Sacrae Scripturae, ut perspiciat, quid Ipse nobiscum communicare voluerit, attente investigare debet, quid hagiographi reapse significare intenderint (!) et eorum verbis manifestare Deo placuerit. Ad hagiographorum intentionem (!) eruendam inter alia etiam *genera litteraria* respicienda sunt (c. III, art. 12). Hier haben sich bestimmte Einsichten (vorwiegend evangelischer) historisch-kritischer Forschung durchgesetzt.

aus der Vermittlung zu erheben, tritt die weitere Schwierigkeit, daß die Vermittlung aus historisch abständiger Zeit stammt, die wir nur durch historische Rekonstruktion zu vergegenwärtigen vermögen.

Bei historisch abständigen Texten ist grundsätzlich ein Dreifaches möglich. Sie können (erste Variante) völlig obsolet geworden sein, etwa in dem Sinn, daß sie unverständlich bleiben, oder so, daß sie wohl verständlich sind, aber für das abstrahierende Bewußtsein der Gegenwart als wertlos erscheinen, weil sie dieses in keiner Weise mehr zu motivieren vermögen. Historisch abständige Texte können aber auch (zweite Variante) dem Leser der Gegenwart völlig unproblematisch erscheinen, als wären solche Texte heute geschrieben, wodurch zwar die historische Differenz wegfällt (oder wenigstens scheinbar wegfällt bzw. ihre Bedeutung verliert), aber die hermeneutische Differenz natürlich erhalten bleibt. Sie können aber schließlich auch (dritte Variante) - und das ist natürlich der interessanteste Fall - teilweise obsolet, teilweise perenn erscheinen, vergleichbar (sagen wir) einem Musikstück aus der frühen Barockzeit, dessen musikalische Sprache uns fremdartig vorkommt, das uns aber doch zu berühren vermag. Die tägliche Erfahrung des neutestamentlichen Interpreten erinnert an die zweite und dritte Variante. Es gibt neutestamentliche Texte, die wirklich oder vermeintlich den Leser von heute unmittelbar ansprechen, d.h. Texte, bei denen die historische Differenz als unproblematisch erscheint, sie ist da, aber sie bleibt ohne Bedeutung; der perenne Anspruch des Textes erscheint unmittelbar als gewiß. Es gibt aber auch neutestamentliche Texte, die der dritten Gruppe zuzusprechen sind, d.h. solche, deren Übersetzung in Sprache und Sprachwelt der Gegenwart schwierig ist, obgleich das begleitende Bewußtsein weiß, daß der Text als solcher keineswegs obsolet geworden ist. In diesem Fall wird das Verstehen zur eigentlichen ars interpretandi.

Es liegt nahe, die Differenz zwischen obsoleten und perennen Elementen in den Aussagen von Texten dieser Art auf die beiden Strukturelemente der Aussage zu verteilen, und dabei kann man im Hinblick auf das Neue Testament präsumieren, daß die eigentliche Textaussage, daß also das Intentum perenn geblieben ist, die Vermittlung dagegen in solchen Fällen obsolet geworden ist. Im Grunde setzt jedes Urteil, das an der perennen Bedeutung eines ansonsten obsolet gewordenen Textes festhält, Überlegungen dieser Art voraus. Dergleichen scheint sich z.B. durch Texte zu bestätigen, in denen christologische Aussagen (z.B. die Weltherrschaft Christi) im Rahmen eines vergangenen, zeitgenössischen Weltbildes vermittelt werden. Wie selbstverständlich werden in einem solchen Fall die weltbildhaften Vermittlungen preisgegeben, der christologische Anspruch aus ihnen gelöst (also abstrahiert) und in neuen Vermittlungen, die dem jeweils gegenwärtigen Bewußtseinsstand entsprechen, festgehalten.

III. Abstraktion und Neuvermittlung

Läßt sich daraus eine allgemeine Regel ableiten? Sie könnte lauten: Bei Texten dieser Art abstrahiert die verstehende Interpretation die wesentliche Sachaussage (also das, was der Text eigentlich intendiert) aus den akzidentiellen Vermittlungen (also aus dem, was er unter seinen geschichtlichen und kulturellen Bedingungen gesagt hat) und ersetzt sie durch Vermittlungen des Interpreten (d.h. durch Vermittlungen, die den historischen und kulturellen Bedingungen des Bewußtseinsstandes des Interpreten entsprechen). Ähnliche Formulierungen (wir werden auf sie weiter unten noch einmal zurückkommen müssen) unterscheiden zwischen "Aussageinhalt" und "Aussageweise" oder "Aussagemodus"[3] bzw. zwischen dem geschichtlich gegebenen "Aussagematerial", den "Vorstellungsweisen" und dem "wirklich gemeinten Inhalt" (K. Rahner)[4]. Damit nicht ident, aber dazu analog, ist z.B. die Unterscheidung von "Verständniswahrheit" und "Erkenntniswahrheit" bei E. Coreth, wobei die erstere festzustellen hat, was der Bewußtseinsstand des Textes damals gesagt hat, die zweite dagegen auf den Sachsinn reflektiert (also darauf, ob die Aussage in sich zutreffend ist oder nicht) und wobei die beiden Aspekte der Wahrheitsfrage einander ergänzen und jeder von beiden auf den jeweils anderen angewiesen ist[5]. Faktisch gibt es ähnliche Unterscheidungen seit dem Beginn der kritischen Exegese, und ihre Geschichte ist zu einem Teil nichts anderes als eine wechselvolle Variation des hier erörterten Grundmodells.

Indessen ist Vorsicht geboten. Zunächst ist auf den selbstverständlichen Sachverhalt zu verweisen, daß die verstehende Abstraktion das Intentum nicht an sich erreicht, sondern wiederum nur in einer historisch relativen Vermittlung, für die charakteristisch ist, daß der Sinn des Gemeinten im positiv Gesagten nicht aufgeht. Daraus ergibt sich die Nötigung jeder Interpretation zur ständigen Korrektur an den Texten und das Geständnis, daß Interpretation über den Bereich des Wagnisses nie hinausgelangt.

Ein Weiteres kommt hinzu, das damit zusammenhängt. Jeder Verstehensversuch vollzieht sich auf der Basis bestimmter reflex oder auch unreflex vorausgehender erkenntnistheoretischer Grundlagen, die selbst wiederum im Laufe der Geschichte wechseln und nicht modo geometrico erweisbar sind. Hier erscheint ein Moment des hermeneutischen Zirkels und zwar in der über-

---

[3] K. Rahner, Theologische Prinzipien der Hermeneutik eschatologischer Aussagen, in: Schriften zur Theologie, Bd. IV, Neuere Schriften, 1964 (4. Aufl.), 426f. - allerdings näherhin bezogen auf spezifisch eschatologische Aussagen, dazu noch weiter unten.

[4] Grundkurs des Glaubens. Einführung in den Begriff des Christentums, 1984 (2. Aufl.), 415f. - allerdings näherhin bezogen auf die Hermeneutik der eschatologischen Aussagen.

[5] Grundfragen der Hermeneutik. Ein philosophischer Beitrag, 1969, 216f.; die beiden Grundbegriffe sind im Original kursiv. Vgl. die daran anschließende Erörterung über das Verhältnis von Sachwahrheit und Sinnwahrheit (217f.), die aber hier, in unserer engeren Thematik, nicht zu behandeln ist.

aus geläufigen Form, daß jedes Verstehen eine Summe von Vorverständnissen (ich sage nicht: Vorurteilen) voraussetzt, ohne welches Verstehen gar nicht möglich wäre. Man könnte leicht an der Geschichte der Bibelexegese zeigen, welche fundamentale Bedeutung die ontologischen Vorentscheidungen für die jeweilige Partikular-Hermeneutik (man erlaube diesen Ausdruck) hatten. Die Kritik setzt richtig bei diesen Vorentscheidungen ein. Eine allgemeingültige, universale Hermeneutik wäre nur möglich unter der Voraussetzung einer allgemeingültigen universalen Ontologie, - eine allgemeingültige Bibelhermeneutik zusätzlich noch unter der Voraussetzung unbestrittener, allgemeingültiger fundamentaltheologischer Voraussetzungen. Die Wissenschaft allein kann - was die Fundamentaltheologie betrifft - diese Zielsetzung nicht verwirklichen.

IV. Genera hermeneutica

Die letzten Überlegungen haben uns von der konkreten Hermeneutik zu sehr allgemeinen Überlegungen geführt, denen hier natürlich nicht nachgegangen werden kann. Kehren wir wieder zu hermeneutischen Einzelfragen zurück. Wir können nämlich den vermittlungshermeneutischen Ansatz noch weiterführen und durch eine weitere Beobachtung ergänzen. Ich denke dabei an den von der Exegese zu wenig beachteten Sachverhalt, daß schon unsere Texte selbst verschiedenen Vermittlungsständen angehören. Wir sind gewöhnt, literarische Genera voneinander zu unterscheiden, daß es aber letztlich nicht auf den ästhetischen Standpunkt ankommt, der das literarische Genus beschreibt, sondern auf den hermeneutischen, der seinen Vermittlungscharakter bestimmt, ist noch kein allgemein zugestandenes Urteil[6]. Vielleicht kann man dabei näherhin zwischen der Art und dem Maß der Vermittlung (zwischen dem qualitativen und quantitativen Aspekt der Vermittlung) unterscheiden.

Was die Art der Vermittlung betrifft, so bilden sicher eschatologische Aussagen eine eigene Gruppe. Bei ihnen stellt sich bekanntlich das Problem der Interpretation in besonders bedrängender Weise. Ich komme jetzt wieder auf die Ausführungen Rahners zur Hermeneutik der Eschatologie zurück[7]. Im Zusammenhang mit den eschatologischen Aussagen hat Rahner die oben genannten Unterscheidungen zwischen Aussagesinn und Aussageweise gemacht, und zwar in einer dialektischen Form. Einerseits warnt er vor dem Mißverständnis, die eschatologische Bilderwelt könnte per interpretationem durch

---

[6] Vergleiche aber die bedeutsamen Formulierungen in Dei Verbum: Aliter enim atque aliter veritas in textibus vario modo historicis, vel propheticis, vel poeticis, vel in aliis dicendi generibus proponitur et exprimitur (Dei Verbum, c.III, art. 12). Hier ist zwar nur von literarischen Genera die Rede, aber die Frage nach der Verschiedenartigkeit der Wahrheitsvermittlung angeschnitten.

[7] Vgl. oben Anm. 3.

Sachaussagen ohne Bild ersetzt werden. (Auch die Aufhebung in den Begriff
würde das bildhafte Element nicht entfernen, denn es gibt keine Begriffe ohne
vorausgehende Anschauung.) Andererseits hält Rahner doch - in aller Vorsicht - an der reflexen Einsicht fest, die das überlieferte Textmaterial von seiner in irgendeiner Weise dahinterstehenden, dahinter anzusetzenden Sachaussage trennt, und es bleibt die Aufgabe, aufgrund dieser Trennung, so problematisch sie auch sein mag, der Sache einen neuen Aussagemodus zu verleihen[8]. Und in der Tat: Will man eschatologische Texte nicht bloß als ästheti-
sche und literarische Dokumente würdigen (was sie natürlich auch sind), will
man also nach ihrem Sachsinn fragen, nach dem, was sie für uns der Sache
nach bedeuten, so ist die Anstrengung der begreifenden und Begriffe bildenden Vernunft unvermeidlich, die vor der Aufgabe jener Abstraktion steht, die
sich bemüht, Intentum und Vermittlung voneinander zu trennen und das Intentum in neuer Weise zu vermitteln. Es ist bisher noch kein allgemein anerkann-
tes Instrumentarium ausgebildet worden, wie man mit Texten von verschiedenen Reflexions-Stufen (also z.B. mit mythischen, metaphorischen und begrifflichen, d.h. Wesensbegriffe bildenden Texten) umgeht, - sicher auf verschiedene Weise, aber wie? Das Desiderat, das sich aus diesem Zusammenhang
ergibt, ist *eine systematisch angeordnete Tafel der hermeneutischen Gattungen*, in welcher die verschiedenen Gattungen aufgezählt werden im Hinblick
auf ihre je verschiedene Art, die Wahrheit der Offenbarung zu vermitteln, verbunden mit Anweisungen, wie die verschiedenen Gattungen in ihrer jeweiligen
Eigenart zu interpretieren sind.

    Leichter scheint es zu sein, wenn wir uns den verschiedenen Maßen der
Vermittlung zuwenden. Man kann in unseren Texten zwischen lediglich intentionaler (oder bloß motivlicher) Vermittlung und den Ansätzen zu einer systematischen Vermittlung unterscheiden. Intentionale Vermittlung ist die
Vermittlung einer Intention ohne den Anspruch, ihren seinsmäßigen und logischen Zusammenhang aufzuweisen. Die Intention wird als Motiv geäußert,
vielleicht vorläufig, aber nicht ausführlich begründet. Die einzelnen Motive
stehen gedanklich unverbunden nebeneinander. Es besteht kein Anspruch auf
eine gedankliche Durchdringung und Durcharbeitung der geäußerten Motive.
Systematische Vermittlung ist dagegen der Versuch, die Motive der Offenbarung in ihrem inneren Sinn, in ihrem seinsmäßigen und logischen Zusammen-

---

[8] Rahner, Theologische Prinzipien, 426f. Die - wie gewöhnlich - sehr differenzierte Ar-
    gumentation Rahners kann hier natürlich nicht wiedergegeben werden. Ich abstrahiere.
    Rahner erörtert dort u.a. den Sachverhalt, daß es nicht möglich ist, eine bildlich-
    mythische Aussage durch eine absolut bildlose zu ersetzen, und zwar deshalb nicht, weil
    auch die begriffliche Vermittlung auf die Vorstellung angewiesen ist (conversio ad
    phantasma). Was erreicht werden kann, ist also nicht der Ersatz des Mythos durch den
    Begriff, sondern der Ersatz einer bildlichen Rede durch eine andere. Sodann wird aber
    die Interpretation noch einmal gegenüber willkürlichem Vorgehen geschützt (427f.).
    Darauf kann hier nicht mehr näher eingegangen werden (vgl. die Ausführungen über
    die "ungefähre Grenze zwischen Aussagemodus und Aussageinhalt", 427f.).

hang aufscheinen zu lassen, sei es in lediglich ansatzhafter Weise (wie in einigen neutestamentlichen Schriften), sei es mit dem Anspruch auf grundsätzliche Universalität (den hernach die wissenschaftliche Theologie erheben wird). Dabei gilt grundsätzlich: Die intentionale Vermittlung ist das Ursprüngliche und Begründende, dem die systematische Vermittlung (sachlich und zeitlich hernach) folgt. Bei der intentionalen Vermittlung wird sich der Interpret nicht darauf beschränken dürfen, die Motive lediglich zu wiederholen, sondern er wird die Aufgabe haben, die systematische Verbindung der Motive herzustellen, - oder wenigstens den Versuch zu machen, eine solche Verbindung nachträglich zu leisten. Es wäre leicht zu zeigen, daß tatsächlich die Interpretation intentional vermittelter Texte notwendigerweise dazu übergehen muß, über den in den Texten selbst vorliegenden Bewußtseinsstand hinauszuschreiten.

Man kann vielleicht das, was hier systematische Vermittlung heißt, auch mit dem traditionellen Begriff der ratio fidei beschreiben. Ratio fidei ist der (was das Neue Testament betrifft, zuerst bei Paulus einsetzende)[9] Versuch, durch Begriffsbestimmung, Synthesis und Entfaltung der Motive den Zusammenhang und also den rationalen Sinn eines größeren Komplexes von Glaubensinhalten aufzudecken. Ratio fidei heißt: bestimmen, ordnen, verbinden, ergänzen, argumentativ entfalten. Auf diese Weise wird der Inhalt des Geglaubten durchdacht und die immanente ratio des Glaubens ans Licht gebracht. Wohlgemerkt: die immanente ratio! Denn es handelt sich ja nicht um eine nachträgliche, nur sekundäre Rationalisierung, die die eigentlichen Motive eher verdeckt, sondern um die Aufdeckung der wirklichen rationalen Struktur, die Offenbarung und Glauben implizieren[10]. "Nachdem wir mit Taubenaugen gläubig geschaut haben, müssen wir mit Adleraugen das Geglaubte durchdringen"[11]. Selbstverständlich ist bei alledem eine Differenz anzusetzen zwischen den frühen, kanonischen, zur Offenbarung gehörenden Systemansätzen (Paulus, Johannes, der Hebräerbrief) und den wissenschaftlichen Theologien späterer Zeit (seit den frühen Apologeten und den Alexandrinern); und

---

[9] Man kann noch erkennen, was bei Paulus der Anlaß zur rationalen Entfaltung ist, natürlich noch nicht ein "theoretisches" Interesse, sondern die Nötigung, die Wahrheit des Evangeliums und - damit verbunden - die Legitimität des paulinischen Apostolats zu verteidigen. Apologetik und Polemik zwingen zu rationaler Entfaltung. Beide appellieren an die Einsicht - wenn auch in paradoxer Weise (Skandalon des Kreuzes, Skandalon des paulinischen Apostolats!).

[10] Dabei gilt für die neutestamentlichen Ansätze zur systematischen Reflexion, daß sie - Offenbarung explizierend - selbst Offenbarungscharakter tragen.

[11] O. Zimmermann, Lehrbuch der Aszetik, 1932 (2. Aufl.), 318 - im Anschluß an Bonaventura (der freilich von der contemplatio spricht): Cum *Jesum* audis ex Deo genitum, cave, ne mentis tuae oculis infirmum aliquid carnalis cogitationis occurat, quin potius columbino et aquilino intuitu simpliciter crede ac perspicaciter contemplare... (Lignum vitae. De mysterio Originis. Fructus I, Praeclaritas Originis. *Jesus ex Deo genitus*, in: Opera Omnia. Opuscula varia ad Theologiam mysticam, Tom VIII, Quaracchi, 1898, p. 71).

selbstverständlich sind ebenso weitere Unterschiede zu setzen, die die Entwicklung der theologischen Methode bis zur Gegenwart charakterisieren.

Aufgabe der theologischen Interpretation wird es also sein, intentional vermittelte Texte zu systematisieren und systematisch entfaltete weiter zu entfalten. Interpretiert man auf diese Weise das Neue Testament, so müßte das (in Wirklichkeit natürlich unerreichbare) Ziel darin bestehen, die Glaubenssätze des Neuen Testaments in ihrem inneren seinsmäßigen und logischen Zusammenhang anzuordnen, in einem Zusammenhang, der der "Hierarchie der Wahrheiten" entspricht. Sollte das das eigentliche Ziel einer "Theologie des Neuen Testaments" sein? (Die historische Entwicklung und die Einordnung der Texte in sie müßte dabei ja nicht verloren gehen, sofern die historische Entwicklung selbst ein Moment der inneren rationalen Struktur des Neuen Testaments darstellt.)

Vielleicht ergäbe sich auf diese Weise auch eine Antwort auf die Frage nach dem "Kanon im Kanon" und eine konkrete Bestimmung des Verhältnisses der neutestamentlichen Exegese zur systematischen Theologie.

V. Reductio in Mysterium

Man könnte vielleicht einwenden, daß die neutestamentlichen Texte auf diese Weise einem Interpretations-Schema unterworfen werden, das ihnen wesensfremd ist. Man könnte fragen: Wird bei einer solchen Vorgangsweise nicht die besondere Eigenart der neutestamentlichen Überlieferung verfehlt? Aber der Vorgang des systematischen Verstehens ist ein universaler, der an keine besondere Kultur gebunden und keiner Kultur wesensfremd ist. Dazu kommt: Wenn die Exegese bemüht ist, die intentional vermittelten Texte zu explizieren und die systematisch vermittelten weiter zu entfalten, so folgt sie dabei - auf ihre Weise - im Grunde nur dem Weg der Selbstexplikation, den der christliche Glaube schon im Neuen Testament selbst (wenn auch anders als in der Exegese, nämlich in der Verbindlichkeit der Offenbarung) zu betreten begonnen hat. Die auf ein System hin angelegte Interpretation der neutestamentlichen Texte stellt also prinzipiell keine Überfremdung dar, so fehlerhaft und irrend die exegetischen Bemühungen auch im einzelnen immer sein werden.

Anders wäre es freilich, wenn die Interpretation biblischer Texte vergäße, daß die Offenbarung bei aller Rationalität, die ihr innewohnt, immer zugleich auch Mysterium bleibt. Die Offenbarung ist zwar rational und also nicht absurd, sie spricht sich in rationalen Sätzen aus, die selber wiederum weiter rational entfaltet werden können, aber sie bleibt gerade als ungeschuldete und gnadenhafte, sie bleibt gerade in ihren wesentlichen Aussagen, die die Hierarchie der Wahrheiten bestimmen, nämlich in der Verkündigung der Inkarnation, des Todes und der Auferstehung, der Sendung des Heiligen Geistes, in der

Verkündigung der impliziten Trinität bzw. in der Verkündigung des mysterium ecclesiae (als den drei entscheidenden Motiven der neutestamentlichen Botschaft) immer zugleich auch unbegreifliche, paradoxe Offenbarung[12]. Andere Mysterien treten hinzu. Keine rationale Analyse kann den Mysterium-Charakter der Offenbarung beseitigen, keine Interpretation kann dem Hörer des Wortes das Skandalon der Offenbarung erleichtern oder den Akt des Gehorsams (!), nach dem die Offenbarung ruft, ersparen.

Man muß also sagen: die sachgemäße Interpretation der heiligen Schrift führt notwendigerweise letztlich zur reductio in mysterium[13]. Die sachgemäße Exegese und ihr sachgemäßes hermeneutisches Organon werden sich dessen bewußt sein, daß bei der Interpretation der Offenbarung die Differenz zwischen Gemeintem und Vermitteltem jeweils immer größer ist als das Gemeinsame. Oder anders gesagt: Das letzte Wort der Hermeneutik kann kein anderes sein als das der Theologie überhaupt: Deus semper maior[14].

---

[12] Zum Paradoxie-Problem vgl. nur P. Tillich, Syst. Theol. I, 1983 (7. Aufl.), 70f.178ff. und passim.

[13] E. Przywara, Art. Analogia entis, LThK (2. Aufl.), I, 471f.

[14] Es ist klar, daß hier ein weiterer Traktat anzuschließen wäre, der das Gnadenhafte und Geistgewirkte des Verstehens der Offenbarung behandelt, d.h. die Relation von hermeneutica profana und hermeneutica sacra darzustellen die Aufgabe hätte.

Der Didachist und seine Quellen

Im folgenden bemühe ich mich, meine im *Didache*-Kommentar[1] aufgestellte Hypothese über die Verarbeitung der Quellen durch den Didachisten[2] am fortlaufenden Text (einem "Arbeitstext") sichtbar zu machen. Es geht mir ausschließlich um die Darstellung der literarischen Verhältnisse: Wo redet der Didachist, wo zitiert er seine Quellen?

Ich gehe also im folgenden davon aus, ohne das noch einmal im einzelnen zu begründen, daß dem Didachisten[3] eine Reihe von überlieferten Quellen vorlagen, die er zu einem "Regelbuch" verarbeitet hat[4]. Hier ist zuerst der

---

[1] K. Niederwimmer, *Die Didache* (Göttingen, 1993).

[2] Vgl. Niederwimmer (1993), S. 64-80, näherhin dann die Aufstellungen über die Texte, die ich dem Didachisten zuteile (S. 70). Ein kurzes Referat über die verschiedenen Thesen der Forschung betreffend die Frage der Entstehung der *Didache*: S. 64-78. Zu neueren Aufstellungen vgl. die interessanten, aber m.E. in einigen Punkten problematischen Thesen über die Geschichte der *Didache*-Gemeinden und über das Werden des Buches bei C.N. Jefford, *The Sayings of Jesus in the Teaching of the Twelve Apostles* (Leiden, 1989). Vgl. speziell die Zusammenfassung S. 142-45. C.N. Jefford und S.J. Patterson haben die kühne These vorgetragen, die *Didache* hätte in einer früheren Rezension (wie der BrMus Or 9271) mit 12,2a geschlossen, in "A Note on *Didache* 12,2a (Coptic)", *SecCen* 7 (1989-90), S. 65-75. Vgl. dazu unten Anm. 16. A. Milavec, "The Pastoral Genius of the Didache: An Analytical Translation and Commentary", in J. Neusner et al. (eds.), *Religious Writings and Religious Systems*, Vol. 2 (Atlanta, 1989), S. 89-125 hat versucht, Thesen über den näheren Anlaß zur Entstehung unserer Schrift zu proponieren (näherhin S. 121-25). Übrigens hält Milavec 15,1-2 für eine spätere Einfügung (a.a.O. S. 104.119-20), worin ich ihm nicht folgen kann.

[3] B. Steimer, *Vertex Traditionis* (Berlin, 1992), S. 22-27 ist dafür eingetreten, daß der Titel der Schrift zu einem früheren Zeitpunkt διδαχαὶ τῶν ἀποστόλων geheißen habe. Im übrigen teilt Steimer (S. 25) die Hypothese, daß die Schrift ursprünglich anonym war und erst "*nachträglich* apostolische Verfasserschaft" imputiert wurde. Zur Titelfrage vgl. auch D. Hellholm, "The Visions He Saw or: To Encode the Future in Writing. An Analysis of the Prologue of John's Apocalyptic Letter", in T.W. Jennings, Jr. (ed.), *Text and Logos* (Atlanta, 1990), S. 109-39 (näherhin: S. 112-13). Hellholm hält die Inscriptio (Kurztitel) für eine Titelverkürzung des Incipit (Langtitel) und die Zitate bei Euseb, Athanasius und Rufin für "name labels". Die These Hellholms (Originalität des Langtitels) hat freilich die Schwierigkeit, daß der Langtitel gar nicht zum Inhalt der folgenden Schrift paßt. Ich möchte an meinen (Niederwimmer [1993], S. 81-82) geäußerten Aufstellungen über die Titelfrage festhalten.

[4] Niederwimmer (1993), S. 66-70. Vgl. jetzt auch H. Koester, *Ancient Christian Gospels* (London, 1990), S. 16: "The *Didache* is a compilation of several older sources; some of these older components may have preserved the terminology of an earlier period. On the other hand, redactional passages reveal the vocabulary of the later editor." Zur Frage nach der Gattung unserer Schrift, vgl. Niederwimmer (1993), S. 13-15. Innerhalb der übergreifenden Gattungsbestimmung "Regel", die das Kompilat als Ganzes bezeichnen will, haben wir selbstverständlich verschiedene Untergattungen vor uns. Vgl. jetzt be-

manchmal als "Grundschrift" bezeichnete sog. Wege-Traktat zu nennen, eine
ursprünglich jüdische Schrift, die der Didachist (wie ich meine) in einer bereits
leicht christlich überarbeiteten Fassung erhalten hat (als Sigel verwende ich:
TR für tractatus)[5]. Zu nennen ist sodann eine Reihe von liturgischen Traditionen, Anweisungen über Taufe und Mahlfeier, wobei man zweifeln kann, ob
diese Traditionen nur mündlich oder (was wahrscheinlicher ist) bereits schriftlich vorlagen (Sigel: AG für Agende). Weiters ist ein vermutlich schriftlich
vorgelegener Text zu nennen mit Anweisungen darüber, wie die Ortsgemeinden wandernde Lehrer, Apostel und Propheten aufzunehmen hätten (Sigel:
PER für peregrinantes). Schließlich ist auf die kleine Apokalypse hinzuweisen,
mit der der Didachist sein Buch abschloß (Sigel: APC). Der Didachist hat alle
diese Quellen (TR, AG, PER und APC) zu einem Ganzen kompiliert und
durch eigene Zusätze erweitert. Für den Didachisten, d.h. also für seine kommentarartigen Einführungen und für die längeren Zusätze, die er zu seinen
Quellen gegeben hat, steht das Sigel: D, für kleinere Einfügungen steht das
Sigel: (D). Die Texte, die ich dem Didachisten zuweise, sind kursiv gedruckt.
Auf diese Weise kann (die Richtigkeit meiner Hypothesen einmal vorausgesetzt) das Ausmaß der redaktionellen Tätigkeit des Didachisten und die Abgrenzung seiner Vorlagen erkannt werden. Und dies deutlich zu machen, ist
die Intention des vorliegenden Aufsatzes.

Ein Wort zu den Zitaten aus der Jesus-Überlieferung synoptischen Stils[6].
Wir finden solche Zitate (1.) innerhalb der Quellenstücke, die der Didachist
verwendet (AG, PER und APC): Diese Zitate waren, weil sie zur Tradition
innerhalb der Tradition gehören, also zu den Traditionselementen *innerhalb*

---

sonders Steimer (1992), S. 192-210, zum Geltungsanspruch, S. 265-66. Interessant ist
auch, was Georg Schöllgen über die frühen Kirchenordnungen geschrieben hat, in G.
Schöllgen, "Didache: Zwölf-Apostel-Lehre", in G. Schöllgen und W. Geerlings, *Didache. Zwölf-Apostel-Lehre / Traditio Apostolica. Apostolische Überlieferung* (Freiburg,
1991), S. 13-21. Zur Gattung und Eigenart unserer Schrift, vgl. jetzt auch I.H. Hender-
son, *"Didache and Orality in Synoptic Comparison"*, *JBL* 111 (1992), S. 283-306.

[5]   Über den Wege-Traktat, Niederwimmer (1993), S. 48-64; Schöllgen (1991), S. 27-41.
[6]   Niederwimmer (1993), S. 71-77. Neuere Untersuchungen: J.M. Court, "The Didache
and St. Matthew's Gospel", *SJTh* 34 (1981), S. 109-20; J.A. Draper, "The Jesus Tradition in the Didache", in D. Wenham (ed.), *Gospel Perspectives*, Vol. 5 (Sheffield, 1985),
S. 269-87; D.A. Hagner, "The Sayings of Jesus in the Apostolic Fathers and Justin
Martyr", in D. Wenham (ed.), *Gospel Perspectives*, Vol. 5 (Sheffield, 1985), S. 233-68
(näherhin S. 240-42); W.-D. Köhler, *Die Rezeption des Matthäusevangeliums in der
Zeit vor Irenäus* (Tübingen, 1987), speziell S. 30-56; Jefford (1989), passim; C.M. Tuk-
kett, "Synoptic Tradition in the Didache", in J.M. Sevrin et al. (eds.), *The New Testa-
ment in Early Christianity* (Leuven, 1989), S. 197-230; H. Koester, "From the Kerygma-
Gospel to Written Gospels", *NTS* 35 (1989), S. 361-81 (näherhin: S. 371-72); Koester
(1990), S. 16-17 und passim; W. Rordorf, "Does the Didache Contain Jesus Tradition
Independently of the Synoptic Gospels?", in H. Wansbrough (ed.), *Jesus and the Oral
Gospel Tradition* (Sheffield, 1991), S. 394-423; Schöllgen (1991), S. 83. Die neuere Literatur zeigt sehr deutlich, daß wir von einer allgemein akzeptierten Lösung noch weit
entfernt sind.

der Quellen der *Didache*, hier nicht auszuzeichnen[7]. Mir geht es (wie schon gesagt) im folgenden ja nur um die Aufgabe, die redaktionelle Tätigkeit des Didachisten und die Abgrenzung seiner Vorlagen kenntlich zu machen. Die Traditionen der Vorlagen sind hier nicht Gegenstand der Untersuchung[8]. Neben den Elementen der Jesus-Überlieferung innerhalb der Quellen gibt es aber nun auch (2.) Zitate der Jesus-Überlieferung *in der redaktionellen Schicht der Didache*. Diese sind sehr wohl auszuzeichnen. Ich setze sie nicht kursiv, weil sie jedenfalls zu den *Vorgaben* des Didachisten gehören. Woher sie stammen, ist bekanntlich eine der schwierigsten Fragen der *Didache*. Hat der Didachist diese Logien aus der mündlichen Tradition, aus einem Evangelium scriptum, aus mehreren Evangelia scripta (deren Text er mischt), aus einer Art Evangelienharmonie, oder hat er diese Elemente (wofür einiges sprechen könnte) aus einer apokryphen Schrift vom Typus der Logienquelle? Diese Probleme sind auch trotz neuerer Untersuchungen noch nicht sicher gelöst. Ich verwende jedenfalls für die Texte dieser Art das Sigel: SYN[9].

Analoges gilt für die Zitate aus dem Alten Testament. Sofern sie sich *innerhalb* der Quellen finden, waren sie nicht auszuzeichnen[10]. Anders steht es mit den zwei oder drei Reflexionszitaten des Alten Testaments *in der didachistischen Schicht* (1,6?, 14,3 und 16,7). Ich verwende dafür das Sigel: AT.

Im übrigen ist noch zu sagen, daß der fortlaufende Text durch Abschnitte gegliedert ist, die meiner im Kommentar dargebotenen Struktur-Analyse entsprechen[11]. Einige Texte, bei denen sich die Kolometrie aufdrängte, sind kolometrisch gesetzt. Auf diese Weise wird auch *die Struktur der Schrift*, wie sie

---

[7] Übrigens vertrete ich die Auffassung, daß die in AG, PER und APC zitierte Jesus-Überlieferung an keiner Stelle notwendigerweise auf ein schriftliches Evangelium zurückgehen muß. Die Frage eines schriftlichen Evangeliums stellt sich m.E. ernsthafter erst in der redaktionellen Schicht. Vgl. Niederwimmer (1993), S. 72.

[8] Einzelnes dazu in Niederwimmer (1993).

[9] Ein Wort zur *sectio evangelica*. Der Bestandteil 1,3b-2,1 ist m.E. keine nachträgliche Glosse (Vertreter dieser Auffassung: Niederwimmer [1993], S. 94 Anm. 2), sondern vom Didachisten eingefügt, um den Wege-Traktat stärker zu verchristlichen. Vgl. Niederwimmer (1993), S. 93-100; und jetzt auch (vorsichtig) Schöllgen (1991), S. 31-36. Das verwendete Material ist inhomogen. V. 3b-5a stammt aus der Jesus-Überlieferung, ebenso V. 5d. Dazwischen (V. 5b und 5c) steht eine paränetische Sentenz, die ähnlich auch in *HermMan* 2,4-6 erscheint. Doch war dem Didachisten auch diese Sentenz bereits vorgegeben und sie war wahrscheinlich für ein Stück Jesus-Überlieferung. Daher: SYN. Anders steht es mit 16,1-2. Auch hier findet sich paränetisches Material an ein Stück Jesus-Überlieferung gefügt. Aber der Didachist wird 16,2 schwerlich für ein Jesus-Wort gehalten haben. 16,2 ist ein Grenzfall. Ich setze vorläufig: (D unde?). Auf die Frage, ob 1,3b-2,1 eine traditionsgeschichtliche Vorgeschichte gehabt hat, und wenn ja, welche, ist hier nicht einzugehen. Für das in 13,1 eingestreute Zitat aus der Jesus-Überlieferung (Probleme: Niederwimmer [1993], S. 228-29) setze ich: (SYN).

[10] Im übrigen sind bekanntlich der (ursprünglich rein jüdische) Wege-Traktat, die Agende und die Apokalypse getränkt von alttestamentlicher und frühjüdischer Tradition, wie jeder Kommentar zeigt. Das ist hier aber nicht aufzuweisen.

[11] Niederwimmer (1993), S. 11-12 und passim.

sich mir darstellt, sichtbar gemacht[12]. Ich füge noch ausdrücklich hinzu, daß
ich mich in den (vorwiegend) textkritischen Anmerkungen[13] (da es mir nicht
um eine Edition des Textes geht, sondern lediglich um eine Veranschaulichung
der Quellenlage bzw. der Struktur) auf das Notwendigste beschränke. Nur
einige wenige, besonders heikle Stellen werden berücksichtigt und nur die
wichtigsten Angaben werden gemacht[14].

Zum Text und zu den wenigen Anmerkungen ist auf folgende Abkürzungen
hinzuweisen[15]:

Direkte Überlieferung

Codex Hierosolymitanus 54, Reproduktion bei: J.R. Harris, *The Teaching of
the Apostles (Διδαχὴ τῶν ἀποστόλων)*. *Newly Edited, with Facsimile
Text and a Commentary, for the John Hopkins University* (London und
Baltimore, 1887); Sigel: **H**.
POxy 1782 bei: B.-P. Grenfell und A.S. Hunt, *The Oxyrhynchus Papyri*, 15
(London, 1922), S. 14; Sigel: **P**.

Versionen

Das koptische Fragment BrMus Or 9271 zuletzt bei: L.-T. Lefort, *Les Pères
Apostoliques en Copte*, CSCO 135, ScrCop 17 (Louvain, 1952), S. 32-
34; franz. Übersetzung: *Les Pères Apostoliques en Copte*, CSCO 136,
ScrCop 18 (Louvain, 1952), S. 25-28; Sigel: **Copt**[16].

---

[12] Eine andere Struktur-Analyse findet sich jetzt bei Milavec (1989), S. 92-101. Übereinstimmungen und Differenzen sind lehrreich.

[13] Es liegt in der Natur der Sache, daß in manchen Fällen die textkritischen Anmerkungen da und dort in das Gebiet der Literarkritik übergehen.

[14] Über die direkte und indirekte Texttradition: Niederwimmer (1993), S. 33-47; Schöllgen (1991), S. 85-94. Jeder *Didache*-Text hat heute nur provisorischen Charakter. Solange uns neue Texte fehlen, müssen wir uns mit der provisorischen Situation abfinden. Eine Edition müßte (zum Unterschied von dem im folgenden gebotenen Arbeitstext) m.E. nicht nur selbstverständlich einen vollständigen Apparat bringen, sondern sollte auch im Wege-Teil *Didache*, *Doctrina*, *Canones* und *Epitome* synoptisch nebeneinander stellen.

[15] Vgl. schon: K. Niederwimmer, "Textprobleme der Didache", *WSt* NF 16 (1982), S. 129-30. [In diesem Band: S. 140f.]

[16] Jefford und Patterson (1989-90) haben die These vertreten, daß eine Frühform der *Didache* mit 12,2a geschlossen habe, wie jetzt noch Copt. zeigt (S. 65-75). Sie berufen sich bei dieser Hypothese u.a. auch auf die von mir erörterte Inkonzinnität zwischen c. 11 (Apostel und Propheten) und c. 13 (Propheten und Lehrer). Aber kann 12,2a wirklich das ursprüngliche Ende unserer Schrift sein? Die Fortsetzung in H ist in sich logisch und wirkt nicht wie eine nachträgliche Erfindung. Die Diskrepanz zwischen c. 11 und c. 13 (S. 70) erklärt sich m.E. aus der Entstehungsgeschichte der *Didache*. Auch daß die

Die Fragmente der äthiopischen Version bei: G. Horner, *The Statutes of the Apostles or Canones Ecclesiastici* (London, 1904), S. 54-55, 193-94; deutsche Übersetzung: H. Duensing bei A. Adam, "Erwägungen zur Herkunft der Didache", in ders., *Sprache und Dogma. Untersuchungen zu Grundproblemen der Kirchengeschichte*, ed. G. Ruhbach (Gütersloh, 1969), S. 36-37; Sigel: **Eth**.

Die georgische Version deutsch bei: G. Peradse, "Die 'Lehre der zwölf Apostel' in der georgischen Überlieferung", *ZNW* 31 (1932), S. 111-16; Sigel: **Georg**.

Indirekte Überlieferung

Constitutiones apostolicae 7,1-32 in M. Metzger, *Les Constitutions Apostoliques*, Vol. 3, SC 336 (Paris, 1987); Sigel: **Const**[17].

Wege-Traktat

Barnabas 18-20; Sigel: **Barn**.

Doctrina apostolorum Codex Monacensis 6264 bei: J. Schlecht, *Doctrina XII Apostolorum. Die Apostellehre in der Liturgie der katholischen Kirche* (Freiburg im Breisgau, 1901), S. 101-104 (Lichtdrucktafeln im Anhang); Codex Mellicensis zuletzt bei: K. Niederwimmer, "Doctrina apostolorum (Cod. Mellic. 597)", in H.-C. Schmidt-Lauber (ed.), *Theologia scientia eminens practica*, *F.S. Zerbst* (Wien, 1979), S. 270-71. [In diesem Band: S. 92.] Für beide Handschriften Sigel: **Doctr**. (Im Monacensis ist zwischen f, f^1, f^2 und f^3 zu unterscheiden.)

Apostolische Kirchenordnung bei: Th. Schermann, *Die allgemeine Kirchenordnung, frühchristliche Liturgien und kirchliche Überlieferung*, 1: *Die allgemeine Kirchenordnung des zweiten Jahrhunderts*, SGKA.E 3,1 (Paderborn, 1914), S. 12-34; Sigel: **Can**.

Die *Epitome* bei: Th. Schermann, *Eine Elfapostelmoral oder die X-Rezension der "beiden Wege"*, VKHSM 2,2 (München, 1903), S. 16-18; Sigel: **Epit**.

Ps-Athanasius *Syntagma doctrinae* (*PG* 28,836A-45B) bei: P. Batiffol, "Le Syntagma Doctrinae dit de Saint Athanase", in *Studia Patristica. Études*

---

copt. Lesart von 10,3 älter sein soll als die griechische Version von H, hat mich nicht überzeugt. Indessen, wie immer auch: Die Hypothese von Jefford und Patterson ist ein bemerkenswerter Versuch, das noch immer ungelöste Rätsel des copt. Papyrus zu lösen.

[17] Die fragmenta *Anastasiana* (F.X. Funk, *Didascalia et Constitutiones apostolorum*, vol. 2 [Paderborn, 1905], S. 51-71) und die *Sentenzen* des Isaac Syrus (M. Besson, "Un recueil des Sentences attribué à Isaac le Syrien", *OrChr* 1 [1901], S. 46-60.288-98) kommen für unsere gegenwärtige Aufgabe nicht in Betracht. Dazu: Niederwimmer (1993), S. 47.

d'ancienne littérature chrétienne, 2 (Paris, 1890), S. 121-28; Sigel: **Synt. Doctr.**

Fides CCCXVIII patrum (*PG* 28,1637A-44B) bei: P. Batiffol, *"Canones Nicaeni pseudepigraphi"*, *RAr* 3, ser. 6 (1885), S. 134-41; Sigel: **Fides patr.**

Die arabische *Vita des Schenute* bei: É.C. Amélineau, *Mémoires publiés par les membres de la Mission archéologique française au Caire, 1885-1886*, 4.1: *Monuments pour servir à l'histoire de l'Égypte chrétienne aux IV^eet Ve siècles.* Cap. 6: "Vie des Schnoudi" (Paris, 1888), S. 289-478 (näherhin 291ff.). Deutsche Übersetzung: L.E. Iselin, *Eine bisher unbekannte Version des ersten Teiles der "Apostellehre"*, gefunden und besprochen von L.E. Iselin, übersetzt von A. Heusler, TU 13,1b (Leipzig, 1895), S. 6-10; Sigel: **Vita Schen.**

Zitierte Editionen und Sekundärliteratur

J.-P. Audet, *La Didachè. Instructions des apôtres*, ÉBib (Paris, 1958) (Audet).

K. Bihlmeyer, *Die apostolischen Väter. Neubearbeitung der Funkschen Ausgabe, unveränderter Nachdruck der mit einem Nachtrag von W. Schneemelcher versehenen 2. Auflage* (Tübingen, 1970) (Bihlmeyer).

P. Bryennios, Διδαχὴ τῶν δώδεκα ἀποστόλων... (Konstantinopel, 1883) (Bryennios).

A. von Harnack, *Die Lehre der zwölf Apostel nebst Untersuchungen zur ältesten Geschichte der Kirchenverfassung und des Kirchenrechts*, TU 2,1.2 (Leipzig, 1893) (Harnack).

W. Rordorf und A. Tuilier, *La Doctrine des douze apôtres (Didachè). Introduction, Texte, Traduction, Notes, Appendice et Index*, SC 248 (Paris, 1978) (Rordorf-Tuilier).

G. Schöllgen, "Didache. Zwölf-Apostel-Lehre", in G. Schöllgen und W. Geerlings, *Didache. Zwölf-Apostel-Lehre / Traditio Apostolica. Apostolische Überlieferung*, FC 1 (Freiburg, 1991), S. 23-139 (Schöllgen).

K. Wengst, *Didache (Apostellehre) - Barnabasbrief - Zweiter Klemensbrief - Schrift an Diognet. Eingeleitet, herausgegeben, übertragen und erläutert*, SUC 2 (München, 1984) (Wengst).

M. Dibelius, "Die Mahl-Gebete der Didache", in ders., *Botschaft und Geschichte. Gesammelte Aufsätze, 2: Zum Urchristentum und zur hellenistischen Religionsgeschichte*, ed. H. Kraft und G. Bornkamm (Tübingen, 1956), S. 117-27 (Dibelius).

R. Knopf, *Die Lehre der zwölf Apostel. Die zwei Clemensbriefe*, HNT.E: *Die apostolischen Väter* 1 (Tübingen, 1920) (Knopf).

K. Niederwimmer, "Textprobleme der Didache", *WSt* NF 16 (1982), S. 114-30 (Niederwimmer, "Textprobleme"). [In diesem Band: S. 128ff.]

K. Niederwimmer, *Die Didache*, KAV 1 (Göttingen, 1993) (Niederwimmer, *Didache*).

E. Peterson, "ΜΕΡΙΣ. Hostienpartikel und Opferanteil", in ders., *Frühkirche, Judentum und Gnosis. Studien und Untersuchungen* (Rom, 1959), S. 97-106 (Peterson, "Meris").

E. Peterson, "Über einige Probleme der Didache-Überlieferung", in ders., *Frühkirche, Judentum und Gnosis. Studien und Untersuchungen* (Rom, 1959), S. 146-82 (Peterson, "Probleme").

A. Vööbus, *Liturgical Traditions in the Didache*, PETSE 16 (Stockholm, 1968) (Vööbus).

[Διδαχὴ τῶν ἀποστόλων][1]

I

Die Taufkatechese
Der Traktat über die beiden Wege

1. Die Themenformulierung

TR   (1,1) Ὁδοὶ δύο εἰσί, μία τῆς ζωῆς καὶ μία τοῦ θανάτου, δια-
φορὰ δὲ πολλὴ μεταξὺ τῶν δύο ὁδῶν.

2. Der Lebensweg

a) Das Grundgebot und Einleitung zur Durchführung

TR   (1,2) Ἡ μὲν οὖν ὁδὸς τῆς ζωῆς ἐστιν αὕτη· πρῶτον ἀγαπήσεις
τὸν θεὸν τὸν ποιήσαντά σε, δεύτερον τὸν πλησίον σου ὡς σεαυ-
τόν· πάντα δὲ ὅσα ἐὰν θελήσῃς μὴ γίνεσθαί σοι, καὶ σὺ ἄλλῳ
μὴ ποίει.
      (3a) Τούτων δὲ τῶν λόγων ἡ διδαχή ἐστιν αὕτη

---

[1]   Der Titel ist sekundär.
    διδαχὴ τῶν δώδεκα ἀποστόλων
    (Kurztitel)
    Διδαχὴ κυρίου διὰ τῶν δώδεκα
    ἀποστόλων τοῖς ἔθνεσιν (Langtitel)   H
    τῶν ἀποστόλων (...) διδαχαί   Eusebius *HE* 3,25,4 (*GCS* 2,1,252)
    Doctrina (...) *apostolorum*   Rufin (*GCS* 2,1,253)
    Διδαχὴ (...) τῶν ἀποστόλων   Athanasius *EpFest* 39,11 (Preuschen,
                                                        Analecta 2.45)
    Διδαχὴ (...) τῶν ἀποστόλων   Didymus oder Ps-Didymus *ComEccl*
                                                        78,22 (zu 3,7a)
                                                        (ed. Gronewald, *Didymos* 2.70)
    Διδαχὴ ἀποστόλων   Ps-Athanasius *SynScrSac* 76 (*PG* 28,432)
    Περίοδοι καὶ διδαχαὶ τῶν ἀποστόλων   *InScrCanSex* (Preuschen, *Analecta* 2.69)
    Διδαχὴ ἀποστόλων   Ps-Nicephorus *Stichometrie* (Preuschen,
                                                        Analecta 2.64)
    doctrin(ae) apostolorum   Ps-Cyprian *DeAleat* 4 (*CSEL* 3,3,96).
    Vgl. Niederwimmer, *Didache*, S. 81-82.

b) Sectio evangelica[2]

SYN (3b) εὐλογεῖτε τοὺς καταρωμένους ὑμῖν
καὶ προσεύχεσθε ὑπὲρ τῶν ἐχθρῶν ὑμῶν,
νηστεύετε δὲ ὑπὲρ τῶν διωκόντων ὑμᾶς.
(3c) ποία γὰρ χάρις, ἐὰν ἀγαπᾶτε τοὺς ἀγαπῶντας ὑμᾶς;
οὐχὶ καὶ τὰ ἔθνη τοῦτο[3] ποιοῦσιν;
(3d) ὑμεῖς δὲ φιλεῖτε[4] τοὺς μισοῦντας ὑμᾶς
καὶ οὐχ ἕξετε ἐχθρόν[5].
(4b) ἐάν τίς σοι δῷ ῥάπισμα εἰς τὴν δεξιὰν σιαγόνα,
στρέψον αὐτῷ καὶ τὴν ἄλλην,
(D) καὶ ἔσῃ τέλειος·
(4c) ἐὰν ἀγγαρεύσῃ σέ τις μίλιον ἕν,
ὕπαγε μετ᾽ αὐτοῦ δύο·
(4d) ἐὰν ἄρῃ τις τὸ ἱμάτιόν σου,
δὸς αὐτῷ καὶ τὸν χιτῶνα·
(4e) ἐὰν λάβῃ τις ἀπὸ σοῦ τὸ σόν,
μὴ ἀπαίτει· οὐδὲ γὰρ δύνασαι.
(5a) παντὶ τῷ αἰτοῦντί σε δίδου
καὶ μὴ ἀπαίτει·
(5b-d) πᾶσι γὰρ θέλει δίδοσθαι ὁ πατὴρ ἐκ τῶν ἰδίων
χαρισμάτων.
(D) μακάριος ὁ διδοὺς κατὰ τὴν ἐντολήν· ἀθῷος γάρ ἐστιν. οὐαὶ
τῷ λαμβάνοντι· εἰ μὲν γὰρ χρείαν ἔχων λαμβάνει τις, ἀθῷος
ἔσται· ὁ δὲ μὴ χρείαν ἔχων δώσει δίκην, ἱνατί ἔλαβε καὶ εἰς τί· ἐν
συνοχῇ δὲ γενόμενος ἐξετασθήσεται περὶ ὧν ἔπραξε, καὶ οὐκ
ἐξελεύσεται ἐκεῖθεν, μέχρις οὗ ἀποδῷ τὸν ἔσχατον κοδράντην.
D (6) ἀλλὰ καὶ περὶ τούτου δὲ εἴρηται·

---

[2] 1,3b-2,1 gehört nicht zum Traktat, fehlt daher in Barn. Doctr. Epit. Can. Synt.Doctr.
Fides patr. u. Vita Schen. 1,3bff. ist Einfügung des Didachisten unter Verwendung von
"synopt." Material; vgl. oben Anm. 9.
[3] τὸ αὐτό H. Bryennios, Harnack, Rordorf-Tuilier, Wengst.
τοῦτο P Const. Bihlmeyer, Audet.
Niederwimmer, "Textprobleme", S. 122. [In diesem Band: S. 135.]
[4] ἀγαπᾶτε H. Bryennios, Harnack, Rordorf-Tuilier, Wengst.
φιλεῖτε P Const. Bihlmeyer, Audet.
Niederwimmer, "Textprobleme", S. 122. [In diesem Band: S. 135.]
[5] V. 4a halte ich für eine Glosse. Überliefert ist:
ἄκουε τί σε δεῖ ποιοῦντα σῶσαι σοῦ τὸ πνεῦμα. π[ρ]ῶτον πάντων ἀπόσχου τῶν
σαρκε[ι]κῶν ἐπιθυμειῶν P.
ἀπέχου τῶν σαρκικῶν καὶ σωματικῶν ἐπιθυμιῶν H.
ἀπέχου τῶν σαρκικῶν καὶ κοσμικῶν ἐπιθυμιῶν Const.
Der Versuch einer Textgeschichte: Niederwimmer, "Textprobleme", S. 116-18. [In diesem Band: S. 130f.]

AT (?) Ἱδρωσάτω⁶ ἡ ἐλεημοσύνη σου εἰς τὰς χεῖράς σου, μέχρις ἂν γνῷς, τίνι δῷς⁷.

D (2,1) Δευτέρα δὲ ἐντολὴ τῆς διδαχῆς·

c) Eine Verbotsreihe

TR (2,2) οὐ φονεύσεις,
οὐ μοιχεύσεις,
οὐ παιδοφθορήσεις, οὐ πορνεύσεις,
οὐ κλέψεις,
οὐ μαγεύσεις,
οὐ φαρμακεύσεις, οὐ φονεύσεις τέκνον ἐν φθορᾷ,
οὐδὲ γεννηθὲν⁸ ἀποκτενεῖς,
(3) οὐκ ἐπιθυμήσεις τὰ τοῦ πλησίον,
οὐκ ἐπιορκήσεις,
οὐ ψευδομαρτυρήσεις, οὐ κακολογήσεις, οὐ μνησικακήσεις.
(4) οὐκ ἔσῃ διγνώμων οὐδὲ δίγλωσσος
(παγὶς γὰρ θανάτου ἡ διγλωσσία).
(5) οὐκ ἔσται ὁ λόγος σου κενός, οὐ ψευδής⁹,
(6) οὐκ ἔσῃ πλεονέκτης οὐδὲ ἅρπαξ οὐδὲ ὑποκριτὴς οὐδὲ κακοήθης οὐδὲ ὑπερήφανος. οὐ λήψῃ βουλὴν πονηρὰν κατὰ τοῦ πλησίον σου.
(7) οὐ μισήσεις πάντα ἄνθρωπον, ἀλλὰ οὓς μὲν ἐλέγξεις, περὶ ὧν δὲ¹⁰ προσεύξῃ, οὓς δὲ ἀγαπήσεις ὑπὲρ τὴν ψυχήν σου.

---

⁶ ἰδρωτάτω H.
ἰδρωσάτω emend. Bryennios.
⁷ Unde? Sir. 12,1 in alia translatione? Vgl. Hugo von St. Cher, Tom. 3 (Venetiis, 1600), S. 194, und die Erörterungen bei Audet, S. 276-80; P.Wm. Skehan, "Didache 1,6 and Sirach 12,1", Bibl 44 (1963), S. 533-36.
⁸ γεννηθέντα H.
γεννηθέν Barn. Can. Const. natum Doctr. Edd.
⁹ ψευδὴς οὐ κενός, ἀλλὰ μεμεστωμένος πράξει H. Bryennios, Harnack, Bihlmeyer, Audet, Rordorf-Tuilier.
κενὸς οὐδὲ ψευδής Can. Wengst.
vacuum nec mendax Doctr.
κενός Epit.
κενός. "Περὶ παντὸς γὰρ λόγου ἀργοῦ δώσετε λόγον." Οὐ ψεύσῃ... Const.
Daraus folgt: ἀλλὰ μεμεστωμένος πράξει ist spätere Glosse; so schon vermutet bei Schlecht (1901), S. 48; Knopf, S. 12.
Ich konjiziere im übrigen κενός, οὐ ψευδής. Niederwimmer, "Textprobleme", S. 118-19 [in diesem Band: S. 131f.]; Niederwimmer, Didache, S. 120-21.
¹⁰ περὶ δὲ ὧν H. Bryennios, Harnack, Audet.
περὶ ὧν δέ P Can. Epit. Bihlmeyer, Rordorf-Tuilier, Wengst.

d) Die Teknon-Sprüche

TR (3,1) Τέκνον μου, φεῦγε ἀπὸ παντὸς πονηροῦ[11] καὶ ἀπὸ παντὸς ὁμοίου αὐτοῦ.

(2) μὴ γίνου ὀργίλος,
ὁδηγεῖ γὰρ[12] ἡ ὀργὴ πρὸς τὸν φόνον,
μηδὲ ζηλωτὴς μηδὲ ἐριστικὸς μηδὲ θυμικός·
ἐκ γὰρ τούτων ἁπάντων φόνοι γεννῶνται.

(3) τέκνον μου,
μὴ γίνου ἐπιθυμητής,
ὁδηγεῖ γὰρ ἡ ἐπιθυμία πρὸς τὴν πορνείαν,
μηδὲ αἰσχρολόγος μηδὲ ὑψηλόφθαλμος·
ἐκ γὰρ τούτων ἁπάντων μοιχεῖαι γεννῶνται.

(4) τέκνον μου,
μὴ γίνου οἰωνοσκόπος,
ἐπειδὴ ὁδηγεῖ εἰς τὴν εἰδωλολατρίαν,
μηδὲ ἐπαοιδὸς μηδὲ μαθηματικὸς μηδὲ περικαθαίρων,
μηδὲ θέλε αὐτὰ βλέπειν μηδὲ ἀκούειν·[13]
ἐκ γὰρ τούτων ἁπάντων εἰδωλολατρία γεννᾶται.

(5) τέκνον μου,
μὴ γίνου ψεύστης,
ἐπειδὴ ὁδηγεῖ τὸ ψεῦσμα εἰς τὴν κλοπήν,
μηδὲ φιλάργυρος μηδὲ κενόδοξος·
ἐκ γὰρ τούτων ἁπάντων κλοπαὶ γεννῶνται.

(6) τέκνον μου,
μὴ γίνου γόγγυσος,
ἐπειδὴ ὁδηγεῖ εἰς τὴν βλασφημίαν,
μηδὲ αὐθάδης μηδὲ πονηρόφρων·
ἐκ γὰρ τούτων ἁπάντων βλασφημίαι γεννῶνται.

---

[11] ἀπὸ παντὸς πονηροῦ H. Can. Edd.
ἀπὸ παντὸς πράγματος πονηροῦ P.
ἀπὸ παντὸς κακοῦ Epit. Const.
ab homine malo Doctr.
Niederwimmer, "Textprobleme", S. 122-23. [In diesem Band: S. 135.]

[12] ὁδηγεῖ γάρ H. Can. Epit. Edd.
ἐπειδὴ ὁδηγεῖ P.
Niederwimmer, "Textprobleme", S. 123. [In diesem Band: S. 135.]

[13] μηδὲ ἀκούειν *om.* H. Bryennios, Harnack.
μηδὲ θέλε αὐτὰ ἰδεῖν μηδὲ ἀκούειν Can.
μήτε θέλε αὐτὰ εἰδέναι μηδὲ ἀκούειν Epit.
nec uelis ea uidere nec audire Doctr.
μηδὲ θέλε αὐτὰ βλέπειν <μηδὲ ἀκούειν> *conj.* Bihlmeyer, Rordorf-Tuilier.
μηδὲ θέλε αὐτὰ βλέπειν μηδὲ ἀκούειν *conj.* Audet, Wengst.
Niederwimmer, "Textprobleme", S. 123. [In diesem Band: S. 135.]

e) Die Anawim-Sprüche

TR   (3,7) Ἴσθι δὲ πραΰς, ἐπεὶ οἱ πραεῖς κληρονομήσουσι τὴν γῆν. (8) γίνου μακρόθυμος καὶ ἐλεήμων καὶ ἄκακος καὶ ἡσύχιος καὶ ἀγαθὸς καὶ τρέμων τοὺς λόγους διὰ παντός, οὓς ἤκουσας. (9) οὐχ ὑψώσεις σεαυτὸν οὐδὲ δώσεις τῇ ψυχῇ σου θράσος. οὐ κολληθήσεται ἡ ψυχή σου μετὰ ὑψηλῶν, ἀλλὰ μετὰ δικαίων καὶ ταπεινῶν ἀναστραφήσῃ. (10) τὰ συμβαίνοντά σοι ἐνεργήματα ὡς ἀγαθὰ προσδέξῃ, εἰδώς, ὅτι ἄτερ θεοῦ οὐδὲν γίνεται.

f) Regeln, die das soziale Leben betreffen

TR   (4,1) Τέκνον μου, τοῦ λαλοῦντός σοι τὸν λόγον τοῦ θεοῦ μνησθήσῃ νυκτὸς καὶ ἡμέρας, τιμήσεις δὲ αὐτὸν ὡς κύριον· ὅθεν γὰρ ἡ κυριότης λαλεῖται, ἐκεῖ κύριός ἐστιν. (2) ἐκζητήσεις δὲ καθ᾽ ἡμέραν τὰ πρόσωπα τῶν ἁγίων, ἵνα ἐπαναπαῇς τοῖς λόγοις αὐτῶν.

(3) οὐ ποιήσεις[14] σχίσμα, εἰρηνεύσεις δὲ μαχομένους· κρινεῖς δικαίως, οὐ λήψῃ πρόσωπον ἐλέγξαι ἐπὶ παραπτώμασιν. (4) οὐ διψυχήσεις, πότερον ἔσται ἢ οὔ.

(5) μὴ γίνου πρὸς μὲν τὸ λαβεῖν ἐκτείνων τὰς χεῖρας, πρὸς δὲ τὸ δοῦναι συσπῶν. (6) ἐὰν ἔχῃς διὰ τῶν χειρῶν σου, δώσεις λύτρωσιν[15] ἁμαρτιῶν σου. (7) οὐ διστάσεις δοῦναι οὐδὲ διδοὺς γογγύσεις· γνώσῃ γάρ, τίς ἐστιν ὁ[16] τοῦ μισθοῦ καλὸς ἀνταποδότης. (8) οὐκ ἀποστραφήσῃ τὸν ἐνδεόμενον, συγκοινωνήσεις δὲ πάντα τῷ ἀδελφῷ σου καὶ οὐκ ἐρεῖς ἴδια εἶναι· εἰ γὰρ ἐν τῷ ἀθανάτῳ κοινωνοί ἐστε, πόσῳ μᾶλλον ἐν τοῖς θνητοῖς;

(9) οὐκ ἀρεῖς τὴν χεῖρά σου ἀπὸ τοῦ υἱοῦ σου ἢ ἀπὸ τῆς θυγατρός σου, ἀλλὰ ἀπὸ νεότητος διδάξεις τὸν φόβον τοῦ θεοῦ.

---

[14]   ποθήσεις H. Bryennios.
        ποιήσεις Barn. Can. Epit. Const. Harnack, et sequ. edd.
        facies Doctr.
[15]   δώσεις λύτρωσιν H. Can. Edd.
        δὸς εἰς ἄφεσιν Epit.
        δός, ἵνα ἐργάσῃ εἰς λύτρωσιν Const.
        δώσεις <εἰς> λύτρωσιν (homoiot.) conj. H. Lietzmann, Die Didache (Berlin, 1962), S. 7.
        Niederwimmer, Didache, S. 139 Anm. 49.
        δὸς εἰς λύτρωσιν Audet.
[16]   ἡ H.
        ὁ emend. Bryennios.

(10) οὐκ ἐπιτάξεις δούλῳ σου ἢ παιδίσκῃ, τοῖς ἐπὶ τὸν αὐτὸν θεὸν ἐλπίζουσιν, ἐν πικρίᾳ σου, μήποτε οὐ μὴ φοβηθήσονται τὸν ἐπ᾽ ἀμφοτέροις θεόν· οὐ γὰρ ἔρχεται κατὰ πρόσωπον καλέσαι, ἀλλ᾽ ἐφ᾽ οὓς τὸ πνεῦμα ἡτοίμασεν. (11) ὑμεῖς δὲ οἱ[17] δοῦλοι ὑποταγήσεσθε τοῖς κυρίοις ὑμῶν[18] ὡς τύπῳ θεοῦ ἐν αἰσχύνῃ καὶ φόβῳ.

g) Epilog des "Lebensweges"

TR (4,12) Μισήσεις πᾶσαν ὑπόκρισιν καὶ πᾶν ὃ μὴ ἀρεστὸν τῷ κυρίῳ. (13) οὐ μὴ ἐγκαταλίπῃς ἐντολὰς κυρίου, φυλάξεις δὲ ἃ παρέλαβες, μήτε προστιθεὶς μήτε ἀφαιρῶν.

(D)? (14) ἐν ἐκκλησίᾳ[19] ἐξομολογήσῃ τὰ παραπτώματά σου, καὶ οὐ προσελεύσῃ ἐπὶ προσευχήν σου ἐν συνειδήσει πονηρᾷ. αὕτη ἐστὶν ἡ ὁδὸς τῆς ζωῆς.

3. Der Todesweg

a) Einleitung

TR (5,1a) Ἡ δὲ τοῦ θανάτου ὁδός ἐστιν αὕτη· πρῶτον πάντων πονηρά ἐστι καὶ κατάρας μεστή·

b) Lasterkatalog

TR (5,1b) φόνοι,
μοιχεῖαι, ἐπιθυμίαι, πορνεῖαι,
κλοπαί,
εἰδωλολατρίαι, μαγεῖαι, φαρμακίαι,
ἁρπαγαί,
ψευδομαρτυρίαι, ὑποκρίσεις, διπλοκαρδία, δόλος,
ὑπερηφανία,
κακία,

---

[17] Der Artikel fehlt nicht in H. Gegen Bryennios.
[18] ἡμῶν H.
ὑμῶν Const. emend. Bryennios.
uestris Doctr.
[19] Wohl Zusatz des Didachisten. Harnack, S. 17.
Vgl. Niederwimmer, Didache, S. 145 Anm. 14.

αὐθάδεια,
πλεονεξία,
αἰσχρολογία,
ζηλοτυπία,
θρασύτης, ὕψος, ἀλαζονεία, ἀφοβία[20].

(2) διῶκται ἀγαθῶν,
μισοῦντες ἀλήθειαν,
ἀγαπῶντες ψεῦδος,
οὐ γινώσκοντες μισθὸν δικαιοσύνης,
οὐ κολλώμενοι ἀγαθῷ οὐδὲ κρίσει δικαίᾳ,
ἀγρυπνοῦντες οὐκ εἰς τὸ ἀγαθόν, ἀλλ' εἰς τὸ πονηρόν·
ὧν μακρὰν πραΰτης καὶ ὑπομονή,
μάταια ἀγαπῶντες,
διώκοντες ἀνταπόδομα,
οὐκ ἐλεοῦντες πτωχόν,
οὐ πονοῦντες ἐπὶ καταπονουμένῳ,
οὐ γινώσκοντες τὸν ποιήσαντα αὐτούς,
φονεῖς τέκνων, φθορεῖς πλάσματος θεοῦ,
ἀποστρεφόμενοι τὸν ἐνδεόμενον,
    καταπονοῦντες τὸν θλιβόμενον,
πλουσίων παράκλητοι,
    πενήτων ἄνομοι κριταί,
πανθαμάρτητοι·

c) Schlußmahnung

TR   (5,2 fin.) ῥυσθείητε, τέκνα, ἀπὸ τούτων ἁπάντων.

4. *Epilog und Anhang*

TR   (6,1) Ὅρα, μή τίς σε πλανήσῃ ἀπὸ ταύτης τῆς ὁδοῦ τῆς δι-
δαχῆς, ἐπεὶ παρεκτὸς θεοῦ σε διδάσκει[21].

---

[20] ὕψος, ἀλαζονεία H. Bryennios, Harnack.
...ἀφοβία θεοῦ (ἀφοβία Sin*) Barn.
uanitas. deum (*deum* inseruit f[2] supra lineam) *non timentes* Doctr.
ὑψηλοφροσύνη, ἀλαζονεία, ἀφοβία Const.
ὕψος, ἀλαζονεία, <ἀφοβία> Bihlmeyer, Rordorf-Tuilier.
ὕψος, ἀλαζονεία, ἀφοβία <θεοῦ> Audet.
ὕφος, ἀλαζονεία, οὐ φοβούμενοι τὸν θεόν *conj.* Wengst.
Niederwimmer, "Textprobleme", S. 123 [in diesem Band: S. 135f.]; Niederwimmer,
Didache, S. 149 u. Anm. 14.

D (2) εἰ μὲν γὰρ δύνασαι βαστάσαι ὅλον τὸν ζυγὸν τοῦ κυρίου, τέλειος ἔσῃ· εἰ δ᾽ οὐ δύνασαι, ὃ δύνῃ, τοῦτο ποίει. (3) περὶ δὲ τῆς βρώσεως, ὃ δύνασαι βάστασον· ἀπὸ δὲ τοῦ εἰδωλοθύτου λίαν πρόσεχε· λατρεία γάρ ἐστι θεῶν νεκρῶν.

II

Die Agende

1. Über die Taufe

AG (7,1) Περὶ δὲ τοῦ βαπτίσματος, οὕτω βαπτίσατε·
(D) ταῦτα πάντα προειπόντες, βαπτίσατε εἰς τὸ ὄνομα τοῦ πατρὸς καὶ τοῦ υἱοῦ καὶ τοῦ ἁγίου πνεύματος ἐν ὕδατι ζῶντι.
D (2) ἐὰν δὲ μὴ ἔχῃς ὕδωρ ζῶν, εἰς ἄλλο ὕδωρ βάπτισον· εἰ δ᾽ οὐ δύνασαι ἐν ψυχρῷ, ἐν θερμῷ. (3) ἐὰν δὲ ἀμφότερα μὴ ἔχῃς, ἔκχεον εἰς τὴν κεφαλὴν τρὶς ὕδωρ εἰς ὄνομα πατρὸς καὶ υἱοῦ καὶ ἁγίου πνεύματος.
AG (4) πρὸ δὲ τοῦ βαπτίσματος προνηστευσάτω ὁ βαπτίζων καὶ ὁ βαπτιζόμενος καὶ εἴ τινες ἄλλοι δύνανται·
D κελεύεις[22] δὲ νηστεῦσαι τὸν βαπτιζόμενον πρὸ μιᾶς ἢ δύο.

---

[21] Das Folgende (6,2f.) hat keine Parallele mehr im Traktat (Barn. Doctr. Can. Epit. Vita Schen. Synt.Doctr. Fides patr.). Die Rezension des Traktats, von der *Didache* und *Doctrina* abhängig sind, bot 6,1. Der Didachist hat das Folgende, den Rest des Epilogs, weggebrochen und durch 6,2f. ersetzt. Der ganze Epilog lautet in *Doctrina*:

(5,2 fin.) *Abstine te, fili, ab istis omnibus.*
(6,1) *Et uide, ne quis te ab hac doctrina auocet,*
et si minus extra disciplinam doceberis.
(6,4) *Haec in consulendo si cottidie feceris,*
prope eris uiuo deo;
quod si non feceris,
longe eris a ueritate.
(6,5) *Haec omnia tibi in animo pone*
et non deceperis de spe tua,
sed per haec sancta certamina
peruenies ad coronam.

So oder so ähnlich hat der ursprüngliche Epilog des Traktats in der von mir sogenannten Rezension C1 (dazu Niederwimmer, *Didache*, S. 63) gelautet. Er hat in *Doctrina* später einen christlichen Zusatz *(epilogus secundus)* erhalten. Zum Ganzen: Niederwimmer, *Didache*, S. 152-53.

[22] κελεύεις H. Harnack, Bihlmeyer, Audet, Rordorf-Tuilier.
κελεύσεις *emend.* Bryennios, Wengst.

1a. Über Fasten und Beten

a) Über das rechte Fasten

AG   (8,1) Αἱ δὲ νηστεῖαι ὑμῶν μὴ ἔστωσαν μετὰ τῶν ὑποκριτῶν. νηστεύουσι γὰρ δευτέρᾳ σαββάτων καὶ πέμπτῃ· ὑμεῖς δὲ νηστεύσατε τετράδα καὶ παρασκευήν.

b) Über das rechte Beten

AG   (8,2) Μηδὲ προσεύχεσθε ὡς οἱ ὑποκριταί, ἀλλ᾿
(D)   *ὡς ἐκέλευσεν ὁ κύριος ἐν τῷ εὐαγγελίῳ αὐτοῦ, οὕτω*
προσεύχεσθε·
Πάτερ ἡμῶν ὁ ἐν τῷ οὐρανῷ,
ἁγιασθήτω τὸ ὄνομά σου,
ἐλθέτω ἡ βασιλεία σου,
γενηθήτω[23] τὸ θέλημά σου ὡς ἐν οὐρανῷ καὶ ἐπὶ γῆς·
τὸν ἄρτον ἡμῶν τὸν ἐπιούσιον δὸς ἡμῖν σήμερον,
καὶ ἄφες ἡμῖν τὴν ὀφειλὴν ἡμῶν,
ὡς καὶ ἡμεῖς ἀφίεμεν τοῖς ὀφειλέταις ἡμῶν,
καὶ μὴ εἰσενέγκῃς ἡμᾶς εἰς πειρασμόν,
ἀλλὰ ῥῦσαι ἡμᾶς ἀπὸ τοῦ πονηροῦ·
ὅτι σοῦ ἐστιν ἡ δύναμις καὶ ἡ δόξα εἰς τοὺς αἰῶνας.
(3) τρὶς τῆς ἡμέρας οὕτω προσεύχεσθε.

2. Über die Mahlfeier

a) Gebete zum Sättigungsmahl

AG   (9,1) Περὶ δὲ τῆς εὐχαριστίας, οὕτως εὐχαριστήσατε·
(2) πρῶτον περὶ τοῦ ποτηρίου·
Εὐχαριστοῦμέν σοι, πάτερ ἡμῶν,
ὑπὲρ τῆς ἁγίας ἀμπέλου Δαυὶδ τοῦ παιδός σου,
ἧς ἐγνώρισας ἡμῖν διὰ Ἰησοῦ τοῦ παιδός σου·
σοὶ ἡ δόξα εἰς τοὺς αἰῶνας.
(3) Περὶ δὲ τοῦ ἄρτου·[24]

---

[23] γεννηθήτω Η.
γενηθήτω *emend.* Bryennios.
[24] κλάσματος Η. Bryennios, Harnack, Bihlmeyer, Audet, Rordorf-Tuilier.

Εὐχαριστοῦμέν σοι, πάτερ ἡμῶν,
ὑπὲρ τῆς ζωῆς καὶ γνώσεως,
ἧς ἐγνώρισας ἡμῖν διὰ Ἰησοῦ τοῦ παιδός σου·
σοὶ ἡ δόξα εἰς τοὺς αἰῶνας.
(4) ὥσπερ ἦν τοῦτο διεσκορπισμένον[25] ἐπάνω τῶν ὀρέων
καὶ συναχθὲν ἐγένετο ἕν,
οὕτω συναχθήτω σου ἡ ἐκκλησία
ἀπὸ τῶν περάτων τῆς γῆς εἰς τὴν σὴν βασιλείαν·
ὅτι σοῦ ἐστιν ἡ δόξα καὶ ἡ δύναμις
διὰ Ἰησοῦ Χριστοῦ εἰς τοὺς αἰῶνας.

D (5) *Μηδεὶς δὲ φαγέτω μηδὲ πιέτω ἀπὸ τῆς εὐχαριστίας ὑμῶν,*
ἀλλ᾽ οἱ βαπτισθέντες εἰς ὄνομα κυρίου· καὶ γὰρ περὶ τούτου
εἴρηκεν ὁ κύριος·
SYN Μὴ δῶτε τὸ ἅγιον τοῖς κυσί.

b) Dankgebet

AG (10,1) Μετὰ δὲ τὸ ἐμπλησθῆναι οὕτως εὐχαριστήσατε·
(2) Εὐχαριστοῦμέν σοι, πάτερ ἅγιε,
ὑπὲρ τοῦ ἁγίου ὀνόματός σου,
οὗ κατεσκήνωσας ἐν ταῖς καρδίαις ἡμῶν[26],
καὶ ὑπὲρ τῆς γνώσεως καὶ πίστεως καὶ ἀθανασίας,
ἧς ἐγνώρισας ἡμῖν διὰ Ἰησοῦ τοῦ παιδός σου·
σοὶ ἡ δόξα εἰς τοὺς αἰῶνας.
(3) σύ, δέσποτα, παντοκράτορ,
ἔκτισας τὰ πάντα ἕνεκεν τοῦ ὀνόματός σου,
τροφήν τε καὶ ποτὸν ἔδωκας τοῖς ἀνθρώποις εἰς ἀπόλαυσιν,
ἵνα σοι εὐχαριστήσωσιν,
ἡμῖν δὲ ἐχαρίσω πνευματικὴν τροφὴν καὶ ποτὸν καὶ ζωὴν
αἰώνιον
διὰ Ἰησοῦ[27] τοῦ παιδός σου.

ἄρτου *conj.* Peterson, "Meris", S. 99-100; Peterson, "Probleme", S. 168-69; Vööbus, S. 88-89.146-48; Niederwimmer, "Textprobleme", S. 124-25 [in diesem Band: S. 136f.]; Niederwimmer, *Didache*, S. 185-86; Wengst, S. 78.97-98.

[25] τοῦτο κλάσμα διεσκορπισμένον H. Bryennios.
τοῦτο <τὸ> κλάσμα διεσκορπισμένον *emend.* Harnack, Bihlmeyer, Rordorf-Tuilier.
τοῦτο διεσκορπισμένον *conj.* Niederwimmer, "Textprobleme", S. 125 [in diesem Band: S. 138]; Wengst.
Cf. Const. 7,25,3.

[26] ὑμῶν H.
ἡμῶν *emend.* Bryennios.

[27] διὰ τοῦ παιδός σου H. Bryennios, Harnack, Bihlmeyer (aber cf. S. xix).
διὰ Ἰησοῦ τοῦ παιδός σου Copt. (cf. 9,2 u. 10,2) Audet, Wengst.
διὰ <Ἰησοῦ> τοῦ παιδός σου Rordorf-Tuilier.

(4) περὶ[28] πάντων εὐχαριστοῦμέν σοι, ὅτι δυνατὸς εἶ·
σοὶ[29] ἡ δόξα εἰς τοὺς αἰῶνας.

(5) μνήσθητι, κύριε,
τῆς ἐκκλησίας σου
τοῦ ῥύσασθαι αὐτὴν ἀπὸ παντὸς πονηροῦ
καὶ τελειῶσαι αὐτὴν ἐν τῇ ἀγάπῃ σου,
καὶ σύναξον αὐτὴν ἀπὸ τῶν τεσσάρων ἀνέμων[30]
εἰς τὴν σὴν βασιλείαν, ἣν ἡτοίμασας αὐτῇ·
ὅτι σοῦ ἐστιν ἡ δύναμις καὶ ἡ δόξα εἰς τοὺς αἰῶνας.

(6) ἐλθέτω χάρις καὶ παρελθέτω ὁ κόσμος οὗτος.
Ὡσαννὰ[31] τῷ θεῷ Δαυίδ[32].
εἴ τις ἅγιός ἐστιν, ἐρχέσθω·
εἴ τις οὐκ ἔστι, μετανοείτω·
μαραναθά· ἀμήν.

D   (7) *τοῖς δὲ προφήταις ἐπιτρέπετε εὐχαριστεῖν, ὅσα θέλουσιν*[33].

---

[28] πρὸ πάντων H. Bryennios, Harnack, Bihlmeyer, Audet, Rordorf-Tuilier.
περὶ πάντων Copt. Dibelius, S. 124; Niederwimmer, "Textprobleme", S. 125-26 [in diesem Band: S. 137]; Niederwimmer, *Didache*, S. 198 u. Anm. 46; Wengst.
[29] σύ H.
σοί *emend*. Bryennios (bestätigt von Copt.); Niederwimmer, "Textprobleme", S. 126. [In diesem Band: S. 137.]
σύ· σοί *emend*. Harnack.
[30] τὴν ἁγιασθεῖσαν *add*. H. Bryennios, Harnack, Bihlmeyer, Audet, Rordorf-Tuilier.
om. Copt. Const. Vööbus, S. 93; Niederwimmer, "Textprobleme", S. 119 [in diesem Band: S. 132]; Wengst.
[31] ὡς ἀννά H. *emend*. Bryennios.
[32] τῷ θεῷ Δαυίδ H. Harnack, Bihlmeyer, Rordorf-Tuilier, Wengst.
τῷ οἴκῳ Δαυίδ Copt. Audet.
τῷ υἱῷ Δαυίδ Const. Bryennios.
τῷ θεῷ οἴκου Δαυίδ *conj*. Dibelius, S. 126 Anm. 10.
[33] Hier folgt in Copt. das berühmte "Myron-Gebet" (*om*. H. u. Georg.): "Wegen des Wortes aber des Salböls (?) danket also, indem ihr sagt: Wir danken dir, Vater, wegen des Salböls (?), das du kundgetan hast durch Jesus, deinen Sohn. Dein ist <der> Ruhm in Ewigkeit. Amen"; übers. nach C. Schmidt, "Das koptische Didache-Fragment des British Museum", *ZNW* 24 (1925), S. 85.87. Vgl. Const. 7,27,1-2. Von einander abweichende Rekonstruktionen des vorausgesetzten ursprünglich griechischen Wortlauts bei Bihlmeyer, S. xx; Peterson, "Probleme", S. 157; u. Wengst, S. 59 (mit Vorsicht). Ich halte das Gebet für einen späteren Zusatz: Niederwimmer, "Textprobleme", S. 119-21 [in diesem Band: S. 132-34]; Niederwimmer, *Didache*, S. 205-209. Vgl. jetzt Schöllgen, S. 55: daß das Gebet ursprünglich zur *Didache* gehört habe, kann "nicht als sicher gelten".

III

Die Kirchenordnung

1. Überleitung

D   (11,1) Ὅς ἂν οὖν ἐλθὼν διδάξῃ ὑμᾶς ταῦτα πάντα τὰ προ-
ειρημένα, δέξασθε αὐτόν· (2) ἐὰν δὲ αὐτὸς ὁ διδάσκων στραφεὶς
διδάσκῃ ἄλλην διδαχὴν εἰς τὸ καταλῦσαι, μὴ αὐτοῦ ἀκούσητε·
εἰς δὲ τὸ προσθεῖναι δικαιοσύνην καὶ γνῶσιν κυρίου, δέξασθε
αὐτὸν ὡς κύριον.

2. Über die Aufnahme von Wanderaposteln und Wanderpropheten

a) Einleitung

D   (11,3) Περὶ δὲ τῶν ἀποστόλων καὶ προθητῶν, κατὰ τὸ δόγμα
τοῦ εὐαγγελίου οὕτω ποιήσατε.

b) Über die Wanderapostel

PER   (11,4) Πᾶς δὲ ἀπόστολος ἐρχόμενος πρὸς ὑμᾶς δεχθήτω ὡς
κύριος.[34]
(5) οὐ μενεῖ δὲ εἰ μὴ[35] ἡμέραν μίαν· ἐὰν δὲ ᾖ χρεία, καὶ τὴν
ἄλλην· τρεῖς δὲ ἐὰν μείνῃ, ψευδοπροφήτης ἐστίν. (6) ἐξερχόμε-
νος δὲ ὁ ἀπόστολος μηδὲν λαμβανέτω εἰ μὴ ἄρτον, ἕως οὗ
αὐλισθῇ· ἐὰν δὲ ἀργύριον αἰτῇ, ψευδοπροφήτης ἐστί.

---

[34] δεχθήτω ὡς κύριος H. Niederwimmer, "Textprobleme", S. 127. [In diesem Band: S. 138.]
om. Copt. (fort.) Eth. Const. Bihlmeyer, S. xix (der auch das folgende δὲ streicht). Aber der kleine Satz ist sachlich unentbehrlich.
[35] εἰ μή om. H. Bryennios.
εἰ μή conj. Harnack, Audet, Wengst.
<εἰ μή> Bihlmeyer, Rordorf-Tuilier.

c) Über die Wanderpropheten

PER   (11,7) Καὶ πάντα προφήτην λαλοῦντα ἐν πνεύματι οὐ πειράσετε οὐδὲ διακρινεῖτε· πᾶσα γὰρ ἁμαρτία ἀφεθήσεται, αὕτη δὲ ἡ ἁμαρτία οὐκ ἀφεθήσεται. (8) οὐ πᾶς δὲ ὁ λαλῶν ἐν πνεύματι προφήτης ἐστίν, ἀλλ᾽ ἐὰν ἔχῃ τοὺς τρόπους κυρίου. ἀπὸ οὖν τῶν τρόπων γνωσθήσεται ὁ ψευδοπροφήτης καὶ ὁ προφήτης. (9) καὶ πᾶς προφήτης ὁρίζων[36] τράπεζαν ἐν πνεύματι, οὐ φάγεται ἀπ᾽ αὐτῆς, εἰ δὲ μήγε ψευδοπροφήτης ἐστί. (10) πᾶς δὲ προφήτης διδάσκων τὴν ἀλήθειαν, εἰ ἃ διδάσκει οὐ ποιεῖ, ψευδοπροφήτης ἐστί.

D   (11) *πᾶς δὲ προφήτης δεδοκιμασμένος, ἀληθινός, ποιῶν εἰς μυστήριον κοσμικὸν ἐκκλησίας, μὴ διδάσκων δὲ ποιεῖν, ὅσα αὐτὸς ποιεῖ, οὐ κριθήσεται ἐφ᾽ ὑμῶν· μετὰ θεοῦ γὰρ ἔχει τὴν κρίσιν· ὡσαύτως γὰρ ἐποίησαν καὶ οἱ ἀρχαῖοι προφῆται*[37].

PER   (12) ὃς δ᾽ ἂν εἴπῃ ἐν πνεύματι· δός μοι ἀργύρια ἢ ἕτερά τινα, οὐκ ἀκούσεσθε αὐτοῦ· ἐὰν δὲ περὶ ἄλλων ὑστερούντων εἴπῃ δοῦναι, μηδεὶς αὐτὸν κρινέτω.

3. Über die Aufnahme anderer zureisender Brüder

a) Aufnahme und Prüfung der Zuwandernden

D   (12,1) *Πᾶς δὲ ὁ ἐρχόμενος πρὸς ὑμᾶς*[38] *ἐν ὀνόματι κυρίου*[39] *δεχθήτω· ἔπειτα δὲ δοκιμάσαντες αὐτὸν γνώσεσθε, σύνεσιν γὰρ ἕξετε*[40] *δεξιὰν καὶ ἀριστεράν*.

---

[36] ὁ ῥίζων H.
   ὁρίζων *emend*. Bryennios.
[37] Ich halte jetzt den ganzen Vers für redaktionelle Zufügung des Didachisten; vgl. schon die Vermutung, Niederwimmer, *Didache*, S. 70.
[38] ὁ ἐρχόμενος ἐν ὀνόματι H. Bryennios, Harnack, zuletzt wieder Rordorf-Tuilier u. Wengst.
   ὁ ἐρχόμενος πρὸς ὑμᾶς ἐν ὀνόματι Copt. Eth. Georg. Bihlmeyer S. xix; Audet.
   Niederwimmer, "Textprobleme", S. 127 [in diesem Band: S. 138f.]: Ausfall in H durch *Homoioteleuton*?
[39] ὁ ἐρχόμενος ἐν ὀνόματι κυρίου ist Bibelsprache (Ps. 118,26; vgl. Mk. 11,9; Mt. 21,9; Lk. 19,38; Joh. 12,13; Mt. 23,39 / Lk. 13,35 [Q]). Vgl. noch 1. Sam. 17,45 und Joh. 5,43. Ich halte die Wendung in der *Didache* nicht für ein bewußtes Zitat einer bestimmten Stelle.
[40] ἕξεται H.
   ἕξετε *emend*. Bryennios, Bihlmeyer, Rordorf-Tuilier.
   ἔχετε Copt. Eth. Const. Audet, Wengst.

b) Der Durchreisende

D   (12,2) εἰ μὲν πάροδίός ἐστιν ὁ ἐρχόμενος, βοηθεῖτε αὐτῷ, ὅσον δύνασθε· οὐ μενεῖ δὲ πρὸς ὑμᾶς εἰ μὴ δύο ἢ τρεῖς ἡμέρας, ἐὰν ᾖ ἀνάγκη.

c) Der Neuankömmling, der sich niederlassen will

D   (12,3) εἰ δὲ θέλει πρὸς ὑμᾶς καθῆσθαι, τεχνίτης ὤν, ἐργαζέσθω καὶ φαγέτω. (4) εἰ δὲ οὐκ ἔχει τέχνην, κατὰ τὴν σύνεσιν ὑμῶν προνοήσατε, πῶς μὴ ἀργὸς μεθ᾽ ὑμῶν ζήσεται Χριστιανός. (5) εἰ δ᾽ οὐ θέλει οὕτω ποιεῖν, χριστέμπορός ἐστι· προσέχετε ἀπὸ τῶν τοιούτων.

4. Über die Unterhaltspflicht gegenüber Propheten, die sich in der Gemeinde niederlassen wollen, und gegenüber Lehrern

a) Grundsätzliches

D (SYN)   (13,1) Πᾶς δὲ προφήτης ἀληθινός, θέλων καθῆσθαι πρὸς ὑμᾶς, ἄξιός ἐστι τῆς τροφῆς αὐτοῦ. (2) ὡσαύτως διδάσκαλος ἀληθινός ἐστιν ἄξιος καὶ αὐτὸς ὥσπερ ὁ ἐργάτης τῆς τροφῆς αὐτοῦ.

b) Durchführungsbestimmungen

D   (13,3) Πᾶσαν οὖν ἀπαρχὴν γεννημάτων[41] ληνοῦ καὶ ἅλωνος, βοῶν τε καὶ προβάτων λαβὼν δώσεις τὴν ἀπαρχὴν τοῖς προφήταις· αὐτοὶ γάρ εἰσιν οἱ ἀρχιερεῖς ὑμῶν[42]. (5) ἐὰν σιτίαν[43]

---

[41] γενηµάτων H.
γεννηµάτων emend. Bryennios.
[42] ἐὰν δὲ μὴ ἔχητε προφήτην, δότε τοῖς πτωχοῖς add. H (= V. 4). Eth. Vgl. Const. 7,29,2.
Vermutlich spätere Glosse: Audet; Niederwimmer, "Textprobleme", S. 121. [In diesem Band: S. 134.]
[43] σιτίαν H.
ἄρτοι θερμοί (ἄρτων θερμῶν) Const.
"Brot" Eth.
σιτία (sic!)? Erwogen in: Niederwimmer, Didache, S. 233 Anm. 17.

ποιῇς, τὴν ἀπαρχὴν λαβὼν δὸς κατὰ τὴν ἐντολήν. (6) ὡσαύτως κεράμιον οἴνου ἢ ἐλαίου ἀνοίξας, τὴν ἀπαρχὴν λαβὼν δὸς τοῖς προφήταις· (7) ἀργυρίου δὲ καὶ ἱματισμοῦ καὶ παντὸς κτήματος λαβὼν τὴν ἀπαρχὴν ὡς ἄν σοι δόξῃ, δὸς κατὰ τὴν ἐντολήν.

5. Über Beichte und Versöhnung

D   (14,1) *Κατὰ κυριακὴν δὲ κυρίου συναχθέντες κλάσατε ἄρτον καὶ εὐχαριστήσατε, προεξομολογησάμενοι[44] τὰ παραπτώματα ὑμῶν, ὅπως καθαρὰ ἡ θυσία ὑμῶν[45] ᾖ. (2) πᾶς δὲ ἔχων τὴν ἀμφιβολίαν μετὰ τοῦ ἑταίρου αὐτοῦ μὴ συνελθέτω ὑμῖν, ἕως οὗ διαλλαγῶσιν, ἵνα μὴ κοινωθῇ ἡ θυσία ὑμῶν. (3) αὕτη γάρ ἐστιν ἡ ῥηθεῖσα ὑπὸ κυρίου·*

AT   Ἐν παντὶ τόπῳ καὶ χρόνῳ προσφέρειν μοι θυσίαν καθαράν· ὅτι βασιλεὺς μέγας εἰμί, λέγει κύριος, καὶ τὸ ὄνομά μου θαυμαστὸν ἐν τοῖς ἔθνεσι[46].

6. Über die Wahl von Bischöfen und Diakonen

D   (15,1) *Χειροτονήσατε οὖν ἑαυτοῖς ἐπισκόπους καὶ διακόνους ἀξίους τοῦ κυρίου, ἄνδρας πραεῖς καὶ ἀφιλαργύρους καὶ ἀληθεῖς καὶ δεδοκιμασμένους· ὑμῖν γὰρ λειτουργοῦσι καὶ αὐτοὶ τὴν λειτουργίαν τῶν προφητῶν καὶ διδασκάλων. (2) μὴ οὖν ὑπερίδητε αὐτούς· αὐτοὶ γάρ εἰσιν οἱ τετιμημένοι ὑμῶν μετὰ τῶν προφητῶν καὶ διδασκάλων.*

7. Über die Kirchenzucht

D   (15,3) *Ἐλέγχετε δὲ ἀλλήλους μὴ ἐν ὀργῇ, ἀλλ' ἐν εἰρήνῃ ὡς ἔχετε ἐν τῷ εὐαγγελίῳ· καὶ παντὶ ἀστοχοῦντι κατὰ τοῦ ἑτέρου μηδεὶς λαλείτω μηδὲ παρ' ὑμῶν ἀκουέτω, ἕως οὗ μετανοήσῃ. (4)*

---

[44] προσεξομολογησάμενοι H. Bryennios, (Harnack), Rordorf-Tuilier, Wengst.
προεξομολογησάμενοι *emend.* (Harnack), Bihlmeyer, Audet.
[45] ἡμῶν H.
ὑμῶν *emend.* Bryennios.
[46] Mal. 1,11b.14b LXX.

τὰς δὲ εὐχὰς ὑμῶν καὶ τὰς ἐλεημοσύνας καὶ πάσας τὰς πράξεις οὕτω ποιήσατε, ὡς ἔχετε ἐν τῷ εὐαγγελίῳ τοῦ κυρίου ἡμῶν.

IV

Eschatologischer Abschluß

1. Eschatologische Paränese

D? (16,1) Γρηγορεῖτε ὑπὲρ τῆς ζωῆς ὑμῶν[47].
SYN οἱ λύχνοι ὑμῶν μὴ σβεσθήτωσαν,
καὶ αἱ ὀσφύες ὑμῶν μὴ ἐκλυέσθωσαν,
ἀλλὰ γίνεσθε ἕτοιμοι· οὐ γὰρ οἴδατε τὴν ὥραν, ἐν ᾗ ὁ κύριος ἡμῶν ἔρχεται.
(D unde?) (2) πυκνῶς δὲ συναχθήσεσθε ζητοῦντες τὰ ἀνήκοντα ταῖς ψυχαῖς ὑμῶν· οὐ γὰρ ὠφελήσει ὑμᾶς ὁ πᾶς χρόνος τῆς πίστεως ὑμῶν, ἐὰν μὴ ἐν τῷ ἐσχάτῳ καιρῷ τελειωθῆτε.

2. Die Apokalypse

a) Das Auftreten von Pseudopropheten und der Zerfall der christlichen Gemeinschaft

APC (16,3) Ἐν γὰρ ταῖς ἐσχάταις ἡμέραις πληθυνθήσονται οἱ ψευδοπροφῆται καὶ οἱ φθορεῖς, καὶ στραφήσονται τὰ πρόβατα εἰς λύκους, καὶ ἡ ἀγάπη στραφήσεται εἰς μῖσος· (4a) αὐξανούσης γὰρ τῆς ἀνομίας μισήσουσιν ἀλλήλους καὶ διώξουσι καὶ παραδώσουσι·

b) Das Auftreten des Antichrists

APC (16,4b) καὶ τότε φανήσεται ὁ κοσμοπλανὴς[48] ὡς υἱὸς θεοῦ καὶ ποιήσει σημεῖα καὶ τέρατα, καὶ ἡ γῆ παραδοθήσεται εἰς χεῖρας αὐτοῦ, καὶ ποιήσει ἀθέμιτα, ἃ οὐδέποτε γέγονεν ἐξ αἰῶνος.

---

[47] ἡμῶν H.
ὑμῶν emend. Bryennios.
[48] κοσμοπλανής H (Hapax). Bihlmeyer, Audet, Rordorf-Tuilier.

c) Der große Abfall und die Bewahrung der Getreuen

APC   (16,5) τότε ἥξει ἡ κτίσις τῶν ἀνθρώπων εἰς τὴν πύρωσιν τῆς δοκιμασίας, καὶ σκανδαλισθήσονται πολλοὶ καὶ ἀπολοῦνται, οἱ δὲ ὑπομείναντες ἐν τῇ πίστει αὐτῶν σωθήσονται ὑπ' αὐτοῦ τοῦ καταθέματος.

d) Die Offenbarung der drei Zeichen der Wahrheit

APC   (16,6) καὶ τότε φανήσεται τὰ σημεῖα τῆς ἀληθείας· πρῶτον σημεῖον ἐκπετάσεως ἐν οὐρανῷ, εἶτα σημεῖον φωνῆς σάλπιγγος, καὶ τὸ τρίτον ἀνάστασις νεκρῶν.
(D) AT   (7) *οὐ πάντων δέ, ἀλλ' ὡς ἐρρέθη·* "Ηξει ὁ κύριος καὶ πάντες οἱ ἅγιοι μετ' αὐτοῦ[49].

e) Die Ankunft des Kyrios

APC   (16,8) τότε ὄψεται ὁ κόσμος τὸν κύριον ἐρχόμενον ἐπάνω τῶν νεφελῶν τοῦ οὐρανοῦ...[50].

κοσμοπλάνος Const. *emend.* Bryennios, Harnack, Wengst. Vgl. Const. 7,32,4: κατακρῖναι τὸν κοσμοπλάνον διάβολον.
[49] Sach. 14,5 LXX.
[50] An dieser Stelle bricht H ab. Der Abschluß des Buches ist verloren.

Zenas, der Jurist (Tit. 3,13)

Mein verehrter, langjähriger Kollege *Albert Stein*, als Theologe und Jurist gleich ausgezeichnet, möge den folgenden Aufsatz über einen seiner "Vorgänger" (sit venia verbo) freundlich aufnehmen. Ich denke an jenen "Zenas, den Juristen", der am Ende des neutestamentlichen Titusbriefes, in 3,13, in einer von uns so genannten Personalnotiz, zusammen mit Apollos erscheint und der, wie ich meine, unsere nähere Aufmerksamkeit verdient. Wir werden uns im folgenden zunächst über die Wendung Ζηνᾶς, ὁ νομικός zu verständigen haben und nehmen dann zur näheren Deutung der Personalnotiz 3,13f. Interpretationen bzw. Anregungen auf, die sich bei V. Hasler und H. Merkel finden[1]; ein kurzer Blick auf die spätere Zenas-Legende soll die Ausführungen abrunden.

I

Der Titusbrief schließt in 3,12-14 mit einigen persönlichen Aufträgen, denen dann in V. 15 der Schlußwunsch folgt. Der Sache nach haben wir schwerlich etwas anderes vor uns als eine Nachbildung paulinischer Epistolographie aus späterer Zeit[2], wobei die Interpretation zu erkennen hat, welche spezifischen

---

[1] S.u. Anm. 47. Unten auch einiges zur Differenz gegenüber den Aufstellungen bei Hasler und Merkel.

[2] Die Frage der Paulinizität (einschließlich der sog. Sekretärshypothese) bzw. der Deuteropaulinizität ist hier natürlich nicht zu erörtern. - Was speziell unser Textstück betrifft, so ist es, wie bekannt, gelegentlich zu den Fragmenten echter Paulusbriefe gezählt worden, die sich in den Pastoralbriefen verbergen sollen. Es ist hier auch nicht der Ort, in extenso auf die Fragmentenhypothese einzugehen. Ich nenne als Vertreter e.g. A. v. Harnack, Geschichte der altchristlichen Litteratur bis Eusebius, II/1. Die Chronologie der altchristlichen Litteratur bis Eusebius, 1897, 480ff.; näherhin: 484f.; P.N. Harrison, The Problem of the Pastoral Epistles, 1921; ders., The Authorship of the Pastoral Epistles, ET 67, 1955/56, 77ff.; ders., The Pastoral Epistles and Duncan's Ephesian Theory, NTS 2, 1955/56, 250ff.; (die Arbeit von Harrison: Paulines and Pastorals, 1964, war mir leider nicht zugänglich); E.F. Scott, The Pastoral Epistles, MNTC, o.Z., 180 (für Tit. 3,12ff.); W. Schmithals, Art. Pastoralbriefe, RGG[3], V, 146f. Weitere Literatur bei C. Spicq, Les Épitres Pastorales, I, 1969, 200, Anm. 1 und 2; W.G. Kümmel, Einleitung in das Neue Testament, 1983[21], 327.339f.; J. Roloff, Der erste Brief an Timotheus, EKK XV, 1988, 32. Über die Schwierigkeiten dieser Hypothese vgl. nur die Ausführungen bei J.N.D. Kelly, A Commentary on the Pastoral Epistles, BNTC, 1963, 28ff.; N. Brox, Die Pastoralbriefe, RNT VII, 2, 1969[4], 56; ders., Zu den persönlichen Notizen der Pastoralbriefe, BZ NF 13, 1969, 76 ff.; und Kümmel und Roloff, a.a.O.

Anliegen hinter der fiktiven Personalnotiz stehen[3]. Ob nicht gleichwohl gewisse historische Reminiszenzen vorliegen, werden wir uns hernach zu fragen haben. Die vom Verfasser der Pastoralbriefe insinuierte Situation ist, wie es scheint, folgende: Der Apostel hat die Absicht, den kommenden Winter in Nikopolis zuzubringen, und damit wird wohl trotz angemeldeter Bedenken die gleichnamige Stadt in Epirus gemeint sein[4], die Oktavian im Jahre 30 zur Erinnerung an seinen Sieg bei Actium gegründet hatte (Sueton, Div. Aug. 18,2: Ihm, 56)[5]. Paulus will offenbar im Frühjahr von Nikopolis aus zu weiterer Mission aufbrechen. Zudem hat er vor, Artemas oder Tychikus zu Titus nach Kreta zu senden, die Entscheidung, welchen von beiden er senden soll, ist offenbar noch nicht getroffen[6]. Daraufhin soll Titus so schnell wie möglich zu Paulus nach Nikopolis eilen (V. 12)[7]. Der Leser versteht, daß alle diese Reisen im Zusammenhang mit der missionarischen Tätigkeit des Apostels stehen. Titus ebenso wie Artemas und Tychikus erscheinen als Gehilfen der paulinischen Mission.

---

[3] Dazu grundsätzlich: Brox, Zu den pers. Notizen, passim. Für 2. Tim. 4,13 exemplarisch: P. Trummer, "Mantel und Schriften" (2. Tim. 4,13). Zur Interpretation einer persönlichen Notiz in den Pastoralbriefen, BZ NF 18, 1974, 193ff.

[4] Die Antiochener und ihre Schüler dachten an ein Nikopolis in Thrazien: Chrys. in ep. ad Tit. hom. 6,1 (PG 62, 696); ihm folgt Theodoret, in ep. ad. Tit. z.St. (PG 82, 869 B), beiden Oecum. in ep. ad Tit. 6 (PG 119, 261 A). In diese Tradition wird vermutlich auch die häufig in den Subscriptionen auftretende Notiz gehören, die an ein Nikopolis in Mazedonien denkt, vgl. H. v. Soden, Die Schriften des Neuen Testaments I/1, 1902, 300. Der erste, der das wahrscheinlich Richtige erkannt hat, war, wenn ich recht sehe, Hier. comm. in ep. ad Tit. z.St. (PL 26, 634 B), vgl. auch prol. (590 B). Ihm folgte die lateinische Exegese des Westens; ich nenne aus späterer Zeit nur: Estius, In omn. D.P. Epist. Comm. II, 1859, 856; H. Grotius, Annot. II, 1646, 777; Corn. a Lapid., Comm. in omn. S.P. epist. III, 1934, 227 (vero melius); J. Tirinus, Comm. in S. Script. II, 1688, 1192 u.s.f. So urteilen mit größerer oder geringerer Gewißheit auch die meisten Kommentare unseres Jahrhunderts, e.g.: G. Wohlenberg, Die Pastoralbriefe, KNT XIII, 1923[3], 265; A. Schlatter, Die Kirche der Griechen im Urteil des Paulus, 1936, 209; Kelly, Past. 257; Scott, Past. 181; W. Lock, The Pastoral Epistles, ICC, 1952, 158; M. Dibelius - H. Conzelmann, Die Pastoralbriefe, HNT 13, 1966[4], 115; Spicq, Past. II, 690; C.K Barrett, The Pastoral Epistles, NCB, 1963, 147; T. Holtz, Die Pastoralbriefe, ThHK XIII, 1986[4], 4; J. Jeremias, Die Briefe an Timotheus und Titus, NTD 9, 1975, 77; V. Hasler, Die Briefe an Timotheus und Titus (Pastoralbriefe), ZBK.NT 12, 1978, 99f.; G.D. Fee, 1 and 2 Timothy, Titus, NIBC, 1988, 214; vgl. aber die Skepsis bei H. Merkel, Die Pastoralbriefe, NTD 9/1, 1991, 106. - Über Nikopolis in Epirus: DB (V) IV, 1619f. (Beurlier); Pauly-W. XVII/1, 511ff. (F. Schober); Spicq, Past. II, 690. Epiktet hat in Nikopolis gewirkt: Aul. Gell. Noct. Attic. XV, 11,5 (Hosius, III, 139). Die Erwähnung von Nikopolis in Tit. 3,12 könnte in irgendeinem Zusammenhang mit Röm. 15,19 stehen (Dibelius - Conzelmann, Past. 115). Hasler vermutet, daß der Verfasser der Pastoralbriefe Nikopolis wegen des Aufenthaltes Epiktets in der Stadt gewählt habe (Past. 100).

[5] Über die Gründung der Stadt durch Synoikismos: Pauly-W. XVII/1, 516 (F. Schober).

[6] Kelly, Past. 257.

[7] Das Motiv (vgl. 2. Tim. 1,4; 4,9 und 21) ist typisch und gehört zu den "Kunstgriffen des Verfassers" (Brox, Zu den pers. Notizen, 87). 1. Tim. 3,14 ist "die Umkehrung" dazu (Brox, ebd.).

Dann aber wendet sich der Briefschreiber einer anderen Causa zu. Auch sie wird im Zusammenhang mit der Mission stehen, aber nicht notwendigerweise im Zusammenhang mit der vorausgesetzten spezifischen missionarischen Tätigkeit des Paulus. Was der Verfasser in V. 13 bietet, ist doch wohl so etwas wie ein Empfehlungsschreiben[8]. Er nennt einen gewissen Zenas und nach ihm Apollos (man denkt natürlich an den Apollos von Apg. 18,24; 19,1 und 1. Kor. 1,12; 3,4ff.22; 4,6; 16,12), und gibt dem Briefempfänger Titus den Auftrag, die beiden für ihre weitere Reise bereitwilligst auszurüsten, gemeint ist, mit dem zu versehen, was man für die Reise braucht: Geld, Lebensmittel, eventuell Reittiere, vielleicht Begleiter, u.a.m[9]. Es soll ihnen jedenfalls an nichts fehlen. Der Text legt die Vorstellung nahe, daß die beiden auf dem Weg nach Kreta sind, um dort mit Titus zusammenzutreffen und ihm bei der Gelegenheit auch den Brief auszuhändigen, den wir jetzt lesen[10]. Bei Titus werden sie einige Zeit bleiben und dann zu weiteren Reisen aufbrechen, wohin, ist noch nicht gesagt[11], selbstverständlich aber ist an missionarische Tätigkeit zu denken (V. 13).

Mit Apollos ist vermutlich der uns bekannte, prominente Missionar der Frühzeit gemeint. Zenas erscheint im Neuen Testament nur hier. Die Beifügung ὁ νομικός soll ihn offenbar näherhin qualifizieren, entweder, um ihn von einem anderen Träger gleichen Namens zu unterscheiden[12], oder aber (und das ist wahrscheinlicher), weil sein Beruf als "Jurist" für ihn besonders kennzeichnend war. Man denkt unwillkürlich an parallele Bezeichnungen wie "Alexander, der Schmied" (2. Tim. 4,14) oder "Lukas, der Arzt" (Kol. 4,14)[13]. Halten wir hier einen Augenblick inne zu zwei kleinen Exkursen über die Wendung "Zenas, der Jurist".

---

[8]   Es liegt nahe anzunehmen, daß Zenas und Apollos als Überbringer des Titusbriefes gedacht sind: *euidens est autem quoniam et per hos scripsit* (Theod. Mopsv. in ep. ad Tit. z.St.: Swete, II, 256); T. Zahn, Einleitung in das Neue Testament, I, 1906[3], 435; B. Weiß, Die Briefe Pauli an Timotheus und Titus, KEK XI, 1902[7], 15; F.X. Pölzl, Die Mitarbeiter des Weltapostels Paulus, 1911, 348; Wohlenberg, Past. 266 (wahrscheinlich); Dibelius - Conzelmann, Past. 115; Spicq, Past. I, 139; II, 691 (wahrscheinlich); Jeremias, Past. 77; Holtz, Past. 237; Fee, Past. 214f. (wahrscheinlich).

[9]   Zu προπέμπειν vgl. Bauer / Aland, Wbch. s.v.; Spicq, Past. II, 692; *cum sumptu sufficienti, ita ut nulla parte indigeant* (Theod. Mopsv. in ep. ad Tit. z.St.: Swete, II, 256). Oecum. in ep. ad Tit. 6 (PG 119, 261 A) denkt an Nahrung und Kleidung. Hier. comm in ep. ad Tit. z.St. (PL 26, 634 C): *habere ea quae ad viaticum necessaria.*

[10] Daß sie zuvor schon bei Titus auf Kreta waren, vermutete Bengel, Gnomon, 1860, 556. Anders Hasler, Past. 99: Zenas und Apollos sind in der Umgebung des Titus auf Kreta zu denken.

[11] Daß an Alexandrien, die Heimat des Apollos gedacht ist, vermutete Pölzl, 349. Als Frage: Wohlenberg, Past. 266.

[12] Erwogen von Wohlenberg, Past. 266, und Scott, Past. 181; vgl. Kelly, Past. 258; Spicq, Past. II, 691 (wahrscheinlich).

[13] Vgl. noch Röm. 16,23 (Erastos).

Zum Namen Zenas (kontrahiert aus Ζηνόδωρος)[14] vergleiche man die papyrologischen und inschriftlichen Belege bei F. Preisigke, Namenbuch, 1967, 117, s.v. und die Belege bei D. Foraboschi, Onomasticon Alterum Pap., II/2, 1967, s.v.[15]. Die reichen Belege stammen aus dem 1. Jahrhundert ante bis zum 3. Jahrhundert post. Weiteres bei Pauly-W. IX, A2, 2500 (A. Lippold). Nimmt man die literarischen, die inschriftlichen und die nichtliterarischen Belege zusammen, so ist die weite Verbreitung des Namens gut belegt.

Der Zenas von Tit. 3,13 hat die Berufsbezeichnung ὁ νομικός. Die lateinischen Handschriften geben das durchwegs mit *legis peritus* wieder[16]. Die alte Gräzität hat ursprünglich nur das Adjektivum, das Substantivum ὁ νομικός tritt erst später auf[17], aber bereits in der Zeit vor der römischen Herrschaft im Osten[18]. Kunkel hat darauf hingewiesen, daß der Begriff bei den Stoikern "geradezu als technischer Ausdruck" verwendet wurde[19]: νομικὸν δὲ τὸν ἐξηγητικὸν τοῦ νόμου (SVF III, 158; fr. 613 = Stob. eclog. II, 7: Wachsmuth, 96). "Νομικός war also schon dem vorrömischen Hellenismus ein geläufiger Begriff, und man wird deshalb nicht ohne weiteres annehmen dürfen, daß alle νομικοί der kaiserzeitlichen Inschriften römische *iuris periti* waren"[20]. Überblickt man die Belege[21], so ist man geneigt, im nomikos einen "Juristen" im weitesten Sinn zu sehen, ohne daß sich daraus allein schon ergäbe, ob es sich um einen römischen *iuris peritus* oder einen einheimischen Juristen handelt und ohne daß sich daraus allein schon eine nähere Bestimmung der jeweiligen Funktion ablesen ließe; das ergibt sich vielmehr nur aus dem Kontext.

Mit dem Terminus nomikos verbinden sich bei näherem Zusehen sehr verschiedene Funktionen. Ein nomikos kann als Gerichtsbeisitzer fungieren, als

---

[14] E. Mayser, Grammatik der griechischen Papyri aus der Ptolemäerzeit, I/2, 1938², 7.
[15] Ich füge hinzu: P. Vind G. 40696, 77 (CPR 13, 1987, ed. Harrauer); im übrigen: Pauly-W. X A, 15ff. (C. Colpe / W.H. Gross / K. Ziegler / A. Lippold).
[16] Gelegentlich auch *legis doctor*, siehe: Vet. Lat. z.St. *Legis doctor* hat mehrfach auch Hier. comm. in Tit. PL 26, 634 B-C. Vgl. noch H.J. Mason, Greek Terms for Roman Institutions. A Lexicon and Analysis, ASP 13, 1974, 69.
[17] Gerade der Titusbrief ist ein schöner Beleg für die gleichzeitige Verwendung des Wortes als Adjektiv (3,9) und Substantiv (3,13).
[18] W. Kunkel, Herkunft und soziale Stellung der römischen Juristen, 1967², 354 (für den Hinweis auf Kunkel bin ich meinem Kollegen P. Pieler zu Dank verpflichtet).
[19] Kunkel, Herkunft, 354.
[20] Kunkel, Herkunft, 355.
[21] Literarische Belege: 4. Makk. 5,4; Epict. diss. II, 13,6-9 (Schenkl, 157f.); Strabon, Geogr. XII, 2,9 (Jones, V, 366); Plut. Sulla 36,3 (Perrin, IV 440); Cic. 26,6 (VII, 148); Artem. Oneir. IV, 33 (Pack, 266); 80 (297); Galen, Libr. ord. 5 (Script. Minora, II, Müller, 89); Joh. Mosch. prat. 193 (PG 87ter, 3073 A). Papyrologisches bei Preisigke, Wbch. III, 135 s.v.; Moulton-Milligan, 428f. s.v. Vgl. noch e.g. R. Taubenschlag, Opera Minora, I, 1959, 200f.; und speziell ders., The Legal Profession in Graeco-Roman Egypt, in: Opera Minora, II, 1959, 159ff. Inschriftliches hat Spicq, Past. II, 691 gesammelt; L. Robert, Hellenica, I, 1940, 62; II, 1946, 148. Vgl. auch die Belege bei Kunkel, Herkunft, 267ff. Vgl. im übrigen noch ThWNT IV, 1080f. (Gutbrod).

einer, der eine Testamentsabschrift beglaubigt, als Notar, als Rechtsberater - u.s.f., immer aber als Experte des geltenden Rechts[22]. Für das griechisch-römische Ägypten der Kaiserzeit hat Taubenschlag die Bedeutung von nomikos untersucht[23] und dabei auch die Verschiedenartigkeit der Funktionen herausgestellt. Kunkel hat sein Material geographisch und zeitlich geordnet und daraufhin untersucht, wieweit spezifisch römische Jurisprudenz bei den nomikoi der östlichen Provinzen vorhanden war. Die Belege für das römische Ägypten sind dabei besonders reichlich. Es "ergibt sich für einen großen Teil der Fälle, daß es sich um Urkundenschreiber handelt"[24]. "Im zweiten und dritten Jahrhundert hebt sich ... eine zweite Gruppe ab, die sich gleich den bescheidensten Vertretern der hauptstädtischen Rechtswissenschaft ... mit der Abfassung von Testamenten und anderen Dokumenten des römischen Rechts für römische Bürger befaßte"[25]. Die nomikoi der papyrologischen Überlieferung sind zumeist "Berater der römischen Richter und ... Gutachter... Bei näherem Zusehen bemerkt man aber, daß sich diese νομικοί fast alle nur mit Gegenständen des einheimischen Rechts befaßten"[26]. Auch in Kleinasien waren die nomikoi nach der Vermutung von Kunkel z.T. "Kenner nicht des römischen, sondern des einheimischen Rechts"[27], obwohl römische *iuris periti* nicht gefehlt haben. Erst ab 150 n. Chr. "scheint die Zahl derer, die etwas vom römischen Recht verstanden, auch in der griechischen Reichshälfte gewachsen zu sein"[28].

Die Namensnennung mit (vorangestellter oder) nachgestellter Berufsbezeichnung (ὁ) νομικός, wie wir sie in Tit. 3,13 finden, ist überaus häufig bezeugt. Belege dafür bei Preisigke, Wbch. III, 135; Moulton-Milligan, 428f. und in der Liste bei Kunkel, Herkunft 267ff. Ich wähle einige Beispiele aus

---

[22] Z.B. die Funktion des Gerichtsbeisitzers: CPR I, 18,5.24 (Gr. Texte, ed. Wessely, I, 1895); die Funktion eines Juristen, der eine Testamentsabschrift beglaubigt: BGU I, 326, II, 22; die Funktion eines Notars: BGU I, 361, III, 2; die Funktion des Rechtsberaters: Epict. diss. II, 13,6-9 - u.s.f. Der nomikos bei Joh. Mosch. prat. 193 ist dagegen schlicht der Schatzmeister der Ortskirche.

[23] Taubenschlag, The Legal Profession, 161ff. Für die verschiedenen Funktionen der nomikoi: 162ff. Über die Veränderungen in byzantinischer Zeit: 164.

[24] Kunkel, Herkunft, 355.

[25] Kunkel, Herkunft, 356.

[26] Kunkel, Herkunft, 357. "Wir vermögen uns gut vorzustellen, daß die des Landrechts mehr oder weniger unkundigen römischen Beamten und Richter in schwierigen Fällen Berater aus dem Kreis der provinzialen Oberschicht herangezogen oder sich die für die Entscheidung maßgebenden Grundsätze des Landrechts von den Parteien durch Gutachten rechtskundiger Provinzialen nachweisen ließen" (ebd.). Eine Ausnahme: 358. Vgl. noch das Gesamturteil: 358f.

[27] Kunkel, Herkunft, 359. Zu Syrien vgl. 363f. Vgl. zum Ganzen das vorsichtige Gesamturteil (364): "Mehr aus allgemeinen Erwägungen als aus den Einzelzeugnissen, die wir besitzen, ergibt sich, daß wir römisch gebildete Juristen am ehesten in den reichen Provinzen Kleinasiens und im syrischen Küstengebiet suchen dürfen. Ihre Zahl wird noch in der ersten Hälfte des zweiten Jahrhunderts sehr gering gewesen sein."

[28] Kunkel, Herkunft, 365.

dem 2. bzw. 3. Jahrhundert: Κλαύδιος ʼΑρτεμιδώρου νομικός (CPR I,
18,5; vgl. 24); Γάιος Λούκκιος Γεμινιανὸς νομικὸς ʽΡωμαικός (BGU I,
326, II, 22); Σερῆνος ὁ νομεικός (BGU I, 276, 9f.)[29]. Ich füge hinzu:
Ζώβιος Διοσκουρίδου νομικός (Inschr. v. Magn. 191, 3f.)[30], Plut.
Sulla 36,3 (Perrin, IV, 440): Μούκιος ὁ νομικός und Artem. Oneir. IV, 80 (Pack,
297): Παῦλος ὁ νομικός. Diese Beispiele mögen genügen[31].

Ein jüdischer Schriftgelehrter, und zwar der greise Eleazar, der als Märtyrer endet, wird in 4. Makk. 5,4 nomikos genannt. Charakteristischerweise
wird er in 2. Makk. 6,18 zu den γραμματεῖς gerechnet[32]. Damit sind wir bei
der Verwendung unseres Wortes im Sinne eines Lehrers des *jüdischen* Gesetzes. In diesem Sinn taucht der Begriff auch in unseren Evangelien auf[33], genauerhin: bei Mt. und Lk., allerdings nur einmal (und nicht sicher)[34] bei Mt.
(in 22,35, wo er das markinische "einer der Schriftgelehrten" ersetzt), dagegen
häufig bei Lk. Nomikos ist Vorzugswort des dritten Evangeliums. Das Wort
erscheint in 11,46 und 52 in einer Perikope aus der Logienquelle, in 14,3 im
lukanischen Sondergut, in 7,30 und 11,45 (lukanische Redaktion) und in
10,25 (wo Lk. die markinische Vorlage durch die Verwendung unseres Begriffes abändert)[35]. Es liegt nahe zu vermuten, daß sämtliche Belege für nomikos (einschließlich der Belege, die sonst einen Q-Text bringen) auf lukanische
Redaktion zurückgehen[36]. Lk. hat jedenfalls "eine gewisse Vorliebe für dieses
Wort"[37].

Angesichts der erörterten Wortgeschichte ist es zweifelhaft, ob unser Zenas
ein heidnischer oder ein jüdischer Rechtsgelehrter gewesen ist. Grosso modo
läßt sich sagen: die ältere Exegese neigte dazu, den nomikos als jüdischen

---

[29]   Vgl. noch BGU II, 388, I, 26 und III, 8 bzw. II, 29f.: Pap. gr. e lat. V, 450, II, 37. 45f.;
       P. Oxy. III, 533, 6. Weiteres Material, wie gesagt, in den genannten Listen.
[30]   Andere Exemplare dieser Art: MAMA III, 136. 348C. 544B. 647C; Robert, Hellenica, I,
       62; II, 148.
[31]   Zu νομικάριος vgl. die Angaben bei Preisigke, Wbch. III, 135 und P. Vind. G. 25913,
       11 (P. Rainer Cent., ed. Sijpenstein, 448), aus s. IV.
[32]   Jos. Bell. II, 628 erscheint ein Joesdros, Sohn des Nomikos, wobei Nomikos an dieser
       Stelle vielleicht ein Eigenname ist (?).
[33]   Kunkel, Herkunft, 354, hat darauf hingewiesen, daß beim ntl. Gebrauch von nomikos
       kein Einfluß römischen Rechts vorliegt.
[34]   Nomikos fehlt in fam[1] e sy[s] und könnte aus Lk. 10,25 eingedrungen sein.
[35]   Vgl. noch Lk. 11,53 D.
[36]   In 11,46 wird Q das lukanische "nomikos" nicht gebraucht haben. In V. 52 ist m.E. in
       der Vorlage "grammateis" gestanden. Vgl. S. Schulz, Q. Die Spruchquelle der Evange-
       listen, 1972, 107.110. Anders die Rekonstruktion der Redenquelle bei A. Polag, Frag-
       menta Q. Textheft zur Logienquelle, 1982[2], 56. Anders auch J. Jeremias, Die Sprache
       des Lukasevangeliums. Redaktion und Tradition im Nicht-Markusstoff des dritten
       Evangeliums, KEK Sonderb., 1980, 165f. Die Vermutung, daß sämtliche nomikos-
       Stellen auf Lk. zurückgehen, hat seinerzeit auch schon R. Leaney, JThS.NS 2, 1951,
       166f., geäußert.
[37]   Schulz, Q, 110.

Schriftgelehrten zu interpretieren[38], die jüngere (zuerst, wenn ich recht sehe,
H. Grotius) sah und sieht in ihm eher einen Experten des römischen oder eines
einheimisch-hellenistischen[39] Rechts. M.E. ist es in der Tat wahrscheinlicher,
daß wir einen Rechtsgelehrten des römischen oder eines einheimischen Rechts
vor uns haben (wobei ich zu der letzteren Annahme neige)[40]. Denn Zenas ist
jedenfalls Christ, und es wäre doch seltsam, daß ein christlicher Missionar mit
einem Titel versehen wird, der den jüdischen Tora-Lehrer kennzeichnet[41].

Blickt man auf diesen Exkurs zurück, so läßt sich sagen, daß Name und
Beruf unseres Zenas (und sogar die nähere Art seiner Berufsbezeichnung)
leicht in die kulturelle Umwelt einzuzeichnen sind. Man kann vermuten, daß
wir in ihm einen der zahlreichen Rechtsgelehrten eines einheimisch-
hellenistischen Rechts vor uns haben; seine Bezeichnung als nomikos (dem
Namen nachgestellt) entspricht dem gängigen Sprachgebrauch. Wir haben nun
allerdings einen Rechtsgelehrten vor uns, der inzwischen zur christlichen Gemeinde gestoßen ist und seither nicht lediglich als einfaches Mitglied der Gemeinde lebt, sondern als ein - vermutlich in bestimmten Kreisen prominenter -
christlicher Missionar auftritt. Läßt sich (das ist die nächste Frage) über diese
seine missionarische Tätigkeit Näheres sagen?

II

Mit dieser Frage kehren wir nach den kurzen Exkursen wieder zum Text
selbst zurück. Es ist aus dem Zusammenhang offenkundig, daß es sich bei
Zenas und Apollos um wandernde Missionare handelt, die im griechischen
Raum tätig sind, um "wandernde Evangelisten", wie seinerzeit A. Schlatter
geschrieben hat[42], um "prédicateurs itinérants", wie Spicq[43] sagt. Dazu paßt

---

[38]　Chrys. in ep. ad Tit. hom. 6,1 (PG 62, 696); Oecum. in ep. ad Tit. z.St. (PG 119, 261
　　A); Theophylakt, exp. in ep. ad Tit. z.St. (PG 125, 169 B); Ambrosiaster, Ad Titum,
　　z.St. (CSEL 81/3, 334); Calvin, in ep. ad Tit. z.St. (ed. Tholuck, VI/2, 1834, 488: pro-
　　babilius); Corn. a Lapid., Comm. 227; Pölzl, 348; J. Knabenbauer, Comm. in S. Pauli
　　Ap. ep. V, 1913, 372; B. Weiß, Past. 377; Wohlenberg, Past. 266; Lock, Past. 158 (more
　　probable).
[39]　Grotius, Annot. II, 777. Hernach - mit jeweils größerer oder geringerer Wahrscheinlich-
　　keit: H.J. Holtzmann, Die Pastoralbriefe, 1880, 503; Zahn, Einleitung 439; H. v. Soden,
　　Kol. Eph. Philem. Past., HNT III/1, 1893², 221; Scott, Past. 181; Dibelius - Conzel-
　　mann, Past. 114; Barrett, Past. 147f.; Kelly, Past. 258; Spicq, Past. II, 691; Hasler, Past.
　　99; Fee, Past. 215.
[40]　Vgl. Kunkel, Herkunft, 355, Anm. 748: Ob Zenas ein jüdischer oder ein hellenistischer
　　nomikos ist, bleibt für Kunkel offen. Ein römischer Jurist war er schwerlich.
[41]　Ambst. (s.o. Anm. 38) deutet so: Zenas ist jüdischer legis peritus *gewesen*; Thom.
　　Aquin. expos. super ep. ad Tit. 3,2 (D. Pauli Ap. Ep. Comm. III, 1858, 182); Estius,
　　Comm. 856; Corn. a Lapid., Comm. 227; A. Calmet, Comm. lit VIII, 1735, 537; Woh-
　　lenberg, Past. 266. Vgl. aber den Einwand gegen diese Deutung bei Spicq, Past. II, 691.
[42]　A. Schlatter, Kirche der Griechen, 209. So auch Merkel, Past. 107.

auch das paarweise Auftreten, von dem wir wissen, daß es zur Praxis der frühchristlichen Mission gehört hat (vgl. Mk. 6,7; Lk. 10,1; Apg. 3,1ff.; 8,14; 15,27.32.39f.; 19,22; 2. Kor. 12,18; Kol. 4,7-9; vielleicht gehört auch 1. Kor. 9,6 hierher)[44]. Das Institut wandernder Lehrer geht ursprünglich auf die Jünger-Nachfolge z.Zt. des irdischen Jesus zurück, hat sich aber nach Ostern unter veränderten Voraussetzungen in verschiedenen Formen fortgesetzt[45]. Es ist dabei Rechtsanspruch der wandernden Missionare, daß sie von den Gesinnungsgenossen bzw. von den Gemeinden am Ort aufgenommen, verpflegt und für die Weiterreise versorgt werden (Mk. 6,10f.; Mt. 10,10ff.; Lk. 9,4f.; 10,5ff.; 1. Kor. 9,4ff.; 3. Joh. 7f.; Did. 11). Dieser Rechtsanspruch liegt offenbar auch unserem Text (Tit. 3,13f.) zugrunde. Selbstverständlich dürfen wir uns das Phänomen der urchristlichen Wandermission nicht uniform vorstellen. Die erste Mission in Palästina und Syrien, für die z.B. das Geldnehmen untersagt war (Mk. 6,8; Mt. 10,9; Lk. 9,3; 10,4; Did. 11,6), ist von der Mission der Wanderlehrer in den Städten des Mittelmeer-Raums deutlich zu unterscheiden, und auch innerhalb dieser Gruppen wird es Differenzen in der Praxis gegeben haben. Jedenfalls: Titus wird aufgefordert, die beiden Boten zu unterstützen, und die "Unseren" sollen bei der Gelegenheit lernen, indem sie ihnen die notwendigen Dinge zukommen lassen[46], "Frucht" des liebenden Glaubens zu bringen (V. 14).

Soweit ist der Text ohne weiteres verständlich. Wir können aber zum Verständnis des Textes wahrscheinlich noch einen Schritt weitergehen, indem wir eine Anregung aufnehmen, die V. Hasler und H. Merkel geäußert haben[47]. Sie

---

[43]   Spicq, Past. II, 692. "Wanderprediger": Holtz, Past. 237; "Wandermissionare": O. Knoch, 1. und 2. Timotheusbrief, Titusbrief, NEB.NT 14, 1988, 83. Vgl. noch unten Anm. 47.

[44]   J. Jeremias, Paarweise Sendung im Neuen Testament, in: Abba. Studien zur neutestamentlichen Theologie und Zeitgeschichte, 1966, 132ff. Zu Zenas und Apollos: 138. Spicq, Past. II, 691.

[45]   Grundlegend: G. Theißen, Wanderradikalismus. Literatursoziologische Aspekte der Überlieferung von Worten Jesu im Urchristentum, in: ders., Studien zur Soziologie des Urchristentums, 1989³, 79ff.; ders., "Wir haben alles verlassen" (Mc. X, 28). Nachfolge und soziale Entwurzelung in der jüdisch-palästinischen Gesellschaft des 1. Jahrhunderts n. Ch., jetzt in: Studien, 106ff.; ders., Legitimation und Lebensunterhalt: ein Beitrag zur Soziologie urchristlicher Missionare, jetzt in: Studien, 201ff. Die diesbezüglichen Aufstellungen Theißens sind auch dann grundlegend, wenn man nicht alle seine Urteile teilt. Zur Nachfolge vgl. noch: K. Niederwimmer, Nachfolge Jesu nach dem Neuen Testament, Amt u. Gem. 38, 1987, 42ff. [In diesem Band: S. 163ff.]

[46]   Zu der geläufigen Wendung τὰς ἀναγκαίας χρείας vgl. schon Wettstein, Nov. Test. II, 1962 (Nachdruck), 379f.; Dibelius - Conzelmann, Past. 114; Spicq, Past. II, 693.

[47]   Hasler, Past. 100: "Der Vorsteher einer Gemeinde wird so verpflichtet, für die leiblichen Bedürfnisse der Wanderapostel und Gemeindemissionare besorgt zu sein. Die Reiseprediger der christlichen Botschaft sollen sich nicht wie die heidnischen Wanderpriester und kynischen Philosophen ihren Unterhalt auf der Straße zusammenbetteln müssen." Hasler weist dann auf den Konflikt zwischen Diotrephes und den Wanderlehrern im 3. Joh. hin (ebd.). Etwas deutlicher noch Merkel, Past. 107: Man könnte "hinter V. 13-14 ein Problem sehen, das im 3. Johannesbrief deutlicher zutage tritt: den Konflikt zwi-

vermuten als Hintergrund des Textes das Problem der Relation zwischen dem Wandercharismatikertum und den Amtsträgern der Gemeinde am Ort, wobei der Verfasser der Pastoralbriefe eine ganz bestimmte Position einnimmt. Diese Vermutung hat in der Tat einiges für sich. Sie stellt unseren Text in einen größeren historischen Zusammenhang, zu dem auch 3. Joh. 9f. und Did. 11-15 gehören. Hier überall stoßen (in je verschiedener Weise) wandernde Lehrer mit der institutionalisierten Gemeinde am Ort und ihren örtlichen Amtsträgern zusammen und es entsteht die Frage nach dem gemeinsamen modus vivendi der beiden sozial so verschiedenen Größen.

Es sei erlaubt, hier einen Augenblick lang weiter auszuholen. Wir gehen zur Illustration dieser Frage nicht von 3. Joh. 9f. aus, weil die dort vorausgesetzten Verhältnisse bekanntlich schwer durchschaubar sind[48]. Besser steht es mit Did. 11-15, und es empfiehlt sich daher, auf diese Stellen zu rekurrieren.

Wenn meine Aufstellungen zutreffen[49], dann liegen in Did. 11-15 zwei verschiedene literarische Schichten vor, ein altes, vordidachistisches Traditionsstück (11,4-12), das noch in das erste Jahrhundert gehören wird, und die Ausführungen aus der Feder des Didachisten selbst (11,1f.3; cc. 12-15), die aus dem Anfang des 2. Jahrhunderts stammen werden und die wenigstens z.T. gegenüber dem genannten Traditionsstück kommentierenden Charakter tragen. Den beiden Schichten entsprechen zwei zu unterscheidende Phasen in der Geschichte der didachistischen Gemeinden. Die ältere Phase (repräsentiert durch 11,4-12) kennt noch das alte, letztlich auf die Nachfolge Jesu zurückgehende Institut wandernder Apostel und Propheten; für die jüngere Schicht, die der Didachist selbst vertritt (cc. 12-15), haben sich die Verhältnisse bereits geändert. Die Zeit der wandernden Apostel ist vorbei, an die Stelle des Paares Apostel und Propheten ist das Paar Propheten und Lehrer getreten, die wandernden Propheten zeigen z.T. die Absicht, in den Gemeinden seßhaft zu werden, und zugleich haben sich in den Ortsgemeinden eigene Ämter herausgebildet (Episkopen und Diakone), die - anders als die ursprünglich wandernden Charismatiker - von vornherein der einzelnen Ortsgemeinde verhaftet sind. Die Ausführungen 15,1f. sind nun m.E. nur dann sinnvoll zu verstehen, wenn man sie als Versuch des Didachisten wertet, zwischen den beiden auf diese Weise entstandenen Autoritäten (den Propheten und Lehrern einerseits und

---

schen dem alten Institut der Wandermissionare und dem gemeindeleitenden Amt... Der Verf. unseres Briefes will in dieser Konfliktsituation die Gemeindeleiter anweisen, die zum paulinischen Kreis gehörenden Wandermissionare zu unterstützen und sie dadurch ein Stück weit in die Ortsgemeinde integrieren". (Auf einem anderen Blatt steht, daß Merkel die beiden Deutungen, Zenas und Apollos seien die Briefboten, und: die beiden seien wandernde Evangelisten, unnötigerweise als Alternative versteht, ebd.)

[48]   Vgl. nur den Bericht bei H.-J. Klauck, Die Johannesbriefe, EdF 276, 1991, 158ff.

[49]   K. Niederwimmer, Zur Entwicklungsgeschichte des Wanderradikalismus im Traditionsbereich der Didache, WSt.NF 11, 1977, 145ff., [in diesem Band: S. 70ff.]; ders., Die Didache, KAV I, 1993², 209ff.

den Episkopen und Diakonen andererseits) auszugleichen[50]. Dabei sind die
Ermahnungen so abgefaßt, daß deutlich wird, nicht die Autorität der Propheten und Lehrer, sondern die Autorität der "Ortskleriker" (sit venia verbo) ist
offenbar umstritten, und der Didachist ist bemüht, die Autorität der Ortskleriker durch Gleichstellung mit den Propheten und Lehrern zu stützen[51]. Es ist
jetzt nicht unsere Aufgabe, diesen Zusammenhängen näherhin und im einzelnen nachzugehen, sondern lediglich das ist jetzt zu betonen, daß in den genannten Passagen der Didache ein interessantes Zeugnis für die sukzessive
Eingliederung der wandernden Missionare in die Ortsgemeinden bzw. für das
Zusammentreffen der beiden Institutionen (wandernde Charismatiker und seß-
hafte Ortskleriker) vorliegt.

Und eben ein solches Zusammentreffen darf man auch für Tit. 3,13f. annehmen. Natürlich sind sofort die Differenzen zur Didache zu erkennen. Für
den Verfasser der Pastoralbriefe steht die Autorität der örtlichen Amtsträger
fest. Er muß in dem Gegenüber der beiden Institutionen nicht für die örtlichen
Amtsträger, sondern umgekehrt für die wandernden Boten ein gutes Wort
einlegen. Aber darin stimmt doch der Verfasser der Pastoralbriefe mit dem
Didachisten überein, daß beide bemüht sind, etwaige Konflikte zwischen den
beiden Institutionen abzubauen. Wie der Didachist für das Recht der Amtsträger, so tritt der Verfasser der Pastoralbriefe für das Recht der wandernden
Boten ein.

Vielleicht sind zur Zeit der Abfassung der Pastoralbriefe noch Reste der
alten Institution der wandernden Charismatiker am Leben; dann will der Verfasser durch seine an Paulus erinnernde Darstellung die (weitere) Integration
der wandernden Missionare in den Ortskirchen fördern[52]. Die "Unsrigen", die
zur Hilfeleistung aufgerufen werden, könnten unter diesen Umständen speziell
die Christen der paulinischen Gemeinden meinen[53]. Geht man von diesem Ge-
samtverständnis aus, dann wird zunächst einmal die eigentliche Pointe der
Personalnotiz in V. 13f. deutlich[54], man versteht, was der Verfasser der Pastoralbriefe damit eigentlich sagen will[55]; zugleich drängt sich dann freilich die

---

[50] Niederwimmer, Didache, 241ff.
[51] Niederwimmer, Didache, 243.
[52] Vgl. dazu Merkel, Past. 107.
[53] Vgl. die Erwägungen bei Schlatter, Kirche d. Griechen, 210! In der Regel wird freilich
      anders gedeutet: die Unsrigen = die Christen überhaupt (so auch Merkel, Past. 107).
      Merkel schließt daraus, daß es sich bei der Causa des Zenas und des Apollos "um einen
      wiederholbaren Fall" und nicht um eine Briefbestellung handelt. Aber diese Deutung ist
      m.E. auch dann aufrecht zu erhalten, wenn (1.) Zenas und Apollos als gleichzeitige
      Briefboten erscheinen, und wenn (2.) "die Unsrigen" speziell die Glieder der deutero-
      paulinischen Gemeinden sind.
[54] Zu vergleichen ist das, was Brox, Zu den pers. Notizen, 86, allgemein für die Personal-
      notizen der Pastoralbriefe statuiert hat.
[55] Hasler, Past. 99, sieht zusätzlich für die Zenas-Notiz noch eine weitere Tendenz; die
      Nennung des Juristen Zenas sei "eine apologetische Bemerkung..., die das Selbstver-
      ständnis der Kirche gegen den durch die ketzerischen Umtriebe genährten Verdacht

Vermutung auf, daß nicht nur bei der Nennung des Apollos, sondern auch bei der des Zenas alte geschichtliche Erinnerungen von ferne her eine Rolle spielen[56].

Gesetzt, daß diese Vermutungen zutreffen, so hätten wir in Tit. 3,13f. einen weiteren, hochwillkommenen Beleg für das Nebeneinander von wandernden Missionaren und ortsfester Kirche - ein Nebeneinander, das in der frühen Sozial- und Rechtsgeschichte der Kirche zwar keine universelle, aber doch eine bedeutsame Rolle gespielt hat.

III

Soviel zur Interpretation von Tit. 3,13f. Es sei jetzt noch erlaubt, einen kurzen Blick auf die Wirkungsgeschichte, und d.h. in diesem Fall auf die spätere Zenas-Legende zu werfen. Daß ein von der Tradition mit Paulus und Titus verbundener Christ der Frühzeit die fromme Phantasie anregen mußte, liegt auf der Hand.

Es scheint (um damit zu beginnen), daß unser Zenas (unter dem Namen Zenon) in der apokryphen Paulus-Legende auftritt, nämlich als Sohn des aus 2. Tim. 1,16ff. und 4,19 bekannten Onesiphorus: acta Pauli et Theclae 2 (Lipsius, I, 236f.). Das ist jedenfalls eine Vermutung[57], die einiges für sich hat. Der Verfasser der Akten weiß von einem Haus des Onesiphorus aus 2. Tim.[58], und hat unseren Zenas-Zenon, den er aus Tit. 3,13 kannte, zum Sohn des Onesiphorus gemacht[59].

Die weitere Zenas-Legende wurde vorwiegend nach zwei Seiten hin entwickelt: Zenas erscheint (das ist das eine) als einer der 70 bzw. 72 Jünger des Herrn (nach Lk. 10,1.17); und Zenas erscheint (das ist das andere) als Verfasser der apokryphen Titus-Akten. Was das erste betrifft, so ist zunächst auf die

---

staatsfeindlicher Einstellung abgrenzt". Aber kann der Leser aus dem bloßen "nomikos" wirklich solche Tendenzen ablesen? P. Trummer, in: "Mantel und Schriften", 201f., hat unseren Text (3,13f.) als allgemeine Instruktion zur Freigebigkeit, gerichtet an Amtsträger und Gemeinde verstanden. M.E. kann aber die wirkliche Intention noch konkreter gefaßt werden.

[56] Zur Frage der Historizität und Fiktionalität der Personalangaben in Past. vgl. Dibelius - Conzelmann, Past. 96f.; Brox, Zu den pers. Notizen, 82f.86. Auch die Namen der Irrlehrer gehen wahrscheinlich auf historische Reminiszenz zurück: Roloff, 1. Tim., 43.

[57] Zahn, Einl., 438; Dibelius - Conzelmann, Past. 115; Hasler, Past. 99.

[58] Anders: W. Rordorf, Nochmals: Paulusakten und Pastoralbriefe, in: G.F. Hawthorne - O. Betz, Tradition and Interpretation in the New Testament (FS Ellis), 1987, 319ff., der die Abhängigkeit der Paulusakten von Past. leugnet. (Auf seine These von der gegenseitigen Ergänzung der Tradition der Past. und der Paulusakten [vgl. 325] ist hier natürlich nicht einzugehen.)

[59] Onesiphorus geht zusammen mit seinen Kindern Simmias und Zenon (v.l. Zenis) und seiner Frau Paulus entgegen und nimmt ihn in sein Haus auf (vgl. 2. Tim. 1,16ff.!). Das Haus des Onesiphorus spielt im folgenden (pp. 236ff.) eine Rolle.

Jüngerliste der 70 Jünger im chron. pasch. hinzuweisen[60], wo unser Zenas an 53. Stelle genannt wird (PG 92, 524 B)[61]. Ebenso erscheint er in der Jüngerliste bei Ps. Dorotheus, Ps. Epiphanius und Ps. Hippolyt[62], und zwar bei Ps. Epiphanius an 61. Stelle (Schermann, 125, 13f.)[63], bei Ps. Dorotheus an 66. Stelle (142, 15f.)[64] und ebenso bei Ps. Hippolyt (170, 20)[65]. Hier überall erscheint er als Bischof von Diospolis, und damit wird vermutlich Lydda in Palästina gemeint sein[66]. Wie es zu dieser Zuweisung kam, ist nicht erfindlich[67]. Was das andere betrifft, so erscheint Zenas als fingierter Verfasser der apokryphen Titus-Akten. Eine Kurzfassung der Titus-Legende findet sich im Menaion zum 25. Aug.[68]. Hier wird Zenas auch als Verfasser des Bios genannt. Lipsius hat seinerzeit kurz darüber gehandelt[69], F. Halkin hat dann in An. Boll. 79, 1961, 241ff. (näherhin 244ff.) die beiden Rezensionen der als verloren geglaubten Akten aus den Handschriften ediert[70]. Die apokryphe Darstellung ist völlig legendarisch. Sie erzählt von der altadeligen Abkunft des Titus aus dem Geschlecht der Minoer, von seiner Bekehrung, seiner Reise nach Palästina, wo er den Kyrios kennenlernte, von seinem apostolischen Wirken auf Kreta und anderswo, von seinen Bischofseinsetzungen, von seinem Tod. Unser Zenas ist in beiden Versionen in der Einleitung als Verfasser genannt (c.1: Halkin, p. 244 bzw. 252). Wann die Schrift entstanden ist, bedarf noch der Untersuchung. Der wirkliche Verfasser scheint die Paulusakten gekannt zu haben[71]. Natürlich ist die fingierte Autorenschaft unseres Zenas

---

[60] Zum chron. pasch.: Bardenhewer, Geschichte der altkirchlichen Literatur, V, 1962, 122ff.; Pauly-W. III, 2, 2460ff. (Schwartz).

[61] Ζηνᾶς ὁ νομικὸς, ὧντινων εἰς τὴν πρὸς Τίτον᾽ Ἐπιστολὴν Παῦλος (ὁ Π. v.l.) ἐμνημόνευσεν.

[62] Über die ps. dorotheischen Indices und die verwandte Literatur: Bardenhewer, Geschichte der altkirchlichen Literatur, II, 1962, 286. T. Schermann hat seinerzeit versucht, durch das Gewirr der Rezensionen eine Schneise zu schlagen: Propheten- und Apostellegenden nebst Jüngerkatalogen des Dorotheus und verwandter Texte, TU 31/3, 1907. Vgl. seine ed.: Prophetarum vit. fabul. Indices Apost. Discip. Dom., 1907 (die Indices: 107ff.).

[63] Ζηνᾶς ὁ νομικός, οὗ καὶ αὐτοῦ ὁ Παῦλος μέμνηται, ἐπίσκοπος Διοσπόλεως γέγονεν.

[64] Text ähnlich.

[65] Ζηνᾶς ἐπίσκοπος Διοσπόλεως. Zum Ganzen vgl. Or. Chr. III, 1740, 581ff.

[66] Pölzl, 349. Zu Lydda: Pauly-W. XIII, 2, 2120ff. (Hölscher). Das ägyptische Diospolis parva kommt wohl nicht in Frage.

[67] In einer arabischen Version der Indices (vgl. Schermann, TU 31/3, 349) erscheint er als Bischof von Chios (!).

[68] Ed. Venet. 1843, p. 139. Vgl. noch das Menol. des Bas. z. 25. Aug.: PG 117, 604f., wo Zenas freilich nicht genannt wird.

[69] R.A. Lipsius, Die apokryphen Apostelgeschichten und Apostellegenden, II/2, 1884, 401f. Vgl. noch Wohlenberg, Past. 9. Lipsius und Wohlenberg hielten die Titus-Akten noch für verloren. Vgl. auch E. Fascher, in: Pauly-W. VI A 2, 1583ff.

[70] I: Cod. Paris. gr. 548 und Cod. Ottob. 411; II: Cod. Vind. hist. 45 und fragm. Athen. mus. Bénaki 141. Vgl. noch: V. Laurent, Byz. Z. 55, 1962, 152f.

[71] W. Schneemelcher, in: ders., Neutestamentliche Apokryphen, II (Apostolisches, Apokalypsen und Verwandtes), 1989[5], 199f.

völlig von der Notiz in Tit. 3,13 abhängig. Schließlich: In den Act. Sanct. ist
Zenas zum 27. September genannt[72]. Das Mart. Rom. nennt ihn nicht[73].

---

[72] Act. Sanct. Sept. VII, 1760, 390f. Auch unter dem Namen Zeno(n).
[73] Pölzl, 349.

Paulus und die Analogia entis

Das theologische Fundament jeder Religionspsychologie ist die Analogia entis. Wird dieses Fundament vergessen oder verletzt, entsteht die psychologistische Vertauschung der Analogata (die Religionspsychologen werden sagen: die Vertauschung von Symbol und Symbolisiertem - was nicht genau dasselbe ist)[1]. Also wird es erlaubt sein, sich über diese Grundfigur Gedanken zu machen.

Über die Analogia entis zu schreiben, ist für einen Exegeten freilich fast eine Vermessenheit - angesichts der reichen und komplizierten Geschichte des Begriffes. Wenn es hier trotzdem geschieht, so möge beachtet werden, daß es sich bei den folgenden - meinem gelehrten Freund, dem Philosophen und Theologen K.N. Micskey gewidmeten - Zeilen natürlich nicht um einen umfassenden Traktat handelt, sondern lediglich um einige Randbemerkungen. Ich werde also nicht auf die Historie des Begriffs eingehen, nicht auf seine Vorgeschichte in der griechischen Philosophie, nicht auf seine Entfaltung in der Scholastik, nicht auf die differente Auslegung in der Schule des Aquinaten und bei Duns Scotus, nicht auf die Entfaltung zur Proportionalitäts-Analogie bei Cajetanus bzw. zur Attributions-Analogie bei Suárez, und von der neuzeitlichen Philosophie soll - in unerlaubter Verkürzung - nur en passant ein Blick auf Hegels Einwände geworfen werden. Entsprechend ist auch die Darstellung der neueren theologiegeschichtlichen Debatte über diesen Begriff (etwa bei E. Przywara, bei K. Barth - einschließlich der Entwicklungen in der Auseinandersetzung Barths mit der Analogielehre -, bei P. Tillich) nicht Gegenstand der vorliegenden Untersuchung. Und schließlich gehe ich auch nicht auf die schulmäßigen Distinktionen innerhalb des Analogie-Begriffes ein. All das sind Einzelthemen einer ausführlichen Monographie, die hier nicht geboten werden

---

[1] Die Religionspsychologie kann nichts über Gott selbst, über das Wesen Gottes aussagen. Ihr Forschungsgegenstand ist die Geschichte der Gottes-Symbole im menschlichen Bewußtsein. Sie sollte das auch immer klar sagen. Wie verhängnisvoll es werden kann, wenn zwischen Gottessymbol und Gott nicht klar unterschieden wird, zeigt e.g. das Referat von E. Schweizer über mein Jesus-Buch (TRE XVI, 674). Der "Durchbruch eines neuen Gottesbewußtseins" (ebdt.) ist eben keine "Veränderung Gottes" - ein törichter und sinnloser Begriff. Und wenn der Weg Jesu als "Rebellion" gegen die Gesetzesfrömmigkeit erscheint, so sollte doch (trotz aller Problematik dieses Begriffes, den ich heute nicht mehr verwenden würde) deutlich gewesen sein, daß dies nur als Mißverständnis eines Bewußtseinsstandes zu begreifen ist, der die Transzendierung des (paulinisch gesprochen) Gesetzes der Werke (des heiligen, gerechten, guten Gesetzes des einen Gottes!) hin zum vollkommenen, zum eschatologischen Gesetz der Freiheit nicht nachvollziehen kann. Schweizer hat das alles in antinomistischer Weise mißverstanden.

kann. Ich beschränke mich im folgenden lediglich auf *einen* Gesichtspunkt: Lassen sich bestimmte neutestamentliche Motive (näherhin: solche der paulinischen Theologie) von der Analogielehre her im weiteren Sinn verstehen? Wenn ja (und das suche ich in der Tat zu zeigen), dann hätte das Konsequenzen für den hermeneutischen Zirkel zwischen Exegese und spekulativer Theologie. Aber sehen wir zu.

I

Wir haben dabei selbstverständlich mit bekannten Urteilen der Tradition einzusetzen. Innerhalb der Analogielehre erscheint das biblische Gegenüber von Creator und Creatura als das Gegenüber von Sein selbst (absolutem Sein) und Seiendem (endlich-kontingentem Sein). Die biblische Wurzel dieser "Ontotheologie"[2] liegt bekanntlich in der Septuaginta-Übersetzung von Ex. 3,14. Alles Kreatürliche ek-sistiert aus dem Nichts, aus dem heraus Gott es in das Dasein gerufen hat. Als Seiendes partizipiert es am Sein selbst, dem allein es seine Seinsmächtigkeit, seine Wirklichkeit und Möglichkeit verdankt[3]. Während Gott ist *(semper esse)*, gilt vom Geschaffenen, daß es wird *(semper fieri)*, vom Creator gilt das ewige Sein, von der Creatura das zeitliche Werden. Daraus folgt (in der Weise der Tradition geredet): Das Verhältnis des Seienden zum Sein selbst ist nicht das der Univozität (pantheistisches Mißverständnis), aber auch nicht das der reinen Äquivozität (was in der Mythologie zum Dualismus, in der Philosophie zum Agnostizismus führen würde). Vielmehr: Das Verhältnis muß als analoges gefaßt werden, wobei der Begriff der Analogie nicht lediglich als nachträglicher, logischer Mittelbegriff (aus Verlegenheit gebildet) gefaßt werden darf; vielmehr ist die analoge Prädikation primär, weil sie der kreatürlichen Beziehung zwischen Sein und Seiendem entspricht[4]. Seiendes ist, weil es in einer (gleich noch näherhin zu bestimmenden) analogen Beziehung zum Sein selbst steht. So gesehen sind auch die Transzendentalien Analogata: in der Wahrheit, im Guten, in der Schönheit

---

[2] Der vielzitierte Begriff (wie es scheint) zuerst bei Kant, Kritik der reinen Vernunft, A 632, B 660 - bei Kant freilich in einem anderen Sinn.

[3] Der Seinsbegriff darf also nicht lediglich formal gefaßt werden, als Bezeichnung der Quiddität oder Qualität (mit der Konsequenz, daß Sein zu einem inhaltsleeren Begriff wird), sondern Sein muß material gefaßt werden, als das, was die Seinsmächtigkeit des Daseienden begründet. E. Coreth, Dialektik und Analogie des Seins. Zum Seinsproblem bei Hegel und in der Scholastik, Scholastik 26, 1951, 79ff.

[4] K. Rahner, Grundkurs des Glaubens, 1989[5], 80f.; E. Coreth, Grundriß der Metaphysik, 1994, 67. - Ich fasse die Analogia entis also primär im Sinne der *analogia attributionis intrinseca sive propria*. Im übrigen wird man wohl sagen dürfen, daß die *analogia attributionis* die ontologisch primäre ist und die *analogia proportionalitatis* in sich einschließt. Coreth, Grundriß, 69. Die Dependenz (Suárez) ist die Bedingung für die Proportion (Caietanus).

lichtet sich das Seiende in analoger Weise auf das Sein selbst, das selbst seine Wahrheit, sein Gutes, seine Schönheit ist: *sero te amaui, pulchritudo tam antiqua et tam noua, sero te amaui* (Aug. conf. X, 27, 38: CChr. S.L. 27, 175).

Es ist also nicht so, daß Gott und Welt unter einen gemeinsamen Seinsbegriff gebracht werden, sondern so ist es, daß Gott die Fülle des Seins ist und hat (*deus est ipsum esse* - wie die klassische Theologie sagt, oder: Gott ist der "Herr des Seins" in der Weise Schellings geredet), so daß die Beziehung zwischen Gott, dem Sein selbst, und der Kreatur, dem kontingent Seienden, von der Analogie bestimmt ist: *prout scilicet Deus est ens per essentiam, et alia per participationem* (Thom. Aquin. S.th. I, q.4,a.3). Und schließlich folgt daraus, daß die Partizipation des Seienden am Sein selbst bei den verschiedenen Entitäten (wegen der Differenz im Wesen der *essentia finita*) zu verschiedenen Seinsgehalten führt: Die Geschöpfe Gottes sind zueinander analog, sofern sie miteinander in der Partizipation am Sein selbst übereinkommen, sich zugleich aber im Seinsgehalt (in den *perfectiones essendi*) voneinander unterscheiden.

II

Die Voraussetzung des Übergangs von der ontologischen zur logischen oder noetischen Analogie, von der analogen Seinsordnung zur analogen Erkenntnisordnung, bildet die metaphysisch aufzuweisende grundsätzliche Sinnbeziehung des Seins zu sich selbst[5], die im graduellen Selbstbesitz des kontingent Seienden in analoger Weise aufleuchtet[6]. Neutestamentlich kommt (ut videtur) die Beziehung von Seins-grund und Seins-sinn im Johannesprolog zum Ausdruck, sofern dort der ewige Logos sowohl als der Seins-grund des Geschaffenen wie auch als der Seins-sinn erscheint (Joh. 1,1ff.). Die "Seinshabe"[7] des endlichen Seienden (eine analoge, endliche "Seinshabe") konstituiert (aber das ist hier nicht weiter zu entfalten) beim Menschen als *ens rationale* das transzendentale Fundament aller Erkenntnis.

Was in der Seinsordnung die Beziehung des Seins selbst zum Seienden ist, ist in der Erkenntnisordnung die Beziehung der Transzendenz zu ihrer Offenbarung. Die Vermittlung der göttlichen Transzendenz mit der Offenbarung

---

[5]   Das Sein "hat" sich selbst zum "Gegenstand" und ist sich selbst darin Sinn. Es liegt nahe, dieses metaphysische Urteil theologisch-spekulativ zu konkretisieren (wenn auch mit aller Vorsicht): Wenn im Johannesprolog davon die Rede ist, daß der Gott-Logos in Ewigkeit bei Gott ist, so könnte das spekulativ das ewige Beisichselbstsein des absoluten Seins bedeuten, den ewigen Selbstbesitz im Sich-Wissen.

[6]   Die Lehre vom graduellen Aufstieg des Seienden ist Tradition der philosophia perennis, man vgl. nur den berühmten Text bei Thom. c. Gent. IV, 11, interpretiert z.B. bei K. Rahner, Hörer des Wortes, neu bearb. von J.B. Metz, 1963[2], 63ff.

[7]   Der Begriff bei Rahner, a.a.O.

wird grundsätzlich durch den Begriff der analogen Erkenntnis geleistet. Gott kann nicht direkt prädiziert werden *(conceptus proprius)*, sondern nur indirekt, nämlich durch die Prädikation eines Endlichen auf das Unendliche hin *(conceptus analogus)*. Die analoge Erkenntnis ist also Erkenntnis *per speciem alienam*, man erkennt etwas mit Hilfe eines anderen, das den eigentlichen Erkenntnisgegenstand vertritt. Wir übersteigen (wenn wir Gott erkennen) das Endliche auf eine unendliche Intention hin, wir folgen dem Verweis des Endlichen auf Gottes Unendlichkeit hin, von der sich alles Endliche ableitet. Unsere Gotteserkenntnis geschieht mithin *ex effectibus deveniendo in ipsum* (c. Gent. I, 31). Der Creator wird erkannt *ex creaturis*. Die Kreatur weist auf Gott, indem sie über sich selbst hinausweist, so daß Gotteserkenntnis immer nur *per modum excellentiae et remotionis* möglich ist (S.th. I, q.13,a.1)[8]. Man kann auch sagen, wir nähern uns Gott in Analogaten (vgl. die zentrale Stelle: S.th. I, q.13,a.5), und zwar genauerhin mit Hilfe der endlichen Vollkommenheiten der Kreatur, in denen sich analogice Gottes absolute Vollkommenheit repräsentiert (S.th. I, q.13,a.2)[9]. Der Logos der Endlichkeit wird zur Analogie des Unendlichen.

III

Indessen muß das bisher Gesagte sofort näherhin bestimmt werden, um nicht unter dem von der Tradition erreichten Bewußtseinsstand zu bleiben. Es muß a) gesagt werden, daß bei den Gottesprädikationen analoger Art die Unähnlichkeit immer unendlich größer ist als die Ähnlichkeit; es muß b) auf das sich daraus ergebende Problem der *via eminentiae* (wenigstens) hingewiesen werden (die Prädikation darf nicht in die Leere der bloßen Abstraktion münden); und es muß schließlich c) auf jene Kritik und Neubestimmung der Analogie-Konzeption hingewiesen werden, die sich aus Motiven der paulinischen Theologie ergeben. Versuchen wir, uns das zu verdeutlichen.

a) Als analoge Gottesprädikation sind die *Analogata secundaria* in sich dialektisch, sofern im Hinblick auf das *Analogatum summum*, auf das sie sich beziehen, die Unähnlichkeit immer unendlich größer ist als die Ähnlichkeit, die durch die Analogie behauptet wird: *quia inter creatorem et creaturam non potest tanta similitudo notari, quin inter eos maior sit dissimilitudo notanda*

---

[8] E. Heintel hat (Hegel und die analogia entis, jetzt in: Ges. Abhandlungen III, 1995, 112) darauf hingewiesen, daß in dieser Konzeption implizit Erfahrungserkenntnis und Gotteserkenntnis deutlich unterschieden sind.

[9] Schon Thomas unterschied übrigens zwischen Gottesprädikationen metaphorice und proprie: S.th. I, q.13,a.3, ad 1 (gemeint sind mit letzterem die perfectiones purae, s.u.). Heute sollte man - in Konsequenz der Ergebnisse der historisch-kritischen Forschung - m.E. vier genera hermeneutica von Gottesprädikationen aufstellen: *genus mythicum - genus metaphoricum - genus ontologicum - genus mysticum*.

(DH 806). Die Analogie wird (um mit E. Coreth zu reden) als "transzendente Analogie" erfaßt[10]; auf diese Weise steht alles Seiende zum Sein, so nämlich, daß das absolute Sein, das dem Seienden die Teilhabe gewährt, zugleich nicht aufhört, alles kontingent Seiende absolut zu transzendieren. Die analogen Gottesprädikationen erheben also nicht den törichten Anspruch, das Geheimnis zu entschlüsseln, sondern sie führen mit zunehmender Vermitteltheit - recht verstanden - immer tiefer in das Geheimnis hinein. Es ist so (und das ist in diesem Punkt die Pointe der Analogielehre), "daß wir uns mit jedem Schritt, in dem wir uns Gott nähern, auch zugleich von ihm entfernen" (E. Heintel)[11]. In der theologischen Tradition wird bekanntlich dieses merkwürdige Ziel jeder ernsthaft angestrebten Gotteserkenntnis als *reductio in mysterium* bezeichnet. Indem wir nach dem Geheimnis greifen, greift das Geheimnis nach uns. Von dem ungegenständlichen Gegenstand, auf den sich alle Gottesprädikationen richten, gilt: *ut inuentus quaeratur, immensus est* (Aug. tract. in Joh. 63,1: CChr. S.L. 36, 485).

b) Das alles führt aber sofort zu einer zweiten Näherbestimmung. Weil das Sein selbst durch kein Seiendes adäquat prädiziert werden kann, gilt für die analoge Aussage die thematische oder unthematische Bestimmung, daß sie intentionaliter jeweils als sich selbst übersteigend gedacht werden muß. Die Prädikation gelangt nie zu einer definitiven Gestalt, sondern bleibt (durch "Negation der Negation") in der ständigen Bewegung intentionaler Selbst-transzendierung *(deus semper maior)*[12]. In der analogen Gottesprädikation herrscht demnach eine innere Dynamik vor, die man als intentionale Selbst-transzendierung des analogen Gottesbegriffes bezeichnen kann, worin sich nichts anderes widerspiegelt als die nie erreichbare Prädizierbarkeit des Seins-grundes.

Aber wie schützt sich die analoge Gottesprädikation unter diesen Umstän-den vor dem *regressus in infinitum?* Dieser Einwand kann von einer hegel-schen Position aus erhoben werden[13]. Führt die ständige Selbstaufhebung des

---

[10]   Grundriß, 208. E. Heintel spricht von einer "gewissermaßen >absoluten< Analogie" (Zur Frage der analogen Rede von Gott, in: Ges. Abhandlungen IV, 1995, 382 u. pas-sim).

[11]   Eine klassische Formulierung, die E. Heintel mehrfach verwendet hat, vgl. nur: Grund-riß der Dialektik, Bd. II: Zum Logos der Dialektik und zu seiner Logik, 1984, 269; ders., Transzendenz und Analogie. Ein Beitrag zur Frage der bestimmten Negation bei Thomas von Aquin, in: Ges. Abhandlungen II, 1988, 250; ders., Zur Frage der analogen Rede von Gott, 386.

[12]   Die Formulierung geht zurück auf Augustinus: Semper enim ille maior est... (enn. in Ps. 62,16: CChr. S.L. 39, 804).

[13]   Hegel selbst hat sich nicht verbotenus mit dem Problem des Regressus in der Analogia entis auseinandergesetzt, doch kommt die Sache seines Einwandes in anderen Zusam-menhängen zur Sprache, vgl. Heintel, Hegel und die Analogia entis, 110. E. Coreth, Metaphysik 1980³, 321, verweist auf eine klassische Stelle in Hegels Logik: System der Philosophie. 1. Teil: Die Logik (Glockner, VIII), 111f. Ausgeführt ist die Problematik bei Heintel, a.a.O. 122ff.145ff.

Begriffes nicht letztlich in die Leere der bloßen Abstraktion? (Der Einwand ist weit gewichtiger als etwa die Einwände, die K. Barth gegen die analogia entis vorgebracht hat[14].) Die Antwort auf die Kritik des Verdachts des *regressus in infinitum* liegt vermutlich (wie E. Coreth zu zeigen verstanden hat[15]) in der schulmäßigen Unterscheidung von begrenzten und unbegrenzten Seinsgehalten[16]. Man könnte sagen: Der Einwand trifft bei den Begriffen, die unbegrenzte, "reine" Seinsgehalte bezeichnen, nicht zu, weil diese Seinsgehalte, als unbegrenzte, nicht durch negative Abgrenzung gegen andere bestimmt sind, sondern sich in der Einheit des göttlichen Seins "aufheben". Der Überstieg hebt die Endlichkeit auf ins Unendliche hinein, aber zerstört nicht den Sinngehalt. Er be-grenzt nicht, er ent-grenzt[17].

c) Die dritte Näherbestimmung, die unmittelbar an die eben berührte Differenz der Seinsgehalte in der analogen Prädikation anschließt, hat mit der Frage nach den Kriterien zu tun. Die Metaphysik der philosophia perennis sucht zu zeigen, daß das absolute Sein als absoluter Geist gefaßt werden muß, und folgert daraus, daß im Geistvollzug des Endlichen auch das Kriterium zu finden sein wird, nach dem sich die Analogata für das Sein selbst letztlich auszurichten haben. Voraussetzung dafür ist die Bestimmung des Menschen als animal rationale in *dem* Sinn, daß er im endlichen Geistvollzug hingeordnet ist auf den absoluten Geist, und zwar so, daß er im endlichen Geistvollzug immer schon, thematisch oder unthematisch, sich selbst auf das Unendliche hin ausrichtet. Die Theologie hat den Anknüpfungspunkt für solche Aussagen seit jeher in jenen Passagen des paulinischen Römerbriefs gefunden, in denen der Apostel (in kritischer Aufnahme vorchristlicher, hellenistisch-jüdischer Motive, in denen philosophische Traditionen verarbeitet sind)[18] lehrt, daß der Mensch - aufgrund göttlicher Offenbarung, der sog. natürlichen Offenbarung,

---

[14] Barths Position ist scharfsinnig analysiert bei B. Lakebrink, Hegels dialektische Ontologie und die thomistische Analektik, 1955, 227ff.

[15] Coreth, Metaphysik, 321f.

[16] Coreth gibt (a.a.O.) die Begrifflichkeit der Schule (perfectio pura - perfectio mixta) durch "reine" bzw. "begrenzte Seinsgehalte" wieder. Für den Begriff des reinen Seinsgehaltes ist bestimmend, daß er "einen positiven Sinngehalt" meint, "der, ohne sich aufzuheben, unbegrenzte Steigerung zuläßt" (Grundriß, 82). Zu den *perfectiones purae sive simplices* gehören in erster Linie die Transzendentalien.

[17] Vgl. Coreth, Metaphysik, 321f.

[18] Opinio communis ist heute, daß der Apostel Paulus im Röm. 1,19ff. von bestimmten Motiven des hellenistischen Judentums abhängig ist, das seinerseits wiederum Elemente der Popularphilosophie aufgenommen hat, vgl. die Kommentare (mit ihren Hinweisen vor allem auf ep. Arist., 4. Makk., Sap., Philon) und unter den Aufsätzen nur die klassisch gewordene Untersuchung von G. Bornkamm, Die Offenbarung des Zornes Gottes (Röm. 1-3), in: Das Ende des Gesetzes. Paulusstudien, Ges. Aufs. I, 1966[5], 29ff. Schon die Kirchenväter haben die Verwandtschaft der Gedanken mit bestimmten Motiven der heidnischen Kosmologie erkannt: K.H. Schelkle, Paulus. Lehrer der Väter, 1956, 54 u. passim. M.R. wird freilich heute vor allem darauf hingewiesen, daß der Apostel die überkommenen Motive aber nicht zur Verteidigung, sondern zur Anklage der Heiden verwendet hat (vgl. nur Bornkamm, a.a.O., 18). Wir kommen drauf gleich zu sprechen.

die aller Christusoffenbarung als deren Voraussetzung vorausgeht - unausweichlich - und zwar vermittelt durch die Geschöpfe - im offenen Licht der göttlichen Wahrheit steht, daß (anders gesagt) die Anschauung der Geschöpfe den Menschen unweigerlich vor den Schöpfer führt, so daß er vor Gott haftbar und unentschuldbar wird (Röm. 1,19ff.). Die offene Wahrheit, vor die der Mensch geführt wird, ist dabei (wie H. Schlier einmal formuliert hat) "die wahre, unverdeckte Wirklichkeit der Dinge, in der sich Gottes Anspruch verbirgt und offenbart"[19], also (könnte man sagen) die in der Weise der Analogie offenbare Präsenz des göttlichen Seinsgrundes in allem Geschaffenen. Der Mensch als erkennendes Wesen lebt unausweichlich im ständig offenen Licht der Analogie, die ihn vor das Antlitz Gottes stellt und zum Gehorsam und zur Dankbarkeit ruft.

Eben an dieser Stelle erhebt sich aber nun von der paulinischen Theologie her eine einschneidende Kritik und Neudeutung der Tradition, durch welche (wenn es erlaubt ist, so zu formulieren) die Analogielehre auf ein neues Fundament gestellt wird. Die Pointe der paulinischen Aussage von Röm. 1,19ff. ist in sich (wie bekannt) dialektisch, sofern sie sowohl einerseits die unvermeidliche Offenheit des göttlichen Anspruchs im Anblick der Kreatur lehrt, zugleich aber andererseits das eschatologische Gericht, das über den Menschen ergeht, der diesem Anspruch nicht genügt, und zwar grundsätzlich nicht. Paulus gibt der überkommenen Tradition einen neuen Sinn im Rahmen seiner eigenen heilsgeschichtlichen Theologie. Der Apostel lehrt unüberhörbar, daß der Mensch (genauer: der Heide) die Offenbarung Gottes immer schon frustriert (sit venia verbo), daß er die unvermeidliche Gotteserkenntnis, die sich aus der Anschauung der Schöpfung ergibt[20], nicht zur *An*-erkenntnis des Gehorsams werden läßt, sondern daß er in unbegreiflicher Verblendung mitten im Lichte Gottes stehend in praxi gottlos bleibt[21]. Seine Gottlosigkeit zeigt sich (und das ist für die Analogielehre wieder von Bedeutung) darin, daß die Heiden Creator und Creatura vertauschten, Gott verendlichen, die Kreatur vergötzen, vom Analogat nicht zum Sein selbst vordringen, so daß (durch die Schuld der gehorsamsunwilligen Menschen) die Kreatur statt zur Offenbarung zur Verblendung führt, genauer müßte es heißen: *trotz* der Offenbarung zur Verblendung führt (Röm. 1,23ff.). Ziel der paulinischen Ausführungen ist also gerade nicht die positive Behauptung des Heils, sondern die negative des

---

[19]   Von den Heiden. Römerbrief 1,18-32, in: Die Zeit der Kirche, 1962[3], 30.
[20]   Der griechische Text von 1,20a ist bekanntlich nicht eindeutig. Ist die unmittelbare Empirie oder ist die rationale Verarbeitung der Erfahrung gemeint?
[21]   Die Pointe der paulinischen Argumentation hat schon Origenes klar erkannt, wenn er c. Cels. VI, 3f. (GCS II, 72ff.) gegenüber der Anspielung des Celsus auf die berühmte Platon-Stelle Ep. VII, 341C (Burnet) - die auch ihm imponiert - einwendet, daß, "wer die wahre Erkenntnis von Gott gewonnen hat, aber nicht die dieser wahren Erkenntnis entsprechende Gottesverehrung übt (!), jenen Strafen unterliegt, die über die Sünder verhängt werden" (VI, 3: 72; übers. von Koetschau, BKV 53, 97).

Unheils[22], die aber insofern keine eines blinden Verhängnisses ist, als der Mensch als Geist-Wesen offen im Licht des Schöpfers stehend, frei und verantwortlich den Gehorsam und die schuldige Dankbarkeit verweigert[23]. Kann man mithin gerade in Aussagen wie Röm. 1,19ff. Belege für eine Verbindung der ontologischen Implikationen paulinischer Theologie mit der Analogielehre finden[24], so zeigt umgekehrt der paulinische Text, daß die natürliche Gotteserkenntnis grundsätzlich (der Theologe mag sich Gedanken machen über die Möglichkeit der Ausnahmen) keine Heilswirkung hat, sondern an der Ursünde des Menschen scheitert[25]. Damit wird - wohlgemerkt - nicht die Analogia entis verworfen, sie bleibt die Grundstruktur jeder Gotteserkenntnis, wohl aber wird ihr Heilswert extra Christum bestritten, so daß gerade von daher die Christusoffenbarung als Heilsgeschehen hinzutreten muß, um die analoge Gotteserkenntnis des Menschen zu dem Ziel zu führen, zu dem sie eigentlich bestimmt ist.

So gesehen bringt die positive Christusoffenbarung nicht nur noetisch *neue und zusätzliche Inhalte der Gotteserkenntnis*, die der natürlichen Ontologie nicht zugänglich sind (nämlich in erster Linie die großen Mysterien des christlichen Glaubens: Trinität und Inkarnation), sondern *sie verändert auch den Erkennenden* (!), sofern sie ihm per fidem die Gabe des Geistes Christi schenkt, der im Glaubenden das Zentrum seiner Person verwandelt und ihm die Augen öffnet für die Offenbarung des Seinsgeheimnisses, das sich im Gott von Bethlehem erschlossen hat. Die Christusoffenbarung hat also einen noetisch-doktrinalen, aber auch einen existentiell-personalen Effekt, durch den Gotteserkenntnis in einer Weise möglich und wirklich wird, wie sie zuvor nicht möglich war. Es ist offenkundig, daß diese beiden Prinzipien, die Offenbarung des Seinsgeheimnisses und die Verwandlung des erkennenden Subjekts durch die gnädige Präsenz des Heiligen Geistes die Grundlagen jeder theologischen Erkenntnislehre bilden werden[26].

---

[22] Charakteristisch ist bei gleicher Tradition die Differenz im Urteil: Sap. 13,6!

[23] Dies ist bekanntlich das besondere Interesse der Väterexegese: Schelkle, Paulus, 66ff.

[24] Unter den Parallelen findet sich nicht zufällig in Sap. 13,5 das Stichwort: "Denn aus der Größe und Schönheit der Geschöpfe wird ihr Urheber *auf analoge Weise* geschaut". Natürlich sind in solchen Einzelmotiven die Inhalte der Analogielehre noch nicht entfaltet (und die spezifisch christlichen Urteile fehlen noch).

[25] Die Folge der Abweisung, nämlich den Weg ins Leere, Nichtige, ins Nichts schildert 1,21bff. Der Heide wird zum Ignoranten Gottes (Schlier, Von den Heiden, 32), zum Nihilisten - oder zum Illusionisten, der Creatura und Creator vertauscht. Aber noch in der Illusion ist ein Rest der ursprünglichen Erkenntnis. Die Lüge ist verlogene Wahrheit.

[26] Was hier erscheint, ist sozusagen das "theologische Erkenntnisprinzip", die (geschenkte!) Bedingung der Möglichkeit der Offenbarungserkenntnis. Der Glaube schenkt eine illuminatio, die die Metaphysik nicht geben kann; aber diese illuminatio setzt die Metaphysik voraus und kann mit Hilfe der Metaphysik näherhin expliziert werden (gleichsam durch eine Ontologia inspirata).

Indessen: Die Grundstruktur der Erkenntnis (so hat man sofort hinzuzufügen) bleibt auch jetzt, da neue Inhalte und neue Voraussetzungen im Erkennenden eingetreten sind, insofern unberührt, als der Charakter der lediglich analogen Erkenntnis erhalten bleibt (Grenzfälle, wie sie z.B. 2. Kor. 12,2ff. berührt werden, sind hier nicht zu erörtern). Wie die eschatologische Existenz in Glauben und Geist-Empfang den endlichen Charakter der *Existenz* nicht aufgehoben hat, so bleibt auch die *Erkenntnis* als endliche, die nicht zum absoluten Wissen wird, lediglich *analoge* Erkenntnis. Was jetzt geschaut wird, das Seinsgeheimnis, das sich in Jesus von Nazareth erschlossen hat, geht über alles das hinaus, was dem Menschen extra Christum möglich war, aber die neue, gnadenhafte Erkenntnis bleibt Erkenntnis des göttlichen *Geheimnisses*.

Hier ist der Verweis auf 1. Kor. 13,12 unabdingbar, weil die paulinische Aussage - interpretiert - einen Konnex mit der Analogielehre herstellt. Paulus redet an dieser Stelle nicht von der "natürlichen" Gotteserkenntnis der Heiden, sondern von der charismatischen Gotteserkenntnis des christlichen Glaubens (und zwar aus gegebenem Anlaß in Abwehr einer gnostisierenden Vermessenheit). Im Gegensatz zur vermessenen Arroganz der Pseudospiritualen dekretiert der Apostel *die Grenzen (auch) des (charismatischen) Wissens:* auch wir Christen sehen, was wir sehen, nur "im Spiegel", d.h. indirekt (soll heißen: wir sehen Gott vermittelt durch etwas, das er nicht ist, also analog)[27], und selbst diese indirekte Schau bleibt "rätselhaft"[28] (soll heißen: auch die analoge Erkenntnis löst das unendliche Geheimnis nicht auf)[29]. Das Ganze ist eingefügt in die eschatologische Konzeption der urchristlichen Lebensauffassung, in die Spannung zwischen Jetzt und Dann. Der Glaube sieht jetzt, was der Heide nicht sieht, aber auch der Glaube, ja der Glaube erst recht sieht das Sein selbst

---

[27] Daß die Aussage "im Spiegel" eine Metapher ist für "indirekt", folgt aus dem Gegensatz "von Angesicht zu Angesicht". Vgl. nur: H. Lietzmann - W.G. Kümmel, An die Korinther, I.II, HNT 9, 1969[5], 66; H. Conzelmann, Der erste Brief an die Korinther, KEK V, 1981[2], 278; O. Wischmeyer, Der höchste Weg. Das 13. Kapitel des 1. Korintherbriefes, StNT 13, 1981, 132; C. Spicq, Notes des Lexicographie Néo-Testamentaire, I, OBO 22, 1, 1978, 294f. Was mit "indirekt" gemeint ist, ergibt Röm. 1,19ff. - Nähe und Ferne Philons zeigt etwa de decal. 105. Die vielfältige metaphorische Verwendung des Wortes "Spiegel" ist hier unerheblich. An eine reflexe Bezugnahme des Apostels auf Num. 12,8 glaube ich nicht.

[28] Wenn H. Schlier (Über die Liebe - 1. Kor.13, in: Die Zeit der Kirche, 192) übersetzt: "nur rätselhafte Schatten", so merkt man, wie schnell sich die Sprache Platons einstellt, wenn es um Erkenntnismetaphysik geht. (Aber platonisierend ist ja auch schon die Ontologie des Hebräerbriefes.)

[29] Das Gegensatzpaar der Fortsetzung (stückweise - Erkennen wie man erkannt ist) muß entsprechend interpretiert werden. Paulus vermeidet als Gegensatz "vollkommene" Erkenntnis, sondern spricht dagegen von der Unmittelbarkeit der Gotteserkenntnis als Hoffnungsgut, also von der *visio Dei beatifica*. Sie darf nicht als vollkommene Erkenntnis begriffen werden.

als undurchdringliches Geheimnis, das sich unserem endlichen Wissen letztlich entzieht[30].

IV

Blicken wir zurück. Das Neue Testament bietet selbstverständlich keine thematische Lehraussage über die Frage der Analogia entis, aber es gibt, wenn unsere Überlegungen zutreffen sollten, in den paulinischen Texten Passagen, in denen Gedanken geäußert werden, die, wenn man ihren ontologischen Gehalt erkennt und entfaltet, im Rahmen der klassischen Lehre von der Analogia entis klarer und deutlicher hervortreten. Das liegt z.T. in ihrer historischen Abkunft (Paulus greift Motive der antiken Philosophie auf, die ihm über die hellenistische Synagoge vermittelt sind). Indessen hat der Apostel die Analogielehre im Rahmen seiner heilsgeschichtlichen Theologie auf ein neues Fundament gestellt, das zu einer heilsgeschichtlichen Differenzierung zwingt: Die analoge Gotteserkenntnis der Heiden extra Christum bringt Erkenntnis ohne An-erkenntnis, d.h. sie verfehlt letztlich das Heil; sie wird aber geheilt und perfiziert durch die analoge Erkenntnis per Christum, die vom Charisma des Geistes getragen ist. Der eschatologische Vorbehalt definiert dabei die Grenze des Verstehens (was aber nicht als anti-intellektualistische Option mißverstanden werden darf; vielmehr wächst die Größe des Geheimnisses mit dem Maß der Vermittlung).

Gesetzt, daß diese Überlegungen zutreffen, so hätten wir zu verstehen, daß die paulinische Theologie, ohne selbst schon eine philosophische Theologie zu entfalten, der Sache nach eine Entfaltung ihrer Motive durch die philosophische Theologie nicht nur nicht ausschließt, sondern sogar nahelegt. (Andere Beispiele aus der paulinischen Theologie - und nicht nur aus Paulus - wären leicht zu bringen.) Und wäre das nicht in der Tat ein verlockendes Ziel zukünftiger Exegese? Wäre das nicht (wenn es im Rahmen der philosophia perennis geschieht) am Ende eine sinnvolle Alternative zu dem Programm der existentialen Interpretation[31]?

---

[30] Aus 1. Kor. 13,12 und 1. Joh. 3,2 folgt, daß die *visio Dei beatifica* nicht mehr unter dem Prinzip der analogen Vermitteltheit steht. - N.b.: die Urteile über den analogen Charakter auch der charismatischen Gotteserkenntnis *in praesenti vita* schließt natürlich jene *Grenzfälle* nicht aus, wie sie z.B. in 2. Kor. 12,2ff. bezeugt sind. Doch ist das hier nicht zu thematisieren.

[31] Ein erneuerter vierfacher Schriftsinn könnte bestehen aus: (1) interpretatio philologica, (2) interpretatio historica (sive sociologica et psychologica), (3) interpretatio philosophica sive theologica, (4) interpretatio mystica.

Zur Eschatologie im Corpus Johanneum

I

Im Labyrinth der johanneischen Fragen bildet die Eschatologie ein eigenes, besonders undurchsichtiges System[1]. Es stehen - nach herkömmlichem Pro-

---

[1] Aus der überreichen Literatur nenne ich nur einiges: R. Bultmann, Die Eschatologie des Johannes-Evangeliums, in: ders., Glauben und Verstehen I (1993[9]) 134-152; ders., Das Evangelium des Johannes, KEK 2 (1986[21]); ders., Theologie des Neuen Testaments, hg. von O. Merk (1984[9]); G. Stählin, Zum Problem der johanneischen Eschatologie, ZNW 33 (1934) 225-259; C.H. Dodd, The Interpretation of the Fourth Gospel (1954 [repr.]); L. van Hartingsveld, Die Eschatologie des Johannesevangeliums. Eine Auseinandersetzung mit Rudolf Bultmann (1962); J. Blank, Krisis. Untersuchungen zur johanneischen Christologie und Eschatologie (1964); W.G. Kümmel, Die Eschatologie der Evangelien, in: ders., Heilsgeschehen und Geschichte, MThSt 3 (1965) 48-66; ders., Ein Jahrhundert Erforschung der Eschatologie des Neuen Testaments, ThLZ 107 (1982) 81-96; R.E. Brown, SS., The Gospel according to John (I-XII), AncB 29 (1966); The Gospel according to John (XIII-XXI), AncB 29A (1970); P. Ricca, Die Eschatologie des Vierten Evangeliums (1966); L. Schottroff, Heil als innerweltliche Entweltlichung. Der gnostische Hintergrund der johanneischen Vorstellung vom Zeitpunkt der Erlösung, NT 11 (1969) 294-317; E. Neuhäusler, Der entscheidende Augenblick im Zeugnis des Neuen Testaments ("Jetzt", "Heute"), BiLe 13 (1972) 1-16; G. Richter, Präsentische und futurische Eschatologie im 4. Evangelium, in: ders., Studien zum Johannesevangelium, BU 13 (1977) 346-382; S. Schulz, Das Evangelium nach Johannes, NTD 4 (1978[3]); R. Schnackenburg, Das Johannesevangelium, HThK 4, I-IV (1986[6], 1985[4], 1986[5], 1984), speziell II 530-544; J. Wanke, Die Zukunft des Glaubenden. Theologische Erwägungen zur johanneischen Eschatologie, ThGl 71 (1981) 129-139; G. Klein, Eschatologie IV. Neues Testament, in: TRE X (1982) 288-291; G. Sellin, "Die Auferstehung ist schon geschehen." Zur Spiritualisierung apokalyptischer Terminologie im Neuen Testament, NT 25 (1983) 220-237; J. Kremer, Lazarus. Die Geschichte einer Auferstehung (1985); G. Greshake - J. Kremer, Resurrectio Mortuorum. Zum theologischen Verständnis der leiblichen Auferstehung (1986); I. Broer, Auferstehung und ewiges Leben im Johannesevangelium, in: I. Broer - J. Werbick (edd.), Auf Hoffnung hin sind wir erlöst (Röm 8,24), SBS 128 (1987) 67-94; H. Thyen, Johannesevangelium, in: TRE XVII (1988) 200-225; A. Stimpfle, Blinde sehen. Die Eschatologie im traditionsgeschichtlichen Prozeß des Johannesevangeliums, BZNW 57 (1990); J. Becker, Das Evangelium nach Johannes, I: Kapitel 1-10, ÖTK 4/1 (1991[3]); II: Kapitel 11-21, ÖTK 4/2 (1991[3]); U. Schnelle, Neutestamentliche Anthropologie: Jesus - Paulus - Johannes, BThSt 18 (1991); W. Schmithals, Johannesevangelium und Johannesbriefe. Forschungsgeschichte und Analyse, BZNW 64 (1992); J. Trumbower, Born from Above. The Anthropology of the Gospel of John, HUTh 29 (1992); M. Hengel, Die johanneische Frage. Ein Lösungsversuch mit einem Beitrag zur Apokalypse von J. Frey, WUNT 67 (1993); H. Weder, Gegenwart und Gottesherrschaft. Überlegungen zum Zeitverständnis bei Jesus und im frühen Christentum, BThSt 20 (1993); J. Hainz, "Zur Krisis kam ich in diese Welt" (Joh 9,39). Zur Eschatologie im Johannesevangelium, in: H.-J. Klauck, Weltgericht und Weltvollendung. Zukunftsbilder im Neuen Testament, QD 150 (1994) 149-163; H. Hüb-

blembewußtsein - zwei Reihen von Aussagen einander gegenüber, die in den Texten selbst in keiner Weise vermittelt sind: Einmal eine Reihe von "futurischen" Aussagen, die wohl im Zusammenhang mit einer kosmologischen Erwartung von der Art der Apokalyptik zu sehen sind (Joh. 5,28-29; 6,39c.40c.44c.54c; 12,48b; 21,22; dazu: 1. Joh. 2,28; 3,2-3; 4,17); zum anderen Aussagen, die das Heil bereits als in der Gegenwart verwirklicht ansetzen, so daß es im Präsens, ja im Perfektum ausgesagt wird (Joh. 3,18-19; 4,23; 5,24-25; 8,26.51; 9,39; 11,25; 12,31; 16,11; dazu: 1. Joh. 3,14)[2]. Die letzteren Aussagen bilden zwar insofern keine Besonderheit innerhalb der neutestamentlichen Eschatologie, als auch sonst in gewisser Weise von der bereits eingetretenen Gegenwart des Heils gesprochen wird (vgl. e.g.: 2. Kor. 5,17; Eph. 2,4-7; Kol. 2,12-13; 3,1-4). Die urchristliche Geisterfahrung ist ein endzeitliches Phänomen. Ist jemand "in Christus", dann ist ja "das Alte" (die Konstitution des alten Äons) bereits vergangen und "das Neue" (nämlich die Konstitution der neuen Welt) ist bereits in einer wie auch immer näherhin zu bestimmenden (und einzuschränkenden) Weise bereits gegenwärtig. Im Geist dringt (wie H. Schlier einmal schön formuliert hat) "das, was noch aussteht", in die Gegenwart herein[3]. Freilich: Das traditionelle Schema der schon erfolgten und der noch ausstehenden Erlösung bildet doch nur die allgemeinen Voraussetzungen des Ganzen, die eine Näherbestimmung erlauben. Das Besondere der johanneischen Eschatologie wird innerhalb dieses Schemas noch nicht sichtbar (dies gilt übrigens auch schon für die paulinische Theologie). Für die Aussagen, die im Präsens bzw. gar im Perfektum vom Eschaton sprechen, ist jedenfalls charakteristisch, daß in ihnen die apokalyptischen Termini (also z.B. Auferstehung und Gericht) aufgenommen, aber umgedeutet sind; sie sind sozusagen aus dem apokalyptischen Rahmen herausgenommen und in die Heils-Gegenwart übertragen, die sich "jetzt", in conspectu Salvatoris, ereignet: der incarnierte Logos ist bereits zum Gericht in die Welt gekommen (9,39), und das Gericht besteht darin, daß sich die Welt gegenüber der Offenbarung ablehnend verhält, was bedeutet, daß die Menschen - streng genommen - nicht gerichtet werden, sondern sich selbst richten (3,18-19). Und "Auferstehung" ist ein Akt, der sich im Nunc existentiale des Glaubensaktes ereignet (11,25). Diese Intention der Eschatologie kommt am verblüffendsten in der Sequenz zum Ausdruck: es kommt die Stunde - und sie ist schon jetzt (4,23; 5,25).

---

ner, Biblische Theologie des Neuen Testaments, III: Hebräerbrief, Evangelien und Offenbarung. Epilegomena (1995); J. Neugebauer, Die eschatologischen Aussagen in den johanneischen Abschiedsreden. Eine Untersuchung zu Johannes 13-17, BWANT 20 (140) VII (1995).

[2] Problematisch ist die Einordnung von 1. Joh. 2,18: Die Stunde des Antichrists ist da.

[3] "Das, was noch aussteht, dringt im Geist herein": H. Schlier, Herkunft, Ankunft und Wirkungen des Heiligen Geistes im Neuen Testament, in: C. Heitmann - H. Mühlen (edd.), Erfahrung und Theologie des Heiligen Geistes (1974) 130.

Es ist nicht glücklich, die beiden Aussagereihen durch die Begriffe "präsentische" und "futurische" Eschatologie zu bezeichnen. Denn (erstens) hat jede futurische Erwartung, wenn sie im Ernst die Existenz bestimmt, immer auch eine thematisierte oder unthematisierte "präsentische" Konsequenz; und (zweitens und vor allem) schließen die sog. "präsentischen" Aussagen der johanneischen Eschatologie das Futurum nicht aus. Dabei ist (aus methodischen Gründen) weniger an Texte wie 14,2-3 und 17,24 zu denken, weil die Bedeutung dieser Texte sehr umstritten ist[4]. Wohl aber genügt ein Blick auf die zentrale Aussage 11,25: gewiß vollzieht sich *jetzt* das eschatologische Ereignis, nämlich die endzeitliche Auferstehung und Jesus schenkt dem Glaubenden jetzt, jetzt schon das ewige Leben. Aber dieses *Jetzt* (über dessen Bedeutung wir uns gleich noch werden Gedanken machen müssen) hat Konsequenzen für das Dann der Zukunft: Wer an ihn glaubt, *wird* leben, auch wenn er stirbt, und wer an ihn glaubt, *wird* gar nicht mehr sterben. Diese Art von "präsentischer" Eschatologie schließt also durchaus eine Zukunftshoffnung ein[5].

Es ist aber auch nicht glücklich, die beiden Reihen von eschatologischen Aussagen durch religionsgeschichtliche Etiketten bestimmen zu wollen. Natürlich, es liegt nahe, eine "apokalyptische" Eschatologie von einer "gnostisierenden" zu unterscheiden, und die Versuchung ist dann groß, auch Aussagen wie eben 14,2-3 und 17,24 der "gnostisierenden" oder gar "gnostischen" Linie zuzuschreiben. Man hat dann auf der einen Seite (im Evangelium marginal, im ersten Brief dominant) einige wenige Aussagen einer kosmisch-apokalyptischen Erwartung (es sind aber nur Hinweise, eine eigentliche Apokalyptik fehlt ja); und man hat auf der anderen Seite eine "gnostische" oder "gnostisierende" Eschatologie, die man sich als Alternative zu der kirchlichen apokalyptischen Eschatologie zurechtlegt (wobei die Frage bleibt, wie sie genauerhin zu fassen ist). Aber die verschiedenen Versuche, das Problem auf diese Weise zu lösen, scheinen mir nicht glücklich. Denn: Tragen die Aussagen mit präsentischer bzw. perfektischer Dimension wirklich das Signum des Gnostizismus an sich? Wenn die Grund"erfahrung" des Gnostizismus im (illusionären!) Erlebnis der substantiellen Identität (der Homousie) meines Selbst mit dem göttlichen Selbst der Transzendenz ist, so zwar, daß das Er-

---

[4]   Vgl. etwa noch 12,32; 14,18-21.28; 16,16-28. Einen Überblick über die entsprechenden Aussagen in cc. 13-17 gibt: J. Neugebauer, Die eschatologischen Aussagen 14-30,31 (Zusammenfassung des Forschungsstandes). Neugebauer selbst entscheidet sich zu 16,16-22 für die Beziehung auf die Parusie, zu 13,33-35 für die Beziehung auf das Martyrium als Weg zu Jesus, zu 14,18-24 für die Ostererscheinungen. Die eschatologischen Aussagen bezeichnen nach Neugebauer mehrere Etappen auf dem Weg zur Parusie. In diesem Sinn kennt er keine Alternative zwischen "präsentischer" und "futurischer" Eschatologie (117).

[5]   Daß die Verse 11,25fin.26a einen für den Evangelisten *fremden* Gedanken an die Zukunft hereinbringen (vgl. das Referat bei Hainz, Krisis, 155-156), halte ich für ganz unwahrscheinlich.

wachen zu meinem Selbstbewußtsein durch Einsicht (γνῶσις) nicht nur mich selbst aus den Fesseln der Gegenständlichkeit befreit, sondern zugleich auch das entfremdete Pleroma heilt, in das die verlorenen Licht-Teile wieder heimkehren, - wenn das die Urkonstruktion des gnostischen Welt- und Menschenbildes ist (wie immer sich die jeweilige Ideologie der jeweiligen gnostischen Sekte diese Motive mythisch veranschaulicht), dann hat die johanneische Eschatologie des Nunc eschatologicum damit gar nichts zu tun. Dabei ist natürlich zuzugestehen: Die gnostische Bewegung konnte sich hernach johanneische Gedanken assimilieren und die heute weit verbreitete Annahme, daß die johanneische Schule in späterer Zeit in einem Abwehrkampf gegen ein gnostisierendes Mißverständnis des johanneischen Erbes gestanden hat, dürfte einiges für sich haben. Freilich: Daß die Apostaten auch die "präsentisch-perfektische" Eschatologie der johanneischen Tradition gnostisch interpretierten, glaube ich nicht.

Die religionsgeschichtlichen Fragen nach der Herkunft der beiden Eschatologien sind nun aber noch durch Fragen literarischer und traditionsgeschichtlicher Art verschärft. Stammen die beiden Eschatologien von ein und demselben Autor, und wenn ja, wie hat er sie gedanklich miteinander verbunden? Oder stammen sie aus verschiedenen Traditionen? Ist die apokalyptische Eschatologie älter als die "präsentisch-perfektische"? Oder ist umgekehrt die präsentisch-perfektische die "ursprüngliche" Eschatologie der johanneischen Schule, so zwar, daß sie erst nachträglich durch die apokalyptische ergänzt und korrigiert wurde? Darf man sich (nach einem weit verbreiteten Modell) vorstellen, daß der Evangelist oder der Verfasser der "Grundschrift" eine präsentisch-perfektische Eschatologie vertrat, die hernach, von der johanneischen Schule, und d.h. vielleicht von dem viel zitierten "Redaktor" des Evangeliums (der möglicherweise mit dem Verfasser des 1. Briefes ident oder mit ihm verbunden ist), durch apokalyptische Motive neu gedeutet wurde? (Damit sind keineswegs alle Varianten von heute gängigen Hypothesen genannt[6].)

Die folgenden Erwägungen wollen nicht noch einmal die oft beschrittenen Wege religionsgeschichtlicher und literarkritischer Art gehen (die im übrigen unverzichtbar sind!), sondern sie beschränken sich auf einen bestimmten Sachaspekt des Problems. Was ist *der sachliche Gehalt der beiden eschatologischen Konzepte* und wie verhalten sie sich inhaltlich zueinander[7]? (Dabei gehe ich einmal versuchsweise, ohne daß das hier zu beweisen wäre, hypothe-

---

[6]   Diese wenigen Andeutungen müssen genügen. Einen vollständigeren Überblick über den Forschungsstand gibt Hainz, Krisis, 150-153.

[7]   Vgl. dazu vor allem J. Wanke, Die Zukunft des Glaubenden. Wankes Überlegungen sind m.E. keineswegs mit dem Urteil einer vorschnellen Scheinvermittlung abzutun. Ich versuche im folgenden, die gleiche Intention in etwas anderer Begrifflichkeit aufzunehmen und zu entfalten. (Zu der jüngst geäußerten Auffassung von H. Hübner über die hier vorliegenden verschiedenen Existenzverständnisse - Bibl. Theol. III, 249 - siehe unten Anm. 21!)

tisch davon aus, daß die präsentisch-perfektischen Aussagen dem Grundschriftautor zuzuweisen sind, die futurisch-apokalyptischen Marginalien der
johanneischen Redaktion; vielleicht wären die folgenden Überlegungen aber
auch bei anderen Voraussetzungen brauchbar[8].)

II

Was die "futurisch-apokalyptischen" Aussagen intendieren, ist leicht anzuge-
ben. Der letzte "Tag", an dem die Auferweckung geschieht (6,39.40.44.54;
12,48), ist das zeitliche Ende "dieser" Welt, der Schöpfung, in der wir leben;
und die "Stunde", da sich die Gräber zur Auferstehung öffnen (5,28), ist die
letzte Stunde des alten Äons, man könnte auch sagen: die letzte Stunde der
alten Zeit. Die Toten in den Gräbern hören die Stimme des Weltenrichters und
gehen ein zur Auferstehung des Lebens oder zur Auferstehung des Gerichts
(5,28-29). Man könnte diese Art von Eschatologie versuchsweise *"kategoriale" Eschatologie* nennen, sofern die Aussagen über den Vollzug der
Eschata durch Vorstellungen aus der kategorialen Welt vermittelt sind[9]. Natürlich kann man sofort einwenden, daß den Apokalyptikern das damit gesetzte ontologische Problem ihrer Aussagen nicht reflex ist, und ebenso kann man
darauf hinweisen, daß jede Apokalyptik an einem Widerspruch leidet, wenn
sie die Transzendenz des "kommenden Äons" in kategorialen Aussagen vermittelt (eben das macht ja den mythischen Charakter vieler apokalyptischer
Aussagen aus; Mythos ist die Rede von der Transzendenz in Begriffen der
kategorialen Welt). Doch sind das keine Einwände gegen unsere Begrifflichkeit, sondern nur Hinweise auf das vorliegende Sachproblem.

Gehen wir nun freilich zu der anderen Aussagereihe der johanneischen
Eschatologie über, so werden wir sofort vor andere Verhältnisse gestellt.
Wenn hier vom Gericht, von der Auferstehung, vom ewigen Leben, von der
Überwindung des Todes die Rede ist, so sind damit Urteile gesetzt, die kategorial nicht aufweisbar sind (sie tragen daher auch keinen mythischen Charakter). Es ist sozusagen eine *"transkategoriale" Eschatologie*[10], auf welche wir
hier stoßen, wenn wir schon einmal versuchsweise bei unserem Ausgangspunkt bleiben. Wenn Jesus der Martha offenbart, daß in ihm die endzeitliche
Auferstehung vor ihr steht bzw. daß der, der ihm glaubt, bereits das ewige

---

[8] Die vorausgesetzten literarkritischen Urteile über die vorausgesetzte Hypothese und die
Traditionsgeschichte der johanneischen Gruppe sind hier natürlich nicht zu entfalten.
[9] Ich rechne im Sinne der vorkantischen Begrifflichkeit Raum und Zeit zu den Kategori-
en. Die ontologischen Fragen nach den Beziehungen von Zeit und Raum zueinander
(Zeit-Raum-Totalität) sind hier natürlich nicht Gegenstand der Erörterung.
[10] In anderer Terminologie, anderen Zusammenhängen und anderer Zielsetzung deutet
sich die hier vollzogene Differenz zwischen kategorial und transkategorial z.B. auch an
bei Sellin, Auferstehung, 222.

Leben besitzt und zwar so, daß es ihm kein Tod mehr rauben kann (11,25-26), - so handelt es sich um Zusagen, die kategorial nicht verifizierbar sind. Was die Augen nicht sehen können, die Sinne nicht zu verifizieren vermögen, glaubt der Glaube (11,26fin.). Gewiß, wir müssen vorsichtig interpretieren: die Gabe ist *mir*, und zwar *jetzt* gegeben; insofern übereignet sie sich sehr wohl der kategorialen Welt; aber *die Gabe selbst*, das eschatologische Leben, die endzeitliche Auferstehung, kurzum: das Eschaton als Eschaton übersteigt jedes Wo und Wann[11]. Die Ewigkeit ist in die Zeit eingedrungen, aber als ein Anderes und Fremdes, das sich vor dem Forum der kategorialen Welt nicht ausweist. Das ewige Leben, das Jesus schenkt, ist unanschaulich, es entzieht sich der sinnlichen Vergewisserung (was man von den Aussagen in 5,28-29 gerade nicht sagen kann!). Das ewige Leben ist zwar nicht lediglich ein geglaubtes, denn die verifizierbare Agape ist ja das Kriterium dafür, ob jemand den Überstieg vom "Tod" ins "Leben" vollzogen hat oder nicht (1. Joh. 3,14). Aber das Leben selbst bleibt unanschaulich. Es wird nur mittelbar, in der Bruderliebe, sichtbar. Summa summarum könnte man Leben und Auferstehung, das der gegenwärtige Offenbarer jetzt schon schenkt, in entfernter Anlehnung an eine deuteropaulinische Wendung (Kol. 3,3) als vita abscondita und als resurrectio abscondita bestimmen[12].

Vielleicht darf man aber noch einen Schritt weitergehen. Der transkategoriale Charakter der eschatologischen Existenz legt - trotz des Protestes einer bestimmten exegetischen Tradition - nahe anzunehmen, daß die Ewigkeit des Lebens, welche der Offenbarer spendet - die Kategorie der Zeit transzendierend -, das Nunc aeternum meint[13]. Das geschieht natürlich, was die Texte selbst betrifft, nicht reflex und nicht thematisch durch die Bildung eines entsprechenden Begriffs, sondern (gesetzt, daß diese Vermutung überhaupt zutrifft) unreflex und unthematisch, lediglich in intentione. Und selbstverständlich ist dabei das Nunc aeternum vom Nunc existentiale, in dem es präsent wird, zu unterscheiden. Aber es drängt sich doch die Frage auf, ob die Ewigkeit des Lebens, jene Ewigkeit, die "jetzt" mit der göttlichen Gabe in unsere

---

[11] Damit sind das Nunc existentiale und das Nunc aeternum unterschieden (s.u.) und zugleich zueinander in Beziehung gesetzt.

[12] Dabei darf die Unterscheidung zwischen einer kategorialen und einer transkategorialen Eschatologie natürlich nicht abstrakt gefaßt werden. Das transkategoriale Eschaton ist kategorial in seiner irdischen Präsenz, das kategoriale ist transkategorial in dem, was sein eigentliches Wesen ist.

[13] Die klassische theologische Definition der göttlichen Ewigkeit im Unterschied zur geschaffenen Zeit bei Boethius, philos. cons. V, 6,4 (C.Chr.S.L. 94, 101); vgl. de trin. IV (PL 64, 1252 B). Vorgeschichte (vor allem: Aug. conf. XI, 1-31: C.Chr.S.L. 27, 194-216, speziell: XI, 11 [13]: 27, 201-202 u. XI, 14 [17]: 27, 203; enn. in Ps. 101, II, 10: C.Chr.S.L. 40, 1445) und Nachgeschichte dieses Topos (vor allem: Thom. Aquin, S.Th. I, q. 10, a1-6) sind hier natürlich nicht zu erörtern (eine Frage für sich ist, ob und wie weit Augustinus, der die Ewigkeit als Nunc aeternum faßt, bereits in seiner Analyse der Zeit - conf. XI, 14-31 [17-41]: 27, 202-216 - das Nunc existentiale intendiert. Vgl. dazu jetzt: Hübner, Bibl. Theol. III, 224-230).

Zeit eindringt, überhaupt etwas anderes sein *kann* als die verborgene Gegenwart der göttlichen Wirklichkeit des Nunc aeternum, das wesensmäßig jede
irdische Zeit übersteigt[14]. Gesetzt es wäre so, so wäre immer dann, wenn das
Gerichts- und Heilswort erklingt, das Nunc aeternum im Nunc existentiale
präsent und das "Ende" der Welt-Zeit, erwirkt durch die Offenbarung des
ewig gegenwärtigen Jetzt, gesetzt[15]. Was für die kategoriale Welt als Zukunft
aussteht, ist in der transkategorialen Eschatologie - freilich in verborgener
Weise - bereits Gegenwart.

Sollten diese Aufstellungen zutreffen (die freilich von dem hermeneutischen
Prinzip bestimmt sind, bei der Interpretation eines Textes nicht lediglich den
von ihm explizierten Bewußtseinsstand zu "wiederholen", sondern die in der
Positivität der endlichen Sprache verschlossenen Intentionen zu erkennen, also
die im Text erkennbaren Gedanken aufzunehmen und durch Weiterdenken
fortzusetzen), dann würde sich in dem Gegenüber der beiden Aussagereihen
johanneischer Eschatologie (verkürzt und eigentlich unzutreffend "präsentische" und "futurische" Eschatologie genannt) mehr verbergen als nur das
Gegenüber von Gegenwart und Zukunft im kategorialen Sinn. Vielmehr stünden zwei verschiedene eschatologische Konzeptionen einander gegenüber, die
zwei verschiedene Zeitaspekte beinhalten, zwei verschiedene Konzeptionen
des *einen* Eschaton, deren Intention durch (wahrscheinlich notwendige) li-
terarkritische Differenzierungen noch nicht hinlänglich bestimmt wird. In der
kategorialen Eschatologie geht es um die Verwandlung der kategorialen Welt,
auf sie wird im Kontinuum der Zeit als auf etwas in der Zeit Ausstehendes
gewartet; in der transkategorialen Eschatologie geht es um das eschatologische Heilsgut, das als solches alle Kategorialität übersteigt, das aber in die
kategoriale Welt eindringt und dort präsent wird. Damit wird natürlich nicht
behauptet, daß die Autoren des johanneischen Textes solche aus der philosophischen und theologischen Tradition stammenden Motive selbst bereits reflex

---

[14] Die Bedenken der exegetischen Tradition, in solchen Zusammenhängen vom Nunc
aeternum zu reden (vgl. nur: G. Stählin, Problem, 229-230; ders., ThWNT IV 1105
Anm. 43 gegen 1117; R. Bultmann, Eschatologie des Johannes-Evangeliums, 140.143-
144; ders., Joh. 193, Anm. 2) könnten vielleicht ausgeräumt werden, wenn man (was
hier geschieht) ausdrücklich zwischen dem Nunc eschatologicum, dem Nunc aeternum
und dem Nunc existentiale unterscheidet. Nunc eschatologicum ist primär das Jetzt der
Offenbarungszeit, sekundär aber auch dann, wenn das Offenbarungswort im Wort der
Jünger präsent wird. Nunc aeternum ist das Heil selbst, das ewige Leben, die unver-
gängliche Zeit, die mit der Präsenz des Offenbarers gegenwärtig ist. Nunc existentiale
ist der Kairos der Entscheidung (im Unterschied zur meßbaren Zeit, χρόνος). - Eine
andere Frage ist die, ob und unter welchen Umständen das Nunc aeternum auch Gegenstand der Erfahrung wird.

[15] Doch darf das nicht so verstanden werden, als ob das eschatologische Leben nur jeweils
im Jetzt gegenwärtig wäre (existentiale Möglichkeit *anstelle* der ontischen Wirklichkeit). Die Perfecta zeigen, daß das ewige Leben (einmal im Glauben angenommen) im
"Bleiben" durchhält als Wirklichkeit neuen Seins. Das schließt aber natürlich
(umgekehrt) die wiederholte Aktualisierung des Glaubens nicht aus, sondern ein.

intendiert hätten[16]; es wird aber vermutet, daß die Texte Urteile dieser Art implizieren, die sich nachträglich in der angegebenen Weise begrifflich formulieren lassen, und daß die Intentionen der Texte für uns erst verständlich werden, wenn die Implikate modo interpretando ans Licht treten.

III

Aber die Sachfrage kann vielleicht noch einen Schritt weitergeführt werden, wenn man die Beziehungen der beiden Konzeptionen zueinander näherhin ins Auge faßt.

Beide Konzeptionen beziehen sich auf ein und dasselbe: auf das Eschaton, verschieden ist die Vermittlung, unter der das Eschaton erscheint. Sofern sie sich auf ein und dasselbe beziehen, kann man sagen, daß sie komplementär sind. Sie ergänzen einander. Jede der beiden Konzeptionen bezieht sich jeweils nur auf einen Aspekt der menschlichen Existenz als einer endlichen, und so haben beide, sofern sie jeweils nur einen Aspekt berühren, ihre Grenzen. Die kategoriale Eschatologie bezieht sich auf den Menschen in seiner gegenständlichen Wirklichkeit, die transkategoriale auf den Menschen als (endlicher!) Freiheit[17].

Die kategoriale Eschatologie, die sich auf die gegenständliche Wirklichkeit bezieht, kann das Eschaton nur als etwas in der Zeit und mit der Zeit Kommendes fassen. Das Nunc aeternum ist der kategorialen Eschatologie unzugänglich.

Die transkategoriale Eschatologie bezieht sich auf die ebenbildliche Freiheit des Menschen, kraft der er imstande ist, im Jetzt der Entscheidung die Offenbarung des absoluten Sinns zu gewinnen. Der Mensch, als die nach dem Sinn des Seins fragende Endlichkeit, kann im Endlichen (im Nunc existentiale) gnadenhaft der Unendlichkeit (des Nunc aeternum) teilhaftig werden, der Ewigkeit, die qualitativ von der Zeit verschieden ist (Ewigkeit also nicht gefaßt als *sempiternum*, sondern als *aeternum*). Der Mensch kann freilich auch

---

[16] Daher liegt auch schwerlich ein wie immer gearteter historischer Konnex zu Philons Platonismus vor, wie ihn Dodd, Interpretation, 149-150, andeutete. Philon, quod deus sit imm. 32 (die Ewigkeit als Archetyp der Zeit, vgl. Platon, Tim. 37d); de fuga 57 (σήμερον). Im übrigen ist natürlich die ganze (ziemlich hoffnungslose) religionsgeschichtliche Frage nach den Denkvoraussetzungen der johanneischen Eschatologie hier nicht zu erörtern. Die causa efficiens der ursprünglichen johanneischen Eschatologie ist jedenfalls die überwältigende Erfahrung gegenwärtigen Heils, vermittelt durch den Parakleten.

[17] Mit "Freiheit" ist hier und im folgenden natürlich nur die "formale" Freiheit gemeint, d.h. die Entscheidungsfähigkeit und Verantwortlichkeit des Menschen, nicht aber die "materiale" Freiheit, d.h. die Selbstverwirklichung. Sie mangelt dem unter Sünde und Trug stehenden Menschen. Materiale Freiheit ist nur als reines Geschenk der Offenbarung der göttlichen Wahrheit möglich und wirklich: Joh. 8,31-36. Insofern bedarf (das ist ein charakteristischer neutestamentlicher Gedanke) die Freiheit der Erlösung.

in der Verweigerung der Offenbarung den Sinn des Daseins und damit sich selbst endgültig verfehlen. In beiden Fällen, in der Entscheidung des Glaubens wie des Unglaubens, hat die endliche Freiheit auf die Offenbarung des ewigen Sinns geantwortet. Indessen hat auch die transkategoriale Eschatologie ihre Grenzen, wenn man sie daran mißt, daß die endliche Freiheit des Menschen gegenständlich begrenzt und eben dadurch konkret vermittelt ist. Die endliche Freiheit kommt nur über das andere zu sich, mit dem sie in der unio substantialis verbunden ist. Entsprechend gilt: Die Erlösung (!) der endlichen Freiheit, die Erlösung aus Schuld und Wahn (Joh. 8,31-36), muß gegenständlich werden, soll sie wirklich dem Menschen in seiner konkreten Wesenheit gelten (die nicht auf Freiheit reduzierbar ist). Der Mensch *hat* Freiheit, aber er *ist* nicht Freiheit. Das zeigt sich auch darin, daß die Präsenz des eschatologischen Heils bzw. des eschatologischen Gerichts in der transkategorialen Eschatologie in der Krypsis bleibt, die der Aufdeckung bedarf [18]. Vielleicht darf man schließlich auch darauf hinweisen, daß die kategoriale Zeit nicht abstrakt, nicht in reiner Negation gegen die Ewigkeit abgesetzt werden darf, als das nur andere; andernfalls würde, wenn es erlaubt ist, so zu formulieren, ein "doketischer" Zeitbegriff entstehen, der die kategoriale Welt nur als Negation der eigentlichen Wahrheit fassen läßt[19]. Allgemein gesagt: Die konkrete Beziehung von Zeit und Ewigkeit fordert von der Sache her eine konkrete Vermittlung von kategorialer und transkategorialer Eschatologie[20].

Gesetzt, daß Überlegungen dieser Art wenigstens im Prinzip zutreffen, so würde sich das Nebeneinander der beiden eschatologischen Konzeptionen im Corpus Johanneum von der Sache her als ein prinzipiell sinnvolles, komplementäres Nebeneinander verstehen lassen, ohne daß man die Differenzen in vorschneller Scheinvermittlung verschwinden lassen muß. Gemessen an dieser sachlichen Zusammengehörigkeit, die sich aus der *unio substantialis von endlicher Freiheit und Gegenständlichkeit* ergibt, bleiben dann die literarischen und traditionsgeschichtlichen Fragen sekundär. Mag sein, daß *beide* eschatologischen Konzeptionen von ein und demselben Verfasser stammen, mag auch sein (und das Marginale in den Texten 5,28-29; 6,39c.40c.44c.54c;

---

[18] 1. Joh. 3,2! Paulinisch geredet: Da die Leiblichkeit zum Wesen des Menschen gehört, schenkt das Eschaton nicht eine (gnostische) Leibfreiheit, sondern das σῶμα πνευματικόν. - Über die Notwendigkeit der endlichen Freiheit, sich selbst im anderen (im Leib, in der Welt) zu vollziehen, um von der unmittelbaren Vermittlung zur vermittelten Unmittelbarkeit zu gelangen, vgl. E. Coreth, Grundriß der Metaphysik (1994) 184-186.

[19] Das Nunc existentiale darf nicht das Verständnis der Zeit als χρόνος verdrängen. Das menschliche Dasein gehört zu beidem.

[20] Das alles hängt auch mit der Frage zusammen, ob sich die christliche Eschatologie darauf beschränken kann, das Heil des *einzelnen* - über die Todesgrenze hinweg - zu lehren, oder ob nicht notwendigerweise zur individuellen Eschatologie die *kosmologische* hinzutreten muß. Das erscheint mir von der Tradition und von der Sache her erzwungen. Wanke, Die Zukunft des Glaubenden, 135-136; zur Systematik: P. Tillich, Systematische Theologie III (1966) 472; K. Rahner, Grundkurs des Glaubens. Einführung in den Begriff des Christentums (1984²) 426-427.

12,48b legt das doch sehr nahe), daß die apokalyptische Eschatologie nachträglich nachgetragen wurde: in der *Sache* ist die Synthesis von beiden eschatologischen Konzeptionen gefordert (wie sie der vom Kanon überlieferte Text ja auch bietet). Sollte also ein Redaktor die apokalyptisch-futurischen Texte in die Grundschrift des Evangeliums eingetragen haben, so wäre das jedenfalls keine törichte, die theologische Klarheit der johanneischen Theologie zerstörende Korrektur, sondern eine sinnvolle Ergänzung[21], wenn auch (wie man freilich zugeben muß) eine durch ihren marginalen Charakter jedenfalls nur *motivliche* oder *intentionale* Ergänzung, die einer diskursiven Vermittlung mit der transkategorialen Eschatologie noch durchaus entbehrt.

Es ist von daher auch wenig wahrscheinlich, daß der Grundschriftautor eine Eschatologie lehren wollte, die darauf aus ist, reflex und thematisch die Erwartungen der kirchlichen Apokalyptik auszuschließen. Die implizierte Polemik in Joh. 11,23-26 richtet sich gegen die *jüdische* Apokalyptik, die keine gegenwärtige Auferstehung in der Präsenz des Offenbarers kennt; sie richtet sich nicht gegen christliche Traditionen[22]. Die einseitige Betonung des transkategorialen Aspekts (gesetzt, daß diese literarkritischen und traditionsgeschichtlichen Hypothesen zutreffen) darf nicht als Ablehnung oder Abweis der traditionellen apokalyptischen Zukunftserwartung verstanden werden. Vielmehr handelt es sich um eine theologische Abstraktion, die in intentione recta lediglich auf *eines* gerichtet ist, auf die Präsenz des Heils, dergegenüber zunächst alles andere versinkt. Sollten die präsentisch-perfektischen Texte wirklich vom Grundschriftautor stammen, so könnte man auch sagen: Er betrachtet die Eschata lediglich unter dem Formalobjekt der endlichen Freiheit, lediglich unter dem Aspekt des Nunc existentiale. Und sollten die "apokalyptischen Marginalien" des Evangeliums (sit venia verbo) wirklich aus der späteren Redaktion stammen, so hätten sie die Funktionen, die abstrakte Eschatologie des Grundschriftautors durch Hinzufügung des fehlenden kategorialen Aspekts zu ergänzen[23]. Eine polemische, antignostische Tendenz, vergleichbar

---

[21] Vgl. nur: Wanke, Die Zukunft des Glaubenden 135. (Ich sehe freilich anders als Wanke keine Polemik gegen ein gnostisches Zeitverständnis.) - Daß die Einfügungen des Redaktors sinnvoll sind, vertritt jetzt auch Hübner, Bibl. Theol. III, 251. Er versteht das Ergebnis - von seinen hermeneutischen Voraussetzungen her - als Verbindung zweier Existenzverständnisse, die zu einem mit paulinischen Positionen verwandten Selbstverständnis führt (251-252).

[22] Vgl. nur: Schnackenburg, Joh. II, 414.537.

[23] Die Unterscheidung von *genera hermeneutica* (in diesem Fall die Bezeichnung der Textaussagen als lediglich *intentionale* Vermittlung, d.h. als eine solche, die nur einen bestimmten Teilaspekt im Auge hat, ohne auf das Ganze reflex zu blicken und ohne daher das Verstandene diskursiv zu entfalten) hat u.a. auch den Vorteil, daß *Teil*-Vermittlungen nicht (per argumentum e silentio) als voll vermittelte δόξαι angesehen werden. Eine wirklich *geschichtliche* Betrachtung der urchristlichen Lehren fordert solche Unterscheidungen, andernfalls fällt die urchristliche Lehrentwicklung in der Tat in eine Fülle von unvermittelten Teilsystemen auseinander (die berüchtigten "Theologien" des Neuen Testaments!).

der antidoketischen Polemik, wie wir sie jedenfalls im 1. Joh. finden, kann ich dabei freilich nicht erkennen.

Natürlich wird nicht behauptet, daß mit solchen Überlegungen (die zudem nur hypothetischen Charakter tragen) die Probleme der johanneischen Eschatologie gelöst sind. Vielleicht können diese Aufstellungen aber einen Beitrag dazu leisten. Der Historiker hat in solchen Zusammenhängen die Aufgabe, die Geschichte des fortschreitenden Verstehens darzustellen, und er wird gut daran tun, die Sätze der Überlieferung in ihrem jeweiligen Reflexionsstand zu prüfen, um nicht intentionale Abstraktionen für systematische Vermittlungen zu halten. Aufgabe der systematischen Theologie aber ist es, das, was in den Texten nur im Modus der intentionalen Vermittlung gegeben ist, in diesem Fall das Nebeneinander von transkategorialer Eschatologie (Präsenz der Ewigkeit in der Zeit) und kategorialer Eschatologie (Aufhebung der Zeit in die Ewigkeit[24]), in diskursiven Erörterungen zu vermitteln. Καίτοι γε οὐ μικρὰ ταῦτά ἐστιν οὐδὲ ὀλίγης ζητήσεως ἄξια, τὸ γνῶναι πῶς ἔρχεται ὁ ἀεὶ παρών (Greg. Nyss)[25].

---

[24] Wobei "Aufhebung" nicht nur das "tollere" und das "elevare", sondern auch das "conservare" mit einschließt, sonst entstünde ein "doketischer" Zeitbegriff. Die Summa der endlichen Geschichte bleibt im Eschaton bewahrt - freilich in einer Weise auf ihren ewigen Sinn gebracht, den wir nicht vorzustellen vermögen.

[25] De paup. amand II (Opera IX; Sermones I, p. 112; ed. van Heck).

Anhang

Autorenregister

J.P. Sampley 217f.221f.

A. Sand 74

G. Saß 78

W. Schäfke 107

J. Scharfenberg 49

K.H. Schelkle 105f.142f.148.285.287

W. Schenk 234

T. Schermann 247.278

F.J. Schierse 142.145-148.193

G. Schille 37.72-74.78.81.83f.86.208

A. Schlatter 7.179.207.209.268.273.276

J. Schlecht 88f.91-93.247.252

H. Schlier 2.5.7.9f.13-15.19.25.27.29.
197.200.203-205.218.220-225.286-288.
291

W. Schmauch 142

C. Schmidt 132.260

K.L. Schmidt 102.105

K.L. Schmidt/M.A. Schmidt 102.108

W.H. Schmidt 102-104

W. Schmithals 5.17.57.61.63f.72.78.
81.267.290

R. Schnackenburg 102f.104-106.111.
147.168.173.177.179-182.200f.204.
220-225.290.299

W. Schneemelcher 139.278

G. Schneider 142.149.166.168.174.178

J. Schneider 179f.

U. Schnelle 192.290

J. Schniewind 32f.35

F. Schober 268

G. Schöllgen 244-246.248.260

C.E. Schott 102.111

L. Schottroff 290

W. Schrage 60f.63f.142.144.146.165.

168.173.177.182

F. Schröger 210

K. Schubert 2

E. Schürer 103f.

H. Schürmann 180

A. Schulz 165.168f.173f.177.179

S. Schulz 168.177.179-181.201.272.290

E. Schwartz 278

A. Schweitzer 19

E. Schweizer 142.177.179.185.187-189.
191.193.280

E.F. Scott 267-269.273

G. Sellin 191-193.290.294

J. Sickenberger 39

P.W. Skehan 252

H. v. Soden 17.268.273

T. Specht 196

C. Spicq 207.209.216.267-270.273f.288

K. Staab 189

G. Stählin 290.296

W. Staerk 104

E. Stauffer 17.142.153.219

B. Steimer 243f.

A. Stimpfle 290

R.H. Strachan 219

H. Strathmann 85

A. Strobel 210-212

R. Strunk 181_{86}

B. Studer 206

P. Stuhlmacher 74.234

A. Stuiber 103f.107

H.B. Swete 38.269

G. Switek 164

R. Taubenschlag 270

Stellenregister

Erstveröffentlichungen

Erkennen und Lieben. Gedanken zum Verhältnis von Gnosis und Agape im ersten Korintherbrief
>KuD 11, 1965, 75-102
>*Vandenhoeck & Ruprecht*

Johannes Markus und die Frage nach dem Verfasser des zweiten Evangeliums
>ZNW 58, 1967, 172-188
>*Walter de Gruyter & Co*

Unmittelbarkeit und Vermittlung als hermeneutisches Problem
>KuD 17, 1971, 97-112
>*Vandenhoeck & Ruprecht*

Zur Analyse der asketischen Motivation in 1.Kor. 7
>ThLZ 99, 1974, 241-248
>*Evangelische Verlagsanstalt GmbH*

Zur Entwicklungsgeschichte des Wanderradikalismus im Traditionsbereich der Didache
>WSt 90, 1977, 145-167
>*Böhlau Verlag Ges.m.b.H. & Co.KG*

Doctrina apostolorum (cod. Mellic. 597)
>in: H.C. Schmidt-Lauber (ed.), Theologia scientia eminens practica,
>FS Zerbst, 1979, 266-272
>*Verlag Herder & Co*

Theologie als akademische und kirchliche Disziplin
>ZGPrö 96, 1980, 181-188
>*Evang. Presseverband*

Kirche als Diaspora
>EvTh 41, 1981, 290-300
>*Christian Kaiser Verlag*

Glaube und Toleranz
   AuG 33, 1982, 1-8
   Evang. Presseverband

Textprobleme der Didache
   WSt 95, 1982, 114-130
   Verlag der Österr. Akademie der Wissenschaften

Zur praedicatio de Deo im Neuen Testament
   in: S. Heine - E. Heintel (edd.), Gott ohne Eigenschaften ?
   1983, 107-118
   Evang. Presseverband

Zu Eugippius, Vita S. Severini, c. 43
   GB 11, 1984, 165-177
   Ferdinand Berger & Söhne GesmbH

Nachfolge Jesu nach dem Neuen Testament
   AuG 38, 1987, 42-52
   Evang. Presseverband

Vita abscondita. Erwägungen zu Kol. 3,1-4
   in: K. Nandrásky (ed.), Teológia Zivota, FS Gábriš, 1989, 47-55
   Vydalo Cirkevne Nakladatel'stvo Bratislava; slowakisch erschienen

Et Verbum caro factum est
   AuG 41, 1990, 90-95
   Evang. Presseverband

Vom Glauben der Pilger. Erwägungen zu Hebr.11,8-10 und 13-16
   in: S. Kreuzer - K. Lüthi (edd.), Zur Aktualität des Alten Testaments,
   FS Sauer, 1992, 121-131
   Peter Lang GmbH

Ecclesia sponsa Christi. Erwägungen zu 2.Kor. 11,2f und Eph. 5,31f.
   in: H. Franke u.a. (edd.), Veritas et Communicatio,
   FS Kühn, 1992, 301-309
   Vandenhoeck & Ruprecht

Erwägungen zur Disziplin „Theologie des Neuen Testaments"
   in: H.-D. Klein - J. Reikerstorfer (edd.), Philosophia perennis,
   FS Heintel, 1993, 308-315
   Peter Lang GmbH

Interpretation als Vermittlung
   AuG 46, 1994, 195-170
   Evang. Presseverband

Der Didachist und seine Quellen
   in: Cl.N. Jefford (ed.), The Didache in Context,
   Suppl. NT 77, 1995, 15-36
   E.J. Brill GmbH

Zenas, der Jurist (Tit. 3,13)
   in: A. Boluminski (ed.), Kirche, Recht u. Gesellschaft,
   FS Stein, 1995, 217-230
   Hermann Luchterhand Verlag GmbH & Co.KG

Paulus und die Analogia entis
   FS K. Micskey, in: AuG 47, 1996, 119-124
   Evang. Presseverband

Zur Eschatologie im Corpus Johanneum
   Novum Testamentum 39, 1997, 105-116
   E.J. Brill GmbH

Eschatologie und Schöpfung

Festschrift für Erich Gräßer zum siebzigsten Geburtstag

Herausgegeben von Martin Evang, Helmut Merklein und Michael Wolter

1997. 23 x 15,5 cm. XI, 451 Seiten. Mit einem Frontispiz.
Leinen. DM 198,–/öS 1445,–/sFr 176,–/approx. US$ 124.00
• ISBN 3-11-015545-1
(Beihefte zur Zeitschrift für die neutestamentliche Wissenschaft 89)

Aufsätze zu neutestamentlichen Endzeitvorstellungen und zur Albert-Schweitzer-Forschung. Die Schwerpunkte der neutestamentlichen Aufsätze liegen bei Paulus und im Hebräerbrief.

Der Jubilar war zuletzt Professor für Neues Testament an der Evangelisch-Theologischen Fakultät der Universität Bonn.

Jesus Christus als die Mitte der Schrift

Studien zur Hermeneutik des Evangeliums

Herausgegeben von
Christof Landmesser, Hans-Joachim Eckstein und Hermann Lichtenberger

Otfried Hofius zum 60. Geburtstag gewidmet.

1997. 23 x 15,5 cm. XII, 1.000 Seiten.
Leinen. DM 298,–/öS 2175,–/sFr 265,–/approx. US$ 186.00
• ISBN3-11-015388-2
(Beihefte zur Zeitschrift für die neutestamentliche Wissenschaft 86)

Aufsätze aus allen Bereichen der Theologie zur fächerübergreifenden hermeneutischen Diskussion.

Aufsätze zu den Gebieten:
I. Erkenntnis und Gewißheit - II. Diskussion um die Mitte - III. Exegetische Perspektiven - IV. Wirkungen des Evangeliums.

Die Herausgeber: *Christof Landmesser,* Assistent im Fach Neues Testament, Universität Tübingen - *Hans-Joachim Eckstein,* Professor für Neues Testament, Universität Heidelberg - *Hermann Lichtenberger,* Professor für Neues Testament und antikes Judentum, Universität Tübingen.

Preisänderungen vorbehalten

WALTER DE GRUYTER & CO
Genthiner Straße 13 · D–10785 Berlin
Tel. +49 (0)30 2 60 05–0
Fax +49 (0)30 2 60 05–251
Internet: www.deGruyter.de

W
DE
G
de Gruyter
Berlin · New York